Baedeker

Allianz  Reiseführer

Brasilien

www.baedeker.com

Verlag Karl Baedeker

TOP-REISEZIELE ★ ★

Der Archipel von Fernando de Noronha, Rio de Janeiro mit dem Zuckerhut, die Kolonialstädte Ouro Preto oder Mariana, das vor Lebensfreude sprühende Salvador – endlos ist die Liste überragender Sehenswürdigkeiten in Brasilien. Um ein wenig Orientierung zu geben, hier die Top-Highlights.

1 ★ ★ **Manaus**
Millionenstadt im Herzen des tropischen Regenwaldes ▶ **Seite 281**

3 ★ ★ **Belém**
Prachtvolle koloniale Architektur in der Amazonas-Metropole ▶ **Seite 168**

2 ★ ★ **Ilha de Marajó**
Landschaftlich abwechslungsreiche Fluss-insel im Amazonas ▶ **Seite 176**

4 ★ ★ **Fernando de Noronha**
Unter strengem Naturschutz stehendes Inselparadies im Atlantik ▶ **Seite 232**

2 Ilha de Marajó
4 Fernando de Noronha
3 Belém
6 Jericoacoara
1 Manaus
5 São Luís
7 Canoa Quebrada
8 Natal
9 Serra da Capivara
10 Olinda
11 Recife
12 Porto de Galinhas
©Baedeker
16 Chapada Diamantina
13 Salvador
14 BRASÍLIA
20 Pantanal
15 Diamantina
18 Ouro Preto
17 Congonhas
18 Mariana
22 Parati
23 Rio de Janeiro
21 São Paulo
24 Cataratas do Iguaçu
27 Ilha de Santa Catarina
25 São Miguel das Missões
26 Aparados da Serra

DIE BESTEN BAEDEKER-TIPPS

Von allen Baedeker-Tipps in diesem Buch haben wir hier die interessantesten für Sie zusammengestellt. Erleben und genießen Sie Brasilien von seiner schönsten Seite!

Gemütlicher Kneipenabend oder hektisches Karnevalstreiben
Tipps für sportlich Aktive und Kulturinteressierte, für Familien mit Kindern, Gourmets und Naturfreunde. Für jeden ist etwas dabei!

Fischer vor seinem
Jangada-Boot in Fortaleza
▸ **Seite 242**

HINTERGRUND

PRAKTISCHE
INFORMATIONEN

Preiskategorien

▸ **Hotels**
Luxus: ab 300 Reais
Komfortabel: 150 – 300 Reais
Günstig: bis 150 Reais
(Doppelzimmer mit Frühstück)

▸ **Restaurants**
Fein & teuer: ab 50 Reais
Erschwinglich: 25 – 50 Reais
Preiswert: bis 25 Reais
(Hauptgericht)

nachdenken · klimabewusst reisen
atmosfair

Karneval in Rio de Janeiro: →
Gute Laune ist Pflicht!

Hintergrund

KURZ UND KNAPP, VERSTÄNDLICH
GESCHRIEBEN UND SCHNELL
NACHZUSCHLAGEN: WISSENS-
WERTES ÜBER BRASILIEN, ÜBER
LAND UND LEUTE, WIRTSCHAFT
UND POLITIK, GESELLSCHAFT
UND ALLTAGSLEBEN

GOTT IST BRASILIANER

**Das behaupten die Brasilianer selbst, und jeder, der das südameri-
kanische Land kennt, wird ihnen zustimmen. Denn wie sonst lassen
sich all die Wunder der Natur und die Vielfalt der Ethnien in einem
einzigen Land erklären? In Brasilien schlägt das Herz Afrikas genau-
so wie das Europas, das der Indianervölker ebenso wie das der
asiatischen Einwanderer. Menschen aller Hautfarben leben mit-
und nebeneinander.**

Und Brasilien hat weit mehr zu bieten als die gängigen Klischees von
Karneval, Samba, Strandschönheiten und Fußball. Sicherlich – wer
sich in das bunte Karnevalstreiben von Salvador da Bahia stürzt oder
sich dem Zauber der Festparade der Sambaschulen in Rio de Janeiros

Karnevalsarena »Sambódromo«
hingibt, dessen Träume von Brasilien werden freilich noch über-
troffen, denn Karneval in Brasilien ist getanzte und gesungene
Leidenschaft, gefeierter gesell-
schaftlicher Ausnahmezustand
und pure Lebensfreude.

Kollektive Euphorie

Alle Jahre wieder erlebt die Nation in kollektiver Euphorie eine
nahezu vollständige Aufhebung
der gesellschaftlichen Normen
und sozialen Schranken. Wie zu
bunten Schmetterlingen gereifte
Raupen lassen die brasilianischen Karnevalisten ihre existen-
ziellen Probleme hinter sich: Der

**Junge
Gesellschaft**
*28 % der
Brasilianer sind
unter 15 Jahre
alt.*

Habenichts spielt den schillernden Märchenprinzen und manches
Hausmädchen verwandelt sich in eine feenhafte Prinzessin. Arm und
Reich, Oben und Unten werden buchstäblich umgekehrt. Nur das
Hier und Jetzt scheint in der fünften Jahreszeit von wirklicher Bedeutung – und solange sich die brasilianische Nation im karnevalistischen Festreigen verausgabt, bleiben profane Alltagssorgen ausge-
blendet. »Carnaval do Brasil« – ein Ventil, das die eklatante Verteilungsungerechtigkeit, die krassen sozialen Gegensätze und die
fehlenden Perspektiven des Großteils der Bevölkerung – wenn auch
nur für kurze Zeit – erträglicher macht. Den Rest des Jahres schafft
es so mancher nur mit viel Einfallsreichtum und Flexibilität, mit Zu-
geständnissen und mit der »hohen Kunst des Kompromisses« – genannt »Jeito Brasileiro« –, über die Runden zu kommen.

Karneval
Die Trommeln geben den Rhythmus vor, es wird getanzt, gesungen, gelacht; der Alltag ist vergessen, Fröhlichkeit oberstes Gebot.

Küstentouren
Endlose Strände, die sich beispielsweise mit dem Buggy erkunden lassen

Architektur
Eigenwillig und unverwechselbar ist er, der Baustil Oscar Niemeyers. Sein Schaffen prägte nicht nur das Erscheinungsbild Brasílias, überall in Brasilien stößt man auf sein Werk.

Regenwald

Mitunter wirkt er bedrohlich, doch er hat auch ein liebliches Gesicht: Es blüht im Urwald der Serra dos Órgãos.

So viel Strände wie Sand am Meer

Badeurlaubern wird es nicht leicht gemacht: Bei über 7000 km Küste hat man die Qual der Wahl.

Großstadtdschungel

Hektisch, chaotisch, überdimensioniert: Zwölf Millionen Menschen leben und arbeiten hier. São Paulo kommt nicht zur Ruhe.

Menschliches Miteinander

Mit »tudo bem« begrüßt man sich in Brasilien – »Alles in Ordnung« – und der Daumen zeigt dabei stets nach oben: ein simples aber effektives Ritual, das im ganzen Land praktiziert wird und darüber hinaus auf so manchen Besucher höchst ansteckend wirkt. Und mit »calor humano« – menschlicher Wärme – beschreiben die Brasilianer ihre wohltuende Art miteinander umzugehen. Sie sind ausgesprochen gesellig, fühlen sich selbst im dichtesten Trubel pudelwohl und suchen eigentlich immer die Nähe ihrer Mitmenschen. Calor humano ist genau der »Stoff«, den Brasilianer oft im Ausland sehr vermissen – genau wie viele Besucher Brasiliens, wenn sie wieder nach Hause zurückgekehrt sind.

Unerschöpfliche Vielfalt

So vielfältig wie die Landschaften dieses südamerikanischen Riesenlandes, so zahlreich sind die Möglichkeiten, einen Brasilienaufenthalt ganz individuell zu gestalten. Ob jemand auf den von Galeriewäldern gesäumten Strömen und Flüssen Amazoniens schippern möchte oder im Pantanal Krokodilen, Wasserschweinen oder seltenen Vögeln auf der Spur ist, ein anderer vielleicht den Strand vorzieht, um den Körper zu bräunen und – wie viele Brasilianer selbst – zur Schau zu stellen, jeder wird hier auf ureigenste Weise sein kleines Stück vom Paradies finden. Spektakuläre landschaftliche Höhepunkte wie die Wasserfälle von Iguaçu und

Yanomami
Die Vielzahl ethnischer Gruppen begründet die kulturelle Vielfalt Brasiliens.

Rio de Janeiros Zuckerhut ziehen jährlich Tausende in ihren Bann, ebenso das Opernhaus von Manaus und die Architektur von Brasília oder die herrlichen Badebuchten Nordostbrasiliens. Eine ganz eigene Faszination übt das pulsierende Leben in den Metropolen Rio de Janeiro und São Paulo aus, wo schlichtweg nichts unmöglich scheint, aber die gesellschaftlichen Gegensätze besonders hart und unvermittelt aufeinander prallen. Zur retrospektiven Zeitreise in die von Goldrausch und Diamantenfunden geprägte Kolonialepoche wird hingegen eine Stippvisite der historischen Altstadt von Salvador da Bahia oder in Minas Gerais' Barockstädten wie Ouro Preto, São João del Rei, Tiradentes und Diamantina. Bleibt zu guter Letzt noch das Land der Gaúchos im Süden, europäisch geprägt und den Brasilianern im Nordosten ebenso fremd wie das ferne Europa.

Fakten

Wie viele Menschen leben in Brasilien? Wie groß ist das Land? Wer war der erste Europäer in Brasilien? Unter welchem Namen kennt man den Pão de Açúcar? Und was änderte sich in Lula da Silvas Amtszeit als Präsident? Fragen, die auf den folgenden Seiten eine Antwort finden.

Natur und Umwelt

Das überwiegend ebene Territorium Brasiliens lässt sich grob in **zwei Großlandschaften** unterteilen: in das Amazonas-Becken im Norden und das Hochplateau im Zentrum und im Süden. Die politisch-administrative Einteilung Brasiliens in fünf Regionen – Norden (Norte), Nordosten (Nordeste), Südosten (Sudeste), Südbrasilien (Sul) und Mittelwesten (Centro-Oeste) – bietet sich für eine genauere naturräumliche Untergliederung an, da die Regionen jeweils charakteristische geografische Wesenszüge aufweisen. Trotz regionaler Unterschiede herrscht überall ein feuchtwarmes Klima mit mehr oder weniger starken und regelmäßigen Niederschlägen. Diese klimatischen Bedingungen sind am atlantischen Küstenstreifen aufgrund der ozeanischen Luftmassen weniger ausgeprägt, während im Landesinneren die Luftfeuchtigkeit wegen der unzähligen Wasserläufe und der dichten tropischen Vegetation enorm hoch ist. Bedingt durch das überaus heiße und feuchte Klima und die undurchdringlichen, wuchernden Wälder, sind große Teile des Staatsgebietes praktisch unbewohnbar.

Der brasilianische Norden

Der brasilianische Norden beansprucht mit einer Fläche von ca. 3,9 Mio. km² über 45 % des brasilianischen Staatsgebietes. Den zentralen Teil nimmt das Amazonas-Tiefland ein. Nördlich der Amazonas-Senke schließt sich das weitgehend mit Grasland (Campos) überzogene Hochplateau von Guyana an, aus dem sich einige höhere Bergspitzen erheben – darunter der **Pico da Neblina**, mit 3014 m höchster Berg Brasiliens. Im Süden dehnen sich hingegen die Gesteinsformationen des Brasilianischen Berglandes aus.

Das Amazonas-Tiefland wird in West-Ost-Richtung von dem insgesamt ca. 6500 km langen Amazonas (davon über 3000 km in Brasilien) durchflossen, dessen Becken fast ein Drittel des südamerikanischen Subkontinents einnimmt. Seine Quellflüsse, der Marañon und der Ucayali, entspringen in Peru. Der bei weitem wasserreichste Strom der Welt tritt auf einer Höhe von 82 m ü.d.M. nach Brasilien ein, so dass er bis zu seiner Mündung in den Atlantik nur ein geringes Gefälle zu überwinden hat. Amazonas nennen die Brasilianer den Fluss erst ab Manaus, nachdem er mit dem Rio Negro verschmolzen ist, der Mittellauf heißt dagegen **Solimões**. Längs seiner Ufer kann man drei verschiedene, terrassenförmige Geländestufen unterscheiden: Die höchste ist die vor Überschwemmungen sichere Terra firme mit dem äquatorialen Regenwald. Darunter liegt die so genannte Várzea, die in Hochwasserzeiten – bei den südlichen Nebenflüssen von Oktober bis März, bei den nördlichen von März bis Juli – über-

Der Amazonas und seine Quellflüsse

← Nicht jedes Gewässer verspricht Badevergnügen: Kaiman im Pantanal.

Zahlen und Fakten Brasilien

Brasilien

● Brasília

© Baedeker

Lage
▶ Südamerika

Fläche
▶ 8,5 Mio. km²

Hauptstadt
▶ Brasília

Anrainerstaaten
▶ Argentinien, Paraguay, Bolivien, Peru, Kolumbien, Venezuela, Guyana, Suriname, Französisch-Guyana, Uruguay

Bevölkerung
▶ 191 Mio. Einwohner
▶ 22,5 Einw./km²
▶ Bevölkerungsstruktur: 49 % Weiße, 42 % Mulatten und Mestizen, 7 % Schwarze, 1 % Sonstige, darunter ca. 500 000 Indianer
▶ Altersstruktur: 28 % der Bevölkerung sind unter 15 Jahre alt, nur rund 6 % sind über 65.

Religion
▶ 74 % Katholiken
▶ 15 % Protestanten
▶ Minderheiten von Buddhisten, Bahai, Muslimen und Juden
▶ Naturreligionen der Indianer und afro-brasilianische Kulte

Sprachen
▶ Portugiesisch
▶ ca. 180 Idiome der Indianer

Staat und Verwaltung
▶ Präsidiale Bundesrepublik
▶ Parlament (Congresso Nacional): Abgeordnetenhaus (Câmara dos Deputados) mit 513 auf vier Jahre gewählten Mitgliedern und Senat (Senado Federal) mit 81 Mitgliedern auf acht Jahre gewählt
▶ Staats- und Regierungschef: Luis Inácio (Lula) da Silva (2003 – 2010)
▶ Verwaltung: 26 Bundesstaaten und Hauptstadt-Bundesdistrikt

Wirtschaft
▶ BIP: 1,57 Billionen US-$ (2008)
▶ BIP pro Kopf: 8197 US-$ (2008)
▶ Arbeitslosenquote: 9 %
▶ Wirtschaftsstruktur: Dienstleistungen 65 %, Industrie 28 %, Landwirtschaft 7 %

flutet wird, während die niedrigste Lage, der sumpfige Igapó, mit Pflanzen wie z. B. der Mangrove besiedelt ist, die auch in amphibischer Umgebung gedeiht. An jener Stelle, an der der Strom mit dem Rio Negro zusammenfließt, ist er durchschnittlich 5 km breit, zur Mündung hin weitet sich sein Flussbett aber immer mehr. Durch den meist höchst ungestümen Zusammenprall von Fluss- und Meerwasser entsteht die **Pororoca**, eine hohe Flutwelle, die alles mit sich reißt, was sich ihr entgegenstellt, und viele Kilometer weit flussaufwärts dringt.

Die zahlreichen Nebenflüsse des Amazonas verlaufen parallel zueinander, dem Gefälle des Tieflandes folgend. Man kann sie in drei Gruppen einteilen: die Rios Brancos (Weißwasserflüsse), die Rios Negros (Schwarzwasserflüsse) und die Klarwasserflüsse. **Weißwasserflüsse** wie der Purus und Madeira durchqueren Schwemmland und führen große Mengen von Geröll und mineralischen Schwebstoffen mit sich, weshalb sie eine weißliche Farbe haben (branco = weiß). Die aus dem Brasilianischen Bergland kommenden **Klarwasserflüsse** – Rio Tapajós und Rio Xingú – durchströmen felsiges Gelände und sind daher arm an Sink- und Schwebstoffen. **Schwarzwasserflüsse** wie der Rio Negro schließlich fließen durch Überschwemmungsgebiete; daher ist ihr Wasser durch organische Verbindungen (Huminsäuren) dunkel gefärbt. **Nebenflüsse**

Der Nordosten: Litoral – Agreste – Sertão

Der Nordeste (Nordosten) Brasiliens besteht aus drei verschiedenen geografischen Gebieten: Litoral, Agreste und Sertão. Der höchstens 60 km ins Hinterland vordringende **Küstenstreifen** (Litoral) besteht im Wesentlichen aus einer jungen Sedimentebene, die durch die vielen Buchten, Inseln, Dünen, Lagunen und Riffe (Recifes) gegliedert wird. Bevor es sich zu einer der am dichtesten besiedelten Gegenden Brasiliens entwickelte, war dieses Küstenland von einer üppigen Dschungelvegetation überzogen, die weitgehend Zuckerrohrplantagen weichen musste. **Litoral**

Zum Landesinneren hin schließt sich ein 700 m nicht übersteigendes Hochplateau an, der Agreste, mit zumeist tafelförmiger Gestalt und steil abfallenden Rändern. Seine in die Ebene hinunterlaufenden Flüsse – z. B. der Itapicuru und der in der Serra da Tabatinga entspringende Parnaíba – bilden vielerorts Wasserfälle. Die Vegetation ist spärlich und niedrigwüchsig; hier und da stehen vereinzelt Bäume, die im Sommer ihre lederartigen Blätter verlieren. **Agreste**

Der Agreste geht schließlich in den Sertão, die **Halbwüstenzone**, über. Höchste Erhebung ist die mit einer üppigen Pflanzenwelt bedeckte Serra Baturité. Über dem kristallinen Gestein liegen dicke Schichten von alten Sedimenten, oft tafelförmig (Chapadas), ähnlich der spanischen Meseta. Die Wasserläufe sind zu Bächen reduziert, weil erhebliche Wassermengen verdunsten. Das Landschaftsbild bestimmt jedoch die **Caatinga** mit ihren kleinen, verkrüppelten Bäumen und Sträuchern, die die Blätter während der Trockenzeit abwerfen. Die immer wiederkehrenden Dürreperioden können hier einige Jahre anhalten. **Sertão**

Der Südosten: Serras und Restingas

Serras Der Sudeste (Südosten), die wohlhabendste und einwohnerstärkste Region Brasiliens, bildet keine Einheit im geografischen Sinn. Er reicht von den trockenen Gebieten des Nordostens bis zu den Höhenzügen im Süden, umfasst also auch den östlichen Teil des Brasilianischen Berglandes mit seinen 800 bis 1000 m hohen Erhebungen. Serras sind die erhöhten Ränder des Hochplateaus, die entweder in einer jüngeren geologischen Epoche durch Hebung oder durch die Bildung breiter Täler entstanden sind, durch die sich, überwiegend in Süd-Nord-Richtung, mehrere Nebenflüsse des Amazonas und des Rio São Francisco schlängeln. In Süd-Nord-Richtung kann man zunächst die **Serra do Mar** ausmachen, die bald vom Ozean begrenzt, bald von Lagunen oder Restingas (Küstenebenen) gestreift wird und in der **Serra dos Órgãos** (2318 m) zu steilsten Höhen aufsteigt. Nordwärts schließt sich die im Pico da Bandeira gipfelnde **Serra da Mantiqueira** an. Noch weiter nördlich erhebt sich die **Serra do Espinhaço** mit mehreren Bergkämmen, die eine Höhe von 1700 m überschreiten. Zum Atlantik hin erstreckt sich ein Küstenstrich mit jüngeren Erdschichten, die zur Formation von Felsenriffen, von Sandbänken umschlossenen Lagunen und Buchten – darunter vor allem die **Baia de Todos os Santos** (Allerheiligenbucht) – geführt haben. Oft schieben sich die Ausläufer der Berge höchst eindrucksvoll bis zur Küste vor. Berühmtestes Beispiel ist der kegelförmige **Pão de Açúcar** (Zuckerhut) in der Guanabara-Bucht, der die Skyline von Rio de Janeiro beherrscht.

Gleichsam bedrohlich und faszinierend wirkt der amazonische Regenwald Brasiliens.

Restingas werden die am tiefsten gelegenen, aus Meeresablagerungen **Restingas**
bestehenden Küstenstriche zwischen den Staaten Bahia und Santa
Catarina genannt. In den Lagunen und auf dem niedrigen, bei Flut
überschwemmten Küstenterrain ist Mangrovenvegetation häufig. Im
Landesinneren, westlich des São Francisco, weist die Region tief erodierte Geländeterrassen auf, die 1000 m Höhe nicht übersteigen und
von Flüssen in zahlreiche Serras zerteilt werden.

Der Süden: Planalto und Pampa

In Südbrasilien (Sul) herrscht ein subtropisches, gemäßigtes Klima, **Planalto**
das die Besiedlung durch Europäer begünstigte. Aus geografischer
Sicht gehört der Staat São Paulo, der gewöhnlich dem Sudeste zuge-
rechnet wird, zu diesem Landesteil. Dieser besteht aus einem ausgedehnten Hochplateau mit einem dichten Flussnetz und einer Vegetation, die sich von der tropischen schon zu unterscheiden beginnt.
Die **Serra do Mar** trennt die Küste vom Landesinneren. Ihre West-
hänge fallen zu einer durchschnittlich 500 m erreichenden Hochebene ab, die vom Rio Paraná und seinen Nebenflüssen, darunter auch
der 1100 km lange Tietê, entwässert wird.

In südlicher Richtung wird das Küstengebirge immer flacher und **Pampa**
geht in ein savannenähnliches Tiefland (Pampa) über, in dem vorwiegend Viehzucht betrieben wird. An der Küste haben sich auf dem
vornehmlich sandig-lehmigen Boden nach und nach Lagunen her-
ausgebildet, wie die 7000 km² große und höchstens 10 m tiefe **Lagoa dos Patos** (Entenlagune).

Der Mittelwesten

Der die Staaten Mato Grosso, Mato Grosso do Sul und Goiás sowie **Hochplateaus**
den Bundesdistrikt Brasília umfassende Mittelwesten (Centro-Oeste)
ist wegen seiner erheblichen Entfernung vom Atlantik eine der am
spärlichsten besiedelten Regionen Brasiliens. Er setzt sich aus verschiedenen, wellenförmigen Hochplateaus zusammen, die größtenteils von savannenähnlichen **Campos Cerrados** bedeckt sind. Die
Wasserläufe, die das Gebiet durchziehen, münden in die Becken des
Rio Paraná und des Amazonas. Entlang der Hochebene von Mato
Grosso verläuft die Wasserscheide zwischen den Becken der beiden
Flüsse. Sowohl die nordwärts führenden Nebenflüsse des Amazonas
als auch die Nebenflüsse des Paraná bilden eine Vielzahl von Wasserfällen und Stromschnellen.

Im Staat Goiás steigt die Hochebene bis auf über 1500 m an (Chapa- **Schwemmland**
da dos Veadeiros), während sie auf sandigem, basalthaltigem Gestein
allmählich zum Rio Paraná hin abflacht, um schließlich unter einer
Schwemmlanddecke zu verschwinden. Was die Vegetation betrifft,
herrscht in weiten Teilen von Mato Grosso und Goiás Savanne

(Campos Cerrados) vor, wohingegen die südlicheren Gegenden von steppenartigen Campinas bestimmt werden. In den tiefer gelegenen Gebieten mit lehmig-sandigem Boden, dem **Pantanal**, verändert sich das Landschaftsbild je nach Regen- oder Trockenzeit.

Klima

Vorwiegend tropisches Klima Brasilien hat überwiegend tropisches, nur im äußersten Süden subtropisches Klima. Entsprechend fallen die jahreszeitlichen Temperaturunterschiede sehr gering aus. Selbst im kältesten Monat liegt das Temperaturmittel in fast allen Landesteilen über 18 °C. Gleichwohl variieren die Temperaturen vor allem von den Niederungen zu den höher gelegenen Gebieten. Deutlicher kommen die jahreszeitlichen Unterschiede im Wechsel von Regen- und Trockenzeiten mit allen Abstufungen zwischen sehr feucht und sehr trocken zum Ausdruck. Dabei liegen die immerfeuchten Zonen in den inneren Tropen am Äquator, die wechselfeuchten dagegen in den Randtropen. Je weiter man in Brasilien nach Süden kommt, desto deutlicher werden die temperaturbestimmten Jahreszeiten; sie sind aber den europäischen wegen der Lage südlich des Äquators zeitlich genau entgegengesetzt: Der Sommer dauert von Dezember bis März, der Winter von Juni bis September.

Klimaregionen Trotz weitgehend tropischer Verhältnisse kann von einer Gleichförmigkeit des brasilianischen Klimas nicht die Rede sein. Das Land kann in vier Klimaregionen untergliedert werden: immerfeuchtes tropisches Regenwaldklima Amazoniens im Norden, tropisches Regenwaldklima der Südostküste, tropisches Klima mit einer ausgeprägten Trockenzeit im Binnenland südlich Amazoniens und subtropisches, ständig feuchtes Klima Südbrasiliens.

Die Vegetation Brasiliens

Die überwältigende Vielfalt an Pflanzen und Tieren in Brasilien – dem artenreichsten Land der Erde – lässt jeden Versuch, sie in wenigen Worten zu beschreiben, kläglich scheitern. Allein die »**Flora Brasiliensis**«, ein engagierter, im Jahr 1906 abgeschlossener Versuch, die brasilianische Flora zu erfassen, benötigt dafür mehr als 20 000 Seiten. Zieht man in Betracht, dass der amazonische Regenwald zu den botanisch und zoologisch am wenigsten erforschten Gebieten der Erde zählt, kann die Reichhaltigkeit der Pflanzen- und Tierwelt bestenfalls erahnt werden.

Regenwald in Amazonien Der tropische Regenwald der Amazonas-Region, von **Alexander von Humboldt** Hylaea, in Brasilien bevorzugt Selva genannt, überzieht fast das ganze brasilianische Tiefland; es handelt sich um ein komplexes Vegetationssystem mit vielen unterschiedlichen, bis zu 60 m hohen Baumarten, unter deren Schutz niedrigwüchsigere, durch Lianen

Brasilien • Klimastationen

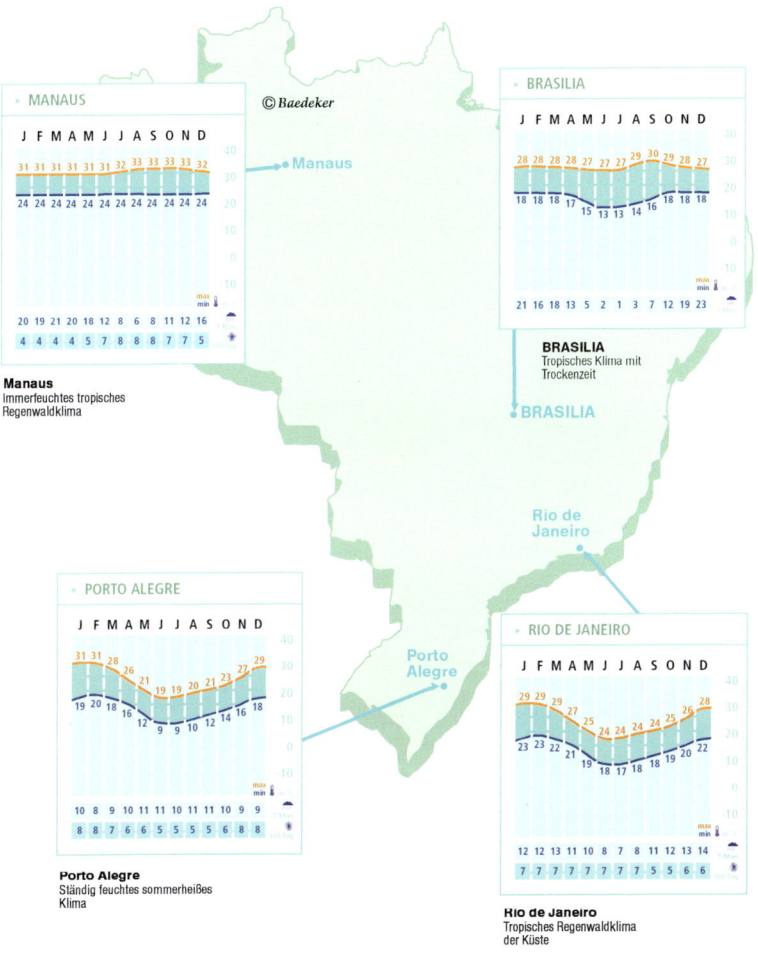

© Baedeker

MANAUS

J F M A M J J A S O N D

31 31 31 31 31 31 32 33 33 33 32

24 24 24 24 24 24 24 24 24 24 24

20 19 21 20 18 12 8 6 8 11 12 16

4 4 4 4 5 7 8 8 8 7 7 5

Manaus
Immerfeuchtes tropisches
Regenwaldklima

BRASILIA

J F M A M J J A S O N D

28 28 28 28 27 27 27 29 30 29 28 27

18 18 18 17 15 13 13 14 16 18 18 18

21 16 18 13 5 2 1 3 7 12 19 23

BRASILIA
Tropisches Klima mit
Trockenzeit

BRASILIA

PORTO ALEGRE

J F M A M J J A S O N D

31 31 28 26 21 19 19 20 21 23 27 29

19 20 18 16 12 9 9 10 12 14 16 18

10 8 9 10 11 11 10 11 11 10 9 9

8 8 7 6 6 5 5 5 6 8 8

Porto Alegre
Ständig feuchtes sommerheißes
Klima

RIO DE JANEIRO

J F M A M J J A S O N D

29 29 29 27 25 24 24 24 25 26 28

23 23 22 21 19 18 17 18 18 19 20 22

12 12 13 11 10 8 7 8 11 12 13 14

7 7 7 7 7 7 7 7 5 5 6 6

Rio de Janeiro
Tropisches Regenwaldklima
der Küste

miteinander verbundene Bäume mit unzähligen Epiphytenarten gedeihen. Im Mündungsbereich des Amazonas und in den Gebieten, in
die die Flutwellen des Atlantiks noch vordringen, herrschen unter-
holzlose Mangroven vor, gepaart mit Gewächsen, die in den regelmäßig von der Flut überschwemmten Böden überleben können. An-
dersartig ist die Vegetation im **Igapó**, dem ständig unter Wasser stehenden Gebiet: Hier gedeiht, neben anderen Pflanzenarten, die Açaí-
Palme. Auch die durch Überschwemmungen immer wieder mit

Brasilien • Vegetationszonen

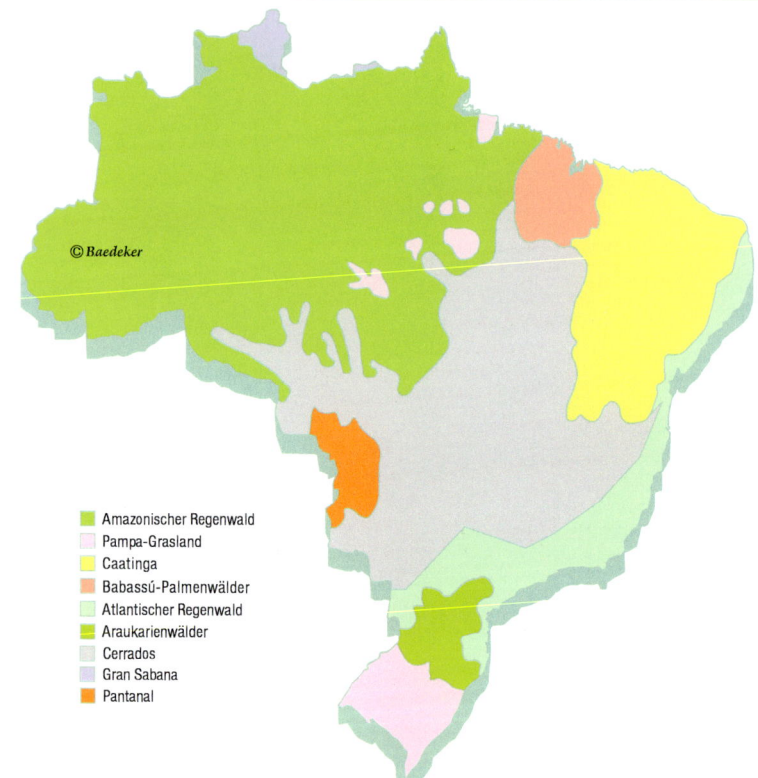

© Baedeker

- ▦ Amazonischer Regenwald
- ▦ Pampa-Grasland
- ▦ Caatinga
- ▦ Babassú-Palmenwälder
- ▦ Atlantischer Regenwald
- ▦ Araukarienwälder
- ▦ Cerrados
- ▦ Gran Sabana
- ▦ Pantanal

Nährstoffen angereicherte **Várzea** zeigt ganz typische Gewächse, z. B. die Jupati-Palme und die Miriti, eine hoch wachsende Palmenart. Der echte Gummibaum (nicht zu verwechseln mit der gleichnamigen Zimmerpflanze), von den Einheimischen Seringueira genannt, und die Kakaopflanze bevorzugen die weniger feuchten Böden der höher gelegenen Várzea. Auf der **Terra firme** sind die Wälder etwas durchlässiger, weil das Unterholz weniger dicht ist. Charakteristisch sind hier die Castanheira, der Paranussbaum, dessen Kapselfrüchte (Ouriços) am Ende der Regenzeit, vor allem im Tocantins-Tal, geerntet werden, und auch der Caucho, ein wild wachsender brasilianischer Gummibaum. Mitten im Regenwaldgebiet sind mitunter von hohem Gras bedeckte Flächen anzutreffen, wie die zeitweise überschwemmten Campos der Insel Marajó und des Bundesstaates Amapá. Auf den Schwemmlandböden herrschen Graspflanzen vor.

Die Vegetation im Nordosten zeigt unterschiedliche Merkmale, je nachdem, wie weit man vom Atlantik entfernt oder wie nahe man am Amazonas-Gebiet ist. Mit zunehmender Distanz vom Amazonas-Becken geht der Regenwald zunächst in die Caatinga über, um dann die Charakteristika einer Halbwüste, des eigentlichen **Sertão**, anzunehmen. Die Küstenvegetation im Norden besteht aus wild wuchernden Mangroven und weiten Plantagen von Kokospalmen. Südlich des Kaps São Roque, wo der Küstensaum nicht breiter als 60 km ist und hinter Recife noch mehr zusammenschrumpft, dominierte früher der tropische Küstenwald, der aber zum Teil abgeholzt und durch Zuckerrohrplantagen ersetzt wurde, die auf dem sandigen Boden gut gedeihen. Im inneren Sertão gibt es überwiegend Laub abwerfende Bäume, doch die das Landschaftsbild bestimmende Vegetationsart ist die Caatinga mit ihren Kakteen, dornigen Büschen und verwachsenen Bäumen. Wenn die Regenzeit einsetzt, verwandelt sich die Caatinga in ein grün wucherndes Dickicht aus Graspflanzen.

Küstenwald und Caatinga im Nordosten

Nur noch Restbestände sind von dem einst üppig wuchernden tropischen Küstenwald (Mata Atlântica) des brasilianischen Ostens erhalten, der größtenteils lukrativeren Plantagen weichen musste. Die zunehmende Besiedlung der Region tat ein Übriges. Folgerichtig ist der atlantische Regenwald von Recife bis Porto Alegre der gefährdetste Regenwald der Erde, dessen Rettung kaum mehr möglich zu sein scheint. Die im Jahr 1999 erfolgte Aufnahme des Regenwaldgebietes der **»Küste der Entdeckung«** (Costa do Descobrimento) in Bahia und Espírito Santo und der atlantischen Wälder von Paraná und São Paulo in die Liste des Weltnaturerbes der UNESCO lässt auf eine – wenn auch nur rudimentäre – Erhaltung der **Mata Atlântica** hoffen. Im Inneren des Landes, dem Sertão, sind die Campos landschaftsprägend, bald mit Bäumen durchsetzt (Cerrados), wie im oberen Tal des Rio São Francisco, bald baumlos (Campos Limpos). Das Halbwüstenklima des mittleren und unteren Tals des São Francisco findet seine Entsprechung wiederum in der Caatinga.

Atlantischer Regenwald und Grasland im Südosten

In dem von mehreren Klimata und Höhenlagen gekennzeichneten Süden hat auch der Vegetationsmantel unterschiedliches Gepräge. Der nördliche Teil ist mit dicht wucherndem Regenwald bedeckt, zumindest dort, wo dieser nicht von Menschenhand zerstört wurde. Daran schließen sich überwiegend Wälder mit Laub abwerfenden Bäumen an, die für Böden mit stark wechselndem Wassergehalt typisch sind und auf der Hochebene von São Paulo einen Großteil der den afrikanischen Savannen ähnelnden **Campos Cerrados** bedecken. Vom Süden des Staates Minas Gerais bis in den Norden von Rio Grande do Sul tauchen auf 400 bis 500 m Höhe **Araukarienwälder** (Mata do Pinhal) auf, bezeichnend für jene Regionen, die ein gemäßigtes warmes Klima und über das ganze Jahr verteilte Niederschläge aufweisen. Im Süden von Rio Grande do Sul dominieren Graslandschaften (Campinas).

Subtropische Vegetation im Süden

Die knapp 7400 km lange Küste Brasiliens bietet genügend Platz für unzählige Traumstrände wie hier im Bundesstaat Bahia im Nordosten des Landes.

Savanne, Steppe und periodische Feuchtgebiete im Mittelwesten

Im Mittelwesten überwiegen Savannen (Campos Cerrados). Sie nehmen weite Teile von Mato Grosso und Goiás ein, während in den südlicheren Gebieten eine Art Steppenvegetation (Campinas) zu beobachten ist. Auf feuchteren Böden gedeihen auch Galeriewälder, oft ohne Unterholz und mit Bäumen einer einzigen Art.

In den tiefer gelegenen Regionen mit lehmig-sandigem Terrain, dem **Pantanal**, verändert sich das Landschaftsbild: Niederschlagsreiche Perioden, in denen die Flüsse die Niederungen überschwemmen, alternieren mit ausgeprägten Trockenperioden. Hier wachsen diverse nährstoffreiche Grasarten. Während der Regenzeit ist das etwa 20 000 km² umfassende Pantanal eine einzige Wasserfläche mit großen Schwimmpflanzenteppichen und vielen bewaldeten Inselchen, auf die sich wild lebende Tiere wie Jaguare, Tapire, Wasser- und Wildschweine, aber auch Zuchtvieh zurückziehen. In der Trockenperiode verwandelt sich das Gebiet wieder in **eines der interessantesten Naturreservate des Kontinents**. Die spärlichen Wasserläufe und die kleinen Seebecken, die nach der Regenzeit zurückbleiben, sind voller Piranhas und Alligatoren und dienen außerdem unzähligen Wasservögeln als Zufluchtsstätte. Savannen und Sumpfgebiete wechseln einander ab, während an den Ufern der großen Flüsse üppige, von Affen bevölkerte Wälder wuchern.

Die brasilianische Tierwelt

Die parallele Existenz von höheren Säugetieren, Beuteltieren und ursprünglichen Säugetieren Südamerikas – den so genannten Zahnarmen (Edentata), zu denen auch die Nebengelenktiere zählen – stellt eine Besonderheit der hiesigen Säugetierfauna dar. Unter den **Beuteltieren** sind die Opossumverwandten, darunter die Zwerg- und Wollbeutelratten, die am weitest verbreiteten. Ein Charakteristikum nahezu aller südamerikanischen Opossums ist der Greifschwanz. Die letzten noch lebenden Vertreter der Nebengelenktiere sind **Faultiere, Ameisenbären und Gürteltiere.** Faultiere verbringen einen Großteil ihres Daseins hängend im Geäst, wobei sie als Pflanzenfresser die Cecropia-Bäume in Flussnähe bevorzugen. Trotz ihrer stoffwechselbedingten Trägheit und Langsamkeit der Bewegungen sind Faultiere ausgezeichnete Schwimmer.

Ameisenbären verfügen über eine lange, klebrige Zunge zum Auflecken ihrer Nahrung und scharfe Krallen zum Aufbrechen von Termitenbauten. Während der Große Ameisenbär die Savanne als Lebensraum bevorzugt, lebt der Kleine Ameisenbär sowohl auf Bäumen als auch am Boden; der eichhörnchengroße Zwergameisenbär hat die Lebensweise am Boden vollkommen aufgegeben. **Ameisenbären**

Hornpanzer und kräftige Grabklauen kennzeichnen sämtliche Arten von Gürteltieren. Erschütterungen des Bodens wahrnehmend, graben sich einige Gürteltierarten bei Gefahr blitzschnell ins Erdreich ein. Gürteltiere ernähren sich von jeglicher organischer Substanz. Der südamerikanische **Flachlandtapir** bevorzugt amphibische Umgebung und gilt als äußerst menschenscheu. Der fast ausgerottete Tapir hat ein dunkelgraubraunes Fell mit aufrecht stehender Nackenmähne und eine rüsselartige Schnauze, die zum Abreißen von Blättern, Zweigen und frischen Trieben dient. **Gürteltiere und Tapire**

Die brasilianischen Affenarten lassen sich in **Kapuzineraffen und Springtamarins sowie Krallenaffen** untergliedern. Allen gemeinsam ist die Bevorzugung von Waldgebieten als Lebensraum. Wenngleich selten sichtbar, lässt die akustische Präsenz, explizit der Brüllaffen, an deren Existenz nicht zweifeln. Wesentlich zurückhaltender geben sich die 150 g leichten Zwergseidenäffchen, die kleinsten Neuweltaffen, die durch vogelähnliches Gezwitscher auf sich aufmerksam machen. Mit einer Rumpflänge von bis zu 70 cm ist der friedfertige, melancholisch wirkende Wollaffe der größte südamerikanische Affe; seine Bestände sind stark bedroht. **Affen**

Eines der gefürchtetsten Raubtiere Südamerikas ist der **Jaguar.** Ähnlich dem europäischen Wolf mythologisch als Bösewicht diffamiert, ist der Jaguar fast ausgerottet. Weitere in Brasilien existierende Raubtiere sind Puma, Ozelot, Mähnenwolf sowie Nasen- und Waschbär. **Raubtiere**

Delfine und Seekühe
Im Amazonas und seinen Nebenflüssen leben zwei Arten von Süßwasserdelfinen, schwarze und helle, rosafarbene. Während man die scheuen Seekühe, deren irdisches Dasein wohl dem unausweichlichen Ende entgegensieht, selten zu Gesicht bekommt, halten sich die etwa 2 m großen Delfine häufig in Bootsnähe auf.

Vögel
Die Vogelwelt Brasiliens, v. a. des Amazonas-Gebietes, ist gekennzeichnet durch Artenreichtum, Farbenpracht und geringe Populationsdichte. Die üppigsten Farbkreationen und -variationen bietet der Inbegriff des tropischen Vogels schlechthin, der **Papagei**. Von der Natur mit buntem Gefieder gesegnet, wird er eben darum seines natürlichen Lebensraumes entrissen, um hierzulande ein trostloses Dasein in Käfigen zu fristen. Neben dem Papagei sind der **Tukan** mit seinem orangefarbenen, überdimensionierten Schnabel und der **Kolibri** die bekanntesten Tropenvögel.

Reptilien
Das tropische Klima bietet den wechselwarmen Schlangen, Echsen, Schildkröten, Alligatoren, Kaimanen und Krokodilen ein ideales Terrain. Die bedeutendsten Echsenarten sind **Leguane und Schienenechsen**; unter den Würgeschlangen sind **Anakonda und Boa** gefürchtet, Korallenschlangen und Grubenottern lähmen und töten ihre Opfer durch Nervengift.

Fische und Amphibien
In einem von riesigen Flusssystemen geprägten Land wie Brasilien kann die registrierte Zahl von rund 3000 Süßwasserfischarten nicht

Kunstwerk Natur: Die tropische Pflanzen- und Tierwelt ...

verwundern, darunter (Süßwasser-)Haie, Seenadeln, Rochen, Säge- und Plattfische. Der größte Süßwasserfisch des Landes ist der **Piraru-cu** mit einer Länge von bis zu drei Metern. Am weitesten verbreitet sind die zu den Karpfenfischen gehörenden Salmler. Zu ihnen zählt der in seiner Gefährlichkeit überschätzte **Piranha**. Baumsteigerfrö-sche sind weniger bekannt ob ihrer Eigenschaft, ihre Eier in den höchsten Baumkronen zu legen; vielmehr sind die auch als Pfeilgift-frösche bezeichneten Baumsteiger begehrte Beute indigener Jäger, die deren Hautsekret als Pfeilgift verwenden.

Weltweit existieren geschätzte 10 bis 30 Mio. Insektenarten, davon ein erheblicher Teil in Brasiliens Urwald. Bedauerlicherweise macht der Besucher tropischer Regionen mit ihrer wunderbaren Pracht an verschiedensten Tieren vorwiegend Bekanntschaft mit solchen klei-nen Bewohnern, die einen mitunter als willkommenes Biotop miss-brauchen, belästigen, peinigen.   **Insekten**

Die Zerstörung des brasilianischen Regenwaldes

Die Vernichtung des brasilianischen Regenwaldes allein auf die hohe Nachfrage nach Edelhölzern zur Fabrikation gepflegten Wohnzim-mermobiliars zurückzuführen, ist eine Verengung eines in Wirklich-keit weitaus komplexeren Sachverhaltes. Extensive Landwirtschaft und Viehzucht, Abbau von Bodenschätzen und besonders Brandro-dungen – zu einem erheblichen Teil verursacht durch landlose, nach

... geizt nicht mit üppigen Farbkreationen.

Siedlungsflächen suchenden Bauern, den Leidtragenden einer äußerst ungleichen Landverteilung in Brasilien – bilden ein Konglomerat der Zerstörung, das nicht nur bereits knapp 20% des amazonischen Urwalds, sondern auch über 90% des tropischen Küstenwaldes (Mata Atlântica) eliminiert hat.

Die Folgen für die indianische Bevölkerung, deren Lebensraum zerstört wird, für die Pflanzen- und Tierwelt sowie das globale Klima sind verheerend. Die Komplexität der Ursachen brasilianischer Regenwaldzerstörung bedarf umfassender Strategien zur Rettung eines der wertvollsten Ökosysteme der Erde. Dazu gehören die Durchsetzung der fortschrittlichen Umweltgesetzgebung Brasiliens durch adäquate Kontrollinstanzen, **Landreformen** als Maßnahme zur Nivellierung der extrem ungerechten Besitzverhältnisse von Grund und Boden, internationale Hilfsprogramme zum Schutz des Regenwaldes, **Senkung der Tropenholznachfrage** und die ökologisch verträgliche Stabilisierung der Volkswirtschaft bei gleichzeitiger Reduzierung sozialer Ungerechtigkeit. Solange Brasilien die Schwelle zum kollektiven Wohlstand nicht überschreitet, wird die rigorose Ausbeutung der Natur aus ökonomischen Gründen fortgesetzt werden.

Bevölkerung · Politik · Wirtschaft

Die Vermischung ethnischer Gruppen unterschiedlichster Herkunft – Nachfahren portugiesischer Kolonisten, europäischer und asiatischer Einwanderer, als Sklaven verschleppter Afrikaner und unterworfener Indianer – führte in Brasilien zu einer bunten Bevölkerungsgemengelage und kulturellen Vielfalt, die bis heute einen besonderen Reiz des Landes ausmachen. 49 % der brasilianischen Bevölkerung sind Weiße – darunter 15 % portugiesischer, 11 % italienischer, 10 % spanischer und 3 % deutscher Herkunft –, 42 % Mischlinge, nämlich Mestizen oder Caboclos (Nachkommen von Weißen und Indianern), Mulatten (Nachkommen von Weißen und Schwarzen) und aus der Verbindung von Schwarzen und Indianern hervorgegangene Cafuzos, 7 % Schwarze sowie knapp 1 % Asiaten, vorwiegend Japaner. **Bevölkerungsgruppen**

Nur etwa 500 000 Nachfahren der geschätzten 5 Mio. Indios, die bei Ankunft der Portugiesen im Jahr 1500 im heutigen Brasilien lebten, sind das traurige **Ergebnis europäischer Eroberung und Kolonisation**. Sie sind in ca. 200 verschiedene ethnische Gruppen untergliedert, die 120 verschiedene Sprachen oder Dialekte sprechen, welche zum großen Teil vier linguistischen Familien zugeordnet werden können: Tupí-Guaraní, Gê, Karib und Arawak.

← *Protest der Besitzlosen: Die ungleiche Landverteilung in Brasilien birgt sozialen Sprengstoff.*

*Yanomamifrau mit Gesichtsschmuck:
Die Verfassung räumt den Indianern
ein Recht auf kulturelle Eigenständigkeit und Vielfalt ein. Die Wirklichkeit
sieht anders aus.*

UNTERDRÜCKT UND BETROGEN

**Auf dem Papier garantieren Schutzgesetze den brasilianischen Indianern
selbst verwaltete Reservate – schon seit 1934. Und die demokratische
Verfassung von 1988 verspricht ihnen sogar das Recht auf kulturelle
Eigenständigkeit und Vielfalt. Hehre Absicht, triste Realität: Tatsächlich sind
Anfang des 21. Jahrhunderts vier Fünftel der brasilianischen Indianerreservate
noch immer jeder Invasion von Weißen schutzlos preisgegeben.**

Schuld daran ist das berüchtigte
Dekret Nr. 1775, ein vom damaligen
Justizminister Jobim 1996 ersonnenes
Gebot, das vor jeder Markierung von
Indianerland die Anhörung aller Ein-
sprüche vorschreibt. Ein gefundenes
Fressen für Goldgräber, Holzexpor-
teure und Landbesetzer: Hunderte
von Verfahren sind seither anhängig,
der Lebensraum der Indios vielerorts
umstritten oder akut bedroht.

Geringes Interesse

Erfolge der Ureinwohner in diesem
ungleichen Kleinkrieg sind noch seltener geworden, seit das Interesse des
westlichen Auslands an ihrem Schick-
sal deutlich abgeklungen ist. Wer hat
schon davon Notiz genommen, dass
die von **Maria Diva Maxakali** angeführte Stammesgemeinschaft der Maxakali in Santa Helena de Minas den
Abzug von fremden Eindringlingen
durchsetzen konnte? Selbst eine ganz
andere Nachricht aus dem Bundesstaat Minas Gerais erregte allenfalls
innerhalb des Dritte-Welt-Zirkels die
Gemüter: Im März 2000 – also
ziemlich genau 500 Jahre nach dem
Beginn der Conquista – wurden 22
Xacriaba-Indianer von Beamten der
Indianerschutzbehörde Funai aus
mehr als zweimonatiger Versklavung
auf einem abgelegenen Landgut befreit. Verachtung der Indios sowie
Bedrohungen und Übergriffe auf sie
sind keineswegs »Schnee von ges-
tern«, und das triste Dasein in zahlreichen Reservaten wird von Lethargie
und Hoffnungslosigkeit bestimmt:
Manche sind längst zu Homelands
des Alkoholismus verkommen, in
anderen liegt die Selbstmordrate extrem hoch. Für Goldsucher und Großgrundbesitzer sind die Indianer im
besten Fall **»Bichos do Mato«**, Tiere
aus dem Wald. Nicht selten spricht
man ihnen ganz unumwunden Ar-
beitseifer und jede Lernfähigkeit ab,
betrachtet sie als die eigenen wirtschaftlichen Interessen störenden Bal-
last, den es abzuwerfen gilt: der Indio

ein gleichberechtigter Brasilianer? Auch Anfang des 21. Jahrhunderts ein frommer Wunsch!

Perfide Mittel

Mit welch perfiden Mitteln Bergbaukonzerne, Großfarmer, Goldsucher, Militärs und Provinzpolitiker gegen die Indios vorgehen, lässt sich anhand der Dezimierung der **Waimiri-Atroari** geradezu beispielhaft nachvollziehen: Sie waren im Verlauf des Baus der Fernstraße BR-174 von Manaus nach Boa Vista (1968 bis 1977) mit grenzenloser Brutalität von regulären brasilianischen Streitkräften nahezu ausgerottet worden. Die wenigen Überlebenden wurden vom Bergbauunternehmen Paranapanema um einen Großteil des ihnen zugesprochenen Reservats nördlich von Manaus betrogen. Nachdem hier Satelliten reiche Zinnvorkommen geortet hatten, taufte man den Oberlauf des Rio Uatuma kurzerhand in Rio Pitinga um. Damit wurde die anschließende Enteignung der Waimiri-Atroari geschickt vorbereitet, denn laut Gesetz verlief die Reservatsgrenze am Rio Uatuma; vom Rio Pitinga war nirgendwo die Rede.

Anhaltende Gewalt

Überwundene blutige Vergangenheit? Ja und nein: Anlässlich der Feiern zum 500. Jahrestag der »Entdeckung« Brasiliens am 22. April 2000 durch Pedro Álvares Cabral ging die Polizei derart rücksichtslos gegen demonstrierende Indianer vor, dass der damalige Funai-Präsident Carlos Mares aus Protest zurücktrat. Im gleichen Jahr wurde ein Indio, der nach einem Besuch Brasílias an einer Bushaltestelle seinen Rausch ausschlief, von weißen Halbstarken mit Benzin übergossen und in Brand gesteckt. Im Ausland gab es auf keinen der beiden Vorfälle wirklich nennenswerte Reaktionen, kein Botschafter wurde zum Rapport bestellt, kein Regierungschef, weder in Europa, noch in Nordamerika, mahnte den **Schutz der indigenen Minderheit** unüberhörbar an. Wenn es tatsächlich eine vage Hoffnung gibt, die Vielfalt indianischer Lebensformen in Brasilien zu erhalten, so steht und fällt sie mit dem wachen Interesse von Politik, Medien und Öffentlichkeit in der »Ersten Welt«. Voraussetzung für den Erhalt indianischer Kultur ist die nachhaltige Grenzsicherung von Lebensraum indigener Völker. Wenn Brasiliens Verfassung aus dem Jahr 1988 im 21. Jahrhundert tatsächlich den Erhalt intakter indianischer Völker garantieren soll, darf es kein Verschweigen, Ignorieren und Wegsehen mehr geben. Andernfalls bleibt das Gesetzeswerk ein potemkinsches Dorf für das westliche Ausland.

Rassismus Wenngleich die brasilianische Verfassung jeglichen Rassismus verbietet, sind Diskriminierungen gegenüber ethnischen Minderheiten nicht zu leugnen. Dunkle Hautfarbe korreliert unübersehbar mit schlechter ökonomischer Stellung und geringem sozialen Prestige. Je dunkler die Hautfarbe, desto geringer ist die Chance gesellschaftlichen Aufstiegs. Entsprechend ist die politische, wirtschaftliche und kulturelle Elite Brasiliens zum größten Teil weiß. Die indigene Bevölkerung nimmt ohnehin eine unterprivilegierte Stellung am Rand der brasilianischen Gesellschaft ein.

Religion Die ethnische Heterogenität Brasiliens geht einher mit der Existenz zahlreicher Religionen. Wenngleich sich Brasilien das größte katholische Land der Erde nennt und protestantische, muslimische, jüdische sowie indianisch-animistische Einflüsse zu spüren sind, tragen vor allem **synkretistische Verbindungen** afrikanischer Religionen mit katholischen Traditionen zur religiösen Vielfalt bei. Trotz der statistischen Dominanz des reinen Katholizismus verliert die konservativ ausgerichtete katholische Amtskirche zunehmend ihre Anhängerschaft, die ihre religiösen Bedürfnisse bei verschiedensten Sekten, vor allem bei der evangelischen Pfingstpredigerbewegung (Igreja Universal do Reino de Deus), und bei den besagten synkretistischen afrobrasilianischen Kulten zu befriedigen sucht.

Von der Sonne gegerbtes Gesicht: Farmarbeiter im Bundesstaat Mato Grosso

Staat und Verwaltung

Nach der Verfassung vom 5. Oktober 1988 und dem Plebiszit über die endgültige Staatsform vom 21. April 1993 ist die **Föderative Republik Brasilien** (República Federativa do Brasil) eine präsidiale Bundesrepublik. Hauptstadt ist Brasília. `Staatsform`

Der gesetzgebende Nationalkongress (Congresso Nacional) besteht aus zwei Kammern, dem Senat (Senado Federal) mit 81 Sitzen – drei je Bundesstaat bzw. -distrikt – und der Abgeordnetenkammer (Câmara dos Deputados) mit 513 Delegierten. Während die Abgeordnetenkammer alle vier Jahre nach dem Verhältniswahlrecht neu gewählt wird, bleiben die Senatoren acht Jahre im Amt. Im Vier-Jahres-Rhythmus finden Teilwahlen von abwechselnd einem bzw. zwei Dritteln der Senatoren nach dem Mehrheitsprinzip statt. Wahlberechtigt sind alle Bürgerinnen und Bürger ab dem 16. Lebensjahr (ab dem 18. Lebensjahr besteht Wahlpflicht). `Parlament`

An der Spitze der Regierung steht der alle vier Jahre direkt vom Volk gewählte Präsident, der das Kabinett bestimmt. Erst die Verfassungsänderung 1997 ermöglichte die einmalige Wiederwahl des Präsidenten, dessen Amtszeit auf eine Legislaturperiode beschränkt war. `Regierung`

Die brasilianischen Parteien sind traditionell sehr stark auf Politikerpersönlichkeiten ausgerichtet und weniger programmorientiert. Das Gros der Parteienlandschaft bilden kleine klientelistische und populistische Parteien mit marginaler Bedeutung. Nur wenige Parteien haben die jüngste Geschichte Brasiliens erheblich geprägt: Der **Partido do Movimento Democrático Brasileiro (PMDB)** ist die Nachfolgepartei der MDP, der offiziellen Oppositionspartei während der Militärregierung ab 1964; sie gilt als Partei der Mitte. Von ihr spaltete sich im Jahr 1988 der **Partido da Social-Democracia Brasileira (PSDB)**, die Sozialdemokratische Partei Brasiliens, ab. Der **Partido dos Trabalhadores (PT)** wurde 1979 von Gewerkschaftlern, Intellektuellen und linken Gruppen gegründet und gilt als moderne, programmorientierte Linkspartei. Der **Partido da Frente Liberal (PFL)** ist dem rechten Zentrum zuzuordnen. `Parteien`

Die formale Grundordnung Brasiliens ergibt sich aus der Verfassung von 1988. Trotz moderner Gesetzgebung und einer großen Zahl an Rechtspflegeeinrichtungen ist die staatliche Gewalt in einigen Landesteilen kaum präsent. Das formale Recht hat in Brasilien daher nur partiell Geltung, private Rechtsdurchsetzung ist nicht unüblich. Ausufernde politische Korruption, die Macht der Drogenkartelle, Morde an Straßenkindern und Landarbeitern und die unsägliche Behandlung von Gefängnisinsassen machen deutlich, dass von einer Durchsetzung bestehenden Rechts – nur 10% aller Tötungsdelikte werden aufgeklärt – kaum die Rede sein kann. `Rechtswesen`

Regionen und Bundesstaaten Orientierung

Norden = (Norte)
Nordosten = (Nordeste)
Mittelwesten = (Centro-Oeste)
Südosten = (Sudeste)
Süden = (Sul)

Verwaltung Brasilien ist in **27 Bundesstaaten** untergliedert, einschließlich des Hauptstadt-Bundesdistrikts Brasília. Jeder verfügt über eine eigene Verfassung und ein eigenes Parlament. An der Spitze der Bundesstaaten steht ein Gouverneur. Ihnen sind ihrerseits insgesamt über 9000 Distrikte und knapp 5000 Städte und Gemeinden untergeordnet.

Ökonomische Entwicklung

Die ökonomische Entwicklung Brasiliens von einer agrarisch geprägten Volkswirtschaft zu einem auf breiter industrieller Basis stehenden Schwellenland war lange geprägt durch schwindelerregende **Hochkonjunkturphasen** und dem immer wiederkehrenden freien Fall in die Tiefen ökonomischer **Rezessionen**. Bis zur Mitte des 20. Jh.s war Brasilien eine Agrargesellschaft, ausgerichtet auf den Export von Holz, Zucker, Gold und Kaffee. Die geringe Diversifikation der Anbauprodukte führte zur starken Abhängigkeit vom Weltmarkt und zu regelmäßigen Absatzkrisen.

Unter **Präsident Juscelino Kubitschek** wurde ab 1956 eine forcierte, zum Großteil staatlich finanzierte Industrialisierungspolitik in Gang gesetzt. Eine hohe Inflationsrate und politische Instabilität beendeten 1961 diese Phase des auf industrieller Entwicklung basierenden Aufschwungs abrupt. Ab 1970 begann unter der Militärjunta die Konjunktur erneut gewaltig zu prosperieren und mündete in einen Wirtschaftsboom, der nicht nur die brasilianische Wirtschaftsstruktur, sondern auch die der Gesellschaft verändern sollte: Die rasante Entwicklung urbaner Industriezentren führte zu Landflucht und zu einem strukturellen Wandel der einst ländlichen zu einer städtisch geprägten Gesellschaft mit einem derzeitigen Urbanisierungsgrad von 80 %. Die maßlose Militärregierung ließ monumentale Entwicklungsprojekte entwerfen und auf Kreditbasis umsetzen.

Förderung der Industrie

Mit der Ölkrise 1979 und der damit einhergehenden Explosion der Zinssätze wurde die Rechnung präsentiert, die die brasilianische Bevölkerung mit Arbeitslosigkeit und sozialem Abstieg bezahlen musste. Vor allem die weitreichenden Wirtschaftsreformen zu Beginn der 1990er-Jahre – strikte Finanzpolitik, Steuerreformen, Liberalisierung des Handels sowie Deregulierung und Privatisierung staatlicher Unternehmen – führten zur allmählichen Konsolidierung der Wirtschaft. Doch erst die Etablierung des Real als neue Währung im Jahr 1994 (Plano Real), initiiert durch den damaligen Finanzminister und späteren Staatspräsidenten **Fernando Henrique Cardoso**, hat der galoppierenden Inflation Einhalt geboten. Wirtschaftswachstum, Preisstabilität und die Steigerung der Realeinkommen auch für die unteren Einkommensschichten waren das Ergebnis von Cardosos Wirtschaftspolitik, bis 1998 die Asienkrise auch Brasilien erfasste und das internationale Vertrauen in Brasiliens Finanzkraft erschütterte.

Rezession und Aufschwung

In den letzten Jahren hat Brasilien wirtschaftlich einen gewaltigen Sprung gemacht. Das Land zählt heute ökonomisch zu den Top-Ten der Welt, oft wird es von Experten als die aussichtsreichste Volkswirtschaft der BRIC-Staaten gehandelt. Schon lange war Brasilien mit seinen gewaltigen Agrar-, Bergbau- und Energieressourcen eine Exportweltmacht, doch das Land verfügt inzwischen auch über einen hoch entwickelten Industriesektor, die Verwertung erst kürzlich entdeckter Ölfelder wird dieser Entwicklung weiteren Anschub geben. Grundlage für den derzeitigen Erfolg sind u. a. eine gesunde Mischung aus effizienter Rohstoff- und Binnenmarkt-Ökonomie sowie die demokratische Stabilität des Landes. Durch die Stabilisierung seines Finanzsystems und eine hohe Binnennachfrage hat das Land die Weltwirtschaftskrise bislang so gut wie unbeschadet überstanden. Steigendes Wirtschaftswachstum und Attraktivität als Wirtschaftsstandort sind weitere Indikatoren für die zunehmende Bedeutung Brasiliens als Wirtschaftsmacht. Durch einen massiven Abbau der Auslandsverschuldung stieg die internationale Kreditwürdigkeit, wodurch Brasilien in der Folge stetig attraktiver für Investoren wurde.

Genesung der Wirtschaft

Geschichte

**Indigene Lebensweise vor der »Entdeckung« Brasiliens durch die Europäer,
Kolonisierung, Erklärung der Unabhängigkeit. Monarchie und Republik. Diktatur der Generäle und Rückkehr zur Demokratie. Begleiten Sie uns auf dem
Weg von den Anfängen brasilianischer Geschichte bis in die Gegenwart.**

Brasilien vor der Kolonisierung

12 000 v. Chr.	Erste Menschen in Amerika
8000 v. Chr.	Älteste Spuren menschlicher Besiedlung im brasilianischen Raum

Das vorübergehende Absinken des Meeresspiegels in den pleistozänen Eiszeiten ermöglichte es Menschen aus Asien, über die Bering-Landbrücke den amerikanischen Doppelkontinent zu erreichen. Die ältesten gesicherten Belege menschlicher Besiedlung Amerikas, datiert auf ca. 12 000 v. Chr., stammen aus Alaska. Die **Paläo-Indianer** zogen in den folgenden zwei Jahrtausenden nach Süden. Erste unumstrittene Spuren menschlicher Besiedlung im brasilianischen Raum – auf ungefähr 8000 v. Chr. datierte Skelettfunde – bestätigen die frühe menschliche Besiedlung des brasilianischen Ostens. Neuere Funde von Skeletten und Steinwerkzeugen in Nord- und Südamerika lassen jedoch vermuten, dass die Besiedlung Amerikas bzw. Brasiliens bis zu 5000 Jahre früher als bisher angenommen erfolgte.

Die Urbevölkerung Brasiliens lebte bis unmittelbar vor 1500 n. Chr. in Sippenverbänden mit teilweise mehreren hundert Mitgliedern entlang des Küstenstreifens und in den Wäldern des Landesinneren. Die in Großhäusern aus Baumstämmen mit Blattdächern wohnenden Indianer betrieben zumindest in Küstennähe Landwirtschaft; Jagd und Sammlertätigkeit ergänzten ihre Nahrungspalette. Die aus landwirtschaftlichem Anbau resultierende periodische Erschöpfung der Böden verhinderte eine dauerhafte Ansiedlung der Menschen am selben Ort. Die gesellschaftliche Struktur war gekennzeichnet durch **flache Hierarchien** bei strikter Arbeitsteilung zwischen Mann und Frau: Den Männern oblagen Jäger- und Sammlertätigkeit sowie Rodungsarbeiten, die Frauen erledigten die Bodenbestellung, die Verarbeitung landwirtschaftlicher Erzeugnisse und die Nahrungszubereitung.

Indigene Lebensweise vor 1500

Frühkoloniale Entwicklung

1494 n. Chr.	Vertrag von Tordesillas
1500	Landung des portugiesischen Seefahrers Pedro Álvares Cabral an der brasilianischen Küste
ab 1530	Erste Schritte zur Schaffung einer kolonialen Verwaltung durch die portugiesische Krone

← *Deutsche Auswanderer auf dem Weg nach Brasilien*

Vertrag von Tordesillas

Im Vertrag von Tordesillas einigten sich nach einem Schiedsspruch von Papst Alexander VI. Spanien und Portugal im Jahr 1494, also noch vor der portugiesischen »Entdeckung« Brasiliens, auf eine 370 geografische Meilen (ca. 2800 km) westlich der Kapverdischen Inseln verlaufende Demarkationslinie, die die kolonialen Interessensphären der beiden Staaten in der Neuen Welt abgrenzte. Alle bekannten und noch zu entdeckenden Gebiete östlich dieser Linie wurden Portugal, alle westlich gelegenen Spanien zugesprochen. Heute würde diese Linie ungefähr dem 48. Grad westlicher Länge entsprechen.

Landung der Portugiesen

Die Landung der Portugiesen an der südamerikanischen Atlantikküste unter der Führung von **Admiral Pedro Álvares Cabral** stellt die größte Zäsur in der brasilianischen Geschichte dar. Am 22. April 1500 fand das erste Zusammentreffen brasilianischer Indios mit portugiesischen Seefahrern statt, welches friedlich verlief. Schon den ersten Portugiesen in Brasilien blieb der Reichtum des Landes an Färbeholz nicht verborgen. Auch die Franzosen, Spanier und später die Holländer erkannten die wirtschaftliche Bedeutung des von den Portugiesen eroberten Territoriums und versuchten, sich eines Teils davon zu bemächtigen.

Lehnrechtliche Siedlungspolitik

Um die kolonialen Ansprüche Portugals auf Brasilien zu untermauern bzw. durchzusetzen, unternahm der portugiesische **König João III.** ab 1530 mit der Einrichtung so genannter Capitanias erste Schritte zur Schaffung einer kolonialen Verwaltung. Zu diesem Zweck teilte er den Küstenstreifen in 15 Landportionen auf und verlieh diese als Erblehen an portugiesische Adlige, die sich zur Besiedlung und Verteidigung des ihnen übertragenen Gebietes verpflichteten. So entstanden grundherrschaftlich organisierte, heterogene Latifundien ohne zentrale Verwaltungsinstanz.

Errichtung des Generalgouvernements

Diese feudal inspirierte Besiedlungspolitik war jedoch mäßig erfolgreich – Konflikte mit europäischen Seefahrern und der indigenen Bevölkerung sowie ein Mangel an Siedlern bedrohten die portugiesischen Kolonisationsversuche –, so dass sich die portugiesische Krone im Jahr 1548 zur Errichtung eines Generalgouvernements veranlasst sah. Damit wurde eine Zentralverwaltung mit Sitz in Bahia, dem heutigen Salvador da Bahia, errichtet, der militärische, zivile, richterliche und fiskalische Aufgaben oblagen. Zeitgleich mit der Schaffung des Gouvernements begannen vornehmlich jesuitische Missionare die indigenen Bevölkerungsgruppen zum Christentum zu bekehren und an europäische Lebensgewohnheiten zu gewöhnen.

Ökonomische Veränderungen

Die Färbeholzgewinnung bildete die ökonomische Basis der ersten kolonialen Siedlungen in Brasilien. Durch die politisch-administrative Stabilisierung der Kolonie im Zuge der Errichtung des Generalgouvernements gewannen verstärkt ab 1570 langfristig angelegte landwirtschaftliche Anbauformen, insbesondere der **Zuckerrohran-**

bau, an Bedeutung. Die damit einhergehende Zunahme des Arbeitskräftebedarfs führte zur verstärkten Anwerbung indianischer Plantagenarbeiter, die jedoch derartige Tätigkeiten zum Großteil ablehnten, da Bodenbestellung und Ernte – im Gegensatz zu Rodungsarbeiten – traditionsgemäß in den Aufgabenbereich der Frauen fielen. Die Folge war einerseits die Versklavung von Indios, andererseits die organisierte Entführung und Verschiffung von Millionen afrikanischer Sklaven nach Brasilien.

Aufbruch ins Landesinnere

ab 1635	Expeditionen der Bandeirantes
1654	Schlacht von Recife, Vertreibung holländischer Kolonisten
1698/1699	Goldfunde in Minas Gerais

Um 1600 war nur das erweiterte Küstengebiet rudimentär besiedelt: Allein das 1549 gegründete Bahia, Rio de Janeiro (1565) und Philipéia (1584, das heutige João Pessoa) verfügten über das volle Stadtrecht; daneben existierte eine nicht unbedeutende Zahl kleinerer Ansiedlungen. Ab 1635 wurden verstärkt Expeditionen in das unbekannte brasilianische Hinterland organisiert, um indianische Sklaven zu fangen und Edelmetallvorkommen aufzustöbern. Die Führer derartiger Expeditionen ins Binnenland – landwirtschaftliche Unternehmer bzw. von diesen finanzierte Abenteurer – nannte man nach dem Bandeira, dem Banner, das sie stets mit sich trugen, **Bandeirantes**. Sie drangen im Süden bis in die heutigen Bundesstaaten Minas Gerais, Mato Grosso und Goiás, im Nordwesten bis in das Ursprungsgebiet des Amazonas und, nach der endgültigen Vertreibung holländischer Kolonisten durch die Schlacht in Recife 1654, in das Binnenland des Nordostens vor.

Die Interessen der Bandeirantes kollidierten vehement mit jenen der **Jesuiten**, die im 17. Jh. zahlreiche Missionssiedlungen im Bin-

Expeditionen der Bandeirantes

Jagd auf indianische Sklaven

nenland zum Zweck der friedlichen Bekehrung, »Zivilisierung« und Integration indigener Völker gegründet hatten. Militärische Auseinandersetzungen zwischen äußerst brutal vorgehenden Bandeirantes und Jesuiten blieben keine Ausnahme. Zwischenzeitlich ergriff selbst die Krone **Maßnahmen zum Schutz der Urbevölkerung**, doch ökonomische Notwendigkeiten, nämlich Arbeitskräftebedarf, verhinderten eine konsequente Politik zum Schutz indigener Völker. Die Jesuiten jedoch entwickelten sich zu den entschiedensten Verteidigern der brasilianischen Indianer.

Erst die Goldfunde in Minas Gerais im Jahr 1698/1699 lösten ein massenhaftes Vordringen in das brasilianische Hinterland aus. Die dadurch entstandenen Siedlungen, darunter **Ouro Preto**, verlangten nach einer infrastrukturellen Anbindung an die Zentren der Küste. Die Edelmetallfunde läuteten damit nicht nur eine Phase des konjunkturellen Aufschwungs und den Aufstieg Brasiliens zum weltweit größten Goldlieferanten, sondern auch die infrastrukturelle Erschließung des Binnenlandes ein.

? WUSSTEN SIE SCHON …?

■ … dass der 1986 von Roland Joffé gedrehte preisgekrönte Film »The Mission« mit Robert de Niro und Jeremy Irons in den Hauptrollen den verzweifelten Überlebenskampf einer jesuitischen Missionsstation im brasilianischen Urwald zum Thema hat? Der Film endet dramatisch: Missionare wie bekehrte Indios werden von portugiesischen Soldaten niedergemetzelt.

Modernisierung von oben

ab 1750	Autoritäre Modernisierung Brasiliens im Sinne des aufgeklärten Absolutismus durch Marquês de Pombal
1759	Vertreibung der Jesuiten aus dem gesamten portugiesischen Herrschaftsgebiet
1789	Die Verschwörer der Inconfidência Mineira fordern die Unabhängigkeit vom Mutterland.

In der zweiten Hälfte des 18. Jh.s erreichte der aufgeklärte Absolutismus in Portugal unter König José I. seinen Höhepunkt. Sein Premierminister, **Marquês de Pombal** (1699 – 1782), leitete umgehend ein aufgeklärt-absolutistisches Reformprogramm in die Wege, dessen Radikalität weitreichende Folgen für das koloniale Brasilien haben sollte. Bestandteil seines umfassenden Reformprogramms waren bevölkerungsfördernde Maßnahmen zur Verbesserung des Verteidigungszustandes Brasiliens mit der Folge zahlreicher Stadtgründungen sowie die Reorganisation des Militär-, Steuer- und Finanzwesens. Im Zuge der Neuordnung der Verwaltung ordnete Pombal im Jahr 1763 die Verlegung der Hauptstadt von Bahia nach Rio de Janeiro an, dem künftigen Sitz der zentralen Verwaltungsbehörden. Die Gründung privilegierter, monopolistischer Handelsgesellschaften, eine merkantilistische Politik zugunsten Portugals, die verstärkte Zentralisierung der Verwaltung, Systematisierung der Rechtsordnung und Stärkung der Staatsautorität, kurz: die von der Krone ausgehende autoritäre Modernisierung zugunsten Portugals förderte die Unzufriedenheit Brasiliens mit dem Mutterland und das Aufkommen einer brasilianischen Identität.

Die Vertreibung des Jesuitenordens aus dem gesamten portugiesischen Herrschaftsgebiet im Jahr 1759 verstärkte die Distanzierung Brasiliens vom Mutterland. Ursache der Vertreibung der Jesuiten war der Versuch Pombals, den kirchlichen Einfluss in Staat und Gesellschaft zu reduzieren, sowie die kritische Haltung des Jesuitenordens gegenüber dem monarchischen Absolutismus. Das **starke Engagement der Jesuiten** im Bildungsbereich und die damit einhergehende Tatsache, dass ein erheblicher Teil der brasilianischen Elite jesuitische Bildungseinrichtungen durchlaufen hatte und dem Orden verbunden war, lösten bei diesen Bevölkerungsteilen Befremden gegenüber der Politik Portugals aus.

Vertreibung der Jesuiten

Nach dem Tod Josés I. rief die reaktionäre Politik der portugiesischen Königin **Maria I.** (Regierungszeit 1777 – 1792) bei den Bewohnern Brasiliens erneut feindselige Gefühle gegenüber Lissabon hervor. Die Aversion gegen Portugal gipfelte 1789 in der **Verschwörung der Inconfidência Mineira**. Sie wurde von einem Dutzend einflussreicher Bürger von Ouro Preto angezettelt, die die Unabhängigkeit vom Mutterland erreichen wollten. Das Komplott schlug fehl; der Anführer Joaquim José da Silva Xavier, nach seinem Beruf **Tiradentes** (= Zahnzieher) genannt, wurde zum Tod verurteilt; seine Mitverschwörer mussten das Land verlassen. Weitere antikoloniale, republikanische Verschwörungen in Rio de Janeiro 1794 und in Bahia 1798, initiiert von verschiedenen gesellschaftlichen Gruppen, belegen eine umgreifende Abneigung breiter Bevölkerungsteile gegenüber der portugiesischen Krone.

Antikoloniale Bewegung

Der Weg in die Unabhängigkeit

1807/1808	Der portugiesische Hof flieht vor napoleonischen Truppen nach Brasilien; Rio de Janeiro wird Hauptstadt des Königreichs Portugal.
1815	Proklamation des Vereinigten Königreichs Portugal, Brasilien und Algarve
1822	Brasilien wird unabhängig.

DOM PEDRO
EMPEREUR DU BRÉSIL

In Portugal übernahm im Jahr 1792 João, Sohn von Maria I., die Regentschaft für seine geisteskranke Mutter und wurde 1816, nach deren Tod, als **João VI.** offiziell gekrönt. Bereits 1807/1808 übersiedelte der gesamte portugiesische Hofstaat in Folge der Bedrohung durch das napoleonische Frankreich nach Brasilien. Vorübergehend wurde Rio de Janeiro Hauptstadt des Königreichs Portugal. Mit dem Ende der napoleonischen Kriege in Europa entschied sich João VI. – entgegen ursprünglichen Absichten – für den Verbleib in Brasilien und proklamierte 1815 das **Vereinigte Königreich von Portugal, Brasilien und Algarve**. Dieser Vorgang bedeutete die politische Gleichberechtigung Brasiliens mit Portugal und die formelle Beendigung des brasilianischen Kolonialstatus mit dem Ziel, separatistischen Bewegungen in der ehemaligen Kolonie den Wind aus den Segeln zu nehmen.

Beendigung des Kolonialstatus

Die liberale Bewegung Portugals, die im Jahr 1821 sowohl die Einberufung der 1697 letztmals zusammengetretenen Ständeversammlung (Cortes) als auch die Gründung einer konstitutionellen Monarchie forderte, konterkarierte durch die beabsichtigte Revision der Gleichstellung Brasiliens die vorausschauende Beschwichtigungspolitik Joãos VI. Zunehmende separatistische Unruhen in Brasilien waren die logische Konsequenz dieser neokolonialen Politik. Die liberalen Umtriebe in Portugal veranlassten die Rückkehr von João VI. und dessen Regierung nach Lissabon. Zuvor ernannte er seinen Sohn Pedro zum Regenten von Brasilien, der sich den neuerlichen kolonialen Bestrebungen seines Mutterlandes mit dem Ausruf »Independência ou morte!« (»Unabhängigkeit oder Tod!«), der als **»Schrei von Ipiranga«** in die Geschichte eingehen sollte, widersetzte. Am 1. Dezember 1822 wurde er als Pedro I. zum Kaiser von Brasilien proklamiert. Wenngleich die Emanzipation vom portugiesischen Mutterland das Ende der brasilianischen Kolonialgeschichte bedeutete, blieben die bestehenden kolonialen Wirtschafts- und Sozialstrukturen des Landes – z. B. die Praxis der Sklaverei – und die monarchische Staatsform noch lange Zeit unangetastet.

Erklärung der Unabhängigkeit

Von der Monarchie zur Republik

1824	Verkündung der ersten Verfassung Brasiliens
1840 – 1889	Regierungszeit Pedros II.
1850	Verbot des Sklavenimports
1865 – 1870	Tripelallianzkrieg gegen Paraguay
1888	Verbot der Sklaverei

← *»Unabhängigkeit oder Tod« war sein Motto: Dom Pedro überlebte!*

Die Verfassung von 1824 Am 25. März 1824 wurde in Rio de Janeiro die erste Verfassung des Kaiserreichs Brasilien feierlich verkündet, die bis zur Ausrufung der Republik im Jahr 1889 Gültigkeit haben sollte. In ihr wurden Erb-monarchie, ein konstitutionelles und repräsentatives System sowie Gewaltenteilung bei einem deutlichen politischen Übergewicht des Kaisers verankert. Die zentralistischen Machtbefugnisse des Regenten stießen auf massive Kritik seitens der liberalen Kräfte des Landes. Zunehmende innenpolitische Spannungen und – nach dem Tod Joãos VI. von Portugal – die Aussicht auf die portugiesische Thron-folge führten 1831 zur Abdankung Pedros I. zugunsten seines erst fünfjährigen Sohnes **Pedro de Alcântara**, dem wegen seiner Unmün-digkeit ein Regentschaftsrat zur Seite gestellt wurde.

Das Zweite Kaiserreich Bis zur Thronbesteigung und Übernahme der Regierungsgeschäfte durch Pedro de Alcântara als Dom Pedro II. im Jahr 1840 war die politische Situation Brasiliens geprägt durch die parlamentarische Auseinandersetzung zwischen unitaristisch-konservativen Kräften und Anhängern liberaler Ideen, die durch ein föderales Herrschafts-prinzip die **Autonomie der Provinzen** zu stärken suchten. In den 1840er-Jahren konnten die Konservativen mehr und mehr die Politik nach ihrem Ermessen bestimmen und ihre Macht konsolidieren, während die liberale Bewegung in mehreren lokalen Aufständen, die allesamt blutig niedergeschlagen wurden, ihrer oppositionellen Hal-tung Ausdruck verlieh. 1853 wurde der schwelende Konflikt durch die Aufnahme der Liberalen in die Regierung beendet, und es begann eine konstruktive Phase der innenpolitischen Zusammenarbeit.

Außenpolitik In der Außenpolitik unterstützte Brasilien die Liberalen Uruguays ge-gen den argentinischen Diktator Juan Manuel de Rosas und kämpfte zwischen 1865 und 1870 auf Seiten Uruguays und Argentiniens ge-gen das von Francisco Solano Lopez regierte Paraguay. Dieser Krieg ist als blutigster Konflikt von ganz Südamerika in die Geschichte ein-gegangen. Allein die Brasilianer hatten über 50 000 Tote zu beklagen; die Paraguayer, die sich mit dem Mut der Verzweiflung gegen über-mächtige Streitkräfte geschlagen hatten, wurden fast völlig ausge-löscht. Dieser so genannte **Tripelallianzkrieg** sollte für Brasilien weit reichende Folgen haben: Einerseits stieg die Auslandsabhängigkeit vor allem gegenüber Großbritannien, da kriegsbedingte Liquiditäts-probleme die Aufnahme internationaler Kredite notwendig machten, andererseits entwickelte sich das Militär zu einem bedeutenden machtpolitischen Faktor.

Wirtschaft Im Laufe des 19. Jh.s veränderte sich die wirtschaftliche Lage Brasi-liens tiefgreifend. Vor allem in den Staaten São Paulo und Rio Gran-de do Sul setzte ab 1850 die Blütezeit der Kaffeewirtschaft ein. Die Plantagen, auf denen dieses Produkt angebaut wurde, vervielfachten sich innerhalb kürzester Zeit und brachten eine neue, mächtige Schicht von Großgrundbesitzern (Fazendeiros) und Großhändlern hervor, die recht bald den Wohlstand und den politischen Einfluss der alten Baumwoll- und Zuckerbarone im Norden des Landes bedrohten. Der zunehmende Bedarf an Arbeitskräften in den zentralen und südlichen Regionen führte zu einer größeren gesellschaftlichen Mobilität und zum Verkauf von Sklaven aus dem Zucker produzierenden Nordosten in die Kaffeeanbaugebiete.

Verbot der Sklaverei

Nachdem 1850 auf massiven Druck Englands die Einführung von neuen Sklaven aus Afrika verboten wurde, setzte sich in der brasilianischen Gesellschaft nach und nach die Ansicht durch, dass die Sklaverei ein archaisches Relikt der Vergangenheit sei. Träger der aufkommenden **Abolitionsbewegung** waren eine Reihe von Organisationen, Freimaurerlogen, Zeitungen, aber auch die 1870 in Itú in der Provinz São Paulo gegründete Republikanische Partei, die gleichermaßen das Verbot der Sklaverei sowie die Abschaffung der Monarchie propagierte. Durch das »**Lei do Ventre Livre**« (»Gesetz des freien Leibes«) von 1871 wurde allen Neugeborenen aus schwarzen Sklavenfamilien die Freiheit zugesichert. Die schrittweise Einschränkung der Sklaverei mündete letztendlich in das endgültige Verbot der Sklavenhaltung durch das »**Lei Aurea**« (»Goldenes Gesetz«) vom 13. Mai 1888.

Untergang der Monarchie

Die republikanische Bewegung stand im ausgehenden 19. Jh. mit ihrer antimonarchistischen Grundhaltung nicht allein. Auch das nach

Mit der Überfahrt nach Brasilien begann der lange Leidensweg der Sklaven.

dem Tripelallianzkrieg zunehmend politisierte Militär erkannte in der Monarchie ein Kolonialrelikt Europas. Die konspirative Zusammenarbeit von Militär und republikanischer Bewegung mit dem Ziel der Beseitigung der Monarchie fand ihren Höhepunkt in der Besetzung Rio de Janeiros durch **General Deodoro da Fonseca** am 15. November 1889. Zwei Tage später ging Pedro II. nach Europa ins Exil.

Die Erste Republik

1889	Ausrufung der Republik
1891	Die Verfassung der Vereinigten Staaten von Brasilien tritt in Kraft.
1930	Das Ende der Republik

Konsolidierung der Republik

Die provisorische Regierung unter Deodoro da Fonseca begann umgehend damit, die anachronistischen Strukturen des Kaiserreichs zu beseitigen: Staat und Kirche wurden getrennt, die Religionsfreiheit eingeführt und der Adel abgeschafft. Die neue Verfassung von 1891 orientierte sich am US-amerikanischen Vorbild: Der jahrelang praktizierte Zentralismus fand durch die Aufwertung der ehemaligen Provinzen zu Bundesstaaten mit umfangreichen Kompetenzen ein Ende; der Oberste Gerichtshof als richterliche, Abgeordnetenhaus und Senat als gesetzgebende und der Präsident als ausführende Gewalt garantierten das verfassungsrechtliche Prinzip der Gewaltenteilung. Das Wahlrecht blieb aber weiterhin an den Zensus gebunden. Als nach heftigen innenpolitischen Auseinandersetzungen Fonseca einen Staatsstreich in Erwägung zog, griff das Militär erneut ein und entschied die Machtfrage zugunsten von **Marschall Floriano de Peixoto**, der das Amt des Präsidenten jedoch nur drei Jahre ausüben sollte. Mit Prudente de Morais wurde 1894 der erste nicht aus dem Militär kommende Präsident Brasiliens gewählt.

Wirtschaftliche Entwicklung

Bis 1930 war dem politischen Leben eine relative Ruhepause vergönnt, in der sich der wirtschaftliche Wohlstand konsolidierte. Unzählige Einwanderer aus Europa und Japan stellten die für den Entwicklungsprozess notwendigen Arbeitskräfte und trugen zum Wachstum der größeren Städte bei. Vier Millionen Menschen immigrierten aus europäischen Ländern, etwa 200 000 aus Japan. Kaffee und Kautschuk waren die Stützpfeiler der nationalen Wirtschaft; die Kaffeeplantagen dehnten sich auch dank der italienischen Einwanderer aus, in den Gummibaumpflanzungen Amazoniens wurden vornehmlich Arbeiter aus den Küstengebieten des Nordostens eingesetzt. Die städtische Industrialisierung ließ São Paulo zum wichtigsten Wirtschaftszentrum Brasiliens aufsteigen. Gegen Ende des 19. Jh.s erlebten auch Belém und Manaus eine prunkvolle Blütezeit, der Gummiboom verhalf den größten Städten Amazoniens in kurzer Zeit zu unvorstellbarem Reichtum. Das in dieser Zeit mitten im Urwald errichtete Theater- und Opernhaus von Manaus erinnert an den einstigen Wohlstand und an die daraus resultierende visionäre Aufbruchsstimmung, die Werner Herzog in seinem Urwaldepos **»Fitzcarraldo«** mit Klaus Kinski als Caruso-Enthusiasten zum Gegenstand seines Films machte. Die Monopolstellung in der Gummigewinnung und im Gummihandel war freilich nicht von langer Dauer: Engländer schmuggelten Gummibaumsamen aus dem Land und legten mit großem Erfolg Kautschukplantagen in Südostasien an. Bei Ausbruch des Ersten Weltkriegs hatte diese Konkurrenz die brasilianische Kautschukwirtschaft bereits schwer geschädigt. Neben Kaffee, Kautschuk und Zucker begann Brasilien auch das Fleisch der in Minas Gerais gezüchteten Rinder zu exportieren und dadurch einen weiteren Wirtschaftssektor für sich zu erschließen.

Von Vargas bis Kubitschek

1930 – 1945	Regierungszeit Getúlio Vargas'
1942	Kriegseintritt auf Seiten der Alliierten
1951 – 1954	Zweite Präsidentschaft Vargas'
1956 – 1961	Präsidentschaft Juscelino Kubitscheks; Bau von Brasília
1960	Brasília wird Hauptstadt.

Das ökonomische Wachstum des Landes wurde jedoch nicht von einem entsprechenden politischen Reifeprozess begleitet. Korruption und krasse soziale Ungleichheiten waren weit verbreitet, als 1930 Getúlio Vargas – in Folge des dramatischen ökonomischen Zusammenbruchs Brasiliens als Resultat der Weltwirtschaftskrise – mit Hilfe des Militärs die Macht ergriff. Seine 15 Jahre während Präsidentschaft war im Grunde nichts anderes als eine sich mit dem Deckmantel angeblicher Verfassungsgarantien tarnende Diktatur. Vargas war der erste brasilianische Staatsmann, der bestimmte Probleme der Republik auf nationaler Ebene zu lösen versuchte, indem er die lokalen Machtzentren schwächte und die Regierungsverantwortung zentralisierte. Es gelang ihm z. B., dem Bund alle Besteuerungsrechte zu übertragen, die vorher den lokalen Verwaltungen zugestanden hatten. Auch wenn Vargas die Beseitigung von Hindernissen mit autoritären Methoden betrieb, hatte seine Politik – vor allem in den Bereichen Arbeit und Soziales – doch Erfolge zu verzeichnen. Er repräsentierte einen neuen, aufsteigenden, ökonomischen Gesellschaftstyp, nämlich den der Industrieunternehmer, die die bisherige **Monopolstellung der Plantagenbesitzer** nicht mehr hinnehmen wollten. Ob-

Die Ära Vargas

wohl Vargas in seiner Regierungsform demokratisches Gedankengut mit faschistischen Ideen vermengte, blieb der Beifall beim Volk nicht aus, weil er mit der Vergangenheit brach, fortschrittliche Elemente in die Politik einbrachte und deshalb von den dynamischeren wirtschaftlichen Kräften unterstützt wurde.

Zweiter Weltkrieg Während des Zweiten Weltkriegs trat Brasilien 1942 der Anti-Hitler-Koalition bei und entsandte Truppen an die italienische Front. Nach Kriegsende sah sich Vargas dem Widerstand all jener demokratischen Bewegungen ausgesetzt, die für Brasilien die Institutionen und Freiheiten forderten, welche sie in Europa verteidigt hatten. Die Paradoxie dieser Situation erzwang 1945 den Rücktritt Vargas'.

Nachkriegszeit Demokratisch gewählter Nachfolger von Vargas wurde sein langjähriger Kriegsminister **Eurico Gaspar Dutra** im Jahr 1946 als Kandidat einer Mitte-Rechts-Partei. Nach einem vielversprechenden Auftakt zeigte sich jedoch, dass die neue Regierung vor allem die Probleme, die an die wirtschaftlich-industrielle Entwicklung geknüpft waren, nicht zu bewältigen verstand. Wegen der Misserfolge der Regierung Dutras kehrte Vargas 1951 – diesmal demokratisch legitimiert – in den Präsidentenpalast zurück. Vargas setzte seine in der ersten Präsidentschaftsperiode eingeleitete Politik der Importsubstitution und staatlich gelenkten Industrialisierung fort. Sein **Nationaler Plan**, der u. a. die Verstaatlichung der Erdölindustrie vorsah und 1953 zur Gründung der staatlichen Erdölgesellschaft Petrobrás führte, ließ die Auslandsverschuldung drastisch steigen. Nach einem aus dem Umfeld Vargas' initiierten Attentat auf einen regierungskritischen Journalisten, bei dem dessen Begleiter, ein ranghoher Militär, zu Tode kam, stellten die Streitkräfte dem Präsidenten ein Rücktrittsultimatum; Vargas hielt dem politischen Druck nicht stand und nahm sich 1954 das Leben. Sein Nachfolger wurde der bisherige Vizepräsident João Café Filho, der für das Jahr 1955 Neuwahlen ansetzte.

Die Ära Kubitschek Wahlsieger wurde Juscelino Kubitschek de Oliveira, der das Amt des Präsidenten von 1956 bis 1961 bekleidete. Die neue Regierung verfolgte einen geschickten Mittelweg, der sowohl die schon von den Vorgängern eingeleitete Politik gegen die Rückständigkeit des Landes fortsetzte als auch die ausländischen Interessen in Brasilien berücksichtigte. Die Konzentration der Investitionen auf den industriellen Sektor begünstigte jedoch bereits existierende Industrieagglomerationen wie São Paulo, während industriell rückständige Gebiete endgültig den Anschluss an die wirtschaftlichen Zentren verloren. Die dadurch vertieften regionalen Ungleichgewichte sollten die Ära Kubitschek bis zum heutigen Tag überdauern.

Bau Brasílias In der Regierungszeit Kubitscheks entstand auf dem Hochplateau des Staates Goiás die repräsentative, supermoderne Bundeshauptstadt Brasília. Dieses kühne Projekt, das auch vom Volk sehr stark als Sym-

Entstehung einer Hauptstadt: der Bau Brasílias

bol für Fortschritt und nationale Gerechtigkeit empfunden wurde, erzielte einen außergewöhnlichen Erfolg. Die im Wesentlichen von den Architekten **Lúcio Costa und Oscar Niemeyer** entworfene neue Metropole wurde in nur fünf Jahren erbaut.

Der gewählte Nachfolger Kubitscheks, Jânio Quadros, blieb nur sieben Monate im Amt. Dessen Nachfolger, João Goulart, wurde wegen seiner linksorientierten Politik von den Militärs und den konservativen Kräften boykottiert. Sein 1964 eingeleiteter Versuch, wirtschaftliche Struktur-, insbesondere **Landreformen** durchzusetzen, ließ die Generäle auf die politische Bühne zurückkehren. Erneut setzte sich das Militär – ein Charakteristikum südamerikanischer Zeitgeschichte – über demokratische Spielregeln hinweg und verhinderte grundlegende Reformen der Verteilungsstrukturen, die bis heute die ökonomische und gesellschaftliche Entwicklung Brasiliens beeinträchtigen und militante Auseinandersetzungen zwischen Landlosen und Großgrundbesitzern provozieren.

Das Ende der Republik

Die Diktatur der Generäle

| 1964–1985 | Militärdiktatur und Aufhebung der Grundrechte |
| 1982 | Mit dem offenen Ausbruch der Verschuldungskrise endet das brasilianische Wirtschaftswunder. |

Unter den Präsidenten Humberto Castelo Branco (1964–1967), Arthur da Costa e Silva (1967–1969), Emílio Garrastazu Médici (1969

Ausschaltung der Opposition

bis 1974), Ernesto Geisel (1974–1979) und João Baptista de Oliveira Figueiredo (1979–1985) – allesamt Generäle der brasilianischen Streitkräfte – diktierte das Militär die Politik Brasiliens. Durch die »Säuberung« von Parlament, Verwaltung und Streitkräften, durch Parteienverbot und Außerkraftsetzung verfassungsmäßiger Rechte sowie eine umfassende Zensur sämtlicher Medien schuf das Militär die Grundlage für eine autoritäre Herrschaft. Die politische Opposition wurde durch willkürliche Verhaftungen, Folter und Mord eliminiert. Während der Präsidentschaft Médicis erreichte der **Staatsterrorismus** seinen Höhepunkt: Die marxistische Guerilla-Bewegung wurde nicht nur rücksichtslos bekämpft, sondern diente auch als Alibi für die Zerschlagung der studentischen Opposition. Mit der Präsidentschaft Geisels begann sich die Härte der Militärdiktatur zu lockern und mündete in eine zaghafte Redemokratisierungsphase unter Figueiredo.

Prosperität und Rezession Die Jahre der Militärdiktatur waren jedoch auch die Jahre des Wirtschaftswunders, in denen Brasilien zum Industriegiganten Südamerikas heranwuchs, sich gleichzeitig aber auch das soziale Gefälle im Übermaß verstärkte, augenfällig durch die Wucherung der Favelas, der Elendsviertel am Rand der Großstädte. Die Industrialisierungs-

Das Ende der Republik: Im Jahr 1964 übernimmt das Militär die Regierung. Der Staatsterrorismus der Generäle sollte bis 1985 währen.

politik unter Rückgriff auf internationale Kredite potenzierte die Auslandsverschuldung. Mit einem Teil des ausländischen Kapitals finanzierte man den Bau des Staudammes von Itaipu, die Eisenerzförderung in Carajás und die Ausbeutung des Amazonas-Gebiets. Die Ölpreisschocks der 1970er-Jahre, die Inflation und die Verschuldungskrise sowie das damit einhergehende Ende des Wirtschaftswachstums läuteten den Untergang des Unrechtsregimes ein.

Die Rückkehr zur Republik

1985	Rückkehr zu republikanischen Verhältnissen
1988	Verkündung der bis heute gültigen Verfassung
1994–2002	Amtszeit des Präsidenten Fernando Henrique Cardoso
2003	Lula da Silva wird Präsident Brasiliens.

Die hoffnungsvoll erwartete Neue Republik war hinsichtlich ihrer Protagonisten so neu nicht: Von einem Wahlmännergremium wurde **Tancredo Neves** 1985 zum Präsidenten gewählt, der unter Vargas das Amt des Justiz- und unter Goulart das des Premierministers innehatte. Sein Tod vor der Amtsübernahme ließ dem designierten Vize-Präsidenten **José Sarney** – unlängst noch Vorsitzender der Regierungspartei des Militärregimes – unvorbereitet die Rolle des Präsidenten zukommen. Seine Amtszeit wurde geprägt durch die allesamt gescheiterten Stabilisierungsversuche der Wirtschaft, aber auch durch die feierliche Verkündung der modernen, bis heute gültigen Verfassung von 1988. **Neue Republik**

Mit **Fernando Collor de Mello** übernahm 1990 erstmals seit 29 Jahren ein direkt gewähltes Staatsoberhaupt die Regierungsgeschäfte. Die Bedingungen seines Amtsantritts waren denkbar ungünstig: Über 2750 % Inflation per annum und 30 Millionen unter der Armutsgrenze lebende Brasilianer waren eine schwere Hypothek, die er durch Stabilisierung der Währung, Privatisierung und Deregulierung der Wirtschaft sowie Liberalisierung des Außenhandels zu beseitigen gedachte – ohne Erfolg. Collor de Mello scheiterte aber letztendlich nicht an seiner erfolglosen Politik, sondern an zahlreichen (Bestechungs-)Skandalen. Unmittelbar vor der drohenden Amtsenthebung trat er 1992 zurück und wurde von Vizepräsident **Itamar Franco** abgelöst, der die Amtsperiode Collors zu Ende führte. Nachdem sich die Inflation im Vergleich zu 1990 nochmals verdoppelt hatte, gelang dem Finanzminister Francos, dem späteren Präsidenten **Fernando Henrique Cardoso**, mit der Einführung des Reals am 1. Juli 1994 die Etablierung einer nahezu stabilen Währung. **Korruption, Inflation und Armut**

Die Amtszeit Cardosos Die von Cardoso initiierte Währungsstabilisierung machte ihn bei den Präsidentschaftswahlen von 1994 als Vertreter des Partido da Social-Democracia Brasileira unschlagbar. 1998 wurde er, nach einer Verfassungsänderung, die die einmalige Wiederwahl des Präsidenten ermöglichte, im Amt bestätigt. Zahlreiche Reformansätze hinsichtlich der Privatisierung der Staatsbetriebe, der Sozialversicherung, dem Haushaltswesen und bei der Landreform prägten die erste Regierungsperiode des Soziologieprofessors. Die erste Hälfte der zweiten Amtsperiode wurde überschattet durch die Abwertung des Reals, Rezession und Arbeitslosigkeit sowie durch **Korruptionsvorwürfe** im Zusammenhang mit der Privatisierung der Telekommunikationsholding Telebras. Die Amtszeit Cardosos endete am 1. Januar 2003.

Die Amtszeit Lula da Silvas Bei den Präsidentschaftswahlen am 27. Oktober 2002 erzielte der Kandidat der Arbeiterpartei (PT), **Luiz Inácio »Lula« da Silva**, das beste Ergebnis, das ein Bewerber um das höchste politische Amt in Brasilien je erreicht hat. Am 1. Januar 2003 löste er seinen Vorgänger Fernando Henrique Cardoso offiziell ab. Weltweit erhielt das von Lula da Silva proklamierte Regierungsprogramm **»Fome Zero«**, also

Luiz Inácio da Silva, genannt »Lula«

»Null Hunger«, viel Beifall. Mit Umsicht, kluger Argumentation und den richtigen Signalen verstand es der Sozialist außerdem, seiner Wirtschaftspolitik sowohl das Vertrauen der Industrie als auch des Internationalen Währungsfonds (IWF) zu verschaffen.

Der Real behauptete sich gegenüber dem Dollar, Brasiliens Wirtschaft florierte, das internationale Ansehen war so gut wie seit Jahren nicht mehr. Unter Lula gelang 23 Mio. Brasilianern der Aufstieg aus den untersten Armutsschichten, 10 Mio. Arbeitsplätze wurden geschaffen und der Mindestlohn mehr als verdoppelt. Zeitweise erreichte Lula bei den Brasilianern mit bis zu 80 % atemberaubende Zustimmungswerte, und galt sogar vorübergehend als das beliebteste Staatsoberhaupt der Welt. Dem früheren Metallgewerkschafter gelang das Kunststück, das gesamte Volk hinter sich zu bringen, sowohl von den Armen als auch von den Reichen wurde er unterstützt. Auf internationaler Bühne erreichte Brasilien unter dem durch die starke Wirtschaft selbstbewusst auftretenden Lula mehr Einfluss als je zuvor. Selbst ein Schmiergeldskandal innerhalb seiner Arbeiterpartei PT noch während der ersten Amtsperiode tat der Popularität des Präsidenten keinen Abbruch. Nachdem Lula als charismatischer Werber und Botschafter seines Landes auch noch mithalf, die Fußball-Weltmeisterschaft 2014 nach Brasilien sowie die Olympischen Spiele 2016 nach Rio de Janeiro – und damit erstmals nach Südamerika – zu holen, erreichte seine Beliebtheit ihren Höchststand. Von der französische Zeitung Le Monde wurde er zur Persönlichkeit des Jahres 2009 gewählt und noch zu Lulas Amtszeiten kam ein Spielfilm über sein Leben in die brasilianischen Kinos. Aus Verfassungsgründen war nach zwei Amtsperioden eine Wiederwahl 2010 nicht möglich.

Kunst und Kultur

Von der präkolumbischen Kunst über den Kolonialbarock bis zur Architektur der Gegenwart. Die Besonderheiten brasilianischer Musik. Die Bedeutung afrobrasilianischer Kulte. Ein Querschnitt durch Kunst und Kultur Brasiliens.

Kunst- und Architekturgeschichte

Präkolumbische Kunst

In der Kunstgeschichte Brasiliens bildet – wie in ganz Meso- und Südamerika – das Auftreten der ersten Europäer eine tiefe Zäsur. Doch im Gegensatz zu den mesoamerikanischen Gebieten und den Anden, die überaus reiche und sehr alte präkolumbische Kulturen aufweisen, hat Brasilien in dieser Hinsicht wesentlich weniger zu bieten. Früheste Zeugnisse künstlerischen Schaffens sind **Fels- und Höhlenmalereien**, häufig mit der Darstellung von Tieren und Jagdszenen, deren Alter auf maximal 8000 Jahre geschätzt wird. Besonders interessant sind die prunkvollen, mannigfaltig verzierten Urnen, die man in aufgeschütteten Grabhügeln auf der Insel Marajó im Mündungsdelta des Amazonas entdeckte. Sie wurden mit verschiedenen Techniken dekoriert; die stets stilisierten Verzierungen zeigen Menschen oder Tiere bzw. verschlungene geometrische Muster.

Frühe Kolonialzeit

Aus den ersten eineinhalb Jahrhunderten des neuzeitlichen Brasiliens sind nur sehr wenige Baudenkmäler erhalten geblieben. Dies nicht nur, weil die Piraten viele Gebäude entlang der Küste zerstörten, sondern auch, weil Portugal anfangs kein Interesse an der Kolonie bekundete, deren ungeheure Ressourcen damals nicht erkannt wurden. Die Kirchen, die die ersten Siedler errichteten, waren überaus schlicht. Zunächst aus Ziegeln gemauert und mit Pflanzenmaterial gedeckt – daher der Name **Igrejas de Palha** (Strohkirchen) –, mussten diese Gotteshäuser bald durch Bauten aus Stein und Kalkmörtel ersetzt werden, deren Grundriss aus zwei Rechtecken bestand. Das größere war für die Gläubigen bestimmt, das kleinere bildete den Chor. Den Eingangsportalen waren Portiken mit Stein- oder Holzsäulen vorgebaut, wo Gemeindemitglieder Platz fanden, die keinen Zutritt zur Kirche hatten. Innen- und Außenwände waren weiß gekalkt und hoben sich hell gegen die roten Dachziegel ab. In der Fassade öffneten sich rechteckige Fenster, darüber und dazwischen sowie im Giebelfeld Rund- oder Ovalfenster. Diese ausgeprägte Tendenz, Kirchenräume mit vielen natürlichen Lichtquellen auszustatten, ist charakteristisch für die brasilianische Baukunst.

Zwei der ältesten noch erhaltenen brasilianischen Kirchen befinden sich in **Porto Seguro**, an der Küste südlich von Salvador, wo Pedro Álvares Cabral im Jahr 1500 erstmals brasilianisches Land gesichtet haben soll. Mit dem Bau der Igreja da Misericórdia wurde 1526 begonnen, mit dem der Igreja de Nossa Senhora da Pena im Jahr 1535.

Kirchen in Porto Seguro

← *Brasília – das architektonische Wahrzeichen des Landes*

Kolonialbarock

Jesuitenkirche von Salvador

Die Blütezeit der brasilianischen Architektur begann mit den Goldfunden von 1696 und stand unter dem Einfluss des Barockstils, der sich im 17./18. Jh. in Europa ausbreitete. In der zweiten Hälfte des 17. Jh.s entstand eines der wichtigsten Bauwerke, das die spätere Architekturgeschichte entscheidend geprägt hat: die Jesuitenkirche von Salvador (1652–1672), heute Kathedrale der Stadt. Dieses vierte Gotteshaus, das der Jesuitenorden in Salvador errichtet hatte, ist auch heute noch das monumentalste ganz Brasiliens. Der einschiffige Grundriss mit den nur wenig tiefen, miteinander verbundenen Seitenkapellen erinnert an die Lissabonner Kirche São Roque, die sich architektonisch wiederum an die erste Jesuitenkirche Il Gesù (1568) in Rom anlehnt. Die Kirche von Salvador ist ebenso wie ihr Lissabonner Vorbild kuppellos. In üppigem Barock wurden auch die 1709 begonnene und später restaurierte **Klosterkirche São Francisco von Salvador**, aber auch zahlreiche andere Gotteshäuser im ganzen Land errichtet. Im 17. und teils auch noch im 18. Jh. entstanden ferner die großen Jesuitenbauten in den Missionssiedlungen und den Städten – man denke nur an das festungsartige Jesuitenkolleg in der Bucht von Paranaguá im Staat Paraná und an die Mission São Miguel, eines der höchst selten gewordenen Beispiele der barocken Guaraní-Architektur in Rio Grande do Sul.

Zivilgebäude

Verschwindend gering ist die Zahl der noch erhaltenen barocken Zivilgebäude; fast alle sind Repräsentations- und Verwaltungsbauten, z. B. der **Palácio do Rio Branco von Salvador**, im Krieg gegen die Holländer zerstört und später erneuert; die Câmara Municipal (Rathaus) von Salvador aus dem 18. Jh. mit ihren eleganten Arkaden; der Paço Imperial in Rio de Janeiro, der zuerst als Gouverneurspalast, dann als königliche Residenz und zuletzt als Post- und Telegrafenamt diente; schließlich der **Palácio Cruz e Souza von Florianópolis** im Bundesstaat Santa Catarina, ein mächtiges, rosafarbenes Gebäude aus den Jahren 1770 bis 1780. Städte wie Recife, Olinda, Belém, Rio de Janeiro, São Paulo und etliche ehemalige Goldgräbersiedlungen in Minas Gerais wie Sabará, Ouro Preto, Marina, Congonhas, São João del Rei und Tiradentes haben alte Stadtviertel bewahrt, die inzwischen zu nationalen Kulturdenkmälern erklärt wurden oder als Weltkulturerbe der UNESCO geschützt sind.

Frankophile Kunstströmungen und Jugendstil

Französischer Einfluss

Als João VI. im Jahr 1816 eine Gruppe von französischen Künstlern unter der Führung von Joachim Le Breton nach Rio de Janeiro rief, kam Brasilien erstmals mit modernen, insbesondere Pariser Kunstströmungen in Berührung. Nach Ausrufung der Republik im Jahr 1889 wurden viele Städte neu gestaltet, was zu einer wahren **Blüte von Jugendstilwerken** führte. Dieser Bauphase des späten 19. und frühen 20. Jh.s gehört eine ganze Reihe von ungewöhnlichen Bauten in Manaus an: der Mercado Municipal (Städtische Markthalle) mit dem von Eiffel entworfenen Dach, die in Fertigteilen aus England gelieferte Alfândega (Zollamt) und das imposante Teatro Amazonas, dessen Bauarbeiten sich über 17 Jahre hinzogen. Daneben sind auch das Teatro da Paz, das Opernhaus von Belém, das Städtische Theater und der Bahnhof Estação da Luz in São Paulo zu nennen, die beide aus den ersten Jahren des 20. Jh.s stammen.

Kunst und Architektur im 20. Jahrhundert

Die 1922 im Teatro Municipal von São Paulo abgehaltene **»Woche der modernen Kunst«** avancierte zum Aufbruchsignal in der brasilianischen Künstler- und Intellektuellenszene. Das erste grundlegende architektonische Werk der neuen, modernistischen Bewegung in Brasilien war der Palast des Ministeriums für Erziehung und Gesundheit in Rio de Janeiro, zwischen 1936 und 1943 erbaut. Protagonisten der modernistischen Frühphase waren der Rationalist Gregori Warchavchik und der französischstämmige **Lúcio Costa**. Costa wurde auch die Leitung der Architektengruppe übertragen, die den Entwurf für das neue Ministerium ausarbeiten sollte. Indem Costa Le Corbusier als Berater hinzuzog, knüpfte er nicht nur an die frankophilen Tendenzen Brasiliens im 19. Jh. an, sondern führte die Kultur seines Landes auf die Zweckarchitektur Le Corbusiers hin. Selbst die Baumeister der folgenden Generation blieben seiner Konzeption treu, vernachlässigten dadurch aber wesentliche Neuerungen wie jene von Wright, Gropius und Mies van der Rohe.

Die Kathedrale von Brasília: ein Meisterwerk von Oscar Niemeyer

Die Kirche Bom Jesus do Matosinhos in Congonhas

KUNSTWERKE EINES ENTSTELLTEN

Als bedeutendste Künstlerpersönlichkeit der brasilianischen Kolonialzeit gilt der aus Ouro Preto stammende Architekt und Bildhauer Antônio Francisco Lisboa (1730–1814), wegen seiner auf eine Lepra-Erkrankung zurückgehenden Entstellung Aleijadinho (Krüppelchen) genannt.

Aleijadinho zeigte sich nie in der Öffentlichkeit; in den letzten Lebensjahren musste er sich, da einige Finger verstümmelt waren, Stift und Meißel an die Gelenkstümpfe binden lassen. Seine Behinderung trug ihm freilich die besondere Verbundenheit der Brasilianer ein und war mit ein Grund dafür, dass sein Leben und Wirken zur Legende wurde.

Hauptwerke

Die bedeutendsten Arbeiten Aleijadinhos sind die 1766 begonnene Fassade der Kirche São Francisco in Ouro Preto, die Fassade der Igreja do Carmo in Sabará und die von São Francisco in São João del Rei sowie die Fassadenskulpturen und zwei Seitenaltäre der von seinem Vater entworfenen Igreja do Carmo in Ouro Preto. Außerdem schuf er die sechs Figurengruppen der Kreuzwegstationen am Hang vor der Wallfahrtskirche **Bom Jesus do Matosinhos** in Congonhas do Campo, in denen eine wirklichkeitsgetreue, volkstümliche, schon fast ans Groteske grenzende Dramatik vorherrscht, sowie die zwölf Prophetenstatuen, die eine effektvoll zur Fassade hinaufführende Treppenanlage schmücken und zu den faszinierendsten Skulpturenkomplexen des Kolonialbarocks gehören. Bei den Kirchen Aleijadinhos ist nicht so sehr der Grundriss von Interesse, der gewöhnlich aus einem herkömmlichen Rechteck besteht, sondern vielmehr die Fassaden. Hier überwindet die Phantasie des Künstlers **strenge geometrische Schemata** und bedient sich geschwungener Linien und Formen, die bisweilen zu originellen Lösungen führen, insbesondere bei den Übergängen zu den seitlichen Glockentürmen. In diesem Sinne exemplarisch sind die Kirchen São Francisco von Ouro Preto und von São João del Rei, allgemein als seine Meisterwerke gerühmt.

Mit Gold überzogen

Originell und kunstvoll sind auch die ganz mit Gold überzogenen Barock- und Rokokokirchen an der Küste, wie die Kirche des Klosters São Francisco in Salvador, die **Capela Dourada** in Recife und die des Dritten Karmeliterordens in Cachoeira. Ihre Innenräume sind nach einem einheitlichen Grundkonzept mit vergoldeten und farbig gefassten Skulpturen verkleidet, das Wände, Gewölbe, Kanzeln und Altäre miteinbezieht und an dessen Gestaltung Scharen von Schnitzern, Vergoldern, Bildhauern, Malern und Goldschmieden beteiligt waren.

Aleijadinhos gefesselter Jesus:
ausdrucksstark und faszinierend

Costa, Niemeyer und Portinari

Danach beschritt die brasilianische Architektur brillantere, effektvollere Wege, voller scheinbar irrationaler Improvisationen. Hauptvertreter dieser Richtung ist der 1907 in Rio de Janeiro geborene **Oscar Niemeyer** (▶ Berühmte Persönlichkeiten S. 73). Wenn Costa als der Begründer der neuen brasilianischen Architektur zu gelten hat, so ist Niemeyer gewiss die bedeutendste Persönlichkeit in diesem Bereich. Seine Werke sind an den stark geschwungenen Grundrissformen und den parabolisch gewölbten Dächern zu erkennen. Da Holz wegen Termitengefahr kaum Verwendung findet und Naturstein im Land fehlt, ist Stahlbeton zum bevorzugten Baumaterial geworden. Zur Verkleidung der Wände dienen Mosaiken und farbige Majolikafliesen (Azulejos). Exemplarischen Wert besitzen die Fresken von **Cândido Portinari** (1903 – 1962; ▶ Berühmte Persönlichkeiten S. 74) im Ministerium für Erziehung und Gesundheit in Rio und die Mosaiken der Kirche São Francisco am Stausee Pampulha. Portinari, eine der dominierenden Gestalten der brasilianischen Malerei, erfasste durch seine grellen Farben und seine entfesselte Expressivität die vitalen Wesenszüge seines Volkes.

Malerei und Bildhauerei

Der Einfluss der abstrakten Kunst und der nachfolgenden amerikanischen Kunstströmungen auf das kulturelle Leben Brasiliens hielt bis in die 1960er- und 1970er-Jahre vor. Er wirkte sich auf sehr unterschiedliche Künstlerpersönlichkeiten aus, z. B. auf die Maler Iberê Camargo, Arcangelo Ianelli, Maria Leontina, Antônio Henrique Valentin oder auf die Bildhauer Sergio Camargo, Bruno Giorgi und Maria Martins. Spitzenvertreter der Avantgarde sind jedoch **Barrio und Hélio Oiticica** mit ihren beunruhigenden Kompositionen, die die Lebensbedingungen in den Städten schildern. Wichtige Impulse gehen auch von Ligia Pepe, Sergio Augusto Porto und Regina Vater aus. Darüber hinaus gibt es in Brasilien eine breite Bewegung von naiven Malern, deren Produktion weitaus ursprünglicher und volksverbundener ist als die in anderen Teilen der Welt.

Neue Wege in der Architektur

Die Entstehung der Stadt Brasília ist das herausragende Ereignis in der brasilianischen Architekturgeschichte des 20. Jahrhunderts. Der von Lúcio Costa ersonnene Stadtplan fußt auf symbolischen Grundformen und insbesondere auf einem traditionellen Stadtplanungsmuster, dem Kreuzzeichen. Neben Costa und Niemeyer ist auch **Afonso Reidy** (1909 – 1964) unter die führenden Architekten Brasiliens einzureihen. Von Reidy stammt die Wohnanlage Peregulho am Stadtrand von Rio de Janeiro, deren geschwungene Form sich optimal den Windungen des Hügels anpasst, auf dem sie sich befindet, ganz nach dem Vorbild von Le Corbusiers Wohneinheit in Algier. Einer Gemeinschaftsarbeit von Reidy und Burle Marx ist der Museumskomplex für Moderne Kunst in Rio de Janeiro zu verdanken. In den von **Burle Marx** kreierten Gärten und Parks – darunter auch der Botanische Garten von Petrópolis und der Zoologische und Botanische Garten von Brasília – wirken Natur und nüchterne Baukunst wie vermenschlicht durch die phantasievollen Schlangenlinien der Alleen, Bänke und rahmenden Einfassungen sowie die immer wieder auftauchenden Keramik- und Mosaikflächen, die die lebhaften Farben der tropischen Pflanzenwelt widerspiegeln.

Musik: von Samba bis Sepultura

Nicht jeder Musiker ist Brasilianer, aber so ziemlich jeder Brasilianer ist Musiker, und das nicht erst seitdem der Samba die Welt erobert hat. Gesellschaftstänze mit eindeutig zweideutiger Körpersprache waren schon immer eine Spezialität Brasiliens, und europäische Eltern waren Ende des 18. Jh.s von der Begeisterung ihrer höheren Töchter für den Lundú ebenso schockiert wie 100 Jahre später vom Maxixe und in jüngerer Vergangenheit vom Lambada.

Eindeutig Zweideutiges aus Brasilien

Der nicht nur im Karneval allgegenwärtige Samba ist bis heute die Musik der einfachen Leute und hat im Lauf der Zeit so viele stilistische Einflüsse absorbiert, dass er zum musikalischen **Spiegelbild der multikulturellen Gesellschaft Brasiliens** wurde. Auch wenn der moderne Samba von Martinho da Vila, Beth Carvalho oder Bezerra da Silva gelegentlich ganz anders klingt als die noch immer populären Kompositionen der Veteranen der 1930er-Jahre wie Ary Barroso, Ismael Silva oder Noel Rosa, ansteckende Tanzbarkeit und treibende Rhythmen sind noch immer die Hauptmerkmale der Musik der Favelas, in denen es ohne Samba oft nicht viel zu lachen gäbe.

Samba

> **❗ Baedeker TIPP**
>
> **Informatives im Web**
> Liebhabern brasilianischer Musik wird die voluminöse Website www.thebraziliansound.com mit Links zu den Homepages vieler berühmter brasilianischer Musiker und Bands wärmstens ans Herz gelegt.

Obwohl der Samba zu seinen Wurzeln zählt, wurde der Bossa Nova von Traditionalisten lange Zeit als intellektuelle Gegenbewegung empfunden und als »unbrasilianische« Anbiederung an den US-amerikanischen Cool Jazz abgelehnt. In Europa und den USA wurde der »neue Weg« jedoch als Offenbarung gefeiert, nachdem **»Orfeu Negro« von Marcel Camus** 1959 – nicht zuletzt wegen der von Antonio Carlos Jobim und Vinicius de Moraes eingespielten Filmmusik – die Goldene Palme von Cannes und den Oscar für den besten ausländischen Film gewann. Nach dem Mambo und dem Cha Cha löste der Bossa Nova die nächste Latin-Jazz-Welle aus, die neben einer Unmenge pseudo-exotischer Peinlichkeiten – man denke an Manuelas »Schuld war nur der Bossa Nova« – Meisterwerke hervorbrachte wie das Album »Jazz Samba« (1962) von Stan Getz und Charlie Byrd

Bossa Nova

oder die wohl berühmteste Kollaboration nordamerikanischer und brasilianischer Musiker, **»The Girl from Ipanema«**. Bei diesem Welthit begleiten Stan Getz und A. C. Jobim den Gesang von Astrid und João Gilberto (►Berühmte Persönlichkeiten S. 72). Die Kritik an der Verquickung brasilianischer Rhythmen mit als schräg empfundenen Jazz-Harmonien hatte João Gilberto schon 1958 mit dem Klassiker »Desafinado« gekontert, der zur Hymne der Bossa-Nova-Highsociety an der Copacabana wurde und in folgender Botschaft gipfelte: »Wenn Sie es nicht besser verstehen, können Sie mich gern als antimusikalisch bezeichnen. Ich muss jedoch antworten: das ist Bossa Nova und es kommt ganz von selbst aus mir.«

Kein Tanz! Auch wenn er sich ausgezeichnet dazu eignet, ist der Bossa Nova ursprünglich kein Tanz, sondern eine Liedform, bei der die lyrische Poesie so wichtig ist wie die musikalische Komposition. Das häufigste Thema dabei ist die Gratwanderung zwischen **Euphorie und Saudade**, einem Begriff, der als Gemütszustand wohliger Wehmut, gepaart mit einem kleinen Schuss Masochismus umschrieben werden könnte. Neben de Moraes, Jobim und Gilberto zählen Carlos Lyra, Nara Leão, Roberto Menescal und die Brüder Marcos und Paulo-Sérgio Valle zu den bekanntesten Interpreten des Bossa Nova. Über die Grenzen Brasiliens hinaus berühmt wurden auch der Gitarrenvirtuose Baden Powell (► Berühmte Persönlichkeiten S. 75) sowie Sérgio Mendes, der mit seiner Interpretation von »Fool on the Hill« die Beatles salonfähig machte, und dessen Version des von Jorge Ben verfassten »Mas que nada« bis heute zu den Dauerbrennern gehört.

Der Tropicalismo und die Zensur

»É proibido proibir« Nationalstolz und die seit dem Militärputsch von 1964 zunehmende Zensur sorgten dafür, dass der Wunsch vieler von der Musik und ihrer Botschaft entsetzter Eltern rund um den Globus in Brasilien wahr wurde. Der Beat-Boom der 1960er-Jahre blieb trotz begabter Nachahmer wie Os Jovens (Die Jungen), Os Aranhas (Die Spinnen) oder The Brazilian Bitles (deren Name offensichtlich durch einen phonetischen Lapsus entstand) eine vorübergehende Randerscheinung. Eigenständiger brasilianischer Rock blieb damals Os Mutantes vorbehalten, die zwischen 1968 und 1970 drei fabelhafte, in ihrer Experimentierfreudigkeit an Frank Zappa erinnernde Alben aufnahmen und sich als Mitbegründer der Tropicália-Bewegung mit Songs wie »É proibido proibir« (»Es ist verboten zu verbieten«) bis weit in die 1970er-Jahre hinein eine Menge Ärger einhandelten.

Poetische Systemkritik Zu den Tropicalistas gehörten Gal Costa, Torquato Neto, Julio Medaglia und die Beat Boys. Die wahren Stars der poetischen Systemkritik waren jedoch **Gilberto Gil und Caetano Veloso**, die beide aus Bahia stammen. Aufgrund der Ende der 1960er-Jahre besonders emsigen Zensur sind aus der Tropicália-Zeit kaum Tonträger erhalten, doch die brasilianischen 68er nutzten die überall im Land veranstalteten Musikfestivals als Forum für ihre Mixtur aus Rock 'n' Roll und Folklore, Dada und Samba, Kitsch und Kunst und spalteten die Generation der Väter und Söhne Brasiliens in zwei Lager, vergleichbar mit der Wirkung, die Bob Dylan und Jimi Hendrix in unseren Breiten hatten. Die geistreichen, so oder anders interpretierbaren Metaphern lösten bei den Generälen höchste Nervosität aus, nachdem die Texte von Tropicália-Hymnen wie Caetano Velosos »Alegria, alegria« oder Gilberto Gils im Capoeira-Rhythmus geschriebenen **»Domingo no parque«** durch Mund-zu-Mund-Propaganda einer aufmüpfiger werdenden Jugend geläufiger waren als die Nationalhymne. Sowohl Gil als auch Veloso büßten dafür 1969 mit monatelanger Haft und wählten anschließend bis 1972 England als Exil. Gilberto Gil, der ohne Anklage eingekerkert war, sagte dazu später: »Sie wussten nicht, was sie mir vorwerfen sollten, außer dass ich eben anders war: unberechenbar, dreist, frech, provokant und deshalb gefährlich.« In der Tat erschreckte der Tropicalismo mit seinen keine Regeln ak-

Gilberto Gil in Aktion

zeptierenden Happenings nicht nur die reaktionäre Staatsmacht, sondern auch die dogmatische Linke, die mit dem hedonistischen Anarchismus der brasilianischen Hippies ungefähr so viel anfangen konnte wie Walter Ulbricht mit den Rolling Stones.

Música popular brasileira

In erstaunlicher Parallelität zum anglo-amerikanischen Kulturkreis glätteten sich die Wogen in den 1970er-Jahren und die repatriierten Tropicalistas schlossen sich der MPB-Generation an. MPB (Música popular brasileira) ist das Äquivalent zum bei uns gebräuchlichen, ebenso schwer definierbaren Begriff Popmusik. Folklore, Samba und Bossa Nova wurden mit Rock, Jazz, Reggae und elektronischer Musik gekreuzt, und das Ergebnis war einmal mehr eine typisch brasilianische Mixtur aus zündenden Rhythmen, unwiderstehlichen Melodien und Dichtkunst, die gelegentlich noch immer die Toleranzgrenzen der bis 1984 bestehenden Zensur auslotete.

Die Wogen glätten sich

Der zurecht berühmteste Vertreter der MPB wuchs nicht in einer der pulsierenden Metropolen auf. Milton Nascimentos Musik ist geprägt von der nachdenklichen, zurückhaltenden Mentalität der Menschen

Milton Nascimento

in seiner Heimatprovinz Minas Gerais – überschwengliche Samba-Fröhlichkeit sucht man bei ihm vergebens. Er fusioniert lieber auf Bossa-Nova-Basis traditionelle Toadas aus Belo Horizonte und portugiesische Fados mit gregorianischen Gesängen, Panflöte, Jazz und Bach. Entdeckt und gefördert wurde Nascimento 1967 von **Eumir Deodato**, dem legendären brasilianischen Komponisten und Arrangeur, der 1970 mit seiner als Soundtrack zu Kubricks Film »2001 – Odyssee im Weltraum« verwendeten, Jazz und Rock fusionierenden Version von Richard Strauss' »Also sprach Zarathustra« weltberühmt wurde. Milton Nascimento ist noch immer einer der international gefeierten Musiker Brasiliens, der sich auf seinen Platten gern von Berühmtheiten wie Paul Simon, Quincy Jones, Pat Metheny oder Herbie Hancock begleiten lässt. Weitere berühmte MPB-Künstler sind, neben Gilberto Gil und Caetano Veloso, Chico Buarque, Gal Costa, Maria Bethânia, João Bosco, Luis Melodia und Djavan. Sie bilden jedoch nur die Speerspitze der MPB-Generation, zu der Hunderte von Musikern zählen, die Samba und Bossa Nova mit den verschiedensten Stilen aus aller Welt kombinieren und dabei meist zu derart individuellen Ergebnissen kommen, dass unter MPB fast alles subsumiert werden kann, was in den 1970er- und 1980er-Jahren in den Großstädten entstand.

Balanço – zwischen Improvisation und Struktur

Der Jazz Brasiliens lebt weder von schwer verdaulichen Free-Jazz-Exzessen noch vom bis ins Detail durcharrangierten Big-Band-Swing und hat einen mit dem Begriff Balanço recht treffend getauften Mittelweg zwischen Improvisation und Struktur gefunden. Wie kaum anders zu erwarten, sind auch hier Samba und Bossa Nova elementare Bestandteile. Eine weitere Wurzel ist der ab 1870 in Rio populär gewordene **Choro**, der – obwohl zu Zeiten entstanden, als Nordamerika noch dem Ragtime frönte – erstaunliche Parallelen zur improvisierten Instrumentalmusik der Marching Bands aufweist, die im frühen 20. Jh. zum Straßenbild von New Orleans gehörten. Wie der Dixieland ist auch der Choro eine Symbiose aus klassisch-westlichen Harmonievorgaben und afrikanischem Rhythmusgefühl, auch wenn die Kombination aus Flöte, Gitarre und Percussion beim legendären Bandleader Pixinguinha entspanntere Ergebnisse hervorbrachte als die rasanten Bläserorgien von Kid Ory oder King Oliver.

Brasilianischer Jazz

Heavy Metal, Hip Hop und Acid House

In jüngerer Vergangenheit wurden die Grenzen zwischen brasilianischer und europäischer respektive amerikanischer Musik fließender: Brasilien hat in den 1990er-Jahren Gruppen hervorgebracht, denen man ihre Herkunft kaum noch anmerkt, darunter die international

← *Einer der großen brasilianischen Musiker: Milton Nascimento* erfolgreiche, mittlerweile aufgelöste Band **Sepultura**, die mit einer Mixtur aus Heavy Metal, Punk und Grunge den besten amerikanischen und europäischen Hardrock-Bands Konkurrenz machte. Dass Hip Hop mit Samba-Elementen eine mitreißende Kombination darstellt, beweisen **Xanando**, und welch erstaunlichen Wohlklang die Kreuzung von Acid House und Bossa Nova hervorbringen kann, demonstrieren **Vinicius Cantuaria und Bebel Gilberto**, die zu Hause mittlerweile fast so populär ist wie ihr Vater João.

Afrobrasilianische Kulte

Durch den Sklavenhandel wurden geschätzte 5 bis 10 Mio. Schwarzafrikaner unterschiedlicher Herkunft nach Brasilien verschleppt. Die versklavten Bantu stammten aus Mosambik, Angola und dem Kongo, während die Yoruba (Nagô), Gêgê u. a. ihrer Heimat in der Bucht von Guinea und aus dem Einzugsgebiet des Nigers entrissen wurden. Zwischen den einzelnen ethnischen Gruppen bestanden erhebliche Unterschiede, sowohl hinsichtlich des körperlichen Erscheinungsbildes als auch der Lebensart, der Sitten und Bräuche. Am stärksten beeinflussten diese Völker die brasilianische Kultur im Bereich der Musik. Aber auch ihre religiösen Vorstellungen fanden Eingang in die brasilianische Gesellschaft.

Candomblé

Der Candomblé findet seinen Ursprung in der religiösen Tradition der Yoruba (Nagô) in Nigeria und Benin. Die Yoruba verehrten eine oberste Gottheit, Olorúm, die weder durch ein Idol verkörpert wurde noch besondere Kulte genoss. Da Olorúm den menschlichen Bitten gegenüber völlig verschlossen war, wandten sich die Yoruba an die **Orixás**, göttliche Wesen, die als Vermittler zwischen den Gläubigen und dem Allmächtigen auftraten. Nach dem Glauben der Yoruba residierten die Orixás an der afrikanischen Küste, wurden aber durch Gesang und Trommelklänge herbeigerufen und nahmen Besitz von den Körpern ihrer Cavalos (Pferde) genannten Anhänger, mit deren Hilfe sie ihrem Willen Ausdruck verliehen. Die Orixás versinnbildlichen die Naturkräfte. Jeder Orixá hat seinen eigenen Wochentag, seine spezifischen Attribute, ihm geweihte Speisen, Farben, Kleider, Opfertiere und sogar einen ausschließlich ihm geltenden Ruf.

Die Töchter der Heiligen Diese afrobrasilianischen Gottheiten haben ihre Filhas-de-Santo, in ihren Farben gekleidete Priesterinnen, die ihrem persönlichen Kult geweiht sind, spezifische Armbänder und Perlenketten tragen und ihnen die rituellen Speisen darbringen. Die Besitznahme der Filha-de-Santo (Tochter des Heiligen) durch den Orixá ist Sinn und Zweck und zugleich Höhepunkt der **Queda do Santo** genannten Kulthandlung, die in einem Terreiro (Kultstätte des Candomblé) vollzogen wird. Tanz, Gesang und Trommelrhythmus beschwören die Gottheiten und versetzen die Jüngerinnen und Jünger in Trance, der oft von Krämpfen begleitet wird, ein Zeichen dafür, dass der Heilige oder Orixá in den Körper seines Anhängers gefahren ist. Ranghöchster Priester der Nagô ist eine Frau, die **Ialorixá oder Mãe-de-Santo** (Mutter des Heiligen). Bei den Bantu ist es hingegen ein Mann, der **Babalorixá** (Pai-de-Santo), der den Ablauf der Candomblé-Zeremonien bestimmt; unterstützt wird er dabei immer von der Mãe Pequena (kleine Mutter). Die Candomblé-Priester werden von ihren Anhängern auch als Ratgeber in alltäglichen Angelegenheiten geschätzt, haben also nicht nur eine religiöse Funktion.

Die Yoruba (Nagô) überlieferten den aus dem heutigen Benin stammenden Gêgê-Sklaven den Glauben an die Orixás, und von der Gêgê-Nagô-Kultur ging er auf Angehörige der Bantu-Völker über, die dem Kult der Ahnengeister anhingen. Da die Großgrundbesitzer lange Zeit versuchten, die Religion der Yoruba-Sklaven zu unterdrücken, tarnten sich diese hinter einer katholischen Fassade, indem sie den Orixás die Attribute und sogar die Namen christlicher Heiliger zuordneten, was zu einem unentwirrbaren **Synkretismus** zwischen dem katholischen Glauben und den afrobrasilianischen Kulten führte. Auch die Bezeichnung der Gottheiten als Santos (Heilige) findet hier ihren Ursprung. Jeder Orixá hat zwei Namen: einen afrikanischen und einen katholischen. Oxalá, der mächtigste aller Orixás, wird z. B. mit der populärsten katholischen Kultfigur von Bahia, dem Nosso Senhor do Bonfim, identifiziert. Seine Farbe ist Weiß. Daher tragen die Anhänger des Candomblé an Festtagen weiße Kleidung.

Verbreitung

Umbanda

Der Umbanda-Kult wird von den in Rio de Janeiro ansässigen Bantu schon seit der Sklavenzeit praktiziert. Er ist ganz offensichtlich von den Orixá-Riten beeinflusst, wie man auch am dem **Iemanjá-Fest** an der Küste der Guanabara-Bucht, das am 31. Dezember gefeiert wird, ersehen kann. Alle Zeremonien werden von rituellen Gesängen (Pontos oder Toadas) und skandierenden Atabaques (Trommeln) begleitet, die die Santos (Heiligen) oder Orixás zum Herabsteigen veranlassen, den oder die Jünger in Trance versetzen und den Tanzrhythmus vorgeben. Der Trommelspieler erfüllt eine wichtige Funktion in der afrikanischen Gesellschaft, da er den Rhythmus kennt, der die Gottheiten herbeiruft, und daher den Kontakt mit ihnen herstellen kann. Charakteristischer Wesenszug des Umbanda-Kultes ist die größere Distanz zur rein afrikanischen Tradition: Die Verehrung der Orixás bleibt zwar wesentlicher Bestandteil der Umbanda-Riten, christlich-spiritistische Elemente und die Integration indianischer Geister, der Caboclos, nehmen aber im Gegensatz zum Candomblé eine wesentliche Stellung im Umbanda-Kult ein.

Berühmte Persönlichkeiten

Personen, die Brasilien prägten: der Schriftsteller Jorge Amado, der Musiker João Gilberto, der Architekt Oscar Niemeyer, der Fußballer Pelé, der Rennfahrer Ayrton Senna – und manch anderer aus Politik, Kunst und Literatur.

Jorge Amado (1912–2001)

Jorge Amado ist vermutlich der bekannteste Autor der brasiliani- **Schriftsteller**
schen Gegenwartsliteratur. Seine Kindheit, die er in Ilhéus im Staat
Bahia verbrachte, lieferte ihm Stoff für viele seiner Bücher. Schon im
Alter von ungefähr fünfzehn Jahren begann er journalistisch zu arbeiten und veröffentlichte verschiedene Beiträge in den Zeitschriften
»A Semana« und »Meridiano«. 1930 siedelte er nach Rio de Janeiro
über und schrieb sich im Jahr darauf an der Juristischen Fakultät
ein. 1932 debütierte er mit **»O País do Carnaval«** auf der literarischen
Szene. Im Jahr 1945 wurde er als Abgeordneter der Kommunistischen Partei Brasiliens ins Bundesparlament gewählt; wenig später
ging er nach Europa und Asien ins Exil. 1952 kehrte er in sein Heimatland zurück, wo er 1956 die Wochenzeitschrift »Para Todos«
gründete.
Seine Werke wurden in mehr als 30 Sprachen übersetzt und in über
40 Ländern publiziert, seine großenteils sozialkritischen Romane
und Erzählungen vielfach verfilmt oder für Theater, Funk und Fernsehen adaptiert. Zu seinen wichtigsten Werken gehören »Mar Morto« (»Tote See«, 1936), »Capitães de Areia« (»Herren des Strandes«,
1937), »Gabriela, Cravo e Canela« (»Gabriela wie Zimt und Nelken«,
1958) und »Dona Flor e Seus Dois Maridos« (»Dona Flor und ihre
zwei Ehemänner«, 1966).

Dom Helder Pessôa Câmara (1909–1999)

Helder Pessôa Câmara wurde 1931 Priester und 1952 Weihbischof **Theologe**
von Rio de Janeiro. Dort wirkte er maßgeblich an Wohnungsbau-
und Sanierungsprogrammen für die Slums mit. Internationale Beachtung fand sein engagiertes Auftreten sowohl in der brasilianischen
als auch in der lateinamerikanischen Bischofskonferenz CELAM, wo
er wiederholt und vehement von der Kirche eine grundlegende Um-
kehr und vom brasilianischen Staat eine gezielte Entwicklungspolitik
zugunsten des Nordostens Brasiliens forderte. Unter dem Militärre-
gime verschärfte Dom Helder Câmara, inzwischen **Erzbischof von
Olinda und Recife**, seine Angriffe gegen Imperialismus, Kapitalismus
und Unterdrückung und forderte öffentlich einen brasilianischen So-
zialismus. Er war Ehrendoktor von sechs brasilianischen und 18 ausländischen Universitäten, erhielt 14 internationale Friedenspreise, darunter 1970 in den USA die Martin-Luther-King-Auszeichnung. Im
selben Jahr wurde er vom Lutherischen Weltbund für den Friedens-
nobelpreis vorgeschlagen; 1974 erhielt er in Oslo den Volksfriedens-
preis und 1983 in Tokio den Buddhistischen Friedenspreis.
Im Alter von 75 Jahren stellte er 1984 dem Vatikan sein Amt aus Al-
tersgründen zur Verfügung. Dort beeilte man sich, dem Antrag des

← *Die tragische Figur der brasilianischen Luftfahrt:*
Alberto Santos Dumont nahm sich 1932 das Leben.

ebenso unkonventionellen wie unbequemen Kirchenmannes zu entsprechen und bestimmte mit Bischof Cardoso einen konservativen
Hardliner zu seinem Nachfolger, der die meisten von Helder Câmara
begonnenen Projekte stoppte oder ins Gegenteil umkehrte. Dom
Helder Câmara starb 90-jährig in Recife.

João Gilberto (geb. 1931)

Musiker João Gilberto zog 1949 nach Rio de Janeiro, wo er im Nachtclub Plaza, einem bekannten Musikertreff der Stadt, seine ersten Auftritte
gab. 1958 nahm er **»Chega de Saudade«** von Tom Jobim und Vinicius de Moraes und das von ihm selbst komponierte »Bim-Bom«
auf. Die Schallplatte erregte wegen ihres dem Zeitgeschmack gegen-
läufigen Stils große Aufmerksamkeit. Im selben Jahr brachte Gilberto
auch »Desafinado« von Tom Jobim und Newton Mendonça sowie
das eigenhändig geschriebene »Oba-lá-lá« auf den Markt. »Desafinado« war eine Art Hymne an den Bossa Nova. Im Jahr 1962 trat Gilberto in der New Yorker Carnegie Hall auf, wenig später siedelte er
in die amerikanische Stadt über. 1964 nahm er zusammen mit Stan
Getz eine Platte auf, für die er sechs Grammys erhielt. Zu seinen
größten Erfolgen zählen »Lobo Bobo«, »Samba da Minha Terra«,
»Saudade da Bahia«, »O Barquinho« und »Falsa Baiana«.

Chico Mendes (1944 – 1988)

Gewerkschafts- Chico Mendes, Gewerkschaftsführer und Träger des Alternativen No-
führer belpreises, löste 1980 den ermordeten Wilson Pinheiro als Gewerkschaftsführer der Gummizapfer von Xapuri ab. Die Seringeiros
(Gummisammler) kämpften gegen die Interessen der Viehzüchter
und Siedler, um ihre eigene Existenz zu sichern und um den Regenwald zu erhalten. Mendes erreichte den ersten festen Zusammenschluss der Seringeiros von Xapuri, die sich mit Erfolg gegen die
Willkür von Großgrundbesitzern, Verwaltung und Polizei zu wehren
begannen. Dank des weltweit gewachsenen Interesses an der Erhaltung des tropischen Urwaldes erlangte er vor allem außerhalb Brasiliens schon zu Lebzeiten eine gewisse Popularität. Am 22. Dezember
1988 wurde Mendes in seinem Geburtsort Seringal Cachoeira im
Bundesstaat Acre erschossen. Mit der weltweiten Empörung über die
Ermordung des Gewerkschaftsführers im entlegenen Acre hatte der
Auftraggeber des hinterhältigen Attentats und Vater des Mörders, der
Fazendeiro Darli Alvez da Silva, nicht gerechnet. Unter dem Druck
der internationalen Presse kam es – ungewöhnlich für die Rechtsver-
hältnisse im äußersten Westen Brasiliens – im Jahr 1990 tatsächlich
zu einer Gerichtsverhandlung gegen Alvez da Silva. Im Verlauf des
Verfahrens kamen fünfzehn weitere Morde zur Sprache, die der Sil-
va-Clan auf dem Gewissen haben soll. Vater und Sohn wurden zu 19
Jahren Haft verurteilt, entkamen aber 1993 aus dem Gefängnis. Erst
1996 wurden sie wieder gefasst.

Vinicius de Moraes (1913 – 1980)

Der aus einer wohlhabenden Literatenfamilie gebürtige Vinicius de Moraes ist einer der bedeutendsten modernen Dichter Brasiliens. Außerdem betätigte er sich als Filmkritiker und Journalist und verstand es geschickt, seine diplomatische Laufbahn mit der schriftstellerischen zu verbinden. Sein renommiertestes Werk ist »Orfeu da Conceição«, von dem sich Marcel Camus zu seinem berühmten Film **»Orfeo Negro«** inspirieren ließ. Doch damit nicht genug: Auch als Gitarrist, Komponist und Interpret von Samba und Bossa Nova machte sich der Künstler einen Namen. Zusammen mit Tom Jobim, Baden Powell, Toquinho und Chico Buarque komponierte er weltbekannte Lieder wie »Chega de Saudade«, »Garota de Ipanema« (»The Girl from Ipanema«), »Canto de Ossanha« und »Gente Humilde«. Als Dichter trat er 1933 mit dem von ästhetisierendem Mystizismus beeinflussten »O Caminho para a Distancia« erstmals an die Öffentlichkeit. Darauf folgten u. a. »Forma e Exegese« (1935) und »Cinco Elegias« (1943). Die anschließend erschienenen Anthologien – »Poemas, Sonetos e Baladas« (1946), »Patria Minha« (1949) und »Antologia poética« (1954) – zeichnen sich durch ihren betont politischen Charakter und gewählte metrische Formen aus.

Dichter

Oscar Niemeyer (geb. 1907)

Oscar Niemeyer gilt gemeinhin als die bedeutendste Persönlichkeit der modernen brasilianischen Architektur. Seine Werke sind kennt-

Architekt

Ohne Oscar Niemeyer wäre das Erscheinungsbild Brasiliens ein anderes.

lich an den stark geschwungenen Formen der Baukörper und den gewagten parabolischen Dächern. Seine wichtigste Schöpfung ist Brasília, die auf Betreiben des Präsidenten Kubitschek zwischen 1956 und 1960 entstandene Hauptstadt: Niemeyer vervollständigte den von Lúcio Costa gelieferten Plano Piloto und zeichnete auch für die Ausführung verantwortlich. Von ihm stammt die kulissenhafte Anlage der dreieckigen **Praça dos Três Poderes** (Platz der Drei Gewalten). Darüber hinaus entwarf er das Theater und die Kathedrale der Hauptstadt. Vor dem Mammutunternehmen Brasília hatte Niemeyer im Jahr 1936 am Neubau des Ministeriums für Erziehung und Gesundheit von Rio de Janeiro und an der Gestaltung der Pampulha-Bauten in Belo Horizonte mitgewirkt. In São Paulo war er einer der Hauptverantwortlichen für die Gebäude des Ibirapuera-Parks (1954). Im Jahr 1983 schuf er in Rio das Samba-Stadion (Sambódromo) und 1989 in São Paulo das Lateinamerika-Denkmal. Außerhalb Brasiliens baute er u. a. die Universität von Costantine in Algerien (1969), den Sitz der Kommunistischen Partei Frankreichs in Paris (1969) und, in den 1970er-Jahren, das Bürohaus des Mondadori-Verlags in Mailand.

Pelé (geb. 1940)

Fußballspieler Der heute noch in ganz Brasilien ungeheuer populäre Edson Arantes do Nascimento, genannt Pelé, gilt als der beste Fußballspieler aller Zeiten. Von 1956 an war er fast 20 Jahre lang der einsame Star des FC Santos und der brasilianischen Nationalmannschaft. Im Jahr 1975 unterzeichnete er einen Vertrag bei Cosmos New York, wo er 1977 auch das letzte Match seiner einzigartigen Karriere bestritt – gegen seinen alten Verein, den FC Santos. In den 22 Jahren seiner Laufbahn gewann er 53 Titel, darunter drei Weltmeisterschaften mit der Nationalmannschaft Brasiliens in den Jahren 1958, 1962 und 1970. Darüber hinaus wurde er zweifacher Weltcupsieger mit dem FC Santos 1962 und 1963. In den insgesamt 1363 Spielen, an denen er teilgenommen hatte, schoss er 1283 Tore. Von 1995 bis 1998 war Pelé brasilianischer Sportminister. Im Jahr 1999 wurde er zum Weltsportler des 20. Jahrhunderts gekrönt, ein Jahr später von der Fifa zum Weltfußballer des Jahrhunderts.

Cândido Portinari (1903 – 1962)

Künstler Der vom mexikanischen Muralismo – einer monumentalen, auch politisch orientierten Kunstrichtung – beeinflusste Künstler Cândido Portinari erntete sowohl in seinem Heimatland als auch in den Vereinigten Staaten von Amerika Anerkennung. Im Jahr 1938 erwarb das New Yorker Museum für Moderne Kunst sein Gemälde »O Morro« und verhalf ihm damit zu offizieller Anerkennung. Zu seinen bekanntesten Bildern zählen »Primeira Missa no Brasil« (»Erster Gottesdienst in Brasilien«, Banco Boavista in Rio); »Tiradentes« (Colégio

Pelé – sein überragendes Talent machte ihn zum vielleicht größten Fußballer aller Zeiten.

Cataguases in Minas Gerais); »Descobrimento do Brasil« (»Entdeckung Brasiliens«, Banco Português in Rio); der »Emigrantes«-Zyklus
(Museu de Arte in São Paulo), »Guerra e Paz« (»Krieg und Frieden«,
UN-Gebäude in New York); die Fresken im Ministerium für Erziehung und Gesundheit von Rio und schließlich die Mosaiken der Kirche am Stausee von Pampulha.

Baden Powell (1937 – 2000)

Musiker

Ob Baden Powell de Aquino nun wirklich den Bossa Nova erfunden
hat, bleibt dahingestellt, zu den Mitbegründern der Vermischung
von Rhythmus-Elementen des Sambas mit jenen des Cool Jazz gehört er allemal. 1937 als Sohn des Hobbygeigers Lino de Aquino in
der Nähe von Rio de Janeiro geboren, begann Baden Powell mit acht
Jahren Gitarre zu spielen und war bereits als 15-Jähriger Profimusi-
ker. Beeinflusst von Cool-Jazz-Musikern wie Gerry Mulligan und
Chet Baker und von klassischen Gitarristen wie Andrés Segovia, feierte er 1956 mit **»Samba triste«** seinen ersten großen Erfolg. Die
künstlerische Zusammenarbeit mit dem Dichter Vinicius de Moraes
ließ Klassiker des Bossa Nova entstehen, darunter »Só por amor«.
Baden Powell starb am 26. September 2000 in Rio de Janeiro an den
Folgen einer Lungenentzündung.

Glauber Rocha (1939 – 1981)

Regisseur Glauber Rocha war der bedeutendste Repräsentant des brasilianischen Cinema Novo und ab 1964 auch der im Ausland am höchsten geschätzte Filmregisseur seines Landes. Bekanntheit erlangte er mit »Deus e o Diabo na Terra do Sol« (»Gott und Teufel im Land der Sonne«, 1964), einem Epoche machenden Streifen des damaligen jungen internationalen Films. In diesem Werk beleuchtet Rocha die politischen Probleme Brasiliens und die Ursachen für seine Unterentwicklung, indem er sozialkritische Analysen mit einer filmischen Perspektive verknüpft, die an den Volksmythen seines Landes orientiert ist. Seine Überzeugungen brachte er in einigen berühmt gewordenen Formulierungen wie »Kultur des Hungers« oder »Ästhetik der Gewalt« zum Ausdruck, wobei sich die eine aus der anderen ableitet. 1967 deckt er in »Terra em Transe« die Widersprüche auf, in die sich die brasilianischen Linksintellektuellen angesichts eines immer reaktionärer werdenden Regimes verstrickt hatten. In »Antônio das Mortes« erweckt er eine seiner Gestalten zu neuem Leben und führt sie einem Bewusstwerdungsprozess entgegen. Im Exil verwendete er mit »Der leone have sept cabeças« (1970) und »Cabeças Cortadas« (1971) neue Ausdrucksformen und revolutionäre Metaphern. Seinen letzten Film »A Idade da Terra« drehte er 1980.

? WUSSTEN SIE SCHON ...?

■ ... dass der aus Homberg an der Efze gebürtige Hans Staden im 16. Jh. als Söldner in spanischen und portugiesischen Diensten in die Hände der Tupinambá fiel, von denen er lange Zeit festgehalten wurde? Sein Tatsachenbericht »Warhaftig historia und beschreibung einer Landschafft der Wilden, Nacketen, Grimmigen Menschenfresser-Leuthen in der Newenwelt« schildert die Lebensweise der brasilianischen Ureinwohner und bildet eine äußerst wichtige Quelle über die Geschichte der frühen Kolonialzeit.

Alberto Santos Dumont (1873 – 1932)

Flugpionier Der Sohn eines Kaffeebarons aus Minas Gerais machte sich mit 18 Jahren und einem Erbanteil von umgerechnet drei Millionen Dollar nach Paris auf, um ein unbeschwertes und zielloses Leben zu führen – meist auf der Jagd nach den schönsten Frauen der Stadt. Er leistete sich beeindruckende Autos und wurde rasch zum damals bekanntesten Dandy der Pariser Gesellschaft, badete zusammen mit der Dame seines Herzens in Champagner und nahm bei einem Privatlehrer Unterricht in Physik, Chemie und »Aerostatik«, also der Kunst, sich mit technischen Hilfsmitteln in der Luft zu halten. Fasziniert von der Ballonexpedition des Schweden Salomon August Andrée zum Nordpol, die 1897 tragisch endete, entwarf Alberto Santos Dumont in den Jahren 1898 bis 1906 insgesamt ein Dutzend unterschiedlicher Luftschiffe, teils mit Verbrennungsmotoren als Antrieb. Nebenher ersann Santos Dumont auch Schrauben- und Drachenflieger. Nach 1905 widmete er sich Fluggeräten, die »schwerer als Luft« waren. Am 12. November 1906 schrieb der schmächtige Mineiro mit der weißen Nelke im Knopfloch dann tatsächlich Luftfahrtgeschichte: An Bord seiner Maschine »14 BIS« gelang ihm vor 300 000 euphorischen Zuschauern und in Gegenwart einer Jury des französischen Aeroclubs der erste offiziell beglaubigte Motorflug – ohne Katapultstart und ohne Gegenwind. Im Jahr 1907 entwarf und flog Alberto Santos Dumont die **»Demoiselle«**, das erste Sportmotorflugzeug der Welt. Doch nur drei Jahre später gab er die Fliegerei völlig auf, da ihn die sich bereits abzeichnende kriegerische Nutzung seiner Erfindung zunehmend bedrückte. An Bord eines Dampfers kehrte der Flugpionier 1928 nach Brasilien zurück: deprimiert, vom Glück verlassen, nahezu verarmt und unheilbar an Multipler Sklerose erkrankt. Als sein Schiff in Rio de Janeiros Guanabara-Bucht einlief, näherten sich Albertos prominente Freunde und einige Journalisten mit einem Flugzeug, um ihn standesgemäß in der Heimat zu begrüßen. Die Maschine trug den Namen »Santos Dumont« und stürzte ab – alle Insassen kamen um. Alberto Santos Dumont ließ sich nördlich der Zuckerhutmetropole, in der ehemaligen kaiserlichen Sommerresidenz Petrópolis nieder, schrieb Bücher und studierte die Sterne. Nur vier Jahre später, am Morgen des 23. Juli 1932, erhängte er sich im Hotel »La

Das legendäre Flugzeug »14 BIS« des Luftfahrtpioniers Santos Dumont

! *Baedeker* TIPP

»Die Eroberung des Himmels«

Sie wollen mehr über das Leben Alberto Santos Dumonts erfahren? Dann ist Nancy Winters Biografie »Die Eroberung des Himmels. Das Leben des Flugpioniers Alberto Santos Dumont« (Diana Verlag 1999) das Richtige für Sie.

Plage« im Badeort Guarujá, São Paulo. Als der französische Flugpionier Louis Blériot, ein alter Freund von Alberto Santos Dumont, von dessen Freitod erfuhr, taufte er seine neue Maschine auf den Namen »Santos Dumont«. Tragische Duplizität der Ereignisse: Kurz darauf fiel er damit vom Himmel und starb.

Ayrton Senna (1960 – 1994)

Rennfahrer 65 Pole Positions, 41 Formel-1-Siege und drei Weltmeistertitel lautet die Bilanz der beeindruckenden Motorsportkarriere Ayrton Sennas, die 1994 in Imola ihr tragisches Ende fand. Als Ayrton Senna da Silva 1984 sein Formel-1-Debüt feierte, hatte er bereits durch die errungenen Titel u. a. in der europäischen Formel-Ford-2000- und der Formel-3-Meisterschaft sein überragendes Talent unter Beweis gestellt. Die Kombination von fahrerischen Fähigkeiten mit techni-

schem Verständnis, Perfektionismus, Risikobereitschaft und kontrollierter Aggressivität am Steuer ließ Senna innerhalb weniger Jahre zum überragenden Protagonisten der Formel 1 reifen. Seinen Anspruch, schneller und besser als die anderen zu sein, bestätigte er durch seinen ersten WM-Titel 1988 auf McLaren. Weitere Titel folgten 1990 und 1991. Nach zwei erfolglosen Jahren im mittlerweile unterlegenen McLaren-Team wechselte Senna 1994 zu Williams-Renault. Als Favorit auf den Gewinn des Weltmeistertitels begann die Saison 1994 mit zwei Ausfällen denkbar schlecht. Zudem kündigte sich mit dem jungen, hoch talentierten Michael Schumacher ein Generationswechsel in der Königsklasse des Motorsports an. Das dritte Rennen der Saison in Imola sollte der Brasilianer nicht überleben: In der siebten Runde verlor Senna aufgrund eines technischen Defekts die Kontrolle über sein Fahrzeug und prallte gegen eine Betonmauer. Im Universitätskrankenhaus von Bologna erlag er seinen schweren Kopfverletzungen. Sein Tod löste nicht nur in Brasilien, wo Senna als Volksheld verehrt wurde, sondern weltweit tiefe Trauer aus. Mit Senna ging nicht nur einer der herausragendsten Rennfahrer aller Zeiten, sondern auch eine charismatische Persönlichkeit, die durch ihren Einsatz für die Straßenkinder Brasiliens humanitäre Akzente setzte. Heute setzt eine nach ihm benannte Stiftung dieses Engagement fort.

Heitor Villa-Lôbos (1887 – 1959)

Schon mit 12 Jahren begann Heitor Villa-Lôbos berufsmäßig Violon-cello zu spielen. Er wurde von volkstümlichen Musikern und der brasilianischen Folklore beeinflusst, mit der er von 1907 an auf seinen Reisen ins Landesinnere in Berührung kam. Unter seinen ersten Kompositionen sind »Danças Características Africanas«, »Amazonas« und »Uirapuru« zu nennen. Zwischen 1923 und 1930 verweilte er in Europa, wo er »Rudepoema«, eine Huldigung an Artur Rubinstein, und einen Zyklus von vierzehn Choros schrieb. Nach Brasilien zurückgekehrt, unterrichtete er Chorgesang und brachte es sogar so weit, mit 40 000 Schülern in einem Stadion aufzutreten. Er schuf ein ganzes Chormusikrepertoire und komponierte den Zyklus »Bachianas Brasileiras« (1930 – 1945), in dem sich die brasilianische Volksmusik mit Bach'schem Geist verbindet. Villa-Lôbos ist deshalb von weit reichender Bedeutung, weil er versuchte, einen nationalen Stil zu kreieren, eine musikalische Sprache, die sich mit Hilfe europäischer Vorbilder der typischen Motive brasilianischer Folklore bedient, diese aber nicht als Zitate versteht, sondern als tragende Elemente.

Komponist

Praktische
Informationen

WIE FINDET MAN SICH ZURECHT
IN BRASILIEN? WIE BEWEGT
MAN SICH FORT? WO SIND
DIE SCHÖNSTEN STRÄNDE?
WELCHE FESTE DARF MAN
NICHT VERPASSEN? LESEN SIE ES
NACH – AM BESTEN NOCH VOR DER REISE!

Anreise · Reiseplanung

Anreise mit dem Flugzeug

Die Lufthansa bietet Nonstop-Verbindungen zwischen Deutschland und Brasilien derzeit ab Frankfurt nach São Paulo mit Weiterflug nach Rio de Janeiro an. Linienjets der Swiss fliegen nonstop auf der Strecke Zürich – São Paulo.

Eine echte Alternative zu diesen (im Rahmen der Star Alliance kooperierenden) Airlines ist die brasilianische Fluglinie TAM, die u. a. eine tägliche Nonstop-Verbindung zwischen Frankfurt und São Paulo unterhält. Maschinen der TAM verbinden zudem Paris (Charles de Gaulle) mit São Paulo (Guarulhos) und Recife im brasilianischen Nordosten.

TAP Portugal ist die europäische Airline mit den meisten Verbindungen von Europa nach Brasilien. Nonstop geht es ab Lissabon nach

Nonstop nach Brasilien: Viele Airlines fliegen direkt nach Rio oder São Paulo.

Rio de Janeiro, São Paulo, Recife, Salvador, Fortaleza, Natal, Brasília und Belo Horizonte.

Die zu Thomas Cook gehörende Charterfluggesellschaft Condor ◀ Charterflüge
fliegt derzeit (1–2 x wöchentlich) von Frankfurt aus Salvador da Bahia an.

 ## ANREISEINFORMATIONEN

LINIENFLUG-GESELLSCHAFTEN

▶ **Lufthansa**
D-60546 Frankfurt
Info-Hotline:
Tel. (018 05) 838-426

Reservierungsbüro in São Paulo:
Tel. (011) 30 48-58 00
Flughafenbüro in São Paulo:
Tel. (011) 24 45-39 06
www.lufthansa.com

▶ **Swiss**
Bahnhofstr. 25
CH-8001 Zürich

aus Deutschland:
Tel. (01 80) 30 00-337
aus der Schweiz:
Tel. (848) 70 07 00
aus Österreich:
Tel. (810) 81 08 40
www.swiss.ch

▶ **TAM Airlines**
Frankfurter Str. 161
D–63263 Neu-Isenburg
Tel. (06 10 2) 36 57-92 0 und
(08 00) 00 01-16 5

In Brasilien:
aus den Hauptstädten:
Tel. 40 02-57 00 (Ortsgespräch)
aus kleineren Städten:
Tel. (08 00) 57 05-70 0 (gebührenfrei, mehrsprachig)
www.tam.com.br

▶ **TAP Portugal**
Basler Straße 48
D-60329 Frankfurt

Info-Hotline:
Tel. (018 03) 000-341
In Brasilien:
Tel. (03 00) 21 06 00
www.flytap.com

CHARTERAIRLINES

▶ **Condor**
Am Grünen Weg 1-3
D-65451 Kelsterbach

Info-Hotline:
Tel. (018 05) 767-757
www.condor.com

FRACHTSCHIFF-GESELLSCHAFTEN

▶ **Frachtschiff-Touristik Kapitän Zylmann GmbH**
Mühlenstr. 2
24376 Kappeln
Tel. (046 42) 965 50
Fax (046 42) 67 67
www.zylmann.de

▶ **Hamburg-Süd Reiseagentur**
Domstr. 21
D–20095 Hamburg
Tel. (040) 37 05-157

Info-Hotline:
Tel. (018 05) 322-232
www.hamburgsued-frachtschiffreisen.de

Mit dem Schiff Von wenigen Kreuzfahrten abgesehen, spielt die Passagierschifffahrt zwischen Europa und Brasilien nur noch eine untergeordnete Rolle. Bisweilen bietet sich zwar die Gelegenheit, an Bord eines mit Passagierkabinen ausgestatteten Frachters nach Südamerika zu reisen. Da es sich in der Regel aber um so genannte Trampschiffe handelt, deren exakte Routen beim Auslaufen noch nicht bis ins letzte Detail feststehen, ist der Zeitaufwand nur schwer abzuschätzen und der Kostenaufwand übertrifft den Preis eines Flugtickets in der Economy-Class bei Weitem.

Ein- und Ausreisebestimmungen

Visum und Reisepass Urlauber aus Westeuropa benötigen in Brasilien kein Visum (bis zu einer Aufenthaltsdauer von 90 Tagen). Für die Einreise genügen ein noch mindestens sechs Monate gültiger Reisepass sowie ein Rück- oder Weiterflugticket. Für Touristen ist die Verlängerung des Aufenthalts um bis zu weitere 90 Tage grundsätzlich möglich. Zuständig ist die Fremdenpolizei, die der Bundespolizei Polícia Federal unterstellt ist. Diese Verlängerung ist gebührenpflichtig und muss spätestens 14 Tage vor Ablauf der ursprünglich angegebenen Aufenthaltsdauer beantragt werden.

Ein-/Ausreise-formular Jeder Besucher Brasiliens muss bei der Einreise eine so genannte **Cartao de Entrada/Saída**, ein Formular mit kurzen Angaben zur Person, ausfüllen, dessen Durchschlag die Grenzbeamten in den jeweiligen Pass legen. Diese Kopie ist sorgfältig zu verwahren, da sie bei der Ausreise wieder vorgelegt werden muss. Das Formular sowie die Einfuhrerklärung erhalten alle Fluggäste während der Anreise vom Flugpersonal.

Einfuhrerklärung Außerdem muss bei jeder Einreise eine **Accompanied Baggage Declaration** ausgefüllt werden, auf der alle eingeführten Gegenstände mit einem Wert über 3000 US-Dollar, Tiere, Pflanzen und Samen aufzulisten sind.
Die Einfuhr von Zahlungsmitteln (Bargeld und Schecks) mit einem Wert über 10 000 Reais bedarf der Genehmigung. Zuwiderhandlung kann als Devisenvergehen bestraft werden.
Mitgebrachte elektrische und elektronische Geräte müssen wieder aus dem Land ausgeführt werden. Eventuelle Diebstähle sind bei der Polizei umgehend zu melden, die ein den Vorfall bescheinigendes **Boletim de Ocorrência** ausstellt, das bei der Zollkontrolle vorgelegt werden muss.

Identitäts-nachweis In Brasilien ist es üblich, immer einen Personalausweis (bzw. eine Kopie davon) bei sich zu tragen. Ausländer besorgen sich am besten eine beglaubigte Fotokopie der ersten fünf Passseiten und lassen das Original im Hotelsafe. Beim Einlösen von Travellerschecks wird die Kopie des Passes nicht akzeptiert.

Auskunft

AUSKUNFTSADRESSE

▶ **Brasilianisches Fremden-
verkehrsamt Frankfurt**
Tel. (069) 97 50-32 51
Fax (069) 97 50-32 00
www.braziltour.com

BOTSCHAFTEN

▶ **Deutsche Botschaft Brasília**
SES – Avenida das Nações
Quadra 807, Lote 25
70415-900 Brasília, DF
Tel. (061) 34 42-70 00
Fax (061) 34 43-75 08
info@bras.diplo.de

▶ **Österreichische Botschaft
Brasília**
SES – Avenida das Nações
Quadra 811, Lote 40
70426-900 Brasília, DF
Tel. (061) 34 43-31 11
Fax (061) 34 43-52 33
brasilia-ob@bmeia.gv.at

▶ **Schweizer Botschaft in Brasília**
SES – Avenida das Nações

Quadra 811, Lote 41
70426-900 Brasília, DF
Tel. (061) 34 43-55 00
Fax (061) 34 43-57 11
bra.vertretung@eda.admin.ch

▶ **Brasilianische Botschaft
in Berlin**
Wallstraße 57
10179 Berlin-Mitte
Tel. (030) 72 62-80
Fax (030) 72 62-83 20
www.brasilianische-botschaft.de

▶ **Brasilianische Botschaft
in Wien**
Pestalozzigasse 4, A-1010 Wien
Tel. (01) 51 20 632
Fax (01) 51 20 63 255
www.brasilemb.at

▶ **Brasilianische Botschaft
in Bern**
Monbijoustr. 68, CH-3007 Bern
Tel. (031) 37 18 515
Fax (031) 37 10 525
www.brasbern.ch

Badeurlaub

Karneval und der Badestrand sind nach Ansicht brasilianischer wie
ausländischer Soziologen elementar wichtige Überdruckventile einer
Gesellschaft, die mit extremen wirtschaftlichen Gegensätzen und un-
terschiedlichsten Rassen klarkommen muss. In Bikini und Badehose
schmelzen Brasiliens Rassen- und Klassenunterschiede buchstäblich
in der Tropensonne – der Körper wird zum einzigen Maß der Dinge,
die Badebucht zum Ort nationaler Integration. Der Strand ist Wohn-
zimmer und Treffpunkt, Handels- und Arbeitsplatz, Laufsteg der He-

donisten und Werkbank der Fitnessbegcisterten, Volleyballarena, Surferhochburg und Fußballplatz oder kurz: der sandige Lebensmittelpunkt der Mehrheit der brasilianischen Bevölkerung.

Gefährliche Strömungen Vorsicht ist grundsätzlich an allen langen, zum Atlantik offenen Stränden geboten, da sich hier mitunter sehr gefährliche Strömungen ausbilden. Mit Kindern sollte man durch Riffs vor der Brandung geschützte Badebuchten aussuchen. Einheimische, beispielsweise an der Hotelrezeption, wissen ganz genau, welche Sandstrände für den Nachwuchs am besten geeignet sind. Einfach fragen!

▶ BADESTRÄNDE

ALAGOAS

▶ Praia do Toque
Ebenso wie die Nachbarstrände Porto da Rua, Tatuamunha, Lage und Patacho noch ein echter Geheimtipp. Verträumte Fischerdörfer, sanfte Naturschwimmbecken im Meer, Strandspaziergänge – genau das Richtige zum Abschalten (▶ S. 280).

▶ Praia do Francês
Gut 24 km südwestlich von der Provinzhauptstadt Maceió im Distrikt Marechal Deodoro gelegen, gilt ein Teil der Praia do Francês (www.praiadofrances.net) als »die« Surferhochburg im Bundesstaat Alagoas. Pousadas und Bars. An den Wochenenden meist laut und überlaufen (▶ S. 279).

BAHIA

▶ Trancoso
Das charmante Künstlerdorf im Süden Bahias besitzt einige der spektakulärsten Strände der brasilianischen Küste, darunter die Praia do Rio Verde und die abgeschiedene Ponta de Itapororoca.

▶ Praia do Forte
Der von Kokospalmen gesäumte Küstenabschnitt (www.praiado-forte.org.br) erstreckt sich ca. 70 km nördlich von Salvador da Bahia. Direkt am Sandstrand unterhält TAMAR eine Station zur Aufzucht von Meeresschildkröten mit Infozentrum (▶ S. 411).

▶ Itacaré
Exzellent geeignet zum Surfen, doch auch Natur- und Badefreunde kommen auf ihre Kosten. Gleich mehrere Strandparadiese vor Regenwaldhängen liegen in der Nähe von Itacaré, am schönsten ist sicherlich die von einem Flusslauf umspielte Praia Jeribucaçu.

CEARÁ

▶ Canoa Quebrada
In den 1970er-Jahren galt dieser Strand bei Aracti (www.canoa-quebrada.com), 167 km südöstlich von Fortaleza, als Hippieparadies. Längst kein Geheimtipp mehr, verfügt er heute über eine eigene und ansprechende Infrastruktur mit hübschen Pousadas und rustikalen Restaurants (▶ S. 163).

▶ Jericoacoara
Das ehemalige Fischerdörfchen liegt inmitten eines Naturschutz-

gebiets mit bis zu 30 m hohen Dünen, aber trotz der entsprechend rigiden Bauvorschriften wuchs der 72 km von Camocim und 305 km von Fortaleza entfernte Ort in den letzten Jahren stetig (▶ S. 203).

FERNANDO DE NORONHA

▶ **Praia da Baía do Sancho**
Fernando de Noronha ist das brasilianische Urlaubsparadies schlechthin. Werden von Reisezeitschriften die zehn schönsten Strände des Landes gewählt, ist die Praia da Baía do Sancho meist auf Platz Eins zu finden. Dicht gefolgt von den anderen Stränden der Atlantikinsel (▶ S. 233).

PERNAMBUCO

▶ **Porto de Galinhas**
70 km südlich von Recife ist Porto de Galinhas (www.portodegalin-has.com.br) zu »der« Beachdestination Pernambucos schlechthin geworden. Allerdings reiht sich hier inzwischen Hotel an Hotel und der Reiz des Küstenabschnitts läuft Gefahr, zubetoniert zu werden (▶ S. 352).

RIO DE JANEIRO

▶ **Armação dos Búzios**
Der 177 km östlich von Rio de Janeiro gelegene Badeort wuchs in den letzten Jahren gewaltig. Anziehungskraft und Schönheit der angrenzenden Strände sind jedoch ungebrochen. Unser Tipp: Praia Azeda, zu Fuß erreichbar über die Praia dos Ossos (▶ S. 166).

▶ **Praia Ipanema**
Rio de Janeiros 1,3 km langer Stadtstrand wurde in den 1960er-Jahren durch den Bossa Nova »Garota da Ipanema« unsterblich.

Die Küste Bahias – im Bild der Strand Itapoã bei Salvador – könnte schöner nicht sein.

Heute zum Baden die bessere Wahl als die benachbarte Copacabana (▶ S. 384).

RIO GRANDE DO NORTE

▶ **Genipabu**
Der 24 km nördlich von Natal, im Distrikt Extremoz gelegene Küstenort gilt als »Brasiliens Hauptstadt der Buggys« – entsprechend beliebt sind Ausflüge mit den Strandflitzern durch die herrliche Dünenlandschaft.
Man kann natürlich auch einfach nur vorzüglich baden und zwar sowohl an der Praia Genipabu als auch an der Praia Pitangui (▶ S. 293).

▶ **Praia da Ponta Negra**
Der am stärksten frequentierte Badestrand südlich von Natal hat die nur 14 km entfernte Hauptstadt von Rio Grande do Norte in Sachen Beliebtheit, Bauboom und Bodenpreise längst hinter sich gelassen (▶ S. 294).

▶ **Praia da Pipa**
Die Praia da Pipa (www.pipa. com.br) liegt bei Tibau do Sul (knapp 90 km von Natal). Umgeben von hohen Klippen sind einige Strände nur zu Fuß erreichbar. Oft lassen sich dort Delphine blicken (▶ S. 294).

SANTA CATARINA

▶ **Praia Joaquina**
Auf der Osthälfte der Ilha de Santa Catarina vor Florianópolis liegen die Strände Praia Joaquina und Praia da Armação, gefolgt von der Praia dos Ingleses. Zum Baden laden die Temperaturen aber nur von Dez. bis Febr. ein (▶ S. 242).

SÃO PAULO

▶ **Praia de Pernambuco**
Sie zählt zu den gefragtesten Badestränden vor Guarujá und bietet vielfältige Möglichkeiten zur sportlichen Betätigung, u. a. Jet Ski, Kajakfahren, Segeln und Surfen (▶ S. 254).

Palmen, Sand und Meer: Es lässt sich aushalten an den Stränden Brasiliens.

Elektrizität

Die Netzspannung ist in Brasilien je nach Bundesstaat unterschiedlich. Die Haushalte der Metropolen Rio und São Paulo werden mit Strom aus zweipoligen Steckdosen (110 Volt/60 Hertz Wechselstrom) versorgt; dort gibt es nur in gehobenen Hotels Stromquellen mit 220 Volt. Brasília und Recife werden mit 220 Volt/60 Hertz versorgt. Die meisten Steckdosen nehmen in Deutschland, Österreich und der Schweiz übliche zweipolige Stecker zwar auf, Spannungswandler und Adapter sind im Reisegepäck dennoch sinnvoll, denn gerade in ländlichen Gegenden gibt es noch immer zweipolige Steckdosen, in die nur Stecker mit flachen Kontakten passen.

Essen und Trinken

In Brasilien gibt es keine landestypische Küche, sondern mehrere, sich stark voneinander unterscheidende regionale Küchen. Gleichwohl gibt es ein einfaches Tagesgericht, das in jedem Restaurant, in jeder Garküche, Imbissbude und in jeder Bar angeboten wird und geradezu die Nationalspeise Brasiliens darstellt, nämlich **Feijão com arroz, bife, batata frita e salada** (Schwarze Bohnen mit Reis, Rindfleisch, Pommes Frites und Salat), auch unter dem Kürzel PF (Prato Feito = Fertiggericht) oder unter der Bezeichnung Refeição comercial (Preisgünstiges Schnellgericht) bekannt.

Fleischgerichte

Der brasilianische Süden, der Südosten und der Mittelwesten zählen zu den größten Viehzuchtregionen der Erde. Daher kann man in diesen Gegenden ausgezeichneten Churrasco (Spießbraten) genießen: saftiges Rindfleisch (aber auch Schwein und Geflügel), das über der Glut oder am Grill gebraten wird. Im Südosten und Mittelwesten werden hauptsächlich die aus Indien stammenden Zebus (Buckelrinder) gezüchtet; deshalb kann man hier Churrasco de cupim probieren, das gebratene Buckelfleisch dieser Tiere. Gewöhnlich bieten die landesweit Churrascaria genannten Barbecue-Restaurants außer Cupim und Koteletts eine Auswahl von besonders schmackhaften Fleischstücken zu einem vorteilhaften Festpreis als so genannten **Rodízio** an. Unbedingt probieren sollte man: Maminha de Alcatra (Bürgermeisterstück), Fraudinha (Dünnung) oder fein geschnittene Picanha (Hüfte). Aber natürlich kann man auch bei vertrauteren Sorten wie Contra-Filé (mittleres Rückenstück) und Filé-Mignon (Filet mignon) zugreifen. Ein Churrasco wird häufig mit Farinha (Maniokmehl), Reis und einer Vinaigrette-Sauce gereicht.

Churrasco

Barreado Der Barreado wird aus fettem Ochsenfleisch zubereitet, das mit Speck und Gewürzen ungefähr zwölf Stunden lang in einem in die Erde eingegrabenen, versiegelten Tontopf, über dem ein Feuer entfacht wird, schmort. Der Barreado ist vor allem im Bundesstaat Paraná zu Hause.

Carne de Sol, Carne Seca, Charque Unter den drei Bezeichnungen Carne de Sol, Carne Seca und Charque versteht man im Nordosten eine Vielzahl ähnlicher Fleischgerichte, deren wichtigster Bestandteil mit Meersalz konserviertes und von der Sonne gedörrtes Rind- oder Ziegenfleisch ist.

Feijoada Ursprünglich war die Feijoada ein preiswertes Gericht für Sklaven: Die im Herrenhaus, der Casa Grande, nicht verwendeten Ohren, Füße, Rüssel und Ringelschwänze von geschlachteten Schweinen wanderten in die Töpfe der Sklavenhütten, der Senzalas, wo schon die tägliche Ration schwarzer Bohnen köchelte. Auch heute ist das Rezept für die Feijoada noch im Wesentlichen dasselbe, nur eben ein bisschen raffinierter: schwarze Bohnen, die zusammen mit Schweineklein oder Speck, gesalzenem Schweinefleisch, an der Sonne getrocknetem Rindfleisch, Lingüiça und Paio genannten Würsten gekocht werden. Das Ganze wird mit Maniokmehl, Reis und gedünstetem Grünkohl (Couve) serviert; das Gericht ist besonders in Rio de Janeiro und São Paulo verbreitet und steht traditionsgemäß freitags und samstags auf dem Speisezettel.

Fisch und Meeresfrüchte

Brasilien besitzt rund 7500 km Atlantikküste und ein dichtes Netz von Binnengewässern. Daher sind Süßwasser- und Meeresfische sowie alle Arten von Meeresfrüchten – vom raffiniertesten Rezept bis zur einfachsten Zubereitungsart – in vielen Landesteilen ein fester Bestandteil der Küche. Zu den am häufigsten verwendeten Speisefischen zählen der Dorsch, der Seebarsch, die Garoupa (eine Art Barsch), der Bonito, das Rotauge und die Meeräsche. Unter den Meeresfrüchten und Krustentieren sind Langusten, Krebse, Krabben und Tintenfische besonders beliebt.

Süßwasserfische In den großen Städten stehen überwiegend Zuchtfische wie Karpfen und Forelle sowie die Goldbrasse, der häufigste Flussfisch aus den Becken des Paraná und des São Francisco, auf dem Speiseplan. Im Landesinneren, in der Nähe der großen Ströme, werden für die jeweilige Region typische Fische angeboten. In den bedeutenderen Flüssen des Amazonas-Gebiets, von Goiás, Tocantins und den beiden Mato-Grosso-Staaten leben Fische, die – ausgewachsen – eine beachtliche Größe erreichen, wie der Tucunaré, der Tambaqui und der Pacu. Der gewaltigste Flussfisch Brasiliens ist der im Amazonasbecken lebende Pirarucu, der nahezu zwei Meter lang und bis zu 300 Kilo schwer werden kann.

Pata no Tucupi, ein Gericht indianischen Ursprungs, ist typisch für Amazonien und Pará. Pato ist gebratene Ente, Tucupi eine für die amazonische Küche charakteristische Sauce, die aus frischem Manioksaft bereitet und so lange über dem Feuer erhitzt wird, bis die in der rohen Maniokwurzel enthaltene Blausäure neutralisiert ist und der Sud dickflüssig und honigfarben wird. Tacacá ist eine Suppe, die aus Maniokstärke, Tucupi-Sauce, Jambu (einem Gewürzkraut mit angeblich aphrodisischer Wirkung), getrockneten und pürierten Krabben und viel Malaguetta-Pfeffer zubereitet wird.

Tacacá und Pata no Tucupi

? WUSSTEN SIE SCHON …?

■ … dass die bei Europäern berüchtigten Piranhas nicht selten in die Pfanne wandern? Sie gelten jedoch in Restaurants eher als minderwertige Speisefische.

Afrobrasilianische Küche

Die afrobrasilianische Küche wird heute mit der Küche des Bundesstaates Bahia gleichgesetzt, obwohl einige Gerichte auch in anderen Staaten des Nordostens beheimatet sind und sie sich inzwischen in ganz Brasilien verbreitet haben. Ein charakteristisches Bild vor allem in Salvador sind die prächtig gekleideten und mit Schmuck behängten dunkelhäutigen Baianas, die diese ursprünglich rituellen Speisen an den Straßen anbieten. In dieser den afrobrasilianischen Kulten verpflichteten Esskultur wird viel Dendê-Öl (Palmöl), Kokosmilch und scharfer Pfeffer (Pimenta) verwendet.

Ritueller Ursprung

Restaurant in den Gassen von Parati

Getränke

Säfte Dank der unzähligen leckeren Arten von Früchten, die in Brasilien gedeihen, bekommt man in Lanchonetes, Bars und den weit verbreiteten Saftbuden eine unglaubliche Auswahl an Fruchtsäften geboten. Mit Zucker und Eis durch den Mixer getrieben, stellen sie höchst angenehme Erfrischungsgetränke dar. Aus Früchten wird außer Säften auch leckeres Speiseeis hergestellt.

? WUSSTEN SIE SCHON …?

■ … dass Kaffee in Brasilien weit weniger getrunken wird, als man von einem Land, in dem sein Anbau eine lange Tradition hat, erwartet? Er wird stark, heiß und extrem süß serviert – zum Frühstück, nach den Mahlzeiten und ganztägig in den Büros.

In Brasilien stellen Großbrauereien ein vergleichsweise leichtes Bier (**Cerveja**) her, das von den Einheimischen an den Stränden »estupidamente gelada« (nahe dem Gefrierpunkt) bestellt wird. Eher regionale Bedeutung haben die schmackhaften Weinsorten, die im Süden des Landes gekeltert werden. Doch das alkoholische Standardgetränk ist die aus Zuckerrohr destillierte **Cachaça oder Pinga**. Man trinkt sie pur (eher etwas für Hartgesottene) oder mit Fruchtsäften verdünnt (in letzterem Fall ist es eine Batida), oft aber mit zerdrückter Limone, Eis und Zucker, dann handelt es sich um die berühmte **Caipirinha**.

Speiselokale

Fast Food Auch in brasilianischen Städten gibt es eine wachsende Zahl von Schnellrestaurants. Dort steht immer eine reiche Auswahl an Sandwiches zur Verfügung: Hamburger, X-Burger (Hackfleisch mit Käse), Cachorro Quente (Hot Dog), Misto Quente (warmes Sandwich mit Käse und Schinken), Baurú (wie Misto Quente, nur mit Tomaten) und Americano (wie Misto Quente, aber mit Spiegelei und Salat).

Lanchonetes und Bars Neben den internationalen Imbissketten trifft man in Brasilien an jeder Ecke auf eine Bar oder eine Lanchonete, eine Art Mischung aus einem Stehimbiss und dem europäischen Café. Diese Lokale verkaufen Getränke, Sandwiches, Zigaretten und Kaffee und servieren manchmal auch kleine Mahlzeiten.

Padarias Padarias (Bäckereien), die gewöhnlich an Lanchonetes angeschlossen sind, verkaufen auch verschiedene Salgadinhos (kleine salzige Appetithäppchen) wie Empadinhas (kleine Pastete mit einer Füllung aus Fleisch, Palmenherzen oder Krabben), Coxinhas (aus einem Mehl-Kartoffel-Teig gebackenes Küchlein, mit zerkleinertem Hühnerfleisch gefüllt), Pão de Queijo (wörtlich Käsebrot; im Ofen gebackene Pastete aus feinem Maniokmehl und frischem Minas-Käse) und kleine Leckerbissen aus der arabischen Küche wie z. B. gebackener Quibe aus Weizenvollkorn mit Hackfleisch.

Die ursprünglich von Chinesen gegründeten Pastelarias (Kondito-   **Pastelarias**
reien) servieren Pastéis (feiner weißer Teig mit Mozzarella-Käse,
Hackfleisch oder Palmherzen gefüllt und in heißem Öl ausgebacken),
die mit einem Caldo de Cana bzw. Garapa (frisch ausgepresster Zu-
ckerrohrsaft, bisweilen mit Zitronensaft verdünnt) gereicht werden.

In allen mittleren und größeren Städten gibt es eine Unmenge von   **Pizzerias**
Pizzerias – fast so viele wie Bars und Lanchonetes – von einfachsten,
preisgünstigen Buden bis zu feinen Spezialitätenrestaurants. Hier
kann man Pizzas aus dünnem oder dickem Teig in allen nur erdenk-
lichen Variationen probieren. Am verbreitetsten sind Pizzas mit
Mozzarella, Margherita (mit Basilikum und Tomaten), Calabreza
(mit der gleichnamigen fetten Wurst), Quatro Queijos (Vier Käse:
Mozzarella, Provolone, Catupiry und Gorgonzola), Portuguesa
(Mozzarella, Eier, Oliven und Zwiebeln). Ein Pizza-Rodízio, bei der
man nacheinander viele kleine unterschiedlich zusammengestellte
Pizzaportionen probieren kann, kann sogar bis zu 40 Geschmacks-
varianten haben. Die meisten Pizzerias sind nur abends geöffnet und
wie die Lanchonetes oft beliebte Treffpunkte junger Brasilianer.

Besonders die Cariocas, die Einwohner Rios, zieht es regelmäßig in   **Treffpunkt Botequim**
»ihr« Botequim. Obwohl nicht wenige Botequims eine ausgespro-
chen gute Küche bieten, bleibt das Essen in diesen volkstümlichen

Diese Auswahl lässt sich sehen!

PREISKATEGORIEN

Die im Kapitel »Reiseziele von A bis Z« empfohlenen Restaurants sind in folgende Preiskategorien eingeteilt (Hauptgericht):

▶ **Fein & Teuer**
ab 50 Reais

▶ **Erschwinglich**
25 – 50 Reais

▶ **Preiswert**
bis 25 Reais

Lokalen eher Nebensache: Botequims sind in erster Linie Treffpunkte, wo man den Durst mit Chope (Bier vom Fass) löscht und das Gespräch sucht. Am ehesten kann man ihre traditionelle Funktion mit der einer Eck- oder Stammkneipe vergleichen. Da Botequims wachsenden Zulauf verzeichnen, versuchen auch andere Restaurants – via Etikettenschwindel – von dem Boom zu profitieren. Faustregel: Ein stilechtes Botequim ist nie chic und hat sicher keinen Türsteher!

Restaurants Fast alle Restaurants bieten eine gesondert berechnete Vorspeise, die von einem einfachen Brot mit Butter und Oliven bis zu Pasteten, Käsetaschen, kleinen Karotten-, Anis- und Gurkenstreifen, Radieschen, Tomaten usw. reichen kann. Will man die gereichte Vorspeise weder verzehren, noch bezahlen, sollte man sie ausdrücklich ablehnen. Außer in Restaurants der gehobenen Kategorien, in denen die Portionen tendenziell kleiner ausfallen, bekommt man in der Regel überall großzügige Portionen, die oft auch für zwei Personen reichen.

São Paulo, das mit den Einwanderungswellen heranwuchs, gilt als diejenige Stadt Brasiliens, in der die meisten ausländischen Esskulturen vertreten sind: Man hat die Wahl zwischen italienischen, japanischen, arabischen, portugiesischen, spanischen, französischen, deutschen, chinesischen, ungarischen, schweizerischen, indischen, koscheren und vegetarischen Restaurants. Hochburgen der deutschen und österreichischen Küche sind die Städte im Bundesstaat Santa Catarina wie Blumenau, Treze Tílias, das ehemalige Dreizehnlinden, Pomerode oder Joinville.

Feiertage · Feste · Events

Feste des Viehzyklus In der Kolonialzeit konzentrierte sich die Viehzucht im Nordosten, heute im Süden, Südosten und Mittelwesten Brasiliens. Da die Viehwirtschaft schon immer eine gewichtige Rolle spielte, konnte sich in ihrem Umfeld eine selbstständige Kultur entfalten, die auch in eigenen Festen zum Ausdruck kommt.

Hinter einer Vielzahl von Namen – Boi-Bumbá, Boi-Calemba, Três Pedaços, Folguedo-do-Boi, Reis-de-Boi und Bumba-Meu-Boi – verbirgt sich ein **satirisch-dramatischer Volkstanz**, das wohl schillerndste und vieldeutigste aller traditionellen brasilianischen Festspiele. Bumba ist ein kongolesischer Begriff, der den dumpfen Ton nachahmt, den der Hörnerstoß des Ochsen erzeugt. Wichtigster Protagonist des dramatischen Volksspiels ist der Bumba-Meu-Boi, ein tanzender Ochse, der allen möglichen Demütigungen ausgesetzt wird. Seine Ursprünge können bis ins 18. Jh., in die Zeit des so genannten Viehzyklus, zurückverfolgt werden. Im Nordosten entstanden, verbreitete er sich nach und nach auch in den anderen Regionen. Grundthema ist der **Opfertod des Ochsen** und seine Wiedererweckung. Das bis zu acht Stunden während Schauspiel wird in den Straßen aufgeführt; dabei werden Passanten rasch zum dankbaren Publikum des nicht mit Ironie und Spott geizenden Singspiels. Die Hauptfiguren sind Menschen, Tiere und Fabelwesen wie Pai Francisco, Mãe Catarina (schwangere Ehefrau Franciscos), Capitão Boca-Mole (Polizist), Mateus, Bastião und Fidelis (afrikanische Sklaven), Arlequim (Harlekin), Padre (Priester), Pastorinha (kleines Mädchen) und natürlich der Boi, der Ochse. Der Boi wird durch ein Rahmengerüst mit einem wirklichen oder nachgebildeten Ochsenkopf dargestellt; das ganze Gestell ist mit bedrucktem Kattun oder besticktem, manchmal perlenbesetztem Samt überzogen, je nach den finanziellen Möglichkeiten der Schauspielgruppen. Hochburg der Bumba-Meu-Boi-Spektakel ist **São Luís**, die Hauptstadt von Maranhão.

Bumba-Meu-Boi

Rodeos (Festas de Peão de Boiadeiro) finden in mehreren Städten des Mittelwestens, Südostens und Südens statt. Die Cowboys und Zureiter, zum Teil echte Profis, ziehen von einem Wettbewerb zum anderen und verdienen sich so ihren Lebensunterhalt. Zuerst müssen sie die Tiere, wilde Pferde oder Stiere, mit dem Lasso einfangen, dann aufsitzen und sich so lange wie möglich im Sattel halten. Je nach Leistung erhalten sie bei jedem Wettbewerb eine bestimmte Anzahl von Punkten. Musikshows und Folklore ergänzen das Spektakel.

Rodeos

 ## VERANSTALTUNGSKALENDER

GESETZLICHE FEIERTAGE

▶ **1. Januar**
Int. Friedenstag (Neujahr)

▶ **6. Januar**
Dreikönigsfest

▶ **2. Februar**
Festa de Yemanjá in Salvador (Fest zu Ehren der afrobrasilianischen Meeresgöttin Yemanjá)

▶ **21. April**
Tiradentes-Tag

▶ **1. Mai**
Tag der Arbeit

▶ **29. Juni**
Peter und Paul

▶ **7. September**
Unabhängigkeitstag

▶ **12. Oktober**
Nossa Senhora da Aparecida
(Maria Erscheinung)

▶ **1. November**
Allerheiligen

▶ **2. November**
Allerseelen

▶ **15. November**
Ausrufung der Republik

▶ **25. Dezember**
Weihnachten

Bewegliche Fest- und Feiertage
sind: Faschingsdienstag (▶Bae-
deker Special S. 100 sowie beilie-
gender Special Guide »Karneval«),
Aschermittwoch, Palmsonntag,
Karfreitag, Ostersamstag und -
sonntag, Christi Himmelfahrt,
Pfingstsonntag und Corpus Christi
(Fronleichnam).

FESTE IM JANUAR

▶ **Angra dos Reis**
Am 1. Januar wird mit einer
Regatta von über 600 Booten das
Neue Jahr eingeläutet.

▶ **Aracaju**
Im Mündungstrichter des Rio
Sergipe findet die berühmteste
Meeresprozession des Bundes-
staates Sergipe statt (1. Januar).

▶ **Conceição da Barra**
Das sich um einen Stier rankende
Volksspiel Bumba-Meu-Boi wird
unter dem Namen Reis de Bois
(König der Stiere) gefeiert, eine
nur in Espírito Santo übliche
Variante, in der das Dreikönigsfest

mit dem des Boi Santo, des hl.
Ochsen, verschmilzt. Aus diesem
Anlass werden verschiedene
Volkstänze und Spiele wie Con-
gadas, Cheganças, Fandangos und
Lapinhas dargeboten (5./6. Jan.).

▶ **Natal**
Am 5./6. Januar wird mit dem
Reisado (Dreikönigstanz) ein Fest
aus der Gründungszeit der Stadt
wieder belebt.

▶ **Salvador da Bahia**
Am 1. Januar zieht eine riesige
Meeresprozession mit Hunderten,
zu Ehren des Bom Jesus dos
Navegantes (Christus der See-
fahrer) festlich geschmückten
Booten durch die Baía de Todos os
Santos (Allerheiligenbucht) bis
zum Strand Boa Viagem, wo mit
Samba, ortstypischen Getränken
und Speisen weitergefeiert wird.

Am 5./6. Januar wird in Salvador
die Festa dos Santos Reis (Fest der
Hl. Drei Könige) mit dem Terno
do Reis und den Ranchos
(Umzüge und Tänze) gefeiert.

In der zweiten Januarhälfte begeht
Salvador die Festa do Bonfim, in
der sich die Verehrung des katholischen Nosso Senhor do Bonfim
mit afrikanischen Candomblé-
Riten vermischt. Mittelpunkt der
Feierlichkeiten ist die Lavagem,
das rituelle Waschen der Außen-
treppen der Bonfim-Kirche. Unzählige weiß gekleidete Baianas
sammeln sich zunächst in Salvadors Unterstadt vor der Kirche
Nossa Senhora da Conceição, um
dann vom Volk begleitet in einer
12 km langen Strandprozession bis
zur Bonfim-Kirche zu pilgern.
Dort waschen sie die Treppenstu-

fen und schmücken die Fassade des Gotteshauses mit bunten Blumen und Girlanden. Die folgenden Nächte bis zum nächsten Sonntag feiern und tanzen die Einwohner aus Bahia bis zum Morgengrauen. Am Tag nach dem Festende, am Montag also, erfolgt die Mundança das Barracas, d. h. die Stände werden abgebrochen und in den Ortsteil Ribeira verlegt, wo schon die nächste Feierlichkeit, die nicht minder feucht-fröhliche Festa da Ribeira, ansteht.

IM FEBRUAR

► Itamaracá

Vor der Insel Itamaracá geleiten mit Blumen und bunten Fähnchen dekorierte Jangadas, Kanus und Barkassen das Bildnis der Nossa Senhora do Pilar im Rahmen einer Meeresprozession, der so genannten Buscada de Itamaracá, an ihren Bestimmungsort. Anlässlich des bis tief in die Nacht andauernden Fests werden neben modernen Rhythmen auch traditionelle Ciranda (eine Art Rundtanz) und Bumba-Meu-Boi dargeboten. Außerdem tritt auch eine Banda de Pífanos (Pfeiferkapelle) auf (1. Februar).

► Porto Alegre

Am 2. Februar findet das Fest der Nossa Senhora dos Navegantes (Unsere Liebe Frau der Seefahrer) mit einer Flussprozession im Rio Guaíba statt.

IM MÄRZ

► Nova Jerusalém

In der Stadt Nova Jerusalém (182 km von Recife entfernt), zur Gemeinde Brejo da Mãe de Deus gehörig, führen Hundertschaften einheimischer Schauspieler in der Osterwoche das Drama Paixão de Cristo, aufwändig ausgestattete Passionsspiele, auf.

IM APRIL

► Jaboatão

Auf dem Berg Guararapes wird die Festa de Nossa Senhora dos Prazeres (Fest der Mariä Freuden) mit einer Messe zu Ehren der Muttergottes begangen, zum Dank für den Sieg, den die Einwohner von Pernambuco einst gegen die holländischen Invasoren erfochten haben. Der Ursprung des Fests reicht bis ins 17. Jh. zurück. Im Umkreis der barocken Kirchen werden typische Speisen und Getränke dieser Gegend, vor allem aber Pitomba-Saft, verkauft (8. – 14. April).

IM MAI

Vierzig Tage nach Ende der Fastenzeit, also zu Pfingsten, wird eines der populärsten brasilianischen Feste, das des Divino Espírito Santo (Fest des Hl. Geistes), gefeiert. Es ist portugiesischen Ursprungs, wurde während des 16. Jh.s in Brasilien eingeführt und wird in zahlreichen Städten der Amazonas-Staaten, von Espírito Santo, Goiás, Maranhão, Minas Gerais, Paraná, Rio de Janeiro, Santa Catarina und São Paulo eingehalten. Im Folgenden werden die Orte genannt, wo dem Fest eine besondere Bedeutung zufällt:

► Alcântara

Alcântara bewahrt noch die alten Rituale mit Figuren aus der Kolonialzeit.

► Parati

Hier findet das Fest in der Version Boi do Divino mit Speisung der armen Bevölkerung statt. Höhe-punkt ist die Folia do Divino (Umzug weiß gekleideter singen-der Jugendlicher, die um Almosen bitten) mit Hochamt, Feuerwerk, Marionettentheater, Reiterspielen, Musikkapellen und der Krönung des Imperador do Divino, des Festkaisers. Die Prozessionen mit der Bandeira do Divino, dem Banner, das eine weiße Taube auf rotem Hintergrund zeigt, dauern etwa zehn Tage und enden am Pfingstsonntag.

▶ **Pirenópolis**
Hier findet das farbenprächtigste Fest des Hl. Geistes statt. Haupt-attraktion sind die Cavalhadas, eines der schönsten folkloristi-schen Schauspiele, die Brasilien zu bieten hat. Diese Reiterspiele ver-sinnbildlichen den Kampf zwi-schen den Christen des abendländischen Kaisers Karl des Großen und den die Iberische Halbinsel erobernden Mauren. Das Fest dauert drei Tage.

IM JUNI
Festas Juninas (Junifeste) werden fast in ganz Brasilien abgehalten. Eigentlich versteht man darunter eine ganze Reihe von Festtagen, wie den des hl. Antonius (13. Juni), des hl. Johannes (24. Juni) und den der hll. Peter und Paul (29. Juni). Im Nordosten sind die Feste von Campina Grande und João Pessoa, Maceió, Aracaju, São Luís und in einigen Städten Per-nambucos, besonders in Caruaru, weithin berühmt. In Cachoeira (BA) kommt dem Johannistag besondere Bedeutung zu, in For-taleza wird ein Quadrillenwettbe-werb veranstaltet. Im Mittelwesten sind die Junifeste in Dourados und

Corumbá am interessantesten, im Südwesten in Cabo Frio, Rio de Janeiro und Ubatuba.

▶ **Parintins**
In den letzten Jahren ist das Ende Juni begangene Volksfest Boi-Bumbá in Parintins immer be-deutender geworden: Es ist Brasi-liens zweitgrößtes Kostümfest – nach dem Karneval in Rio.

IM JULI
▶ **Campo Grande**
Am 10. Juli begeht Campo Grande (MS) die feierliche Prozession Nossa Senhora da Aparecida.

▶ **Serrita**
Am dritten Wochenende im Juli findet in Serrita (PE) die Missa dos Vaqueiros, ein Feldgottes-dienst von Sertão-Cowboys, statt. Schnaps und Gottesfurcht sind auch hier kein Widerspruch: Al-kohol und Forró-Musik bestim-men den profanen Teil dieses seit 1971 alljährlich begangenen Fests.

IM SEPTEMBER
▶ **Alter do Chão**
Ende September begeht die Be-völkerung von Alter do Chão bei Santarém drei Tage lang die Festa do Çairé mit Prozessionen und viel Musik und Tanz sowie mit den Çairés, Tragegerüsten, die mit Blumen und Früchten der Gegend behängt werden. Das Fest, das mit der Demolierung der Çairés endet, wurde ursprünglich im Juli ge-feiert, jedoch aus kommerziellen Erwägungen Ende der 1990er-Jahre zeitlich verlegt.

▶ **São Paulo**
Vom 14. bis 29. September wird in Móoca, einem stark italienisch

geprägten Viertel von São Paulo, die Festa do Padroeiro San Genaro (Fest des Schutzpatrons San Genaro) gefeiert.

Aus diesem Anlass werden eine Prozession und eine Messe abgehalten, italienische Lieder gesungen sowie italienische Speisen angeboten.

IM OKTOBER

► Aparecida do Norte

Der 12. Oktober ist der Tag der Nossa Senhora Aparecida (Mariä Erscheinung), der Landespatronin Brasiliens. Pilgerfahrten nach Aparecida do Norte, einem der weltweit größten katholischen Wallfahrtsorte, werden an diesem Tag abgehalten.

► Belém

Am zweiten Oktobersonntag werden in Belém die Prozessionen und das mehrtägige Fest Círio de Nazaré begangen, der größte katholische Festzug Brasiliens. Die Prozession beginnt frühmorgens an der barocken Kathedrale, dauert rund vier Stunden und bewegt sich 6 km weit durch die Stadt bis zur neoklassizistischen Basílica de Nazaré.

Zur gleichen Zeit huldigen die Hafenarbeiter von Belém der Lieben Frau von Nazareth auf ihre Art: Von geschmückten Booten aus schießen sie Tausende von Raketen ab.

IM DEZEMBER

► Salvador da Bahia

Zur Festa de Conceição da Praia in Salvador bewegt sich eine Prozession mit dem Bildnis der Nossa Senhora da Conceição (Mariä Empfängnis) durch die Straßen der Unterstadt.

Geld

Die brasilianische Währung heißt Real. Ein Real entspricht 100 Centavos. Es gibt Banknoten zu 2, 5, 10, 20, 50 und 100 Reais. Münzen gibt es zu 5, 10, 25 und 50 Centavos sowie zu 1 Real. 1 Euro entspricht ca. 2,6 Reais.

Währung

Auf einem Formular muss bei der Einreise versichert werden, dass der Geld- oder Scheckfreibetrag von R$10 000 sowie der Warenfreibetrag von US$500 nicht überschritten wird (ausgenommen Duty-free-Artikel). Allerdings empfiehlt es sich ohnehin, nur geringe Mengen der brasilianischen Währung einzuführen, da die Wechselbedingungen vor Ort günstiger sind.

Devisenbestimmungen

Wechselstuben (Casas de Câmbio) tauschen wie auch manche Mietwagenfirmen an den Flughäfen meist zu besseren Kursen als brasilianische Banken, die zudem eine Bearbeitungsgebühr erheben. Beim Tausch von Bargeld wird manchmal die Vorlage des Reisepasses verlangt.

Geldwechsel

Glanz und Glamour: Karneval in Rio de Janeiro ist ein gewaltiges Spektakel mit Tanz, Musik und dem prestige-trächtigen Wettkampf der Sambaschulen.

DIE GRÖSSTE PARTY DER WELT

Millionen lieben die farbenprächtigen Paraden im brasilianischen Karneval und den nächtelangen grandiosen Rausch. Gerade die Armen und Analphabeten nutzen ihn als willkommenes Ventil, die himmelschreiende Verteilungsungerechtigkeit, die unsichtbaren und doch zementierten Rassenschranken innerhalb der brasilianischen Gesellschaft in einer Utopie aus Luxus und Verschwendung für kurze Zeit außer Kraft zu setzen.

Offiziell ist die Dauer der Brincadera Carnavalesca genannten närrischen Umtriebe auf die überschaubar kurze Zeit unmittelbar vor Aschermittwoch begrenzt.

Rios opulente Orgie

Begleitet vom ununterbrochenen Samba-Dauerfeuer auf sämtlichen Radiofrequenzen und Fernsehkanälen erreicht die Millionenstadt am Zuckerhut ihren karnevalistischen Siedepunkt jedoch schon wesentlich früher. Eine nicht mehr abreißende Kette festlicher bis freizügiger Bälle und öffentliche Proben der berühmten Sambaschulen schaukeln die fiebrig-verrückte Ausgelassenheit der Cariocas, der Einwohner Rios, täglich höher. Seit 1984 wird hier der spektakuläre Höhepunkt des Karnevals, der prestigeträchtige Wettkampf der Sambaschulen, in der Karnevalsarena Sambódromo zelebriert. Die Parade der berühmten Sambaschulen ist eine opulente Orgie aus Farbe, nackter Haut und Musik, lockt alljährlich Tausende von Touristen an und gilt als die »größte Show der Erde«. Dem Betonkomplex selbst bringen die Cariocas allerdings kaum Sympathien entgegen, denn die Tribünenplätze sind für brasilianische Normalverdiener längst unerschwinglich. Die 1700 m lange Paradestraße ermöglicht es den Sambaschulen, Kapital aus ihren farbenprächtigen Aufmärschen zu schlagen. Vertretern von Plattenfirmen und Fernsehsendern, die an Aufnahmen interessiert sind, wird erst

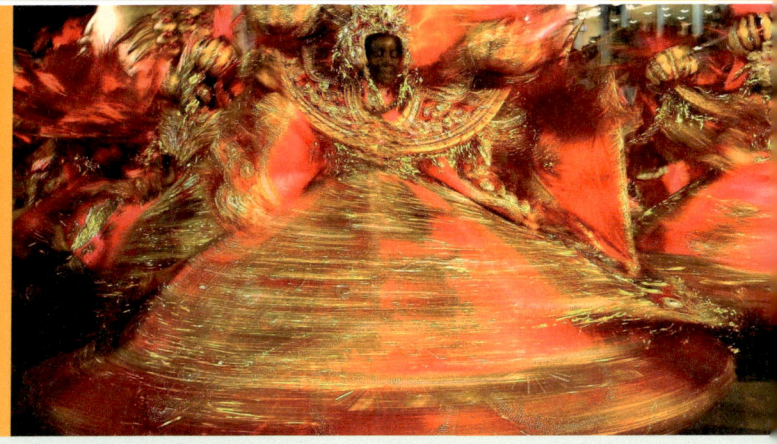

nach Bezahlung hoher Gebühren Zutritt gewährt. Bicheiros, die Clanchefs der illegalen Jogo-de-Bicho-Lotterie, sowie industrielle Sponsoren und Rios Schickeria nützen das ehemalige Fest der armen Favelados inzwischen in so hohem Maße zur Selbstdarstellung, dass viele Cariocas es vorziehen, während des Karnevals ihrer Stadt den Rücken zu kehren.

Salvador und Olinda

Bahias Karneval ist bis heute **sehr stark mit afrikanischen Traditionen verbunden**; die Umzüge werden meist mit einer religiösen Zeremonie eröffnet. Anders als in Rio werden die Kostümaufmärsche, trotz des jährlich steigenden Publikumszuspruchs, auf den Plätzen und Straßen der historischen Innenstadt abgehalten. Alle Karnevalsgruppen – Afoxés, Blocos Afros, Blocos Indios und die lautstarken Trios Eléctricos – kann man zwischen Freitag und Aschermittwoch auf einer von Tribünen gesäumten Straßenschleife bewundern.

Olinda, das historische Nachbarstädtchen von Recife, wirkt das ganze Jahr verschlafen, außer an Karneval: Während der närrischen Umtriebe ziehen täglich etwa 600 000 Besucher durch die engen Gassen. Seit Anfang des 20. Jh.s tobt hier der Karneval zu lauten Frevo-Klängen zwischen dem Convento São Bento und der Sé-Kathedrale.

Micareta

Schließlich findet im Recôncavo-Städtchen **Feira de Santana** im Hinterland Bahias 15 Tage nach Ostern das regionale Karnevalsfest Micareta statt. Gut zwei Monate nach den närrischen Umtrieben in Salvador da Bahia finden sich hier Trios Eléctricos, Afoxés und Blocos Afros zu einem fünftägigen Straßenfest ein – für Tanz- und Rhythmusbegeisterte eine günstige Gelegenheit, sich einen karnevalistischen Nachschlag zu gönnen. Auch viele andere brasilianische Städte feiern einen lebhaften Karneval außerhalb der Saison, z. B. Fortaleza (Juni), Natal (Dezember) oder Aracaju (zwei Wochen vor dem »richtigen« Karneval).

Weitere interessante Informationen und wertvolle Tipps bietet der beiliegende **Special Guide »Karneval«**.

Auch beim Einlösen von Travellerschecks muss der Pass vorgelegt werden. Die Auszahlung erfolgt ausschließlich in Real; Bearbeitungskosten von 10 % des Nennwertes des Schecks werden vom jeweiligen Geldinstitut einbehalten. Allerdings sind Travellerschecks in Brasilien nicht unbedingt zu empfehlen, da sie kaum irgendwo eingelöst werden können. Stattdessen empfiehlt sich die Mitnahme einer ganz normalen EC-Karte (Maestro/Cirrus), mit der man an den meisten Automaten der Banken Banco do Brasil und HSBC sehr unkompliziert an Bargeld gelangt.

Travellerschecks, EC-Karte und Kreditkarte

i Karte verloren?

■ Wer auf Reisen mit Kreditkarte bezahlt, sollte noch zu Hause die bei Kartenverlust in Frage kommenden Servicenummern notieren. Für Deutschland gilt die zentrale Notfall-Hotline (+49) 116 116.

In Brasilien werden Kreditkarten inzwischen fast überall von Geschäften, Hotels und gehobenen Restaurants akzeptiert: Am weitesten kommt man mit Visa und Master Card. Abseits der urbanen Zentren ist Barzahlung üblich. Barabhebungen an Geldautomaten mit Kreditkarten sind nicht bei allen Bankfilialen möglich.

Gesundheit

Man sollte grundsätzlich in Flaschen abgefülltes Mineralwasser trinken. In billigen Restaurants oder Hotels sollte man stets nach Getränken ohne Eis (sem gelo) verlangen, denn wahrscheinlich wird hier kein entkeimtes oder abgekochtes Wasser zur Eisherstellung verwendet. Vorsicht ist beim Genuss von Speiseeis und Salaten angebracht; Früchte sollten vor dem Verzehr geschält oder mindestens gewaschen werden. Bei Reisen ins Hinterland ist es ratsam, für den Notfall Einwegspritzen mitzunehmen, um sie bei einem eventuellen Krankenhausaufenthalt verwenden zu lassen. Die Sonnenstrahlung ist in Brasilien intensiv, so dass man sich ihr nicht zu lange aussetzen sollte. Unentbehrlich sind Sonnenschutzpräparate mit hohem Lichtschutzfaktor und Kopfbedeckungen.

Bei Einreise aus Europa sind keine Impfungen vorgeschrieben. Für Reisende, die sich innerhalb der letzten sechs Tage vor Ankunft in Brasilien in einem gelbfiebergefährdeten Land aufgehalten haben, ist eine entsprechende Impfung obligatorisch. Aus Sicht brasilianischer Behörden sind zahlreiche afrikanische Staaten sowie Bolivien, Peru, Ecuador und Kolumbien Gelbfieber-Infektionsgebiete. Gleichwohl ist eine Gelbfieberimpfung bei Reisen ins Amazonas-Becken grundsätzlich ratsam.

Impfungen

← *Bis die Hände blutig sind vom Trommeln. Doch wo die Musiker loslegen, bleibt kein Fuß mehr ruhig...*

Empfehlenswert sind ferner Vorsorgemaßnahmen gegen Hepatitis A sowie – besonders für Individualreisende, die mit schlechten hygienischen Bedingungen konfrontiert werden – gegen Typhus.

Malaria

Malaria ist noch in vielen Teilen des Amazonas-Gebiets verbreitet. Es empfiehlt sich deshalb, sich rechtzeitig vor der Abreise bei einem Tropeninstitut zu erkundigen. Die Malaria-Prophylaxe, die zumindest einen gewissen Schutz bietet, muss man bereits eine Woche vor Reiseantritt beginnen und etwa vier Wochen nach der Rückkehr fortsetzen. Die meisten Ärzte raten dazu, zusätzlich ein Stand-by-Medikament mitzunehmen.

Für Notfälle gibt es außerdem in ganz Amazonien SUCAM-Malariastationen, die eine wirksame Therapie gewährleisten. Um das Risiko zu verringern, sollte man ein Moskitonetz mitnehmen und in der Dämmerung möglichst feste Socken, lange Hosen und langärmelige Oberteile in hellen Farben tragen. Unbedeckte Körperstellen lassen sich mit Mückensprays wirkungsvoll schützen.

Da die Inkubationszeit bis zu mehreren Monaten dauern kann, sollte man auch nach der Rückkehr sofort den Arzt aufsuchen, wenn grippeähnliche Symptome auftreten.

> ## ! *Baedeker* TIPP
>
> ### Impfdokumente mitführen!
>
> Insbesondere bei Boots- und Busreisen ins Hinterland sollten Sie Ihre Impfdokumente stets mitführen. An manchen Grenzen brasilianischer Bundesstaaten werden Passagiere ohne Impfnachweis kollektiv geimpft.

Chagas-Krankheit

Eine weitere Infektionskrankheit, die in manchen Gegenden des Nordostens und Amazoniens auftritt, ist die nach ihrem Entdecker, einem brasilianischen Bakteriologen, benannte Chagas-Krankheit (Doença de Chagas). Sie tritt zwar nur noch selten auf, kann aber schwere Herz- und Nierenkomplikationen verursachen.

Übertragen wird sie durch den Stich des Barbeiro, einer nachtaktiven Raubwanze, die in den Ritzen einfacher Lehmhütten nistet. Die Hauptsymptome sind Fieber, Lymphknotenschwellung und beschleunigter Puls.

Denguefieber

Das Denguefieber, im Volksmund auch Fünf- oder Siebentagefieber genannt, hat immer wieder in unterschiedlichen Regionen Brasiliens Opfer gefordert. Bei Dämmerung sollte man sich durch lange Hosen und langärmelige Blusen/Hemden vor den Aedesmücken schützen, die die Dengueviren übertragen.

Aids

Das Infektionspotenzial der Immunschwäche Aids (Sida) ist insbesondere in den städtischen Bereichen Brasiliens extrem hoch. HIV-Positive und Aidstote verzeichnet man in der gesamten Bevölkerung und nicht nur in den vermeintlichen Risikogruppen. Die Einhaltung entsprechender Vorsichtsmaßnahmen ist angeraten.

Ärztliche Hilfe und Apotheken

Wenn man ärztliche Hilfe in Anspruch nehmen muss, sollte man die stets überfüllten öffentlichen Krankenhäuser meiden. Im privaten Gesundheitsbereich kann man mit einer ausgezeichneten ärztlichen und zahnärztlichen Betreuung rechnen. Gegebenenfalls sollte man sich in den Hotels oder in den Reisebüros nach dem Verzeichnis von Ärzten, die Fremdsprachen beherrschen, erkundigen. Sämtliche Behandlungskosten werden bar bezahlt. Es ist empfehlenswert, vor Reiseantritt eine zusätzliche Auslandskrankenversicherung abzuschließen, die Arzt- und Krankenhauskosten abdeckt.

Ärztliche Hilfe

Die meisten gängigen Medikamente erhält man rezeptfrei in zahlreichen Farmácias und Drogarias. Einige Arzneimittel wie Antibiotika, deren Verpackungen einen roten Rand aufweisen, sind rezeptpflichtig. In Farmácias de manipulação sind allopathische und homöopathische Mittel erhältlich. Die Apotheken in Brasilien sind oft bis spätabends, teilweise sogar rund um die Uhr geöffnet.

Apotheken

Mit Kindern unterwegs

Für Erwachsene ist Brasilien fraglos ein ausgesprochen spannendes und vielseitiges Reiseland. Brasilianer sind generell sehr kinderfreundlich und in vielen Hotels und Restaurants genießen Familien mit Kindern (teils beachtliche) Preisnachlässe. Das Freizeitangebot für Kinder und Heranwachsende, die sich nicht nur mit (teils kostenlosen) Museumsbesuchen, Strand und Sonne zufrieden geben wollen, ist dennoch nicht besonders üppig. Einige **Themenparks** zählen zu den wenigen (wenigstens halbwegs) kindgerechten Zielen in Brasilien.

▶ THEMENPARKS

▶ **Terra Encantada**
Avenida Ayrton Senna 2800
Barra da Tijuca, Rio de Janeiro
Öffnungszeiten:
Sa., So. und Feiertage: Di. – Sa.
14.00 – 21.00,
Januar: Do. – So. 14.00 – 21.00 Uhr
www.terra-encantada.com.br

▶ **Playcenter**
José Gomes Falcão 20

Barra Funda, São Paulo
Informationstelefon:
(011) 22 44-75 29
Öffnungszeiten:
Fr. – So. und Feiertage
11.00 – 19.00 Uhr
www.playcenter.com.br
Kinder bis 10 Jahre und alle, die in der laufenden Woche Geburtstag haben, erhalten eine Ermäßigung beim Eintritt.

▶ **Hopi Hari**
Rodovia dos Bandeirantes,
km 72, Vinhedo
Bundesstaat São Paulo
Info-Tel. (08 00) 94 04-674
Öffnungszeiten:
Mi. – Fr. 10.00 – 18.00,
Sa. – So. 10.00 – 20.00 Uhr; die
Öffnungszeiten variieren je nach
Monat erheblich
www.hopihari.com.br
Der größte Themenpark von São
Paulo: Hier gibt es Riesenrad,
Katapult und Achterbahn mit
Spitzengeschwindigkeiten von
über 100 km/h – also eher etwas
für Teenager als für kleinere
Kinder.

▶ **Ski Mountain Park**
Rodovia Livío Tagliassachi/
Estrada da Serrinha
São Roque
Bundesstaat São Paulo
Info-Tel. (011) 47 12-32 99
Öffnungszeiten:
Do. – So. 10.00 – 18.00 Uhr
www.skipark.com.br
Sessellift und Sommerskipiste

▶ **Kinder Park**
Rua João Negrão 1100
Rebouças, Curitiba, Paraná
Info-Tel. (041) 30 29-74 74
Öffnungszeiten:
Di. – So. 14.00 – 20.30 Uhr
www.kinderpark.com.br
Ideal für Besucher vom Babyalter
bis zu 14 Jahren

▶ **Beto Carrero World**
Rua Inácio Francisco de Souza
1597, Penha
Bundesstaat Santa Catarina
Info-Tel. (047) 32 61-22 22
Öffnungszeiten:
Do. – So. 9.00 – 19.00 Uhr
(Nov. – Feb. und Juli tgl.)
www.betocarrero.com.br

▶ **Parque Walter World**
Avenida Vereador Edmundo
Cardillo 3131
Poços de Caldas, Minas Gerais
Info-Tel. (035) 37 22-22 20
Öffnungszeiten:
Sa. – So. 10.00 – 18.00 Uhr
www.walterworld.com.br
Park mit ca. 30 Fahrbetrieben

Knigge

Brasilianer sind ausgesprochen gastfreundliche, unkomplizierte und legere Zeitgenossen. Selbst Menschen, die man zum ersten Mal sieht, lächeln und recken den Daumen der zur Faust geschlossenen rechten Hand in die Höhe. Dies bedeutet (und wird häufig von der gleichen Frage akustisch ergänzt) **»Tudo Bem?«** (»Alles in Ordnung?«). Wer als Gast des Landes die gleichen Worte auch nur ungefähr zu wiederholen weiß, hat bei den Einheimischen schon fast gewonnen. Es kommt nicht selten vor, dass Brasilianer spontan zu sich bzw. zu ihrer Familie nach Hause einladen.

Kleine und große Familien Brasilianische Familien sind im Süden ähnlich überschaubar klein wie in Europa. Auch hier bleibt der Nachwuchs häufig so lange es irgend geht im »Hotel Mama«, zumal die Gehälter zu Beginn einer beruflichen Laufbahn deutlich unter denen in den USA oder in Europa liegen. Im Norden gibt es, im Gegensatz hierzu, noch immer Familien, in denen 10 Geschwister keine Seltenheit sind – denn viele Nachkommen waren lange die einzige »Altersversorgung«.

Von Besuchern Brasiliens wird selbst in 5-Sterne-Hotels selten mehr als **sportlich legere Kleidung** erwartet. Krawatten sind bei den Brasilianern (außerhalb São Paulos) nicht gerade populär. Empfindlich reagiert mancher Restaurantbesitzer aber auf die »Chinelas« genannten Badelatschen. In Rio de Janeiros São-Bento-Klosterkirche erhalten Männer in kurzen Hosen keinen Zugang (und Frauen gelangen, sieht man vom einmal jährlich organisierten »Tag der Offenen Tür« ab, normalerweise gar nicht in dieses Benediktinerkloster). So freizügig Brasilien uns auch erscheinen mag, Oben-Ohne-Baden ist in dem katholischen Land ein Sakrileg, das notfalls mit Polizeigewalt geahndet wird. Textilfreie Strände sind entlang der 7500 km langen Küste Brasiliens ausgesprochen selten.

Zum Thema Kleidung

Wer sich auf Reisen Ärger soweit irgend möglich vom Leib halten will, sollte mit der Wahl seiner Kleidung auf keinen Fall Reichtum signalisieren und teure Uhren und Schmuck am besten zu Hause (oder wenigstens im Hotelsafe) lassen. Es wird auch bei Polizeikontrollen ohne Probleme akzeptiert, wenn Sie nur eine **Fotokopie Ihres Passes oder Personalausweises** mitführen. Und kommt tatsächlich einmal etwas weg, hilft es bei der Wiederbeschaffung der Dokumente, Voucher und Flugscheine, wenn man diese vorsorglich fotokopiert hat. Gerätenummern von Kamera und Objektiven sollte man auf Reisen grundsätzlich notieren und gegen eine Reisegepäckversicherung ist auch in Brasilien nichts einzuwenden.

Sicherheit und Kleidung

Literaturempfehlungen

Amado, Jorge: Dona Flor und ihre zwei Ehemänner. Eine Geschichte von Moral und Liebe (Piper Verlag, München 2005)
Wie die Bahianerin Dona Flor ihr Leben mit zwei Ehemännern bewältigt, schildert Amado auf ironische und amüsante Art mit einem ihm typischen Touch von Machismo.

Belletristik

Ribeiro, João Ubaldo: Brasilien, Brasilien (Suhrkamp Verlag, Frankfurt am Main 2000)
Das gewaltige Epos von Ribeiro erlaubt einen tiefen Einblick in die Geschichte und Mentalität der brasilianischen Nation. Schauplatz der Generationen übergreifenden Handlung des Romans ist die Insel Itaparica vor Salvador, die Heimat Ribeiros. Anhand der Geschichte

einer dort lebenden Sippe verdeutlicht der Autor exemplarisch die soziale und politische Entwicklung Brasiliens.

O'Hanlon, Redmond: Redmonds Dschungelbuch (Deutscher Taschenbuch Verlag, München 2001)
Die Themse ist nicht der Amazonas. Das wusste der wackere Brite Reymono, wie ihn seine einheimischen Begleiter nennen, auch vor seiner Expedition in den Dschungel. Doch was ihn dort erwartet, übertrifft seine Befürchtungen: Parasiten und wilde Tiere, Hitze und Feuchtigkeit. Aber er stößt auch auf Indianer, die ihrem Ruf als gewalttätige Ungeheuer wenig Ehre machen. Redmonds Dschungelbuch ist ein spannender und amüsanter Reisebericht.

Zweig, Stefan: Brasilien. Ein Land der Zukunft (Insel Verlag, Frankfurt am Main 1997)
Während in Europa das düsterste Kapitel der Menschheitsgeschichte seinen Fortgang nahm, erschien 1941 in Portugal, Brasilien und in den USA diese Hommage Zweigs an das südamerikanische Land, das er als Musterbeispiel einer friedliebenden und toleranten Nation empfand. Die sittlichen Kräfte der brasilianischen Nation hielten seine Hoffnung auf eine humane Zukunft am Leben. Die Verklärung Brasiliens mag der letzte Versuch Zweigs gewesen sein, seine seelische Zerrissenheit und Depressionen zu überwinden. 1942 nahm er sich in Petrópolis das Leben.

Ethnologie **Lévi-Strauss, Claude:** Traurige Tropen (Suhrkamp Verlag, Frankfurt am Main 2001)
Der ethnologische Klassiker des französischen Strukturalisten Lévi-Strauss zeichnet sich weniger durch objektive wissenschaftliche Strenge als durch die subjektive Parteinahme für die Kultur der brasilianischen Indianer aus.

Sachbuch **Onori, Piero:** Sprechende Körper. Capoeira – ein afrobrasilianischer Kampftanz (Edition Diá, St. Gallen/Köln 2002)
Eine Liebeserklärung an die Capoeira, geschrieben von einem Kenner des afrobrasilianischen Kampftanzes

Nationalparks

In Brasilien gibt es bislang über 40 anerkannte und von der **Naturschutzbehörde Ibama** verwaltete Nationalparks, die der Erhaltung ursprünglicher Regionen und Biotope dienen. Bisweilen stehen innerhalb der Nationalparks auch bescheidene Unterkunftsmöglichkeiten für längere Aufenthalte zur Verfügung. Aber längst nicht alle Naturschutzgebiete sind der Öffentlichkeit zugänglich, vor allem die Nationalparks im Norden Brasiliens liegen weit abseits der üblichen Rei-

Die Wasserfälle von Iguaçu

serouten und sind häufig gar nicht (Regenzeit) oder nur unter großem Aufwand zu erreichen. Die Publikumsmagneten unter den brasilianischen Nationalparks sind Iguaçu (▶ S. 246), Itatiaia (▶ S. 263),
das bei Brasília liegende gleichnamige Schutzgebiet (▶ S. 201) und
das Pantanal (▶S. 312).

Notrufe

- **Militärpolizei**
  Tel. 190

- **Erste Hilfe**
  Tel. 192

- **Feuerwehr**
  Tel. 193

- **Zivilpolizei**
  Tel. 194

Post · Telekommunikation

In jeder größeren Stadt und in allen brasilianischen Hauptstädten
gibt es eine Hauptpost und mehrere, auf die einzelnen Viertel verteilte Postämter (Correios). Manche Postämter sind an Schildern mit
der Aufschrift ECT (Empresa de Correios e Telégrafos = Post- und

Telefongesellschaft) zu erkennen. Briefkästen sind vor allem an verkehrsreichen Straßen aufgestellt. Es ist jedoch ratsam, Briefsendungen grundsätzlich am Schalter eines Postamts aufzugeben, da manche Briefkästen oft nur sporadisch geleert werden. Briefe und Postkarten aus Brasilien benötigen in der Regel 12 bis 14 Tage nach Europa.

Öffentliche Telefone

Das brasilianische Telefonnetz ist modern und funktioniert gut. Alle Teile des Landes kann man per Direktwahl erreichen. Die Vorwahlnummern stehen unter dem Code DDD in den Telefonbüchern (Listas telefônicas). Neben den über die Städte verstreuten **Orelhões** (offene Telefonzellen, die wegen ihrer Form als »große Ohren« bezeichnet werden) stehen in Flughäfen, Postämtern, Bahnhöfen, Hotels, Restaurants und Bars öffentliche Karten- und Münzfernsprecher zur Verfügung.

Telefonkarten

Telefonkarten gibt es z.B. zu 20, 50, 75 und 90 Einheiten; sie können meist beim nächstgelegenen Kiosk oder Ladengeschäft erstanden werden. Sollen die Kosten des Telefonats vom Angerufenen getragen werden, gibt es in Brasilien die Möglichkeit von R-Gesprächen.
Bei Inlandsgesprächen wird hierfür vor der Ortsvorwahl eine 9 gewählt, R-Gespräche nach Deutschland erfordern die Vorwahl: 000 80 49.

Vorwahlen

Bei Anrufen in andere Ortsnetze muss zusätzlich zur Ortsvorwahl immer ein Provider (Prestadora) von Telefondiensten ausgewählt werden. Die je nach Bundesstaat zur Verfügung stehenden Vorwahlen der Provider sind auf den Betriebsanleitungen der öffentlichen Fernsprecher aufgelistet.
Derzeit operieren drei Telefongesellschaften in allen brasilianischen Bundesstaaten, nämlich Embratel mit der Providernummer 021 und Intelig mit der Providernummer 023 und Oi mit der Providernummer 031.
Bei Ferngesprächen innerhalb Brasiliens sind diese Providernummern vor den Ortsnetzkennzahlen (ohne führende Null) zu wählen, also z. B. für einen Anruf von Rio nach São Paulo mit Embratel: 021 + 11 + Teilnehmernummer, für einen Anruf in umgekehrter Richtung: 021 + 21 + Teilnehmernummer. Nur manche Luxushotels ersparen ihren Gästen diese Prozedur.

▶ VORWAHLEN

▶ **nach Deutschland**
Tel. 00 21 49

▶ **in die Schweiz**
Tel. 00 21 41

▶ **nach Österreich**
Tel. 00 21 43

▶ **nach Brasilien**
Tel. 00 55

Preise

Tasse Kaffee
2,50 Reais

Hauptgericht
10 – 40 Reais

3-Gänge-Menü
ab 30 Reais

Nacht im DZ
60 – 1200 Reais

Reisezeit

Bei der Wahl der Reisezeit ist es ratsam, die regionalen klimatischen Gegebenheiten zu berücksichtigen (► S. 22). Grundsätzlich gilt, dass die jahreszeitlichen Schwankungen mit zunehmender Entfernung vom Äquator zunehmen. Da Brasilien überwiegend südlich des Äquators liegt, sind die Jahreszeiten gegenüber der nördlichen Erdhalbkugel vertauscht. Die meisten Europäer besuchen dementsprechend Brasilien zwischen Dezember und Februar, dem brasilianischen Sommer, um dem heimatlichen Winter zu entfliehen. In Amazonien südlich des Äquators gerät man dann allerdings in die Regenzeit. Im Zeitraum von Juni bis September muss man im äußersten Süden mit kühlen Temperaturen rechnen, die nachts mitunter den Gefrierpunkt unterschreiten. An der Küste zwischen den Bundesstaaten Rio Grande do Norte und São Paulo entgeht man in dieser Zeit dafür den höchsten Temperaturen von bis zu 40 °C.

Shopping · Souvenirs

In Brasilien gibt es sehr geschmackvolle Keramik, die teilweise noch nach Mustern der vorkolumbianischen Kultur gefertigt wird. Häufig angeboten werden auch Ziergegenstände aus Speck- oder Seifenstein. Besonders reichhaltig ist das Angebot an Textilien, Hängematten, Flecht- und Knüpfarbeiten. Eine Spezialität der traditionellen Rinderzuchtgebiete des Mittelwestens, Nordostens und Südens sind **Lederwaren**. Beim Kauf indianischen Kunsthandwerks ist darauf zu achten, dass keine unter Artenschutz stehenden Tiere bzw. deren Panzer, Häute, Federn, Felle oder Zähne verarbeitet wurden. In

Deutschland gelten neben dem Washingtoner Artenschutzabkommen die Maßgaben des Bundesnaturschutzgesetzes. Explizit unter Strafe steht u. a. die Einfuhr von Papageienfedern, Zähnen von Wildkatzen, Panzern, Fellen und Häuten oder deren Verarbeitungsprodukte. Antiquitäten, Edelsteine, Fossilien, sakrale Kunstgegenstände und Waffen dürfen aus Brasilien nicht ausgeführt werden.

Öffnungszeiten Die Ladenzeiten variieren; allgemein kann man jedoch damit rechnen, dass die Geschäfte montags bis freitags von 9.00 bis 22.00 Uhr (sonntags meist erst ab 14.00 Uhr) geöffnet sind. In einigen Städten, auch größeren, schließen die meisten Läden nachmittags für etwa zwei Stunden. Samstags ist meist nur vormittags geöffnet. Die großen Einkaufszentren (Shoppings) öffnen hiervon unbeeindruckt häufig sieben Tage die Woche zwischen 9.00 und 22.00 Uhr, und in vielen Fremdenverkehrsorten werden lokale Erzeugnisse und Souvenirs ohnehin auch sonntags verkauft.

Sprache

Amts- und Verkehrssprache in ganz Brasilien ist Portugiesisch. Der Unterschied zum europäischen Portugiesisch liegt vor allem in der Aussprache, doch auch Vokabular und Grammatik bieten etliche Besonderheiten, sodass unter Sprachwissenschaftlern Brasilianisch bisweilen schon als eigenständige Sprache bezeichnet wird. Außerdem findet man im brasilianischen Portugiesisch zahlreiche Wörter und Ausdrücke aus indianischen und afrikanischen Sprachen. Dialekte gibt es keine, nur regionale Akzente.

Verständigung In den Hotels und Restaurants der Touristenzentren wird meistens ein wenig Englisch gesprochen; außerhalb der touristisch stark frequentierten Reiseziele ist ein portugiesisches Grundvokabular für die Verständigung unabdinglich.

SPRACHFÜHRER BRASILIANISCH

Auf einen Blick

Ja	Sim
Nein	Não
Frau	Senhora
Herr	Senhor
Vielleicht	Talvez
Bitte (als Frage Aufforderung)	Por favor
Danke	Obrigado/Obrigada
Gern geschehen	De nada

In Ordnung	Tudo Bem.
Entschuldigung!	Desculpe!
Das macht doch nicht.	Imagina.
Kein Problem.	Sem problema.
Wann?	Quando?
Wo?	Onde?
Was?	Que?
Wer?	Quem?
Welcher/welchel?	Qual/quais?
Wie bitte?	Como?
Wie viel?	Quanto?
Wohin?	Aonde? Para onde?
Wie spät ist es?	Que horas são?
Ich habe sie nicht verstanden.	Não entendi.
Ich spreche kein Portugiesisch.	Eu não falo português.
Aber ich spreche Englisch und Deutsch.	Mas eu falo inglês e alemão.
Sprechen Sie Englisch?	Você fala inglês?
Ich möchte gern ... kaufen...	Gostaria de comprar ...
Darf ich mir das anschauen?	Posso ver?
Ich mag es nicht.	Não gosto.
Ich nehme es.	Vou levar isso.

Kennenlernen

Guten Tag!	Bom dia!
Guten Abend!	Boa noite!
Hallo!	Olá!
Wie geht es Ihnen?	Como vai?
Danke. Und Ihnen/dir?	Bem, e você ?
Bis später!	Até mais tarde!
Tschüs!	Tchau.

Unterwegs

links	à esquerda
rechts	à direita
geradeaus	em frente
nah/weit	perto/longe
Wo ist ...?	Onde fica ...?
Wie weit ist das?	Qual a distância daqui?

Panne/Unfall

Ich habe eine (Auto-/Motorrad-)Panne.	(O carro/A motocicleta) quebrou em ...
Das Auto springt nicht an.	O carro não está pegando.
Ich hatte einen Unfall.	Sofri um acidente.
Ich brauche einen Mechaniker.	Preciso de um mecânico.

Tankstelle

Ich habe kein Benzin mehr.	Estou sem gasolina.
Wo ist eine Tankstelle?	Onde tem um posto de gasolina?
Ich möchte … Liter …	Coloque … litros de …
…Diesel.	… diesel.
…Bleifrei.	… gasolina comum.
…Ethanol.	… alcuhl.
…Flüssiggas.	… gás.
Voll tanken, bitte.	Enche o tanque, por favor.

Verkehrsmittel

Welcher/s … geht nach …?	Qual é o … que vai para … ?
… Boot	… barco
… Bus/Stadtbus	… ônibus/ônibus local
… Fernbus	… ônibus interurbano
… Fähre …	… balsa …
… Flugzeug.	… avião.
… Zug.	… trem..
Wann fährt der … (Bus)?	Quando sai o … (ônibus)?

Olá! Como vai? Hallo! Wie geht's?

... erste .... primeiro
... letzte .... último
... nächste .... próximo

Bank/Internet

Wo kann ich ...? .... Onde posso ...
... Reiseschecks einlösen? .... trocar traveler cheques?
... Geld wechseln? .... trocar dinheiro?
... meine E-mail checken? .... checar meu e-mail?
... im Internet surfen? .... ter acesso à internet ?

Post

Ich möchte gern ... kaufen. .... Quero comprar ...
... einen Luftpostbrief .... um aerograma ...
... eine Postkarte .... um cartão-postal ...
... Briefmarken .... selos

Arzt

Ich habe hier Schmerzen. .... Aqui dói.
Ich brauche einen Arzt
(der englisch spricht)..................... Eu preciso de um médico
                                          (que fale inglês).

Übernachtung

Ich suche ein/eine/einen ... . Estou procurando por ...
... ein gutes Hotel .... um bom hotel?
... eine Pension .... uma pousada?
Ich möchte ein ... . Eu gostaria um quarto de   ...
ein Einzelzimmer .... solteiro
ein Zweibettzimmer .... duplo
ein Doppelzimmer .... casal
... für eine Nacht........................ ... para uma noite.
... für eine Woche....................... ... para uma semana.
Ist das Frühstück inbegriffen? .... Inclui café da manhã?
Kann ich es sehen? .... Posso ver?
Ich nehme es. .... Eu fico com ele.
Es gefällt mir nicht. .... Não gosto.
Ich reise jetzt ab. .... Estou indo embora agora.

Essen

zu Mittag essen ... . Almoçar
zu Abend essen .... Jantar
Kellner/in .... Garçom/Garçonete

Hätten sie bitte eine Speisekarte?	Tem um cardápio, por favor?
Messer	Faca
Gabel	Garfo
Löffel	Colher
Glas	Copo
Teller	Prato
Serviette	Guardanapo
Zahnstocher	Palitos
Salz	Sal
Pfeffer	Pimenta
Guten Appetit!	Bom apetite!
Die Rechnung, bitte!	A conta, por favor.
Hat es geschmeckt?	Estava bom?
Das Essen war ausgezeichnet.	A comida estava excelente.
Ich/Wir komme/n bestimmt wieder.	Vou/vamos voltar com certeza.

Zahlen

0	zero
1	um, uma
2	dois, duas
3	três
4	quatro
5	cinco
6	seis
7	sete
8	oito
9	nove
10	dez
11	onze
12	doze
13	treze
14	catorze
15	quinze
16	dezesseis
17	dezessete
18	dezoito
19	dezenove
20	vinte
21	vinte e um
22	vinte e dois
30	trinta
40	quarenta
50	cinquenta
60	sessenta
70	setenta

80	oitenta
90	noventa
100	cem
101	cento e um
200	duzentos
1000	mil
2000	dois mil
10 000	dez mil
1/2	um meio
1/3	um terço
1/4	um quarto

Cardápio/Speisekarte

Almoço	Mittagessen
Arroz	Reis
Aves	Geflügel
Azeite	Olivenöl
Bebida	Getränk
Café da manhã	Frühstück
Carne	Fleisch
Churrasco	gegrilltes Fleisch
Entrada	Vorspeise
Farinha de mandioca	Maniokmehl
Peixe	Fisch
Rodízio	bunte Mischung, normalerweise viel Fleisch

Snacks

Acarajé	gebackene Teigbällchen aus gemahlenen Bohnen und Shrimps
Empadão	Pastete aus Fleisch, Gemüse, Oliven und Eiern
Quibe	frittierte Hackfleischbällchen
Pastel	mit Fleisch, Käse oder Fisch gefüllte Teigstücke

Peíxe e mariscos/Fisch und Meeresfrüchte

Bobó de camarão	mit getrockneten Shrimps, Kokosmilch und Cashewkernen gewürzter Maniokteig
Casquinha de siri	gefüllter Krebs
Dourado	fleischiger Süsswasserfisch
Moqueca	bahianischer Fischeintopf
Pirarucu ao forno	in Ofen gegarter Pirarucu, Brasiliens bekanntester Fisch

Tainha .... fleischiger, aber zarter Fisch
Vatapá .... Meerefrüchte-Gericht mit einer Sauce aus
Maniokpaste und Kokosnuss

Carne e aves/Fleisch und Geflügel

Barreado .... im Tontopf gegarter Eintopf, Nationalgericht
Paranás
Carne .... (Rind-)fleisch
Carneiro .... Lamm
Carne de sol .... Grillfleisch mit Bohnen, Reis und Gemüse
Cozido .... Fleischtopf mit viel Gemüse
Feijoada .... Bohnen-Fleisch-Eintopf mit Reis
Frango .... Hähnchen
Frango ao molho pardo .... Hähnchenstücke mit Gemüse, in Hühnerblu
gekocht
Pato no tucupí .... gebratene Ente
Porco .... Schweinefleisch
Xinxim de galinha .... Hähnchenfleisch mit Knoblauch, Salz und
Zitrone

Frutas & Legumes/Obst & Gemüse

Abacate .... Avocado
Abacaxi .... Ananas
Açai .... grobe Waldbeere
Acerola .... säuerliche Frucht, schmeckt nach Kirsche
Alface .... Kopfsalat
Alho .... Knoblauch
Batatas .... Kartoffeln
Beterraba .... rote Beete
Caju .... Cashewnüsse
Carambola .... Sternfrucht
Cenoura .... Karotte
Cupuaçu .... säuerliche, birnenähnliche Frucht
Goiaba .... Guave
Jaca .... Jackfrucht
Laranja .... Orange
Limão .... Limette oder Zitrone
Maçã .... Apfel
Mamão .... Papaya
Mandioka .... Maniok, Cassava
Manga .... Mango
Melancia .... Wassermelone

Melão	Honigmelone
Pupunha	Frucht der Pfirsichpalme
Uva	Weintraube

Sobremesa/Nachtisch

Açai na Tigela	dunkelrote Creme aus dem Fleisch der Açai-Frucht
Arroz doce	Milchreis
Bolo	Kuchen
Brigadeiro	Doce de leite (s.u.), mit Kakao
Cocada	gebackene Kokos-Süßigkeit
Doce de leite	sahnige Milch-Zucker-Mischung
Goiabada	süßer Guavenbrei
Pavé	Sahnetorte
Quindim	Kokos-Ei-Pudding
Sorvete	Eiscreme

Lista de bebidas/Getränkekarte

Abacaxi com hortelguã	Ananasshake mit Minze
Agua	Wasser
Agua de coco	Kokoswasser

Ein paar Worte Brasilianisch – und man gewinnt Freunde!

Aguardente	Schnaps, meist Cachaça
Batida	Frucht-Cachaça-Cocktail
Cachaça	Zuckerrohrschnaps
Café	Kaffee
Caipirinha	Cocktail aus Cachaça, Eis, Zucker und Limette
Cerveja	Bier
Chimarrão/Erva maté	Mate-Tee
Chope	Bier vom Fass
Guaraná	Erfrischungsgetränk aus Guaraná-Extrakt, ähnelt Limonade
Mamaõ com laranja	Fruchtshake aus Papaya und Orange
Morango com leite	Erdbeermilch
Pinga	anderer Name für Cachaça
Refrigerante	Erfrischungsgetränk
Suco	Saft
Suco de laranja	Orangensaft
Vitamina	Milch-Frucht-Shake

Zeit/Datum

Segunda-feira	Montag
Terça-feira	Dienstag
Quarta-feira	Mittwoch
Quinta-feira	Donnerstag
Sexta-feira	Freitag
Sábado	Samstag
Domingo	Sonntag
Feriado	Feiertag
Agora	Jetzt
Amanhã	Morgen
Ontem	Gestern
Esta manhã	Heute morgen
Esta tarde	Heute nachmittag

Trinkgeld

Fast alle Hotels und Restaurants schlagen in Brasilien auf den Rechnungsbetrag noch 10 % Bedienungsgeld auf. Ob es bei den Bediensteten ankommt, bleibt dahingestellt. Manche Restaurants präsentieren ihre Rechnung mit der Aufschrift Serviço não incluído (Bedienungsgeld nicht inbegriffen). In diesem Fall sollte man selbst 10 % hinzugeben. Auf zusätzliche Trinkgelder kann man verzichten, eine nette Geste ist es aber allemal, sich für guten Service erkenntlich zu zeigen. Zimmermädchen im Hotel erwarten ebenso wie der Hotelportier ein kleines Trinkgeld, der Friseur ungefähr 10 % der Rechnung. Gepäckträger an den Flughäfen rechnen entweder nach einem eigenen Tarif ab, der sich nach dem Umfang des Gepäcks richtet, oder man bezahlt etwa einen Real pro Koffer. Bei Taxifahrern ist es nicht üblich, ein richtiges Trinkgeld zu geben, normalerweise rundet man den geforderten Betrag auf.

Übernachten

Das Angebot an Übernachtungsmöglichkeiten ist in Brasilien ausgesprochen breit gefächert. Sowohl die Großstädte als auch die Ferienorte entlang der Atlantikküste verfügen über eine Vielzahl unterschiedlichster Hotels. Luxuriös ausgestattete **Resorthotels** findet man an einigen der schönsten Strände des Landes, Aparthotels sind vor allem in den Metropolen eine preiswerte Alternative, und die so genannten **Pousadas** (Pensionen), die es in großer Zahl in kleineren und historischen Orten gibt, stehen (meist) am unteren Ende der Preisskala.

Motels säumen zwar die Ausfallstraßen, sind in Brasilien jedoch durchweg Stundenhotels. **Hotel-Fazendas**, auf denen Rinderherden gehalten und teilweise Reitpferde verliehen werden, sind eine Domäne der Sumpflandschaft Pantanal. **Urwald-Lodges** findet man vor allem nordwestlich von Manaus entlang des Rio Negro; sie sind ausgesprochen teuer.

In den Städten weisen Plaketten am Hoteleingang über eine unterschiedliche Anzahl von Sternen (1 bis 5) die Klassifizierung der jeweiligen Unterkunft aus. Die Anzahl der Sterne ist jedoch nur in den seltensten Fällen mit europäischen Standards vergleichbar. Faustregel: Abgesehen von den Spitzenhotels sind die meisten Hotels und Pousadas – nach allgemeinem europäischen Verständnis – wenigstens um einen Stern zu hoch bewertet. **Klassifizierung**

In fast allen brasilianischen Hotels ist im Übernachtungspreis ein schmackhaftes und meist sehr üppiges Frühstücksbuffet eingeschlossen. Außerhalb der Hochsaison sind erhebliche Preisnachlässe auf Nachfrage möglich, während sich die Übernachtungskosten z. B. während des Karnevals in Rio spielend verfünffachen. Gerade in der Hochsaison ist eine Reservierung zwingend erforderlich und es empfiehlt sich, den Preis per Fax oder E-Mail bestätigen zu lassen. **Meist mit Frühstück**

PREISKATEGORIEN

Die im Kapitel »Reiseziele von A bis Z« empfohlenen Übernachtungsmöglichkeiten sind in folgende Preiskategorien eingeteilt (Doppelzimmer mit Frühstück):

▶ **Luxus**
ab 300 Reais

▶ **Komfortabel**
150 – 300 Reais

▶ **Günstig**
bis 150 Reais

Camping   In Brasilien gibt es eine beträchtliche Zahl von Campingplätzen; manche liegen an der Küste, andere erstrecken sich in unmittelbarer Nähe von Nationalparks. Ihre Ausstattung ist unterschiedlich – im Süden ist ihr Standard meist höher als in der Nordhälfte Brasiliens. In der Hauptsaison sind jedoch relativ viele Campingplätze ihren zahlenden Mitgliedern vorbehalten. Auskünfte (in portugiesischer Sprache) erteilt der Camping Club do Brasil.

Jugendherbergen   Jugendherbergen stehen grundsätzlich jedem offen. Die brasilianischen Jugendherbergsverbände sind nach Bundesstaaten organisiert, die Dachorganisation sitzt in Rio de Janeiro. Die Qualität brasilianischer Jugendherbergen ist in der Regel recht gut, viele der Albergues da Juventude bieten inzwischen auch günstige Doppelzimmer an.

 INFOADRESSEN ÜBERNACHTUNG

CAMPING

▶ **Camping Clube do Brasil (CCB)**
Rua Senador Dantas 75
29° andar, Centro
20031-914 Rio de Janeiro
Tel. (021) 25 32-02 03
Fax (021) 22 62-31 43
www.campingclube.com.br

JUGENDHERBERGEN

▶ **Federaçao Brasileira de Albergues da Juventute (FBAJ)**
Rua da Assembleia 10, Sala 1617, Centro
20119-900 Rio de Janeiro
Tel. (021) 25 31-10 85 52
www.hostel.org

Urlaub aktiv

Die brasilianische Atlantikküste ist ein Eldorado für Sonnenhungrige und Badefreunde. Kilometerlange Sandstrände finden sich in fast allen ans Meer grenzenden brasilianischen Bundesstaaten (▶ Badeurlaub) und stehen bei Einheimischen und Urlaubern gleichermaßen hoch im Kurs. Die küstennahen Naturschutzgebiete und National-parks sind, im Gegensatz zu denen im brasilianischen Hinterland, meist ganz gut durch **Wanderwege und Trekkingrouten** erschlossen. Weist der Nationalpark eine entsprechende Topografie auf, findet man hier für Bergwanderungen und naturnahes Wandern ebenso wie für Extrem- und Modesportarten ideale Bedingungen vor.

Segeln

Segeln wird in Brasilien gerade in jüngster Zeit immer populärer – und kann auch für ausländische Badeurlauber eine Bereicherung am gewählten Reiseziel sein. Eines der gefragtesten Segelreviere Brasiliens liegt vor der Stadt **Angra dos Reis**, in der gleich mehrere Jachtclubs ansässig sind. Jeder Segler findet hier, was er sucht – unabhängig von der ihm zur Verfügung stehenden Zeit und unabhängig davon, welche Distanz er und die Crew zurücklegen möchten. Einzige formelle Voraussetzung ist ein Skipper mit Küstensegelschein, und ein zweites Crew-Mitglied sollte ebenfalls einen Segelschein besitzen. Weitere Infos unter: www.master-yachting.de.

Golf

Golfanlagen und -plätze gibt es in zahlreichen Bundesstaaten. Inter-nationalem Standard entsprechen vor allem die 18-Loch-Plätze in Trancoso (www.terravistabrasil.com.br), auf der Halbinsel Ilha da Commandatuba (www.transamerica.com.br) und in Costa do Sauípe (www.costadosauipe.com.br). Weitere ansprechende Anlagen finden sich in Angra dos Reis (www.hoteldofrade.com.br), in Armação dos Búzios (www.buziosgolf.com.br) und in Foz do Iguaçu (www.bour-bon.com.br). Infos zum Golfsport und weitere Anlagen finden sich unter: www.brasilgolfe.com.br und www.golfebrasil.com.br.

Tauchen

Der Tauchsport steckt in Brasilien noch in den Kinderschuhen, zu-mal es nur in den Revieren, die über relativ kühles Wasser verfügen, wie vor Cabo Frio oder vor Fernando de Noronha, auch wirklich gu-te Sichtverhältnisse unter Wasser gibt. Von **Fernando de Noronha** sprechen die brasilianischen Taucher allerdings mit ähnlicher Ehr-furcht wie die amerikanischen Wellenreiter von Hawaii. Das liegt zum einen an der Vielzahl der Tauchreviere vor der Vulkaninsel, aber auch an den hier vorkommenden 18 unterschiedlichen Korallenarten, Meeresschildkröten und Delfinen sowie an den zehn Haiarten, die hier ihren Nachwuchs großziehen. Und nicht zu vergessen: Fer-nando de Noronha ist der einzige brasilianische Standort, der nicht nur über eine PADI-zertifizierte Tauchschule, sondern auch über ei-ne Unterdruckkammer verfügt. Infos: www.atlantisdivers.com.br.

Zuschauersport

Fußball

Amateurfußball wird überall in Brasilien gespielt: Stadtkinder bolzen auf freiem Gelände, Fabrikarbeiter während der Mittagspause in Hinterhöfen und auf der Straße. Daher wird **»Futebol«** als der brasi-

◀ weiter auf S. 126

HALBGÖTTER IN GELB

War der brasilianische Fußball zunächst ein Sport der Eliten, öffnete er sich mit der Zeit der breiten Öffentlichkeit und entwickelte sich zu einem wesentlichen Aspekt brasilianischer Kultur, dessen integrationsstiftender Beitrag nicht gering geschätzt werden darf. Die Ergebnisse der brasilianischen Nationalmannschaft haben unverkennbar eine starke Auswirkung auf das Selbstwertgefühl einer ganzen Nation.

Es waren englische Matrosen, die im Jahr 1884 im Hafen von Rio de Janeiro angeblich als Erste Fußball auf brasilianischem Boden spielten. Zehn Jahre später gründete der São Paulo Athletic Club die erste Fußballmannschaft Brasiliens, und zu Beginn des 20. Jahrhunderts wurden in São Paulo und Rio de Janeiro erstmals lokale Meisterschaften ausgespielt. In seinen Anfängen war der englische Import »Fußball« ein **Sport der weißen Eliten**, doch anders als das ebenfalls aus England kommende Cricket, das seinen elitären Nimbus auch in Brasilien bewahren konnte, wurde Fußball zum Volkssport: Das lederne Rund entwickelte sich besonders in den Armensiedlungen zum Mittelpunkt der Freizeit, war doch der Kostenaufwand für die Ausübung des Spiels gering. Und eben dort, in den Favelas, den Elendsvierteln der Städte, und in den ärmsten ländlichen Regionen Brasiliens waren die Talente verborgen, die das südamerikanische Land zur führenden Fußballnation und zu fünf Weltmeistertiteln schießen sollten.

Fußball als Chance

Mit der Etablierung einer nationalen Liga und der Professionalisierung des Fußballs wurde aus der spielerischen Freizeitbeschäftigung der Hinterhöfe, Gassen und Strände eine Chance, dem alltäglichen Elend zu entfliehen.

»Fußball entwickelte sich zum gemeinsamen Nenner aller Brasilianer, zum verbindenden Element über gesellschaftliche Schranken hinweg.«

Die großen Vereine wie Flamengo, Corinthians, Palmeiras oder Vasco da Gama waren und sind dankbar für neue Talente, für die selbst das geringste Einstiegsgehalt eine Verbesserung der Lebensqualität bedeutet, vor allem aber die Möglichkeit, ein Star

Vom Nachwuchsspieler zum Superstar: Adriano

am brasilianischen Fußballhimmel zu werden. Vorbilder gibt es genug: Arthur Friedenreich, der erste farbige Starspieler Brasiliens, der im Jahr 1919 die Seleção, die brasilianische Nationalmannschaft, gegen Uruguay zum Südamerika-Titel schoss; Pelé, Jairzinho, Romario oder Ronaldo, sie stiegen allesamt aus den Niederungen der Slums empor zu Wohlstand und Ansehen und kehrten mitunter zurück, wo sie hergekommen waren: Der in Brasilien vergötterte Dribbelstar der Weltmeisterschaften von 1958 und 1962, Garrincha, starb im Jahr 1983 einsam und verarmt. Er stammte aus kümmerlichen Verhältnissen, konnte kaum lesen und schreiben: Seine Chance war der Fußball. Zu Ruhm gekommen, verfiel er dem Alkohol und anderen Lastern: Bei seinem Tod hinterließ Garrincha drei Ehefrauen, 13 eigene und sechs adoptierte Kinder sowie mehr Geliebte als Ehefrauen und Kinder zusammen.

Integrationsfigur Pelé

Besonders Pelé wurde als einstiger Schlüsselspieler der brasilianischen Nationalmannschaft, die er zu drei Weltmeistertiteln 1958, 1962 und 1970 führte, zur Integrationsfigur einer ganzen, äußerst heterogenen Nation: Unabhängig von der ethnischen oder regionalen Herkunft und der sozialen Schicht – von allen gemeinsam wurden er und seine Mannschaft verehrt und bejubelt. Fußball entwickelte sich zum gemeinsamen Nenner aller Brasilianer, zum verbindenden Element über gesell-

schaftliche Schranken hinweg. Verliert die brasilianische Nationalmannschaft, dann verliert eine ganze Nation. Entsprechend groß ist die Trauer nach einer Niederlage und die überschwängliche Freude nach einem Sieg. Allein eine originelle Einlage eines Spielers, ein gelungener Trick, und die Tat wird mit einem kollektiven Samba auf den Tribünen honoriert. Und da es den Halbgöttern in Gelb an Originalität und Variabilität wahrlich nicht mangelt, ist der Samba-Rhythmus ein wesentliches Element des brasilianischen Fußballs – auch auf dem Spielfeld. Wie schrieb doch der brasilianische Soziologe Gilberto Freyre: »Der brasilianische Fußball ist ein Tanz voller irrationaler Überraschungen und dionysischer Variationen.«

lianische Nationalsport schlechthin empfunden. Brasilien hat es als einziges Land der Erde zu bislang fünf Weltmeistertiteln gebracht. Es gibt riesige Fußballstadien; einige davon wie das **Maracanã in Rio de Janeiro**, das drittgrößte der Welt, das Morumbi in São Paulo und das Mineirão in Belo Horizonte fassten lange Zeit über 100 000 Zuschauer, bevor durch notwendig gewordene Renovierungsmaßnahmen, auch im Hinblick auf die Fußball-Weltmeisterschaft 2014, ihr Fassungsvermögen um 10 000 – 20 000 Plätze verringert wurde. Verschiedene Bundesstaaten können auf mehrere berühmte Mannschaften zählen: Rio de Janeiro auf Flamengo, Fluminense, Botafogo und Vasco da Gama; São Paulo auf Corinthians, Palmeiras, FC São Paulo, Santos, Portuguesa und Guarani; Rio Grande do Sul auf Grêmio und Internacional; Belo Horizonte auf Atlético Mineiro und Cruzeiro; Bahia auf Vitória und EC Bahia; Recife auf Sport und Náutico sowie Belém auf Remo und Paysandu.

Futebol de Salão .In den großen Städten hat sich eine Futebol de Salão oder auch Futsal genannte Variante des Fußballs etabliert, bei der nur je fünf Mann mit einem kleinen, aber etwas schwereren Ball auf einem Handballfeld spielen. In einigen brasilianischen Bundesstaaten werden regelrechte Meisterschaften in dieser Sportart ausgetragen, ebenso gibt es schon länger offizielle Welt- und Europameisterschaften (bisher jedoch ohne deutsche, schweizerische oder österreichische Beteiligung). Die brasilianische Seleção ist auch hier Rekordweltmeister.

Basket- und Volleyball Basket- und Volleyball haben in den letzten Jahrzehnten im Land einen sehr hohen Beliebtheitsgrad erlangt, und die brasilianischen Nationalmannschaften konnten bei Meisterschaften und internationalen Wettbewerben so manche Medaille und manchen Titel erringen. Brasiliens (Beach-)Volleyballer/innen zählen zu den besten der Welt.

Automobilsport Durch die internationalen Triumphe brasilianischer Formel-1-Piloten wie Emerson Fittipaldi, Nelson Piquet und Ayrton Senna (▶Berühmte Persönlichkeiten S. 78) und die Grand-Prix-Rennen auf der Rennstrecke von **Interlagos bei São Paulo** hat der Automobilsport in Brasilien viele Fans. Mit dem Tod Sennas im Jahr 1994 in Imola hat die Begeisterung für den Motorsport aber deutlich abgenommen.

Segeln Unter den Segelsportarten werden in Brasilien das Windsurfen und Bootsklassen wie Optimist, Laser, Snipe, Star, Hobie Cat, Tornado, Finn Dinghi usw. bevorzugt. Die wichtigsten Austragungsorte von Regatten und Wettbewerben sind Araruama, Búzios, die Guanabara-Bucht (Rio de Janeiro), Ilha Bela (São Paulo), Praia do Canto (Vitória), Florianópolis (Santa Catarina) und Praia do Forte (Bahia).

Verkehr

Flugverkehr

Die wichtigsten brasilianischen Großstädte werden regelmäßig von den Passagiermaschinen der großen nationalen Fluggesellschaften – TAM und GOL – angeflogen. Für Touristen, die innerhalb Brasiliens größere Distanzen zurücklegen, ist der **TAM Brasil Airpass** dieser beiden Fluggesellschaften empfehlenswert: Er ermöglicht vier bis neun innerbrasilianische Flüge und ist 30 Tage gültig. Der Verkauf des Airpasses ist nicht an einen Transatlantikflug mit der TAM gebunden. Nähere Informationen über den Airpass erhält man in Reisebüros oder direkt über die Fluggesellschaft. **Inlandflüge**

Die nicht an das Flugnetz der Linienmaschinen angeschlossenen Städte kann man mit Lufttaxis erreichen, denn es gibt in den über 4000 brasilianischen Gemeinden kaum einen Ort, der nicht zumindest eine kleine, ungeteerte Landebahn besäße. **Lufttaxis**

Busse · Bahn · Flussschifffahrt

Eine Armada von Linienbussen bewältigt die Hauptlast des innerbrasilianischen Personenverkehrs. Auf den Fernstrecken werden teilweise modernste drei- bzw. vierachsige Luxusbusse eingesetzt, während auf kürzeren Abschnitten und im Hinterland meist deutlich ältere Fahrzeuge verkehren. Die meisten **Fernbusse** verfügen über komfortable Sitze, Klimaanlage und Bordtoilette. Führende Unternehmen haben sogar damit begonnen, ihre gehobene Busklasse mit Satelliten-Telefonen auszustatten.

Fernbusse fahren an den als **Rodoviárias** bezeichneten Busbahnhöfen ab. Gefahren wird Tag und Nacht. Alle drei oder vier Stunden halten die Busse an einer Tankstelle mit Snackbar, wo man etwas essen und trinken kann. Das Reisegepäck wird von außen in den Kofferabteilen unter der Fahrgastzelle verstaut; bei der Abgabe erhält man eine Quittung dafür, die man dann am Ziel der Reise wieder vorlegen muss. Besonders im Hinterland ist es sinnvoll, das Gepäck während der Fahrt gegen Staub zu schützen. Außerdem ist es ratsam, sorgfältig auf das Handgepäck zu achten und während der Haltepausen keine Wertgegenstände und Papiere im Bus zurückzulassen.

Die Linienbusse des Unternehmens »Itapemirim« fahren in 21 brasilianischen Bundesstaaten, sie erschließen 70 % des brasilianischen Festlandes. Die gelben Busse von »Itapemirim« verbinden die Städte entlang der gesamten Atlantikküste Brasiliens. Sie bewältigen beispielsweise die Strecke Rio de Janeiro – Belém in ca. 50 Stunden. Die Fernbusse des Unternehmens **»Ouro Branco«** pendeln zwischen São Paulo und zahlreichen Städten des Nachbarstaates Paraná einschließ- **Busgesellschaften** lich der Provinzhauptstadt Curitiba. Die **»Rede Brasil de Viagens«** ist ein Zusammenschluss verschiedener Unternehmen, deren Busse in ganz Brasilien verkehren.

Bahn In Brasilien gibt es zwar ein weit verzweigtes Bahnnetz für den Gütertransport, der Passagierverkehr ist hingegen nicht gut ausgebaut. Außerdem sind Personenzüge langsam und teurer als Busse. Ausnahmen bilden die für rein touristische Zwecke genutzten Bahnstrecken in den Bundesstaaten Minas Gerais, Paraná und Santa Catarina.

Flussschifffahrt Da in Amazonien das Straßennetz sehr dürftig ist, bestreitet die Flussschifffahrt hier – vor allem in Belém, Manaus und Santarém – den Löwenanteil des Transportwesens. Man kann entweder preiswerte **Linienschiffe und -boote** nehmen oder Motorboote mieten (▶Baedeker Special S. 172).

Auch auf dem Rio São Francisco (Minas Gerais, Bahia, Pernambuco) und auf einigen Teilabschnitten des Rio Paraguai (Mato Grosso und Mato Grosso do Sul) sichern Linienboote den Passagierverkehr. Auf einem Großteil dieser Boote kann man mit einem Zweite-Klasse-Ticket in Hängematten an Deck schlafen, eine Lösung, die in der Regel den engen Erste-Klasse-Kabinen vorzuziehen ist und für Kontakt zur einheimischen Bevölkerung sorgt.

Zuverlässig und billig: Der Esel hat Vorteile gegenüber modernen Verkehrsmitteln.

Straßenverkehr

Brasilien hat ein relativ gut ausgebautes Fernstraßennetz. In der Regenzeit kann es allerdings zu Erdrutschen kommen, die die Straßen blockieren und den Verkehr zeitweise beeinträchtigen. Davon weitestgehend ausgenommen sind die Staatsstraßen der klimatisch gemäßigten Südstaaten São Paulo, Paraná, Santa Catarina und Rio Grande do Sul. Besonders betroffen waren davon in letzter Zeit die von vielen schweren Unwettern heimgesuchten Südstaaten São Paulo, Paraná, Santa Catarina und Rio Grande do Sul.

In Brasilien herrscht Rechtsverkehr. Die Beschilderung folgt den international üblichen Normen. Wegen des häufig schlechten Straßenzustandes und der geringen Verkehrsdisziplin ist es unbedingt ratsam, vorsichtig und defensiv zu fahren. Da nachts oft ohne ausreichende Beleuchtung gefahren wird, ist von Fahrten bei Dunkelheit abzuraten. Für Passagiere auf dem Vordersitz ist der Sicherheitsgurt Pflicht. Kinder müssen auf den Rücksitzen Platz nehmen.
Es ist verboten, sich unter Alkoholeinfluss ans Steuer zu setzen, es gilt die Null-Komma-Null-Promillegrenze (sog. Lei Seca, das »Trockengesetz«).

Verkehrsregeln

Die zulässige Höchstgeschwindigkeit liegt außerorts normalerweise bei 80 km/h, abgesehen von einigen Autobahnen und Schnellstraßen im Bundesstaat São Paulo, wo 100 km/h zulässig sind.

Höchstgeschwindigkeiten

Ein Teil der brasilianischen Landstraßen wurde privatisiert, daher muss bei deren Benutzung eine Mautgebühr entrichtet werden. Die Bundesstraßen sind bisher noch gebührenfrei.

Straßenbenutzungsgebühr

Mietwagen

Avis und Hertz sind auch in Brasilien die beiden großen internationalen Firmen für Mietwagen, die neben den nationalen Unternehmen wie Localiza, Yes und Unidas in fast allen größeren Städten Brasiliens vertreten sind. An manchen Orten gibt es jedoch auch kleinere Firmen, die häufig günstigere Preise bieten. Das Anmieten eines Wagens empfiehlt sich vor allem für Ausflüge in die nähere Umgebung von Städten, da man mit den öffentlichen Verkehrsmitteln unter Umständen recht lange unterwegs ist. Meist unterhalten die genannten Mietwagenfirmen direkt am Ankunftsbereich der Flughäfen einen Kundenschalter.

Um in Brasilien einen Mietwagen zu leihen, benötigt man einen gültigen nationalen Führerschein (internationale Dokumente werden meist nicht verlangt), eine seit mindestens zwei Jahren bestehende Fahrerlaubnis, ein Mindestalter von 21 Jahren und eine Kreditkarte. Wer einen Wagen anmietet, sollte sich nicht nur nach dem Mietpreis, sondern auch nach den abgedeckten Schadensrisiken (Unfall/Diebstahl) erkundigen. Aus rechtlichen wie aus versicherungstechnischen Gründen kann es jedoch durchaus vorteilhaft sein, einen Leihwagen bereits über die Zentrale eines der beiden großen Unternehmen in Deutschland, Österreich oder der Schweiz zu reservieren.

Innerstädtischer Transport

Bus Das Busnetz innerhalb der Städte funktioniert in der Regel gut, zu Stoßzeiten muss man allerdings mit starkem Andrang rechnen. In den Großstädten sind gerade dann die Taschendiebe am Werk. Der Einstieg in den Bus ist von Stadt zu Stadt verschieden, mal vorne und mal hinten.

Metrô In São Paulo, Rio, Belo Horizonte, Recife und Porto Alegre gibt es ein modernes U-Bahn-System. Besonders Rios Metrô ist für touristische Zwecke gut geeignet, spätestens seit dem Bau der Station Cardeal Arcoverde im Stadtteil Copacabana, durch die das bisherige Streckennetz mit der Hochburg der Zuckerhuttouristen verbunden ist.

Taxi Die für europäische Verhältnisse relativ niedrigen Fahrpreise der Taxis werden nach Kilometern berechnet, der – per Gesetz vom Fahrer einzuschaltende – Taxameter zeigt die Fahrtkosten in Real. Die Tarife an Wochenenden, Feiertagen oder während der Nacht sind um etwa 20 % höher als der Tagestarif. Die Regelungen, ab welcher Uhrzeit der höhere Tarif zu verwenden ist, unterscheiden sich je nach Bundesstaat ebenso wie die Grundgeschwindigkeit der Taxameter.

 ADRESSEN VERKEHR

BUSGESELLSCHAFTEN

▶ **Viação Itapemirim S.A.**
Tel. (08 00) 72 32-121
www.itapemirim.com.br

▶ **Viação Guanabera**
Tel. (08 00) 72 81-992
www.expressoguanabera.com.br

FLUGVERKEHR
▶ Anreise S. 82

MIETWAGEN
▶ **Avis**
in Deutschland:
Tel. (018 05) 21 77 02
www.avis.de
in Österreich:
Tel. (08 00) 08 00 87 57
www.avis.at
in der Schweiz:
Tel. (08 48) 81 18 18
www.avis.ch

▶ **Hertz**
in Deutschland:
Tel. (018 05) 33 35 35
in Österreich:
Tel. (01) 795 42
in der Schweiz:
Tel. (44) 65 45-367
Internet: www.hertz.com

Die meisten Flughäfen und einige Busbahnhöfe arbeiten mit Taxi-kooperativen zusammen. Deren Angestellte zeigen Preislisten mit den Fahrpreisen für die verschiedenen Stadtviertel; den vereinbarten Fahrpreis für ein solches Radio-Taxi hat man gleich im Voraus an der Theke zu entrichten; der Fahrer erhält nur einen Abschnitt der Quittung, ggf. mit dem darauf notierten Zielort. Trinkgelder sind nicht obligatorisch, aber höchst willkommen.

Radio-Taxis

Zeitzonen

In Brasilien gibt es seit 2008 nur noch drei verschiedene Zeitzonen, die alle hinter der Mitteleuropäischen Zeit (MEZ) zurückliegen. Die angegebenen Zeitverschiebungen beziehen sich auf die MEZ:
– drei Stunden zurück: Fernando de Noronha;
– vier Stunden zurück (hora de Brasília = Uhrzeit von Brasília): Pará, Amapá, Tocantins, das gesamte brasilianische Küstengebiet, der Nordosten, das Zentrum (Brasília und Goiás) und der Süden des Landes:
– fünf Stunden zurück: die Staaten Amazonas und Acre, Mato Grosso und Mato Grosso do Sul (z.B. Rio de Janeiro und São Paolo).

Zeitzonen

Während in Europa die Sommerzeit herrscht, muss je eine Stunde dazugerechnet werden. Dagegen wird in der brasilianischen Sommerzeit wiederum zwischen Mitte Oktober und Mitte Februar in einigen Teilen Brasiliens die Uhr eine Stunde vorgestellt – viel Spaß beim Rechnen!
Wem das zu kompliziert war: Eine Zeitzonenübersicht sowie Hilfe beim Umrechnen bekommt man übrigens auf der Webseite **www.zeitzonen.de**.

Sommerzeit

Touren

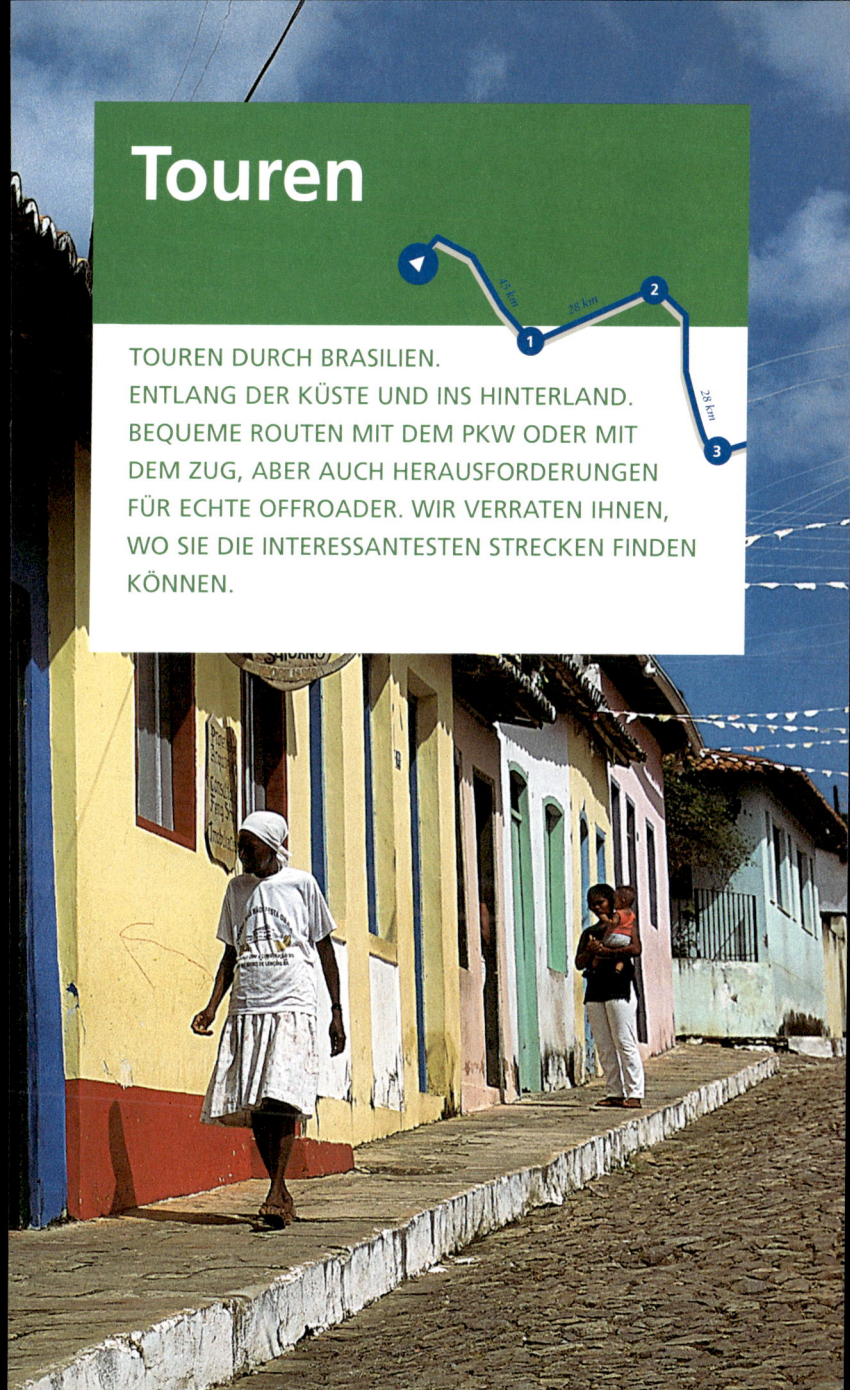

TOUREN DURCH BRASILIEN.
ENTLANG DER KÜSTE UND INS HINTERLAND.
BEQUEME ROUTEN MIT DEM PKW ODER MIT
DEM ZUG, ABER AUCH HERAUSFORDERUNGEN
FÜR ECHTE OFFROADER. WIR VERRATEN IHNEN,
WO SIE DIE INTERESSANTESTEN STRECKEN FINDEN
KÖNNEN.

TOUREN DURCH BRASILIEN

Sie wissen noch nicht genau, wo es langgehen soll? In unseren Tourenvorschlägen finden Sie eine überschaubare Auswahl landschaftlich besonders schöner Strecken innerhalb Brasiliens und erhalten zahlreiche Tipps, die Ihnen helfen, sich die jeweilige Region zu erschließen.

TOUR 1 **Entlang der Costa Verde**
Diese Route ist ein echter »Klassiker« und zählt zu den schönsten Strecken, die Brasilien für Autofahrer bereithält. ▸ **Seite 138**

TOUR 2 **Estrada Real**
Gerade einmal 34 km lang ist die Strecke, aber landschaftlich ausgesprochen reizvoll: Der Weg von Ouro Branco zur Barockstadt Ouro Preto, auf dem in der Kolonialzeit die Maultierkarawanen die Serra do Espinhaço überwanden. ▸ **Seite 140**

TOUR 3 **Estrada Parque**
Von Ilhéus nach Itacaré, durch den Atlantischen Regenwald und das traditionelle Kakaoanbaugebiet Bahias, parallel zur Atlantikküste – und hoffentlich mit genügend Zeit, um an den herrlichen Stränden entlang des Weges zu verweilen. ▸ **Seite 141**

TOUR 4 **Estrada do Coco/Linha Verde**
Dank ihrer gut ausgebauten Fernstraße lädt die Nordküste Bahias Selbstfahrer geradezu ein – und dankt die Visite mit den vielleicht schönsten Stränden des brasilianischen Festlands. ▸ **Seite 142**

TOUR 5 **Estrada Parque do Pantanal**
Diese Marterpiste zwischen Corumbá und Buraco das Piranhas ist eine Herausforderung für echte Offroader – und führt durch die einzigartige Naturlandschaft des südlichen Pantanals. ▸ **Seite 146**

TOUR 6 **Estrada da Graciosa**
Nichts für Eilige: In Serpentinen überwindet die Estrada da Graciosa das von Atlantischem Regenwald bewachsene Küstengebirge Serra do Mar. Sie haben vor Ort kein Auto? Macht nichts: Die Landschaft können Sie auch im Rahmen einer einzigartigen Bahnfahrt erleben. ▸ **Seite 147**

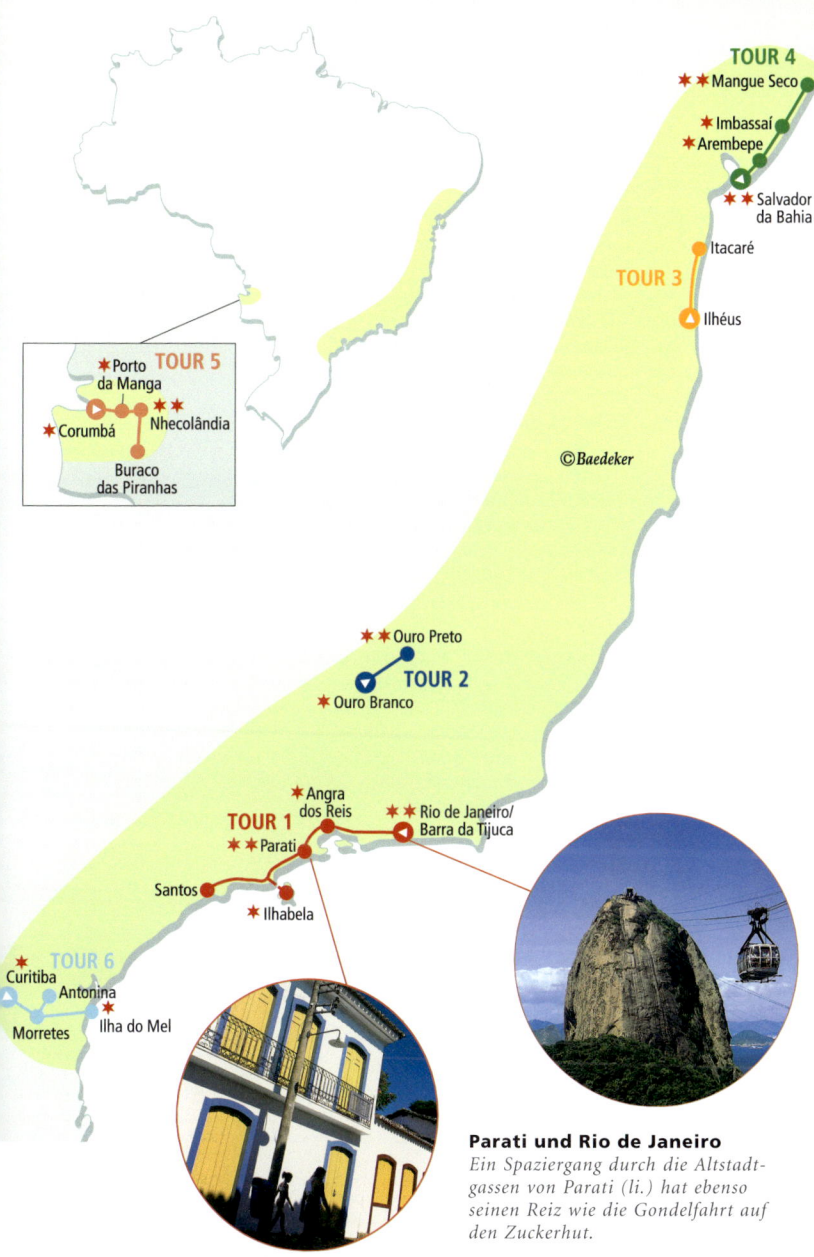

TOUR 4
★★ Mangue Seco
★ Imbassaí
★ Arembepe
★★ Salvador
da Bahia

Itacaré

TOUR 3
Ilhéus

©Baedeker

TOUR 5
★ Porto
da Manga
★★ Nhecolândia
★ Corumbá
Buraco
das Piranhas

★★ Ouro Preto
TOUR 2
★ Ouro Branco

★ Angra
dos Reis
TOUR 1
★★ Rio de Janeiro/
Barra da Tijuca
★★ Parati

Santos
★ Ilhabela

★ Curitiba
TOUR 6
Antonina
Morretes Ilha do Mel

Parati und Rio de Janeiro
*Ein Spaziergang durch die Altstadt-
gassen von Parati (li.) hat ebenso
seinen Reiz wie die Gondelfahrt auf
den Zuckerhut.*

Unterwegs in Brasilien

Brasilien sprengt viele Vorstellungen. Sein Territorium umfasst mehr als 8,5 Mio. km² und damit 42 % der südamerikanischen Landmasse. Auch wenn man sich die Ausdehnung dieses Kolosses einmal bewusst vor Augen hält – Deutschland fände in Brasilien knapp 24-mal Platz –, werden die Distanzen innerhalb des Landes für uns bestenfalls nur sehr bedingt »griffiger«. Eine Reise von Belém im Norden nach Porto Alegre im Süden Brasiliens ist, übertragen auf Europa, mit ähnlich kontinentalen Strecken wie Lissabon-Moskau oder Spitzbergen-Palermo vergleichbar. Auch der Hinweis auf Brasiliens rund **7400 km lange Atlantikküste** mag zwar ehrfürchtiges Erstaunen auslösen, aber wirklich fassbar ist dies auch nicht.

Vom Airpass bis zum Gabelflug

Die beiden Metropolen São Paulo und Rio de Janeiro sind die wichtigsten Eingangstore nach Brasilien. Inzwischen können Fluggäste mit Linienflügen über Portugal oder mit Charterflügen auch direkt in den brasilianischen Nordosten – nach Fortaleza, Natal, Recife und Salvador – reisen. Ein, bezogen auf die Größe Brasiliens, nicht zu unterschätzender Vorteil der Liniengesellschaften besteht in der Möglichkeit, einen Gabelflug (bei dem der Einreise- vom Ausreiseort abweicht) zu buchen. Außerdem bietet die brasilianische Fluggesell-

In der Altstadt von Ouro Preto

schaft TAM die nicht nur kostenmäßig interessante Möglichkeit eines **Brasil Airpasses**, ein 30 Tage gültiges Inlandsticket, mit dem vier bis neun Reiseziele angeflogen werden können. Planloses Drauflosfliegen erlaubt das Ticket jedoch nicht, denn kaufen kann man den Airpass nur außerhalb Brasiliens. Noch ein Grund, neben der Größe und Vielfalt des Landes, eine Brasilienreise gründlich zu planen.

Weite Teile des brasilianischen Nordens sind von tropischem Regenwald bedeckt. Auf viele Menschen aus Nordeuropa und -amerika übt gerade diese exotische und für sie ungewöhnliche Umgebung eine ganz besondere Anziehungskraft aus. Aber Vorsicht: Gerade diese von den Wasseradern des **Amazonas** durchzogene Landschaft hat ihre eigenen Gesetze und fordert von ihre Besuchern weit intensivere Vorbereitung als die meisten anderen Landesteile. An der Küste Brasiliens mag es unerheblich sein, ob man beispielsweise gegen Gelbfieber geimpft ist oder nicht, in den nord- und westbrasilianischen Bundesstaaten Amazonas, Amapá, Acre, Maranhão, Mato Grosso, Rondônia, Roraima, Tocantins, Pará und auch in Piauí können eine Malaria-Prophylaxe (oder vorsorglich mitgebrachte Malaria-Medikamente für eine im Notfall einzusetzende Stand-by-Therapie) sowie tropengerechte Kleidung von existenzieller Bedeutung sein.

Intensive Vorbereitung

Mit weniger Vorbereitungsaufwand lässt sich der Rest des Landes bereisen. Wer die Landessprache nicht beherrscht, mag sich vielleicht im Rahmen einer geführten Rundreise am sichersten fühlen. Wer aber auch nur über Basiskenntnisse der portugiesischen Sprache verfügt und individuell auf Entdeckungstour geht, wird erleben, mit welch zuvorkommender **Freundlichkeit und Gastfreundschaft** Brasilianer – insbesondere außerhalb der Großstädte – auf Besucher ihres Landes reagieren. Und Gäste aus »Alemanha« werden von den meisten Einwohnern der Fußballgroßmacht Brasilien, schon wegen der gemeinsamen Liebe zum Rasensport, mit großer Sympathie bedacht.

Auf Entdeckungstour

Die meisten ausländischen Brasilienreisenden bewegen sich innerhalb des riesigen Landes mit dem Flugzeug. Die Alternative »Fernbus« kostet sehr viel mehr Zeit, aber oft nur einen Bruchteil des Flugpreises der entsprechenden Strecke. Selbst mit dem (Miet-)Wagen unterwegs zu sein, eröffnet viele Möglichkeiten – ist aber nicht frei von Risiken. V. a. in den Großstädten wird man rasch den Eindruck gewinnen, dass sich hier sehr viele »Nachwuchsrennfahrer« mit irrem Tempo bewegen. Ein Fakt ist auch, dass sich die meisten Unfälle alkoholisiert an den Wochenenden ereignen. Auf Landstraßen abseits der Metropolen mag es ruhiger zugehen, aber wegen riesiger Schlaglöcher, in die mühelos ein VW-Gol (das ist die brasilianische Variante des Golf) passen würde, machen zumindest Nachtfahrten keinen Sinn. Trotz der geschilderten Widrigkeiten: Es gibt in Brasilien traumhaft schöne Streckenabschnitte für Selbstfahrer, wir haben sechs davon zusammengestellt.

Unterwegs mit dem Auto

Tour 1 Entlang der Costa Verde

Länge der Tour: ca. 490 km   **Tourdauer:** 3 bis 6 Tage

Diese Route – sie zählt zu den schönsten Strecken, die Brasilien für Autofahrer bereithält – kann man auch in Rio de Janeiro beginnen. Interessant wird die Fahrt jedoch erst außerhalb der Zuckerhutmetropole, wenn man die Skyline des Nobelvorortes Barra da Tijuca hinter sich lässt und aus dem mehrspurigen Highway die Küstenstraße Rio – Santos (BR-101) wird, die stets Tuchfühlung zu den Buchten und Stränden entlang der Costa Verde (Grüne Küste) hält.

Recreio dos Bandeirantes

Auf ❶**Barra da Tijuca** folgt in westlicher Richtung Recreio dos Bandeirantes. Wer es nicht eilig hat, kann hier – wenige Kilometer landeinwärts – das Volkskunstmuseum Casa do Pontal (▸ S. 387) besuchen. Im weiteren Verlauf der Küste verwehrt ein Hügel zunächst den Blick auf den nur 150 m langen ✳ **Prainha-Strand**.

Grumari

Die sich anschließende 4 km lange Bucht von ✳ ✳ **Grumari** wurde zum Naturschutzgebiet erklärt. Ihr von Hügeln umrahmter, gelblicher Sandstrand (Praia de Grumari) ist einfach herrlich. Heute gibt es in seiner Nähe einen einfachen Zeltplatz sowie einige Imbissbuden. Die nächsten Badebuchten – ✳ **Praia do Inferno**, ✳ **Praia Funda**, ✳ **Praia do Meio** und ✳ **Praia Perigosinha** – haben untereinander keine Verbindung und sind nur mühsam über steile Pfade zugänglich. Wahrscheinlich verdanken sie ihren unverbauten Zustand letztlich nur diesem vom Felshügel Morro de Guaratiba diktierten, anstrengenden Anmarschwegen. Schatten gibt es an diesen Stränden nicht, daher ist ihr Besuch an besonders heißen Tagen nicht zu empfehlen.

Itacuruçá

Rund 90 km hinter Rio de Janeiro beginnt bei der 3500-Seelen-Gemeinde ❷**Itacuruçá** die eigentliche Costa Verde, die ihren Namen dem Grün des Atlantischen Küstenregenwaldes verdankt. Das von tropischer Pflanzenfülle überwucherte Küstengebirge, reizvolle Buchten und Inseln mit unverbauten Sandstränden sowie der azurblaue Atlantik prägen den weiteren Verlauf der Fahrt auf der Straße zwischen Rio und Santos.

Ilha Grande

Vom ca. 90 km von Barra da Tijuca entfernten Küstenstädtchen ❸**Mangaratiba** legen Boote zur ❹ ✳ **Ilha Grande** ab. Besser gelangt man dorthin aber von Angra dos Reis aus, es gibt häufig Überfahrten und außer der Fähre auch Katamaran-Schnellboote. Die meisten der Inseln in der Baía da Ilha Grande, wie die Ilha da Gipóia, sind mit herrlichen Sandstränden gesegnet und touristisch entsprechend erschlossen. Boote benötigen von ❺ ✳ **Angra dos Reis** gut eine halbe Stunde zur ❻ ✳ **Ilha da Gipóia** und 45 bis 80 Min. zur Ilha Grande.

Inselwelt …
… vor Angra dos Reis

Parati
Kolonialstädtchen mit Charme

Der nächste größere Ort an der BR-101 ist ❼**Mambucaba** – in der Kolonialzeit wie Angra dos Reis und Parati ein Ausfuhrhafen für das mit Maultierkarawanen aus Minas Gerais herbeigeschaffte Gold. An diese Epoche erinnert bis heute die Trilha do Ouro, eine in drei Tagen zu bewältigende Trekking-Route, die von Mambucaba in den 1971 geschaffenen Nationalpark ✳ **Serra da Bocaina** führt. In dem Schutzgebiet findet sich der größte erhalten gebliebene Bestand an Mata Atlântica (Atlantischer Regenwald). Der parallel zur Trilha do Ouro fließende Rio Mambucaba ist für Rafting ideal.

Mambucaba

Kurz vor der Grenze zum Nachbarstaat São Paulo erreicht man auf der BR-101 das denkmalgeschützte Kolonialstädtchen ❽✳✳ **Parati**. In dem barocken Ort sollte man einige Tage bleiben – Pousadas gibt es genug – und die herrlichen Strände der Umgebung, v. a. in Vila da Trindade, mit dem Wagen oder mit einem Schoner erkunden.

Parati

Der Küstenabschnitt zwischen Parati und ❾**Ubatuba** bietet eine Vielzahl schöner Bademöglichkeiten. Der bekannte Urlaubsort Ubatuba ist mit seinen zahlreichen Stränden, Buchten und vorgelagerten Inseln nicht nur für Sonnenhungrige ein ideales Terrain, sondern auch für Taucher und Schnorchler.

Ubatuba

Von Ubatuba fährt man weiter in südwestlicher Richtung entlang der Küste, bis nach knapp 80 km die Küstenstadt ❿**São Sebastião** erreicht ist, welche als Sprungbrett zur vorgelagerten Ilha São Sebastião dient. Gemeinhin als Ilhabela bekannt, hält die »Schöne Insel«, was ihr Name verspricht. Die Strände, Buchten und die Vielzahl an Wasserfällen sind häufig nur über beschwerliche Wanderpfade erreichbar. Von São Sebastião sind es, vorbei an beliebten Badeorten wie Maresias, Boiçucanga und Camburi, noch 140 km bis ⓬**Santos**.

Nach Santos

Tour 2 Estrada Real

Länge der Tour: 64 km   **Tourdauer:** 1 bis 2 Tage

Die Route von Ouro Branco nach Ouro Preto kannte man bereits in der Kolonialzeit. Auf ihr transportierten einst die mit Gold beladenen Maultierkarawanen das begehrte Edelmetall über das Gebirge Serra do Espinhaço. Heutzutage ist der erste Streckenabschnitt, ab dem 35 000 Einwohner zählenden Städtchen Ouro Branco, auf einer Länge von 11 km für Lastwagen und Omnibusse gesperrt – was den Reiz der Route für Pkw-Ausflüge noch zusätzlich erhöht.

Von Ouro Branco nach Cristais Sehr schnell kann man auf der Straße MG 129 ab ❶ ✳ **Ouro Branco** – selbst in den trockenen Monaten (März bis September) – ohnehin nie fahren, aber vor den aus dem 19. Jh. stammenden Brücken ✳ **Pé do Morro** und **Ponte da Biquinha** reduziert man die Geschwindigkeit am besten auf Schritttempo. Bereits beim Dorf ❷ **Cristais** belohnen ein Zwischenstopp und der Besuch des Aussichtspunkts ✳ **Mirante da Serra de Ouro Branco** den Aufwand, denn von hier oben lässt sich die herrliche Gebirgslandschaft bestens in Augenschein nehmen.

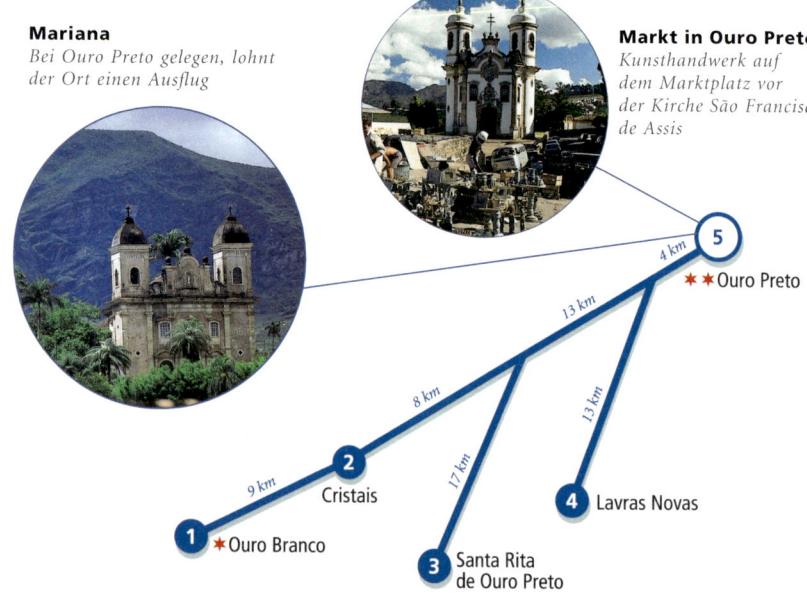

Mariana
Bei Ouro Preto gelegen, lohnt der Ort einen Ausflug

Markt in Ouro Pret
Kunsthandwerk auf dem Marktplatz vor der Kirche São Francis de Assis

5 — 4 km — ✳✳ Ouro Preto

13 km

8 km

13 km

❷ Cristais

9 km

17 km

❹ Lavras Novas

❶ ✳ Ouro Branco

❸ Santa Rita de Ouro Preto

Nach weiteren 8 km auf der Estrada Real zweigt eine unbefestigte Straße nach ❸ **Santa Rita de Ouro Preto** ab, einem Dörfchen, in dem allerlei Kunsthandwerk aus Seifenstein hergestellt wird. Ein weiterer Weg, quer durch die Natur der Serra do Espinhaço, bietet sich nach ❹ **Lavras Novas** an, wo einige Wasserfälle als Ausflugsziel oder Rastplatz locken.

Durch die Serra do Espinhaço

Je näher man auf der Estrada Real der Barockstadt ❺ ✶ ✶ **Ouro Preto** kommt, umso weniger spektakulär wird die Landschaft. Dafür lohnt der Zielort die Anreise, insbesondere mit seiner historischen Altstadt, die bereits seit dem Jahr 1980 als Weltkulturerbe unter UNESCO-Schutz steht – länger als alle anderen brasilianischen Welterbestätten. Einen besondern Reiz bietet der End- oder Ausgangspunkt der Estrada Real in der fünften Jahreszeit: Der Karneval von Ouro Preto zählt zu den farbenprächtigsten und ausgelassensten im brasilianischen Hinterland.

! Baedeker TIPP

Eine Nacht im Herrenhaus
Sieben der insgesamt 18 Gästezimmer der Fazenda Pé do Morro bei Cristais befinden sich in einem unter Denkmalschutz stehenden Herrenhaus. Den Gästen stehen neben Restaurant, Bar, Sauna und See auch Reitpferde zur Verfügung (Tel. 031/37 41-81 81, www.hotelfazendapedo morro.com.br).

Tour 3 Estrada Parque

Länge der Tour: 72 km   **Tourdauer:** 1 bis 2 Tage

Bahias gut ausgeschilderte und durchgehend asphaltierte Landstraße BA-001 zählt – speziell auf dem Streckenabschnitt zwischen der einstigen Kakaometropole Ilhéus und der 26 000-Seelen-Gemeinde Itacaré – zu den brasilianischen Routen, die auf die angrenzenden Ökosysteme besonders Rücksicht nehmen. So gibt es innerhalb der von Atlantischem Regenwald flankierten Abschnitte eigens für den Wildwechsel markierte Bereiche.

Die Estrada Parque folgt der Atlantikküste, ist aber dennoch nicht sonderlich kurvenreich. Bei ❶ **Ilhéus**, Geburtsort des weltberühmten brasilianischen Schriftstellers Jorge Amado (► Berühmte Persönlichkeiten S. 71), hat die Straße zunächst typisch urbane Züge, aber nur wenige Kilometer weiter nördlich der Stadt lohnt bereits der eine oder andere Stopp am insgesamt 50 km langen Sandstrand ❷ ✶ **Praia do Norte**. Der Rio Almada fließt über eine weite Strecke parallel zur Straße und zum von Palmen und Atlantischem Regenwald flankierten Strand. Einige Abschnitte – beispielsweise Ponta do Ramo oder Ponta da Serra Grande – sind bei Surfern und Anglern besonders beliebt.

Itacaré **8** 6 km
9 ✶ ✶ Prainha
10 ✶ ✶ São José
12 km
7 Jeribucaçu
7 km
6 Engenhoca
5 Havaizinho
5 km 5 km
3 Itacarezinho
4 Patizeiro
43 km
2 ✶ Praia do Norte
5 km
1 Ilhéus

»Land der goldenen Früchte«
*An Bahias Küste wird eine Viel-
falt exotischen Obstes angeboten.*

Strandbar bei Ilhéus
*Eine Caipirinha, während
der Blick in die Ferne
schweift*

Strände
über Strände
Wahre Perlen, eine schöner als die andere, sind die vor Itacaré am Ozean aufgereihten Badebuchten **3** **Itacarezinho** und **4** **Patizeiro**, **5** **Havaizinho**, **6** **Engenhoca**, **7** **Jeribucaçu** sowie die beiden näher an **8** **Itacaré** gelegenen Strände **9** ✶ ✶ **Prainha** und etwas weiter südlich **10** ✶ ✶ **São José**. Mit Blick auf die Badestrände ist die Zeit zwischen August und Februar die ideale, weil niederschlagsärmere Jahreshälfte.

Tour 4 Estrada do Coco/Linha Verde

Länge der Tour: ca. 280 km   **Tourdauer:** 3 bis 7 Tage

**Kleinere Stichstraßen führen von der bestens ausgebauten Fern-
straße BA-099 – die Estrada do Coco und später Linha Verde genannt wird – zu den Badestränden nördlich von Salvador da Bahia.**

Ausgangspunkt der lohnenden Route ist **1** ✶ ✶ **Salvador da Bahia**. Bei **2** ✶ **Arembepe**, einem auch wegen der aus den 1960er- und 1970er-Jahren stammenden Hippie-Siedlung Aldeia de Caratingui am Rio Capivara bekannt gewordenen Küstenort, beginnt der Reigen der vielleicht schönsten Badebuchten an der Küste Bahias. Bei der Ortschaft ❸ ✱ **Barra do Jacuípe** wechselt die BA-099 den Namen und die Autofahrer müssen an einer Mautstelle einen Obolus entrichten. Der gleichnamige Strand verfügt über Kokospalmen, hellen Sand und kräftige Wellen.

In ❹ ✱✱ **Praia do Forte** erfahren gleich mehrere Sehenswürdigkeiten besonders regen Publikumszuspruch. Direkt am Strand liegt das Areal des Naturschutzprojekts »Tamar« – in mehreren Freigehegen mit Meerwasserbecken können ganz unterschiedliche Arten von Meeresschildkröten sowie einige Rochen und weitere Fischarten betrachtet werden. Zwischen September und März schlüpft der Schildkrötennachwuchs in einem abgezäunten Bereich; und zwischen August und Oktober können Touristen an Bord eines von hier ablegenden Schoners vor der Küste Wale beobachten. Auch die Ruine des im 16. Jh. errichteten Castelo Garcia D'Ávila zieht Besucher an.

Praia do Forte

Imbassaí
Sanddünen, Baden in Süß- und Salzwasser – und fast immer Sonnenschein

12 ✱✱ Mangue Seco
11 ✱✱ Coqueiro
10 ✱✱ Praia da Costa Azul
37 km
12 km
40 km
6 km
9 ✱✱ Barra do Itariri
37 km
8 km
8 ✱ Subaúma
27 km
7 ✱✱ Praia Massarandupió
5 km
6 Costa do Sauípe
10 km
✱Imbassaí **5**
2 km
4 ✱✱ Praia do Forte
5 km 10 km
3 ✱ Barra do Jacuípe
10 km
2 ✱ Arembepe
50 km
✱✱Salvador da Bahia **1**

Das Tamar-Projekt ...
... dient dem Schutz von Meeresschildkröten.

Mangue Seco
Mit dem Buggy durch die Dünenlandschaft

Imbassaí und Costa do Sauípe

Bei der Ortschaft ❺ ✳ **Imbassaí** fließt der Rio Barroso parallel zum Atlantik. Um abwechselnd in Süß- und Salzwasser zu baden, muss nur eine kleine Sanddüne überquert werden; die dem Fluss zugewandte Seite ist auch für Kleinkinder geeignet. In ❻ ✳ **Costa do Sauípe** entstand in den letzten Jahren ein großzügig bemessener touristischer Komplex mit insgesamt fünf Hotels internationaler Ketten, einem halben Dutzend familiärer Pousadas, einem breit gefächerten Sport- und Freizeitangebot (u. a. mit einem erstklassigen Golfplatz) sowie Restaurants und Boutiquen. Der vor dem Resort verlaufende Palmenstrand bietet feinen Sand, Dünen und kräftigen Wellengang.

Praia Massarandupió

Ursprünglicher geht es an der ❼ ✳✳ **Praia Massarandupió** zu. Die Distanz des kerzengeraden Strandes zur Linha Verde beträgt 10 km und die Stichstraße ist in schlechtem Zustand. Feiner heller Sand, ein Fischerdorf, schlanke Kokospalmen und die starke Brandung belohnen die Anfahrt. Weiter nördlich, bei ❽ ✳ **Subaúma**, unterhält das Projeto Tamar einen weiteren Stützpunkt zum Schutz der hier und in Massarandupió ihre Eier ablegenden Meeresschildkröten. Der Strand von Subaúma ist in der Hochsaison gut besucht, denn er verfügt über feinen weißen Sand, Palmen und Ferienhäuser. Bei Ebbe bilden sich in den vorgelagerten Riffs natürliche Pools und am Strand können Jangadas, einfache Segelboote, gemietet werden.

> ## ❗ *Baedeker* TIPP
>
> ### Etwas für die Kleinen
>
> Kindgerechte Hotelanlagen sind in Brasilien rar. Das Eco Resort & Thalasso SPA Praia do Forte ist eine der ganz wenigen auch in Hinblick auf mitreisende Kinder vorbildlich gestalteten Anlagen. Die Betreuer im hoteleigenen »Clube Careta Careta« garantieren einen abwechslungsreichen Tagesablauf. Die Hotelanlage ist ca. eine Stunde Fahrzeit von Salvador entfernt. Tel. (071) 36 76-40 00, www.ecoresort.com.br.

❾ ✳✳ **Barra do Itariri** liegt 9 km von der Linha Verde entfernt und hat das Zeug zum Traumstrand, denn hier windet sich der von Palmen gesäumte Rio Itariri in einem grandiosen Bogen, an Dünen vorbei, zum Meer. Am besten mit Offroad-Fahrzeugen oder Buggys zu erreichen sind die weiter nördlich gelegenen Strände ❿ ✳✳ **Praia da Costa Azul** und ⓫ ✳✳ **Coqueiro**. Kristallklares Wasser, Dünen und feiner Sand belohnen die Anfahrt, die man, die notwendige Zeit vorausgesetzt, bis ⓬ ✳✳ **Mangue Seco**, einen mehr als 30 km langen Küstenabschnitt im äußersten Norden Bahias, fortsetzen kann. Wer zur Anreise nach Mangue Seco die Linha Verde wählt, muss bis zur Ortschaft Indiaroba fahren, die bereits auf dem Territorium des Nachbarstaats Sergipe liegt. Hier zweigt eine nur teilweise asphaltierte Piste zum Fischerdörfchen Pontal ab, wo es bewachte Parkplätze gibt. Um nach Mangue Seco am anderen Ufer zu gelangen, muss man mit Motorbarkassen den Rio Real überqueren; die Bootspartie dauert ungefähr 30 Minuten.

Am Strand von Mangue Seco →

Tour 5 Estrada Parque do Pantanal

Länge der Tour: ca. 130 km   **Tourdauer:** 3 bis 4 Tage

Diese klassische Route von Corumbá bis Buraco das Piranhas verspricht Abenteuer und Herausforderung. Die Straße ist aber nur während der Trockenzeit zwischen Mai und Oktober befahrbar und sollte, will man keine unnötigen Risiken eingehen, ausschließlich mit einem Allradfahrzeug angegangen werden. Schotter- und Erdpisten, sandige Streckenabschnitte und enge hölzerne Brücken sowie eine Fähre über den Rio Paraguai sorgen auf dem Fahrbahndamm der MS-228 und -184 ohnehin für genügend Nervenkitzel.

Die Estrada Parque do Pantanal wurde gegen Ende des 19. Jh.s von den Pionierbataillonen des legendären Generals und Indianerschützers Cândido Rondon angelegt und war lange Zeit einziger Zugang nach ❶ ✷ **Corumbá**. Der alte Flusshafen des Grenzstädtchens, der Porto Geral, ist mit seinen Häuserzeilen aus der Kolonialzeit und den Uferpromenaden nicht unattraktiv, doch für die meisten Touristen ist die Stadt nur Ausgangs- und Endpunkt von Ausflügen in die einzigartige Naturlandschaft des südlichen Pantanals.

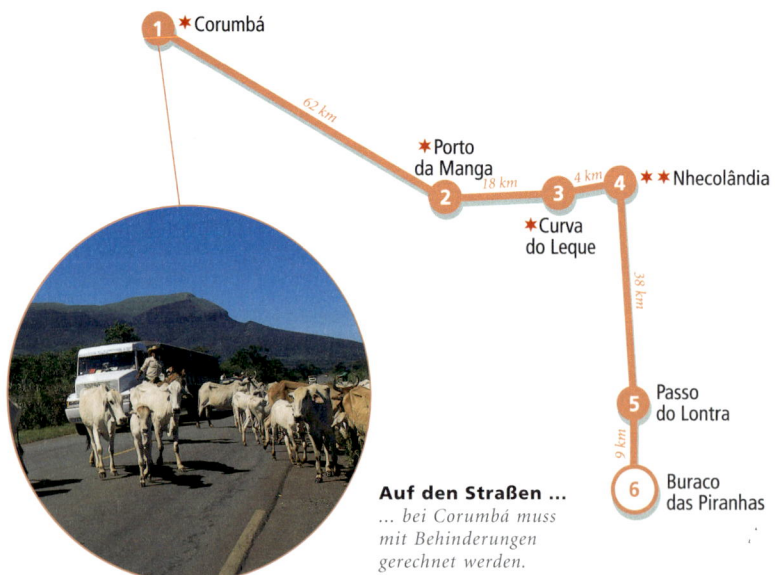

1 ✷ Corumbá
62 km
✷ Porto da Manga
2 — 18 km — 3 — 4 km — 4 ✷✷ Nhecolândia
✷ Curva do Leque
38 km
5 Passo do Lontra
9 km
6 Buraco das Piranhas

Auf den Straßen ...
... bei Corumbá muss mit Behinderungen gerechnet werden.

Wer auf der Estrada Parque do Pantanal bis ❷ ✶ **Porto da Manga** Im Pantanal
fährt, ist bereits mitten in der reichen Flora und Fauna dieses weltweit größten Sumpf- und Überschwemmungslands. Papageien, Tukane, Kaimane und Wasserschweine versammeln sich rings um die
(mit zunehmender Dauer der Tro-
ckenzeit rarer werdenden) Wasser-
löcher. Nicht selten quert ein Rudel
Ameisenbären die Piste, hin und
wieder kann man auch Wildschweine und Rehe erspähen.

> **!** *Baedeker* TIPP
>
> **Entspannen im Pantanal**
> Über 17 klimatisierte Gästezimmer verfügt die
> Pousada (und Fazenda) Xaraés, 29 km vom
> Buraco das Piranhas, deren Gästen u. a. ein
> Swimmingpool, Boote und Reitpferde zur Verfü-
> gung stehen. Es werden auch Exkursionen und
> Nachtsafaris angeboten (Tel. 067 / 99 06-92 72,
> www.xaraes.com.br).

Wer die Fahrt über Ponta da Manga hinaus fortsetzen möchte, muss
mit einer Fähre (zwischen 6.00
und 18.00 Uhr) über den Rio Paraguai übersetzen. Wieder am Steuer
geht es weiter bis ❸ ✶ **Curva do
Leque**.
Weite Flächen der Region rings um ❹ ✶✶ **Nhecolândia** versinken
während der Regenzeit (Oktober bis März) fast vollständig unter der
Wasseroberfläche. Gerade in der Übergangszeit von Mai bis Juli gilt
die Gegend als einer der dankbarsten Orte für Fotosafaris. Wer den
Tank seines Fahrzeugs jetzt mehr als halb leer gefahren hat, muss bis
❺ **Passo do Lontra** durchhalten. Bei ❻ **Buraco das Piranhas** mündet
die Marterpiste schließlich in die besser ausgebaute Bundesstraße
BR-262.

Tour 6 Estrada da Graciosa

Länge der Tour: ca. 150 km   **Tourdauer:** 1 bis 2 Tage

**Die Serpentinen der Estrada da Graciosa überwinden das dicht von
Atlantischem Regenwald bewachsene Küstengebirge Serra do Mar
schon seit dem Jahr 1646 – ungefähr 200 Jahre später (und nach
vielen schweren Unfällen) wurde die Estrada da Graciosa gepflas-
tert. Trotz der heute dominierenden Asphaltdecke verlangt die in
herrlicher Landschaft gelegene, aber ziemlich schmale Straße von
den Fahrern noch immer hohe Konzentration und reduzierte Geschwindigkeit, da die Gebirgsregion ziemlich häufig mit reichhalti-
gen Niederschlägen bedacht wird.**

Folgt man der Schnellstraße Régis Bittencourt (BR-116) von der
Stadt ❶ ✶ **Curitiba** in Richtung São Paulo, so erreicht man nach ca.
40 km die zur Küste abzweigende Stichstraße Estrada da Graciosa. Es
macht keinen Sinn, die Estrada da Graciosa nur zu durcheilen – die

kurze Strecke lädt vielmehr zu einer Vielzahl von Stopps geradezu ein, und sei es nur, um frische Gebirgsluft einzuatmen oder die rechts und links der Fahrbahn wuchernden Begonien zu bewundern.

Durch das Tal der Gruta Funda

Kurz nach der Abzweigung von der BR-116 lockt bei ❷ ✱ **Engenheiro Lacerda** ein erster Aussichtspunkt von dem man, bei guter Sicht, den Blick bis zur Küste genießen kann. Ein weiterer Zwischenstopp lohnt sich beim Wasserfall des Rio Cascata, und nur wenig später öffnet sich das Tal der Gruta Funda, ehe man bei ❸ ✱ **Bela Vista** einen weiteren Aussichtspunkt erreicht.

Morretes und Antonina

Bei ❹ **São João da Graciosa** gabelt sich die Strecke und man kann entscheiden, ob man zunächst nach Antonina fahren möchte oder – via Ponta de Cima, einem »Mekka« der Extremsportler – nach Morretes. Die 17 000-Seelen-Gemeinde ❺ **Morretes** wurde im Jahr 1721 am Rio Nhundiaquara gegründet. Sie verfügt noch über zahlreiche Kolonialbauten und liegt an der Bahnstrecke Curitiba – Paranaguá. ❻ **Antonina** (18 000 Einwohner) wurde sogar bereits 1643 von Siedlern aus dem Nachbarstaat São Paulo aufgebaut, liegt aber heute etwas abseits und in einer Art »Dornröschenschlaf«, da die Bahntrasse in die Hafenstadt 1977 stillgelegt wurde.

Ausflug auf die Honiginsel

Zwischen ❼ **Paranaguá** und der unter Naturschutz stehenden Insel ❽ ✱ **Ilha do Mel** gibt es täglich drei (zur Hochsaison sechs) Schiffsverbindungen. Das 2700 ha große Eiland in der Bucht von Paranaguá kommt (noch) ohne Autos aus. Die Besucherzahl versucht man u. a. mithilfe einer Umweltgebühr (»Taxa Ambiental«) zu limitieren. Dennoch ist die »Honiginsel« ein u. a. bei Surfern vor allem zwischen Dezember und April beliebtes Ziel. Meiden sollte man jedoch zumin-

Mit der Bahn ...
... von Curitiba nach Paranaguá

Steine werfen verboten: der botanische Garten von Curitiba

dest den Nordteil der Insel im November, denn dann schwärmen die Mutucas, eine Art tropischer Rossbremsen, die sich von kaum einem Schutzmittel wirklich beeindrucken lassen.

Eine weitere Möglichkeit, die Serra do Mar bis Morretes oder Paranaguá zu bereisen, bietet eine in der Provinzhauptstadt Curitiba beginnende Schmalspurbahn – die spektakulärste Bahnstrecke Brasiliens. Die Züge durcheilen auf der 110 km langen einspurigen Strecke nicht weniger als 13 Tunnel, rattern über 67 Brücken und überwinden einen Höhenunterschied von 951 Metern. Die regulären Züge – genannt Trem, mit drei verschiedenen Klassen – verlassen Curitiba täglich um 8.15 Uhr morgens und kommen um 11.15 Uhr in Morretes an. An den Sonntagen fährt der Trem weiter bis Paranaguá. Der Litorina-Triebwagen mit seinen zwei luxuriös ausgestatteten Klassen startet ebenfalls täglich um 9.15 Uhr an gleicher Stelle nach Morretes. Weitere Infos bei Serra Verde Express: Tel. (041) 38 88-34 88, www.serraverdeexpress.com.br.

Per Bahn nach Morretes und Paranaguá

Reiseziele
von A bis Z

PULSIERENDES LEBEN IN RIO
DE JANEIRO ODER SÃO PAULO.
FASZINIERENDE NATUR AM
AMAZONAS ODER IM PANTANAL.
UND: ENTLANG DER KÜSTE
BRASILIENS FINDEN SICH DIE VIELLEICHT
SCHÖNSTEN STRÄNDE DER ERDE.

✳ Angra dos Reis

Sc 57

Bundesstaat: Rio de Janeiro (RJ)   **Einwohner:** 164 200
Höhe: 6 m ü.d.M.

Angra dos Reis ist die größte Stadt der Costa Verde. Vor allem der einheimische Tourismus ist neben einer Werft der wirtschaftliche Motor der Stadt. Die besten Lagen wurden mit Villen wohlhabender Großstädter aus São Paulo und Rio bebaut; es gibt aber auch viele Favelas. Für Ausflüge zu den nahe gelegenen Inseln der Baía da Ilha Grande bietet sich Angra dos Reis als Ausgangspunkt an.

Die Bedeutung der im 16. Jh. gegründeten Stadt, die auf der einen Seite vom Atlantischen Ozean, auf der anderen vom Küstengebirge Serra do Mar begrenzt wird, wuchs mit dem Ausbau des Hafens. In der Kolonialzeit war Angra dos Reis – neben Parati – der wichtigste Umschlagplatz für Gold aus Minas Gerais und Kaffee aus dem Paraíba-Tal. Ende des 20. Jh.s erlangte die Stadt vor allem durch den umstrittenen Bau zweier Atomreaktoren zweifelhafte Berühmtheit.

Sehenswertes in Angra dos Reis

Kolonialbauten

Zu den beeindruckendsten Kolonialbauten der Stadt zählen das **Kloster Nossa Senhora do Carmo** von 1593 an der Praça General Osório, die 1632 erbaute **Capela de Santa Luzia** in der Rua do Comércio und das ehemalige **Kloster São Bernardino de Sena**, das 1653 auf dem Hügel Santo Antônio errichtet wurde. Von der Anhöhe bietet sich ein herrlicher Blick auf die gesamte Umgebung. Die Pfarrkirche Nossa Senhora da Conceição in der Stadtmitte sowie das Gotteshaus Nossa Senhora da Lapa auf dem Largo da Lapa stammen aus den Jahren 1749 bzw. 1752.

✳
Strände

Angras Stadtstrände sind die Praia do Anil, do Jardim, do Café und die Praia do Oeste; weiter nördlich in der **Jacuecanga-Bucht**, 15 bis 20 km vom Ortszentrum entfernt, erstrecken sich die Buchten von Camdorim Grande, Monsuaba und Paraíso, deren Wasser als belastet gilt. Wenn man jedoch weiter auf der BR-101 nach Nordosten fährt, gelangt man an die Badestrände Biscaia, Praia da Fazenda und Praia da Espia. Auf der Anhöhe Morro da Espia erinnert ein Obelisk an die 1906 beim Untergang des Kriegsschiffs **»Aquidabã«** in der Baía da Ilha Grande umgekommenen Seeleute. Die beliebtesten Strände in der Umgebung von Angra dos Reis liegen jedoch südwestlich in Richtung Parati. Zu den schönsten zählen: die – nur von See her oder über Trampelpfade erreichbare – Bucht der Praia da Freguesia da Ribeira (10 km von Angra dos Reis) sowie die Praia Grande do Frade (33 km), Praia do Saco (39 km), Brava (45 km) und die Praia Mambucaba (50 km) an der Mündung des gleichnamigen Flusses.

⏵ ANGRA DOS REIS ERLEBEN

AUSKUNFT

Avenida Ayrton Senna 580
Praia do Anil
Tel. (024) 3367-7826
www.angra.rj.gov.br

ANREISE

Busbahnhof
Praia da Chácara
Tel. (024) 33 65-20 41

VERANSTALTUNGEN

Am 1. Januar und am zweiten Sonntag im Mai, dem Festtag des Senhor do Bonfim, finden sich in Angra dos Reis reich geschmückte Boote ein, um an einer der spektakulärsten Meeresprozessionen Brasiliens teilzunehmen. Auch die Bootsparade der Karnevalszeit ist weit über die Stadtgrenzen hinaus bekannt.

ESSEN

▶ Erschwinglich

Zero Grau
Avenida Ayrton Senna da Silva 213,
Iate Clube Aquidabã
Tel. (024) 33 77-28 81
Fangfrische Fische und Meeresfrüchte sowie Pizza, Bier und Weine drauen auf dem Deck eines Jachtclubs mit herrlichem Meerblick (Mo geschl.).

ÜBERNACHTEN

▶ Luxus

Hotel do Frade & Golf Resort
km 508 der BR-101

Praia do Frade
Tel. (024) 33 69-95 00
www.hoteldofrade.com.br
33 km hinter Angra dos Reis in Richtung Parati gelegenes Strandhotel. Gästen stehen zur Verfügung: zahlreiche Apartments, Bungalows, Restaurants und Tennisplätze, Privatstrand mit Service, Bootsverleih, Tauchschule, Reitpferde, Kajaks, Segeltörns per Katamaran und der hoteleigene Zubringerbus (von/nach Rio ca. 150 Minuten Fahrtzeit).

▶ Luxus / Komfortabel

Hotel do Bosque
km 528 der BR-101 in Richtung Parati
Mambucaba
Tel. (024) 33 62-31 30
www.hoteldobosque.com.br
Strand- und Businesshotel mit 96 Apartments, teils für Rollstuhlfahrer geeignet. Privatstrand mit Service, Bar, Restaurant, Swimmingpool, Sauna und Bootsanleger. Verleih von Segelbooten, Wasserski, Kajaks, Tauchausrüstung und Reitpferden.

▶ Günstig

Pousada do Alemão
Estrada dos Marinas 991
Marinas, Angra dos Reis
Tel. (024) 33 65-15 93
www.pousadadoalemao.com.br
Sieben DZ mit Blick auf das Meer, Klimaanlage/Deckenventilator, TV und Kühlschrank; deutscher Besitzer.

✳ Ilha Grande

Die zum Gemeindegebiet von Angra dos Reis gehörende Ilha Grande (Große Insel), seit 1978 staatlich geschütztes Naturreservat, ist von der Stadt in einer 1,5-stündigen Bootsfahrt (bzw. in 45 Min. per Ka-

Ilha Grande Orientierung

tamaran) zu erreichen. Ihre bezaubernden Fischersiedlungen, Lagunen, Wasserfälle und Strände ziehen viele Besucher an. Das war nicht immer so: Ursprünglich von Tupinambá-Indianern besiedelt, entwickelte sich die Insel im 16. Jh. zu einem **Piratenhort**; 1800 wurde auf der Insel ein Lazarett für Aussätzige errichtet, von 1903 bis 1994 diente sie als Sträflingskolonie. Entsprechend wurde die Ilha Grande über Jahrhunderte weitgehend gemieden – sofern möglich.

Vila do Abraão Die Anlegestelle der vom Festland kommenden Boote befindet sich in Vila do Abraão, Verwaltungssitz und zugleich einzige Siedlung der Insel, die eine gut entwickelte touristische Infrastruktur besitzt. Unweit erhebt sich der rund 1000 m hohe **Pico do Papagaio**, weiter westlich der **Pico da Pedra d'Água** (1031 m). Sehenswert sind die nordwestlich der Siedlung liegenden Überreste eines Aquädukts aus dem 19. Jh. sowie die Ruinen der ehemaligen, berüchtigten Strafanstalt Cândido Mendes nahe der Bucht Saco de Dois Rios.

✳ ✳
Strände Im Norden, bei Vila do Abraão, befinden sich die Strände Abraão, Preta und do Morcego, im Osten der Insel die Praia Lopes Mendes – eine der schönsten Badebuchten Brasiliens und idealer Surfplatz –, weiter südlich folgen dann die Strände in der **Bucht von Dois Rios**, die Strände Parnaioca (mit einem Wasserfall), do L'Este (mit Monazitsand und Lagunen) sowie do Sul und Aventureiro. Im Westen und Südwesten der Ilha Grande sind besonders die Strände Vermelha, Provetá (mit einem Fischerdorf) und die Tauchgründe vor der Praia dos Meros zu empfehlen. Die Buchten sind auf Trampelpfaden oder mit dem Boot zu erreichen.

Die üppige Meeresfauna der Ilha Grande, aber auch die Reste der in diesen Gewässern untergegangenen Schiffe üben eine große Anziehungskraft auf Sporttaucher aus. Das Wrack der 1959 gesunkenen **»Pingüino«** befindet sich südwestlich der Ilha Grande, 21 m unter dem Meeresspiegel; das der **»Califórnia«** liegt etwas weiter südlich, 15 m tief; im äußersten Süden stößt man, in 7 m Tiefe, auf die Unterwassergrotte von Acaiá, die für ihre farbenprächtigen Fischarten berühmt ist.

✳
Tauchreviere

> **!** *Baedeker* TIPP
>
> **Zweimaster vor Angra dos Reis**
>
> Rund um Angra dos Reis reihen sich – wenn man zum Küstenabschnitt die zahlreichen Inseln der Baía da Ilha Grande addiert – schätzungsweise 2000 Strände. Wer an der Erkundung der Inseln interessiert ist, kann am Kai Santa Luzia, im Hafen der Stadt oder direkt bei den Hotels Ausflugsfahrten auf einem Schoner (Escuna) oder anderen Wasserfahrzeugen buchen.
> Informationen erteilt die Associação dos Barqueiros: Tel. (024) 33 65-31 65.

Nach einer 20-minütigen Bootsfahrt von Angra dos Reis erreicht man die kleinere Nachbarinsel **Ilha do Bonfim**. Auf dem Eiland ist im Jahr 1780 die Einsiedelei Senhor do Bonfim errichtet worden. Die Inseln **Sandri und Comprida**, auf der Höhe des gesperrten Strandes von Itaorna gelegen, sind vor allem bei Tauchern beliebt. Die **Ilha da Gipóia** liegt gegenüber von Angra dos Reis, 30 Bootsminuten entfernt. Sie besitzt weithin bekannte Strände wie die Praia Jurubaíba, Armação, Fazenda, Morcego, Oeste, Flechas und hat eine vielfältige Meeresfauna und -flora. In der Nähe des Hafens erhebt sich der Laje dos Homens, ein Felsen, an dessen Fuß die Überreste des 1890 untergegangenen Schiffs »Bezerra de Menezes« ruhen.

✳ ✳ Aparados da Serra · Serra Geral

`Rk 60`

Bundesstaaten: Rio Grande do Sul (RS) und Santa Catarina (SC)

Der Nationalpark Aparados da Serra bildet zusammen mit dem Parque Nacional da Serra Geral die landschaftlich reizvollste Region des brasilianischen Südostens. Hier blieb einer der größten Araukarienwälder Brasiliens erhalten, mit Bäumen von mehr als 40 m Höhe. Jagen ist verboten, da man die angestammte Fauna – Ozelote, Otter, Tapire, Hirsche, Hasen sowie letzte Pumas und Wölfe – schützen möchte.

Eine der bedeutendsten Sehenswürdigkeiten des Nationalparks ist die Itaimbézinho-Schlucht, ein von den Flüssen Perdiz und Preá durchzogener Canyon mit einer Länge von knapp 6 km und einer Höhe von bis zu 900 m. Mit diesen Abmessungen zählt die an Araukarien-

✳ ✳
Cânion de Itaimbézinho

APARADOS DA SERRA ERLEBEN

PARKVERWALTUNG
Cambará do Sul
Tel. (054) 32 51-12 77

ÖFFNUNGS-/REISEZEIT
Der Parque Nacional de Aparados da
Serra ist nur Mi. – So. 9.00 – 17.00 Uhr
für Besucher geöffnet. Kühl ist es im

Schutzgebiet in den Monaten Juni bis
Juli, besonders warm im Januar.

ÜBERNACHTEN
Unterkünfte gibt es nur außerhalb des
von Rangern kontrollierten Nationalparks in der 22 km entfernten Ortschaft Cambará do Sul.

wäldern reiche Itaimbézinho-Schlucht zu den größten Canyons Südamerikas. Gut 720 m stürzt der **Véu-da-Noiva-Wasserfall** tosend die
nahezu senkrecht abfallenden Felswände hinab.

Parque Nacional Der erst 1992 ausgewiesene Nationalpark Serra Geral schließt sich
da Serra Geral unmittelbar an das Schutzgebiet der Aparados da Serra an. Er reicht
bis in Höhenlagen um 1100 m über dem Meer. Der Parque Nacional
da Serra Geral umschließt vier weitere, bis zu 990 m tief in den Ba-
salt gefurchte Canyons: Churriado, Fortaleza und Malacara im Norden sowie Faxinalzinho im Süden. Der Nationalpark Serra Geral verfügt über keinerlei touristische Infrastruktur.

Der Weg ist das Ziel: Gebirgsstraße durch die Serra Geral

✳ Aparecida

Bundesstaat: São Paulo (SP)   **Einwohner:** 37 000
Höhe: 542 m ü.d.M.

Die Gründung Aparecidas geht auf 1717 zurück, als einheimische Fischer aus dem Rio Paraíba eine schwarze Marienstatue bargen, die sich im Lauf der Jahre als wundertätig erwiesen haben soll. Die Nossa Senhora Aparecida avancierte zur Schutzpatronin Brasiliens. Heute ist die Stadt das wichtigste Wallfahrtsziel des Landes.

Sehenswertes in Aparecida

Die Neue Basilika (Basílica Nova Nossa Senhora Aparecida) aus dem Jahr 1939 beherbergt ein **Museum für sakrale Kunst** und im 18. Stockwerk des Hauptturms eine Aussichtsterrasse, zu der ein Aufzug führt. Die Wallfahrtskirche wird das ganze Jahr über von Pilgern besucht, besonders aber am 12. Oktober und am 8. Dezember, den beiden Festtagen der Landesheiligen, deren 42 cm große Tonfigur hier verehrt wird.

✳
Basílica Nova

Der Bau der Alten Basilika (Basílica Velha Nossa Senhora Aparecida) wurde im Jahr 1745 genau an der Stelle begonnen, an der früher das erste Oratorium der Heiligen gestanden hatte, auf der heutigen Praça Nossa Senhora Aparecida in der Stadtmitte.
Das Gotteshaus wurde im Lauf der Zeit mehrfach erweitert und erneuert und 1909 von Papst Pius X. als Basilica minor anerkannt. Die

Basílica Velha

▶ APARECIDA ERLEBEN

AUSKUNFT

Secretaria de Turismo
Rua Valério Francisco
Tel. (012) 31 05-18 06
www.aparecida.sp.gov.br

ANREISE

Busbahnhof
Praça Antônio Francisco Julianeli
Tel. (012) 31 06-22 85

ESSEN

▶ **Preiswert**
Arco-Íris
km 75,6 der Via Dutra
Richtung São Paulo

Tel. (012) 31 05-32 47
Brasilianische und internationale Küche. Sowohl à la carte als auch SB-Buffet zu Kilopreisen.

ÜBERNACHTEN

▶ **Komfortabel**
Estância Porto dos Milagres
Avenida Itaguaçu/Praça São Geraldo 2
Tel. (012) 31 05-56 44
www.portodsmilagres.com.br
Das Haus wurde 2003 eröffnet und bietet 15 gut ausgestattete Gästezimmer, Bar, Restaurant, Naturschwimmbad, Kinderspielplatz, Fußballfeld und Spielplatz für Kinder.

400 m lange Fußgängerbrücke zwischen den beiden Kirchen bietet einen hervorragenden Panoramablick auf die Stadt.

✳
Festa das Congadas

Die Stadt besitzt außer der Alten und Neuen Basilika noch mehrere Kirchen, darunter die **Pfarrkirche São Benedito**. Hier wird alljährlich nach Ostern das Fest des hl. Benedikt gefeiert, auch unter dem Namen Festa das Congadas bekannt (Congadas sind Tanzspiele afrikanischer Herkunft). Mehr als 40 Gruppen tanzen und spielen zu Ehren der Virgem do Rosário, der Rosenkranzmadonna, und des hl. Benedikt.

Aracaju

Sg 51

Bundesstaat: Sergipe (SE)   **Einwohner:** 492 000
Höhe: 5 m ü.d.M.

Aracaju, seit 1855 Hauptstadt des Bundesstaates Sergipe, wurde 1592 von den Portugiesen gegründet. Es liegt zwischen Salvador und Maceió an der Mündung des Rio Sergipe in den Atlantik.

1855 wurde der Regierungssitz Sergipes von São Cristóvão in die alte Ansiedlung Santo Antônio de Aracaju verlegt, die über einen Tiefwasserhafen verfügte. Die neue Kapitale war die erste systematisch geplante Stadt Brasiliens mit einem schachbrettförmigem Grundriss.

Sehenswertes in Aracaju

Ponte do Imperador

Am Ufer des Rio Sergipe liegt die Ponte do Imperador (Kaiserbrücke), eine Landungsbrücke, die anlässlich eines Besuchs von Kaiser Dom Pedro II. in der Stadt errichtet wurde.

✳
Ilha de Santa Luzia

Die nahe Uferstraße Avenida Rio Branco führt direkt zum Hafen und zur Anlegestelle der Boote, die zur Insel Santa Luzia verkehren. Nach 15-minütiger Bootsfahrt erreicht man das Eiland, auf dem sich der Strand von **Atalaia Nova** kilometerweit ausdehnt.

Mercado Antônio Franco

Wenn man von der Kaiserbrücke an der Av. Rio Branco nach Norden geht, gelangt man zum Mercado Antônio Franco, ein überdachter, vollständig renovierter Bau aus den 1920er-Jahren, in dem v. a. Kunsthandwerk verkauft wird. Auf dem Dach befindet sich ein Restaurant mit Flussblick. Einige Meter weiter werden im Mercado Thales Ferraz Gewürze, Käse und Blumen angeboten.

Catedral Metropolitana

An der westlich der Ponte do Imperador gelegenen Praça Olímpio Campos thront die 1862 bis 1875 erbaute Catedral Metropolitana. Nordöstlich der Kathedrale befindet sich das Touristenzentrum

● ARACAJU ERLEBEN

AUSKUNFT

Centro de Turismo
Av. Benjamin Constant
Tel. (079) 32 14-88 48
www.turismosergipe.net

ANREISE

Busbahnhof
Avenida Presidente Tancredo Neves
Tel. (079)) 32 38-39 00

VERANSTALTUNGEN

Die eindrucksvollste Veranstaltung
der Stadt ist die alljährlich an Neujahr
stattfindende Festa de Bom Jesus de
Navegantes, eine Bootsprozession auf
dem Rio Sergipe mit Feuerwerk und
zahlreichen Musikgruppen. Den
Höhepunkt der Narrenzeit (Pré-Caju)
erlebt Aracaju 15 Tage vor Karneval.
Darüber hinaus ist die Stadt für ihre
Juni-Feiern mit traditionellen
Quadrille-Tänzen und Shows beim
Mercado Thales Ferraz und in der
Rua São João in ganz Brasilien
berühmt.

ESSEN

► Erschwinglich

O Miguel
Avenida Antônio Alves 340
Tel. (079) 32 43-14 44
Das renommierteste Restaurant der
Stadt; Hausspezialität ist Carne de Sol.

ÜBERNACHTEN

► Komfortabel

Aruanã Eco Praia Hotel
Rod. Pres. José Sarney 1000
Praia de Aruana
Tel. (079) 21 05-52 00
www.aruanahotel.com.br
Schönes Strandhotel mit Garten und
Pool, angegliedert ist ein Restaurant.

► Günstig

Hotel Pousada do Sol
Rua Eng. Francisco M. da Costa 43
Atalaia, Tel. (079) 32 55-10 74
www.psol.com.br
40 klimatisierte Zimmer und 7 Chalêts mit Telefon, TV und
Swimmingpool.

(Centro de Turismo), wo traditionelle kunsthandwerkliche Erzeugnisse zum Kauf angeboten werden.

Südlich des Zentrums, am Strand von Atalaia Velha, beherbergt das **Oceanário de**
1700 m³ große Meeresaquarium Oceanário de Aracaju etwa 70 heim- **Aracaju**
ische Spezies, darunter Piranhas, Rochen, Moränen und Haie. Nachmittags kann man bei der Fütterung der Tiere zusehen.

Abstecher nach São Cristóvão

Das 1590 gegründete, unter Denkmalschutz stehende Kolonialstädt- **✶**
chen São Cristóvão war bis 1855 Sitz der Regierung von Sergipe. Nur **Stadtbild**
25 km südwestlich von Aracaju gelegen, hat die 65 000-Einwohner-
Stadt den Charme vergangener Zeiten nicht verloren. Viele der win-
dungsreichen Straßen, jahrhundertealten Kirchen und Häuser konnten ihr charakteristisches Aussehen bis zum heutigen Tag bewahren.

Praça São Francisco

Kirche und Kloster São Francisco an der Praça São Francisco stammen aus dem Jahr 1693. Im Kloster ist das **Museum für Sakrale Kunst** mit Exponaten aus dem 17. bis 19. Jh. untergebracht. Ebenfalls zu finden sind hier die Misericórdia-Kirche und der ehemalige Provinzpalast (Palácio Provincial), in dem das Historische Museum von Sergipe beherbergt ist. Das Museum enthält Gemälde, Keramik und Möbel aus der Zeit des brasilianischen Kaiserreichs.

✳
Senhor dos Passos

Die 1739 bis 1743 entstandene Kirche Senhor dos Passos an der Praça do Carmo nimmt das **Museu dos Exvotos** auf. Die Sammlung zeigt eine Vielzahl an Opfergaben Geheilter oder auf Heilung Hoffender. Weitere Kirchen sind die Nossa Senhora da Vitória an der Praça da Matriz (17. Jh.) und die 10 km von São Cristóvão entfernten Ruinen der 1746 erbauten Igreja dos Capuchinhos, die während der holländischen Invasion zerstört wurde.

Laranjeiras

N.S. da Comandaroba

Das 1605 gegründete Laranjeiras, 24 km nördlich von Aracaju, wurde während der Besetzung durch die Holländer dem Erdboden gleichgemacht, im 18. Jh. aber von den Jesuiten wieder aufgebaut. Sie errichteten auch die Kirche Nossa Senhora da Comandaroba mit Barockaltar, die 4 km außerhalb der Stadt liegt. Der Überlieferung nach verband ein Tunnel den Hochaltar mit der **Gruta da Pedra Furada**, einer Höhle, die sich 3 km von Laranjeiras entfernt an derselben Straße wie die Kirche befindet. Bei Gefahr sollten sich die Mönche über diesen unterirdischen Fluchtweg in Sicherheit bringen.

Museu Afro-Brasileiro

Das Afrobrasilianische Museum im Palácio Accioles Ribeiro informiert in der Rua José do Prado Franco über die Kultur der nach Brasilien verschleppten schwarzafrikanischen Sklaven.

✳ Strände an der Küste von Sergipe

Südlich vom Zentrum

Entlang der rund 200 km langen Küste von Sergipe gibt es noch einige schöne, unverbaute Abschnitte. Im Süden von Aracaju dehnen sich die Strände von Coroa do Meio (7 km vom Zentrum) und Atalaia Velha (9 km) aus. Letzterer ist für seine lebhaften Bars und Restaurants bekannt, deren Spezialität Caranguejos (Krebse) sind.

✳
Mangue Seco

Entlang der in Richtung Süden, zum Nachbarstaat Bahia führenden Fernstraße BR-101 gelangt man zu den Stränden Praia dos Náufragos, Caueira und Abaís, die teils von noch unberührter Schönheit sind. Wenn man auf der Weiterreise in der Estância-Bucht an der Grenze zu Bahia den Rio Real überquert, tauchen unvermittelt die riesigen Sanddünen von Mangue Seco auf.

Weitgehend unberührt: die Küste von Sergipe →

Strände nördlich von Aracaju

An der Küste im Norden von Aracaju und Barra dos Coqueiros erstrecken sich ausgedehnte, weitgehend noch unberührte Sandstände. Unweit der Grenze zu Alagoas liegt an der Mündung des Rio São Francisco die **Ponta do Arambipe** und davor der nördlichste Strand von Sergipe, die Praia de Arambipe. Boote pendeln vom Flusshafen Piaçabuçu (40 Min. Fahrzeit) bis zum Strand.

Aracati

Sg 48

Bundesstaat: Ceará (CE)   **Einwohner:** 70 000
Höhe: 5 m ü.d.M.

In der Kolonialzeit wurden die Rinderherden aus ganz Ceará zum Schlachten nach Aracati oder in andere Hafenorte der Gegend getrieben. Das Fleisch wurde gesalzen und in den Charqueadas zum Trocknen aufgehängt. Der Export von Tierhäuten und Trockenfleisch begründete den Wohlstand von Aracati.

Gegen Ende des 18. Jh.s wurden die hier erprobten Arbeitsverfahren auch in der weit im Süden gelegenen Gaúcho-Region Pelotas eingeführt, die sich daraufhin zum bedeutendsten Zentrum der Trockenfleischproduktion in Rio Grande do Sul entwickelte. Sehenswerte **Kolonialbauten** sind Zeugen der einstigen wirtschaftlichen Blüte Aracatis. Besondere Aufmerksamkeit erlangte die in Küstennähe am Rio Jaguaribe gelegene Stadt jedoch als Ausgangspunkt für Ausflüge zu den berühmten Stränden des südöstlichen Ceará.

 ## ARACATI ERLEBEN

ANREISE

Busbahnhof
Rua Coronel Alexandrino
Tel. (088) 34 21-20 60

ESSEN

▶ **Erschwinglich**
Natural Bistrô
Rua Principal 52
Tel. (088) 34 21-71 62
Vegetarisches und Fischspezialitäten

ÜBERNACHTEN

▶ **Komfortabel**
Hotel Long Beach Village
Rua Quatro Ventos

Canoa Quebrada
Tel. (088) 34 21-74 04
www.villagelongbeach.com
Das Hotel verfügt über 22 Apartments und 20 Chalets, Bar, Pool und Pkw-Parkplätze.

▶ **Günstig**
Pousada Vale do Luar
Rua da Praia, Canoa Quebrada
Tel. (088) 34 21-70 90
www.canoa-quebrada.com/valedoluar
Freundliche Pousada mit Apartments und Pool sowie einigen Chalêts im Garten. Das Frühstück wird auf der Veranda serviert.

Sehenswertes in Aracati und Umgebung

Aracati besitzt noch schöne Gebäude aus dem 18. Jh., darunter das **Kolonialbauten** Stadthaus des Barons von Aracati (Sobrado do Barão de Aracati) in der Rua Coronel Alexanzito 735, das das **Museu Jaguaribano** mit kunstgewerblichen und sakralen Exponaten beherbergt, die Kirche Senhor de Bonfim aus dem Jahr 1774 und die 1785 erbaute Haupt- kirche Nossa Senhora do Rosário in der Rua Dragão do Mar.

Der Strand von Canoa Quebrada mit seinen gewaltigen Dünen, der **★ ★** smaragdgrünen Brandung des Atlantiks und seinen lateritroten Klip- **Canoa** pen hat weltweit Berühmtheit erlangt. Nicht mehr viel erinnert in **Quebrada** dem 9 km südöstlich von Aracati entfernten, kleinen Fischerdorf an das Hippie-Paradies von einst – auch Canoa Quebrada wurde längst »kommerziell« erschlossen. Dennoch blieb die traditionelle Hand- werkskunst und Folklore des Nordostens in Canoa Quebrada erhal- ten: Spitzenklöppeleien der einheimischen Fischerfrauen und in Glasfläschchen mit größter Präzision gestaltete Landschaften aus ge- färbtem Sand werden zum Kauf angeboten.

Der 12 km südöstlich von Aracati gelegene, für seine Stickereien und **★** Spitzen bekannte Küstenort Majorlândia ist eine **Hochburg der Jan-** **Majorlândia** **gadeiros** genannten nordostbrasilianischen Fischer. Die Küstenbe-

Jangada-Fischerboote am Strand von Canoa Quebrada

wohner leben bis heute überwiegend vom Langustenfang. Der breite Strand von Majorlândia folgt in südöstlicher Richtung auf den von Canoa Quebrada und verfügt über eine starke Brandung, die vor allem Surfer anlockt – er ist nur an den Wochenenden überlaufen.

✳ **Ponta Grossa** Einige Kilometer vor dem Küstenort **Icapuí**, der von Aracati gut 50 km in südöstlicher Richtung entfernt liegt, zweigt eine Stichstraße von der BR-304 ab, die zum sanft geschwungenen Badestrand Praia da Ponta Grossa führt. Die Bucht wird von Felsen und Kokospalmen umrahmt. Ihre Tauchgründe sind wegen der steil abfallenden Küste mit Riffen und Unterwasserfelsen nur für erfahrene Sporttaucher empfehlenswert. Bei Ebbe kann man zu den Nachbarstränden **Redonda und Mutamba** mit ihren verschiedenfarbigen Dünen wandern. Hinter Icapuí lockt der ursprüngliche Strand von Tremembé, der von Kokospalmen gesäumt wird und für seine Langusten bekannt ist. Außerdem kann man in der kleinen Fischersiedlung dieser Bucht fein gearbeitete Klöppelspitzen erstehen.

✳ Armação dos Búzios

Se 57

Bundesstaat: Rio de Janeiro (RJ)   **Einwohner:** 28 000
Höhe: 3 m ü.d.M.

Der Badeort Armação dos Búzios ist aus einem Fischerdorf entstanden. In den 1960er-Jahren von Brigitte Bardot und anderen Vertretern des internationalen Jetsets »entdeckt«, hat er sich zu einem der vornehmsten und teuersten Seebäder des Landes, zu einem brasilianischen St. Tropez, entwickelt.

Sehenswertes in Armação dos Búzios

✳ **Rua das Pedras** An der Avenida José Bento Ribeiro Dantas, auch Rua das Pedras (Straße der Steine) genannt, drängt sich ein Großteil der exklusivsten Geschäfte und Spitzenrestaurants von Búzios. Touristisch entwickelt hat sich auch die Orla Bardot in der Verlängerung sowie der Bereich um den Pier von Manguinhos. Die meisten Gebäude folgen dem architektonischen Vorbild der alten Fischerhäuser: ein- oder zweistöckige Giebelhäuser, blau oder weiß gestrichen, mit Ziegeldächern im Kolonialstil und Sprossenfenstern. Auch die Neubauten fügen sich harmonisch in das Stadt- und Landschaftsbild. Trotz des Trubels konnte Búzios seinen dörflichen Charakter teilweise bewahren.

✳ **Strände beim Stadtzentrum** In der Nähe der Stadtmitte liegen die Strände Armação (mit der Rua das Pedras), Ossos, Canto, Amores und Virgens mit zahlreichen Pousadas. Von den drei ersten Stränden verkehren Boote zu den Inseln

▶ ARMAÇÃO DOS BÚZIOS ERLEBEN

AUSKUNFT

Pórtico de Búzios
Trevo de Entrada,
Tel. (022) 26 33-62 00
www.buzioturismo.com (auch
Deutsch)

ANREISE

Busbahnhof
Estrada da Usina Velha 444
Tel. (022) 26 23-20 50

BOOTSAUSFLÜGE

Angeboten werden Törns (Dauer: 3
Stunden), die an den Stränden João
Fernandes, Tartaruga und vor der
Insel Ilha Feia unterbrochen werden.
Abfahrt an der zentralen Anlegestelle
an der Praia do Canto. Informationen
bei Interbúzios Tel. (022) 26 23-64 54,
Queen Lory: Tel. (022) 26 23-11 79,
Buziana tours: Tel. (022) 26 23-67 60

ESSEN

▶ Fein & teuer
Satyricon
Av. José Bento Ribeiro Dantas 500
Praia da Armação
Tel. (022) 26 23-26 91
Edel-Italiener mit mediterran inspi-
rierter Küche und exzellenten Fisch-
gerichten

▶ Erschwinglich
Estáncia Don Juan
Rua das Pedras 178
Tel. (022) 26 23-21 69
Spezialität des Hauses sind Grill- und
Fleischgerichte. Dienstagnachts Tan-
go-Shows. Reservierung ratsam.

▶ Preiswert
Bar dos Pescadores
Associação dos Pescadores de Man-
guinhos, 3 km außerhalb, an der
Estrada da Usina beim Krankenhaus

Búzios, direkt am Meer gelegen
Tel. (022) 23-67 85
Fangfrischeren Fisch bekommen Sie
in Búzios nirgendwo.

ÜBERNACHTEN

▶ Luxus
Insólito Boutique Hotel
Praia de Ferradura
Tel. (022) 26 23-21 72
www.insolitohotel.com
Von Philippe Starck mitgestaltetes
Designhotel (12 Z.), Meerblick, Beach
Lounge mit Restaurant und Club.

Galápagos Hotel
Praia João Fernandinho
João Ferandez, 2 km außerhalb
Tel. (022) 26 23-22 45
www.galapagos.com.br
Anlage mit 37 Apartments mit Ve-
randa. Den besten Blick hat man vom
Bloco 3 sowie von einem 2009 neu
errichteten Panorama-Deck.

▶ Komfortabel
Pousada João Fernandes
Rua João Fernandes 100
2 km außerhalb des Zentrums von
Armação dos Búzios
Tel. (022) 26 23-22 99
www.pousadajoaofernandes.com.br
Pousada (20 Z.) mit Parkplätzen,
Restaurant, Swimmingpool u. Sauna

▶ Günstig
Pousada Alegravila Búzios
Rua José Bento Ribeiro Dantas 1475
700 m von der Rua das Pedras, an der
Buslinie von Rio
Tel. (022) 26 23-23 29
www.alegravila.com.br
Gepflegtes kleines Gästehaus in ru-
higer Lage mit zehn geschmackvoll
dekorierten Zimmern, tropischem
Garten und Mini-Pool.

Ancora, Gravatá, Branca, Rasa und Feia. Die Kirche Sant'Ana – erbaut als Dank für die Rettung eines in Seenot geratenen Sklavenschiffs – erhebt sich auf einer Anhöhe der **Praia dos Ossos**. Ihren Namen – Strand der Knochen – verdankt die Praia dos Ossos wahrscheinlich einem von Portugiesen initiierten Massaker der Goicataz-Indianer an den Tupinambá im 16. Jahrhundert.

★★
Strände in der
Umgebung

Nördlich des Touristenstädtchens reihen sich die Strände Azeda (1 km von Armação dos Búzios), Azedinha, João Fernandes (2 km) und João Fernandinho aneinander, im Westen die Praia Olho de Boi (FKK) und die Praia Brava (2 km). Auf der Ilha Rasa sind die Strände Lua und Ancora zu empfehlen. Die Überfahrt zur Insel ab Porto Búzios, das man über die Straße zur Baía Formosa erreicht, dauert ca. 15 Min. In einigen der hiesigen Hotels kann man Segeljachten und Motorboote mieten. Die meisten Strände südlich von Armação dos Búzios befinden sich in der **Búzios- und in der Manguinhos-Bucht**. Zu den schönsten Badestränden zählen: Forno, Foca, Tartaruga, Ferradura, Manguinhos und Baía Formosa. Die ersten drei haben einen recht ruhigen Seegang und eignen sich ideal zum Schwimmen, während die fast kreisförmige Ferradura-Bucht von Seglern und Tauchern gleichermaßen geschätzt wird.

Cabo Frio

Die Stadt Cabo Frio (181 000 Einw.) wurde 1615 am östlichen Ende der Lagune von Araruama gegründet. Dieser Küstenstrich ist seit der Entdeckung des Kontinents bekannt: Im Jahr 1503 ließ **Amerigo Vespucci** nahe Cabo Frio ein kleines Fort errichten, und 1504 entstand hier eine Niederlassung zur Gewinnung von Pau Brasil, jenem Färbeholz, das Brasilien den Namen lieh. Obwohl die Stadt nur 24 km von Armação dos Búzios und 163 km von Rio entfernt ist, wirkt sie nur in der Hauptsaison (Weihnachten bis Karneval) überlaufen. In ihrem historischen Ortskern sind noch zahlreiche Kolonialbauten erhalten geblieben. Heute zählt die Stadt, dank ihrer feinen Sandstrände, Dünenberge und zahlreichen vorgelagerten Inseln zu den meistbesuchten Badeorten Brasiliens.

> **! *Baedeker* TIPP**
>
> **Küste von oben**
>
> Zum Guia-Hügel, der die Kapelle Nossa Senhora da Guia aus dem Jahr 1740 trägt, kann man zu Fuß aufsteigen. Parkplätze gibt es am Largo Santo Antônio. Lohn der Mühe: Eine weit reichende Panorama-Aussicht auf Cabo Frio und die umliegende Küste.

Convento e
Igreja N.S. dos
Anjos
🕐

Das Franziskanerkloster Nossa Senhora dos Anjos wurde zwischen 1686 und 1696 am Largo Santo Antônio erbaut. In der Klosterkirche ist das **Museu de Arte Sacra** untergebracht. Seine Sammlung besteht aus sakralen Kunstwerken der Barockzeit. Öffnungszeiten: Di. – Fr. 10.00 – 12.00 u. 13.00 – 17.00, Sa./So. 14.00 – 18.00 Uhr.

Das weiß getünchte Forte São Mateus gilt als Wahrzeichen von Cabo Frio.

Das die Küste beherrschende Forte São Mateus ist eines der Wahrzeichen von Cabo Frio. Erbaut wurde es in den Jahren 1616/1617 unter Leitung des berühmten Militäringenieurs **Francisco de Frias da Mesquita**, von dem auch die Pläne der Küstenfestungen Forte do Mar in Salvador, Forte dos Reis Magos in Natal und die ersten Entwürfe für die Abtei des Mosteiro de São Bento in Rio de Janeiro stammen.

★
Forte São
Mateus

Die feinsandige Praia do Forte liegt in der Nähe des Zentrums von Cabo Frio; hier werden Fahrten mit Kajaks und Ausflüge mit Schonern angeboten. Nudisten haben an der schwer zugänglichen Praia Brava ihr Refugium. Nördlich der Stadt erstrecken sich die Strände Praia das Conchas (2,5 km vom Zentrum) und do Peró (6 km). Im Süden schließt sich an der Straße nach Arraial do Cabo der von hohen Dünen geprägte Badestrand Praia das Dunas (2 km) an. Seine größte Düne ist unter dem Namen **Dama Branca** (Weiße Dame) bekannt. Als schönster Strand Cabo Frios gilt die Praia do Foguete.

Strände

Arraial do Cabo

Arraial do Cabo (27 000 Einw.) liegt 14 km südlich von Cabo Frio. Im Jahr 1503 ließ Amerigo Vespucci hier eine Festung errichten. Heute wird das Städtchen vor allem wegen seiner wunderbaren Strände, seiner Sanddünen und Inselchen besucht.

Vom Stadtstrand Praia dos Anjos, wo die Kirche Nossa Senhora dos Remédios aus dem 16. Jh. und das Museum des Instituts für Meeres-

Ilha do Cabo Frio

kunde der brasilianischen Marine (Museu Oceanográfico) einen Besuch lohnen, und von der nahe gelegenen Hafenmeisterei (Capitania dos Portos) setzen Boote zur vorgelagerten Insel Cabo Frio mit der **Gruta Azul** über, einer 15 m hohen Grotte mit blau schimmerndem Wasser – brasilianisches Pendant zur Blauen Grotte von Capri. Ähnlich bezaubernd, jedoch etwas kleiner ist die **Gruta do Oratório**.

> **!** *Baedeker* TIPP
>
> **Taucher aufgepasst!**
>
> Die Wassertemperaturen vor Arraial do Cabo sind relativ niedrig. Deshalb besitzt dieser Abschnitt des Atlantischen Ozeans das klarste Wasser – ideal für Sporttaucher. Die besten Tauchgründe sind Pedra Vermelha (Roter Stein), Ponta d'Água und das Wrack der »Teixeirinha«. Leihgeräte und Tauchanzüge vermieten: Deep Trip (021 / 99 42-30 20) und Sea Quest Sub (022 / 26 22-23 34).

In der näheren Umgebung von Arraial do Cabo haben Badeurlauber die Wahl zwischen der wunderschönen **Praia do Forno** mit den Ruinen der Fortaleza do Marisco, einer schwer zugänglichen Bucht mit der Praia do Pontal do Atalaia und dem winzigen Strand Prainha. Im Westen, zur Lagune von Araruama hin, liegen die dünenreichen und viel besuchten Praia Grande und Restinga da Massambaba.

✶✶ Belém

Sa 46

Bundesstaat: Pará (PA) **Einwohner:** 1,4 Mio.
Höhe: 11 m ü.d.M.

Neben Manaus ist Belém do Pará die wichtigste Metropole im Amazonas-Becken und zugleich die weltweit größte Stadt in unmittelbarer Nähe des Äquators. Belém, an der Baía de Marajó, dem gemeinsamen Mündungstrichter von Rio Tocantins und Rio do Pará gelegen, ist die Hauptstadt des Bundesstaates Pará.

Die Stadt wurde im Jahr 1616, bald nach der Vertreibung der Franzosen aus São Luís, als befestigter Flusshafen gegründet. Die wehrhafte Siedlung sollte jede Invasion von Fremden im Norden des portugiesischen Amerikas verhindern oder zumindest erschweren. Belém entwickelte sich mit der Zeit zum Handelszentrum und wichtigen Ausfuhrhafen von Kautschuk und Tropenholz. 1751 wurde Belém Hauptstadt des Staates Grão-Pará, der Maranhão und den ganzen brasilianischen Norden umfasste. Bis zum Ende des Kautschukbooms war die Stadt sehr wohlhabend, die erhalten gebliebenen **Bauwerke aus der Kolonialzeit** lassen die damalige Pracht Beléms noch erahnen. Die Baustile reichen vom Kolonialbarock des Italieners Antônio Giuseppe Landí über das Rokoko bis zum Klassizismus.

▶ BELÉM ERLEBEN

AUSKUNFT

Paratur
Praça Waldemar Henrique und im Flughafenterminal
Tel. (091) 32 12-06 69
www.paraturismo.pa.gov.br

ANREISE

Flughafen
Aeroporto Internacional Val-de-Cans
Tel. (091) 32 10-60 39

Busbahnhof
Praça do Operário
Tel. (091) 32 66-26 25

VERANSTALTUNGEN

Círio de Nazaré
Die Prozession bringt am zweiten Oktoberwochenende alljährlich eine Million Wallfahrer in die Stadt. Am Samstag davor: Bootsprozession zu Ehren der Virgem de Nazaré. Am folgenden Samstag begleiten Zehntausende die Marienfigur von der Nazaré-Basilika zur Catedral da Sé. Rummel und diverse kulturelle Veranstaltungen um den Círio herum..

ESSEN

▶ Fein & teuer
① Dom Giuseppe
Av. Cons. Furtado 1420, Batista Campos, Tel. (091) 40 08-00 01
Exquisites italienisches Restaurant

② Manjar das Garças
Parque Mangal das Garças
Tel. (091) 32 42-10 56
Mitten in einem Naturpark gelegen, großartiges Mittagsbuffet mit Blick auf den Rio Guamá, abends à la carte.

▶ Erschwinglich
③ Lá em Casa
Estação das Docas, Boulevard Castilhos França, Tel. (091) 32 12-55 88
Wunderschöner Blick von den neuen Docks auf die Guajará-Bucht.

④ Avenida
Av. Nazaré 1086, Stadtteil Nazaré
Tel. (091) 32 23-40 15
Nahe der Basilika, gute Amazonasküche wie »Pato do Tucupi«.

⑤ Boteco das Onze
Praça Frei Caetano Brandão, Stadtteil Cidade Velha, Tel. (091) 32 24-85 99
Vornehmes Restaurant, exzellenter Fisch (Filhote) und Flussblick.

▶ Günstig
⑥ Point do Açaí
Estação das Docas, Boulevard Castilhos França
Unbedingt die regionale Süßspeise Açaí probieren!

ÜBERNACHTEN

▶ Luxus
① Hilton Belém
Av. Presidente Vargas 882, Praça da República, Tel. (091) 40 06-70 00
www.hilton.com
Bestes Haus der Stadt, zentral gelegen, oft Angebote im Internet.

▶ Komfortabel
② Hotel Regente
Av. Gov. José Malcher 485, Stadtteil Nazaré, Tel. (091) 31 81-50 00
www.hotelregente.com.br
Freundliches Hotel (216 Z.) in einem der besten Viertel der Stadt.

▶ Günstig
③ Belém Soft Hotel
Av. Brás de Aguiar 612, Stadtteil Nazaré, Tel. (091) 33 23-34 00
www.belemsofthotel.com.br
Gepflegtes Hotel in zentraler Lage

Belém *Orientierung*

Essen
1. Dom Giuseppe
2. Manjar das Garças
3. Lá em Casa
4. Avenida
5. Boteco das Onze
6. Point do Açaí

Übernachten
1. Hilton Belém
2. Hotel Regente
3. Belém Soft Hotel

Hafenbereich

Ver-o-Peso ✷ Wer im Hafen von Belém an Land geht, erblickt am Kai den lebhaften Markt Ver-o-Peso (wörtlich: »Achte auf das Gewicht«), auf dem einheimische Erzeugnisse, Gewürze, Pflanzenöle, Heilkräuter, frischer Fisch, aber auch geheimnisvolle Umbanda-Amulette und Andenken angeboten werden. Die von eisernen Türmen gezierte **Markthalle** wurde im 19. Jh. in Einzelteilen aus England eingeführt und zählt zu den Wahrzeichen Beléms; die ihr gegenüberliegende Fleischhalle ruht auf schönen schmiedeeisernen Stützkonstruktionen.

Forte do Presépio ✷ Südwestlich an der Mündung des Rio Guamá in die Baía de Guajará, erhebt sich das 1616 errichtete Hafenbollwerk Forte do Presépio. Die aus Stampflehm und Kies erbaute Festung bildete den Kern der ursprünglichen Siedlung und trägt den Beinamen **Forte do Presépio de Belém** (Festung der Krippe von Bethlehem). Die mächtigen Steinmauern, die man heute sieht, sind wesentlich jünger. Sie entstanden erst im Jahr 1878 beim Wiederaufbau des während des Cabanagem-Aufstandes (1835/1836) heftig umkämpften Forts.

✳ Altstadt

Die steil ansteigende Ladeira do Castelo, die die Festung mit der Altstadt verbindet, ist die älteste Straße Beléms; sie wird von mit portugiesischen Azulejo-Kacheln getäfelten Häusern und malerisch verwitterten Kirchenbauten gesäumt. Viele Gebäude in der Altstadt entstanden um die Mitte des 18. Jh.s, als Belém Künstler aus verschiedenen europäischen Ländern anzog.

✳ Ladeira do Castelo

Das anschaulichste Beispiel für den Stil des Tropenbarocks bildet das große, im ausgehenden 17. Jh. unmittelbar südlich der Festung begonnene **Jesuitenkolleg** mit der Kirche Santo Alexandre. Das einschiffige, mit Seitenkapellen versehene Gotteshaus entspricht ganz dem Grundmuster der Jesuitenkirchen und ist – nach der Catedral Basílica in Salvador – das größte erhaltene Bauwerk dieses einst so bedeutenden Ordens. Die üppig geschmückten Kanzeln werden dem österreichischen **Pater Johannes Xaver Traer** zugeschrieben, einem aus Tirol gebürtigen Maler und Bildhauer, der ab 1723 im Kolleg tätig war. An das Jesuitenkolleg schließt sich der frühere **Erzbischöfliche Palast** an, der heute Teil des Museums ist. Wenigstens einen un-

✳ Santo Alexandre

◀ weiter auf S. 174

Kolonialarchitektur in der Altstadt Beléms

Viele Passagiere auf wenig Raum: Luxus findet man auf den Flussdampfern des Amazonas recht selten.

WASSERSTRASSE NACH WESTEN

Der Amazonas bildet mit seinen Nebenflüssen das mit Abstand größte Flusssystem der Erde. Den besten Eindruck von seinen gigantischen Ausmaßen, der üppigen Ufervegetation und den Lebensbedingungen entlang des mächtigen Urwaldstroms gewinnt man an Bord eines Flussdampfers.

Die drei großen Quellflüsse des Amazonas – Rio Huallaga, Rio Marañón und Rio Ucayali – führen ihm lehmbraunes Wasser aus den Anden zu, das auf dem Weg bis zur Mündung in den Atlantik eine Strecke von über 6500 km zurücklegt. Im Mündungsdelta des Amazonas findet mit der **Ilha de Marajó** eine Flussinsel von der Größe der Niederlande Platz. Die fünf- bis sechstägige Fahrt bis zur einst blühenden Kautschukmetropole Manaus legen heute sogar große Frachtschiffe zurück. Östlich von Manaus ist der Amazonas meist über 5 km breit. Die Reise empfiehlt sich flussaufwärts, da Boote mit diesem Kurs der starken Strömung in der Flussmitte ausweichen und so näher am Ufer bleiben. Ein idealer **Ausgangspunkt ist die Hafenstadt Belém**.

Kleine Reedereien

Kleine und mittlere Linien bewältigen den Löwenanteil des Fracht- und Passagieraufkommens, z.B. die Reederei Marques Pinto Navegação Ltda. (Av. Bernardo Sayão 3210, Belém, Tel. (091) 32 72-38 47 oder 32 72-93 55). Sie befährt die Strecke von Belém über Santarém nach Manaus mehrmals im Monat, u.a. mit der modernen **»Nélio Corrêaô«** (300 Passagiere), die über klimatisierte Kabinen verfügt. Das Schiff legt alle 2 Wochen dienstagabends ab. Die Ree-

derei Alves e Rodrigues Ltda. (Rua São Boaventura 26, Porto Palmeira, Cidade Velha, Belém, Tel. (091) 32 12-24 24 und (091) 32 30-36 34) nimmt regelmäßig Fahrt in Richtung Santarém auf und kann in Hängematten und Kabinen bis zu 340 Passagiere befördern. Auskünfte über alle vor Anker liegenden Boote und ihre Abfahrtszeiten sollten kurzfristig eingeholt werden: Die Agentur Macamazônia, Boulevard Castilho França 730, Belém, Tel. (091) 30 86-01 07, Fax 32 22-56 04, verkauft Tickets für alle zwischen Belém, Macapá, Santarém und Manaus pendelnden Dampfer.

Gaiolas

Für die Amazonas-Fahrt an Bord der Gaiolas (Vogelkäfige) genannten Boote sollte man sich mit Hängematten und Seilen eindecken. Die interessantesten Streckenabschnitte befinden sich bei Breves und Óbidos. In der Nähe von Breves durchfahren die Boote einen schmalen Gezeitenkanal, und bei **Óbidos** verengt sich der Amazonas erneut. Hier liegen nur 2,5 km zwischen den Ufern, und man bekommt einen guten Eindruck von der Flora und Fauna Amazoniens. An Bord der Flussdampfer sollte man auf einfachstes Essen und den Dienst versagende Toiletten vorbereitet sein. Es empfiehlt sich, einen eigenen Trinkwasservorrat mitzuführen. Und schon nach kurzer Fahrzeit wird jedes mitgebrachte Spiel – Domino, Karten oder Schach – eine überaus willkommene Abwechslung an Bord sein. Im Übrigen wird die mitunter monotone Fahrt regelmäßig von den nachmittäglichen Regenschauern unterbrochen. Wenn die dicken Tropfen auf das Boot trommeln und die Planken dunkel färben, herrscht für kurze Zeit hektische Betriebsamkeit an Bord: Mit Plastikplanen wird das Zwischendeck notdürftig gegen den schräg einfallenden Wolkenbruch geschützt.

🕐 gefähren Eindruck von der früheren Pracht des Jesuitenklosters vermittelt die Sammlung des angegliederten **Museu de Arte Sacra**. Öffnungszeiten: Di.–So. 10.00–16.00 Uhr.

✳ **Catedral da Sé**

Der Grundstein für die gegenüber des Jesuitenkollegs an der Praça Frei Caetano Brandão stehende Kathedrale von Belém wurde im Jahr 1748 auf Befehl von **Dom João V. von Portugal** gelegt; die Bauarbeiten waren erst im Jahr 1771 abgeschlossen. Glockentürme und Giebel im klassizistischen Stil entwarf António Giuseppe Landí (1708–1790), ein aus Bologna stammender Architekt, der sich 1753 in Belém niederließ. Landí zeichnete auch für den Entwurf des damaligen Altaraufsatzes verantwortlich. Das heutige Retabel wurde in Rom angefertigt und ist ein Geschenk von Papst Pius XI. (1922–1939). Es enthält ein Gemälde mit der Figur der gnadenreichen Muttergottes, das der Lissabonner Maler Pedro Alexandrino de Carvalho (1730–1810) schuf.

*Hat schon zahlreiche Unwetter überstanden: die Catedral da Sé
(vor der Restaurierung)*

Das neoklassizistische Teatro da Paz (Theater des Friedens), 1878 während des Gummibooms im Amazonas-Gebiet eingeweiht, bietet 900 Zuschauern Platz. Der Bühnenvorhang mit einer **Allegorie der Republik** stammt aus Paris. Das von Säulen gestützte Portal des Theaters mündet auf die Avenida da Paz an der zentralen Praça da República.
Der Prachtbau war im ausgehenden 19. und frühen 20. Jh. Schauplatz bedeutender Aufführungen; Stars wie die russische Primaballerina Anna Pawlowa standen hier auf der Bühne. Führungen stdl.: Di. – Fr. 9.00 – 13.00, Sa. 9.00 – 12.00 Uhr; Tel. (091) 40 09-87 50.

★ ★
Teatro da Paz

Die Basílica de Nossa Senhora de Nazaré an der an der Praça Santuário de Nazaré, östlich der Praça da República, 1909 nach dem Vorbild der römischen Kirche San Paolo fuori le mura gestaltet, besitzt bunte Glasfenster und ist mit Gold und Marmor aus Carrara verkleidet. Das Museu do Círio in der Rua Padre Champagnat nahe der Kathedrale ermöglicht einen Einblick in die lange Tradition des Círio de Nazaré. Die Basilika und ihr Vorplatz, die Praça Justo Chermont, sind Ausgangspunkt der berühmten Prozession **Círio de Nazaré**.

★
Basílica de Nazaré

Park und Ausstellung des Museu Paraense Emílio Goeldi in der Avenida Magalhães Barata 376 veranschaulichen die Tier- und Pflanzenwelt des Amazonas-Gebiets. Außerdem finden hier **archäologische und völkerkundliche Ausstellungen**, botanische und zoologische Sammlungen und ein zoologisch-botanischer Urwaldpark mit einheimischen Amphibien, Süßwasserfischen, Säugetieren und Vögeln Platz. Öffnungszeiten: Di. – So. 9.00 – 17.00 Uhr.

★
Museu Emilio Goeldi

⊙

Der Stadtpark Bosque Rodrigues Alves an der vom Zentrum nordöstlich zur Schnellstraße Belém-Brasília führenden Avenida Almirante Barroso zählt zu den ältesten botanischen Gärten von Brasilien; in ihm befinden sich auch ein Minizoo und ein Schildkrötengehege. Er dient der Bevölkerung als Naherholungsgebiet und ist an den Wochenenden entsprechend überlaufen.

Bosque Rodrigues Alves

Umgebung von Belém

In dem Dorf Icoaraci, 23 km nördlich von Belém am Flussstrand Cruzeiro in der Marajó-Bucht, leben und arbeiten viele Kunsthandwerker, die die berühmten, einst von der indianischen Urbevölkerung angefertigten **Marajoara-Keramiken** nachbilden. Von Icoaraci kann man auf die **Ilha do Outeiro** mit ihren Wäldern und Flussständen übersetzen.

Icoaraci

Die 86 km nördlich von Belém gelegene Flussinsel Mosqueiro besitzt zahlreiche, bei Wochenendausflüglern beliebte Süßwasserstrände von insgesamt 17 km Länge. Zu den besten Badebuchten zählen die **Baía do Sol, Ariramba, die Praia do Chapéu Virado und die Praia Grande**.

Ilha do Mosqueiro

Während der Schulferien (Juli und zweite Dezemberhälfte) und an Wochenenden sind die Strände jedoch meist überlaufen und dementsprechend verschmutzt; auf den Zufahrtsrouten staut sich dann auch häufig eine Blechkarawane.

✳ ✳ Ilha de Marajó

Mit knapp 50 000 km² – einer Fläche größer als die Niederlande – ist die Ilha de Marajó, die von den Gewässern des Amazonas, des Tapajós und des Atlantiks umspült wird, eine der größten Flussinseln der Welt. Während der Trockenperiode wird sie von zwei völlig unterschiedlichen Landschaften geprägt: Im Osten erstreckt sich eine rund 23 000 km² große Ebene, die von Sträuchern und Gräsern überzogen ist; den tiefer gelegenen Rest der Insel nehmen Wälder ein. Von Januar bis Juni, also in der Regenzeit, werden die Waldgebiete vom Amazonas überschwemmt und verwandeln sich in eine großflächige Sumpflandschaft – ein ideales **Weideland für die großen Wasserbüffelherden.**

Darüber hinaus gibt es auf der Insel Marajó auch Kaimane, Faultiere, Affen, Wasserschweine, Hirsche, Schildkröten und mannigfaltige Schlangen- und Vogelarten, ganz zu schweigen von den unzähligen Fischarten wie den Pirarucus, Tucunarés – Süßwasserfischen aus der Familie der Buntbarsche – sowie Tambaquis und den gefürchteten Piranhas. Marajó erreicht man entweder per Flugzeug (Lufttaxi von Belém nach Soure), per Schiff (3–4 Std. von Belém nach Camará) oder mit einer Autofähre, die zwischen Icoaraci und Camará verkehrt.

Soure

Die 250 000 Bewohner der Marajó-Insel verteilen sich auf sieben Gemeinden; die wichtigste Stadt ist Soure. Der an der Marajó-Bucht gelegene Ort besitzt mehrere Flussstrände. Von Büffeln gezogene Karren sind aus dem Stadtbild nicht wegzudenken.

Alle Hotels und Fazendas mit Gästezimmern veranstalten Ausflüge in die Umgebung, in einigen sind auch Aufführungen von Carimbó und Lundú zu sehen. Mehrere Fazendas, die Büffelzucht betreiben, vermieten Zimmer an Besucher. Man erreicht sie von Soure oder Salvaterra aus. Jagen ist verboten, aber die Reise lohnt sich schon allein wegen der Fotosafaris und des Fischfangs in den Igarapés und Seen.

Strände auf der Ilha de Marajó

Bademöglichkeiten bieten die Strände von Araruna und Barra Velha, knapp 2 km außerhalb von Soure, sowie der Pesqueiro-Strand, 12 km außerhalb der Stadt. Im Nordwesten der Ilha de Marajó liegt der 6 km lange, feinsandige Strand von Chaves, der von teils 100-jährigen Bäumen gesäumt wird.

Die **Praia Joanes** gilt als einer der schönsten Flussstrände der Insel Marajó. Man erreicht ihn von Soure aus per Fähre sowie Bus oder Taxi (ca. 45 min.).

Vor rund 2500 Jahren hatte sich auf der Insel Marajó eine Indianer-
kultur entfaltet, deren elegante, mit geometrischen Mustern verzierte
Keramik auch außerhalb Brasiliens Berühmtheit erlangte. Die ältesten erhaltenen Stücke wurden um 980 v. Chr. angefertigt, die jüngs-
ten datieren aus dem 17. Jahrhundert. Im Emílio-Goeldi-Museum
von Belém sind Exemplare der Marajoara-Keramik ausgestellt. Entstehung und Blüte dieses hoch entwickelten Kunsthandwerks sind
nach Meinung zahlreicher Experten dem kulturellen Einfluss anderer
Kulturvölker zuzuschreiben. Funde von Begräbnisurnen in Men-
schenform im Bundesstaat Amapá, nördlich der Ilha de Marajó, die
dem Indianervolk der **Maracá** zugeordnet werden, stützen – neben
weiteren archäologischen Funden, die das hohe kulturelle Niveau der
indianischen Völker am Amazonas verdeutlichen – die These, dass
nicht die Andenvölker die Amazonas-Indianer kulturell beeinflussten, sondern umgekehrt die Kultur der Andenvölker ihren Ursprung
in jener der Urwaldindianer findet.

**Marajoara-
Keramik**

Unterwegs auf den Wasserwegen der Ilha de Marajó

✳ **Belo Horizonte**

Sd 55

Bundesstaat: Minas Gerais (MG)   **Einwohner:** 2,43 Mio.
Höhe: 858 m ü.d.M.

Belo Horizonte, Hauptstadt von Minas Gerais, wird von den Hügeln der Serra do Curral umgeben und wurde nach einem schachbrettförmigen Grundschema angelegt, bei dem sich die Städteplaner am Vorbild der US-Hauptstadt Washington orientierten.

Ursprünglich sahen die Pläne für Brasiliens erste Retorten-Stadt vor, dass hier nach Ablauf der ersten 100 Jahre ungefähr 200 000 Menschen leben sollten. Belo Horizonte wurde jedoch längst zu einem – aus 20 Städten gebildeten – riesigen Ballungszentrum, dessen Einwohnerzahl heute alle Erwartungen übertrifft. Touristen nutzen Belo Horizonte in der Regel nur als Ausgangspunkt für einen Besuch der historischen Barockstädte von Minas Gerais.

Sehenswertes in Belo Horizonte

✳
Palácio
das Artes

Am südwestlichen Rand des zentral gelegenen Stadtparks (Parque Municipal), an der Avenida Afonso Pena 1537, erhebt sich der Palácio das Artes (Kunstpalast), der ein Kino, ein Theater, eine Bibliothek, Konferenzräume, eine Kunstgalerie und das Zentrum für Kunsthandwerk von Minas Gerais beherbergt. Hier kann man rustikale Textilien und kunstgewerbliche Artikel aus Speckstein, Holz, Ton, Zinn, Silber und anderen Materialien erstehen.

✳
Museu de
Artes e Ofícios
🕒

Das Handwerksmuseum im neoklassizistischen Gebäude des Zentralbahnhofs an der Praça Rui Barbosa widmet sich den mineirischen Arbeitstraditionen der letzten drei Jahrhunderte, vom Apotheker über den Diamantenschürfer bis zum Zahnarzt. Öffnungszeiten: Di., Do.–Fr. 12.00–19.00, Mi. 12.00–21.00, Sa./So. 11.00–17.00 Uhr.

Museu de
Mineralogia

Minas Gerais hat seinen Namen nicht umsonst, und das Museum für Mineralogie in der Avenida Bias Fortes verdeutlicht die wichtige Rolle des Bergbaus in der Geschichte des Landes sowie seine Bedeutung für das moderne Leben. Eine Augenweide sind die über 800 ansprechend ausgestellten Mineralien und Edelsteine. Schon der ungewöhnliche Stahl- und Glasbau des Museums am Rande der Praça da Liberade erregt Aufsehen, und wird daher im Volksmund Rainha da Sucata, Schrottkönigin, genannt.

Praça da
Liberdade

Die vom Palácio do Governo (Regierungspalast) und der Biblioteca Pública (Stadtbibliothek) sowie von zahlreichen Palmen gesäumte Praça da Liberdade (Freiheitsplatz) im Stadtzentrum wurde als Sitz der staatlichen Verwaltungsgebäude konzipiert. Seit dem Umzug der

▶ BELO HORIZONTE ERLEBEN

AUSKUNFT

Belotur
Rua Pernambuco 28
Stadtteil Funcionários
Tel. (031) 32 77-97 54
www.belotur.com.br

Informações Turísticas
Aeroporto de Tancredo Neves
Tel. (031) 36 89-25 57
Rodoviária, Praça Rio Branco
Tel. (031) 32 77-69 07
www.pbh.gov.br

ANREISE

Flughäfen
Aeroporto International Tancredo
Neves, Confins, Tel. (031) 36 89-27 00
Aeroporto de Pampulha
Praça Bagatelle 204
Tel. (031) 34 90-20 01

Busbahnhof
Pr. Rio Branco, Tel. (031) 32 71-30 00

ESSEN

▶ Fein & teuer
① *Taste Vin*
Rua Curitiba 2105, Stadtteil Lourdes
Tel. (031) 32 92-54 23
Renommiertes französisches Restaurant mit hervorragender Weinkarte

▶ Erschwinglich
② *Haus München*
Rua Juiz de Fora 1257
Stadtteil Santo Agostinho
Tel. (031) 32 91-69 00
Wer das Heimweh mit deutscher Kost kurieren möchte, ist hier richtig.

▶ Preiswert
③ *Santa Fé*
Rua Pernambuco 800
Stadtteil Savassi (Funcionários)
Tel. (031) 32 61-64 46

Mittags und abends vielseitiges Büfett
sowie Speisen à la carte.

Baedeker-Empfehlung

▶ Fein & teuer
④ *Vecchio Sogno*
Rua Martim de Carvalho 75, Stadtteil Santo
Agostinho, Tel. (031) 32 92-52 51
Erstklassiges Restaurant mit mediterran
beeinflusster Küche. Meeresfrüchte, Fleisch
und Pasta werden einfallsreich zubereitet.

ÜBERNACHTEN

▶ Komfortabel
③ *Ouro Minas Palace*
Av. Cristiano Machado 4001, Stadtteil
Cidade Nova (Minas Shopping)
Tel. (031) 34 29-40 01
www.ourominas.com.br
Seit 1996 das beste Hotel der Stadt.
Die frisch renovierten 343 Apart-
ments und die Infrastruktur des
Hauses lassen kaum Wünsche offen.
Strategisch günstige Lage auf dem
Weg zu den Flughäfen.

① *Royal Savassi*
Rua Alagoas 699
Stadtteil Savassi (Funcionários)
Tel. (031) 32 47-69 99
www.royaltowers.com.br
Hotel in Bestlage. Flaggschiff der
Savassi-Hotelkette mit 84 großzügig
ausgestatteten Gästezimmern, Bar,
Restaurant, Sauna und Fitnessraum.

▶ Günstig
② *Hotel Ibis*
Av. João Pinheiro 602, Stadtteil
Lourdes, Tel. (031) 32 24-94 94
www.accorhotels.com.br
Das Haus liegt nur ein paar Schritte
von der Praça da Liberdade entfernt.

Ministerien in das neue Regierungsviertel Cidade Administrativa ist in den eklektischen Gebäuden ein Circuito Cultural mit Kulturzentren, Museen und Galerien am Entstehen. Auf dem Platz werden regelmäßig Kunsthandwerks-, Blumen-, Antiquitäten- und Lebensmittelmärkte abgehalten.

✳
Museu Histórico
Abílio Barreto

Westlich der Praça da Liberdade zeigt das Historische Museum Abílio Barreto in der Avenida Prudente de Morais 202 eine reichhaltige **Fotodokumentation** mit alten und modernen Ansichten von Belo Horizonte und veranschaulicht so die Entwicklung der Stadt im Lauf des 20. Jahrhunderts. Untergebracht ist das Museum in dem 1883 erbauten, einstigen Herrenhaus der Fazenda do Leitão. Öffnungszeiten: Di. – So. 10.00 – 17.00 Uhr.

Stadtteil Pampulha · Cidade Universitária

Im Norden von Belo Horizonte liegen die Cidade Universitária, das Universitätsviertel, und der Stadtteil Pampulha, in dem der brasilianische Stararchitekt **Oscar Niemeyer** einige seiner avantgardistischen Bauprojekte verwirklichte. Pampulha, eines der wichtigsten Freizeitzentren von Belo Horizonte, ist durch die Avenidas 21 de Abril, Presidente Carlos Luz und Presidente Antônio Carlos mit dem Zentrum verbunden.

Museu de Arte
da Pampulha

An der den Stausee von Pampulha streifenden Avenida Otacílio Negrão de Lima sind neben dem Zoologischen Garten auch zwei berühmte Bauwerke von Oscar Niemeyer zu finden: das Museum für Moderne Kunst und die Kirche São Francisco de Assis. Das 1940 ursprünglich als Kasino errichtete Museum besitzt Gemälde, Skulpturen, Stiche, Keramiken und Videofilme verschiedener Künstler, u. a. von Di Cavalcanti, Volpi und Portinari. Öffnungszeiten: Di. – So. 9.00 – 19.00 Uhr.

✳
São Francisco
de Assis

Die 1942/1943 erbaute Kirche birgt die 14 Stationen des Kreuzwegs und Azulejos von Candido Portinari. Die an eine Parabel erinnernde Form des Dachs und der eigenwillige Glockenturm, der einem sich nach unten verjüngenden Pflock ähnelt, missfielen dem Klerus ursprünglich so sehr, dass Jahre verstrichen und Niemeyer erst durch den Bau Brasílias weltberühmt werden musste, ehe man sich durchrang, die St.-Franziskus-Kirche schließlich doch zu weihen.

Umgebung von Belo Horizonte

Parque das
Mangabeiras

Der weitläufige Mangabeiras-Park, der sich im Südwesten der Stadt hinaufzieht in die Hänge der Serra do Curral, wo sich die Quellflüsse des Rio das Velhas vereinen, schließt ein Stück urwüchsigen Wald, einen See, mehrere Quellen, ein Arena- und ein Amphitheater ein. Gleich links hinter den beiden Eingangstoren (Av. Anel da Serra und

Belo Horizonte Orientierung

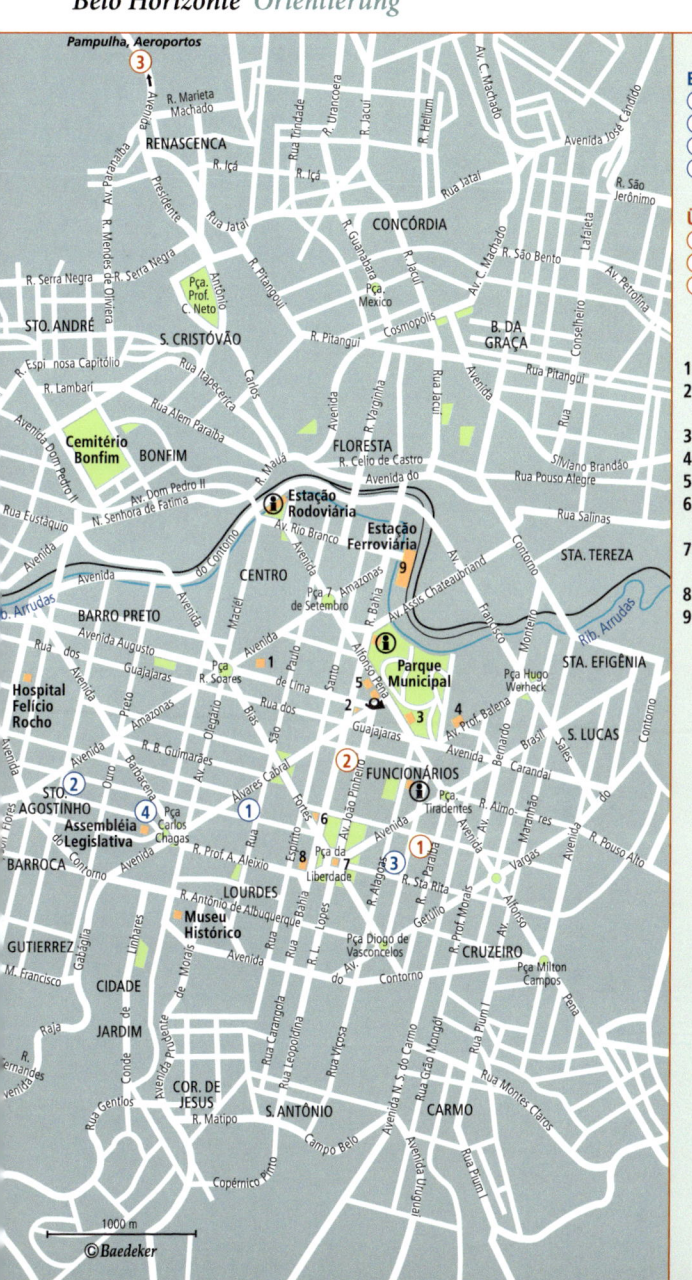

Essen
1. Taste Vin
2. Haus München
3. Santa Fé
4. Vecchio Sogno

Übernachten
1. Royal Savassi
2. Ibis
3. Ouro Minas Palace

1 Mercado Central
2 Museu de Artes e Ofícios
3 Palácio das Artes
4 Hospital
5 Prefeitura
6 Museu de Mineralogia
7 Palácio do Governo
8 Biblioteca Pública
9 Museu de Artes e Ofícios

1000 m

©Baedeker

! *Baedeker* TIPP

Instituto Cultural Inhotim

Auf dem 600 ha großen Gelände einer Fazenda in der Nähe des kleinen Bergstädtchens Brumadinho, 60 km südöstlich von Belo Horizonte, entsteht zur Zeit Brasiliens bedeutendstes Zentrum für zeitgenössische Kunst. Die Gebäude sind integriert in eine große Gartenanlage mit fünf Seen sowie über 2000 tropischen Pflanzenarten und machen das Kulturinstitut Inhotim zu einer einzigartigen Mischung aus botanischem Garten und Kunstmuseum. Öffnungszeiten: Do. – Fr. 9.30 – 16.30, Sa. – So. 9.30 – 17.30 Uhr.

Av. Bandeirantes) befindet sich der Ausgangspunkt einer Busrundfahrt durch den Park. Der **Mirante da Mata** (20 Gehminuten vom Eingang) gewährt einen schönen Ausblick auf Belo Horizonte.

Der Thermalbadeort **Santa Luzia** (186 000 Einw.) liegt 26 km nordöstlich von Belo Horizonte und besitzt einen historischen Stadtkern. Im Zentrum sprudelt die **Fonte dos Camelos**, eine alkalische, eisenhaltige Quelle. Unter den Kolonialbauten sind vor allem die Igreja Nossa Senhora do Rosário (Rosenkranzkirche; 1755) und die Pfarrkirche Matriz Santuário de Santa Luzia (1744 – 1778) sowie die Paläste Solar Teixeira da Costa (1745) (wo ein historisches Museum untergebracht ist) und Solar da Baronesa (mit einem den Frauen von Minas Gerais gewidmeten Museum) hervorzuheben, die alle die Rua Direita säumen. Das Kloster Convento de Macaúbas (1714 – 1733) liegt 14 km außerhalb der Stadt an der Straße nach Jaboticatubas.

Caeté

✱
Matriz de N.S. do Bom Sucesso

Caeté, 60 km östlich von Belo Horizonte, wurde 1713 unter dem Namen Vila Nova da Rainha gegründet. In der Stadt stehen einige historische Gebäude und Kirchen aus dem 18. Jahrhundert. Die von 1757 an errichtete Hauptkirche Nossa Senhora do Bom Sucesso war eines des ersten Gotteshäuser aus Bruchstein in Minas Gerais. Die Holzschnitzereien in ihrem Inneren entstanden in den Jahren 1758 bis 1765 unter der Leitung von **José Coelho de Noronha**, einem der Lehrmeister von Antônio Francisco Lisboa, besser als Aleijadinho (»Krüppelchen«) bekannt. Die Pfarrkirche steht an der Praça João Pinheiro mit dem Pelourinho (Pranger), einem Brunnen von 1800 (Chafariz da Matriz) und der öffentlichen Bibliothek, die in der ehemaligen Präfektur (1772) eingerichtet ist.

✱
Solar do Tinoco

Im Herrenhaus Solar do Tinoco lebten zwei frühere Gouverneure von Minas Gerais: João Pinheiro da Silva und sein Sohn Israel Pinheiro. Das zu einem Museum umgestaltete Wohnhaus zeigt Möbel, Fotos und Dokumente (Praça Paulo Pinheiro da Silva).

Morro Vermelho

Rio Vermelho, 9 km außerhalb von Caeté, war Schauplatz einer Schlacht des Emboabas-Krieges (1708 – 1709) zwischen den Portugiesen und den Bandeirantes aus São Paulo sowie zahlreichen anderen Abenteurern, die aus anderen Teilen Brasiliens in die **»Region**

der Minen« strömten. Emboabas wurden zu dieser Zeit alle nicht aus São Paulo stammenden Goldgräber genannt, darunter auch viele entlaufene Sklaven afrikanischer Herkunft. Die Wucht des Goldrauschs warf die überkommene Hierarchie Brasiliens in Minas Gerais über den Haufen, viele Jahre vor der offiziellen Sklavenbefreiung 1888.

✳ Santa Bárbara · Parque Natural do Caraça

Das historische Städtchen Santa Bárbara (27 000 Einw.) liegt etwa 110 km östlich von Belo Horizonte. Seine 1724 an der Praça Cleves de Faraia erbaute Pfarrkirche Santo Antônio zieren Gemälde von Manuel Rebelo e Sousa, die der Künstler um 1752 anfertigte. Zu Beginn des 19. Jh.s hinterließ **Manuel da Costa Athayde** an der Decke der Chorkapelle eine seiner berühmtesten Malereien, eine Darstellung der Himmelfahrt Christi.

✳ ✳
Matriz Santo Antônio

Die 1764 fertig gestellte Kirche São João Batista halten Fachleute für das erste Großprojekt Aleijadinhos. Das (oft geschlossene) Gotteshaus steht im Ortsteil Barão de Cocais (Praça Monsenhor Gerardo).

✳
Matriz de São João Batista

Nur 14 km südlich der Kleinstadt Santa Bárbara liegt das 4000-Seelen-Dorf Catas Altas im Parque Natural do Caraça an den Hängen der Serra do Caraça, zu dem neben Wasserfällen, Grotten und Seen auch der kleinen Ort gehören. Das Zentrum überragt die 1876 bis 1883 erbaute Pfarrkirche N.S. Mãe dos Homens, deren umfangreiche Bibliothek, französische Fenster und mächtige Orgel die Besucher beeindrucken.

Parque Natural do Caraça

Auf einem Hochplateau des Caraça-Parks in der gleichnamigen Gemeinde, 26 km von Santa Bárbara entfernt, steht das einstige Lazaristenkolleg und -seminar. Seine Geschichte begann mit der Gründung des Sanktuariums **Nossa Senhora dos Homens**, das 1770 bis 1774 ein Franziskanermönch namens Lourenço errichtete. Im Jahr 1819 wurde es der Kongregration der Lazaristen übereignet; zwei Jahre später war auch das Kolleg vollendet, übrigens eines der ersten in ganz Brasilien, das einen vollständigen Gymnasialzyklus gewährleistete. Im 19. Jh. übernachtete sogar der brasilianische Kaiser Dom Pedro I. in dem renommierten Kolleg. Erst als 1968 ein Gebäudeflügel völlig abbrannte, wurde es geschlossen. Die Anlage bestand aus mehreren Flügeln und der 1880 errichteten Kirche, dem ersten neugotischen Gotteshaus Brasiliens, mit zwölf Granitsäulen, zwölf Seitenaltären aus Minas-Marmor und französischen Glasfenstern. Darunter befanden sich Katakomben mit den Grabstätten der Mönche. Heute, nach umfangreicher Restaurierung, verbinden sich Naturstein und Mörtel mit modernen Materialien wie Stahlbeton und Aluminium – und die alten Mauern spiegeln sich im matten Glas der neuen Gebäudeteile. Mehrere Flügel des Colégio do Caraça wurden in das ansprechende Hotel Hospedaria do Caraça umgewandelt. Tel. (031) 38 37-26 98.

✳
Colégio do Caraça

Lagoa Santa

Das für seine prähistorischen Stätten bekannte Lagoa Santa (47 000 Einw.) liegt 42 km nördlich von Belo Horizonte. Höhlenmalereien, Skelettfunde und sonstige Spuren der **»Menschen von Lagoa Santa«** sind ca. 10 000 Jahre alt.

13 km nördlich liegt an der Straße nach Serra do Cipó die 511 m lange und 40 m tiefe **Lapinha-Höhle**. Interesant ist auch das benachbarte **Museo Arqueológico de Lagoa Santa**. Öffnungszeiten: Di. – Fr. 9.30 – 16.00, Sa. – So. 9.30 – 17.00 Uhr.

✳ Parque Nacional da Serra do Cipó

Der Nationalpark Serra do Cipó liegt im Gebirge Serra do Espinhaço, 72 km nordöstlich von Lagoa Santa und knapp 110 km von Belo Horizonte entfernt. In dem Park kann man zahlreiche Canyons und Höhlen mit prähistorischen Felsmalereien erkunden. Vorherrschend sind Hochlandsteppen, außerdem tragen Galeriewälder und Gebirgswiesen zum abwechslungsreichen Landschaftsbild des Parks bei; vor allem hier kann man bis zu 60 verschiedene Arten von Säugetieren wie Ozelote, Otter, Ameisenbären, Mähnenwölfe und Rotwild sowie 150 Vogelarten beobachten. Die Wasserläufe des São-Francisco- und Rio-Doce-Beckens bilden schöne Strände und Wasserfälle, wie die 80 m tief hinabstürzende **Cachoeira da Farofa**, die Wasserfälle Braúnas, Grande, Usina, Véu da Noiva und die Cachoeira do Congonhas.

Touristische Infrastruktur
In unmittelbarer Nähe zum Eingang des Nationalparks Serra do Cipó stehen in der gleichnamigen Ortschaft entlang der Landstraße MG-010 mehrere Campingplätze, einfache Pensionen und Restaurants sowie ein Pferde- und Fahrradverleih zur Verfügung. Öffnungszeiten: tgl. ab 8.00 Uhr (nach 14.00 Uhr dürfen keine größeren Wanderungen mehr in Angriff genommen werden).

Blumenau · Itajaí-Tal

Sa 59

Bundesstaat: Santa Catarina (SC) **Einwohner:** 296 000
Höhe: 21 m ü.d.M.

Die am 2. September 1850 von Hermann Otto Blumenau gegründete Stadt war die erste deutsche Siedlung im Itajaí-Tal. Bis heute pflegen jene 40 % der Bürger Blumenaus, die sich auf einen deutschen Stammbaum berufen, heimatliches Brauchtum und deutsche Traditionen inmitten alpenländisch anmutender Fachwerkromantik.

Gleichwohl ist die Stadt industriell geprägt und gilt nicht nur als wirtschaftlicher und touristischer Mittelpunkt des Itajaí-Tales sowie

BLUMENAU · ITAJAÍ-TAL ERLEBEN

AUSKUNFT

Rua Quinze de Novembro 420
Tel. (047) 33 26-69 31
www.blumenau.com.br

ANREISE

Busbahnhof
Rua 2 de Setembro 1222
Tel. (047) 33 23-06 90

VERANSTALTUNGEN

Oktoberfest
Blumenaus bierseliges Oktoberfest,
das dem berühmten Münchner Vorbild nachempfunden ist, hat sich zu
einem der bedeutendsten Massen-
events Südbrasiliens entwickelt. Vom
ersten Freitag im Oktober an herrscht
in der Stadt 18 Tage lang ausgelassenes Treiben: Die Besucher (ca. 1
Million!) werden mit Musikkapellen
aus Deutschland oder aus dem Itajaí-
Tal sowie folkloristischen Tänzen
unterhalten. Während des Lederho-
senspektakels können deutsche
Speisen und Getränke gekostet und
von Pferden durch die Straßen von
Blumenau gezogene Bierwagen bes-
taunt werden. Die Nächte hindurch
geht es rund in der Vila Germânica,
einem Messegelände mit drei großen
Festhallen. Überflüssig zu betonen,
dass der Gerstensaft während des
volkstümlichen Fests in Strömen
fließt.

ESSEN

► Erschwinglich

Frohsinn
Rua Gertrud Sierich
Morro do Aipim, Zufahrt über die
Rua Itajaí, Tel. (047) 33 26-60 50
Hier werden Spezialitäten aus
Deutschland zubereitet.

ÜBERNACHTEN

► Komfortabel

Plaza Blumenau
Rua Sete de Setembro 818
Tel. (047) 32 31-70 00
www.plazahoteis.com.br
Blumenaus bestes Haus verfügt über
131 großzügige Zimmer, Fitnesszentrum, Pool und Restaurant.

► Günstig

Hotel Ibis
Rua Paul Hering 67
Tel. (047) 32 21-47 00
www.accorhotels.com.br
110 Zimmer, modern, funktional und
zentral.

des ganzen Nordostens von Santa Catarina, sondern auch als ein be-
deutendes kulturelles Zentrum: Ihr 1981 ins Leben gerufenes Kam-
merorchester zählt zu den besten des ganzen Landes.

Sehenswertes in Blumenau und Umgebung

Das Museu da Família Colonial in der Av. Duque de Caxias 78 ist in
drei beieinanderliegenden Fachwerkhäusern aus der Anfangszeit der
Kolonie untergebracht. Hier sind persönliche Gegenstände von
Stadtgründer Hermann Otto Blumenau, Büchersammlungen und
Utensilien indianischer Ureinwohner ausgestellt. Öffnungszeiten:
Di. – Fr. 9.00 – 17.00, Sa. – So. 10.00 – 16.00 Uhr.

**Museu da
Família Colonial**

Die Zeit scheint stillzustehen in diesem Schuppen bei Pomerode.

Das in einem 1860 erbauten Fachwerkhaus eingerichtete **Museu de Ecológia Fritz Müller** verwahrt geologische und biologische Funde sowie Edelsteine aus der Region und die persönliche Sammlung des in Blumenau verstorbenen deutschen Naturforschers Fritz Müller (1821 bis 1897), eines Schülers und Mitarbeiters von Charles Darwin. Das Naturkundemuseum befindet sich in der Rua Itajaí 2195. Öffnungszeiten: tgl. 8.00 – 11.30 und 14.00 bis 17.00 Uhr.

Ecológico Spitzkopf

Ca. 15 km von der Stadtmitte Blumenaus entfernt, dehnt sich rund um den **Pico da Ponta Aguda** (936 m) das Naturreservat Spitzkopf mit Wasserfällen, Flüsschen und einladenden Wanderwegen aus.

✱ Pomerode

Das von pommerschen Siedlern gegründete Städtchen Pomerode (26 000 Einw.), 31 km nordwestlich von Blumenau, gilt in ganz Brasilien als Inbegriff einer deutschen Stadt, auch dank der vielen noch erhaltenen Fachwerkhäuser. Die überwältigende Mehrheit der Pomeroder Bürger sind Nachfahren Deutsch sprechender Immigranten, die nicht nur ihre sprachlichen Wurzeln, sondern auch Bräuche und Traditionen ihrer Ahnen pflegen. Sehenswert ist das **Museu Pomerano** (Pommern-Museum), im Stadtzentrum hinter der Brücke in der Rua Hermann Weege 111 gelegen, mit Gerätschaften und Mobiliar mehrerer Siedlergenerationen.
Einen Besuch lohnt auch – sofern Bierfeststimmung erwünscht ist – die alljährlich im Januar stattfindende Festa Pomerana mit deutscher und brasilianischer Musik und Tanz.

Boa Vista

Re 44

Bundesstaat: Roraima (RR)   **Einwohner:** 260 000
Höhe: 85 m ü.d.M.

Von touristischem Interesse ist Boa Vista, die Hauptstadt des Bundesstaates Roraima, in erster Linie als preiswerte Durchgangsstation nach Guyana und Venezuela.

Auf der Fortsetzung der BR-174, die Manaus mit Boa Vista verbindet, kann man mit dem Bus nach Santa Elena de Uairén (Venezuela) und auf der BR-401 nach Guyana gelangen – sofern man über gültige Visa verfügt, die an der Grenze nicht ausgestellt werden.

Sehenswertes in Boa Vista und Umgebung

Im Museu Integrado de Roraima im Parque Anauá, an der Avenida Eduardo Gomes, sind Waffen, Kleidungsstücke und Kunsthandwerk von Roraimas indigenen Bevölkerungsgruppen ausgestellt.

Museu Integrado de Roraima

Zu dem 92 000 ha großen Naturschutzgebiet auf der Insel Maracá, die im Rio Uraricoera, 100 km nördlich von Boa Vista, liegt, gelangt man über die Staatsstraße BR-174 (in Richtung Aparecida). Ein Besuch der Insel muss vorher von der Naturschutzbehörde Ibama, Tel. (095) 36 23-30 20, genehmigt werden; Jagen und Fischen ist verboten. Die hiesige Fauna ist reich an Reihern, Rotwölfen und Büffeln. Wer den Strand namens **Boca do Inferno** (Höllenschlund) mit seinem dunklen, lehmigen Sand aufsuchen möchte, muss den die Insel zweiteilenden Igarapé do Inferno (Höllenkanal) durchqueren. Der Name weist schon darauf hin, dass es sich dabei nicht gerade um ein einfaches Unterfangen handelt.

Ilha Maracá

Die Festung São Joaquim, die im 18. Jh. an der Vereinigung der Flüsse Tacutu und Uraricoera zum Rio Branco erbaut wurde, ist nur noch eine Ruine. Tagesausflüge zu dem verfallenen Bollwerk werden von zahlreichen Agenturen im 40 km südwestlich gelegenen Boa Vista angeboten. Sie schließen den Besuch der Fazenda São Marcos ebenso ein wie eine gut 2,5-stündige Bootsfahrt zur Festung.

São Joaquim

Der Nationalpark Monte Roraima nimmt den äußersten Norden des brasilianischen Staates, das Grenzgebiet zu Venezuela und Guyana ein. Zentraler Bestandteil des Schutzgebiets sind die Tafelberge (Tepuís) der Serra de Paracaíma, deren größter Teil sich in den beiden Anrainerstaaten erstreckt. Der **Monte Roraima** (2875 m) und der

Parque Nacional Monte Roraima

 # BOA VISTA ERLEBEN

ANREISE

Flughafen
Aeroporto Internacional
Tel. (095) 36 23-04 04

Busbahnhof
Avenida das Guianas 1523
Tel. (095) 36 23-22 33

ESSEN

► **Erschwinglich**
Ver o Rio
Rua Floriano Peixoto 116
Tel. (095) 36 24-16 83

Spezialität: Süßwasserfisch. Alle Kreditkarten werden akzeptiert.

ÜBERNACHTEN

► **Günstig**
Itamaraty Palace
Avenida Nossa Senhora da Consolata 3447
São Vicente
Tel. (095) 32 24-97 57
www.hotelitamaraty.com.br
Akzeptables Hotel mit 32 klimatisierten Zimmern, Restaurant, Bar und Swimmingpool

Monte Caburaí (1456 m) sind die höchsten Erhebungen des Nationalparks. Das Gelände ist nicht mit touristischer Infrastruktur ausgestattet. Touren dorthin bietet Roraima Adventures, Tel. (095) 36 24-96 11, www.roraima-brasil.com.br.

Bonito

Rg 56

Bundesstaat: Mato Grosso do Sul (MS)　　**Einwohner:** 18 000
Höhe: 315 m ü.d.M.

Bonito im Südwesten des Bundesstaates Mato Grosso do Sul hat sich ganz dem Ökotourismus verschrieben. Der Ort selbst bietet keinerlei Sehenswürdigkeiten, dient aber als Ausgangspunkt für eine große Anzahl geführter Exkursionen in die Umgebung.

Die klaren Flüsse dieser Gegend sind ein Dorado für Taucher und Schnorchelfreunde, die große Zahl der Höhlen ein Paradies für Interessierte der brasilianischen »Unterwelt«; besichtigt werden können sie nur mit einem ortskundigen Führer. Alle Zufahrtswege – überwiegend ungeteert – sind in schlechtem Zustand, und jede Anfahrt zu den weit verstreuten landschaftlichen Attraktionen ist mühselig und zeitraubend.

Sehenswertes in der Umgebung von Bonito

Ilha do Padre, Aquário Natural Die im Rio Formoso gelegene Ilha do Padre (Vaterinsel) mit ihren Wasserfällen befindet sich 12 km östlich von Bonito. Nach weiteren 8 km erreicht man das Gebiet der Einmündung des Rio Mimoso in den Rio Formoso. Die Gegend eignet sich wegen ihres kristallklaren Wassers ebenfalls hervorragend zum Tauchen. Nur 7 km außerhalb Bonitos bildet eine der Quellen des **Rio Formoso** den Aquário Natural, dessen Fischreichtum Schnorchler hautnah miterleben können. Das glasklare Wasser gewährt selbst von außen einen imposanten Blick auf die üppige Unterwasserpopulation.

> **!** *Baedeker* TIPP
>
> **Eintauchen in die Unterwelt**
> Der Tauchveranstalter Dive Bonito, Rua General Osório 860, organisiert u. a. Tauchgänge in die Unterwasserhöhlen von Bonito. Informationen erhält man unter Tel. (067) 32 55-34 84 oder im Internet unter www.divebonito.com.br.

Der Besuch des Aquário Natural ist nur in Begleitung eines örtlichen Führers möglich.

★ Gruta do Lago Azul 20 km südwestlich von Bonito erreicht man die 156 m tiefe Gruta do Lago Azul mit einem über 70 m tiefen See, in dem das einfallende Licht bläulich wirkt. Die Höhle kann nur im Rahmen einer Führung besichtigt werden.

▶ BONITO ERLEBEN

AUSKUNFT

**Centro de Atendimento
ao Turista**
Rodovia Bonito – Guia Lopes, KM 0
Tel. (067) 32 55-18 50

ANREISE

Busbahnhof
Rua Vicente Jacques 1688
Tel. (067) 32 55-16 06

ESSEN

▶ **Günstig**
Cantinho do Peixe
Rua 31 de Março 1918
Tel. (067) 32 55-33 81
Spezialität des Hauses sind Süß-
wasserfische.

ÜBERNACHTEN

▶ **Komfortabel**
Hotel Águas de Bonito
Rua 29 de Maio 1679
Tel. (067) 32 55-23 30
www.aguasdebonito.com.br
30 Z., hübscher Garten, Bar, Restau-
rant, Pool, Sauna und Tennisplatz.
Nachmittags stehen gratis Kaffee,
Kuchen und leichte Snacks bereit.

▶ **Günstig**
Pousada Gira Sol
Rua P. Schamann 710
Tel. (067) 32 55-12 97
www.girasolbonito.com.br
Nette Unterkunft (12 Z.) mit Pool.
Deutschsprachige Besitzerin.

*Die Unterwasserwelt um Bonito ist einzigartig. Schnorchler und Taucher kommen garantiert
auf ihre Kosten – auch dank des klaren Wassers.*

✦ ✦ Brasília

Bundesstaat: Distrito Federal   **Einwohner:** 2,56 Mio.
Höhe: 1172 m ü.d.M.

Brasília wurde in wenig mehr als drei Jahren – zwischen 1956 und 1960 – aus dem Boden gestampft und zusammen mit dem 5814 km² großen Regierungsbezirk Distrito Federal aus dem Bundesstaat Goiás ausgegliedert. Retortenresidenz und Regierungsbezirk liegen auf der 900 bis 1170 m hohen Ebene des Planalto Central, umgeben vom weiten Buschland der Cerrado-Steppe.

Wenngleich der Bau Brasílias erst Mitte des 20. Jh.s realisiert wurde, finden sich erste Überlegungen zu einer Verlagerung der brasilianischen Hauptstadt in das Landesinnere bereits bei den Anhängern der mineirischen Widerstandsbewegung von 1789, deren Anführer Tiradentes (►Geschichte S. 43) dadurch einer Vernachlässigung der Interessen der küstenfernen Bevölkerung entgegenwirken wollte. Die Idee der Neugründung einer brasilianischen Hauptstadt geriet das gesamte 19. Jh. hindurch nicht in Vergessenheit; 1891 wurde sie sogar als Verfassungsziel verankert. Letztendlich blieb es Präsident **Juscelino Kubitschek** vorbehalten, durch die engagierte Umsetzung einer aus dem Volkswillen entsprungenen Idee Geschichte zu schreiben. Die Einweihung der – nach Salvador da Bahia und Rio de Janeiro – dritten Hauptstadt Brasiliens erfolgte am 21. April 1960 – dem 168. Todestag Tiradentes' – mit viel nationalem Pathos.

Brasílias avantgardistische Monumentalbauten scheinen die Gesetze der Statik zu sprengen und erregten zu Beginn der 1960er-Jahre weltweit großes Aufsehen. Die Stadt sollte dem visionären Zukunftsglauben ihrer Planer Ausdruck verleihen und ist inzwischen längst Architekturgeschichte. Entsprechend wurde das Wirklichkeit gewordene Phantasiegebilde »Brasília« 1987 von der UNESCO als Weltkulturerbe unter Denkmalschutz gestellt. Fortschrittlich sollte Brasiliens neue Hauptstadt sein, autogerecht, geordnet bebaut, mit hoher Freiraumqualität – ein von Industrie und lästigen Abgasen ungestörter Regierungssitz. Brasílias ehrgeiziges Stadtraumkonzept sah darüber hinaus ein **»egalitäres Zusammenleben von Arm und Reich«** vor. Aber ein tragfähiges Konzept für die Bewältigung der massenhaften Zuwanderung aus dem Hinterland fehlte von Anfang an: Längst wurde das idealistische Projekt von der ganz realen brasilianischen Gegenwart eingeholt. Statt der vorgesehenen 500 000 Einwohner leben hier inzwischen über zwei Millionen Menschen, und ein ungeordnet wuchernder Gürtel gesichtsloser Vorstädte umzingelt die vom Reißbrett

Visionäre Ideen

← *An der Praça dos Três Poderes: Hier gruppieren sich die Gebäude der Exekutive, Legislative und Judikative.*

▶ BRASÍLIA ERLEBEN

AUSKUNFT

Brasíliatur
Tel. (061) 33 25-63 73
www.brasiliatur.df.gov.br

ANREISE

Flughafen
Aeroporto Internacional
Tel. (061) 33 64-90 00

Busbahnhof
Setor Noroeste, Cruzeiro
Tel. (061) 33 63-22 81

STADTTOUREN

Wegen der großen Entfernungen ist eine Erkundung der Stadt zu Fuß nahezu unmöglich. Daher wird eine Besichtigung per Mietwagen oder die Teilnahme an einer organisierten Tour empfohlen, z. B. mit Brasília City Tour, Abfahrt am Fernsehturm, Touren im offenen Doppeldeckerbus, Aus- und Wiedereinstieg an mehreren Punkten der Stadt möglich. Informationen erteilt das Secretaria de Turismo.

AUSGEHEN

Im Centro Comercial Gilberto Salomão am Lago Sul konzentrieren sich Pubs mit Livemusik, Diskotheken und In-Restaurants.
Ausgehen ist hier absolut unproblematisch: Brasília zählt zu den sichersten Städten des Landes.

ESSEN

▶ Fein & teuer

① **Babel**
Comércio Local Sul
Quadra 215
Bloco A, Loja 37
Tel. (061) 33 45-60 42
Gehobene westliche Küche, gemischt mit fernöstlichen und brasilianischen Zutaten

② **Villa Tevere**
Comércio Local Sul
Quadra 115, Bloco A,
Loja 2
Tel. (061) 33 45-55 13
Ausgezeichneter Italiener – mit Springbrunnen und Veranda – der aber auch auf einheimische Zutaten, wie Kochbananen und Süßkartoffeln, zurückgreift

▶ Erschwinglich

③ **Bargaço**
Pontão do Lago Sul,
QL-10
Tel. (061) 33 64-60 91
Zählt seit Jahren zu den führenden Restaurants der Stadt und ist auf die Küche Bahias spezialisiert.

④ **Dom Francisco**
Setor de Clubes Esportivos Sul
Trecho 4, Lote 1-B
Conjunto 31
Tel. (061) 33 16-62 85
Internationale Küche direkt am Stausee Lagoa do Paranoá

⑤ **Lagash**
Comércio Local Norte
Quadra 308/309, Bloco B,
Loja 11/17
Tel. (061) 32 73-00 98
Gutes arabisches Restaurant. Spezialität sind Ziegengerichte.

ÜBERNACHTEN

▶ Komfortabel

① **SIA Park**
Setor de Indústia e Abastecimeto
Quadra 2-C, Bloco D
Tel. (061) 34 03-66 55
www.siapark.com.br
Besonders für Gäste geeignet, die auf der Durchreise Station am Rand von Brasília machen wollen.

der Planer in die Hochebene gestemmte Retortenstadt. Innerhalb Brasiliens ist Brasília bis heute ein Fremdkörper geblieben – dazu tragen auch die enormen Entfernungen zu den wichtigsten Wirtschaftszentren des Landes bei: Belo Horizonte ist 714 km entfernt, die Distanz der Hauptstadt zu Rio de Janeiro beträgt 1140 km, zu São Paulo 1027 km und zu Porto Alegre sogar 2111 km.

Der urbane Kern der brasilianischen Hauptstadt Brasília wird im Wesentlichen von den architektonischen Schöpfungen zweier Männer geprägt: Lúcio Costa (1902 – 1998) zeichnete für das Stadtraumkonzept und die von Le Corbusier und Bauhaus inspirierten Wohnblöcke, die so genannten **Superquadras**, verantwortlich; von Brasiliens berühmtestem Architekten, Oscar Niemeyer, stammen die markantesten Funktionsbauten, deren in Beton gegossene Schwerelosigkeit noch heute zu beeindrucken vermag.

Niemeyer und Costa

Sehenswertes im Stadtzentrum

Nach Lúcio Costas »Plano Piloto« erhielt Brasílias Stadtkern einen markanten Grundriss, der von zwei Magistralen in Gestalt eines großen Kreuzes gekennzeichnet ist. Die beiden zentralen Verkehrsachsen heißen **Eixo Rodoviário** und **Eixo Monumental**. Entlang des Eixo Rodoviário, der geschwungenen Nord-Süd-Stadtautobahn, reihen sich zu Sektoren gruppierte Wohnblocks, während an der von Ost nach West verlaufenden Eixo Monumental die Phalanx der Hotels, Ministerien und Regierungsbauten ihren Platz findet.

Städtebauliche Achsen

Rings um den **»Platz der drei Gewalten«** sind die wichtigsten Gebäude der Exekutive, Legislative und Judikative gruppiert: darunter auch einige der bedeutendsten Bauwerke Oscar Niemeyers wie der Supremo Tribunal Federal (Oberster Gerichtshof) und der Palácio do Planalto, Amtssitz des brasilianischen Präsidenten, dessen Säulen Niemeyer die Form von Lateinsegeln gab. Er gestaltete auch das Kongressgebäude, den Congresso Nacional, mit der Câmara de Deputados (Abgeordnetenhaus) und dem Senado (Senat) sowie die beiden angrenzenden Hochhaustürme der Abgeordnetenbüros.

★★ Praça dos Três Poderes

Brasília Orientierung

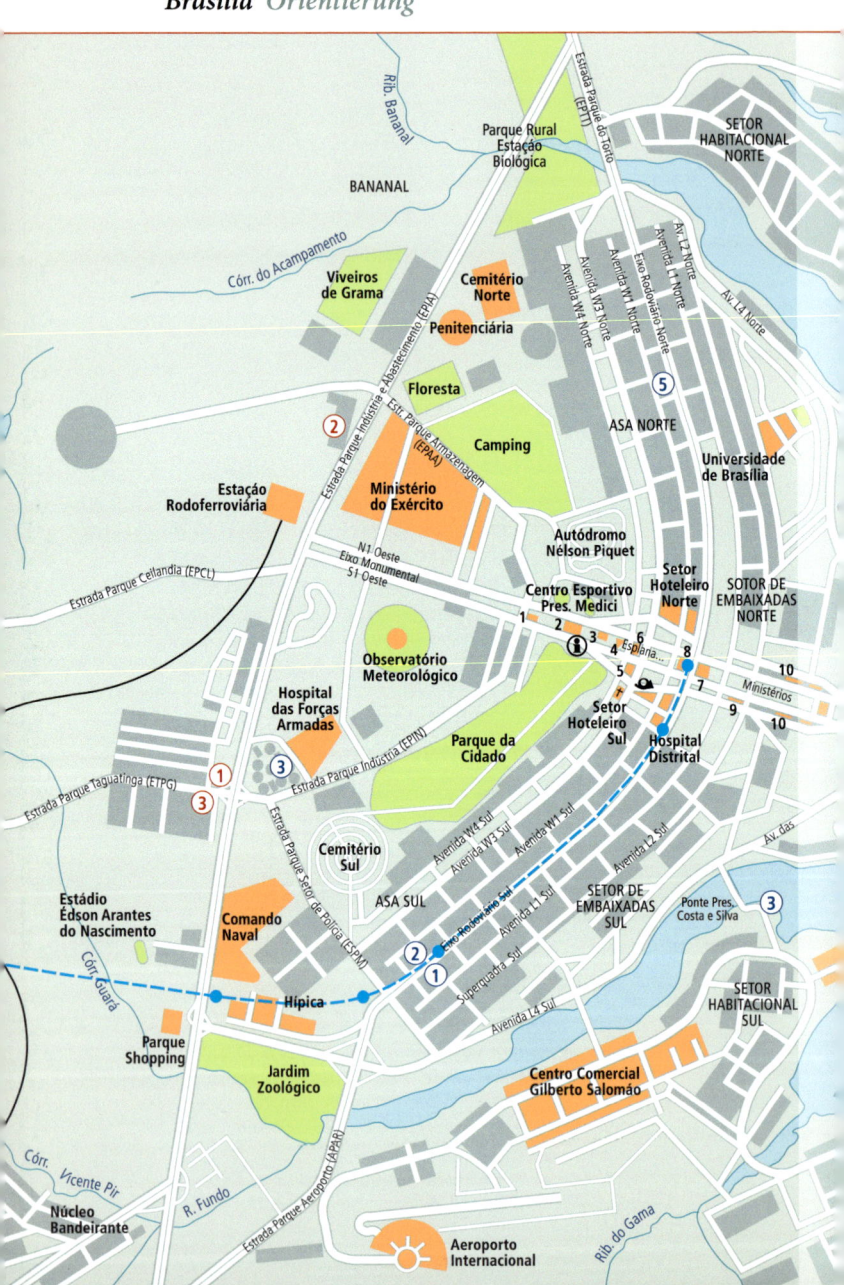

Essen
① Babel
② Villa Tevere
③ Bargaço
④ Dom Francisco do Lago
⑤ Lagash

Übernachten
① SIA Park
② Saan Park
③ Brasília Park

1 Monumento Juscelino Kubitschek
2 Centro de Convenções de Brasília
3 Planetário
4 Torre de TV
5 Santuário Dom Bosco
6 Fonte Sonora Luminosa
7 Shopping Conjunto Nacional
8 Teatro Nacional
9 Catedral
10 Ministérios
11 Congresso Nacional (Câmara e Senado)
12 Palácio dos Arcos (Itamaraty)
13 Palácio da Justiça
14 Palácio do Planalto
15 Museu Histórico da Brasília
16 Panteão da Liberdade
17 Supremo Tribunal Federal

2 km
©Baedeker

Estrada Parque Paranoá (EPPR)
Estrada Parque Contorno (EPCT)
Estrada Parque Península Norte (EPPN)
MANSÕES DO LAGO
RETIRO OU BARRA ALTA
Centro Olímpico
Estrada Parque Península Sul (EPPS)
LAGO DO PARANOÁ
MANSÕES DO LAGO
Iate Clube
Estrada Hotéis de Turismo
Palácio da Alvorada
Club de Golf
②
Ermida Dom Bosco
Barragem do Paranoá
13 14
11
15 16
12
17
Praça dos Três Poderes
Lagoa do Jabaru
Nações
Setor de Clubes Esportivos Sul
④
SETOR HABITACIONAL SUL
LAGO DO PARANOÁ
Residencias de Ministros
PARANOÁ
Estrada Parque Dom Bosco (EPDB)
Estrada Parque Contorno (EPCT)
Rib. Taboca
MANSÕES URBANAS DOM BOSCO
TABOQUINHA
TABOQUINHA
● Metro

Highlights *Brasília*

Praça dos Três Poderes
Das Herz der Stadt und politischer
Mittelpunkt Brasiliens
▶ Seite 193

Jardim Botânico de Brasília
Wer sich für die Fauna und Flora der
Region interessiert, ist hier richtig.
▶ Seite 200

Catedral Metropolitana
Die berühmte Kathedrale des Star-
architekten Oscar Niemeyer
▶ Seite 196 und 198

Parque Nacional de Brasília
Unberührte Natur in unmittelbarer Nähe
der Hauptstadt
▶ Seite 201

Panteão
da Pátria
Vervollständigt wird der Komplex durch den Ehrentempel Panteão da Pátria Tancredo Neves, der sowohl der gegen die portugiesische Krone gerichteten Revolte Inconfidência Mineira von 1789 als auch dem im Jahr 1985 kurz vor seinem Amtsantritt verstorbenen brasilianischen Präsidenten Tancredo Neves gewidmet ist. Die Mitte der Praça dos Três Poderes ziert die berühmte Skulptur **»Os Candangos«** von Bruno Giorgi, die an die 40 000 am Bau Brasílias beteiligten Arbeiter erinnert.

Esplanada dos
Ministérios
Westlich der Praça dos Três Poderes öffnet sich die Esplanada dos Ministérios. In den Gebäuden zu beiden Seiten des Boulevards sind die brasilianischen Bundesministerien untergebracht. Die ursprüngliche architektonische Linie wird inzwischen durch An- und Umbauten mehrfach durchbrochen.

★
Palácio
dos Arcos
Der als Außenministerium dienende Palácio dos Arcos, auch Palácio do Itamaraty genannt, wurde ebenfalls von Oscar Niemeyer entworfen. Er wird von einer Grünanlage und einem Teich umschlossen, die auf den legendären Landschaftsgärtner **Roberto Burle Marx** (1909 – 1994) zurückgehen.

★ ★
Catedral
Metropolitana
(▶3D S. 198)
Selbst wer an moderner Architektur nur ein peripheres Interesse hat, wird von Oscar Niemeyers berühmter Kathedrale beeindruckt sein. Der von einem Dornenkranz gekrönte Kirchenbau wurde im Jahr 1967 eingeweiht und befindet sich unweit der Kreuzung von Eixo Monumental und Eixo Rodoviário. In das **lichtdurchflutete Innere** des vielleicht faszinierendsten Gotteshauses des überzeugten Atheisten Niemeyer gelangen Besucher nur durch einen unterirdischen Zugang. In der Kirche finden sich Werke Emiliano Di Cavalcantis, Athos Bulcãos und natürlich die unter der konischen Decke gleichsam schwebenden Engel von Alfredo Ceschiatti. Öffnungszeiten: Mo. 8.00 – 17.00, Di. – So. 8.00 – 18.00 Uhr.

Schräg gegenüber der Kathedrale, nahe des Busbahnhofs (Rodoviá-ria), ragt, fast im Schnittpunkt der beiden verkehrsumtosten Achsen, das Nationaltheater auf. Seine reich strukturierte Fassade hat die Form einer aztekischen Pyramide.

Teatro Nacional

Der 224 m hohe Fernsehturm wurde an der höchstgelegenen Stelle der Eixo Monumental errichtet; von seiner per Aufzug erreichbaren, 75 m hohen **Aussichtsplattform** hat man einen guten Blick auf die weitläufige Innenstadt Brasílias. Öffnungszeiten des Fernsehturms: tgl. 8.00–20.00 Uhr.

Torre de Televisão

Westlich des Fernsehturms ziehen der geschwungene Bau des Centro de Convenções Ulysses Guimarães und das wesentlich kleinere Planetarium die Blicke auf sich. Das nach dem tödlich verunglückten Abgeordneten Ulysses Guimarães (ein wichtiger Gegner der Militär-diktatur und Kämpfer für die Demokratisierung Brasiliens) benannte Kongresszentrum verfügt über etliche Konferenzsäle bis zu 9400 Personen.

Planetário, Centro de Convenções U. Guimarães

Im angrenzenden Freizeitbereich Nord breitet sich auf der Höhe des Kongresszentrums das Sportzentrum Ayrton Senna u. a. mit der Rennstrecke Autódromo Nelson Piquet, einer Radrennbahn sowie dem Stadion Mané Garrincha aus.

Centro Esportivo Ayrton Senna

Auf der Praça do Cruzeiro (Eixo Monumental) steht das Präsident Juscelino Kubitschek gewidmete Mahnmal, das ein kleines Museum mit Fotos und Dokumenten über den visionären Wegbereiter Brasí-lias aufnimmt, der 1976 durch einen Autounfall – vermutlich ein Anschlag des damaligen Miliärregimes – sein Leben ließ. Öffnungs-zeiten: Di.–So. 9.00–18.00 Uhr.

Memorial J. Kubitschek

🕐

Der von Roberto Burle Marx gestaltete Parque da Cidade Sarah Ku-bitschek breitet sich im Süden des Stadtzentrums aus. Sein Zugang liegt ebenfalls an der Eixo Monumental, gegenüber dem Sportzent-rum Presidente Médici.
Erholung suchende Städter finden hier zahlreiche Sportplätze, eine Gokartbahn, Pisten für Inline-Skater und Radfahrer sowie Kinder-spielplätze und einen See.

★

Parque da Cidade Sarah Kubitschek

Hinter dem Stadtpark schließt sich an der Avenida W-3 Sul, Quadra 702, Bloco B, das Santuário Dom Bosco, das Heiligtum Dom Bosco, an. Die Fassade dieser 1980 eingeweihten rechtwinkligen Kirche wird von 76 spitz zulaufenden Arkadenbögen von jeweils 18 m Höhe be-stimmt. Das Tageslicht fällt durch blaue Glasbausteine gedämpft ins Innere des geräumigen Gotteshauses.
Neben der Statue Dom Boscos ist die über dem Altar aufgehängte riesige Holzskulptur des Erlösers am Kreuz der Blickfang im Inneren des Santuário.

★

Santuário Dom Bosco

CATEDRAL METROPOLITANA

✷✷ **Engel schweben durch das lichtdurchflutete Innere der Kathedrale, die in ihrer Gesamterscheinung einer Dornenkrone gleicht. Schmerz und Erlösung, symbolisch in Szene gesetzt von einem überzeugten Atheisten: Oscar Niemeyer. Ein Meisterwerk moderner Architektur!**

Öffnungszeiten:
Mo. 8.00 – 17.00, Di. – So. 8.00 – 18.00 Uhr

① Eingang
Ein unterirdischer Zugang führt in die Catedral Metropolitana.

② Innenraum
Der lichtdurchflutete Innenraum der Kathedrale liegt unter dem Erdniveau. Der rote Teppich führt zwischen den Sitzreihen hindurch zum Altar. Rund 4000 Menschen finden Platz in der 1970 eingeweihten Kirche.

③ Schwebende Engel
Drei bronzene Engel von Alfredo Ceschiatti schweben im Innenraum des Gotteshauses. Vorbild waren die barocken Engel in den Kirchen von Congonhas. Ceschiatti schuf auch vier

überlebensgroße Bronzefiguren am Eingang zur Kathedrale, die die vier Evangelisten darstellen.

④ Betonstreben
Der sich nach oben verjüngende, konische Rundbau wird von Betonstreben gestützt. Von außen betrachtet, können die Streben als Krone, Kelch oder als eine sich öffnende Blüte interpretiert werden.

⑤ Glockenturm
In geringer Entfernung zur Kathedrale wurde im Jahr 1977 der Glockenturm errichtet, dessen vier Glocken spanische Einwanderer stifteten. Der Turm hat die Form des Buchstabens T.

Mutet futuristisch an, die Kathedrale von Brasília. Rechts im Bild der im Jahr 1977 errichtete Glockenturm.

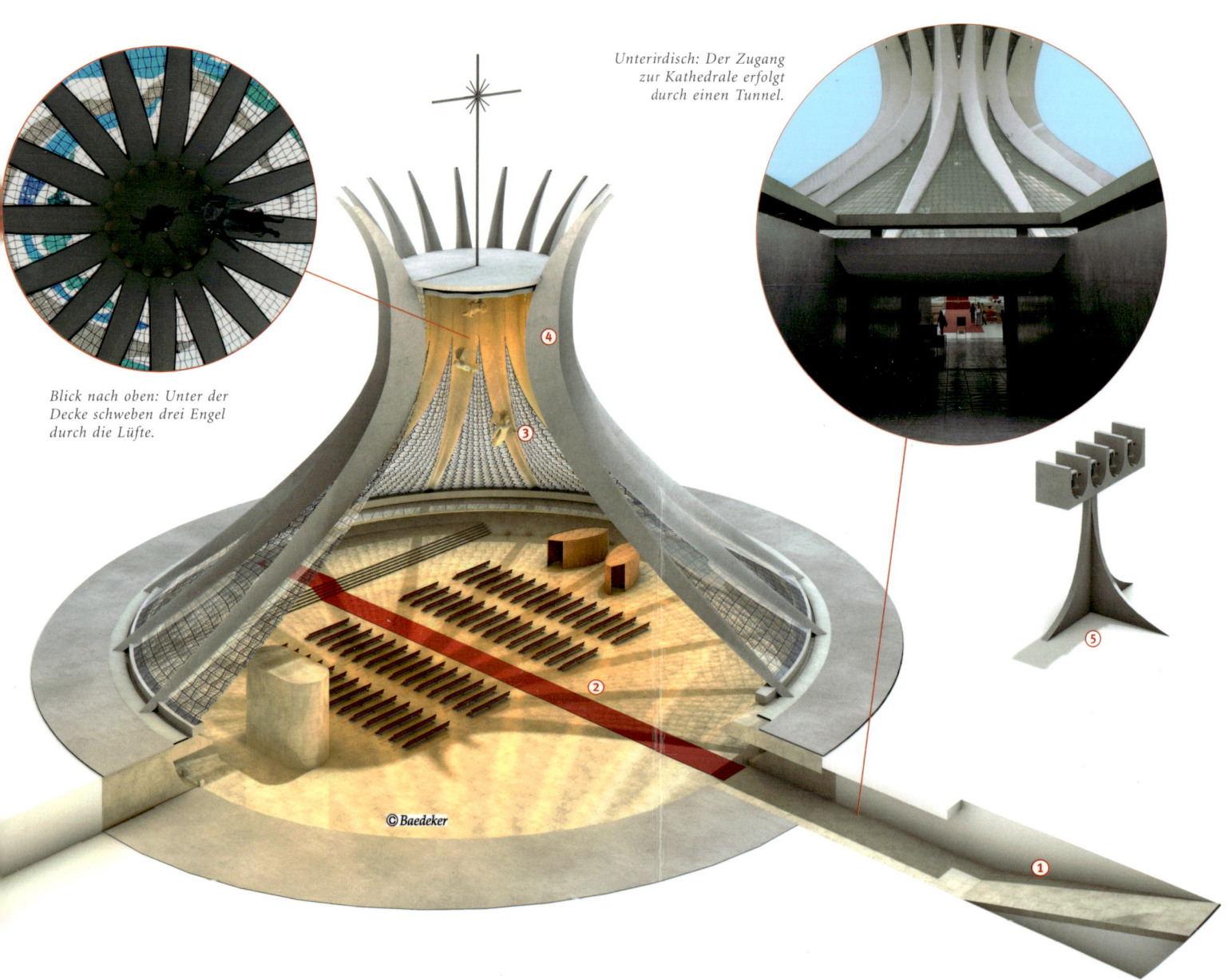

Blick nach oben: Unter der Decke schweben drei Engel durch die Lüfte.

Unterirdisch: Der Zugang zur Kathedrale erfolgt durch einen Tunnel.

© Baedeker

★ Lago Paranoá

Östlich des Stadtzentrums wurde der Rio Paranoá zu einem künstlichen See gestaut. Er besitzt einen Umfang von 80 km und wird im Süden von Niemeyers weißer **Ponte Costa e Silva** und weiter nördlich von der neueren **Ponte JK** überspannt. Die besten Lagen an seinen Ufern teilen sich Botschaften und Konsulate, vornehme Sportclubs, gehobene Restaurants und neu erbaute Hotels. Die von Sonnensegeln beschirmten Kioske am Südufer des Lago Paranoá werden von den Einheimischen Calçadão do Lago genannt und sind nach Einbruch der Dunkelheit ein beliebter Treffpunkt. Außerdem reihen sich an den Ufern des Stausees die Wohnviertel Nord und Süd, die Universität von Brasília, das Olympiazentrum und der Palácio da Alvorada (Palast der Morgendämmerung), der offizielle Wohnsitz des Präsidenten. Er steht Besuchern nur Mi. zwischen 15.00 und 17.30 Uhr offen, an den anderen Tagen sind die Wachwechsel der Garde (tgl. 10.00 und 18.00 Uhr) sehenswert.

Ermida Dom Bosco
Die Ermida Dom Bosco (Wallfahrtskapelle Dom Bosco) liegt am Ostufer des Paranoá-Sees, direkt gegenüber des Palácio da Alvorada. Die kleine, dreieckige Pyramide aus weißem Marmor wurde exakt auf dem 15. Breitengrad errichtet und dem italienischen Salesianer-Pater (1815–1888) gewidmet, der 1883 die Entstehung einer humanen Gesellschaft auf dem Gebiet des heutigen Brasília prophezeite. Von der das Denkmal umgebenden Terrasse hat man einen herrlichen Blick auf die Silhouette Brasílias und den Präsidentenpalast am gegenüberliegenden Ufer des Stausees. Die Gedenkstätte wird nur noch wenig besucht, seit in ihrer unmittelbaren Nachbarschaft die illegal errichtete Villa da Alvorada den Weg zum ursprünglich frei zugänglichen Seeufer verstellt.

Jardim Botânico de Brasília (JBB)
Brasílias autogerecht konzipierter Botanischer Garten ist 20 km vom Stadtzentrum entfernt, verfügt über ein kleines Besucherzentrum und eine gut beschilderte **Sammlung von Heilpflanzen**. Er vermittelt rasch einen Eindruck von Flora und Fauna der Cerrado-Landschaft (Buschsteppe), die Brasília und seine Satellitenstädte umgibt. Der Park liegt am Südufer des Paranoá-Sees, im Setor Mansões Urbanas Dom Bosco, Conjunto 12, Lago Sul. Öffnungszeiten: Di.–So. 9.00–17.00 Uhr.

Jardim Zoológico
Brasílias Tierpark Jardim Zoológico zählt zu den bestgeführten Zoos in Südamerika und ist weltweit wegen seiner in verhältnismäßig geräumigen Gehegen gehaltenen Raubkatzen berühmt. Neben einheimischen Tierarten werden aber auch Affen und Elefanten aus Afrika gezeigt. Man kann zu Fuß oder mit dem Auto in das weitläufige Gelände (Avenida Nações Unidas) gelangen. Der Zoo liegt gut 9 km südwestlich des Stadtzentrums von Brasília an der Straße, die zum Flughafen führt (Di.–So. 9.00–17.00 Uhr).

Im Santuário Dom Bosco

✳ Parque Nacional de Brasília

Der Nationalpark entstand Anfang der 1960er-Jahre und nimmt heute 30 000 ha Cerrado-Landschaft (Savanne) ein. Er beginnt 10 km außerhalb Brasílias, an der Landstraße (Rodovia) BR-040. Die Einheimischen schätzen besonders seine mit Quellwasser gefüllten Schwimm- und Plantschbecken und kennen ihn daher meist nur unter seinem Beinamen **Parque Água Mineral**. Gerade sein weniger stark besuchter Teil verfügt über eine Vielzahl der für den brasilianischen Mittelwesten typischen Pflanzen: Die Auswahl reicht von den niedrigen, meist krumm gewachsenen Bäumen der Cerrado-Buschsteppe – darunter vor allem der Pau-Terra und der Gujakbaum – bis zu den an Flussläufen und Seen gedeihenden Galeriewäldern mit Ipês-Roxos (einem Farbholz liefernden Baum) und Jataís. Außerdem nimmt der Nationalpark zahlreiche strauch- und grasbewachsene Felder und sumpfige Ebenen mit Buriti-Palmen auf. Die Quellflüsse innerhalb des Schutzgebiets versorgen Brasília mit Trinkwasser. Wer sich an ruhigen Tagen auf den Weg zum Aussichtsturm innerhalb des Parks macht, kann – mit etwas Glück – im Unterholz Ameisenbären (Tamanduás) und Gürteltiere (Tatus) sowie zahlreiche Vogelarten – darunter Nandus – entdecken. Öffnungszeiten: tgl. 8.00 bis 16.00 Uhr. ⏱

✳ **Parque Nacional da Chapada dos Veadeiros**

Der sich 230 km nördlich von Brasília im Bundesstaat Goiás ausbreitende Nationalpark Chapada dos Veadeiros steht mit dem Bau der Hauptstadt in Zusammenhang: Er wurde 1961 auf eine Initiative von Präsident Juscelino Kubitschek hin gegründet. Das Naturschutzgebiet bildet die Wasserscheide zwischen den Flüssen Amazonas, Rio Paraná und Rio São Francisco. Landschaftlich wird die Hochebene vom Canyon des Rio Preto, dessen zahlreiche Wasserfälle zu den wichtigsten Attraktionen des Parks zählen, und von vielfältiger Cerrado-Steppe geprägt.

Alto Paraíso und São Jorge

Die Chapada dos Veadeiros wird von mehreren Trekking-Routen erschlossen, die in der Nähe der Ortschaft **São Jorge** beginnen. Hier bieten auch einige ortskundige Führer ihre Dienste an. Sie kennen die Stellen, an denen man Ameisenbären, Gürteltiere, Cerrado-Hirsche, Emus, Wasserschweine oder Tukane in freier Wildbahn bewundern kann. Die beste Zeit für Besuche des Nationalparks liegt in der Trockenperiode, die hier von Mai bis Oktober dauert. Gute Unterkünfte findet man in São Jorge oder in der 36 km entfernten Ortschaft Alto Paraíso de Goiás. Hier befindet sich auch ein kleines Informationszentrum.

Camocim

Se 47

Bundesstaat: Ceará (CE)   **Einwohner:** 55 500
Höhe: 8 m ü.d.M.

Camocim ist Ausgangspunkt für Ausflüge zu den reizvollsten Küstenlandschaften im nordwestlichen Ceará. Die eigentliche Attraktion des Ortes ist der landschaftlich abwechslungsreiche Küstenabschnitt unmittelbar vor der Stadt.

Riesige Wanderdünen, Lagunen, steile Kliffs, Mangrovenvegetation und herrliche Badestrände locken – trotz oder gerade wegen der Entfernung zu den nächstgrößeren Städten – zahlreiche in- und ausländische Touristen an.

✳ **Strände in der Umgebung von Camocim**

Die Praias das Barreiras und do Farol liegen 2 bzw. 4 km außerhalb des Stadtzentrums. Die verlockendsten, aber auf dem Landweg nur schwer zugänglichen Strände wie Bitupitá, Imburana, Tatajuba, Mangue Seco, Guriú, Preá und Formosa sind zwischen 10 und 70 km von Camocim entfernt. Der bekannteste unter ihnen, als einer der schönsten der Welt gerühmt, ist der Badestrand von Jericoacoara.

Tukan im Nationalpark Chapada dos Veadeiros

Die zum Naturschutzgebiet erklärte Praia de Jericoacoara, 72 km östlich von Camocim gelegen, ist ein 23 km langer, goldfarbener Sandstrand mit über 30 m hohen weißen, goldgelben und rosafarbenen Dünen. Wahrzeichen des nur zu Pferd oder mit einem Geländefahrzeug zugänglichen Strandes ist die **Ponte de Jericoacoara**, ein von der Brandung ausgehöhltes Felsportal. Drei- und mehrtägige Pauschaltouren nach Jericoacoara bieten auch fast alle Reisebüros in Fortaleza an.

★★
Jericoacoara

Campinas

Sb 57

Bundesstaat: São Paulo (SP)   **Einwohner:** 1,05 Mio.
Höhe: 854 m ü.d.M.

Das 1774 gegründete Campinas ist die zweitgrößte Stadt des Bundesstaates São Paulo. An der Stelle des heutigen Stadtzentrums unterhielten Bandeirantes zunächst einen Lagerplatz.

Noch im 18. Jh. zog der fruchtbare Boden der Gegend dann auch Farmer an; als Erstes wurde Zuckerrohr angebaut. Um 1842, als hier schon über 100 Zuckerrohrplantagen existierten, setzte der Kaffeeboom ein. Die Entdeckung und Förderung von Bodenschätzen trieb schließlich die Industrialisierung der Stadt voran, die inzwischen zu einem bedeutenden Wirtschafts- und Hochschulzentrum herangewachsen ist.

CAMPINAS ERLEBEN

AUSKUNFT

Avenida Anchieta 200, Centro
Tel. (019) 21 16-07 24
www.campinas.sp.gov.br

ANREISE

Flughafen
Aeroporto Internacional de Viracopos
Tel. (019) 37 25-50 00

Busbahnhof
Rua Dr. Pereira Lima 85
Tel. (019) 37 31-29 30

ESSEN

▶ Fein & teuer

① *Matisse*
»The Royal Palm Residence«
Rua Conceição 450
Tel. (019) 21 17-42 03
www.royalpalmhoteis.com.br
Die Küche des Hauses hat fernöstlichen Pfiff: Shrimps werden mit Curry-Soße gereicht und gebratene Ziege mit Mango-Chutney serviert.

▶ Erschwinglich

② *Steiner (Bar do Alemão)*
Av. Benjamin Constant 1969
Stadtteil Cambuí
Tel. (019) 32 54-55 44
In der ganzen Stadt bekannt für seine riesengroßen Wiener Schnitzel.

③ *Bráz*
Av. Benjamin Constant 1963
Stadtteil Cambuí
Tel. (019) 32 51-44 44
Die besten Pizzas weit und breit.

ÜBERNACHTEN

▶ Komfortabel

① *Vitória*
Avenida José de Souza Campos 425
Stadtteil Cambuí
Tel. (019) 37 55-80 00
www.vitoriahoteis.com.br
Über 140 klimatisierte Zimmer, Parkplätze, japanisches Restaurant, Bar, Pool, Sauna und Fitnessraum

② *Mercure*
Av. Aquidabã 400
Tel. (019) 37 33-77 00 oder
(0800) 703 7000
www.accorhotels.com.br
2004 eröffnetes Businesshotel mit 196 geräumigen Gästezimmern und Restaurant.

▶ Günstig

③ *Opala Barão*
Rua Barão de Jaguará 1136
Tel. (019) 33 03-49 99
www.hotelopalabarao.com.br
Schlichte Unterkunft mit nettem Restaurant

Sehenswertes in Campinas

Museu Histórico Campos Salles, Museu Carlos Gomes
Vom 1887 südwestlich des Zentrums an der Praça Marechal Floriano Peixoto erbauten Bahnhof gehen verschiedene Boulevards aus, darunter auch die Avenida Dr. Costa Aguiar, die quer durch die Stadt bis zur Praça José Bonifácio führt. Die Avenida Campos Salles und die Rua Bernardino de Campos verlaufen nordwestlich parallel zur Costa Aguiar. In der Campos Salles befindet sich das Historische Museum Campos Salles, in der Rua Bernardino de Campos das Mu-

Campinas Orientierung

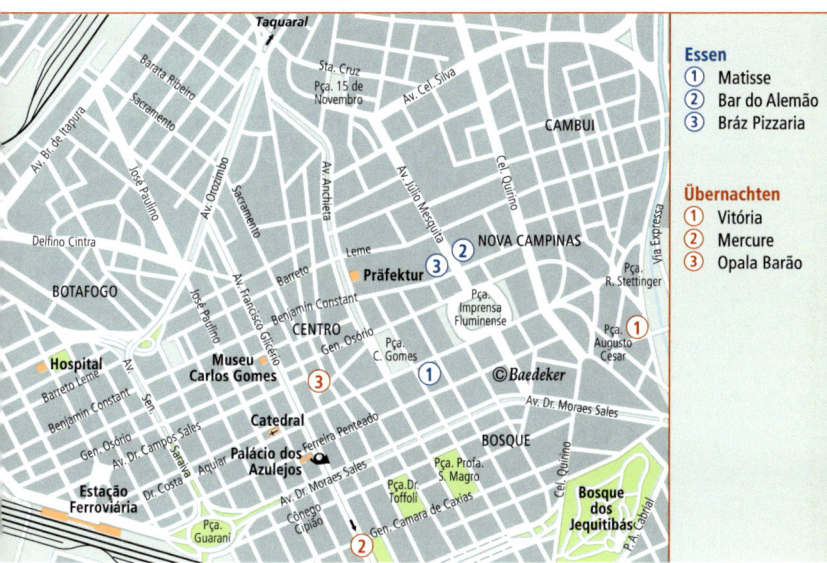

Essen
1. Matisse
2. Bar do Alemão
3. Bráz Pizzaria

Übernachten
1. Vitória
2. Mercure
3. Opala Barão

©Baedeker

seu Carlos Gomes, ein wissenschaftliches **Zentrum für Schrift und Kunst**. Es ist nach dem aus Campinas stammenden Komponisten Carlos Gomes (1836–1896) benannt, dessen Denkmal und Grab ebenfalls in der Stadtmitte an der Praça Bento Quirino liegen.

Die Präfektur liegt gleich jenseits der Kreuzung zwischen der Benjamin Constant und der Avenida Anchieta. Der ehemalige Sitz der Präfektur, der Palácio dos Azulejos von 1870 in der Rua Regente Feijó, zählt zu den schönsten Bauten der Stadt.

Palácio dos Azulejos

In und um Campinas breiten sich ausgedehnte Parks und Wälder aus. Im **Bairro do Bosque** südöstlich des Zentrums an der Rua Coronel Quirino liegt die größte Grünanlage der Stadt, der Bosque dos Jequitibás. Dieses Naturreservat ist mit einem kleinen Zoo, einem Aquarium, Quellen und Seen ausgestattet. Zu dem Park gehören auch das Kindertheater Carlos Maia und das Museum für Folklore, das Indianer-, das Historische sowie das Naturkundemuseum.

★ Bosque dos Jequitibás

Der Parque Portugal mit dem Taquaral-See dehnt sich im Bairro Parque Taquaral im Norden von Campinas aus. Der Eingang liegt an der Avenida Heitor Penteado 1671. Hier kann man Tretboote mieten, in einer Straßenbahn oder auf einer Gokart-Bahn fahren. Zu den Attraktionen des Parks gehören auch ein Nachbau der Karavelle von Cabral, dem »Entdecker« Brasiliens, und ein Planetarium.

Parque Portugal

Campo Grande

`Rh 56`

Bundesstaat: Mato Grosso do Sul (MS)   **Einwohner:** 748 000
Höhe: 532 m ü.d.M.

Campo Grande, idealer Ausgangspunkt für Touren ins Pantanal, ist die um 1889 gegründete Hauptstadt des Bundesstaates Mato Grosso do Sul. Mit der 1914 eröffneten Bahnlinie nach Corumbá begann der Aufstieg der Stadt.

Als wichtigstes Handels-, Industrie-, Land- und Viehwirtschaftszentrum des alten Staates Mato Grosso profitierte Campo Grande von den günstigen Verkehrsverbindungen mit São Paulo und den südlichen Staaten Brasiliens. Die Stadt hegte über mehrere Jahrzehnte hinweg separatistische Pläne, die 1924 und 1932 in der Unterstützung der Rebellionen von São Paulo gegen die Bundesregierung gipfelten. Im Jahr 1932 wurde den Paulistas Hilfe nur unter der Bedingung zugesagt, dass sich São Paulo später für die Unabhängigkeit des südlichen Teils von Mato Grosso einsetzen würde. Diese Hoffnungen sollten sich Jahrzehnte danach erfüllen: 1977 wurde der Staat Mato Grosso do Sul konstituiert.

Sehenswertes in Campo Grande

✳ **Museu das Culturas Dom Bosco**

Das Museu das Culturas Dom Bosco, auch unter der Bezeichnung **Museu do Índio** bekannt, befindet sich in der Av. Afonso Pena 7000, etwa 4 km vom Zentrum. Seine naturkundliche Sammlung ist beeindruckend: Neben 5000 von den Bororos-, Moro-, Karajá- und Xavante-Indianern gefertigten Gegenständen soll sie zukünftig auch wieder eine umfangreiche Sammlung von Muscheln aus allen Meeren der Welt, präparierten Schmetterlingen und Vögeln, vielen weiteren Insekten sowie ausgestopften Reptilien, Säugetieren und Fischen (meist aus dem Pantanal) umfassen. Öffnungszeiten: Di.–Fr. 8.00 bis 18.00, Sa.–So. 9.00–19.00 Uhr.

In der **Casa do Artesão** (Haus für Kunsthandwerk), an der Ecke Avenida Calógeras und Avenida Afonso Pena, sind Artikel aus Leder, Bast, Holz, Stroh und anderen Materialien ausgestellt, die von Kunsthandwerkern der Gegend stammen.

Blick auf Campo Grande

CAMPO GRANDE ERLEBEN

AUSKUNFT
Morada dos Baís
Av. Afonso Pena/Av. Noroeste 5140
Tel. (067) 33 14-99 68
www.pmcg.ms.gov.br

ANREISE
Flughafen
Aeroporto Int. do Campo Grande
Tel. (067) 33 68-60 10

Busbahnhof
Rua Joaquim Nabuco
Tel. (067) 33 83-16 78

ESSEN
► **Erschwinglich**
Fogo Caipira
Rua José Antônio 145
Tel. (067) 33 24-16 41
Bekannt für seine typischen Rezepte
aus dem Pantanal und andere brasilianische Gerichte. Zeit sollte man
allerdings mitbringen, denn die Zubereitung der Speisen dauert selten
unter 30 Minuten.

► **Preiswert**
Fogão de Minas
Rua Dom Aquino 2200
Tel. (067) 30 26-26 27
Kalorienreiches nach Rezepten aus
Minas Gerais vom SB-Buffet

ÜBERNACHTEN
► **Komfortabel**
Jandaia Hotel
Rua Barão do Rio Branco 1271
Tel. (067) 33 16-77 00
www.jandaia.com.br
Stadthotel mit 140 Gästezimmern,
Pool, Fitnessraum, Restaurant und
Bar

Indaiá Park Hotel
Av. Afonso Pena 354
Stadtteil Amambaí
Tel. (067) 21 06-10 00
www.indaiahotel.com.br
137 Apartments sowie Schwimmbad,
Bar und Restaurant. Hervorzuheben
ist das außerordentlich gute
Frühstücksbuffet.

Campos do Jordão

Sc 57

Bundesstaat: São Paulo (SP)
Höhe: 1628 m ü.d.M.

Einwohner: 46 000

**Campos do Jordão in der Serra da Mantiqueira, 167 km nordöstlich
von São Paulo, ist einer der vornehmsten Kur- und Erholungsorte
Brasiliens. Sowohl das alpine Stadtbild als auch die ländliche Umgebung muten weniger südamerikanisch denn europäisch an.**

Sehenswertes in Campos do Jordão

An der Praça de Capivari beginnt ein Boulevard mit Fachwerkhäusern und eleganten Geschäften. Ganz in der Nähe des Boulevards

Praça de Capivari

liegt der Capivari-Park mit seinem knapp 600 m langen Sessellift, der bis auf den Gipfel des 1800 m hohen **Morro do Elefante** (Elefantenhügel) führt. Von dort überblickt man die ganze Stadt. Der Park schließt einen See ein, an dem Tret- und Ruderboote sowie Pferdekutschen vermietet werden und man Gokart fahren kann.

Straßenbahnen und Züge Eine weitere Besucherattraktion sind die kleinen Straßenbahnen (Bonde), die im gesamten Stadtgebiet zwischen Capivari und Pórtico verkehren, und die **Schmalspurbahn**, die von dem nahe beim Park gelegenen Bahnhof Emílio Ribas auf den höchstgelegenen Gleisen Brasiliens quer durch die Serra da Mantiqueira bis nach Santo Antônio do Pinhal und nach kurzem Aufenthalt wieder zurückfährt. Der 2,5-stündige Ausflug wird von ortskundigen Fremdenführern begleitet. Infos unter: Tel. (012) 36 63-15 31.

 ## CAMPOS DO JORDÃO ERLEBEN

AUSKUNFT

Pórtico
(an der Zufahrt zur Stadt)
Tel. (012) 36 64-35 25
www.camposdojordao.com.br

ANREISE

Busbahnhof
Avenida Dr. Januário Miraglia
Tel. (012) 36 62-19 96

ESSEN

▶ **Fein & teuer**
Ludwig
Rua Aristides de Souza Melo 50
Vila Capivari
Tel. (012) 36 63-51 11
Klassische internationale Küche, außerdem Fondue und deutsche Gerichte. Reservierung ratsam. Alle Kreditkarten werden akzeptiert.

▶ **Erschwinglich**
Harry Pisek
Avenida Pedro Paulo 857
Estrada do Horto, km 2,5
Tel. (012) 36 63-40 30
Für Brasilianer ist die Speisekarte exotisch: Deutsche Wurst (6 Sorten),

Emmentaler Käse, Eisbein und Bayrischer Leberkäs.

ÜBERNACHTEN

▶ **Luxus**
Grande Hotel Campos do Jordão
Av. Frei Orestes Girardi 3549
Tel. (012) 36 68-60 00 oder
(08 00) 770-07 90
www.grandehotelsenac.com.br
Das von einem weitläufigen, parkartigen Garten umgebene Nobelhotel stammt aus den 1940er-Jahren und ist zugleich eine Hotelschule. Es verfügt über 95 Zimmer und neben vielen anderen Annehmlichkeiten auch über ein vorzügliches Restaurant.

▶ **Komfortabel**
Solar d'Izabel
Rua Dr. P. Barbosa Lima 59
Vila Capivari
Tel (012) 36 69-30 30
www.solardizabel.com.br.
Neues Haus von 2009 mit 17 modernen und eleganten Zimmern. Nahe am Puls des Stadtteils und trotzdem ruhige Lage.

Der Palácio Boa Vista, Winterresidenz der Gouverneure von São Paulo, wurde 1938 bis 1963 hoch oben in der Serra errichtet und überragt die Stadtteile Capivari, Abernéssia und Jaguaribe. Der Palast beherbergt eine der größten ständigen Kunstausstellungen des Landes.

Palácio Boa Vista

Zu den Sammlungen zählen Werke unter anderem von Tarsilo de Amaral, Portinari, Volpi, Anita Malfati und Di Cavalcanti.

Die Konzerthalle von Campos do Jordão, das **Auditório Cláudio Santoro**, wurde eigens für die musikalischen Aufführungen des Winterfestivals (► Tipp s. rechts) errichtet und besteht ganz aus Sichtbeton und Glas.

Sie steht, 2 km vom Palácio Boa Vista entfernt, mitten in einem Park. In unmittelbarer Umgebung liegt eines der wenigen Freilichtmuseen Brasiliens, das im Jahr 1978 angelegte **Museu Felícia Leirner**. Seine Alleen und Hügel schmücken 78 verschieden große Tier- und Menschenskulpturen, die die Künstlerin dem Museum gestiftet hat.

> **!** *Baedeker* TIPP
>
> **Festival de Inverno**
> Das seit 1970 jeweils im Juli stattfindende Winterfestival von Campos do Jordão hat sich im Lauf der Jahre zu einem der interessantesten kulturellen Ereignisse im Staat São Paulo entwickelt.
> Sein Erfolg war so durchschlagend, dass sich inzwischen 14 weitere Gemeinden daran beteiligen. Die Konzerte klassischer Musik werden heute durch Filmvorführungen, Shows und sportliche Darbietungen ergänzt. Informationen auf: www.festivaldeinverno.org.br.

Caravelas

Sf 54

Bundesstaat: Bahia (BA)   **Einwohner:** 22 000
Höhe: 10 m ü.d.M.

Das charmante, im äußersten Süden von Bahia gelegene Fischerstädtchen Caravelas mit seinen zahlreichen Stränden in der nächsten Umgebung war im 17. und 18. Jh. ein bedeutender Warenumschlagplatz. Heute ist der Tourismus wichtigster Wirtschaftsfaktor, zumal Caravelas das Tor zum Meeresnationalpark Abrolhos ist.

Sehenswertes in Caravelas und Umgebung

Nördlich von Caravelas reihen sich die Strände do Grauçá, Yemanjá, Ponta da Baleia und Zeloris aneinander. Südlich des Ortes liegen die Strände Pontal do Sul, zu dem man mit dem Boot übersetzen muss (Fahrzeit ca. 20 Min.), Barra Nova und Ponta do Catueiro. Die Insel Coroa da Barra ist 20 Minuten, die Insel Coroa Vermelha zwei Stunden von Caravelas entfernt.

★
Strände und Inseln

Alcobaça Das 20 000 Einwohner zählende Alcobaça, 27 km nördlich von Caravelas gelegen, lockt mit seinen schönen Stränden Barra, Farol, Alcobaça u. a. Die bei Ebbe sichtbaren **Timbebas-Klippen** (1,5 Bootsstunden entfernt) sind ein weiterer Anziehungspunkt. Von Caravelas erreicht man das Städtchen auch per Fähre (nur Personentransport).

✳ Parque Nacional Marinho dos Abrolhos

Der Parque Nacional Marinho dos Abrolhos (Meeresnationalpark), 80 km südöstlich von Caravelas im Atlantik gelegen, nimmt eine Fläche von 91 300 ha ein. Er besteht aus vier der insgesamt fünf Vulkaninseln des Abrolhos-Archipels: Redonda, Sueste, Siriba und Guarita. Diese gruppieren sich um die Hauptinsel **Santa Bárbara**, die als Marinestützpunkt für Besucher gesperrt ist. Von Caravelas, Alcobaça und dem südwestlich von Caravelas gelegenen Nova Viçosa verkehren Fähren zu den Abrolhos-Inseln; von Caravelas aus dauert die Überfahrt 3–4 Stunden. An Land gehen darf man nur auf der Ilha Siriba; Übernachtung ist an Bord der zur Überfahrt benutzten Schoner möglich, doch auch Tagesausflüge werden angeboten. Fischen ist in dem einzigartigen Schutzgebiet selbstverständlich untersagt.

Den Meeresschildkröten ganz nah im Nationalpark Marinho dos Abrolhos

Der Name Abrolhos geht auf Amerigo Vespucci zurück, der zu dem Archipel auf seiner Seekarte »Abre os Olhos« notierte (»Halt die Augen offen«). Von der Gefährlichkeit der Gewässer zeugen zahlreiche Schiffswracks wie das des italienischen Frachters »Rosalina«, der nur wenige Kilometer vor der Hauptinsel Santa Bárbara sank, obwohl dort – auf Befehl Kaiser Dom Pedros II. – schon 1861 vorsorglich ein aus Frankreich importierter Leuchtturm errichtet wurde. Im 17. Jh. fand vor Abrolhos die Entscheidungsschlacht zwischen der portugiesischen Flotte und den holländischen Invasoren statt. Im Jahr 1830, während seiner Erdumsegelung an Bord des Forschungsschiffs »Beagle«, besuchte **Charles Darwin** die Inseln. Natürlich zählte auch **Jacques Cousteau** zu den Wissenschaftlern, die sich mit der einzigartigen Flora und Fauna von Abrolhos befassten.

»Halt die Augen offen«

Im Meeresnationalpark Abrolhos gibt es recht seltene Korallen, die ein 910 km² großes Riff um die Inseln bilden. Neben einer artenreichen Unterwasserfauna kann man die verschiedensten Seevögel wie Fregattvögel, Taucher, Wasseramseln und Rabos-de-Palha (rotschnäbelige, pelikanartige Tropenvögel) beobachten. Die an Plankton ausgesprochen reichen Gewässer des Archipels werden zwischen Juli und November regelmäßig von Walen zur Paarung aufgesucht. An den Stränden der Vulkaninseln legen außerdem Meeresschildkröten ihre Eier ab.

Pflanzen und Tiere

Caxambu

Sc 56

Bundesstaat: Minas Gerais (MG)   **Einwohner:** 21 500
Höhe: 895 m ü.d.M.

In Caxambu, einem Kurort mit Heilquellen und eleganten Hotels im äußersten Süden von Minas Gerais, herrschen durch die gebirgige Umgebung ganzjährig angenehme Temperaturen von 15 bis 25 °C. Deshalb war die Ortschaft im 19. Jahrhundert das bevorzugte Erholungsziel der brasilianischen Kaiserfamilie.

Caxambus Quellen, die schon damals bei Magen-, Leber- und Nierenerkrankungen Anwendung fanden, schätzte auch Kaiser Dom Pedro II. sehr. Heute ist Caxambu ein ruhiger Erholungsort vor allem für ältere Menschen.

Sehenswertes in Caxambu und Umgebung

Die Erlöserstatue (Cristo Redentor), die den Gipfel des 1050 m hohen Hügels von Caxambu beherrscht, ist in der ganzen Umgebung sichtbar. Man erreicht sie entweder über die sich den Hügel hinaufwindende Straße oder – bequemer – mit der Seilbahn.

Cristo Redentor

CAXAMBU

AUSKUNFT
Praça 16 de Set. 24
Tel. (035) 33 41-57 01
www.caxambu.mg.gov.br

ANREISE
Busbahnhof
Praça José de Castilho Moreira
Tel. (035) 33 41-55 66

Der **Parque das Águas** (Wasserpark) im Stadtzentrum, eine herrliche Anlage aus dem Jahr 1912, umfasst elf Pavillons in orientalischem Baustil mit magnesium-, schwefel-, eisen-, alkali- und kohlensäurehaltigen Mineralquellen, ein üppig geschmücktes **Türkisches Bad**, mehrere Saunen und Massage-Institute. Öffnungszeiten: tgl. 7.00 – 18.00 Uhr.

São Tomé das Letras liegt 61 km nördlich von Caxambu auf nahezu 1300 m Höhe in der **Serra da Mantiqueira**. Von seinen knapp 7000 Einwohnern gehören viele alternativen religiösen Bewegungen an, die das Städtchen als eines der mystischen Zentren von Südamerika betrachten: Angeblich ist São Tomé das Letras bestens zur Ufo-Beobachtung geeignet, Inschriften in den umliegenden Höhlen sind extraterrestrischen Ursprungs und die Höhlen selbst Zugänge zu unter der Erdoberfläche lebenden Zivilisationen! Diese doch etwas seltsam anmutenden Vorstellungen mögen der esoterischen Abgehobenheit einiger Bewohner des Städtchens oder deren – bekanntlich – nicht geringem Konsum stimulierender Rauschmittel entspringen, sie verleihen der Stadt jedoch ein außergewöhnliches Flair.

São Lourenço   Einen Großteil der Innenstadt des 25 km südwestlich von Caxambu gelegenen São Lourenço (42 000 Einw.) nimmt der **Parque das Águas** (Wasserpark) an der Praça Brasil ein. Das Naturreservat ist mit Spazierwegen und ausgedehnten Gartenanlagen ausgestattet, zu denen auch ein imposantes Ensemble von Art-déco-Pavillons aus den 1940er-Jahren gehört. In dem Park gibt es sechs Mineralquellen, eine schöne Badeanstalt sowie einen See mit einer künstlichen Insel. In der Nähe des Sees findet täglich ein **Kunsthandwerkermarkt** statt, auf dem man Arbeiten aus Bambus, Leder, Stroh etc. sowie Strickwaren kaufen kann.

★★ Chapada Diamantina

Se 52

Bundesstaat: Bahia (BA)

Ungefähr 420 km westlich von Salvador breiten sich die Tafelberge und Canyons des Nationalparks Chapada Diamantina aus, der 1985 in der Serra de Sincorá eingerichtet wurde.

Das zu einem Großteil in über 800 m Höhe liegende Schutzgebiet zeigt eine üppige, von Gebirgsbächen bewässerte Vegetation mit vielen Orchideen- und Bromelienarten. Hier kann man noch Hirsche, Wasserschweine und Ameisenbären beobachten. Unter den Vögeln ist vor allem die höchst seltene Beija-Flor-Gravata-Vermelha, eine Kolibri-Art mit roter Kehle, zu beachten. Die durch Winderosion entstandenen bizarren Sandsteinberge – einige bis zu 1200 m hoch – Hochplateaus, Täler, Bergbäche und Wasserfälle machen den Nationalpark zu einem beliebten Wandergebiet. Empfehlenswerte Wander- und Trekkingtouren werden in der Stadt Lençóis (►S. 215), dem östlichen Eingangstor der Chapada Diamantina, angeboten. Dort gibt es auch Unterkünfte.

Sehenswertes im und um den Nationalpark

Innerhalb des Parks befindet sich, 4 km von Lençóis entfernt, die über 1 km lange Gruta do Lapão, die größte Quarzithöhle Brasiliens und wohl auch eine der größten in ganz Südamerika.

Gruta do Lapão

Zu den spektakulären Sehenswürdigkeiten des Parks zählt der eine Schwelle von 340 m überwindende Fumaça-Wasserfall, der zweithöchste des Landes. Am Fuße der Felswand berührt sein Wasser den Boden nicht wirklich, sondern löst sich kurz davor in einem nebelartigen Schleier auf. Der Wasserfall ist 12 km von Lençóis entfernt; bleibt der Regen längere Zeit aus, verschwindet die Cachoeira da Fumaça.

✹ ✹
Cachoeira da Fumaça

Rot leuchten die Tafelberge der Chapada Diamantina im Abendlicht.

► CHAPADA DIAMANTINA ERLEBEN

AUSKUNFT

Secretaria de Turismo Lençóis
Tel. (075) 33 34-13 78
www.guialencois.com

TREKKINGTOUREN

Chapada Adventure
Praça Horácio de Matos 112
Lençóis
Tel. (075) 33 34-20 37
www.chapadaadventure.com.br

Nas Alturas
Praça Horácio de Matos 130, Lençóis
Tel. (075) 33 34-10 54
www.nasalturas.net

ESSEN

► Erschwinglich
Cozinha Aberta Slow Food
Rua da Baderna 111, Lençóis
Tel. (075) 33 34-10 66

Internationale und regionale
Gerichte.

ÜBERNACHTEN

► Luxus
Hotel Canto das Águas
Av. Senhor dos Passos 1, Lençóis
Tel. (075) 33 34-11 54
www.lencois.com.br
Bestes Haus am Platz (44 Z.),
exzellentes Restaurant, Pool mit
Flussblick.

► Komfortabel
Pousada Vila Serrano
Rua Alto do Bonfim, Lençóis
Tel. (075) 33 34-14 86
www.vilaserrano.com.br
Charmante Pousada (13 Z.) mit
tropischem Garten. Die deutschspra-
chigen Besitzer helfen bei der Planung
und Buchung von Touren.

**Morro do
Pai Inácio**

An der Nordgrenze des Parque Nacional da Chapada Diamantina,
30 km nordwestlich von Lençóis, ragt der Pai-Inácio-Berg 1120 m
hoch auf, das Wahrzeichen der Region und ein ideales Ziel für Klet-
terer. Einer Legende zufolge soll sich ein von den Kolonialherren ver-
folgter Sklave namens Inácio vom Gipfel des Berges hinuntergestürzt
und trotzdem überlebt haben. Das afrikanische Erbe dieser Region
offenbart sich in Zeremonien wie der **Festa do Jaré**; Jaré ist eine örtliche Variante des Candomblé.

Höhlen

Ungefähr 50 km nördlich von Lençóis erreicht man in der Umge-
bung der Gemeinde Iraquara einige sehr interessante Höhlen. Die
Gruta Lapa Doce – insgesamt 13 km lang, aber nur auf 1 km für die
Öffentlichkeit zugänglich – ist die viertgrößte Kaverne Brasiliens und
zieht wegen ihrer prachtvollen Tropfsteininformationen zahlreiche Be-
sucher an. Die **Gruta da Pratinha**, durch die sich der kristallklare
Fluss gleichen Namens schlängelt, birgt einen See mit grünem, ex-
trem klaren Wasser. Nicht weit davon entfernt befindet sich auch die
Gruta Azul.
Die Zufahrt zu allen drei Höhlen zweigt von der Bundesstraße BR-
242 ab. In der südöstlich des Nationalparks gelegenen Kaverne **Poço
Encantado** trifft das morgens schräg einfallende Licht (Ende April

bis Anfang September) so auf die Oberfläche eines unterirdischen und 42 m tiefen Sees, dass dieser in magischem Blau erstrahlt.

Lençóis

Lençóis (5000 Einw.) am nordöstlichen Rand des Nationalparks erfuhr im Jahr 1844, als in der nahen Serra de Sincorá eine reiche Diamantenader entdeckt wurde, einen gewaltigen Aufschwung und entwickelte sich sogar zur drittgrößten Stadt von Bahia, deren einstiger Wohlstand sich noch heute in herrlichen Gebäuden widerspiegelt. Die Diamantenvorkommen waren jedoch schon nach 50 Jahren restlos ausgebeutet, und der Boom nahm ein abruptes Ende. Von dieser prächtigen, wenn auch sehr kurzen Entwicklungsphase zeugen die aus Stein erbaute Kirche **Bom Jesus dos Passos** mit fein gearbeiteten Portalen und barocken Gemälden sowie etliche Häuser aus dem 18. und 19. Jh. – ein architektonisches Erbe, das 1973 unter Denkmalschutz gestellt wurde.

Unwirklich erscheint die Kaverne Poço Encantado, wenn das Sonnenlicht in den Sommermonaten so auf die Oberfläche des Sees trifft, dass dieser in magischem Blau erstrahlt.

Der Rio Lençóis durchströmt eine in vielen Farbtönen schillernde **Rio Lençóis,** Felsenlandschaft, in die er viele Kessel und Kolke gegraben hat, die **Salão de Areias** mit eisenhaltigem, dunklem Wasser gefüllt sind. Flussaufwärts liegt, 2 km vom Ortszentrum entfernt, der Salão de Areias, eine Höhle, die durch ihren in über 100 verschiedenen Farbtönen changierenden Sand bekannt ist. Einheimische Künstler kreieren damit in klaren Glasflaschen raffinierte, farbenfrohe Sandbilder.

? WUSSTEN SIE SCHON …?

■ … dass der Name Lençóis seinen Ursprung in den Jahren des Diamantenbooms hat? Angelockt vom schnellen Reichtum ließen sich Scharen von Abenteurern hier nieder, untergebracht in kümmerlichen, aus Betttuch zusammengeflickten Zelten; aus dem portugiesischen Wort für Laken (lençol) wurde letztendlich der ungewöhnliche Name der Stadt abgeleitet.

Am **Rio Serrano** befindet sich 1 km außerhalb von Lençóis eine natürliche Rutschbahn aus glatten Steinen, an deren Ende sich ein reizvolles Wasserbecken öffnet. In der Gegend sind noch weitere Wasserfälle zu sehen, z. B. die Cachoeira Primavera und die Cachoeirinha.

✶ Chapada dos Guimarães

Rh 53

Bundesstaat: Mato Grosso (MT)

Der in der Übergangszone zwischen Amazonas-Tiefland und den zentralbrasilianischen Cerrados gelegene Parque Nacional Chapada dos Guimarães ist mit seinen archäologischen Stätten, Felsinschriften, etwa 200 Wasserfällen sowie hoch aufragenden Felswänden, Schluchten – darunter das 50 m tiefe Portão do Inferno (Höllentor) – und riesigen, von der Erosion geformten Steingebilden nach dem Pantanal die bedeutendste Touristenattraktion Mato Grossos.

Sehenswertes im Nationalpark

Besonders eindrucksvoll sind die Salgadeira-Kaskade unweit des Höllentors, neben rötlichen Felsen, die infolge starker Erosion bizarre Formen aufweisen, die Wasserfälle Cachoeirinha und Salto das Andorinhas und die berühmte, 86 m zu Tal stürzende **Cachoeira Véu da Noiva** (Brautschleier-Kaskade). Die Cachoeira da Salgadeira befindet sich beim Besucherzentrum des Nationalparks direkt bei der quer durch das Schutzgebiet verlaufenden Landstraße MT-251; auch der Véu da Noiva und das Höllentor sind von der Straße aus bequem zu erreichen.

✶ **Wasserfälle**

← *Schauriges Idyll: Friedhof von Mucugê in der Chapada Diamantina*

CHAPADA DOS GUIMARÃES ERLEBEN

AUSKUNFT

Centro de Atendimento ao Turista
Av. Perimetral, Tel. (065) 33 01-20 45
www.chapadadosguimaraes.gov.br

REISEZEIT

Als beste Besuchszeit gilt die Zeit von
August bis November, wenn es nicht
mehr regnet, aber die Kaskaden noch
über genügend Wasser verfügen.

ÜBERNACHTEN

Übernachtungsmöglichkeiten bietet
der kleine Ort Chapada dos Guimarães wenige Kilometer südlich des
Nationalparks.

Morro São Jerônimo
Ein Trekking-Pfad führt zum Wasserfall Salto das Andorinhas und
vorbei am 850 m hohen Morro São Jerônimo, der höchsten Erhebung des Parks. Die mächtige, unter dem Namen **Casa de Pedra**
(Steinhaus) bekannte Höhle liegt auch an dieser Wanderstrecke.

Cidade de Pedra
Ungefähr 26 km nördlich der gleichnamigen Ortschaft Chapada dos
Guimarães, befinden sich bizarre, von Wind und Wetter geformte
Felsformationen, die unter dem Namen Cidade de Pedra (Steinerne
Stadt) bekannt sind. Die Felsen wurden nach ihrer Gestalt benannt:
Cabeça-de-Rei (Haupt des Königs), Camelo (Kamel) oder Dedo-de-
Deus (Finger Gottes).

Caverna Aroe Jari, Gruta da Lagoa Azul
Bereits außerhalb des Nationalparks Chapada dos Guimarães, an der
Straße nach **Campo Verde**, erstrecken sich die 1100 m lange Caverna
Aroe Jari (43 km Fahrt auf ungeteerter Piste sowie eine Stunde Fuß-
marsch) und die Gruta da Lagoa Azul, in deren Gewölbe sich kris-
tallklares Wasser staut (20 Min. zu Fuß von der Caverna Aroe Jari).

Chapada dos Guimarães (Ort)
Das knapp 18 000 Einwohner zählende Städtchen Chapada dos Guimarães wurde von Bandeirantes aus São Paulo gegründet, die auf
den Hochebenen und im Bergland nördlich von Cuiabá Goldadern
aufgespürt hatten. An die Vergangenheit des Ortes erinnern noch einige Gebäude aus dem 18. Jh., wie die Barockkirche **Nossa Senhora
de Santana** von 1779 an der Praça Dom Wunibaldo. Heute dient der
kleine Ort vor allem als Eingangstor zum gleichnamigen Nationalpark. Während des Winterfestes im Juli erwacht der Ort jedoch aus
seiner Lethargie; Übernachtungsmöglichkeiten sind in diesem Zeitraum rar.

Mirante do Centro Geodésico
Knapp 8 km vom Ort Chapada dos Guimarães entfernt, befindet sich
– am Rande der Aussichtsterrasse Mirante do Centro Geodésico, von
der aus man einen exzellenten Blick auf die Cerrado-Landschaft der
Umgebung genießen kann – der geodätische Mittelpunkt Südamerikas (Centro Geodésico).

✱ ✱ Congonhas

Bundesstaat: Minas Gerais (MG)   **Einwohner:** 48 000
Höhe: 871 m ü.d.M.

**Ohne die berühmte Wallfahrtskirche Bom Jesus de Matosinhos wä-
re Congonhas kaum einen Besuch wert. Doch der Ort – 81 km südlich von Belo Horizonte inmitten der einst höchst ergiebigen Goldvorkommen des Rio Maranhão gelegen – besitzt mit der Pilgerstät-
te eines der bedeutendsten Meisterwerke des Minas-Barocks.**

Zudem gilt das der Kirche vorgelagerte Skulpturenensemble von
Aleijadinho (▶ Baedeker Special S. 60) als die wahrscheinlich aus-
drucksstärkste Arbeit des Künstlers.

✱ ✱ Bom Jesus de Matosinhos

Der Bau der berühmten Wallfahrtskirche Bom Jesus de Matosinhos findet seinen Ursprung in
dem Gelübde des seinerzeit schwer
erkrankten Goldschürfers Feliciano
Mendes, im Falle der Genesung ein
Gotteshaus zu errichten. Der aus
Braga in Nordportugal stammende
Abenteurer hielt Wort, stellte sein
eigenes Vermögen für den Bau zur
Verfügung und sammelte zusätzlich
Spenden, um sein Versprechen zu
realisieren.
Im Jahr 1757 wurden die Grund-
mauern errichtet, 1771 – sechs Jahre nach dem Tod Mendes' – war
das der Kirche Bom Jesus do Monte bei Braga ähnelnde Bauwerk
vollendet.
Die 1985 von der UNESCO zum
Weltkulturdenkmal erklärte Basíli-
ca do Senhor Bom Jesus de Matosinhos besitzt zwei hervorragende
Skulpturengruppen von Antônio
Francisco Lisboa, genannt **Aleijadinho** (Krüppelchen): die Specks-

*Bom Jesus de Matosinhos mit dem Skulpturenensemble
von Aleijadinho*

teinstatuen der zwölf Propheten und die holzgeschnitzten Bildnisse
der Kreuzwegstationen; einige hat Manuel da Costa Athayde im Jahr
1818 farbig gefasst.

Zwölf Propheten   Die 1800 bis 1805 entstandenen Skulpturen der biblischen Propheten, die die verschiedenen Ebenen des Kirchenvorplatzes beherrschen, bilden in ihrem wechselseitigen Gestenspiel ein höchst ausdrucksstarkes Ensemble. Von manchen sind sie auch schon als stummer Protest gedeutet worden, andere Experten wiederum sehen in den Figuren mit ihren lateinischen Schriftrollen eine **Anspielung auf die Rebellen der Inconfidência**.

Vorn am Treppenaufgang wird man von Jesaja und Jeremias empfangen. Es folgen Baruch und Hesekiel sowie, auf der Terrasse des Vorplatzes, Daniel, Hosea, Jona und Joel. An den Mauerecken stehen Obadja und Habakuk, ganz außen erblickt man Amos und Nahum. Die Statuen der vier großen Propheten, Jesaja, Jeremias, Hesekiel und Daniel, sind größer als die restlichen acht. Die Bildnisse Daniels und Jonas wurden aus einem einzigen Stein gehauen. Ersterer ist als selbstsicherer junger Mann porträtiert, als Renaissancedavid; Jona zeigt das Gesicht eines Toten, der, aus dem Bauch des Fisches befreit, wieder Leben annimmt.

Kreuzweg   Die lebensgroßen Figuren der zwischen 1796 und 1799 geschaffenen Kreuzwegstationen führen zur Terrasse der Propheten. Sie sind auf sechs Kapellen verteilt, in denen folgende Szenen dargestellt werden: Abendmahl, Christus am Ölberg, Gefangennahme Christi, Verspottung Christi, Dornenkrönung, Kalvarienberg und Kreuzigung. Das Antlitz Jesu in der Kreuzigungsszene gilt als eines der sublimsten, das **Aleijadinho** je geschaffen hat.

Romaria   Ein Stück weiter bergab in westlicher Richtung bilden zwei Türme, die den maurischen Stil der Kreuzwegkapellen fortführen, den Eingang zur wiederaufgebauten Romaria. In einem der langen, niederen Gebäude, die den ovalen Platz umsäumen und in denen früher die Pilger und ihre Tiere unterkamen, ist jetzt ein Museum für Bergbau und sakrale Kunst untergebracht.

Corumbá

Rg 55

Bundesstaat: Mato Grosso do Sul (MS)   **Einwohner:** 100 000
Höhe: 118 m ü.d.M.

Die Hafenstadt am Rio Paraguai, im Westen des Pantanal, war einst ein brasilianisch-portugiesischer Vorposten im Mittelwesten, gegründet nach dem Vertrag von Madrid von 1750, der den Portugiesen die Herrschaft über dieses Gebiet sicherte.

Der ursprüngliche Kern der Stadt, eine Militärgarnison namens Albuquerque, entstand 1778. Im Jahr 1853 wurde der Handelshafen eröffnet und die reguläre Schifffahrt auf dem Rio Paraguai aufgenom-

CORUMBÁ ERLEBEN

AUSKUNFT

Fundcultur Pantanal
Rua 15 de Novembro 659
Tel. (067) 32 31-28 86
www.corumba.ms.gov.br

ANREISE

Flughafen
Aeroporto Internacional
Rua Santos Dumont
Tel. (067) 32 31-33 22

Busbahnhof
Esplanada da Estação
Tel. (067) 32 31-20 33

ESSEN

► Erschwinglich

Ceará
Rua Albuquerque 516
Tel. (067) 32 31-19 30
Hier werden Spezialitäten aus dem
Pantanal serviert.

ÜBERNACHTEN

► Komfortabel

Nacional Palace Hotel
Rua América 936
Tel. (067) 32 34-60 00
www.hnacional.com.br
Gutes Cityhotel mit 130 klimatisiert-
en Apartments, Bar, Restaurant, Pool.

men. Corumbá gilt heute als idealer Ausgangspunkt für Touren ins südliche ►Pantanal. Außer Ausflügen ins Pantanal werden auch Fotosafaris nach Nhecolandia, Nabileque und Paiaguás organisiert.

Sehenswertes in Corumbá und Umgebung

An der Praça da República steht das **Instituto Histórico Luiz de Albuquerque**, Sitz des Museu do Pantanal, in dem präparierte Tiere sowie Geräte und Waffen der indigenen Bevölkerung dieser Region ausgestellt sind. Handarbeiten der Indianer und regionales Kunsthandwerk kann man in der **Casa do Artesão** (Kunsthandwerkerhaus) in der Rua Dom Aquino Corrêa 405, dem ehemaligen Gefängnis, erstehen.

Museu do Pantanal

Das Pantanal-Museum liegt in der Nähe des Rio Paraguai, wo man vor allem die Kais und den Hafen mit den aus dem 19. Jahrhundert stammenden und heute denkmalgeschützten Wohnhäusern ansehen kann. Weiter östlich, ebenfalls am Rio Paraguai, thront in der Rua Cáceres das im 18. Jh. errichtete Forte Junqueira (Anmeldung erforderlich).

Forte Junqueira

In der Nähe des Hafens gibt es neben einem neuen Kongresszentrum auch zwei interessante neue Museen. Das Museu de História do Pantanal (Muhpan), das in einem schönen Kolonialgebäude in der Rua Manoel Cavassa 275 residiert, hat die über 8000 Jahre währende Besiedlung im Pantanal zum Thema. Darüber hinaus enthält es vielfältige Informationen zu Flora und Fauna der Region.

Museu de História do Pantanal und Estação Natureza Pantanal

Die fast benachbarte Estação Natureza Pantanal an der Ladeira José Bonifácio 111 will Besuchern auf sinnliche und interaktive Weise die Tierwelt des Pantanal näher bringen.

Cuiabá

Rg 53

Bundesstaat: Mato Grosso (MT) **Einwohner:** 545 000
Höhe: 176 m ü.d.M.

1718 stießen die Bandeirantes Pascoal Moreiro Cabral und Miguel Sutil aus São Paulo in der Nähe der Flüsse Cuiabá und Coxipó auf reiche Goldlager. Bald darauf wurde die Goldsuchersiedlung unter der Verwaltung von Moreiro Cabral zum Arraial de Cuiabá.

Zur Vila avancierte sie 1727, zur Stadt aber erst 1818, und im Jahr 1823 erklärte man sie schließlich zur Hauptstadt der Provinz Mato Grosso. Cuiabá eignet sich bestens als Stützpunkt für Ausflüge ins ► Pantanal und in den Nationalpark ►Chapada dos Guimarães.

Sehenswertes in Cuiabá

Fundação Cultural de Mato Grosso An der Praça da República beherbergt die Fundação Cultural de Mato Grosso (Kulturstiftung des brasilianischen Bundesstaates Mato Grosso) in einem restaurierten Kolonialhaus ein interessantes **Histo-**

 CUIABÁ ERLEBEN

AUSKUNFT

Centro de Atendimento ao Turista
Praça Rachid Jaudy, Av. Isaac Póvoas
Tel. (065) 30 23-57 94

ANREISE

Flughafen
Aeroporto Int. Marechal Rondon
Varze Grande, Tel. (065) 36 14-25 10

Busbahnhof
Rua J. Rimet, Tel. (065) 36 21-15 15

ESSEN

► **Fein & teuer**
Mahalo
Rua Pres. Castelo Branco 359
Stadtteil Quilombo

Tel. (065) 30 28-77 00
Hervorragende kreative Gerichte

ÜBERNACHTEN

► **Komfortabel**
Eldorado Cuiabá
Avenida Isaac Póvoas 1000
Tel. (041) 36 24-40 00
www.hoteiseldorado.com.br
Die beste Adresse am Ort. 147
klimatisierte Zimmer, Restaurant.

Hotel Deville
Av. Isaac Póvoas 1000
Tel. (065) 33 19-30 00
www.deville.com.br
Die beste Adresse am Ort. 174
Zimmer, sehr gutes Restaurant.

risches **Museum** (Museu Histórico de Mato Grosso), das u. a. über vielfältige zeitgeschichtliche Dokumente des Bundesstaates, Waffen und Gemälde verfügt. Öffnungszeiten: Mo. – Fr. 8.00 – 18.00, Sa. 8.00 bis 16.00 Uhr.

Im Rondon-Museum in der Avenida Fernando Corrêa da Costa, auch **Museu do Indio** (Indianermuseum) genannt, sind Waffen, Kunsthandwerk und Werkzeuge der Urwaldindianer von Mato Grosso ausgestellt, die dem Besucher einen sehr guten Einblick in die Lebensgewohnheiten der Urbevölkerung ermöglichen. Öffnungszeiten: Mo. – Fr. 8.00 – 11.30, 13.30 – 17.30 Uhr.

Museu Rondon

✶ Curitiba

Sa 58

Bundesstaat: Paraná (PR)   **Einwohner:** 1,83 Mio.
Höhe: 934 m ü.d.M.

Curitiba, die Hauptstadt des im Süden Brasiliens gelegenen Staates Paraná, breitet sich auf dem gleichnamigen Hochplateau westlich der Serra do Mar aus.

Wegen ihres durchdachten, modernen Nahverkehrssystems und des ausgedehnten Radwegenetzes sowie den großzügig angelegten Grünflächen genießt sie im ganzen Land den Ruf einer Stadt mit überdurchschnittlicher Lebensqualität. Die zukunftsweisende Stadtplanung, ergänzt durch eine progressive Umwelt- und Abfallpolitik, brachte Curitiba den Titel »Ökologische Hauptstadt Brasiliens« ein.

Sehenswertes in Curitiba

Im Westteil der Stadt, 5 km außerhalb des Stadtzentrums, liegt der Barigüi-Park. Die Grünanlage umfasst einen Wald mit großem See, Sportanlagen, einen Kinderspielplatz, eine Piste für Automodelle und ein Automobilmuseum.

Parque do Barigüi

Vom Zentrum in nordwestlicher Richtung gelangt man über die Avenida Jaime Reis in das überwiegend von Italienern bewohnte Viertel Santa Felicidade, das im 19. Jh. entstanden ist. Italienische Restaurants säumen die ab hier **Avenida Manoel Ribas** genannte Hauptstraße; sie werden vorwiegend von den Wohlhabenden der Stadt besucht. In diesem Stadtteil finden alljährlich im Februar ein Weinfest und an wechselnden Daten die Veranstaltung Quattro Giorni in Italia (Vier Tage in Italien) statt.

Santa Felicidade

Der an der Rua Ostoja Roguski gelegene Park Jardim Botânico mit Gärten und Blumenrabatten ist bekannt für ein Wahrzeichen der

Jardim Botânico

▶ CURITIBA ERLEBEN

AUSKUNFT

Infokiosk vor dem Busbahnhof
Av. Pres. Afonso Camargo 330
Tel. (041) 33 20-31 21

ANREISE

Flughafen
Aeroporto Afonso Pena
Av. Rocha Pombo
Tel. (041) 33 81-15 15

Busbahnhof
Avenida Presidente Afonso
Camargo 330
Tel. (041) 33 20-30 00

STADTBESICHTIGUNG

Linha Turismo
Die 24 wichtigsten Sehenswürdigkeiten der Stadt erschließen eigens
für Touristen bereitgestellte
Jardineira-Busse. Die offen konstruierten Fahrzeuge verkehren
Di. – So. 9.00 – 17.30 Uhr in
halbstündigem Takt auf einem Ring-
kurs. Ein Coupon-System erlaubt vier
Unterbrechungen der Fahrt.

ESSEN

▶ Fein & teuer
① *Boulevard*
Rua Volontários da Pátria 539
Tel. (041) 32 24-82 44
Bestes Restaurant der Stadt; unter
der Leitung des renommierten
Küchenchefs Celso Figueiredo Freire
Filho. Erlesene Weinkarte mit fairen
Preisen.

▶ Erschwinglich
③ *Zea Mais*
Im Hotel San Juan Palace
Rua Barão do Rio Branco 354
Tel. (041) 32 32-39 88
Internationale Küche in zentraler
Lage. Kein Mittagstisch.

▶ Preiswert
② *Bar Palácio*
Rua André de Barros 500
Tel. (041) 32 22-36 26
Traditionelles Haus, spezialisiert auf
Fleischgerichte. Nur Abendessen

ÜBERNACHTEN

▶ Luxus
① *Bourbon & Tower*
Rua Cândido Lopes 102
Tel. (041) 32 21-46 00
www.bourbon.com.br
Businesshotel mit 175 Apartments
und Suiten, Bar, Restaurant, Swimmingpool, Sauna und Fitnessraum.
Teilweise für Rollstuhlfahrer geeignet.

▶ Komfortabel
② *Lancaster*
Rua Voluntários da Pátria 91
Tel. (041) 33 22-89 53
www.lancaster-hoteis.com
Traditionshaus mit 106 geräumigen
Gästezimmern mit Klimaanlage und
Heizung, hoteleigenen Parkplätzen,
gutem Restaurant und Fitness-
zentrum

▶ Günstig
③ *Formule 1*
Rua Mariano Torres 927
Tel. (041) 32 18-38 38
www.formule1.com.br
Ein Haus der in Brasilien weit verbreiteten Kette funktionaler City-
Hotels, in der Nähe des Busbahnhofs
gelegen.

④ *Deville Express*
Rua Amintas de Barros 73
Tel. (041) 33 22-85 58 und
(08 00) 703-18 66
www.deville.com.br
114 Gästezimmer, Parkplätze,
Restaurant und Fitnessraum

Curitiba Orientierung

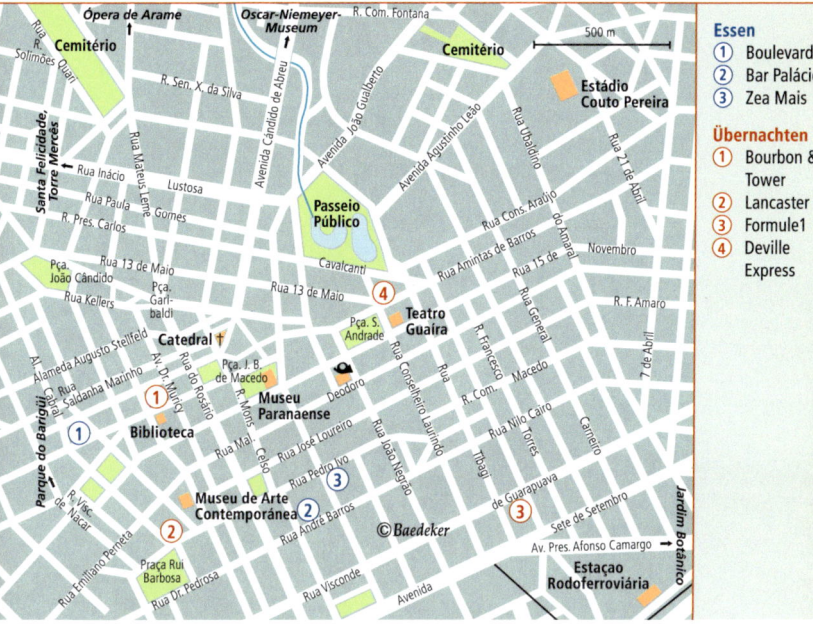

Essen
① Boulevard
② Bar Palácio
③ Zea Mais

Übernachten
① Bourbon &
   Tower
② Lancaster
③ Formule1
④ Deville
   Express

Stadt, eine von einem Londoner Kristallpalast inspirierte Gewächshauskonstruktion. Dort gibt es neben tropischen Pflanzen auch eine Ausstellung mit aus zerstörtem Urwald geschaffenen Objekten des Künstlers Frans Krajcberg zu bestaunen. Öffnungszeiten: tgl. 6.00 bis 20.00 Uhr.

Der schöne Tingüi-Park liegt an der Avenida Fredolin Wolf. Auf seinem Gelände befindet sich eine aus Holz konstruierte Kathedrale mit Zwiebelturm: Der monumentale Bau soll an die Einwanderer aus der Ukraine erinnern.

Parque Tingüi

Das in den 1960er-Jahren errichtete Teatro Ópera de Arame (Drahtoper) ist nicht nur architektonisch interessant; es wurde zudem in einem ehemaligen Steinbruch (Pedreira Paulo Leminski) nördlich des Zentrums an der Rua João Gava errichtet, der zu einem schönen Freizeitpark umgestaltet wurde.
Das in kunstvoller Schlichtheit aus Glas und Rohren konstruierte Opernhaus trägt die Handschrift des Architekten und ehemaligen Bürgermeisters der Stadt, **Jaime Lerner**.

★
Teatro Ópera de Arame

Die Aussicht vom Fernmeldeturm Torre Mercês ist vor allem bei Einbruch der Dunkelheit beeindruckend. Zu dem 110 m hohen **Aus-**

Torre Panorâmica

sichtsturm in der Rua Professor Lycio de Castro Veloso 191 gehört auch ein kleines Telefonmuseum. Öffnungszeiten: Di. – So. 11.00 bis 19.00 Uhr.

Largo da Ordem

Am Largo da Ordem erheben sich einige der ältesten Gebäude von Curitiba: die im Jahr 1737 errichtete Kirche des franziskanischen Laienordens **São Francisco de Chagas** mit dem angrenzenden Museum für Sakrale Kunst, die Kirche Nossa Senhora do Rosário aus dem gleichen Jahrhundert sowie die ebenfalls aus dem 18. Jh. stammende Casa Rosário Martins, das zweitälteste Haus von Curitiba, welches das Historische Archiv der Stadt beherbergt.

Passeio Público

Über die Rua Carlos Cavalcanti gelangt man zum 1866 angelegten Passeio Público. Der rund 7 ha große Stadtgarten ist einer der beliebtesten Treffpunkte der Einheimischen, die hier auf baumreichen Alleen und an einem See mit kleinen Inseln promenieren oder den Tiergarten und das Aquarium besuchen. Gelegentlich finden auf der Promenade auch musikalische Darbietungen statt.

Bosque Papa João Paulo II.

Im Norden von Curitiba befinden sich das Centro Cívico (Bürgerzentrum) und der nach Papst Johannes Paul II. benannte Park mit dem **Einwanderermuseum**, das vornehmlich den polnischen Siedlern gewidmet ist. Ihr Leben wird durch Fotos, Hausrat und Werkzeug veranschaulicht.

Oscar-Niemeyer-Museum

Das 2002 eröffnete Museum (Rua Marechal Hermes 999, Stadtteil Centro Cívico) besteht aus zwei räumlich und zeitlich unabhängig voneinander entstandenen Bauwerken – 35 Jahre liegen zwischen den beiden Teilen – die sowohl über eine der für Oscar Niemeyer typischen Spiraltreppen als auch unterirdisch miteinander verbunden wurden. Der jüngere Trakt misst 3000 m² und ist – in Niemeyers architektonischer Symbolsprache – in Form eines riesigen Auges ausgestaltet. Im Inneren sind in neun verschiedenen Sälen neben Architekturmodellen, Plänen und Zeichnungen des Meisters vor allem **Wechselausstellungen** zu sehen. Öffnungszeiten: Di. – So. 10.00 – 18.00 Uhr.

Umgebung von Curitiba

Parque Regional Iguaçu (Zoológico)

Die Avenidas Floriano Peixoto, das Torres und Centenário führen zum Regionalpark Iguaçu, der 13 km südlich vom Stadtzentrum zwischen den Gemeinden Curitiba und São José dos Pinhais liegt. Dieses 3,1 km² große Naturschutzgebiet verfügt über Seen mit Strand, Fischzuchtbetrieb, Obstgärten und einen Zoo mit über 3000 Tieren 300 verschiedener Spezies.

Estância Ouro Fino

Das Thermalbad Estância Ouro Fino in der 92 000 Einwohner zählenden Gemeinde **Campo Largo**, 46 km westlich von Curitiba, bietet

dem Besucher außer seinen Heilquellen auch einen See, Wald, großzügige Grünflächen und ein Schwimmbad mit alkalischem und eisenhaltigem Wasser. Öffnungszeiten: Di. – So. 7.00 – 18.00 Uhr. 🕐

In der Umgebung von Curitiba liegen mehrere, zur Besichtigung frei-   **Höhlen**
gegebene Höhlen, in nächster Nähe die Höhlen von **Bacaetava** an
der Straße nach Rio Branco do Sul. Etwas weiter stößt man auf die
Höhle von **Lancinhas**, mit ihren 1700 m Länge die größte im Staat
Paraná. Die Höhle von **Campinhas** mit drei verschiedenen Eingängen
befindet sich in dem gleichnamigen staatlichen Park, 72 km hinter
Curitiba an der BR-476.

✴ Parque Estadual da Vila Velha

90 km nordwestlich von Curitiba türmen sich bei der Stadt **Ponta
Grossa** die Felsformationen von Vila Velha auf, die in der Vergangenheit irrtümlich für eine verfallene
Stadt gehalten wurden. In Wirklichkeit haben tektonische Bewegungen und Erosionen in Millionen von Jahren bizarre Felsformationen entstehen lassen.

Besondere Felsformationen: Vom
Eingang des Parks gelangt man zu
Fuß oder per Besucherbus direkt
zu den überhängenden Felsen; ausgeschilderte Wege führen zu den
übrigen Felstürmen, die nach ihrer
Form benannt sind. Leicht zu erkennen sind der Kelch-, der Ka-
mel-, der Indianer- und der Sper-
ber-Felsen.

Rund 20 km außerhalb Ponta
Grossas findet man die **Caldeirões
do Inferno** (Höllenkessel), runde
Öffnungen, die bis zu 107 m tief
sind und einen Durchmesser von
durchschnittlich 80 m haben.

Die von Bäumen gesäumte **Lagoa
Dourada** (Goldene Lagune), ein
wahres Paradies für die Wasserfau-
na der Gegend, wird von einem
unterirdischen Fluss gespeist, dessen erodierender Wirkung das Ein-
stürzen der Felsen und somit letzt-

Die bizarren Felsformationen von Vila Velha

endlich die Entstehung der Höhlen zuzuschreiben ist. Der Grund des Sees ist von einer Glimmerschicht überzogen, die das Wasser bei Sonnenlicht golden schimmern lässt. Die Lagoa liegt bei den Caldeirões do Inferno.

✷✷ Diamantina

Sd 55

Bundesstaat: Minas Gerais (MG)   **Einwohner:** 46 000
Höhe: 1113 m ü.d.M.

Das am Ufer des Tijuco von Edelsteinsuchern gegründete Städtchen Diamantina – Geburtsort von Juscelino Kubitschek de Oliveira (1902–1976), dem früheren Präsidenten Brasiliens und Gründer der Retortenhauptstadt Brasilia – liegt im Jequitinhonha-Tal, im Herzen des Sertão von Minas Gerais. Die von kolonialer Architektur geprägte Stadt wurde von der UNESCO zum Weltkulturerbe erklärt.

Die kleine Siedlung entwickelte sich im 18. Jh. zum Dreh- und Angelpunkt der Serra do Espinhaço, der zentralen Gebirgsregion von Minas Gerais. Zu dieser Zeit war Diamantina – der Name deutet es an – derart reich an Diamanten, dass die Ortschaft unter direkte Verwaltung der portugiesischen Krone gestellt wurde. Ihren Einwohnern enthielt man alle üblichen bürgerlichen Freiheiten vor – lange konnte man Diamantina nur mit einem königlichen Geleitbrief betreten oder verlassen.

Die **Ausbeutung der Edelsteinvorkommen** hatte oberste Priorität, sogar das Goldschürfen wurde hier untersagt. João Fernandes, der von Portugals König in Diamantina eingesetzte Verwalter, war damals der reichste Mann Brasiliens – bis in unsere Zeit berühmt blieb er jedoch wegen seiner leidenschaftlichen Beziehung zur Mulattin Chica da Silva, seiner bildhübschen Haussklavin. Chica erlangte an seiner Seite eine Machtposition wie keine andere Frau ihrer Zeit und residierte in Diamantina im Stil einer Barockfürstin.

100 Jahre Isolation Edelsteine und unermesslicher Reichtum gehören in Diamantina ebenso der Vergangenheit an wie die couragierte Chica, die sich zeitlebens für die Rechte der in den Minen schuftenden Sklaven einsetzte. Infolge der gut 100 Jahre währenden Isolation Diamantinas blieb aber die Kolonialsiedlung nahezu vollständig erhalten – und mit ihr die Erinnerung an Chica und João.

Diamantina mag die am weitesten von Belo Horizonte entfernte historische Stadt von Minas Gerais sein, dennoch lohnt sich die Anreise hierher, auch wegen der reizvollen und vielfältigen Landschaftseindrücke, vor allem auf der Strecke zwischen Curvelo und den Hängen der Serra do Espinhaço.

DIAMANTINA ERLEBEN

AUSKUNFT

Rua Antônio Eulálio 53
Tel. (038) 35 31-80 60
www.diamantina.mg.gov.br

ANREISE

Busbahnhof

Largo Dom João
Tel. (038) 35 31-14 71

VERANSTALTUNGEN

Festa de Corpus Christi

Zu Fronleichnam werden Diamantinas Straßen bunt geschmückt, mit aufwändigen Teppichen aus Sägemehl sowie buntem Sand und Blütenblättern von Azaleen und Bicos-de-Papagaio, eine an Papageienschnäbel erinnernde Kakteenblüte.

Vesperata

Von März bis Oktober an jeweils zwei Samstagen pro Monat erfüllen die Vesperatas die Altstadt mit festlicher Nostalgie. Bei diesen abendlichen Freiluftkonzerten spielen Musiker in den Fenstern und von den Balkonen umliegender Gebäude, während Dirigenten und Publikum sich den Platz und die Tische auf dem Pflaster teilen.

Mercado Municipal

Direkt an der Praça Barão do Guaicuí werden samstags in der städtischen Markthalle aus dem Jahr 1835 Kunstgewerbe aus dem Jequitinhonha-Tal, Liköre, Käse und typische Süßigkeiten zum Kauf angeboten.

ESSEN

► Erschwinglich

① **Trattoria La Dolce Vita**
Rua Vieira Couto 232
Tel. (038) 35 31-84 85
Pasta und traditionelle Gerichte aus Minas Gerais, italienisch inspiriert

► Preiswert

② **Grupiara**
Rua Campos Carvalho 12
Tel. (038) 35 31-38 87
Einfache, aber gehaltvolle regionale Gerichte, nach Rezepten, die teils aus der Sklavenzeit stammen.

ÜBERNACHTEN

► Komfortabel

③ **Pousada do Garimpo**
Av. Da Saudade 265
Tel. (038) 35 32-10 40
www.pousadadogarimpo.com.br
58 Zimmer, z.T. mit Blick auf die Altstadt vor der Serra dos Cristais. Das Restaurant O Garimpeiro gehört zu den besten Adressen in der Stadt.

► Günstig

① **Tijuco**
Rua Macau do Meio 211
Fax/Tel. (038) 35 31-10 22
www.hoteltihuco.com.br
1953 von Oscar Niemeyer entworfene Unterkunft

② **Pousada dos Cristais**
Rua Jogo da Bola 53
Tel. (038) 35 31-28 97
www.diamantinanet.com.br
Kleine Pousada in zentraler Lage; 19 Gästezimmer mit TV

Baedeker-Empfehlung

► Günstig

④ **Pousada Real**
Estrada do Cruzeiro Luminoso
(erreichbar über die BR-367 nach Araçuaí)
Tel. (038) 91 06-85 61 u. 91 06-85 62
www.pousadarealdiamantina.com.br
Etwas für Naturliebhaber: Die Pousada im Gebirge Serra dos Cristais blickt auf den Pico de Itambé und verfügt über einen See.

Sehenswertes in Diamantina

Kolonialbauten Die mit so genannten Pés-de-moleque, einer Art Kopfsteinpflaster befestigten Straßen von Diamantina werden von kolonialzeitlichen Häusern gesäumt. Die Mittelstreifen der Straßen, die Capistrana, bilden hingegen große, glatte Steine.

> ! **Baedeker TIPP**
>
> **Ein Hauch von arabischer Architektur**
>
> Die nach Antônio Torres benannte öffentliche Bibliothek in der Casa do Muxarabiê (Rua da Quintanda 48) verfügt über eine beachtliche Sammlung von Büchern und Manuskripten, die noch aus dem 18. Jh. stammen. Nicht minder sehenswert ist ihre fein gearbeitete Veranda und ihre dezent arabisch inspirierte Fassade. Öffnungszeiten: Mo.–Fr. 14.00–18.00 Uhr.

Besondere Beachtung verdient der Häuserkomplex im historischen Kern des **Arraial do Tijuco**, der Rua do Burgalhau führt, die zur Praça Barão do Guaicuí führt, wo der Mercado dos Tropeiros (Stadtmarkt) abgehalten wird. Sehenswert sind auch die Casa de Chica da Silva und die Casa da Glória (beide s. unten).

Die 1728 errichtete Kirche **Nossa Senhora do Rosário dos Pretos** (Rosenkranzmadonna der Schwarzen) – das älteste Gotteshaus von Diamantina – überragt die Praça do Rosário mit dem Chafariz do Rosário und der von einem Baum umwachsenen Cruz da Gameleira. Ihre Chorkapelle wurde 1779 von **José Soares de Araújo** ausgemalt, der seit 1765 in der Gegend von Diamantina tätig war. In der ersten Oktoberhälfte wird hier die Festa do Rosário gefeiert. Abgesehen von unregelmäßig abgehaltenen Gottesdiensten ist die Kirche für Besucher geschlossen.

N.S. do Carmo Die Karmeliterkirche Nossa Senhora do Ordem Terceira do Carmo wurde zwischen 1760 und 1784 südlich der Praça do Rosário in der Rua Bonfim errichtet. Sie wurde als Chicas Kirche in ganz Brasilien bekannt, weil João Fernandes' kapriziöse Geliebte verlangte, den Glockenturm des Gotteshauses zu versetzen. Im Kirchenschiff verdient vor allem das 1778 bis 1784 ausgeführte **Deckengemälde** Beachtung, das auf engem Raum zusammengedrängt und in düsteren Farben gehalten ist: zwei typische Merkmale der Malerei in der Gegend von Diamantina. Nach Ansicht mancher Experten symbolisieren sie die totale Unterdrückung, der diese Stadt damals ausgeliefert war, und die beklemmenden Gefühle ihrer Bewohner. Dieses Meisterwerk von José Soares de Araújo stellt den Propheten Elias dar, wie er auf dem Feuerwagen gen Himmel fährt.

Palácio Episcopal Der Palácio Episcopal (Bischofspalast) in der Rua do Contrato stammt ebenfalls aus dem 18. Jh. und wurde von Portugals Statthalter João Fernandes de Oliveira errichtet.

Casa de Chica da Silva Zwischen 1763 und 1771 lebten in diesem Haus an der Praça Lobo Mesquita João Fernandes und Chica da Silva, die an seiner Seite von einer Sklavin zur mächtigsten Frau Diamantinas aufstieg. Die Casa de Chica da Silva besitzt eine großzügige Veranda, mehrere Balkone, 18 Zimmer und, im Innenhof, eine kleine Kapelle. Öffnungszeiten: Di.–Sa. 12.00–17.30, So. 9.00–12.00 Uhr.

Museu do Diamante

Das ehemalige Wohnhaus von Padre Rolim, der am Aufstand der Inconfidentes teilnahm, beherbergt heute das Diamantenmuseum (Rua Direita 14). Ausgestellt werden neben Möbeln aus dem 18. Jh. chinesisches und englisches Porzellan, Tabernakel, Dokumente über den Bergbau in Diamantina sowie **Folterinstrumente** für die damaligen Sklaven. Öffnungszeiten: Di.–Sa. 12.00–17.30, So. 9.00–12.00 Uhr.

Casa de J. Kubitschek

An der Rua São Francisco 241 steht das Wohnhaus, in dem der 1976 bei einem Autounfall umgekommene Präsident Juscelino Kubitschek seine Kindheit verbrachte. Zusammen mit einer kleinen Bibliothek werden hier Fotos und Dokumente von ihm aufbewahrt.

São Francisco de Assis

Zu den fraglos schönsten Gotteshäusern Diamantinas zählt die Franziskanerkirche São Francisco de Assis aus dem Jahr 1766. Ihr Portal öffnet sich zur Rua São Francisco, und ihr Hauptaltar ist ganz mit Blattgold überzogen. Die Kirche ist nur für Gottesdienste geöffnet.

Casa da Glória

In der Casa da Glória (Rua da Glória 298), die aus zwei durch eine Holzbrücke miteinander verbundenen, im 18. bzw. 19. Jh. errichteten Trakten besteht, hat eine Außenstelle des Geologischen Instituts Eschwege seinen Sitz. Öffnungszeiten: tgl. 8.00–18.00 Uhr.

Diamantina Orientierung

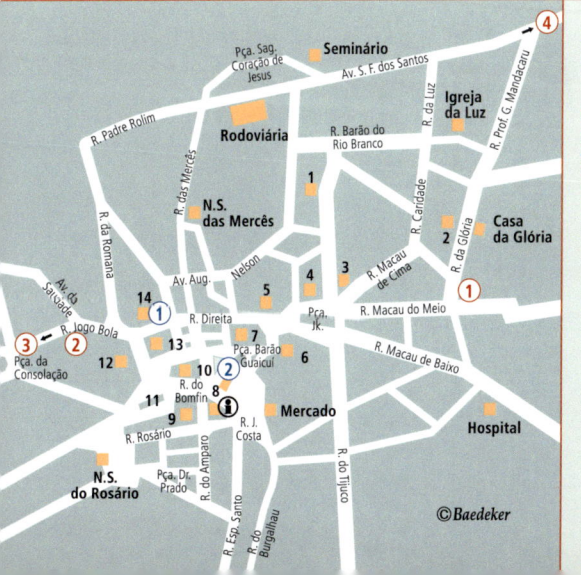

Essen
1. Trattoria La Dolce Vita
2. Grupiara

Übernachten
1. Tijuco
2. Pousada dos Cristais
3. Pousada do Garimpo
4. Pousada Real

1 Casa de J. Kubitschek
2 Santa Casa de Caridade
3 São Francisco de Assis
4 Casa do Forum
5 Museu do Diamante
6 Prefeitura Municipal
7 Catedral Metropolitana
8 Fundação Cultural
9 Capela Imperial do Amparo
10 Capela do Bonfim
11 Casa do Muxarabiê
12 Palácio Episcopal
13 Nossa Senhora do Carmo
14 Casa de Chica da Silva

©Baedeker

Umgebung von Diamantina

✳ Caminho dos Escravos

Die gepflasterte, einst bedeutende Verbindungsstraße zwischen Diamantina und dem Norden von Minas Gerais wird nach ihren unfreiwilligen Erbauern Caminho dos Escravos (Sklavenweg) genannt. Sie beginnt ungefähr 5 km außerhalb der Stadt an der BR-367, unweit der Ausfahrt nach Araçuaí.

Cruz da Serra

Ungefähr 6 km von Diamantina entfernt ragt auf einer Anhöhe an der Straße nach Araçuaí das Kreuz der Serra empor. Von hier kann man die gesamte umliegende Region überblicken.

Gruta do Salitre

Die Salitre-Höhle befindet sich 9 km östlich von Diamantina an der Straße nach Curralino. Sie besitzt vier Hallen, deren größte 5 m hoch und 64 m lang ist.

Vila de Biribiri

Das 10 km von Diamantina entfernte Dörfchen Biribiri, auf 1300 m in der Serra do Espinhaço gelegen, entstand um 1876 mit der Gründung einer Weberei. Seit die Fabrik 1973 stillgelegt wurde, wirkt Biribiri wie eine **Geisterstadt**: 30 Siedlerhäuser, eine Kirche aus dem Jahr 1890, ein Warenhaus, eine Schule und manch andere Gebäude stehen leer; eine ideale Szenerie für Filme wie »Chica da Silva«.

Serro

Das Kolonialstädtchen Serro (21 000 Einw.), 82 km südlich von Diamantina, ist der Geburtsort von Chica da Silva, der späteren **»Herrin von Diamantina«**. Hier sind noch etliche Kolonialbauten erhalten, darunter die Casa dos Otonis an der Praça Cristiano Otoni. An diesem Platz erhebt sich auch die Kirche Senhor Bom Jesus de Matosinhos mit Deckenmalereien aus dem Jahr 1796, die von Silvestre de Almeida Lopes stammen. Beachtung verdienen ferner die Kirchen Nossa Senhora da Conceição, Nossa Senhora do Carmo und Santa Rita. Ein wichtiges Ereignis des städtischen Lebens ist die am ersten Julisonntag gefeierte Festa do Rosário (Rosenkranzfest). Aus diesem Anlass werden die Straßen von Serro mit farbenfrohen Dekorationen aus Sand und Blumen geschmückt.

✶✶ Fernando de Noronha

Sj 47

Bundesstaat: Pernambuco
Höhe: 0 – 322 m ü.d.M.

Bewohner: 3500

Der Archipel Fernando de Noronha umfasst die gleichnamige Hauptinsel und die 20 umliegenden Eilande. Er liegt rund 350 km nordöstlich vom Cabo São Roque. Seit 1988 stehen 11 270 ha des Archipels als Nationalpark unter striktem Naturschutz.

Amerigo Vespucci und Gonçalo Coelho entdeckten die Inselgruppe im Jahr 1503; wegen ihrer günstigen strategischen Lage ließen sich hier später holländische, englische und zuletzt französische Invasoren nieder. Mitte des 19. Jh.s verkam Fernando de Noronha zur Gefängnisinsel – noch während der Militärdiktatur (1964 – 1985) wurden missliebige Oppositionspolitiker auf den entlegenen Archipel verbannt. Während des Zweiten Weltkriegs diente die Hauptinsel alliierten Piloten als Basis. Die für Jagdflugzeuge angelegte Start- und Landebahn nutzen heute Propellermaschinen für Touristen.

Sehenswertes auf Fernando de Noronha

Die Hauptinsel, die einzig bewohnte des Archipels, ist vulkanischen Ursprungs und gipfelt in der 322 m hohen Felsnadel **Morro do Pico**. Heute ist ein großer Teil der Insel und der küstennahen Gewässer als Meerespark (Parque Nacional Marinho de Fernando de Noronha) unter Naturschutz gestellt, dessen Einhaltung die Umweltorganisation Instituto Chico Mendes vor Ort kontrolliert.

✶✶
Meerespark

Neben unverbauten Buchten mit feinsandigen Badestränden – wie der Baía do Sancho, der Baía dos Porcos und der Praia da Atalaia – lohnen einzigartige Tauchreviere die Anreise nach Fernando de Noronha. In den kristallklaren Fluten gedeihen 18 unterschiedliche Korallenarten; neben verschiedenen Haiarten ziehen Delfine vor Fernando de Noronha ihren Nachwuchs auf. Im Sand der Praia do Leão Praia do Leão legen zwischen Januar und Juni Meeresschildkröten ihre Eier ab; der Strand ist ganzjährig zwischen 18.00 und 6.00 Uhr für Badegäste gesperrt.

Unterwasserwelt

Keinerlei Gedränge an den Stränden von Fernando de Noronha

FERNANDO DE NORONHA ERLEBEN

AUSKUNFT

Vila dos Remédios
Palácio São Miguel
Tel. (081) 36 19-13 78
www.noronha.pe.gov.br

ANREISE

Zwischen dem brasilianischen Festland und dem Archipel gibt es keine Schiffsverbindungen, aber Linienmaschinen von Gol und Trip fliegen von Recife (Pernambuco) und Natal (Rio Grande do Norte) nach Fernando de Noronha.

EINREISERICHTLINIEN

Die Zahl der auf der Hauptinsel geduldeten Touristen ist limitiert. Neben den entsprechenden Verordnungen sorgen eine progressiv – von Tag zu Tag – ansteigende Naturschutzgebühr und die Kapazität der Unterkünfte sowie der Zubringerflüge zusätzlich für eine Begrenzung des Fremdenverkehrs. Unmittelbar nach der Ankunft am Flughafen muss die Naturschutzgebühr entrichtet und das Abreisedatum genau festgelegt werden. Möchte man den Aufenthalt später noch verlängern, so ist dies frühzeitig anzumelden (mind. einen Werktag vor der Abreise) und die zusätzliche Gebühr zu zahlen. Tut man dies nicht, wird bei Ausreise der doppelte Betrag fällig.

AUSFLÜGE · TAUCHEN

Bootsausflüge und Tauchgänge, aber auch Unterkünfte, Transport und Ausrüstung vermittelt die von einem Elsässer geleitete Tauchschule Atlantis Divers, Vila dos Remédios, Tel. (081) 36 19-13 71, www.atlantisdivers.com.br

ÜBERNACHTEN

▶ Luxus

Pousada Teju-Açu
Estrada da Alamoa, Boldró
Tel. (081) 36 19-12 77
www.pousadateju.com.br
Eine der schönsten Pousadas der Insel, hervorragendes Restaurant.

Pousada Zé Maria
Rua Nice Cordeiro 1, Floresta Velha
Tel. (081) 36 19-12 58
www.pousadazemaria.com.br
Das Haus wurde bereits mehrfach zur schönsten Pousada Brasiliens gekürt. Toller Pool mit Blick auf den Morro do Pico. Restaurant

▶ Komfortabel

Pousada Monsieur Rocha
Rua Dom Juquinha I 139
Vila do Trinta, Tel. 36 19-12 27
www.pousadamrocha.com
Altbewährte Pousada mit 10 klimatisierten Apartments, alle Kreditkarten werden akzeptiert.

Naturschutz Die Wassertemperaturen liegen im Jahresdurchschnitt bei 26 °C. Die Bedingungen zum Schnorcheln und Tauchen sind in der Trockenzeit (August – Januar) ideal – im Meerwasser reicht die Sicht dann bis zu 50 m weit. Surfer finden vor den Stränden Fernando de Noronhas im Dezember die besten Wellen vor. Bootsausflüge entlang der Westküste der Hauptinsel werden ganzjährig durchgeführt, in der Regel werden die Kutter von Delfinen eskortiert. Der Schutz der intelligenten Meeressäuger ist eines der Anliegen des Parque Nacional Marinho de Fernando de Noronha – über die Vielzahl der anderen Projekte informieren Wissenschaftler und Naturschützer des **Projeto Tamar** allabendlich gegen 20.00 Uhr im zentral gelegenen Besucherzentrum mit Multimediashows. Da es außer diesen Vorträgen nur selten Veranstaltungen und nur wenige Bars gibt, sind die Vorführungen stets gut besucht, wodurch die Notwendigkeit des Schutzes des empfindlichen Korallenbiotops so gut wie jedem Besucher der Inseln verdeutlicht werden kann.

Im Hauptort des Archipels, dem Dörfchen Vila dos Remédios, erinnern die Ruinen des **Forte dos Remédios**, von den portugiesischen Kolonisatoren 1737 erbaut, an die einst strategische Bedeutung der Inselgruppe. Um ihren Anspruch auf den Archipel zu untermauern, bauten die Portugiesen im 18. Jh. weitere, nur noch in Überresten erhaltene Verteidigungsanlagen sowie die gut erhaltene Barockkirche **Nossa Senhora dos Remédios** und den Regierungspalast **São Miguel** als Repräsentationsobjekt weltlicher Herrschaft.

Vila dos Remédios

★★ Florianópolis / Ilha de Santa Catarina

Sa 59

Bundesstaat: Santa Catarina (SC)   **Einwohner:** 400 000
Höhe: 25 m ü.d.M.

Florianópolis ist die teilweise auf der Ilha de Santa Catarina gelegene Hauptstadt des Bundesstaates Santa Catarina. Wegen der herrlichen Strände der Insel und der Fischerdörfer strömen im Sommer Zehntausende von Touristen hierher. Viele der Häuser sind blau-weiß gestrichen, mit schrägen Pultdächern gedeckt und können ihre von den Azoren stammenden Vorbilder nicht verleugnen.

Andere Urlauber lockt die Möglichkeit der Walbeobachtung: Die Meeressäuger sind zwischen Dezember und Mai an der Südküste der Ilha de Santa Catarina, die mittlerweile zum Schutzgebiet für Wale erklärt wurde, selbst vom Strand aus zu beobachten. Florianópolis ist mit dem Festland durch die von Gustave Eiffel konzipierte, 821 m lange und heute für Autos nicht mehr passierbare **Hängebrücke Hercílio Luz** aus dem Jahr 1906 und das erst 1975 eingeweihte Brückenpaar Colombo Sales und Pedro Ivo Campos verbunden.

Der ursprüngliche Kern der Stadt, das Dorf Nossa Senhora de Desterro, wurde im Jahr 1673 durch den Bandeirante Francisco Dias Velho aus São Paulo gegründet. Am 23. März 1726 erhielt es den Rang einer Vila. Damals war es die am stärksten befestigte Siedlung

Geschichte

Die Hercílio-Luz-Brücke verbindet die Ilha de Santa Catarina mit dem Festland.

der gesamten Südküste, eine unentbehrliche Rückendeckung für die Portugiesen der Gaúcho- und La-Plata-Gebiete. Im Jahr 1738 wurde es zum Regierungssitz von Santa Catarina erhoben. Von 1748 an ließen sich hier Einwanderer von den Azoren nieder, die im Süden Brasiliens an Land gegangen waren. Daher bewahrte die Stadt auch weiterhin ihr portugiesisches Flair – trotz der wenige Jahre dauernden Besetzung der gesamten Insel durch die Spanier ab 1777, die Santa Catarina letztendlich gegen Uruguay eintauschten.

Sehenswertes in Florianópolis

Festungen Das Fort von Sant'Ana wurde 1750 unweit der Stelle errichtet, an der heute die Hercílio-Luz-Brücke beginnt. Das über die Avenida Beira Mar Norte erreichbare Bollwerk nimmt das **Waffenmuseum der Militärpolizei** auf. Weitere Festungen schützten die Stadt: die Fortaleza da Nossa Senhora da Conceição von 1742 bis 1744, die Fortaleza de Santo Antônio dos Ratones von 1641 auf der Insel Ratones Grande und die sehenswerte Festung Santa Cruz do Anhatomirim, 1739 bis 1744 auf einer Insel nordöstlich der Ilha Santa Catarina errichtet. Hier wurden 1891, zwei Jahre nach dem Sturz Kaiser Dom Pedros II. und der Ausrufung der Republik, die letzten verbliebenen Royalisten inhaftiert und erschossen. Am besten besucht man diese Küstenbatterie mit einem Schoner vom Strand von Canasvieras aus.

Alfândega Das 1898 wieder aufgebaute, neoklassizistische Zollhaus in der Rua Conselheiro Mafra ist ein Relikt der alten Hafenanlage. Der koloniale Vorgängerbau brannte 1866 vollständig nieder. Nicht alle Bürger der Stadt bedauerten den Vorfall, wurden doch zugleich die Akten des

FLORIANÓPOLIS ERLEBEN

AUSKUNFT

Infokiosk im Busbahnhof
Av. Paulo Fontes
Tel. (048) 32 28-10 95
www.guiafloripa.com.br

ANREISE

Flughafen
Aeroporto Hercílio Luz
Av. Deomício Freitas
Tel. (048) 33 31-40 00

Busbahnhof
Terminal Rita Maria
Avenida Paulo Fontes
Tel. (048) 32 12-31 00

VERANSTALTUNGEN

Im Juli findet in dem Ort Barra da Lagoa auf der Ilha de Santa Catarina die Festa da Tainha, ein Fest azoreanischen Ursprungs, statt. Hauptgericht ist die Tainha (Meeräsche), die in den kalten Mo-naten mit großen Schleppnetzen gefangen wird; doch auch Musik und Tänze aus verschiedenen Regionen Portugals machen den Reiz der Veranstaltung aus.

ESSEN

▶ Fein & teuer
Bistrô d'Acampora
SC-401 in Richtung Canasvieiras, km 10, Santo Antônio de Lisboa
Tel. (048) 32 35-10 73
Saisonal gestaltete Speisekarte mit täglich wechselnden Gerichten; Fisch und Ente gibt es aber fast das ganze Jahr. Zählt zu den besten Restaurants im Großraum Florianópolis.

▶ Erschwinglich
Ostradamus
Rodovia Baldicero Filomeno 7640
Ribeirão da Ilha
Fisch, Meeresfrüchte und vor allem Austern, direkt aus der Bucht vor dem wunderschön gelegenen Restaurant.

ÜBERNACHTEN

▶ Luxus
Costão do Santinho Resort
Rodovia Vereador
O. Lemos 2505, Tel. (048) 32 61-10 00
www.costao.com.br
Strandhotel mit 270 gut ausgestatteten Apartments. Zur Anlage gehören auch Schwimm- und Thermalbecken.

▶ Komfortabel
Florianópolis Palace Hotel
Rua Artista Bittencourt 14
Tel. (048) 21 06-96 33
www.floph.com.br
Traditionelles Stadthotel mit 99 Zimmern, Piano-Bar und Restaurant.

Finanzamtes, das zu jener Zeit im Zollhaus untergebracht war, ebenfalls ein Raub der Flammen. In der Casa da Alfândega wird heute Kunsthandwerk aus der Region verkauft.

Die 1773 fertig gestellte und 1922 vollständig umgebaute Kathedrale steht in der Stadtmitte an der Praça Quinze de Novembro, in der Nähe des Palácio Cruz e Sousa. Im Kirchenschiff wird u. a. die aus dem 19. Jh. stammende Holzskulptur »Flucht nach Ägypten« des Tiroler Bildhauers Ferdinand Demetz aufbewahrt.

Catedral Metropolitana

Florianópolis • Ilha de Santa Catarina

© *Baedeker*

Lagoinha
Ponta das Canas
Praia Brava
Cachoeira do Bom Jesus
Ponta Grossa
Canasvieiras
Jureré
Ingleses do Rio Vermelho
Muquém
Sambaqui
S. João do Rio Vermelho
Santo Antônio de Lisbôa
Ratones
Biguaçu
Parque Florestal do Rio Vermelho
Cacupé
Saco Grande
FLORIANOPOLIS
Itacorubi
Barra da Lagoa
Lagoa
Fortaleza
São José
Joaquina
Palhoça
Rio Tavares
Carianos
Oceano
Tapera
Campeche
Alto Ribeirão
Ribeirão de Ilha
Morro das Pedras
Atlântico
Parque da Lagoa do Peri
Armação
Caiacanguçu
Tapera
Pãntano do Sul
Caieiras da Barda do Sul

Baía
Norte
Baía
Sul

10 km

Wenige Schritte von der Kathedrale entfernt, nimmt das zwischen den Jahren 1770 und 1780 erbaute, in Rosa gehaltene ehemalige Regierungsgebäude das Museu Histórico mit Waffen, Möbeln und historisch bedeutsamen Dokumenten, den Bundesstaat Santa Catarina betreffend, auf. Interessanter als die Exponate des Museums selbst ist die Innenausstattung des Gebäudes: Aus Canela- und Piroba-Holz bestehende Parkettfußböden, prachtvolle Stuckdecken, von gusseisernen Pfeilern gestützt, sowie schmiedeeiserne Geländer erheben den Palácio Cruz e Souza zum schönsten Bauwerk von Florianópolis. Öffnungszeiten: Di. – Fr. 10.00 – 18.00, Sa./So. 10.00 – 16.00 Uhr.

✳
Palácio Cruz e Souza

⊙

In der Rua Victor Meirelles 59, nahe der Praça Quinze de Novembro, wurde das Geburtshaus des Malers Victor Meirelles in ein Museum umgestaltet. Es birgt eine Sammlung von Dokumenten, Skizzen und Studien des einheimischen Künstlers. Einige seiner Gemälde hängen in der Kirche **São Francisco da Ordem Terceira** von 1803, die außerdem mehrere Barockaltäre besitzt.

Museu Victor Meirelles

Weitere Ziele auf der Ilha de Santa Catarina

Das im Norden der Insel gelegene Dorf Santo Antônio de Lisboa mit der Kirche Nossa Senhora da Necessidade von 1750 und dem Kulturzentrum Casa Açoriana vermittelt ein anschauliches Bild azoreanischer Baukunst.

Santo Antônio de Lisboa

◀ weiter auf S. 242

An Bademöglichkeiten mangelt es nicht auf der Ilha de Santa Catarina.

Ein Südkaper, auch Südlicher Glattwal genannt, vor der Küste Santa Catarinas: Früher wurden sie gejagt, heute beobachtet.

LANGSAM, GUTMÜTIG, GEFÄHRDET

Glattwale schwimmen nur relativ langsam. Sie gelten als gutmütig und kommen dem Festland überraschend nah: vor Santa Catarinas Küste sogar bis auf 30 Meter. Walfängern galten die bis zu 17 Meter langen und 50 Tonnen schweren Meeressäuger daher als leichte Beute.

Und als eine verlockende, denn gerade die Glattwale bunkern ihren Energievorrat in einer mächtigen Schicht aus Walspeck, der den Jägern nicht nur guten Profit garantierte, sondern das blutige Handwerk auch noch erleichterte: Sogar harpunierte Glattwale ließ dieser Fettgürtel an der Oberfläche treiben. Nicht verwunderlich, dass die Spezies noch heute zu den weltweit am stärksten bedrohten und dezimierten Walarten zählt.

Fangverbot

Auch in brasilianischen Gewässern wurden Glattwale bis 1973 gejagt, dann schloss die letzte Walfangstation bei Imbituba im südbrasilianischen Bundesstaat Santa Catarina. Die Bestände waren so dezimiert, dass es nahezu eine Dekade dauern sollte, bis die mächtigen schwarzen Tiere vor Santa Catarina wieder gesichtet wurden. Im Jahr 1995 stelle Santa Catarinas Landesregierung Glattwale unter Naturschutz. Fünf Jahre später wurde der gesamte Küstenabschnitt zwischen der Provinzhauptstadt Florianópolis und dem ca. 25 Kilometer südlich des Kaps von Santa Marta gelegenen Seebad Balneário Rincão zu einer (156 000 Hektar großen) **Wal- und Umweltschutzzone** erklärt. Ende 2001 wurde das Instituto Baleia Franca (IBF) gegründet. Zusammen mit dem Partner Vida Sol e Mar Resort in

Praia do Rosa wird das Ziel verfolgt, die Wale zu erforschen und das öffentliche Bewusstsein für den Schutz der Meeressäuger zu schärfen, die das südbrasilianische Schutzgebiet inzwischen wieder in großer Zahl aufsuchen, um sich zu paaren, zu vermehren und ihre Jungen aufzuziehen.

Whale Watching

Im Rahmen dieses Engagements werden neun Meter lange Schlauchboote, die maximal 20 Passagiere aufnehmen, zur Walbeobachtung eingesetzt. Die bis zu zwei Stunden dauernden Törns werden von speziell ausgebildeten Bootsführern geleitet und immer von einem Biologen des Instituto Baleia Franca begleitet. Diese Teams werden entlang des 80 Kilometer langen Küstenabschnitts zwischen **Praia da Pinheira und dem Kap Santa Marta** von am Ufer postierten Walbeobachtern unterstützt, die jedes Auftauchen der Säugetiere, meist Walkühe mit -kälbern, per Funk zum Boot melden.

Zwischen Juli und November

Walbeobachtungsfahrten richten sich weltweit nach dem Verhalten der Wale, nach der See und der Wetterlage. Die Küste vor Santa Catarina besuchen die Meeressäuger zwischen Juli und November, also fernab der touristischen Hochsaison und wäh-

Die Wale kommen bis auf 30 m an die Küste heran.

rend einer Zeitspanne, die auf der südlichen Erdhalbkugel Winter und Frühling umfasst. Weitere Informationen erhalten Sie beim Instituto Baleia Franca/Vida Sol e Mar Resort, Internet: www.vidasolemar.com.br, Fax/Telefon (048) 33 55-61 11 und Telefon (048) 32 54-41 99.

Barra da Lagoa, Lagoa da Conceição

Die blau getünchten Häuschen von Barra da Lagoa, einem Dorf in der Nähe der Lagoa da Conceição im Osten der Insel, wirken ebenfalls wie direkt von den Azoren hierher versetzt. Die Kirche **Nossa Senhora da Conceição** stammt aus dem Jahr 1730. Die Bevölkerung lebt vom Fischfang, von den kunstvollen Klöppelspitzen, die die Frauen anfertigen, und vom Tourismus. Die Lagoa da Conceição, ein unter Naturschutz stehender See, ist eines der meistbesuchten Ziele der Insel.

Jesuitenkloster

Das auf der Spitze des Morro das Pedras erbaute Jesuitenkloster gewährt eine großzügige Aussicht auf das 36 km außerhalb von Florianópolis gelegene Naturschutzgebiet um den Süßwassersee **Lagoa do Peri** sowie auf die Strände Morro das Pedras (nicht zum Baden geeignet) und Armação, beide im Südosten der Insel.

✶ ✶ Strände auf der Ilha de Santa Catarina

Unweit nördlich von Florianópolis liegen die Strände von Cacupé, Santo Antônio de Lisboa, Sambaqui und Santinho; während des antarktischen Sommers (Dez. – Febr.) sind sie ausnahmslos alle stark besucht. Nicht minder beliebt sind die sich gegenüber der Ilha do Francês erstreckenden Strände Canasvieiras und Praia de Jurerê mit den Ruinen der Festung São José da Ponta Grossa von 1741 im Nordwesten der Insel. Wellenreiter bevorzugen hingegen die betriebsame **Praia dos Ingleses** (Strand der Engländer) an der dem Atlantik zugewandten Nordostflanke der Ilha de Santa Catarina. Unweit dieses Küstenabschnitts stehen auch zwei der ältesten Kirchen der Insel: São João Batista aus dem Jahr 1740 in der Gemeinde Rio Vermelho und São Francisco de Paula, 1750 kurz hinter dem Canasvieiras-Strand errichtet. Ebenfalls dem Atlantik zugewandt sind die ausgedehnten, feinsandigen Badestrände Joaquina und Moçambique sowie – weiter südlich – die Buchten von Campeche, Morro das Pedras und Armação. Am 17 km von Florianópolis entfernten Joaquina-Strand finden bedeutende nationale und internationale Surfwettbewerbe statt.

✶ Fortaleza

Bundesstaat: Ceará (CE)
Höhe: 21 m ü.d.M.

Einwohner: 2,5 Mio.

Fortaleza, die Hauptstadt von Ceará, wichtiger Hafen und Fremdenverkehrszentrum, ist die fünftgrößte Stadt Brasiliens. Sie entstand aus dem Fort Schoonenborch, das die Holländer 1649 an der Mündung des Pajeú-Flusses in der Mucuripe-Bucht errichtet hatten.

Wenig später, im Jahr 1654, fiel die Festung an die Portugiesen und wurde unter dem neuen Namen Fortaleza de Nossa Senhora da Assunção, nach dem die heutige Stadt benannt ist, zum Sitz einer Capitania. Heute ist Fortaleza in ganz Brasilien als günstiger Einkaufsort für Lederwaren und Textilien bekannt. Bei brasilianischen und ausländischen Touristen gleichermaßen beliebt sind die schönen Strände um Fortaleza sowie die lebhaften Forro-Kneipen. Forro, ein foxtrottähnlicher Volkstanz, wird hier von Jung und Alt getanzt.

Sehenswertes in Fortaleza

Im 1850 bis 1856 erbauten ehemaligen Gefängnis (Casa da Detenção) in der Rua Senador Pompeu 350 bieten heute zahlreiche Geschäfte einheimisches Kunsthandwerk zum Kauf an.

Centro de Turismo

Im Stadtzentrum, der Praça José de Alencar zugewandt, wurde 1910 das Theatro José de Alencar, eine prächtige Eisenkonstruktion im Jugendstil, eingeweiht. Der sich zu einem Garten öffnende Innenhof trennt die Vorhalle und das Foyer von dem Theatersaal. Die Logen sind nach Werken von José de Alencar (1829–1877), dem berühmtesten Dichter Cearás und Autor des **Indianer-Epos »Iracema«**, benannt. Der das Theater umgebende Landschaftsgarten wurde von Roberto Burle Marx (1909–1994) entworfen.

✷ ✷ Theatro José de Alencar

Spielsalon in Fortaleza

▶ FORTELEZA ERLEBEN

AUSKUNFT
Rua Senador Pompeu 350
Tel. (085) 31 01-55 08
www.fortalezaconvention.com.br

ANREISE
Flughafen
Aeroporto Pinto Martins, Serrinha
Tel. (085) 33 92-10 30

Busbahnhof
Avenida Borges de Melo 1630
Fátima
Tel. (085) 32 30-11 11

AUSGEHEN
Pirata Bar
Das Nachtlokal in Iracema ist – quer durch alle Generationen – Kult! Es öffnet nur montags von 20.00 bis 5.00 Uhr und ist immer brechend voll. Exzellente Live-Bands heizen mit Forró und Axé ein (Rua dos Tabajaras 325, Praia de Iracema, www.pirata. com.br).

ESSEN
▶ Erschwinglich
Faustino
Av. Beira Mar 3821
Stadtteil Meireles
Tel. (085) 32 63-15 30
Vornehmes Restaurant mit tollem Meerblick, hier ergänzen sich zuvorkommender Service und die kreative Zubereitung regionaler Spezialitäten auf ideale Weise. Besonders empfehlenswert: Fisch und Languste.

▶ Preiswert
Colher de Pau
Rua Ana Bilhar 1178
Stadtteil Varjota
Tel. (085) 32 67-37 73
Nordostbrasilianische Küche. Hausspezialität ist Carne de Sol.

Marquinhos Delícias Cearenses
Av. Beira Mar 4566
Stadtteil Mucuripe
Tel. (085) 32 63-12 04
Einfaches Lokal, aber traditionell gute Fischgerichte.

ÜBERNACHTEN
▶ Luxus
Gran Marquise Hotel
Av. Beira Mar 3980
Stadtteil Mucuripe
Tel. (085) 40 06-50 00
www.granmarquise.com.br
Das beste Hotel der Stadt liegt direkt an der Uferpromenade und bietet von vielen Zimmern sowie der schönen Pool-Terrasse eine wunderschöne Aussicht auf die Bucht. Modern und geschmackvoll eingerichtet.

▶ Komfortabel
Marina Park Hotel
Avenida Presidente Castelo Branco 400
Tel. (085) 40 06-95 95
www.marinapark.com.br
Das Hotel liegt etwas abseits der touristischen Attraktionen und bietet 315 geräumige Apartments, ein gutes Restaurant, Tennisfelder, Pool und viel Platz zum Spielen für Kinder.

▶ Günstig
Villa Mayor
Rua Visconde de Mauá 151
Stadtteil Meireles
Tel. (085) 34 66-19 00
www.villamayor.com.br
Gemütliches und freundliches Hotel in der Nähe des Stadtstrandes mit gutem Preis-Leistungs-Verhältnis. Das Haus wurde bereits zum besten Dreisterne-Hotel Brasiliens gewählt. Pool vorhanden. Reservierung wird empfohlen.

Fortalezas Automobilmuseum in der Avenida Desembargador Manoel Sales de Andrade 70 verfügt über eine sehenswerte Oldtimersammlung: Knapp 60 Fahrzeuge, von der Thin Lizzy, dem Ford Modell T aus dem Jahr 1917 bis zum VW Käfer von 1959, können bewundert werden.

Museu do Automóvel

Im Rahmen einer umfassenden Restaurierung des alten Stadtteils Iracema erhielt auch die **Ponte dos Ingleses** (Brücke der Engländer) eine Verjüngungskur. Seither reihen sich einige Bars und Kioske auf dem 130 m in den Atlantik hinausragenden Bootsanleger, den ein britisches Unternehmen 1925 konstruierte, aneinander. Und die zum Meer hin abnehmende Beleuchtung des Bootsstegs macht Fortalezas eisernes Wahrzeichen zu einem beliebten Treffpunkt frisch verliebter Pärchen.

Iracema

An die 1950er-Jahre, als das Iracema-Viertel Hochburg der Bohemiens war, erinnert das unter Denkmalschutz stehende Gebäude des ehemaligen Restaurants Estoril.

Alle **Stadtstrände** Fortalezas – Praia Formosa, Praia de Iracema, do Ideal, do Diário, do Meireles, do Mucuripe – besitzen zwar keine ausreichende Wasserqualität mehr (was die Einheimischen nicht schreckt), dafür aber eine reiche Auswahl unterschiedlichster Restaurants und Nachtlokale. An der **Praia do Meireles** und an dem für seine Jangadas (flach konstruierte Segelboote) bekannten Mucuripe-Strand, beide im östlichen Stadtbereich, beginnen Tagesausflüge mit größeren Booten, die selbst entlegene Küstenabschnitte anlaufen. Mit Taxi oder regulären Stadtbussen kann man bequem an die 11 km vom Zentrum entfernte **Praia do Futuro** gelangen, die bis zu 30 m hohe Dünen und relativ sauberes Wasser besitzt.

> **! Baedeker TIPP**
>
> **Ausflug nach Baturité**
>
> Lohnend ist ein Ausflug von Fortaleza – die Busse starten morgens vom Busbahnhof in der Avenida Borges de Melo – in das rund 100 km südwestlich gelegene Baturité. In dem kleinen Gebirgsstädtchen sind noch mehrere Bauten aus der Kolonialzeit, u. a. die Hauptkirche Nossa Senhora da Ralma von 1764, erhalten geblieben. Von Baturité pendeln Busse zum 20 km entfernten Gebirge der Serra de Guaramiranga. Neben den zahlreichen Wasserfällen zählt der Pico Alto (1115 m), Cearás höchster Gipfel, zu den beliebtesten Ausflugszielen der Serra.

Umgebung von Fortaleza

Nordwestlich und südöstlich von Fortaleza erstrecken sich schöne, mit Dünen und Palmenhainen durchsetzte Strände: im Nordwesten, zwischen Fortaleza und Camocim, z. B. die Praias de Taíba, de Lagoinha, de Flexeiras, de Mundaú, de Icaraí, Cumbuco, Jericoacoara (▶Camocim S. 203) und viele andere.
Etwas über 20 km südöstlich von Fortaleza liegt das Seebad Porto das Dunas mit dem Beach Park, wo man Buggys, Boote und Wassersportausrüstungen mieten kann.

Strände bei Fortaleza, Porto das Dunas

Aquiraz   Im 70 500 Einwohner zählenden Küstenort Aquiraz, in der Nähe von Porto das Dunas und 31 km südöstlich von Fortaleza, blieben einige sehenswerte Kolonialbauten erhalten. In dem 1699 gegründeten Städtchen verdienen die Ruinen des Jesuitenkollegs und die Gebäude an der Praça Cônego Araripe – die Kirche **São José de Ribamar** von 1756 und das gleichfalls aus dem 18. Jh. stammende Museum für Sakrale Kunst, ebenfalls nach dem Schutzheiligen von Ceará, São José de Ribamar, benannt – besondere Beachtung.

✳
Beberibe   In der näheren Umgebung von Beberibe (83 km südöstlich von Fortaleza) sind einige der schönsten Strände des Nordostens zu finden: Morro Branco (4 km von Beberibe), die Praia das Fontes (10 km) mit einer kleinen Felsenhöhle – **Mãe d'Água** –, die bei Ebbe aus dem Meer auftaucht, Marambaia (15 km), Barra de Sucatinga (18 km) und Pirajuru (42 km). An den ersten beiden Stränden rauschen Süßwasserkaskaden von den Hügeln herab.

Foz do Iguaçu

Rh 58

Bundesstaat: Paraná (PR)   **Einwohner:** 320 000
Höhe: 164 m ü.d.M.

Die Stadt Foz do Iguaçu im Dreiländereck Brasilien, Paraguay und Argentinien ist, wenngleich ausgesprochen reizlos, eines der wichtigsten Fremdenverkehrszentren in ganz Brasilien.

Die Hauptanziehungspunkte in der Umgebung sind die berühmten Wasserfälle von Iguaçu im gleichnamigen Nationalpark und das Wasserkraftwerk Itaipu.

✳ ✳ Cataratas do Iguaçu

Der Rio Iguaçu entspringt auf ungefähr 1300 m Höhe, 500 km östlich der Wasserfälle in der Serra do Mar. Kurz bevor der hier 4 km breite Strom an der Grenze zwischen Brasilien und Argentinien in den **Rio Paraná** mündet, wird er schmäler und bildet durch rückschreitende Erosion ein gut 80 m hohes Basaltplateau, von dem seine Wassermassen in einem 2,7 km weiten Halbkreis donnernd in die Tiefe stürzen. In der Regenzeit überwinden bis zu 6500 m³ Wasser pro Sekunde das Gefälle und bilden bis zu 272 Kaskaden – das wohl spektakulärste Naturschauspiel Brasiliens.

Legende der Caingangues   Zahlreiche indianische Legenden ranken sich um die Katarakte von Iguaçu. Nach den Vorstellungen der **Caingangues-Indianer** sind die Fälle das Werk des betrogenen Schlangengottes M'Boi, der sich um die Zuneigung des Indianermädchens Naipi bemühte. Diese zog die

FOZ DO IGUAÇU ERLEBEN

AUSKUNFT

Informação Turística
Flughafen: Tel. (045) 35 21-42 76

Busbahnhof (Avenida Costa e Silva):
Tel. (045) 39 01-35 75
www.fozdoiguacu.pr.gov.br

Parque Nacional do Iguaçu
Tel. (045) 35 21-44 00
www.cataratasdoiguacu.com.br

ANREISE

Flughafen
Aeroporto Internacional
Rodovia das Cataratas
Tel. (045) 35 21-42 00

Busbahnhof
Avenida Costa e Silva
Tel. (045) 35 22-25 90

AUSGEHEN

Brasilianer lieben Glücksspiele,
müssen aber, um auf Pair oder
Impair, Schwarz oder Rot setzen zu
können, zumindest in Foz do Iguaçu
nachts über die Grenze nach Argentinien oder Paraguay. In und rings um
die dortigen Kasinos konzentriert sich
das regionale Nachtleben.

ESSEN

▶ **Erschwinglich**
Búfalo Branco
Rua Eng° Rebouças 530
Tel. (045) 35 23-97 44
Altbewährte Churrascaria mit Rodízio
(gegrilltes Fleisch vom Spieß)

Tempero da Bahia
Rua Marechal Deodoro 1228
Tel. (045) 35 72-91 87
Hier wird nach afro-brasilianischen
Rezepten aus Bahia gekocht.

ÜBERNACHTEN

▶ **Luxus**
Hotel das Cataratas
Rodovia das Cataratas, km 24,5
Parque Nacional do Iguaçu
Tel. (045) 21 02-70 00
www.hoteldascataratas.com.br
Das einzige Hotel direkt bei den
Wasserfällen. Exzellente Restaurants.

▶ **Günstig**
Del Rey
Rua Tarobá 1020
Tel. (045) 21 05-75 00
www.hoteldelreyfoz.com.br
42 Zimmer in zentraler und trotzdem
ruhiger Lage.

Liebe des Sterblichen Tarobá vor. Ihre gemeinsame Flucht auf einem
Kanu entlang des Rio Iguaçu vereitelte der Verschmähte mit einem
zerstörerischen Schwanzschlag, der die Schlucht entstehen ließ, in
die sich die Wassermassen bis heute stürzen. Das Liebespaar ertrank
in den nunmehr tosenden Fluten des vormals träge dahinfließenden
Flusses. Tarobá verwandelte sich posthum in eine die Fälle überra-
gende Palme, Naipi in einen Fels am Fuß der Wasserfälle – auf alle
Ewigkeit verdammt, sich nahe, nicht jedoch nahe genug zu sein. Bei
genauem Hinhören kann man noch heute das schallende Hohnge-
lächter M'Bois vernehmen, meist wird es aber durch die tosenden
Wassermassen übertönt.

Aussichtspunkte

Man kann diese Symphonie aus Gischt, Wasserkaskaden, Nebelschwaden, schillernden Regenbogen und brodelnden Fluten vom Hubschrauber aus beobachten – oder von einem der zahlreichen Aussichtspunkte in der Umgebung der Wasserfälle. Mehrere Stege wurden sogar bis zu den Stellen gebaut, an denen die Fluten über das Plateau schießen und tosend in den Abgrund stürzen. Durch einen Aufzug ist die Aussichtsplattform beim **Floriano-Fall**, unweit des Hotels Tropical das Cataratas, besonders leicht zu erreichen.

Garganta do Diabo

Spektakulärer Blickfang der Wasserfälle ist eine Stelle, die den bezeichnenden Namen Garganta do Diabo (Teufelsrachen) trägt. In diesen V-förmigen Einschnitt in das Felsplateau ergießen sich auf engstem Raum 14 Wasserfälle – ein wahrlich infernalisches Szenario.

✷ ✷ Parque Nacional do Iguaçu

Öffnungszeiten:
tgl. 9.00 – 17.00

Die Iguaçu-Wasserfälle werden von zwei Nationalparks eingeschlossen – auf argentinischer und auf brasilianischer Seite. Argentiniens **Parque Nacional del Iguazú** (55 000 ha) wurde bereits 1934 ausgewiesen, fünf Jahre später folgte Brasilien und stellte 185 265 ha Regenwald als **Parque Nacional do Iguaçu** unter Naturschutz. Seit 1986 steht das gesamte Gebiet auf der Liste des UNESCO-Weltnaturerbes.

Flora und Fauna

Auf brasilianischer Seite liegt der Eingang zum Iguaçu-Park knapp 25 km östlich der Stadt Foz do Iguaçu an der Rodovia das Cataratas. Neben den weltberühmten Wasserfällen schließt das Schutzgebiet den Lauf des Rio Floriano und – als **größtes Waldschutzgebiet Südbrasiliens** – unterschiedlichste Vegetationszonen, teils sogar mit Pflanzen, die andernorts nicht mehr anzutreffen sind, ein. Während im Norden des Nationalparks v. a. Pinien und Araukarien gedeihen, bestimmen niedrigere Laubbäume das Bild der Galeriewälder entlang der Flüsse. Sie beherbergen rund 1100 Vogelarten, 700 Schmetterlingsspezies und zahlreiche kleine und größere Säugetiere, darunter Hirsche, Otter, Ozelote und Wasserschweine. Von der Stadt führt eine Schnellstraße (Rodovia das Cataratas), am Flughafen und dem Convention Center vorbei, durch den Park bis zu den Wasserfällen.

Aus Argentinien kommend

Einen alternativen Zugang zum Nationalpark gibt es auf der argentinischen Seite vom dortigen Besucherzentrum. Von hier führt der nicht ganz 1000 m lange **Paseo Superior** (Oberer Weg) zum Salto Mbiguá und eröffnet den Ausblick auf die Isla San Martín und den gleichnamigen Wasserfall. Der Paseo Inferior (Unterer Weg) folgt dem Verlauf der Fälle auf niedrigerer Ebene. Eine kleine Elektrobahn transportiert die Besucher zu einem Steg über dem Fluss, auf dem man schließlich direkt zum tosenden Zentrum der Garganta do Diabo gelangt.

Die Wasserfälle von Iguaçu ➜

✳ Parque das Aves

Unmittelbar vor dem Besucherzentrum am Eingang des National-parks erstreckt sich das 4 ha große Gelände des Parque das Aves. In Käfigen und geräumigen, teils begehbaren Volieren werden über 900 Vögel aus aller Welt gehalten. Der Eingang des Vogelparks ist an der Rodovia das Cataratas. Öffnungszeiten: tgl. 8.30 – 17.30 Uhr.

Ecomuseu de Itaipu

Zu den Exponaten des Ecomuseu de Itaipu zählen Fotos, indianische Gebrauchsgegenstände und ausgestopfte Tiere. Das Ecomuseu liegt an der Zufahrt nach Itaipu, an der Avenida Tancredo Neves, ungefähr 10 km außerhalb der Stadt Foz do Iguaçu.

> **! Baedeker TIPP**
>
> **Auf Safari**
>
> Innerhalb des Iguaçu-Nationalparks organisiert Macuco Sáfari (Rodovia das Cataratas) kombinierte Jeep- und Bootstouren. Die Ausflüge dauern knapp zwei Stunden, führen mit geländegängigen Fahrzeugen 3 km durch die Galeriewälder, zu Fuß 600 m zum Macuco-Wasserfall sowie per Schlauchboot zu den Kaskaden der Garganta do Diabo. Tel. (045) 35 74-42 44, www.macucosafari.com.br

Die Avenida General Meia führt von Foz do Iguaçu nach Porto Meira und zum **Marco das Três Fronteiras**, dem Grenzstein beim Dreiländereck von Brasilien, Argentinien und Paraguay.

An dieser Stelle, ungefähr 7 km vor der Stadt, mündet der Rio Iguaçu in den Paraná-Strom; außerdem bietet sich vom Grenzstein Marco das Três Fronteiras ein hervorragender Ausblick auf die Grenzen Argentiniens und Paraguays sowie auf die umliegende Region.

Umgebung von Foz do Iguaçu

Puerto Iguazú

In Puerto Iguazú, der argentinischen Grenzstadt, die mit Brasilien durch die Tancredo-Neves-Brücke verbunden ist, decken sich viele Brasilianer mit preisgünstigen argentinischen Erzeugnissen wie Leder- und Wollwaren ein. Daher wird der Grenzverkehr der Einheimischen mitunter ziemlich penibel kontrolliert.

Dreiländereck

Touristen können sich im Dreiländereck dagegen frei bewegen. Tagsüber fahren Busse von der brasilianischen Seite in stündlichen Intervallen nach Puerto Iguazú und nach Ciudad del Este (Paraguay). Auch der Grenzübertritt bei Nacht ist nichts Ungewöhnliches, schließlich locken die Roulette- und Black-Jack-Tische des Kasinos von Iguazú nicht wenige Brasilianer nach Argentinien.

Ciudad del Este

Nach Ciudad del Este in Paraguay gelangt man über die **Ponte da Amizade** (Freundschaftsbrücke), die sich 8 km von Foz do Iguaçu über den Rio Paraná spannt. Täglich strömen Tausende von Besuchern dorthin, um sich mit zollfreien Waren aus aller Welt einzudecken. Am Ufer des Flusses verbreitet das Kasino Acaray einen Hauch von Las Vegas.

Iguaçu *Orientierung*

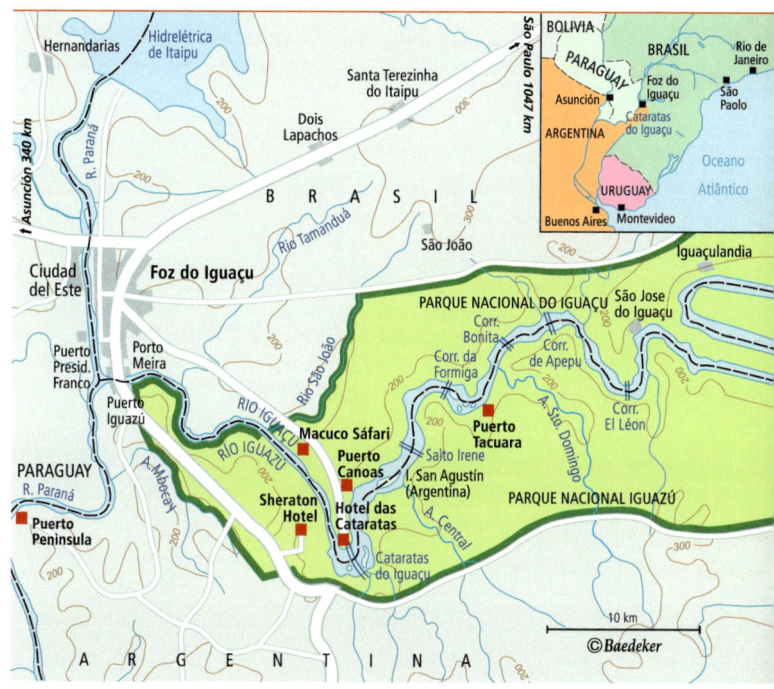

✴ Usina Hidrelétrica de Itaipu Binacional

Das riesige Wasserkraftwerk Itaipu, etwa 10 km nördlich von Foz do Iguaçu, zählt zu den pharaonischen Projekten aus der Zeit der brasilianischen Militärdiktatur. Erbaut wurden der 196 m hohe und 7760 m lange Staudamm und das Kraftwerk – ein brasilianisch-paraguayisches Joint-Venture-Projekt – zwischen 1975 und 1984 als Reaktion auf den weltweiten Ölpreisschock.

Die Usina Hidrelétrica da Itaipu Binacional wird aus dem sich nach Norden ausdehnenden **Stausee des Paraná** gespeist und verfügt über 18 Turbinen, die ein Viertel des brasilianischen und ca. 80 % des paraguayischen Energiebedarfs produzieren. Itaipu ist das **größte Wasserkraftwerk Südamerikas**, zudem eine der gewaltigsten Anlagen dieser Art auf der Welt. Täglich von 8.00-15.30 Uhr finden Führungen (per Bus) statt. An Freitagen und Samstagen sind um 20.00 Uhr nächtliche Besuche der effektvoll erleuchteten Anlage möglich. Im Besucherzentrum (Centro de Visitantes) werden die einzelnen Bauphasen durch audiovisuelles Material veranschaulicht. Staudamm und Kraftwerk liegen am Ende der Avenida Tancredo Neves.

Führungen

✳ Goiás

Bundesstaat: Goiás (GO)   **Einwohner:** 25 000
Höhe: 496 m ü.d.M.

Die Stadt Goiás, seit 2001 Weltkulturerbe der UNESCO, entstand während der Goldgräberzeit. Sie geht auf die Siedlung Arraial de Santana zurück, die Bartolomeu Bueno 1727 gegründet hatte.

Er war der Sohn Bartolomeu Bueno da Silvas, des mit dem Beinamen Anhangüera bedachten Bandeirante aus São Paulo, der im Jahr 1682 in die Wildnis von Goiás vorstieß. 1739 wurde die Siedlung am Rio Vermelho, wo ergiebige Goldvorkommen entdeckt worden waren, in Vila Boa de Goiás umbenannt.

Sehenswertes in Goiás und Umgebung

✳
São Francisco de Paula

Die Igreja Nossa Senhora do Carmo (1756) sowie die Kirchen São Francisco de Paula (1761) und Santa Barbara (1780) gehören zu den ältesten Bauten der Stadt. Der Glockenturm der Kirche São Francisco de Paula ist mit Holz verkleidet, die Decke der Chorkapelle mit Gemälden von **André Antônio de Conceição** geschmückt. Die Skulptur

Nach Gold wird in Goiás nicht mehr gesucht, aber nach Edelsteinen.

▶ GOIÁS ERLEBEN

AUSKUNFT

www.cidadeshistoricas.art.br/goias

ANREISE

Busbahnhof
Avenida Dario de Paiva
Tel. (062) 33 71-15 10

VERANSTALTUNGEN

Die Prozession der »Begegnung der Bildnisse der Mater Dolorosa und des Passionschristus«, die zwei Wochen vor der Karwoche stattfindet, leitet in Goiás die vorösterlichen Zeremonien ein. Eine Woche vor der Karwoche wird die Prozession der Mater Dolorosa, am Sonntag davor die Palmsonntagsprozession abgehalten. Eines der wichtigsten Ereignisse der Karwoche ist die Mittwochnacht stattfindende Procissão do Fogaréu, anlässlich derer alle Lichter in der Stadt erlöschen. Unter Trommel- und Trompetenklängen ziehen in Kapuzen gehüllte Gestalten mit brennenden Fackeln durch die Straßen; es sind die Farricocos, eine Verkörperung der Prätorianergarde, die Jesus gefangen nahm. In den darauf folgenden Tagen werden die Prozessionen der Kreuzabnahme und der Grablegung abgehalten; am Karsamstag wird der Verräter Judas symbolisch verbrannt.

Das Fest des Heiligen Geistes, 40 Tage nach Ostern, bildet den Abschluss der religiösen Feierlichkeiten.

EINKAUFEN

Associação dos Artesãos de Goiás
Largo do Rosário
Kunsthandwerk aus der Region

ESSEN

▶ Preiswert

Goiás Ponto Com
Praça do Coreto 19
Tel. (062) 33 71-16 91
Regionale Küche, mittags preiswerte Tellergerichte

ÜBERNACHTEN

▶ Komfortabel

Fazenda Manduzanzan
Cachoeira das Andorinhas
(8 km außerhalb von Goiás)
Tel. (062) 99 82-33 73
www.manduzanzan.com.br
Bestes Haus am Ort. An den Wochenenden oft ausgebucht.

▶ Günstig

Hotel Casa da Ponte
Rua Moretti Foggia
Tel. (062) 33 71-44 67
Gepflegte Gästezimmer mit Klimaanlage, Ventilator und TV

---

des Schutzheiligen, ebenfalls in der Chorkapelle, schuf der Bildhauer Veiga Vale aus Goiás im 19. Jh. nach barocken Mustern. Die Decke des Kirchenschiffs wurde 1869 ausgemalt, ist allerdings noch Stilmustern des 18. Jh.s verpflichtet.

Die Kirche Nossa Senhora da Boa Morte an der Praça Castelo Branco entstand 1779 aus einer älteren Kapelle. Hier ist das **Museum für sakrale Kunst** untergebracht, in dem 36 der insgesamt 200 Veiga Vale zugeschriebenen Skulpturen zu sehen sind.

N.S. da Boa Morte

Museu das
Bandeiras

Das Museu das Bandeiras befindet sich in der ehemaligen Câmara e Cadeia Pública (Stadtverwaltung und Gefängnis) an der Praça Brasil Caiado, die 1766 unter Dom José I. erbaut wurde. Die einen Meter dicken Steinmauern blieben bis heute gut erhalten. Zu den Beständen des Museums zählen **Folterwerkzeuge** aus der Zeit der Sklaverei, ferner kirchliches Mobiliar, Gemälde, Silbergeschirr, Dokumente und Handarbeiten der Carajá-Indianer. Öffnungszeiten: Di. – Sa. 9.00 bis 17.00, So. 9.00 – 13.00 Uhr.

Casa de Cora
Coralina

In diesem Haus an der Rua D. Cândido 20, erbaut 1784, lebte die in Goiás geborene Dichterin Cora Coralina. Hier kann man Fotos, Möbel und Videos über ihr Leben und Werk sehen. Öffnungszeiten: Di. – Sa. 9.00 – 17.00, So. 9.00 – 16.00 Uhr.

Palácio do
Conde dos Arcos

In Goiás haben sich noch mehrere andere Bauten aus dem 18. Jh. erhalten, z. B. der in ein Kulturzentrum umgewandelte Palácio do Conde dos Arcos aus dem Jahr 1756 mit Mobiliar aus der damaligen Zeit und das Quartel do 20, eine Infanterie-Kaserne von 1747.

Balneário
Santo Antônio

Elf Kilometer nördlich von Goiás locken Bademöglichkeiten und Zeltplätze des beliebten Balneário Santo Antônio. Die von der Natur geformten Schwimmbecken sind über die Landstraße GO-070 erreichbar und besonders an Wochenenden gut besucht.

Guarujá

Sb 57/58

Bundesstaat: São Paulo (SP)   **Einwohner:** 304 000
Höhe: 5 m ü.d.M.

Guarujá auf der Insel Santo Amaro ist der mondänste und am stärksten besuchte Badeort des Staates São Paulo. Von der 13 km entfernten Stadt Santos pendeln Fähren nach Guarujá.

Sehenswertes in Guarujá

Stadtstrände

Den besonderen Reiz dieses Ortes machen seine insgesamt 19 Strände aus. Guarujá und Pitangueiras, die beiden beliebtesten, befinden sich in nächster Nähe der größeren Geschäftsstraßen. Von dort verkehren auch Boote zu den Inseln Pombeva und Cabras.

★
Strände nördlich
von Guarujá

Der ausgedehnte Strand Enseada, der vor allem von Wassersportlern aufgesucht wird, liegt 3 km nördlich der Praia Pitangueiras. Hier befindet sich auch das **Acqua Mundo**, Südamerikas größtes Aquarium. Der Morro do Maluf, ein Hügel gleich am Anfang des Strandes, bietet einen schönen Blick über die Stadt und die nahen Inseln. Die

GUARUJÁ ERLEBEN

AUSKUNFT

Av. Marechal Deodoro da Fonseca 723
Praia das Pitangueiras
Tel. (013) 33 44-46 00
www.guiaguaruja.com.br

ANREISE

Busbahnhof
Tel. (013) 33 86-23 25

ESSEN

▶ **Fein & teuer**
Thai
Avenida Miguel Stéfano 1001
Praia da Enseada
Tel. (013) 33 89-40 00
Thai-Spezialitäten direkt am Strand

▶ **Erschwinglich**
Il Faro
Av. Miguel Stefano 4649
Praia da Enseada
Tel. (013) 33 51-93 05
Mediterran beeinflusste Küche mit
Schwergewicht auf Fisch und allem,
was das Meer zu bieten hat.

ÜBERNACHTEN

▶ **Luxus**
Casa Grande Hotel Resort & Spa
Avenida Miguel Stéfano 1001
Praia da Enseada
Tel. (013) 33 89-40 00
www.casagrandehotel.com.br
Gut ein Viertel der Praia da Enseada
nimmt die koloniale Fassade dieses
Ferien- und Tagungshotels (Bankett-
saal mit bis zu 1450 Plätzen) ein. 265
bestens ausgestattete Gästezimmer
und 3 Chalets (für bis zu 6 Personen).
Mehrere Swimmingpools, Strandser-
vice, Sauna und Fitnessraum sowie
Bar, Restaurants und Internetzugang
werden angeboten.

▶ **Komfortabel**
Pousada Canto do Forte
Rua Horácio G. Barreiro 133
Praia do Tombo
Tel. (013) 33 54-28 60
www.cantodoforte.com.br
18 einfache Zimmern, Pool und
Restaurant beim Strand.

Praias de Pernambuco und Perequê, 5 bzw. 10 km vom Enseada-
Strand entfernt, sind Guarujás luxuriöseste Badestrände. An der
Straße nach Bertioga erhebt sich gleich am Eingang zur Praia de Pernambuco ein weiterer Aussichtshügel, der **Morro do Sorocutuba**. Am
Perequê-Strand kann man sich die ehemalige Capela dos Escravos
(Sklavenkapelle) aus dem 18. Jh. ansehen. Daran anschließend erstrecken sich die Strände São Pedro, Iporanga und die Praia do Pinheiro, die nur schwer zu erreichen ist, aber per Boot angesteuert werden kann. Unmittelbar vor der Brücke nach Bertioga gelangt man zu
den Stränden Praia Branca und Praia Preta.

Im Süden der Stadt ist vor allem auf drei Strände hinzuweisen: Astú-
rias (2 km) mit ruhigem Gewässer, die von Surfern bevorzugte Praia
do Tombo (3 km) mit sehr ungestümem Seegang und die von ur-
wüchsiger Vegetation überwucherte Praia Guaiúba (4 km) mit
schwacher Brandung. Bei den vorgelagerten Inseln (Ilhas do Mato)
erstrecken sich lohnende Tauchgründe.

**Strände südlich
von Guarujá**

Barra Grande,
Forte Velho

Die 1580 erbaute Festung Barra Grande, 7 km von Guarujá entfernt, einst die wichtigste Verteidigungsanlage dieses Küstenabschnitts, liegt an der Straße nach Santa Cruz dos Navegantes, ist aber auch mit dem Boot von der Ponta da Praia in Santos zu erreichen. Von dort verkehren auch Boote zum 3 km vom Stadtzentrum Guarujás entfernten Forte Velho, das einst zum Schutz des Hafens von Santos errichtet wurde.

✳ Igarassu

Sh 49

Bundesstaat: Pernambuco (PE)   **Einwohner:** 99 000
Höhe: 19 m ü.d.M.

Igarassu gehört zu den ältesten Siedlungen ganz Brasiliens. Die Stadt findet ihren Ursprung in einer Handelsniederlassung, die schon um das Jahr 1530 entstand.

In Igarassu sind mehrere Kirchen aus dem 16. und 17. Jh. sowie Zuckerrohrmühlen und Schnapsbrennereien aus der Kolonialzeit erhalten geblieben. Igarassu (auch Igaraçu geschrieben), liegt 39 km nördlich von ▶Recife, der Hauptstadt Pernambucos.

Sehenswertes in Igarassu

Convento de
Santo Antônio

Das barocke Franziskanerkloster Convento de Santo Antônio (Rua Barbosa Lima) stammt aus dem Jahr 1588 und beherbergt die **Pinakothek von Igarassu**. Besonderes Augenmerk verdienen vier Gemälde unbekannter Meister, die früher in der Hauptkirche aufbewahrt wurden und folgende Episoden darstellen: die Ankunft der Portugiesen, der Bau der Hauptkirche, das Wunder, das die Holländer daran hinderte, die Kirche abzudecken, sowie die Pestepidemie von 1685, die in Recife, Olinda, Goiana und Itamaracá wütete, aber das durch die beiden Heiligen geschützte Igarassu verschonte. Öffnungszeiten: tgl. 8.00 – 12.00, 13.00 – 16.00 Uhr.

São Cosme e São
Damião

Die 1535 errichtete Pfarrkirche São Cosme e São Damião ist das älteste erhaltene Gotteshaus Brasiliens. Sie ist einschiffig und weist eine Fassade mit Dreiecksgiebel auf, beides typische Merkmale der kolonialen Kirchenarchitektur des 16. Jahrhunderts. Das Innere der Kirche wurde im Lauf der Jahre mehrfach umgestaltet; nur noch wenige Gemälde datieren aus ihrer Entstehungszeit.

Convento do
Sagrado Coração
de Jesus

Am Largo de São Cosme e São Damião, in der Nähe der Pfarrkirche, befindet sich das Convento do Sagrado Coração de Jesus von 1758. In dem ehemaligen Kloster war angeblich das erste Waisenhaus Brasiliens untergebracht.

Fischer an der Küste Pernambucos

Itamaracá

Der auf der gleichnamigen Insel gelegene Ferienort Itamaracá (18 500 Einw.), 20 km nordöstlich von Igarassu gelegen und durch eine Brücke mit dem Festland verbunden, besitzt noch einige Bauwerke aus dem 16. Jahrhundert. Das noch vor einigen Jahren idyllische Städtchen ist heute beliebtes Wochenendziel der Bewohner Recifes, die insbesondere folgende Strände schätzen: Pilar im Zentrum; Forno da Cal und Baixa Verde im Süden; Jaguaribe, Lance dos Cações und die Praia do Fortinho im Norden.

Knapp 7 km außerhalb der Stadt ragt das Forte Orange auf, eine ursprünglich holländische Festung aus dem Jahr 1631, die 23 Jahre später von den Portugiesen neu errichtet und in **Forte de Santa Cruz** umbenannt wurde. Es sollte Igarassu zum Meer hin schützen. Öffnungszeiten: Mo. – Sa. 9.00 – 17.00, So. 8.00 – 17.00 Uhr.

Forte Orange

🕐

✶ Ilhabela

Sc 57

Bundesstaat: São Paulo (SP)   **Bewohner:** 25 500
Höhe: 4 m ü.d.M.

Die Ilha de São Sebastião, gemeinhin als Ilhabela (Schöne Insel) bekannt, ist mit knapp 340 km² die größte brasilianische Meeresinsel. Der oft von Nebelschwaden umhüllte Gebirgszug im Inselinneren – mit dem 1379 m hohen Morro de São Sebastião als höchster Erhebung – zeugt vom vulkanischen Ursprung des tropischen, dicht bewaldeten Eilands.

▶ ILHABELA ERLEBEN

AUSKUNFT

Ilhabela
Tel. (012) 38 95-72 20
www.ilhabela.sp.gov.br

São Sebastião
Tel. (012) 38 92-26 20
www.saosebastiao.com.br

ANREISE

Busbahnhof São Sebastião
Praça da Amizade
Tel. (012) 38 92-10 72
Fähre (Dersa), Tel (012) 38 95-82 86

VERANSTALTUNGEN

Semana International da Vela
Die 10-tägige Segelregatta im Juli
findet seit 1973 statt; inzwischen ist
sie zu einem großen Event geworden
– mit Live-Shows und Vorträgen.

SPORT · FREIZEIT

Colonial Diver
Tel. (012) 38 94-94 59
Tauchen vor der unter Naturschutz
stehenden Ilha das Cabras

Caiçara Turismo
Tel. (012) 38 96-40 19
Trekking zum Pico do Baepi

Maremar
Tel. (012) 38 96-36 79
Jeepfahrten zur Praia Castelhanos,
Pferde- u. Bootstouren, Sportangeln.

ESSEN

▶ Fein & teuer

Viana
Avenida Leonardo Reale 1560
Praia do Viana
Tel. (012) 38 96-10 89
Fangfrischer Seefisch und Krusten-
tiere. An den Wochenenden ist man
ohne Reservierung chancenlos.

▶ Preiswert

Cheiro Verde
Rua da Padroeira 109, Vila
Tel. (012) 38 96-32 45
Auswahl zwischen diversen einfachen
Tagesmenüs

ÜBERNACHTEN

▶ Komfortabel

Pousada Tamara
Rua Jacob Eduardo Toedli 163
Itaquanduba
Tel. (012) 38 96-25 43
www.pousada-tamara.com.br
17 klimatisierte Apartments, Pool und
Strandservice

Fast die gesamte Insel, die im 17. und 18. Jh. als Piratenhort diente,
ist als **Parque Estadual de Ilhabela** unter Naturschutz gestellt. Zu einem der beliebtesten Fremdenverkehrsorte im ganzen Bundesstaat
São Paulo avancierte die Ilha de São Sebastião aber vor allem wegen
ihrer eindrucksvollen Wasserfälle und der Vielzahl schöner Strände.

Sehenswertes auf der Ilhabela

Ilhabela (Vila) Eine Fähre verbindet im Halbstundentakt die Stadt São Sebastião auf
dem Festland mit der 7 km entfernten Insel. Vom Fähranleger an der
Barra Velha sind es noch 4 km in nördlicher Richtung bis zum

Ilhabela Orientierung

Hauptort, dem im Jahr 1532 gegründeten Dorf Ilhabela, im Volksmund Vila genannt. Aus der Kolonialzeit sind noch die 1532 errichtete Kirche **Nossa Senhora d'Ajuda**, Teile der Stadtmauer, Kanonen und herrliche Zuckerrohrplantagen erhalten, die ersten überhaupt, die an der Nordküste von São Paulo entstanden sind.

Im östlichen Teil der Insel liegt die Castelhanos-Bucht mit den Stränden Praia de Castelhanos, Saco de Sombrio, Saco de Eustáquio, Praia da Guanxuma, Praia da Caveira und Praia da Serraria, zu denen nur ungeteerte Pisten oder Trampelpfade führen.

★
Baia de Castelhanos

Die an der Nordostküste der Ilhabela gelegenen Strände Praia da Fome und Praia do Poço sind nur mit dem Boot zu erreichen. Auf-

Strände an der Nordküste

grund des schwachen Seegangs sind die ehemaligen Sklavenum-schlagplätze heute ein **Refugium für Schnorchler und Taucher**. An der Nordwestküste seien die Strände Pedra do Sino (mit Camping-platz, 4 km vom Ort Ilhabela entfernt) und Armação (7 km) ge-nannt. Eine Zuckerrohrmühle, ein Leuchtturm und die Ruinen einer Kolonialfestung sind am Kap der Ponta das Canas zu besichtigen.

Strände im Westen und Süden

An der Westseite der Ilha de São Sebastião sind die Strände Engenho d'Água (2 km südlich des Ortes Ilhabela), Perequê (4 km), Feiticeira, an der Südküste Bonete und das Enchovas interessant.
Die Praia da Feiticeira (11 km) gilt als der exklusivste Strand der In-sel. Auf dem Hügel, der sich gegenüber dem Strand erhebt, kann man verschiedene **Wasserfälle** bewundern. Der Landweg bis zu dem schönen Bonete-Strand ist ziemlich beschwerlich, mit dem Boot braucht man über eine Stunde.

Engenho d'Água, Baepi-Gipfel

Die Fazenda Engenho d'Água mit Zuckerrohrmühle und Brennerei aus dem frühen 18. Jh., südlich der Vila Ilhabela, nahe des gleichna-migen Strandes gelegen, gehörte seinerzeit zu den größten Plantagen der Insel. Der Engenho d'Água, der unter einem einzigen Dach Be-triebsgebäude und Herrensitz vereinte, ist ein zweistöckiges Gebäude mit alten Wasserleitungen und knarrendem Wasserrad.
Von der Zuckermühle führen Wanderwege zum 1025 m hohen Bae-pi-Gipfel.

Inseln

Im Umkreis der Ilha de São Sebastião liegen verschiedene kleinere Eilande wie die Búzios-Inseln (1,5 Std. Überfahrt), die Vitória- und die Serraria-Insel (2 Std. Überfahrt), die bevorzugt von Sporttau-chern aufgesucht werden.

São Sebastião

Beliebte Badeorte

Das 1636 gegründete São Sebastião ist heute eines der wichtigsten ur-banen Zentren an der Nordküste São Paulos. Die 72 500 Einwohner zählende Hafenstadt beherbergt einen Petroleum-Terminal und zeichnet sich (gerade auch deshalb) durch seine strenge Umweltge-setzgebung aus, die die Hänge der Serra do Mar vor Bodenspekula-tion und Verschmutzung schützen soll.
Entlang dem zur Stadt gehörenden Küstenstrich in Richtung Santos reihen sich einige der schönsten und beliebtesten Badeorte und Strände des Staates: Guaecá (12 km) lädt ein zu Spaziergängen, Toque-Toque Pequeno (21 km) ist romantisch und ruhig, Maresias (27 km) und Camburi (41 km) bieten exklusive Villen, Surf und Trubel, Barra do Una (59 km) ist das Sprungbrett für Bootsfahrten zu den der Küste vorgelagerten Inseln.
Boiçucanga (36 km) hat die beste Infrastruktur von allen und mit der Praia Brava auch einen der letzten unberührten Strände der Re-gion.

Ilhéus

Sf 53

Bundesstaat: Bahia (BA)   **Einwohner:** 220 000
Höhe: 52 m ü.d.M.

Die Hafenstadt Ilhéus, 1534 unter dem Namen Vila Velha de São Jorge dos Ilhéus gegründet, liegt im Süden von Bahia. Ihren einstigen Wohlstand verdankte sie dem Kakao, dessen Anbau im 18. Jh. von den Jesuiten gefördert wurde und der im 19. Jh. zum zweitwichtigsten Exportartikel des Landes werden sollte.

Der Kakao-Boom der 1920er-Jahre ist auch der zeitliche Hintergrund der leidenschaftlichen Liebe zwischen der Mulattin Gabriele und dem Araber Nacib in Jorge Amados weltbekanntem Roman **»Gabriela wie Zimt und Nelken«**, der in Ilhéus spielt. Amado (►Berühmte Persönlichkeiten S. 71), berühmtestes Kind der Stadt, wurde auf einer Kakaoplantage in der Nähe von Ilhéus geboren. Der bahianische Küstenort ist auch Schauplatz weitere Werke Amados, darunter der Roman »Das Land der goldenen Früchte«.

 ## ILHÉUS ERLEBEN

AUSKUNFT

Bahiatursa
Tel. (073) 32 31-86 79
www.ilheus.com.br

ANREISE

Flughafen
Aeroporto de Ilhéus
Rua Brig. E. Gomes
Tel. (073) 32 34-40 00

Busbahnhof
Estação Rodoviária
Tel. (073) 36 34-41 21

ESSEN

► **Preiswert**
Armação
Rodovia Ilhéus-Canavieiras
km 4,5
Praia dos Milionários
Tel. (073) 36 32-18 17
Fangfrischer Fisch an der Praia dos Milionários

ÜBERNACHTEN

► **Komfortabel**
Hotel Praia do Sol
Rodovia Ilhéus-Canavieiras, KM 0
Praia do Sul
Tel. (073) 32 34-70 00
www.praiadosol.com.br
102 klimatisierte, moderne Zimmer. Das Hotel hat neben einem großen Pool und einem tropischen Garten auch eine Bar, ein schönes Restaurant und einen Kinderspielplatz zu bieten.

La Dolce Vita Hotel
Rodovia Ilhéus-Canavieiras,
KM 2
Praia do Sul
Tel. (073) 32 34-12 12
www.ladolcevita.com.br
Größere Hotelanlage am Strand, 53 klimatisierte Gästezimmer, schöner Pool, empfehlenswertes Restaurant. Nur 3 km vom Flughafen entfernt.

Sehenswertes in Ilhéus und Umgebung

Strände

Hinter der Praia da Avenida erstreckt sich das Zentrum von Ilhéus; die Strände Malhado, Marciano und Norte liegen weiter nördlich. Unter den Stränden südlich von Ilhéus sind zu empfehlen: die Praia da Concha mit Blick auf den Leuchtturm und die Baía do Pontal, Praia do Sul (5 km vom Zentrum), Praia dos Milionários und die Praia Cururupe (10 km) im Mündungsgebiet des gleichnamigen Flusses. An der **Praia Cururupe** wurden 1559 die Tupiniquin-Indianer von den Portugiesen in der Batalha dos Nadadores vernichtend geschlagen. Nach der Überlieferung bedeckten die angeschwemmten Körper der erschlagenen Indios den Strand auf einer Länge von zwei Kilometern.

Olivença

Im 19 km südlich von Ilhéus gelegenen Olivença lohnen die Kirche Nossa Senhora da Escada aus dem 17. Jh. und die Tororomba-Quelle, deren Wasser aufgrund seines hohen Eisen-, Magnesium- und Jodgehalts eine schwärzliche Färbung zeigt, einen Besuch. Die starke Brandung lockt zahlreiche Surfer zu den Stränden Back Door, Cai n'Água und Batuba unmittelbar vor Olivença.

Ecoparque de Una

In der Gemeinde Una, rund 60 km südlich von Ilhéus, wurde im Jahr 1980 das 11 400 ha große Naturschutzgebiet Una eingerichtet – eine der letzten erhalten gebliebenen Waldinseln. Im Schutz des Küstenregenwaldes (Mata Atlântica) leben hier noch die letzten **Micos-**

Große Auswahl im »Land der goldenen Früchte«

Leões-Dourados (Goldgelbe Löwenäffchen) Brasiliens und einige andere bedrohte Tierarten in freier Wildbahn. Der Ecoparque wird von Wanderwegen erschlossen, die u.a. an von Seringueiros (Gummisammlern) angezapften Kautschukbäumen vorbeiführen. Führungen finden für angemeldete Besucher statt: Tel. (073) 36 33-11 21.

★

Ilha da Comandatuba

Touristisch erschlossen und leicht zu erreichen ist der 12 km lange Strand von Comandatuba. Dieser 70 km südlich von Ilhéus gelegene Badeort verfügt über ein erstklassiges Hotel und gute touristische Infrastruktur; besonders attraktiv sind die Ausflüge in Segel- und Fischerbooten, die man auf dem 500 m langen, die Comandatuba-Insel vom Festland trennenden Kanal unternehmen kann.

✷ Itatiaia

Sc 57

Bundesstaat: Rio de Janeiro (RJ) und Minas Gerais (MG)

Brasiliens ältester Nationalpark wurde 1937 im äußersten Westen des Bundesstaates Rio de Janeiro eingerichtet. Das viel besuchte Naturschutzgebiet in der Serra da Mantiqueira reicht bis ins benachbarte Minas Gerais hinein.

Zugangstor zum Park ist der Ort Itatiaia an der Autobahn Via Dutra (BR-116), knapp 160 km von Rio de Janeiro entfernt. Von dort führt eine 8,5 km lange Stichstraße zum Eingang des Schutzgebiets. Das Gelände, auf dem sich heute der Nationalpark erstreckt, gehörte bis 1908 dem **Visconde de Mauá**, der es an den brasilianischen Staat veräußerte. Mehrere Projekte zur landwirtschaftlichen Nutzung des Terrains schlugen fehl. Daher wurden hier im Jahr 1914 ein Waldreservat und 1927 eine biologische Forschungsstation des Botanischen Gartens von Rio de Janeiro eingerichtet. Anfang der 1930er-Jahre wählte der damalige Präsident **Getúlio Vargas** die günstig zwischen São Paulo, Rio und Minas Gerais gelegene Region zu seinem bevorzugten Refugium. Am 14. Juni 1937 wurde das Gebiet auf seine Veranlassung als erster Nationalpark Brasiliens ausgewiesen.

Sehenswertes im Parque Nacional do Itatiaia

Der Park ist mit einem kleinen Besucherzentrum, an das sich das **Museu Regional da Fauna e Flora** und ein Orchideengarten anschließen, und asphaltierten Wegen ausgestattet. Für kleine Gruppen steht eine Schutzhütte zur Verfügung; Informationen erteilt die Umweltschutzbehörde Ibama am Parkeingang: Tel. (024) 33 52-14 61. Die Trockenzeit (Juni – August) ist die beste Besuchszeit für die Hochlagen des Nationalparks, während sich in den Tieflagen auch die Zeitspanne zwischen Oktober und Februar für eine Stippvisite anbietet.

▶ ITATIAIA ERLEBEN

AUSKUNFT

Posto Turístico
Praça Mariana Rocha Leão 20
Tel. (024) 33 52-67 77, Anschluss
(Ramal) 313

ESSEN
Nur in den Pousadas

ÜBERNACHTEN
▶ **Komfortabel**
Donati
Parque Nacional, km 14
Tel. (024) 33 52-11 10
www.hoteldonati.com.br

1931 eröffnetes Hotel mit gutem
Restaurant, Pool und Natursee. Die 25
Chalets sind in ganz unterschiedli-
chem Zustand – vorher anschauen!

▶ **Günstig**
Pousada Quatro Estações
Estrada do Parque Nacional 1390
(Zufahrtsstraße zum Nationalpark)
Tel. (024) 33 52-60 70
www.pousada4estacoesdeitatiaia.
com.br
Radverleih, Swimmingpool, Sauna, 10
Gästezimmer (teils für Rollstuhlfahrer
geeignet), Snackbar

Landschaftsbild
✳ Bis in Höhen um 750 m reicht die Vielfalt des Atlantischen Regenwalds mit Zedern, Pinien, Ipê- und Eisenholzbäumen. Darüber beginnt die felsige Gebirgsregion, die im Bereich des **Pico das Agulhas
Negras** 2787 m Höhe erreicht. Wegen dieser stellenweise alpin anmutenden Landschaft ist der Parque Nacional de Itatiaia ein bevorzugtes Wanderziel vieler Trekking-Touristen.

Fauna und Flora Der Facettenreichtum der Landschaft und Pflanzenwelt – üppige Mata Atlântica und Hochgebirgsvegetation – spiegelt sich in der Tierwelt
wider: Nicht weniger als 67 Säugetierarten, darunter Affen, Pakas
und Faultiere, sowie 360 Vogelspezies sind im Parque Nacional do
Itatiaia zu Hause.

Umgebung des Parque Nacional do Itatiaia

**Visconde
de Mauá**
✳ Die Gemeinde Visconde de Mauá befindet sich 42 km nordwestlich
des Ortes Itatiaia an der Grenze zu Minas Gerais. Seine Lage auf
1200 m Höhe und die zahlreichen Wälder der Umgebung mit
rauschenden Flüssen und Wasserfällen machen Visconde de Mauá zu
einem der angenehmsten Flecken in der **Serra da Mantiqueira**.
Mauá, Maromba (im Distrikt von Itatiaia) und die schon zu Minas
Gerais gehörende Stadt Maringá begrenzen ein Gebirgsareal, das für
seine Täler – Vale das Flores, Vale do Pavão etc. – bekannt ist.

Wasserfälle Am Fuß des kleinen Wasserfalls **Véu da Noiva** (Brautschleier) bildet
sich ein natürliches Schwimmbecken; die Kaskade ist ca. 11 km von
Visconde de Mauá entfernt. Am 30 m hohen Escorrega-Wasserfall,

12 km außerhalb von Visconde de Mauá, kann man auf dem größten Felsen bis in das an seinem Fuß befindliche Wasserbecken hinunterrutschen. Der Santa-Clara-Wasserfall ist etwas schwieriger zu erreichen. Er liegt 12 km außerhalb der Gemeinde an der nach Minas Gerais führenden Straße Maringá – Santa Clara.

João Pessoa

Sh 49

Bundesstaat: Paraíba (PB)   **Einwohner:** 694 000
Höhe: 47 m ü.d.M.

João Pessoa, die Hauptstadt des Bundesstaates Paraíba, ist die drittälteste Stadt des Landes und wirkt wesentlich ruhiger als die meisten anderen Großstädte Nordostbrasiliens; trotz der bis unmittelbar vor die Stadt reichenden Badestrände spielt der Tourismus in João Pessoa nicht die gleiche Rolle wie in Natal oder Recife.

Lebensqualität und Umweltbewusstsein werden in der sympathischen Hauptstadt Paraíbas groß geschrieben: Moderne Gebäude dürfen an der Strandpromenade in João Pessoa eine bestimmte Höhe nicht überschreiten; täglich zwischen 5.00 und 8.00 Uhr wird die Uferpromenade Avenida Cabo Branco für Radfahrer und Inline-Skater reserviert; außerdem wetteifert Paraíbas Hauptstadt mit Curitiba um den Titel der Stadt mit der meisten Grünfläche pro Einwohner.

Sehenswertes in João Pessoa

An der Praça São Francisco, nördlich des heutigen Stadtzentrums, stehen die Kirche São Francisco und das Kloster Santo Antônio. Sie zählen zu den architektonischen Höhepunkten, die Baumeister des Franziskanerordens in Brasilien geschaffen haben. Das Kloster wurde zwar schon im Jahr 1589 von dem Mönch Francisco dos Santos entworfen, die Arbeiten begannen aber erst 1701 mit der Errichtung der **Capela da Ordem Terceira**. Der Kreuzgang wurde um 1730 vollendet, und erst 49 Jahre später war der gesamte Komplex fertig. Der Kunsthistoriker Germain Bazin hat die Fassade des Klosters Santo Antônio als »eine der prächtigsten Baukompositionen in ganz Lateinamerika« bezeichnet. Den monumentalen Vorplatz begrenzen seitlich Mauern, die reich mit Azulejos und Skulpturen verziert sind. Das schöne Kreuz vor dem Eingang ist typisch für Franziskanerkirchen. Die üppigen Schnitzereien an der Kanzel sind vermutlich durch die indianische Kunst beeinflusst, die Decke des Kirchenschiffs schmücken perspektivische Malereien. Das Kloster Santo Antônio beherbergt auch das Museum für Volks- und Sakrale Kunst von Paraíba. Die ganz mit vergoldetem Schnitzwerk und Gemälden bedeckte Kapelle des Dritten Ordens im Kloster Santo Antônio ist unter dem Namen **Capela**

★
São Francisco, Santo Antônio

Dourada (Goldene Kapelle) bekannt. An den Säulen des Hauptaltars finden sich Sirenen und andere mythologische Gestalten. Die Seitenaltäre weisen ebenso überreichen Schmuck auf.

Casa da Pólvora

Die Casa da Pólvora, ein steinernes Gebäude aus dem Jahr 1710, liegt auf der Höhe der 1586 westlich des Bauensembles der Franziskaner errichteten Catedral Metropolitana an der Ladeira de São Francisco. Hier ist das Museu Fotográfico Walfredo Rodrigues mit Fotomaterial zur Geschichte von João Pessoa untergebracht.

Jesuitenkolleg und -kloster

Die Rua Duque de Caxias, an der die Misericórdia-Kirche aus dem Jahr 1612 steht, verbindet die Praça 1817 mit der weiter südlich gelegenen Praça João Pessoa, wo sich ein weiterer bedeutender Sakralkomplex, das Jesuitenkolleg von 1586 und ein dazugehöriges Kloster, erhebt. In Ersterem ist die Juristische Fakultät der Universität untergebracht, Letzteres ist heute unter dem Namen Palácio da Redenção Sitz der Staatsregierung.

Parque Sólon de Lucena

Östlich der Praça João Pessoa dehnt sich der großzügige Stadtgarten Parque Sólon de Lucena mit einem ovalen See und herrlichen Königspalmen aus. Etwas weiter nördlich stößt man in der Rua Gouveia Nóbrega auf den Parque Arruda Câmara, auch Bica-Park genannt, mit einem Brunnen aus dem 18. Jahrhundert.

Espaço Cultural José Lins do Rego

Das Haus in der Rua Abdias Gomes de Almeida 800 (Stadtteil Tambauzinho), in dem der Schriftsteller **José Lins do Rego** (1901 – 1957) seine Werke verfasste, wurde in ein Kulturzentrum umgestaltet. Es verfügt über eine Bibliothek, einen Konferenzsaal, ein Theater, ein Kino, eine Kunstgalerie und ein Planetarium.

✳
Strände

Etwa 7 km östlich von João Pessoa erstreckt sich der Tambaú-Strand, der für sein einer Raketenabschussrampe ähnelndes Hotel Tambaú

▶ JOÃO PESSOA ERLEBEN

AUSKUNFT

Av. Almirante Tamandaré 100
Tel. (0 83) 32 14 – 82 79

ANREISE

Flughafen
Presidente Castro Pinto
Tel. (083) 32 14-42 09

Busbahnhof
Rua Francisco Londres
Tel. (083) 32 21-96 11

ÜBERNACHTEN

▶ **Komfortabel**
Verdegreen Hotel
Av. João Maurício 255, Manaíra
Tel. (083) 30 44-00 00
www.verdegreen.com.br
Das neue Öko-Design-Hotel arbeitet streng nach Umweltgesichtspunkten und bietet dabei viel Komfort und exzellenten Service. 140 Zimmer, Restaurant, Pool und gratis Fahrradverleih.

Auf Küstentour bei João Pessoa

bekannt ist. Im Norden liegen die Badestrände Praia de Manaíra (8 km), Praia do Bessa (11 km) und Praia do Poço (10 km); 14 km südlich der Stadt markiert das Cabo Branco (das Weiße Kap) mit der Landzunge **Ponta do Seixas** den östlichsten Zipfel des amerikanischen Kontinents. Noch weiter im Süden (18 km) befindet sich der Penha-Strand mit einer Kirche aus dem Jahr 1854. Hier wird in der zweiten Novemberhälfte die Festa da Nossa Senhora da Penha gefeiert, ein Volksfest, bei dem Tanzgruppen und Sänger auftreten.

Joinville

Bundesstaat: Santa Catarina (SC)   **Einwohner:** 492 000
Höhe: 3 m ü.d.M.

Joinville im Norden von Santa Catarina ist zwar das wichtigste Industriezentrum des Bundesstaates, zieht aber wegen seiner hübschen Fachwerkhäuser aus der Zeit der deutschen Kolonisierung auch den Fremdenverkehr an.

Joinville hat sich aus der Colônia Dona Francisca entwickelt, die im Jahr 1851 auf einem Terrain gegründet wurde, das der Fürst von Joinville anlässlich seiner Hochzeit mit Dona Francisca Carolina, der Schwester Dom Pedros II., als Geschenk erhalten hatte. Die Niederlassung entstand auf Betreiben der Hamburger Sozietät für Kolonisation und nahm deutsche, schweizerische und norwegische Einwanderer auf.

▶ JOINVILLE ERLEBEN

AUSKUNFT

Pórtico, Rua Quinze de Novembro/
BR-101
Tel. (0800) 643-50 15
www.promotur.com.br

ANREISE

Flughafen
Aeroporto Lauro Carneiro de Loiola
Tel. (047) 34 81-40 00

Busbahnhof
Rua Paraíba
Tel. (047) 34 33-29 91

VERANSTALTUNGEN

Festival Internacional de Dança
11-tägiger Tanz-Event in der zweiten
Julihälfte. Die Veranstaltung findet
im Kongresszentrum Cau Hansen
statt und gilt als eines der größten
Tanzfestivals in Lateinamerika. Wird
von einer Vielzahl von Shows,
Live-Darbietungen und Vorträgen in
den Einkaufszentren und in zahlreichen Unternehmen Joinvilles begleitet.

ESSEN

▶ **Erschwinglich**
Chimarrão
Rua Visconde de Taunay 343
Tel. (047) 30 27-76 32
Churrascaria der traditionellen Art,
mit Fleisch von Spießen. Wer kein
Fleisch mag, findet in der gleichen
Straße eine Vielzahl von weiteren
Restaurants und Kneipen.

ÜBERNACHTEN

▶ **Komfortabel**
Blue Tree Towers
Avenida Juscelino Kubitschek 300
Tel. (047) 34 61-80 00
www.bluetree.com.br
84 Zimmer und ein gutes Restaurant.

▶ **Günstig**
Anthurium Parque Hotel
Rua São José 226
Tel. (047) 40 09-62 99
www.anthurium.com.br
Hotel im alten Bischofshaus, 47
charmante Zimmer, Pool, Restaurant
in barocker Gartenanlage.

Sehenswertes in Joinville

✳ **Museu Arqueológico do Sambaqui**

Eine der Hauptattraktionen von Joinville ist das östlich vom Zentrum in der Rua Dona Francisca 600 gelegene Archäologische Samba-
qui-Museum, mit seinen rund 12 000 Exponaten das reichhaltigste
des ganzen Landes. Im Rahmen geführter Touren wird den Besuchern die Lebensweise der vermutlich ersten Bewohner der Küste
Santa Catarinas – der Sambaquianos – erklärt.

✳ **Museu Nacional da Colonização e Imigração**

Die Sammlung des Nationalmuseums für Kolonisierung und Immig-
ration enthält Kleidungsstücke, Möbel, Transportmittel und Gebrauchsgegenstände der Einwanderer. Das Museum ist im **Palácio
dos Príncipes** untergebracht, der 1870 für den Fürsten von Joinville
und seine Gemahlin errichtet wurde. Die prächtige Allee, die zum
Palast führt, wird von über 100 Jahre alten Palmen gesäumt.

Juazeiro do Norte

Bundesstaat: Ceará (CE)   **Einwohner:** 247 000
Höhe: 377 m ü.d.M.

Juazeiro do Norte, weit im Süden des Bundesstaates Ceará, ist einer der bedeutendsten Wallfahrtsorte Brasiliens. Hier lebte und wirkte Padre Cícero Romão Batista, der von einem Großteil der Bevölkerung im Nordosten bis heute als Heiliger verehrt wird.

Bis zur Mitte des 19. Jh.s war das benachbarte Crato das wichtigste städtische Zentrum im Cariri-Tal – eine der fruchtbarsten Regionen im ländlichen Staat Ceará. Gegen Ende des besagten Jahrhunderts begann jedoch Juazeiro do Norte allmählich Crato den Rang abzulaufen, vor allem dank des Wirkens von Padre Cícero Romão Batista, einem sich der römischen Kirche widersetzenden und von ihr suspendierten Priester, der dem einfachen Volk freilich als wundertätiger Heiliger galt. Padre Cícero und seine Anhänger gaben in der örtlichen Politik den Ton an, und noch heute prägt die Erinnerung an den Gottesmann die gesamte Stadt.

Padre Cícero und seine Zwillingsbrüder: Personenkult um den Gottesmann

JUAZEIRO DO NORTE ERLEBEN

ANREISE

Flughafen
Aeroporto de Juazeiro do Norte
Av. Virgílio Távora 4000
Tel. (088) 35 72-07 00

Busbahnhof
Avenida Castelo Branco
Tel. (088) 21 01-19 92

VERANSTALTUNGEN

Bei dem 4-tägigen Wallfahrtsfest Dia do Romeiro platzt die Stadt Juazeiro do Norte aus allen Nähten, dann drängen sich hier Anfang November bis zu 500 000 Verehrer des Volksheiligen Padre Cícero.
Kaum weniger Wallfahrer finden sich zur Dia da Nossa Senhora dos Dores am 15. September, zum Geburtstag Padre Cíceros am 20. Juli und zu seinem Todestag am 24. März in der Stadt ein.

ESSEN

▶ **Preiswert**
Restô Jardim
Avenida Leão Sampaio 5460
Lagoa Seca
(an der Ausfahrt Richtung Barbalha)
Tel. (088) 35 71-77 68
Regionale Küche, viele Pilger kehren hier ein.

ÜBERNACHTEN

▶ **Komfortabel**
Hotel Verdes Vales
Avenida Plácido Aderaldo Castelo
Lagoa Seca,
(6 km außerhalb des Zentrums)
Tel. (088) 35 66-25 44
Gutes Hotel mit 98 klimatisierten Apartments, Bar, Restaurant, Pool, Spielfeldern und Fitnessraum. Hotelgäste haben freien Zutritt zum (an den Wochenenden geöffneten) angrenzenden Aquapark.

Sehenswertes in Juazeiro do Norte

Memorial Padre Cícero
In der Gedenkstätte an der Praça do Cinquentenário werden religiöse Gegenstände, Dokumente und Fotos aufbewahrt, die an Padre Cícero erinnern und von dem großen Einfluss zeugen, den der Kirchenmann bis zu seinem Tod in Juazeiro do Norte ausübte. Das **Museu Cívico Religioso Padre Cícero**, am letzten Wohnsitz von Padre Cícero eingerichtet, verwahrt seine persönliche Habe.

N.S. do Perpétuo Socorro
Das Grab von Padre Cícero befindet sich bei der 1908 errichteten Kapelle Nossa Senhora do Perpétuo Socorro, gegenüber der Gedenkstätte an der Praça do Socorro. Neben der Kapelle steht die Casa dos Milagres (Haus der Wunder) mit den Votivgaben der Menschen, denen Padre Cícero geholfen haben soll.

Estátua de Padre Cícero
In der **Colina do Horto**, einem Park oberhalb der Stadt, befindet sich ein Kreuzweg, dessen 14 Stationen insgesamt 56 Betonfiguren umfassen. Außerdem ragt hier eine 27 m hohe Statue von Padre Cícero auf. Die ihm gewidmete Kapelle ist Ziel zahlreicher Pilger.

IN GEDENKEN AN RAIMUNDO JACÓ

Die Missa dos Vaqueiros (Messe der Viehtreiber), die seit 1971 in Serrita in der kargen Dürreregion des Sertãos, rund 160 km südlich von Juazeiro do Norte im Bundesstaat Pernambuco, zelebriert wird, gilt dem Andenken des hier ermordeten Rinderhirten Raimundo Jacó, einem Vetter des berühmten Musikers Luís Gonzaga.

Der Mord an Raimundo Jacó wurde nie aufgeklärt; man fand ihn mit einem Stein erschlagen im Sertão, genau an jener Stelle, an der heute ein **Reiterdenkmal aus Beton** thront. Der Wille zur Aufklärung der Tat war nur begrenzt vorhanden – nicht verwunderlich in einer rauen Region, in der zu viel Neugier ewiges Schweigen bedeuten kann.

Protest gegen Gewalt

Die von den Vaqueiros gefeierte Messe gilt aber nicht nur dem Andenken Jacós, sondern ist zugleich als Protest gegen jegliche Art von Gewalttätigkeit gedacht. Sie wird jedes Jahr am dritten Juliwochenende unter freiem Himmel und Teilnahme von Hunderten berittener **Vaqueiros** in traditioneller Lederkleidung begangen. Den profanen Teil der mehr-

Zu viel Neugier kann ewiges Schweigen bedeuten.

tägigen Veranstaltung bestimmen ein Jahrmarkt, musikalische Darbietungen, Schnaps in Strömen und Rodeos, bei denen die Sertão-Cowboys ihre Geschicklichkeit beim Einfangen junger Bullen unter Beweis stellen. Einfache Unterkünfte gibt es im Nachbarstädtchen Salgueiro.

Laguna

Sa 60

Bundesstaat: Santa Catarina (SC)   **Einwohner:** 51 000
Höhe: 3 m ü.d.M.

Laguna liegt südlich von Florianópolis an der Atlantikküste, unweit der Ausläufer eines ausgedehnten Lagunengebiets. Der Tourismus ist der wichtigste Wirtschaftsfaktor der Kleinstadt. Der Karneval von Laguna gilt als der sehenswerteste im Staat Santa Catarina.

Das von Bandeirantes aus São Paulo gegründete Laguna ist eine historische Stadt, die zum Mittelpunkt der Revolução Farroupilha, der Revolution der Zerlumpten, wurde. Die aufständischen Gaúchos, die in Laguna unter Führung des italienischen Revolutionärs **Giuseppe Garibaldi** (1807 – 1882) einmarschiert waren, riefen diese 1839 zur Hauptstadt der República Juliana aus. Außerdem ist Laguna Schauplatz einer der berühmtesten Liebesgeschichten Brasiliens: Hier lernte Garibaldi seine spätere Frau Ana de Jesus Ribeiro, alias Anita Garibaldi, kennen, die ihm bei seinen Freiheitskämpfen in Südamerika und später in Europa treu zur Seite stehen sollte.

 LAGUNA ERLEBEN

AUSKUNFT
Avenida Calistrato Muller Salles
Portinho
Tel. (048) 36 44-24 41
www.lagunagolfinho.com.br

ANREISE
Busbahnhof
Rua Arcângelo Bianchini
Tel. (048) 36 44-02 08

VERANSTALTUNGEN
Tomada de Laguna
Die Tomada de Laguna ist ein Volksfest in der zweiten Juliwoche. Es erinnert an die Einnahme der Stadt durch die Faroupilha-Marinesoldaten Giuseppe Garibaldis im Jahr 1839.

ESSEN
▸ **Erschwinglich**
Arrastão
Av. Sen. Galotti 629 (Mar Grosso)

Tel. (048) 36 47-04 18
Alles, was das Meer zu bieten hat, gibt es hier fein zubereitet.

ÜBERNACHTEN
▸ **Komfortabel**
Laguna Tourist
Avenida Castelo Branco 1850
Praia do Gi
Tel. (048) 36 47-00 22
www.lagunatourist.com.br
Strandnahes Hotel mit 96 klimatisierten Apartments, Bar, Restaurant, Swimmingpool, Sauna und Fitnessraum, Tennisplätzen und Spielplatz für den Nachwuchs.

▸ **Günstig**
Hammers Hotel
Av. J. Pinho 492
Tel. (048) 36 47-05 98
www.hammers.com.br
18 einfache Apartments

Sehenswertes in Laguna und Umgebung

Das Anita-Garibaldi-Museum an der Praça República Juliana ist im ehemaligen Gerichts- und Verwaltungsgebäude der Stadt eingerichtet, das 1747 in portugiesischem Baustil errichtet wurde. Im einstigen Wohnhaus von Anita Garibaldi an der Praça Vidal Ramos sind noch Gegenstände aus ihrem persönlichen Besitz sowie Bilder mit Szenen aus ihrem Leben ausgestellt.

Museu Anita Garibaldi

Die Kirche Santo Antônio dos Anjos an der Praça Victor Meirelles wurde im Jahr 1696 erbaut. Sie ist an einigen Stellen mit Gold verkleidet. In ihrem Inneren kann man das Gemälde **»Nossa Senhora da Conceição«** des aus Santa Catarina stammenden Meisters Victor Meirelles bewundern.

Santo Antônio dos Anjos

Der Küstenort Imbituba liegt 40 nördlich von Laguna. In dem Hafenstädtchen steht die Kirche Vila Nova von 1720, ein Beispiel für die azoreanische Baukunst in Santa Catarina. Von Imbituba werden Ausflüge auf die Inseln Santana de Dentro, Santana de Fora, Araras und Itacolomi organisiert. Auch der 6 km südlich gelegene Mirim-

Imbituba

Casa da Anita Garibaldi

See, über die BR-101 erreichbar, wird gerne besucht. Unter den Stränden sind zu nennen: die für Surfer ideale Praia do Rosa, einer der schönsten Strände Brasiliens, sowie die Strände Praia do Luz und Barra de Ibiraquera, ein Paradies für Drachen- und Windsurfer (18 km; am gleichnamigen See) und die stadtnahen Praia da Vila und Praia de Imbituba.

Garopaba Garopaba, weitere 30 km nördlich von Imbituba, ein vom Tourismus wachgeküsster Fischerort, der heute 16 500 Einwohner zählt, kann in der Nebensaison mit nahezu menschenleeren Stränden aufwarten. In der Hochsaison (Dez. – Febr.) fallen hier aber bis zu 100 000 Feriengäste ein. Die Strände Silveira und Ferrugem stehen alljährlich ganz im Zeichen von Wettkämpfen der Profisurfer.

Cabo Santa Marta Knapp 20 km von Laguna entfernt – mit der Fähre sind es nur zehn Minuten –, liegt der Küstenort Cabo Santa Marta mit den von Dünen eingefassten Stränden do Cardoso und da Ligana und dem 1891 errichteten Leuchtturm. Eine der Hauptattraktionen stellt hier der nächtliche Krabbenfang dar, der auch im Lago de Santo Antônio und an anderen Stellen der Küste von Laguna praktiziert wird.

Tubarão In der Stadt Tubarão (96000 Einw.), 35 km westlich von Laguna, kann man das Wärmekraftwerk Jorge Lacerda mit seinen Kohlelagern besichtigen. In der näheren Umgebung gibt es mehrere Thermalquellen: die Guarda-Thermen (11 km), die Rio-do-Pouso-Thermen (15 km) und schließlich die Termas do Gravatal (23 km).

Strände, riesige Dünen und Höhlen machen die Landschaft um **Araranguá** – rund 95 km südlich von Laguna bzw. 5 km von Tubarão – zu einem der reizvollsten Küstenabschnitte des brasilianischen Südens. Hauptanziehungspunkt ist die **Praia do Morro dos Conventos**, 14 km außerhalb des Zentrums, nahe dem Mündungsgebiet des Rio Araranguá.

Macapá

Rk 45

Bundesstaat: Amapá (AP)
Höhe: 16 m ü.d.M.

Einwohner: 360 000

Macapá liegt am nördlichsten und größten Mündungsarm des Amazonas-Deltas, gegenüber der Marajó-Inselgruppe. Die unmittelbar am Äquator liegende Stadt ist von Belém per Flugzeug, Boot oder Fähre zu erreichen.

Im späten 17. Jh. war Macapá Schauplatz von Kämpfen zwischen den in Guyana siedelnden Franzosen und den nach Brasilien einge-

● MACAPÁ ERLEBEN

AUSKUNFT

Setur
Rua Binga Uchôa 29
Tel. (096) 32 12-53 35
www.setur.ap.gov.br

ANREISE

Flughafen
Aeroporto Int. de Macapá
Rua H. Maia, Tel. (096) 32 23-23 23

Busbahnhof
São Lázaro, Tel. (096) 32 51-50 45

ESSEN

▶ Preiswert
Lokau American Bar
Rua Binga Uchôa 17
Tel. (096) 81 24-01 66
Gemütliches Bar-Restaurant

Cantinho Baiano
Av. Beira-Rio 328,
Tel. (096) 32 23-41 53
Fischgerichte

ÜBERNACHTEN

▶ Komfortabel
Ceta Ecotel
Rua do Matadouro 640, Distrikt
Fazendinha, Tel. (096) 32 27-33 96
www.ecotel.com.br
Das am besten ausgestattete Hotel
Macapás, 10 km vom Zentrum. Mit
69 Apartments, Bar, Restaurant und
Swimmingpool. Bewachter Parkplatz.

Pousada Ekinox
Rua Jovino Dinoá, Tel. (096) 32 23-00
86, www.ekinox.com.br
Die beste Wahl im Zentrum der Stadt.
Heimelige Pousada mit tropischem
Garten, gepflegten Zimmern und
familiärer Atmosphäre. Besitzer ist
der französische Honorarkonsul.

▶ Günstig
Frota Palace Hotel
Rua Tiradentes 1104, Tel (096) 21 01-
39 99, www.hotelfrota.com.br
40 Zimmer mit Klimaanlage

wanderten Portugiesen, die in dieser Gegend Missionsstationen und
im Jahr 1688 zur Grenzsicherung die Fortaleza de São José de Macapá gegründet hatten. Erst im Jahr 1713 erkannte Frankreich im Frieden von Utrecht den Rio Oiapoque als Grenze zwischen seinen Be-
sitzungen und denen Portugals vertraglich an. Die Siedlung, die in
nächster Umgebung des Forts heranwuchs, erhielt 1758 unter König
Dom José I. als Vila São José de Macapá die Stadtrechte.

Sehenswertes in Macapá und Umgebung

Das Fortaleza São José de Macapá in der Rua Cândido Mendes, zwischen 1764 und 1782 auf einer in den Amazonas hinausragenden
Landzunge erbaut, liegt heute in unmittelbarer Nähe des Stadtzentrums. Die zum Bau der Festung verwendeten Steinblöcke kamen als
Schiffsballast aus Portugal.

★
**Fortaleza São
José
de Macapá**

Der Marco Zero de Equador an der Rodovia Juscelino Kubitschek,
nur 5 km südlich des Stadtzentrums von Macapá, markiert den Ver-

Marco Zero

lauf des Äquators. Die Fußballer des nahe gelegenen Stadions O Ze-
rão haben die seltene Gelegenheit, mit einem gezielten Pass ihre Mit-
spieler auf der anderen Erdhalbkugel anzuspielen: Der Äquator verläuft mitten durch das Spielfeld.

Mazagão Velho Knapp 50 km südwestlich von Macapá liegt Mazagão Velho, ein im
17. Jh. gegründetes Dorf, in dem sich noch einige Häuser aus der
Kolonialzeit und mancher Brauch erhalten haben, wie die **Festa de
São Gonçalo** (6. – 10. Januar) und die **Festa de São Tiago** im Juli mit
Prozession, Reiterspielen und Maskenball.

Porto da Santana Von Porto da Santana, 28 km südlich von Macapá, werden Bootsausflüge u. a. zu den Inseln des Amazonas (auch zur Ilha de Marajó)
und in die Igaparés, die schmalen Wasserläufe, die sich zwischen die-

sen Inseln hindurchwinden, veranstaltet. Richtung Norden führen
die Ausflüge in das an der Grenze
zu Französisch-Guyana gelegene
Gebiet von Oiapoque.

Das Naturreservat **Lago Piratuba**
(395 000 ha) an der Ostküste Ama-
pás wird durch den Rio Araguari,
der auf dieser Höhe in den Atlantik
mündet, begrenzt. Das Naturschutzgebiet mit seinen Mangro-
vensümpfen und tropischen Re-
genwäldern, die u. a. Alligatoren,
Seekühen, Schildkröten einen idealen Lebensraum bieten, kann nur

*Verborgenes Lächeln:
Mann am Strand von Macapá*

per Boot über den Araguari erreicht werden. Vor Besuch des Natur-
reservats ist eine Genehmigung bei der Ibama einzuholen: Tel. (096)
21 01-90 00.

Pororoca – Naturschauspiel im Amazonas-Delta

Der Ausdruck Pororoca ist indianischen Ursprungs und bezeichnet
lautmalerisch den – bei Springflut besonders heftigen – Zusammen-
stoß zwischen dem Wasser des Meeres und dem des Amazonas, das
sich mit einem Volumen von 240 000 m³ pro Sekunde in den Ozean
ergießt. In einer ersten Phase dringen die Wassermassen des Amazo-
nas-Stroms Hunderte von Kilometern ins Meer vor. Anschließend
zwingt die Flut aber den Fluss, wieder aus dem »eroberten« Gebiet
zurückzuweichen, rollt auf das Festland zu und überschwemmt
Strände und tiefer gelegene Inseln. Dadurch wird der Fluss aufge-
staut und kann seine Wassermassen nicht mehr ins Meer ergießen,
während der immense Druck des Flusswassers ein weiteres Vordringen der Flut verhindert. Doch plötzlich kollabiert dieses labile

Gleichgewicht und die weiter steigende Flut bricht mit Urgewalt über das Mündungsgebiet des Amazonas herein. Die Wellen wachsen zu 4 m hohen Brechern an, deren Tosen kilometerweit zu hören ist.

Das Phänomen der Pororoca kann bei Neu- und Vollmond zwischen Februar und Mai, also in der Regenzeit, in weiten Teilen des Amazonas-Mündungsgebiets, vor allem im Canal Perigoso zwischen der Ilha de Marajó und der Ilha Caviana sowie an den Mündungen der Flüsse Araguari und Capim, besonders deutlich beobachtet werden.

Bei Neu- und Vollmond

★ Maceió

Sh 50

Bundesstaat: Alagoas (AL)   **Einwohner:** 925 000
Höhe: 17 m ü.d.M.

Maceió breitet sich auf dem Küstenstreifen zwischen der Lagoa Mundaú und dem Atlantik aus. Die Stadt entwickelte sich aus einer im 18. Jh. gegründeten Zuckersiederei, die sich auf der heutigen Praça Dom Pedro II. befand. 1839 wurde Maceió zur Hauptstadt von Alagoas erklärt.

Bis heute ist Zucker das wichtigste Ausfuhrprodukt von Alagoas – die Hafenstadt Maceió wurde vor allem durch dessen Export wohlhabend. Aufgrund der vorzüglichen Strände in der Umgebung entwickelte sich Maceió zu einem beliebten Badeort.

Sehenswertes in Maceió

Im Stadtzentrum befindet sich westlich der Kathedrale Nossa Senhora dos Prazeres von 1840 das im Jahr 1910 errichtete Deodoro-Theater (Praça Deodoro). Auf dem Mercado de Artesanato in der Rua Melo Moraes 617 kann man lokales Kunsthandwerk erwerben.

Teatro Deodoro, Mercado de Artesanato

Bei Maceió liegen einige der verlockendsten Strände des Nordostens. Oft entstehen hier bei Ebbe vor der Küste zum Baden geeignete Wasserbecken, die man mit Jangadas erreichen kann. An anderen Stellen vermengt sich das Meerwasser mit dem der **Mundaú-Lagune** im Westen der Stadt oder mit dem der südlich gelegenen **Manguaba-Lagune**. Zahlreiche Kanäle, in denen Schalen- und Krustentiere leben, durchziehen die Ufer der von Fischerdörfern umgebenen Lagunen.

**★
Strände und Lagunen**

Der stark besuchte Pajuçara-Strand ist 3 km von Maceiós Zentrum entfernt. Flache Fischerboote, so genannte **Jangadas**, bringen die Touristen bis zu den Schwimmbecken, die sich in den bei Ebbe auftauchenden Korallenriffen und Sandbänken bilden; einige Jangadas wurden zu schwimmenden Bars umgestaltet und servieren Drinks

Praia Pajuçara, Praia Ponta Verde und Praia Jatiúca

sowie kleine, schnelle Mahlzeiten. An den Pajuçara-Strand schließen sich die Praia dos Sete Coqueiros und der schöne Sandstrand Praia da Ponta Verde an (4 bzw. 5 km vom Zentrum entfernt). Das Wasser vor der Praia dos Sete Coqueiros gilt als belastet.
Den bei Surfern sehr geschätzten Jatiúca-Strand (6 km) säumen abgestellte Jangadas mit gerefften Segeln und zahlreiche Fischreusen.

Küste nördlich von Maceió

Noch im näheren städtischen Umfeld liegen die lohnenden Badestrände Cruz das Almas (7 km), Jacarecica (9 km) und Guaxuma (12 km). Der gelbliche Sandstrand von Garça-Torta, 14 km außerhalb von Maceió, liegt bei einem Fischerdorf. In der Nähe befinden sich auch die teils von Palmen gesäumten Badebuchten von Riacho Doce (16 km) und Pratagi (17 km), ein relativ junges Touristenzentrum.

Strände in Stadtnähe

Der gelbliche Sandstrand von Garça-Torta, 14 km außerhalb von Maceió, liegt bei einem Fischerdorf. In der Nähe befinden sich auch die teils von Palmen gesäumten Badebuchten von Riacho Doce (16 km) und Pratagi (17 km), ein relativ junges Touristenzentrum. In diesem vom **Rio Cabocó** durchflossenen Gebiet kann man – mit etwas Glück – noch einige Exemplare der vom Aussterben bedrohten Seekühe beobachten. Beide Strände werden durch vorgelagerte Korallenriffe vor hohen Wellen geschützt.

✷
Praia da Garça-Torta, Praia Pratagi

Eine touristisch bisher recht wenig bekannte Region befindet sich knapp 106 km nördlich von Maceió im Bezirk São Miguel dos Milagres. In der Nachbarschaft von einfachen Fischerdörfern wie Porto da Rua oder Porto de Pedras befinden sich fast unberührte, wilde Strände sowie einige der besten Pousadas Nordostbrasiliens. Diese auch als **Costa dos Corais** (Küste der Korallenriffe) bekannte Gegend bietet mit ihren natürlichen Schwimmbecken, Flüssen und der maritimen Artenvielfalt ein kleines ökologisches Paradies, das sich in letzter Zeit auch als **Rota Ecológica** einen Namen gemacht hat. Elegant geschwungene Palmenstrände wie die **Praia Tatuamunha**, **Praia do Riacho**, **Praia do Toque** und **Praia Patacho** laden zu ausgedehnten Spaziergängen ein.Das vom **Rio Tatuamunha** durchflossene Gebiet weist zum Teil Mangrovenvegetation auf, deren Wasserpflanzen den Seekühen als Nahrung dienen.

São Miguel dos Milagres (Rota Ecológica)

Küste südlich von Maceió

Südlich der Praia da Avenida dehnt sich die Praia Sobral aus; beide Strände sind wegen der Abwässer eines großen Chemiewerks zum Baden ungeeignet. Darauf folgen die Strände Praia do Trapiche, Praia do Pontal da Barra und die Praia do Francês mit einem Fischerdorf,

Strände

← *Ruhepause unter dem blauen Himmel von Alagoas*

▶ MACEIÓ ERLEBEN

AUSKUNFT

Informações Turísticas
Av. Sílvio Carlos Viana
Tel. (082) 32 16-15 03
www.maceiotour.com.br

ANREISE

Flughafen
Zumbi dos Palmares
Rio Largo
Tel. (082) 30 36-52 00

Busbahnhof
Avenida Leste-Oeste (Feitosa)
Tel. (082) 32 21-40 81

VERANSTALTUNGEN

Festas Juninas
Quadrille, Feuerwerk und andere
regionale Feste reihen sich in der Zeit
vom 12. bis 30. Juni aneinander.

ESSEN

▶ Fein & teuer

Wanchako
Rua São Francisco de Assis 93
Ortsteil Jatiúca
Tel. (082) 33 77-60 24
Eines der in Brasilien ausgesprochen
raren Restaurants mit peruanischer
Küche. Pikante Salsas und zahlreiche
kulinarische Anleihen aus Japan.

ÜBERNACHTEN

▶ Luxus

Hotel Ritz Lagoa da Anta
Av. Brig. Eduardo Gomes 546
Tel. (082) 21 21-40 00
www.ritzlagoadaanta.com.br
Das bestes Hotel (196 Z.) der Stadt,
bei einer Süßwasserlagune am Meer
gelegen. Sehr schöner großer Pool
und Spa.

Pousada do Toque
Praia do Toque
Tel. (082) 32 95-11 27
www.pousadadotoque.com.br
Wird zu den besten Pousadas Brasiliens gezählt. Rustikale Chalêts in
einem tropischen Garten. Wunderschöner Pool am Meer mit
Strandzugang. Abendessen, Kajak-
und Jangada-Ausflüge im Preis inbegriffen. Reservierung nötig.

▶ Komfortabel

Pousada da Amendoeira
Praia do Toque
Tel. (082) 32 95-12 13
www.pdamendoeira.com.br
Schlichte, aber stilvolle Chalêts mit
Veranda und Hängematte, unmittel-
bar am Strand. Gutes Restaurant, das
Abendessen ist im Preis inbegriffen.

das schon zu Marechal Deodoro gehört. Im 16. Jh. legten hier französische Segelschiffe an, die Schmuggelgeschäfte mit Brasilholz betrieben; daher der Name des Strandes.

**Barra de
São Miguel**

Barra de São Miguel, 36 km südwestlich von Maceió am Nordufer
des Rio São Miguel gelegen, zählt nur knapp 7500 Einwohner. Vor
der Ortschaft liegen die schönsten Strände südlich von Maceió. Direkt bei der Siedlung erstreckt sich der von Klippen übersäte Barra-
Strand; um zur herrlichen Praia da Gunga (3 km) zu gelangen, muss
man per Boot den Rio São Miguel überqueren.

Marechal Deodoro

Das unter Denkmalschutz stehende Marechal Deodoro (28 000 Einw.) – die ehemalige Hauptstadt von Alagoas und Geburtsstätte des Marschalls **Manuel Deodoro da Fonseca** (1827 – 1892), der 1889 die Republik ausrief und erster Präsident Brasiliens wurde – liegt 25 km südwestlich von Maceió am Manguaba-See. Hier sind zahlreiche Kolonialgebäude aus dem 17. und 18. Jh. erhalten geblieben.

Das zwischen 1684 und 1689 an der Praça João XXII errichtete Kloster São Francisco beherbergt das **Museum für Sakrale Kunst** von Alagoas. Sakrale Gegenstände aus Gold, edle Holzschnitzereien und Skulpturen zählen zu seinen Exponaten. Die erst im späten 18. Jh. vollendete Fassade weist Kalksteinornamente auf. Besonders sehenswert ist die Chorkapelle mit den Schnitzereien am Hauptaltar und den Deckenmalereien von **José Elói**, einem bedeutenden Künstler des kolonialen Brasiliens. Elói schuf für die Klosterkirche São Francisco auch eine Darstellung der heiligen Klara von Assisi.

★ **Convento São Francisco**

Das Haus im Kolonialstil in der Rua Marechal Deodoro 92, in dem Deodoro da Fonseca zur Welt kam, wurde in ein Museum umgestaltet. Hier sind Familienfotos und Kopien der Möbel des Marschalls ausgestellt; die Originale befinden sich im Militärmuseum von Rio de Janeiro.
Die vollkommen **unkritische museale Präsentation** von Fonsecas Leben und Taten verschweigt seinen inkompetenten, arroganten Führungsstil als Präsident Brasiliens, seine Absichten, demokratische Institutionen zu beseitigen, sowie sein militärisches Ethos, das 1891 beinahe zu einem Duell mit einem Kabinettsmitglied führte. Das zunehmend groteske Züge annehmende politische Verhalten des einstigen Kriegshelden konnte nicht verhindern, dass eine Stadt nach ihm benannt wurde.

Museu Deodoro

✸ ✸ Manaus

Re 47

Bundesstaat: Amazonas (AM)   **Einwohner:** 1,7 Mio.
Höhe: 93 m ü.d.M.

Manaus, Hauptstadt des Bundesstaates Amazonas und legendäre Kautschukmetropole am Rio Negro, der sich unweit stromabwärts mit dem Rio Solimões zum eigentlichen Amazonas vereinigt, liegt im Herzen des tropischen Regenwaldes.

Die Ursprünge der Stadt gehen auf das kleine Fort São José zurück, das an der Mündung des Rio Negro errichtet wurde. In seinem Umkreis wuchs die Ansiedlung Barra do Rio Negro, das spätere Manaus,

⏵ MANAUS UND UMGEBUNG ERLEBEN

AUSKUNFT

Amazonastur
Rua Eduardo Ribeiro 666
Tel. (092) 21 23-38 00
www.visiteamazonas.am.gov.br

ANREISE

Flughafen
Aeroporto Int. E. Gomes
Av. Santos-Dumont
Tel. (092) 36 52-12 12

Busbahnhof
Rua Recife
Tel. (092) 36 42-58 05

BOOTSAUSFLÜGE

Ein verschlungenes Netz von Flüssen und Igarapés (schmale Wasserläufe) bietet sich für eine Erkundung des tropischen Regenwaldes per Boot an. In Manaus werden Bootsausflüge angeboten, die von einem Tag bis zu zwei Wochen dauern. Je länger der Ausflug, d. h. je größer die Entfernung von Manaus, desto intensiver lässt sich die Ursprünglichkeit der Natur erfahren.

Vermietung von Charterbooten
Viverde, Rua das Guariúbas 47
Tel. (092) 32 48-99 88, Fax 36 39-54 04
www.viverde.com.br

ESSEN

▶ Erschwinglich

① *Churrascaria Búfalo*
Av. Joaquim Nabuco 628 A
Centro, Tel. (092) 36 33-37 73
Der beste Fleischpalast der Stadt. Man zahlt einmalig, danach bringen die Kellner unentwegt Fleisch am Spieß an den Tisch (28 Sorten). Dazu bedient man sich nach Lust und Laune an einem Buffet mit Salaten, Sushi, Fisch und Nudeln. Hervorragender Service.

ÜBERNACHTEN

▶ Luxus

① *Hotel Tropical*
Av. Cel. Teixeira 1320, Stadtteil Ponta Negra, Tel. (092) 21 23-50 00
www.tropicalhotel.com.br
Das berühmteste und wohl auch beste Hotel in Manaus bietet u. a. zwei schöne Swimmingpools und 510 klassisch gestaltete Apartments. Etwas nachteilig ist die Lage 12 km vom Zentrum, dafür befinden sich ein Strand, mehrere Bars sowie der Bootsanleger für viele Dschungeltouren in der Nähe.

▶ Komfortabel

② *Hotel Saint Paul*
Rua Ramos Ferreira 1115
Tel. (092) 21 01-38 00
www.manaushoteis.tur.br
Die beste Wahl im Zentrum der Stadt. 66 sehr gute, moderne Apartments mit allem Komfort, dazu strategisch günstig gelegen. Vom Hotel sind es nur wenige Meter zum Opernplatz und zu den anderen Sehenswürdigkeiten der Innenstadt – Taxi zur Stadtbesichtigung (fast) überflüssig.

▶ Günstig

③ *Hotel Palace*
Av. 7 de Setembro 593
Tel. (092) 36 22-46 22
www.hotelpalacemanaus.com
Das altehrwürdige Hotel (seit 1912) verfügt über 35 klimatisierte Zimmer. An lauter Straße gelegen.

URWALD-LODGES

Vor allem in den Galeriewäldern entlang des Rio Negro oberhalb von Manaus befinden sich zahlreiche Dschungellodges, in denen die Besucher einige Tage zubringen und sich mit der amazonischen Flora und

Fauna vertraut machen können. Alle Lodges besitzen in Manaus Vertretungen und befördern ihre Gäste mit Booten von Ponta Negra aus zu den Unterkünften. Der Komfort der Unterkünfte ist meist eher gering bei dennoch stattlichen Preisen.

► Luxus

Ariaú Amazon Towers
Lago Ariaú, Município de Iranduba (Anfahrt ab Manaus: ca. 2 Std. per Boot), Tel. (092) 21 21-50 00
www.ariau.tur.br
Größtes Dschungelhotel bei Manaus (269 Z.); u. a. mit Aussichtsturm, sehr gutem Restaurant und Auditorium.. Auswilderungsstation beschlagnahmter Tiere. Reservierung erforderlich.

Juma Lodge
Lago do Juma, Município de Autazes (Anfahrt ab Manaus: ca. 3,5 Std. per Boot), Tel. (092) 32 32-27 07
www.jumalodge.com.br
11 Apartments aus Holz; nur die Nasszellen sind gemauert. Leihboote verfügbar. Ein Generator liefert Strom. Reservierung erforderlich.

Amazon Ecopark Lodge
Igarapé do Tarumã-Açu (Anfahrt: ca. 30 Bootsminuten ab Manaus), Tel. (092) 36 22-26 12
www.amazonecopark.com.br
64 Bungalows aus Holz mit jeweils drei klimatisierten Apartments. Res-

taurant, Bar, Exkursionen per Boot und Allradfahrzeug. Reservierung ist erforderlich.

Amazon Riverside Hotel Mainan
(vom Ceasa-Hafen ca. 40 Min. per Boot), Tel. (092) 36 22-27 88
www.mainan.com
Ganz aus Holz konstruierte Unterkunft; 15 einfache Gästezimmer mit Deckenventilator und winzigen Nasszellen. Warmes Wasser gibt's nur nachts. Rustikales Restaurant.

► Komfortabel

Mamirauá Jungle Lodge (Pousada Uacari)
Reserva Mamirauá, Município de Tefé (Anfahrt ab Manaus: 1 Std. mit Flugzeug und 1,5 Std. per Boot)
Tel. (097) 33 43-41 60
www.mamiraua.org.br
www.pousadauacari.com.br
Die schwimmende Lodge liegt in der größten geschützten Flussaue Brasiliens. 10 einfache Zimmer mit Veranda und Hängematte. Im Preis enthalten ist der Transfer per Schnellboot ab Tefé. Reservierung erforderlich.

Aldeia dos Lagos
Micípo de Silves (Anfahrt ab Manaus: 4,25 Std. per Boot), Tel. (092) 32 48-99 88
www.viverde.com.br/aldeia.html
Klimatisierte Apartments auf einer Insel, ~300 km von Manaus entfernt.

heran, das 1755 zur Hauptstadt der eben erst geschaffenen **Capitania São José do Rio Negro** ernannt wurde. Seine Bewohner widmeten sich überwiegend dem Sammeln bzw. der Gewinnung der so genannten Sertão-Drogen: Nelken, Zimt, Indigo und Kakao. In der zweiten Hälfte des 19. Jh.s und im frühen 20. Jh. erlebte Manaus dank des hohen internationalen Marktwerts des Amazonas-Kautschuks eine Phase ungeheuren Reichtums. Die meisten Kolonialbauten der Hauptstadt entstanden in jener Periode, die auch unter der

Bezeichnung Gummizyklus bekannt ist. Seit 1967 ist die Stadt **Freihandelszone**. Steuerliche Privilegien lockten in der Folgezeit multinationale Unternehmen nach Manaus; mit ihnen kamen Massen von Industriearbeitern, die sich in den sich unaufhaltsam ausdehnenden Armenvierteln niederließen. Die zunehmende industrielle Prägung der Stadt hat dem einstigen Charme der Amazonas-Metropole schwer zugesetzt.

Sehenswertes in Manaus

★★
Teatro Amazonas

Das 1896 eröffnete Amazonas-Theater (Largo São Sebastião), das heute unter Denkmalschutz steht, ist das berühmteste Bauwerk von Manaus: ein Gebäude im Stil der italienischen Renaissance mitten im Urwald. Seine 700 Sitze sind mit rotem Samt bezogen, die Portale wurden aus italienischem Marmor und die Treppen aus englischem Schmiedeeisen angefertigt. Es besitzt 198 Lüster, davon 32 aus Murano-Glas. Die Dekoration des Bühnenvorhangs zeigt, wie der Rio Negro und der Rio Solimões zum Amazonas zusammenfließen. **Domenico de Angelis** malte die Deckengemälde. Die Kuppel ist mit Kacheln verkleidet, die zu Beginn des 20. Jh.s aus Deutschland eingeführt wurden. Aufführungen finden fast täglich statt. Öffnungszeiten: Mo. – Sa. 9.00 – 17.00 Uhr.

Das Teatro Amazonas ist weltberühmt ...

Englische Ingenieure errichteten 1906 das Zollgebäude (Alfândega) von Manaus. Ihr technisches Meisterstück waren aber die 300 m langen, im Rio Negro schwimmenden Kais (Cais Flutuantes), mit deren Hilfe die zwischen Regen- und Trockenzeit um bis zu 14 m schwankenden Pegelstände ausgeglichen werden konnten. Zollgebäude und die Cais Flutuantes stehen heute unter Denkmalschutz.

✱ Alfândega, Cais Flutuantes

Die 1882 errichteten Markthallen liegen zwischen der Rua dos Barés und dem Rio Negro, zwischen den schwimmenden Kais und dem Igarapé de Educandos. Mit ihrem nach Plänen von **Gustave Eiffel** in Paris hergestellten Eisengerüst und den bunten Glasfenstern ist sie der einstigen Pariser Markthalle Les Halles nachempfunden. Im Mercado Municipal finden auch eine Reihe beliebter Bars, Garküchen und Restaurants Platz; allerdings wird die gesamte Anlage momentan saniert.

✱ Mercado Municipal

Der im Jahr 1910 fertig gestellte Palácio Rio Negro in der Rua Sete de Setembro war früher die Residenz des deutschen Kautschukhändlers Waldemar Scholtz; später diente das prächtige Gebäude als Sitz der Regierung von Amazonas. Heute nimmt es ein **Kulturzentrum** auf, in dem gelegentlich Kunstausstellungen und Konzerte stattfinden. Öffnungszeiten: Mo.–Fr. 9.00–14.00 Uhr.

✱ Palácio Rio Negro

🕐

... auch aufgrund seiner Lage: in Manaus inmitten des amazonischen Urwaldes.

Museu do Indio

Im Museu do Indio (Indianermuseum) sind über 3000 Exponate von indianischen Ethnien ausgestellt, die am Oberlauf des Rio Negro beheimatet waren oder noch sind. Hier werden außerdem deren Handarbeiten zum Verkauf angeboten. Das Museum befindet sich in der Rua Duque do Caixas 356. Öffnungszeiten: Mo. – Fr. 8.30 – 11.30 und 14.00 – 16.30, Sa. 8.30 – 11.30 Uhr.

Parque Ecológico do Janauary

Landschaftsbild

Nach ca. 45 Minuten Bootsfahrt von Manaus erreicht man auf dem Rio Negro den Janauary-Naturpark rings um den gleichnamigen See. Das viel besuchte Schutzgebiet vereint auf 9000 ha verschiedenste

Manaus Orientierung

Essen
① Churrascaria Búfalo

Übernachten
① Hotel Tropical ② Hotel Saint Paul ③ Hotel Palace

Landschaftstypen, u. a. Várzeas (Schwemmlandebenen) und Igapós (sumpfige Waldgebiete). Innerhalb des Parks bewegt man sich auf Motorbooten durch das verworrene Geflecht schmaler Wasserläufe, der so genannten Igarapés. Die üppige Vegetation reicht von Gräsern wie der Canarana bis zu riesigen Kapokbäumen.

Eine der Hauptsehenswürdigkeiten des Parks ist eine mit **Victoria amazonica** übersäte Lagune. Die Blüte der Victoria amazonica – einer nur im Amazonas-Gebiet wachsenden Seerose, deren Schwimmblätter bis 2 m Durchmesser erreichen – hat ein sehr kurzes Leben: Sie erblüht zunächst in Weiß, wird dann lila und verwelkt nach drei Tagen schließlich dunkelrot.

> **!** *Baedeker* TIPP
>
> **Encontro das Águas**
>
> Auch bei einem Kurzaufenthalt in Manaus lohnt sich ein Tagesausflug zum Encontro das Águas, dem Zusammenfluss von Rio Negro und Rio Solimões. Ungefähr 20 km von Manaus entfernt, fließen die dunklen Wassermassen des Rio Negro und die gelblich-hellen des Rio Solimões mehrere Kilometer nebeneinander her, ohne sich zu vermischen – ein faszinierendes Naturschauspiel. Ausflüge zum Encontro das Águas bieten sämtliche Reiseagenturen in Manaus an.

✱ ✱ Ilhas Anavilhanas · Parque Nacional do Jaú

Landschaftsbild

Zwischen Manaus und Novo Airão liegt im dort bis zu 20 km breiten Rio Negro die Gruppe der Anavilhanas-Inseln, der größte Süßwasserarchipel der Welt mit 400 länglichen Flussinseln sowie Hunderten von Seen und Wasserläufen, die auf einer Länge von 90 km miteinander verwoben sind. Das rund 350 000 ha große Anavilhanas-Gebiet zeigt einen perfekten Querschnitt durch die amazonischen Ökosysteme.

Fauna

Während der Hochwasserperiode zwischen Dezember und April sind die Inseln fast alle überschwemmt, nur etwa 180 von ihnen ragen dann noch aus den Fluten. In dieser Zeit sind die auf den schmalen Flussinseln lebenden Affen und Faultiere, Papageien, Tukane, Spechte, Reiher sowie Schlangen, Kaimane und Schildkröten mit ortskundigen Führern leichter zu erspähen als bei niedrigerem Wasserstand.

Parque Nacional do Jaú

Der angrenzende Tropenwald zwischen dem Rio Carabinani und dem Rio Unini wurde im Jahr 1980 sogar zum Parque Nacional do Jaú erklärt. Dieses Naturschutzgebiet trägt den Namen des **Rio Jaú**, der es der Länge nach durchzieht. Es ist der zweitgrößte Nationalpark Südamerikas und nimmt das weltweit größte Reservoir an Schwarzwasser auf. Der Parque Nacional do Jaú wird von Fachleuten als eines der reichhaltigsten Biosphärenreservate der Tropen betrachtet. Die Hälfte aller in Zentralamazonien vorkommenden Reptilien sowie eine kaum überschaubare Fülle an Fisch- und Vogelarten kann man hier antreffen. Außerdem ist der Park eines der letzten Rückzugsgebiete selten gewordener Wildkatzen wie Puma und Ozelot.

Wer den Nationalpark besuchen möchte, benötigt viel Zeit, denn alleine die 250 km weite Anreise per Boot von Manaus nach Novo Airão nimmt gut 18 Stunden in Anspruch. Danach sind weitere sechs Stunden Bootsfahrt notwendig. Obligatorisch für den Besuch des Nationalparks ist das Einverständnis der Umweltschutzbehörde Ibama in Manaus, Rua Ministro João Gonçalves de Sousa; Tel. (092) 36 13-30 80.

Parque Nacional do Pico da Neblina

Gut 500 km weiter stromaufwärts breitet sich am Nordufer des Rio Negro der 1979 geschaffene Nationalpark Pico da Neblina aus. Auf seinem Areal – in der Serra do Imeri, an der Grenze zwischen Brasilien und Venezuela – erheben sich die zwei mächtigsten Berge des Landes: der 2992 m hohe **Pico 31 de Março** und der 3014 m hohe **Pico da Neblina**, Brasiliens höchster Gipfel. Ihn zu besteigen erfordert – neben der notwendigen Zeit und Kondition – eine expeditionsmäßige Ausrüstung: einzelne Spezialveranstalter offerieren entsprechende Angebote. Behelfsmäßige Unterkünfte gibt es in dem 140 km vom Nationalpark entfernten Ort São Gabriel da Cachoeira.

Indianerdörfer Der Nationalpark Pico da Neblina markiert die Südgrenze des **Yanomami-Territoriums**, das sich vom nordwestlichen Roraima an der Grenze zu Venezuela ausdehnt. Unter den verschiedenen indianischen Ethnien, die in der Region um den Pico da Neblina leben, sind vor allem die Tukano zu nennen, deren Dörfer in der Nähe von São Gabriel da Cachoeira liegen.

Indianischer Jäger auf einem Seitenarm des Amazonas

Im äußersten Süden des Parks stößt man auf die Felsformationen **Felsformationen**
von São Gabriel da Cachoeira, unter denen die **Bela Adormecida**
(Dornröschen) besondere Beachtung verdient. Bekannt sind auch die
Flussufer von São Gabriel mit ihren Glimmerständen. Diese Gegend
besitzt das größte Niobvorkommen der Welt; die Ausbeutung des
Metalls führte zur Verdrängung der letzten hier verbliebenen
Indianer.

✶ ✶ Natal

Sh 48

Bundesstaat: Rio Grande do Norte (RN)   **Einwohner:** 800 000
Höhe: 30 m ü.d.M.

**Natal, die Hauptstadt des Staates Rio Grande do Norte, wurde an
Weihnachten 1599 im Mündungsgebiet des Rio Potengi gegründet.
Ihrem Gründungsdatum verdankt der Ort seinen bezaubernden Na-
men – Natal bedeutet zu Deutsch Weihnachten.**

Der auch Cidade do Sol (Stadt der Sonne) und Cidade das Dunas
(Stadt der Dünen) genannte Küstenort trägt diese honorigen Namen
zu Recht: Natal ist mit sonnigen klimatischen Gegebenheiten und
endlosen Dünenständen in der Umgebung gesegnet. Entsprechend
hat sich die für europäische Vorstellungen wenig weihnachtlich anmutende Stadt zu einem viel besuchten touristischen Zentrum entwickelt. Wenn von Natal die Rede ist, ist jedoch fast immer der 13
km südlich vom Zentrum gelegene, reizvolle Stadtteil **Ponta Negra**
gemeint, dessen Strand vor türkis-grünem Meer zu den beliebtesten
des Nordostens zählt. Hier liegen auch die meisten Hotels, Bars und
Restaurants der Stadt.

Sehenswertes in Natal

An der Praia do Forte, 4 km nördlich des Zentrums, erhebt sich das
Forte dos Reis Magos (Fort der Heiligen Drei Könige), das von dem   **Forte dos**
spanischen Jesuiten **Gaspar de Santeres** entworfen und zwischen   **Reis Magos**
dem 6. Januar (daher der Name) und dem 24. Juni des Jahres 1598
etwa 750 m vor der Mündung des Rio Potengi als Stützpunkt der
Portugiesen gegen die Franzosen errichtet wurde. Die Siedlung, aus
der später Natal hervorging, wuchs ungefähr eine Meile von der Festung entfernt heran. Aufgrund der verwendeten Baumaterialien, Taipa (Lehm mit Pflanzenfasern) und Sand, hielt die ursprüngliche Festung dem Ansturm der Meereswellen nicht stand. Seine heutige Gestalt erhielt das Fort ab 1614, als es der bekannte portugiesische
Militärarchitekt **Francisco de Frias da Mesquita**, Schöpfer zahlreicher
Befestigungsanlagen von Maranhão bis Cabo Frio und von Sakralbauten wie dem Kloster São Bento in Rio de Janeiro, wieder errichte-

NATAL ERLEBEN

AUSKUNFT

Centro de Turismo
Rua Aderbal de Figueiredo 980
Stadtteil Petrópolis
Tel. (084) 32 11-61 49

Secretaria de Estado do Turismo
Avenida Gov. Juvenal Lamartine 205
Stadtteil Tirol (unterhält u. a. einen
Posten am Busbahnhof)
Tel. (084) 32 32-25 19
www.brasil-natal.com.br

ANREISE

Flughafen
Aeroporto Int. Augusto Severo
Parnamirim
Tel. (084) 30 87-12 70

Busbahnhof
Avenida Capitão-Mor Gouveia 1237
Tel. (084) 32 32-73 12

ESSEN

▶ **Erschwinglich**
Camarões
Av. Eng. Roberto Freire 2610
Ponta Negra, Tel. (084) 32 09-24 24
Landesweit berühmte Krabben-
gerichte in über 30 Varianten. Zur
Vorspeise sollte man Casquinha de
Caranguejo probieren, mit Kokos-
milch und Knoblauch verfeinertes
Krebsfleisch.

Manary
Rua Francisco Gurgel 9067
Ponta Negra, Tel. (084) 32 04-29 00
Ideal für ein romantisches Dinner
unter Sternenhimmel mit Meerblick.

▶ **Preiswert**
Casa de Taipa
Rua Dr. Manoel A. B. de Araújo 130 A
Ponta Negra, Tel. (084) 32 19-57 98
Hier gibt es die für die Region

typischen Tapiocas, z. B. mit Huhn,
Käse und Oliven.

ÜBERNACHTEN

▶ **Luxus**
Pousada Toca da Coruja
Av. Baía dos Golfinhos, Praia do Forte
Tel. (084) 32 46-22 25
www.tocadacoruja.com.br
Komfortable Pousada mitten im Urwald. Luxuriöse Chalêts mit Whirl-
pool unter freiem Himmel, zwei
traumhafte Pools, makelloser Service.

Baedeker-Empfehlung

▶ **Luxus**
Manary Praia Hotel
Rua Francisco Gurgel 9067, Ponta Negra
Tel. (084) 32 04-29 00, www.manary.com.br
Das charmanteste Hotel von Natal präsen-
tiert sich in neo-kolonialem Stil. Die 23
geschmackvoll dekorierten Zimmer bieten
Balkon mit Hängematte und teilweise
zauberhaften Meerblick. Herzstück des
Hotels ist sein attraktiver Pool mit direktem
Strandzugang. Gästen steht das angeschlos-
sene Amana Spa mit Sauna zur Verfügung.

▶ **Komfortabel**
Coral Plaza Apart Hotel
Rua Francisco Gurgel 9005
Ponta Negra, Tel. (084) 36 42-74 00
www.coralplaza.com.br
Attraktives neues Strandhotel
(107 Z.), großer Pool mit Bar.

▶ **Günstig**
Pousada Manga Rosa
Av. Erivan França 240, Ponta Negra
Tel. (084) 32 19-05 08
www.mangarosanatal.com.br
16 Z. nahe der Düne Morro do Careca. Frühstück auf der Dachterrasse.

te. Im Jahr 1628 waren die Arbeiten an diesem uneinnehmbar scheinenden Bollwerk, das die portugiesische Präsenz im Nordosten Brasiliens dauerhaft sichern sollte, abgeschlossen; fünf Jahre später wurde das Fort von den Holländern angegriffen und eingenommen. Erst 1654 fiel die Festung in die Hände der Erbauer zurück. Die auf sternförmigem Grundriss angelegte Festung hat einen Umfang von 240 m und weist fünf Bastionen auf. In der Mitte des Innenhofs ragt ein hohes Gebäude auf, das einst eine Pulverkammer und die Kapelle beherbergte. Öffnungszeiten: tgl. 8.00 – 16.30 Uhr.   ⊙

Memorial und Casa Câmara Cascudo

Südlich des im Stadtviertel Ribeira, am Rio Potengi gelegenen Hafens befindet sich die **Cidade Alta** (Oberstadt), das Zentrum Natals mit den meisten historischen Bauten. Dort, an der Praça André de Albuquerque, beherbergt die Câmara-Cascudo-Gedenkstätte, eine kleine Kunstgalerie. Die bisher hier ansässige Bibliothek mit einer Sammlung von Dokumenten über den Geschichtsforscher Cascudo befindet sich nun in der Casa Câmara Cascudo, Avenida Câmara Cascudo 377, Tel. (084) 32 22-32 93.

Santo Antônio

Wenige Schritte südlich wurde im Jahr 1766 in der Rua Santo Antônio die Barockkirche Santo Antônio (do Galo) errichtet. Sie besitzt einen geschnitzten Holzaltar sowie ein **Museum für Sakrale Kunst**, in dem religiöse Gegenstände aus dem 18. Jh. ausgestellt sind. Öffnungszeiten: Di. – So. 8.00 – 17.00 Uhr.   ⊙

Museu Câmara Cascudo

Im Museu Câmara Cascudo, Av. Hermes da Fonseca 1398, östlich der Cidade Alta im Stadtteil Tirol, sind Dokumente anthropologischer und folkloristischer Natur, Utensilien der Amazonas-Indianer,

Ein Reiter verliert sich in den Dünen von Genipabu bei Natal.

Fossilien, Skelette, rekonstruierte Sambaquis, christliche und Candomblé-Kultgegenstände sowie regionale Handarbeiten zu sehen. Öffnungszeiten: Di. – Fr. 8.00 – 11.30 und 14.00 – 17.30, Sa./So. 13.00 bis 17.00 Uhr.

Centro de Turismo Im ehemaligen Stadtgefängnis von Natal, der **Casa da Detenção** in der Rua Aderbal de Figueiredo 980 (im Stadtteil Petrópolis), ist das

Natal Orientierung

örtliche Touristenzentrum mit Museum, Kunstgalerie, Kunstgewer-beläden, Restaurant und Diskothek untergebracht. Regelmäßig wer-den hier – jeweils donnerstagabends – Forró-Tanzdarbietungen für Touristen veranstaltet. Öffnungszeiten: tgl. 8.00 – 19.00 Uhr.

Strände im Osten und Norden von Natal

Am östlichen Küstenabschnitt dehnen sich die stadtnahen Strände Meio und Artistas (3 km), Areia Preta und Pinto (5 km) sowie Bar-reira d'Agua (12 km) aus. Die Praia dos Artistas ist tagsüber ein Treffpunkt von Surfern, nach Einbruch der Dunkelheit von Nacht-schwärmern; in der Umgebung und im angrenzenden Stadtteil Petrópolis befinden sich viele Nachtlokale, Restaurants und Bars.

Stadtstrände

Ein unvergessliches Erlebnis ist eine Strandbuggy-Fahrt über die Sanddünen der Strände nördlich von Natal bis zum Kap São Roque, dem »Ellbogen« Brasiliens, wie jene Landzunge Südamerikas genannt wird, die am weitesten gen Afrika vorspringt. Der erste Strand, auf den man in Richtung Norden trifft, ist die **Praia do Forte**, sozusagen die Keimzelle von Natal. Darauf folgt – am gegenüberliegenden Ufer des Rio Potengi – der Redinha-Strand.

Buggy-Fahrt

Genipabu liegt 30 km nördlich von Natal, das von dem einstigen Fi-scherdorf durch den Rio Potengi getrennt wird. Über die 1782 m lange und bis zu 55 m hohe Brücke Ponte Newton Navarro und die Praia da Redinha sind beide Orte miteinander verbunden. Neben den Stränden zählen riesige **Wanderdünen** zu den Attraktionen Geni-pabus. Die mächtigste Düne liegt direkt hinter der beliebten Praia de Genipabu und misst gut 60 m Höhe – ihr Sand ist so fein, dass man auf ihm mit behelfsmäßigen Skiern oder Surfboards bergab rutschen kann. Eine andere Möglichkeit, die weite Sandlandschaft des Parque das Dunas zu erkunden, sind Rundfahrten mit Buggys. Die Strand-flitzer sind in Genipabu ebenso allgegenwärtig wie in Natal – jedes Hotel vermittelt vertrauenswürdige Fahrer.

✷ ✷
Genipabu,
Parque das
Dunas

Wenige Kilometer nördlich von Genipabu erstreckt sich der 6 km lange, feinsandige Strand von Pitangui. Von Genipabu kann man ihn mit dem Buggy erreichen, nachdem man das Mündungsgebiet des Rio Ceará-Mirim durchquert hat. Im Schatten von Palmen liegen Fe-rienhäuser; das Fischerdorf Pitangui breitet sich an einer Lagune mit klarem Wasser aus. Die vorgelagerten Riffe halten den Ansturm der Wellen ab, so dass man hier gut und gefahrlos schwimmen kann.

✷ ✷
Pitangui

Das Mündungsdelta des Rio Maxaranguape, 63 km nördlich von Na-tal, muss auf einer Fähre überquert werden. Der feinsandige Bade-strand Praia da Barra de Maxaranguape wird von Dünen, Riffs und blauen Lagunen malerisch umrahmt. Rund 2 km weiter erreicht man das Kap São Roque.

Maxaranguape

Küste südlich von Natal

Ponta Negra

An dem Küstenabschnitt zwischen Natal und der Grenze zu Paraíba erstrecken sich einige der attraktivsten Strände des Bundesstaates. Rund 13 km südlich vom Zentrum liegt die noch zum Stadtgebiet gehörende Praia da Ponta Negra mit dem so genannten Glatzkopfhügel, dem **Morro do Careca** – einer über 100 m hohen ortsfesten Düne, deren 50 Grad geneigter Steilhang so abrupt zum Strand abfällt, dass man lange Zeit auf ihrem feinen Sand Ski fahren konnte, bevor der Zutritt zum Hügel aus Naturschutzgründen gesperrt wurde. Der Stadtteil Ponta Negra hat Natal – was den Badetourismus anbelangt – den Rang abgelaufen; zahlreiche Hotels, Pousadas und Strandbars sind hier in den letzten Jahren wie Pilze aus dem Boden geschossen. Das Preisniveau ist höher als im Zentrum, die Wasserqualität in der Regel gut. Analog zu den Stränden nördlich von Natal bietet sich eine Buggy-Fahrt auch für die Erkundung der Strände südlich der Dünenmetropole an.

Praia da Pipa

Südlich von Ponta Negra erreicht man die Strände Pirangi do Norte mit seinem berühmten riesigen Cashewnussbaum (24 km von Natal), Pirangi do Sul (30 km) und Búzios, an dem Süßwasserquellen direkt am Strand in Form so genannter **Olhos de Água** zutage treten. Der berühmteste Badeort der Region ist jedoch das etwa 85 km südlich von Natal gelegene **Praia da Pipa**. Mit zahlreichen Hotels und Pousadas für jeden Geschmack und Geldbeutel, vielen Restaurants, Bars, Boutiquen und Kunstläden sowie seinen von Klippen umrahmten Stränden, von denen aus sich sogar Delphine beobachten lassen, bildet er eine oft aufgesuchte Alternative zur Großstadt Natal. Die schönsten Badebuchten sind Praia do Curral, Praia do Madeiro und Praia do Amor. Bootsausflüge führen zur nahe gelegenen Guaraíra-Lagune, auf Buggyfahrten lassen sich die Strände bis hinunter zur Praia do Sagi erkunden.

Niterói

Sd 57

Bundesstaat: Rio de Janeiro (RJ)   **Einwohner:** ca. 478 000
Höhe: 5 m ü.d.M.

Niterói, im Osten der Guanabara-Bucht, ist mit dem gegenüberliegenden Rio de Janeiro durch die knapp 14 km lange und 60 m hohe Ponte Presidente Costa e Silva verbunden.

Sehenswertes in Niterói

Ponta de Gragoatá

Die interessantesten Strände und Sehenswürdigkeiten Niteróis liegen südlich des Stadtzentrums und sind über die Küstenstraßen der Guanabara-Bucht erreichbar. So auch die Ponta de Gragoatá, eine sich in die Baía de Guanabara ausladende Landzunge, in deren äußerstem Süden die Ponte Benjamin Sondré die Verbindung zur vorgelagerten **Ilha da Boa Viagem** (Insel zur Guten Reise) herstellt, auf der die 1683 errichtete Kirche Nossa Senhora da Boa Viagem und eine Festung aus demselben Jahrhundert zu besichtigen sind. Das an der Westspitze der Landzunge gelegene Forte do Gragoatá aus dem 17. Jh. ist der Öffentlichkeit nicht zugänglich.

Das futuristische, einem Ufo ähnelnde Gebäude in exponierter Lage im Südosten der Ponta de Gragoatá stammt von keinem Geringeren als Brasiliens Stararchitekten **Oscar Niemeyer**. Das moderne architektonische Konzept korrespondiert sehr gut mit dem Inhalt des Bauwerks, dem Museum für Zeitgenössische Kunst mit wechselnden Ausstellungen. Vom Museum bietet sich eine herrliche Aussicht über die Guanabara-Bucht.

✱
Museu de Arte Contemporânea

Einige Häuserblocks von der südöstlich der Ponta de Gragoatá gelegenen Praia de Icaraí entfernt, breitet sich zwischen Icaraí und Santa Rosa der Campo de São Bento aus, ein weitläufiger Park mit See, Brunnen und dem Kulturzentrum Pascoal Carlos Magno. An den Wochenenden findet im Park ein Kunsthandwerksmarkt statt.

Campo de São Bento

Hinter der Praia de Icaraí führt die Fróis-Straße oberhalb der Bucht am Rande des Cavalão-Hügels entlang bis zum Saco (Bucht) de São Francisco (Zufahrt auch durch einen Tunnel). Am Ende der Praia de São Francisco kann man in die Estrada da Cachoeira einbiegen, einer der Wege zu den Stränden am Eingang der Bucht. An der Grenze

Saco de São Francisco

Blick vom Museu de Arte Contemporânea auf Rio de Janeiro

zwischen der Praia de São Francisco und der Praia de Charitas erhebt sich die Kirche **São Francisco Xavier** von 1572. In der Nähe liegt auch der Viração-Hügel mit dem **Parque da Cidade** (Stadtpark), von dem man einen einzigartigen Panoramablick auf die Bucht von Guanabara und Rio de Janeiro genießt.

Jurujuba-Strand, Forte Rio Branco
Die Avenida Quintino Bocaiuva führt an den Praias de São Francisco und Charitas vorbei. Daran anschließend dehnen sich die Strände Preventório, Várzea, Cais und Jurujuba aus. Nicht weit von hier steht das Forte Barão do Rio Branco aus dem 18. Jahrhundert.

Fortaleza de Santa Cruz
Von der Avenida Carlos Emiliano, der Verlängerung der Quintina Bocaiuva, kommt man zum Jurujuba-Strand. Am Ende der Straße zweigt die Estrada General Eurico Gaspar Dutra zum Pico-Hügel ab, auf dem sich das **Forte do Pico** erhebt. Am Fuße des Pico-Hügels strahlt die 1632 erbaute Fortaleza de Santa Cruz bis heute den Nimbus der Uneinnehmbarkeit aus. Einige Gebäudeteile wurden nachträglich hinzugefügt: die Kapelle, das Gefängnis und die Cova das Onças (Folterkammer) stammen aus dem 17. Jh., die Zisterne aus dem 18. Jh. und die Kasematten der Geschütze aus dem 19. Jahrhundert. Zusammen mit dem Forte São João auf dem gegenüberliegenden Morro Cara de Cão wacht die Festung über den schmalsten Teil der Guanabara-Bucht.

★ ★ Olinda

Sh 49

Bundesstaat: Pernambuco (PE)   **Einwohner:** 395 000
Höhe: 16 m ü.d.M.

Olinda, im Jahr 1537 auf einem Hügel nördlich des Rio Beberibe von dem Portugiesen Duarte de Coelho gegründet, war die erste Hauptstadt Pernambucos. An die Blütezeit Olindas erinnert ein Ensemble kolonialer Baudenkmäler, das dem bezaubernden Namen der Stadt alle Ehre macht – Olinda, die Schöne. Im Jahr 1982 wurde der Stadtkern Olindas zum Weltkulturerbe der UNESCO erklärt.

Olinda entwickelte sich nach seiner Gründung rasch zum Zentrum der Kolonisierung, Missionierung und des Zuckerrohranbaus, geriet aber gegenüber der dynamischeren, 14 km südlich gelegenen Hafenstadt ▶Recife bald ins Hintertreffen, da es keinen eigenen Tiefseehafen besaß. Die Rivalität zwischen den beiden Städten gipfelte 1710, nach der Erhebung Recifes zur Vila, in der **Guerra dos Mascates**: Die Zuckerbarone von Olinda setzten sich gegen den politischen Aufstieg der Mascates, der bürgerlichen Kaufleute von Recife, zur Wehr – ohne Erfolg. Olinda verlor sukzessive seine politische und wirtschaftliche Bedeutung.

▶ OLINDA ERLEBEN

AUSKUNFT

Casa do Turista
Rua Prudente de Morais 472
Tel. (081) 33 05-10 60
www.olinda.pe.gov.br

Tourist Info (Empetur)
Av. da Liberdade
Tel. (081) 34 29-02 44
Rua do Bonsucesso 183

VERANSTALTUNGEN

Zeitgleich mit dem europäischen Karneval findet in Olinda der Carnaval statt. Die Attraktionen der fünften Jahreszeit in Olinda sind: Bonecos Gigantes (haushohe Kostüme aus Pappmaché), Maracatú (Orchester und höfische Prachtentfaltung alter afrikanischer Vereinigungen), Frevo (eine spritzige Mixtour aus Marschpolka und akrobatischem Tanz) und ansteckende Heiterkeit.

ESSEN

▶ Erschwinglich

① **Oficina do Sabor**
Rua do Amparo 335
Tel. (081) 34 29-33 31
www.oficinadosabor.com
Gourmet-Restaurant, dekoriert mit Kunsthandwerk aus dem Nordosten. Der Küchenchef kombiniert regionale Zutaten zu ungewöhnlichen Kreationen, z. B. Languste mit Mango. Unerreichte Spezialität des Hauses: Shrimps mit Pitanga-Frucht und Kürbis. Veranda mit Blick auf Recife.

② **Marim**
Rua do Amparo 157
Tel. (081) 34 29-87 62
Spezialität Meeresfrüchte oder fangfrischer Fisch in Bananenblättern mit Butterkäse und Kokosnuss.

③ **Patuá**
Rua Bernardo Vieira de Melo 79

Trommelwirbel auf dem Karneval in Olinda

Kulinarischer Gaumenkitzel auf hohem Niveau: Auf den Tisch kommen z.B. Fischfilet in Shitake-Soße mit karamellisierter Banane.

▶ Preiswert

④ *Café Estação dos 4 Cantos*
Rua Prudente de Morais 440
Tel. (081) 34 29-75 75
Galerie für Schmuck und Kunsthandwerk mit gemütlichem Café im Hof. Sehr guter Kuchen und Eis-Café-Kreationen

ÜBERNACHTEN

▶ Luxus

① *Pousada do Amparo*
Rua do Amparo 199, Stadtteil Amparo
Tel. (081) 34 39-17 49
www.pousadadoamparo.com.br
Fünf geräumige Stadthäuser aus dem 18. Jh. wurden zu dieser Pousada umgestaltet. Ihr Inneres wirkt wie für ein Architekturjournal arrangiert und beherbergt 18 klimatisierte Gästezimmer sowie eine Bar und eine Sauna. Außerdem steht den Hausgästen auch ein Swimmingpool zur Verfügung.

▶ Komfortabel

③ *Pousada dos Quatro Cantos*
Rua Prudente de Morais 441
Tel. (081) 34 29-02 20
www.pousada4cantos.com.br
Schöne Pousada in einem Kolonialhaus mit antiken Möbeln aus dem 19. Jahrhundert, einem hübschen Garten und kleinem Pool mit Holzdeck. Es gibt 15 Zimmer in vier Kategorien, am besten ausgestattet ist die Kategorie »Luxo«. Sehr gutes regionales Frühstück, Restaurant, Reisebüro.

▶ Günstig

② *Pousada Peter*
Rua do Amparo 215
Tel. (081) 34 39-21 71
www.pousadapeter.com.br
Der deutsche Besitzer arbeitet auch als Künstler. Kaum ein Stückchen Wand, das nicht von einem Gemälde oder einer Plastik geziert wird. Die ins abschüssige Gelände terrassierten 13 Gästezimmer sind vollkommen unterschiedlich zugeschnitten und fast alle recht klein.

Sehenswertes in Olinda

N.S. do Carmo

An der Praça do Carmo, dem idealen Ausgangspunkt für einen Stadtrundgang, steht die Kirche Nossa Senhora do Carmo aus dem Jahr 1581, die 1631 – wie alle Kirchen der Stadt mit Ausnahme der Igreja São João Batista dos Militares – von den Holländern niedergebrannt wurde. Sie gilt als **Brasiliens älteste Karmeliterkirche**, wenngleich vom ursprünglichen Gebäude nur noch der Altar aus dem 16. Jh. und die Renaissancefassade des Portals übrig sind.

Convento de São Francisco

Nördlich der Praça do Carmo, der Rua São Francisco aufwärts folgend, liegt in der Oberstadt der Largo de São Francisco mit dem ältesten Ensemble franziskanischer Architektur in Brasilien, dem Kloster São Francisco mit der Kapelle Sant'Ana und der Kirche **Nossa Senhora das Neves** aus dem späten 16. Jahrhundert. Die Wände beider Bauten sind mit Azulejos verkleidet, die Decken mit Malereien verziert. In der Sakristei der Kirche wird eine große Truhe mit prächtigen Schnitzereien aus der Kolonialzeit aufbewahrt; in der Kapelle des Laienordens ist der Vierungsbogen mit seinem vergoldeten Schnitzwerk besonders beachtenswert. Öffnungszeiten: Mo.–Fr. 9.00 bis 12.00 und 14.00–17.00, Sa. 9.00–12.00 Uhr.

Oberhalb des Largo São Francisco befindet sich die Kathedrale (Sé) von 1537 mit schönen Gemälden unbekannter Künstler, einige sogar noch aus dem 17. Jahrhundert. Der **Alto da Sé** (Kathedralenhügel) gewährt herrliche Blicke auf Olinda und Recife. In der nächsten Umgebung der Kathedrale ragen verschiedene Bauten auf: das Seminário de Olinda von 1549 mit der Igreja Nossa Senhora da Graça, die von dem Jesuitenpater Francisco Dias entworfen wurde; weiter westlich beherbergt der ehemalige Bischofspalast (Palácio Episcopal) aus dem Jahr 1676 das **Museum für Sakrale Kunst von Pernambuco** (Rua Bispo Coutinho 726); folgt man der Rua Bispo Coutinho weiter Richtung Westen, führt eine Abzweigung nach rechts zur 1569 errichteten Kirche Imaculada Conceição (Unbefleckte Empfängnis); bevor die Rua Bispo Coutinho in die bergab führende Rua Bernardo Vieira de Melo übergeht, lohnt sich ein Besuch der Igreja da Misericórdia von 1540 mit vergoldeten Holzschnitzereien und Gemälden.

★
Igreja da Sé und Umgebung

Olinda Orientierung

N.S. do Monte Nördlich der Kirchen Imaculada Conceição und Misericórdia überragt die im Jahr 1586 errichtete Igreja Nossa Senhora do Monte die Stadt. In dem Gotteshaus kann man gegen 17.30 Uhr gregorianischem Chorgesang lauschen; auf dem Kirchenvorplatz, dem Largo N.S. do Monte, werden Plätzchen und Likör zum Kauf angeboten.

Museu de Arte Contemporânea Südlich der Igreja da Misericórdia ist das Museu de Arte Contemporânea (Museum für Zeitgenössische Kunst) in dem früheren Inquisitionsgefängnis (Cadeia Eclesiástica e Pública) und der Kapelle São Pedro Advíncula aus dem 18. Jh. untergebracht (Rua Treze de Maio).

✹ ✹
Mosteiro de São Bento Sowohl die Rua Treze de Maio als auch die Rua Bernardo Vieira de Melo treffen auf die Rua São Bento, die in südlicher Richtung zum Benediktinerkloster von 1582 führt, das 1631 ein Opfer der holländischen Brandschatzung wurde. Die folgenden Jahre des Wiederaufbaus gaben dem Klosterkomplex sein heutiges Aussehen. Seine Chorkapelle gilt als eine der schönsten in ganz Brasilien. Der Fassadenschmuck der 1761 errichteten Klosterkirche São Bento zeigt die Formen des Spätbarocks. An der Decke der Sakristei sind Szenen aus dem Leben des hl. Benedikt dargestellt. José Eloi, ein namhafter Maler der Kolonialzeit, schuf das Gemälde vermutlich im Jahr 1785. Ihm wird auch das große Altarbild **»Nossa Senhora da Piedade«** (»Barmherzige Muttergottes«) in der Sakristei zugeschrieben. Unter den im Kloster ausgestellten Skulpturen sind vor allem der »Menino Jesus de Olinda« (»Jesuskind von Olinda«) des Mönchs Agostinho da Piedade (um 1640) und zwei Meisterwerke des Mönchs Domingo da

Brasiliens älteste Karmeliterkirche: Nossa Senhora do Carmo

Conceição, eines benediktinischen Schnitzers und Bildhauers, zu nennen: »O Senhor Morto« (»Der tote Christus«) von 1679 und »O Senhor Crucificado« (»Christus am Kreuz«) von 1688.

Die Rua Treze de Maio führt zur Rua dos Quatro Cantos, dem traditionellen Treffpunkt der Karnevalsvereine von Olinda. Hier steht die Skulptur »Senhor Atado« (»Christus in Fesseln«) von 1773. Sie gehört mit dem »Senhor Carregando a Cruz« (»Kreuztragender Christus«) in der Rua Bernardo Vieira de Melo, dem »Senhor Apresentado ao Povo do Castelhano« (»Christus vor den Einwohnern von Castelhano«) in der Rua 27 de Janeiro und der »Nossa Senhora com Jesus« (»Maria mit Jesus«) am Largo do Amparo zu den 1773 geschaffenen **Passionsstationen**, die jedoch nur in der Karwoche sichtbar gemacht werden und ansonsten hinter verschlossenen Türen stehen. 1809 wurde der Zyklus durch eine weitere Skulptur, den »Senhor dos Montes das Oliveiras« (»Christus am Ölberg«), auf dem Alto da Sé ergänzt.

> **!** **Baedeker** TIPP

> ### Kunst im Kleinen

> Entlang der Rua do Amparo haben sich sowohl einheimische als auch zugezogene Künstler in überraschend großer Zahl niedergelassen. Ihre meist winzigen Ateliers und teils kunterbunten Galerien prägen heute das Ambiente des Viertels. Einige der Werkstuben stehen Besuchern offen, allerdings sind sie teilweise nur saisonal geöffnet, u. a. die Ateliers Iza do Amparo (Kleidung, Gemälde), Hausnummer 159; Espaço Coletivo 10 (wechselnde Ausstellungen), Nr. 241; Le Sac (Kunstschneiderei), Nr. 289 und Gilka Guimarães (Malerei), Nr. 40.

Umgebung von Olinda

Wer in nördlicher Richtung an der Küste entlangfährt, trifft auf die Strände Praia dos Milagres (beim Zentrum von Olinda), Carmo, São Francisco, Bairro Novo, Casa Caiada und Rio Doce (6 km). An der Praia de São Francisco steht die Küstenfestung Fortim São Francisco aus dem 16. Jahrhundert. **Strände bei Olinda**

Olindas Nachbargemeinde Paulista verfügt über sehr gute, aber auch häufig überlaufene Strände: Janga (8 km von Olinda), Nossa Senhora do Ó (13 km), Pau Amarelo (14 km) und Maria Farinha (22 km). An der Praia do Pau Amarelo steht das Küstenbollwerk **Forte do Pau** Amarelo von 1719; es wurde an der Stelle errichtet, an der die Holländer im Jahr 1630 erstmals das brasilianische Festland betraten. Der von Palmen gesäumte Strand besitzt durch vorgelagerte Riffs nur schwachen Wellengang und zahlreiche Verkaufsbuden. Der malerische Palmenstrand **Maria Farinha** erstreckt sich unweit noch urtümlicher Mangrovengebiete und Sandbänke, die immer wieder von schiffbaren Kanälen unterbrochen werden. Die Brandung ist durch den Schutz vorgelagerter Riffs ausgesprochen schwach, an vielen Stellen erreicht das Wasser nur geringe Tiefe. **Paulista**

★★ Ouro Preto

Sd 56

Bundesstaat: Minas Gerais (MG)　　**Einwohner:** 69 200
Höhe: 1179 m ü.d.M.

Ouro Preto (Schwarzes Gold), von der UNESCO 1980 zum Weltkulturdenkmal erklärt, kann sich rühmen, das größte barocke Bauensemble in ganz Brasilien zu besitzen. Als der Barock in Europa schon Vergangenheit war, hielten die Baumeister von Ouro Preto noch lange an diesem Stil fest und entwickelten ihn zu einer eigenen Kunstrichtung, der seine Verkörperung in verzierten Kirchen, Palästen und edlen Wohnhäusern findet.

Die Stadt avancierte zum Zentrum des Tropenbarocks und wurde als Wirkungsstätte bedeutender Künstler mit dem ehrenvollen Beinamen **»Wiege der brasilianischen Kunst«** geadelt. Ursprünglich war Ouro Preto nur ein kleines Goldgräber- und Schatzsucherdorf, das dank zahlreicher Goldfunde ab 1699 rasch expandierte. Ihren Namen verdankt die Stadt dem durch Eisenoxid schwarz gefärbten Gold. Im Jahr 1711 wurde die Goldgräbersiedlung unter dem Namen Vila Rica de Ouro Preto zur Stadt erhoben und war zwischen 1721

Einer der wichtigsten Touristenmagnete Brasiliens: Ouro Preto

und 1897 sogar Hauptstadt von Minas Gerais. Dieses bis heute noch weitgehend intakte architektonische Juwel aus dem 18. Jh. ist eingebettet in die hügelige Landschaft südöstlich von Belo Horizonte und gilt aufgrund der Dichte seiner authentischen Baudenkmäler als Bilderbuchstadt des Minas-Barocks.

Sehenswertes in Ouro Preto

Eines der ersten Gebäude in Ouro Preto überhaupt war die zwischen 1701 und 1704 errichtete Kapelle des Paters Faria in der Rua Padre Faria im östlichen Stadtviertel Alto da Cruz. Das auch als **Nossa Senhora do Rosário dos Brancos** bekannte Gotteshaus zeigt eine prunkvolle Innenausstattung mit vergoldeten Holzschnitzereien und Gemälden. Darüber hinaus sind die Deckenmalereien und die Skulptur der Rosenkranzmadonna, die Francisco Xavier de Brito zugeschrieben wird, bemerkenswert. In der gleichen Straße befindet sich auch der Brunnen des Paters Faria, das erste Specksteinwerk, das António Francisco Lisboa, genannt Aleijadinho (Krüppelchen), im Jahr 1761 geschaffen hat. Öffnungszeiten: Di. – So. 8.30 – 16.30 Uhr.

★★
Capela do Padre Faria

🕐

Wenn man von der Kapelle des Paters Faria in Richtung Stadtmitte geht, gelangt man zum Largo Santa Efigênia mit der Pfarrkirche Santa Efigênia dos Pretos aus den Jahren 1733 bis 1745. Die Holzschnitzereien stammen von Francisco Xavier de Brito, dem Lehrmeister Aleijadinhos, und anderen Künstlern des Minas-Barocks.

★
Matriz Santa Efigênia dos Pretos

Die zwischen 1727 und 1746 von Manuel Francisco Lisboa, dem Vater Aleijadinhos, errichtete Pfarrkirche Nossa Senhora da Conceição steht an der Praça António Dias, zwischen dem Largo de Santa Efigênia und dem Stadtzentrum. Der Platz und der Stadtteil, in dem sie sich befindet, sind nach dem Bandeirante aus São Paulo benannt, der hier im Jahr 1698, an den Ufern des Tripuí, die ersten Goldkörner entdeckte.
Die Kirche birgt die **Gräber von Aleijadinho und Maria Dorotéia Joaquina de Seixas**, der berühmten Marília de Dirceu, Muse des Dichters und Inconfidente-Verschwörers Thomaz António Gonzaga (1744 – 1810). Gleich neben der Kirche ist das **Aleijadinho-Museum** mit Mobiliar aus der Kolonialzeit, Skulpturen und Messgewändern zu finden. Öffnungszeiten des Museums: Di. – Sa. 8.30 bis 11.45 und 13.30 – 17.00, So. 12.00 bis 17.00 Uhr.

★★
Matriz N.S. da Conceição

🕐

Die 1702 in Betrieb genommene Goldmine des Chico Rei hat eine Länge von 1500 m. Um Chico Rei ranken sich zahlreiche Legenden: Als erwiesen gilt, dass er ein versklavter afrikanischer Stammesfürst war, dem es gelang, sich und seine mitgefangenen Gefährten freizukaufen. Der Eingang zur 1888 stillgelegten Mina do Chico Rei ist in der Rua Dom Silvério 108; es kann aber nur ein kurzer Stollenabschnitt besucht werden. Öffnungszeiten: tgl. 8.00 – 17.00 Uhr.

Mina do Chico Rei

🕐

▶ OURO PRETO ERLEBEN

AUSKUNFT

Centro Cultural Turístico
Praça Tiradentes 4
Tel. (031) 35 59-32 69
www.ouropretoturismo.com.br

ANREISE

Busbahnhof
Rua Padre Rolim 661
Tel. (031) 35 51-10 81

VERANSTALTUNGEN

Carnaval
Der Carnaval findet zeitgleich mit
dem europäischen Narrentreiben
statt. Der Straßenkarneval von Ouro
Preto gilt als größte und schönste
Faschingsveranstaltung abseits der
brasilianischen Küste
(Weitere Informationen zu seinen
Besonderheiten erhalten Sie im
beiliegenden Special Guide
»Karneval«).

ESSEN

▶ Fein & teuer

① **Senhora do Rosário**
Rua Getúlio Vargas 270
(im Hotel Solar do Rosário)
Tel. (031) 35 51-52 00
Eine vielseitige Speisenkarte aus der
Hand eines national bekannten
Küchenchefs, umrahmt von
barockem Ambiente.

▶ Erschwinglich

② **Casa do Ouvidor**
Rua Conde de Bobadela 42
Tel. (031) 35 51-21 41
Traditionelle Spezialitäten aus Minas
Gerais

ÜBERNACHTEN

▶ Luxus

① **Solar do Rosário**
Rua Getúlio Vargas 270

Largo do Rosário
Tel. (031) 35 51-52 00
www.hotelsolardorosario.com.br
Der völlig restaurierte Hotelbau
aus dem 19. Jahrhundert bietet
41 luxuriöse antiquarisch-barock
eingerichtete Zimmer. Ein gehobenes
Restaurant (Senhora do Rosário,
s. o.), Bar, Pool, Sauna und hoteleigene Parkplätze runden das
Angebot ab.

② **Pousada do Mondego**
Largo de Coimbra 38
Tel. (031) 35 51-20 40
www.mondego.com.br
Sehr schön restauriertes Stadthaus aus
dem Jahr 1747 mit 24 Gästezimmern,
Bar, Restaurant und Pkw-Stellflächen.
Viele Kunstwerke und Möbel aus dem
18. Jahrhundert zieren das Innere.
Für Kleinkinder allerdings un-
geeignet.

▶ Komfortabel

③ **Hotel do Teatro**
Rua Costa Sena 307
Tel. (031) 35 51-70 00
www.hoteldoteatro.com.br
Das 2009 eröffnete Hotel mit acht
geschmackvoll möblierten Zimmern
befindet sich in einem liebevoll
renovierten Chalet. Angenehm ist
auch seine ruhige Lage direkt bei der
Kirche N.S. do Carmo und vor dem
Teatro Municipal.

▶ Günstig

④ **Pouso do Chico Rei**
Rua Brigadeiro Musqueira 90
Tel. (031) 35 51-12 74
Die bereits im Jahr 1957 eröffnete
Herberge Pouso do Chico Rey zählt
zu Ouro Pretos ältesten Pousadas und
bietet sechs Gästezimmer mit TV und
Frigobar.

Ouro Preto Orientierung

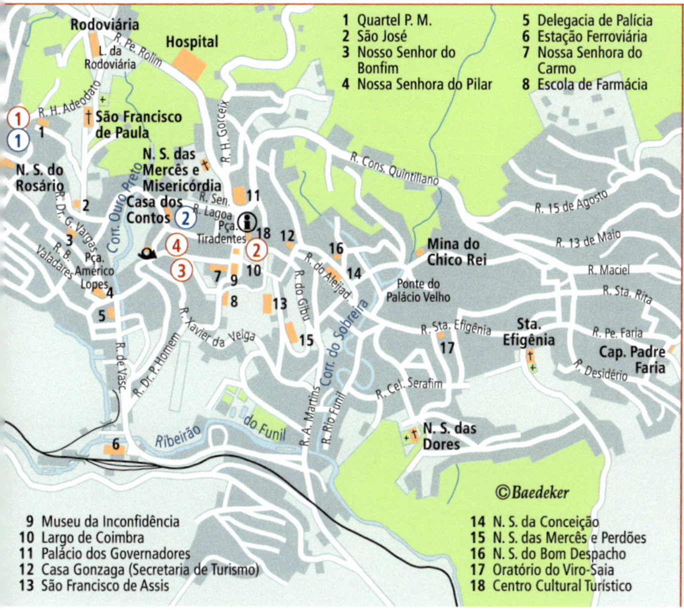

1 Quartel P. M.	5 Delegacia de Palícia
2 São José	6 Estação Ferroviária
3 Nosso Senhor do Bonfim	7 Nossa Senhora do Carmo
4 Nossa Senhora do Pilar	8 Escola de Farmácia

Essen
① Senhora do Rosário
② Casa do Ouvidor

Übernachten
① Solar do Rosário
② Pousada do Mondego
③ Hotel do Teatro
④ Pouso do Chico Rei

©Baedeker

9 Museu da Inconfidência
10 Largo de Coimbra
11 Palácio dos Governadores
12 Casa Gonzaga (Secretaria de Turismo)
13 São Francisco de Assis

14 N. S. da Conceição
15 N. S. das Mercês e Perdões
16 N. S. do Bom Despacho
17 Oratório do Viro-Saia
18 Centro Cultural Turístico

★ ★
São Francisco de Assis

São Francisco de Assis, das barocke Gotteshaus des franziskanischen Laienordens, ragt in der Stadtmitte, am Largo de Coimbra, auf. Für den französischen Kunstgelehrten Germain Bazin ist es »eines der vollkommensten Kunstdenkmäler der westlichen Welt, eines jener Werke, die, ganz von einem einzigen Menschen geschaffen, die ursprünglich zugrunde liegende Idee völlig unverfälscht wiedergeben«. Von **Aleijadinho** stammen sowohl die Pläne für die sich über einem unregelmäßigen Achteck erhebende Kirche als auch die Skulpturen am Fassadenportal und das Lavabo (Handwaschbecken) der Sakristei. Ferner schuf er sämtliche Holzschnitzereien der Chorkapelle und der sechs übrigen Altäre. Die perspektivische Malerei an der Decke des Kirchenschiffs gilt als das Meisterwerk von **Manuel da Costa Athayde**, dem bedeutendsten Maler der Kolonialzeit. Zwischen 1800 und 1809 ausgeführt, zeigt sie das klassische Motiv der Himmelfahrt Mariä in lebendigen, tropisch kräftigen Farben; die die Bildmitte beherrschende Muttergottes ist eine Mulattin. Öffnungszeiten: Di.–So. 8.30–11.45 und 13.30–17.00 Uhr.

★
N.S. das Mercês e Perdões

Die Kirche Nossa Senhora das Mercês e Perdões, gleich südlich des Largo de Coimbra und der Igreja São Francisco in der Rua das Mercês gelegen, wurde 1743 bis 1773 erbaut. Sie enthält zwei Gemälde von Antônio Martins da Silveira aus den Jahren 1760/1761.

✳✳
Praça
Tiradentes

Die Praça Tiradentes, inmitten von Ouro Preto gelegen und von kolonialzeitlichen Gebäuden umschlossen, war Schauplatz tragischer Schicksale. Für unzählige aus Westafrika verschleppte Sklaven war die einstige Stätte des Sklavenmarktes Zwischenstation eines langen Leidenswegs, der in den Goldminen von Minas Gerais seinen Fortgang nahm. Auch der von den Idealen der Französischen Revolution beseelte **Joaquim José da Silva Xavier** – Tiradentes (Zahnzieher) genannt – erfuhr hier seine letzte Erniedrigung: Das abgeschlagene Haupt des Anführers der Inconfidência Mineira, einer republikanischen, antikolonialen Verschwörung, die in Ouro Preto ihren Ausgang nahm, wurde 1792 auf dem später nach ihm benannten Platz öffentlich zur Schau gestellt. Dem bis heute verehrten Märtyrer der Unabhängigkeitsbewegung wurde hier, im Herzen Ouro Pretos, ein Denkmal errichtet, seine Mörder sind vergessen. Das große Kolonialhaus an der Ecke zur Rua Claudio Manoel, die vom Platz hinunter an den Largo de Coimbra führt, ist 2003 niedergebrannt und wurde 2006 unter Beibehaltung der ursprünglichen Dimensionen wiederaufgebaut. Als Centro Cultural Turístico mit modernem Innenleben bietet es heute eine Infostelle für Touristen sowie Cafeteria, Galerie und eine Buchhandlung.

✳
Museu da
Inconfidência

⏲

Zwischen 1784 und 1846 errichtete man an der Praça Tiradentes die klassizistische Casa de Câmara e Cadeia, die heute das Inconfidência-Museum beherbergt. Zu seinen Sammlungen zählen Kirchenschätze, Skulpturen von Aleijadinho, darunter auch das Bildnis des hl. Georgs, das im 18. Jh. bei Fronleichnamsprozessionen zu Pferd durch die Stadt getragen wurde, sowie Gemälde von Athayde und Dokumente, die die Inconfidência Mineira betreffen. Öffnungszeiten: Di.–So. 12.00–17.30 Uhr.

Palácio dos
Governadores

⏲

Der Gouverneurspalast, gegenüber vom Museu da Inconfidência, wurde 1741 von dem Militärarchitekten José Fernandes Pinto de Alpoim entworfen, der schon im Kloster São Bento von Rio de Janeiro tätig gewesen war. **Manuel Francisco Lisboa**, der Vater Aleijadinhos, war an den Bauarbeiten des Gouverneurspalasts beteiligt. Im Gebäude stellt das sehenswerte Mineralienmuseum der Fachschule für Bergbau zahlreiche Edelsteine aus aller Welt aus. Öffnungszeiten: Di.–So. 12.00–17.00 Uhr.

✳✳
N.S. do Carmo

Die Karmeliterkirche Nossa Senhora do Carmo, wenige Schritte westlich des Inconfidência-Museums in der Rua Brigadeiro Musqueira, stammt aus den Jahren 1766 bis 1776. Sie gilt als das zweite Bauprojekt von Manuel Francisco Lisboa. Im Jahr 1770 nahm Aleijadinho aber erhebliche Änderungen an den Plänen des Vaters vor; vermutlich wurden auch das Portalwappen und das Handwaschbecken der Sakristei von ihm gemeißelt. Die Seitenaltäre mit dem heiligen Johannes und der Barmherzigen Muttergottes von 1807 gehören zu den letzten Werken Aleijadinhos. Das Tabernakel der Sakristei wurde

Zentrum des Tropenbarock: Ouro Preto mit der Kirche Nossa Senhora do Carmo

1812 von Manuel da Costa Athayde bemalt. Öffnungszeiten: Di. – So. 9.30 bis 11.00 und 13.00 – 16.45 Uhr.

Neben der Kirche Nossa Senhora do Carmo beherbergt die **Casa do Noviciado** aus dem 18. Jh. in der Rua Brigadeiro Musqueira das Museum für Sakrale Kunst mit verschiedenen Skulpturen von Francisco Xavier de Brito. Im Kirchhof der Igreja N.S. do Carmo beherbergt die Casa do Noviciado aus dem 18. Jh. das **Museu do Oratório** mit einer Ausstellung von 162 verschiedenen Gebetsstätten; darunter aufwendig gearbeitete, barocke Hausaltäre aus ehemaligen Herrenhäusern sowie grobe, mit Münzen, Muschelketten und anderen Candomblé-Utensilien drapierte Kisten aus den Sklavenhütten. Gegenüber der Kirche steht das 1770 eröffnete **Teatro Municipal**, das als ältestes Opernhaus Brasiliens gilt. Öffnungszeiten des Museums: Di. – So. 9.00 – 10.45 und 12.00 – 16.45 Uhr. Teatro Municipal: tgl. 12.00 – 18.00 Uhr. ☉

Die 1782 entstandene Casa dos Contos, westlich der Praça Tiradentes in der Rua São José gelegen, wird als der schönste Profanbau Ouro Pretos bezeichnet. Er diente u. a. als Wohnsitz des Intendanten João Rodrigues de Macedo. Vor allem aber wurde hier unter seiner Aufsicht das gewonnene Gold gewogen und eingeschmolzen. Zeitweise diente das Gebäude auch als Gefängnis, z. B. für Cláudio Manuel da Costa, den man zwei Tage nach seiner Gefangennahme tot auffand, und einige andere Mitverschworene der Inconfidênica. Zu sehen sind noch die Schmelzöfen und Möbel aus dem 18. Jh. und die mit Malereien ausgeschmückte Decke des Salão Nobre.

✴
Casa dos Contos

Der Chafariz dos Contos, ein Brunnen von 1745, steht ganz in der Nähe an der Praça Reinaldo Alves de Brito. In der Kolonialzeit besaßen nur die wenigsten Häuser eine eigene Wasserversorgung – die öffentlichen Brunnen waren (auch als Kommunikationszentren) ein wichtiger Bestandteil des täglichen Lebens.

Chafariz dos Contos

Die Rua São José und die Rua Getúlio Vargas führen zum Largo do Rosário mit der Kirche Nossa Senhora do Rosário dos Pretos (Rosenkranzmadonna der Schwarzen) aus dem Jahr 1785. Deren Grundriss besteht aus zwei einander überschneidenden Ellipsen, die das Kirchenschiff und den Chor bilden – eine im Barock von Minas Gerais nur ausgesprochen selten anzutreffende Form; im Inneren der Kirche befindet sich eine Skulptur der heiligen Helena, die Aleijadinho zugeschrieben wird. Öffnungszeiten: Di. – Sa. 12.30 – 16.45, So. 13.30 bis 17.00 Uhr. ☉

✴✴
N.S. do Rosário dos Pretos

✳✳
Matriz
N.S. do Pilar

Von der Igreja N.S. do Rosário führt die Rua Antônio de Albuquerque in südöstlicher Richtung zur Praça Monsenhor Castilho mit der 1711 bis 1733 erbauten Kirche Nossa Senhora do Pilar. Hinter den schlichten Taipa-Mauern verbirgt sich eine prunkvolle Innendekoration, zu der rund 800 kg Gold und Silber verwendet wurden. Im Jahr 1736 gestaltete **Francisco Antônio Pombal**, der Onkel Aleijadinhos, das Kirchenschiff zu einem unregelmäßigen Zehneck aus Holz um, das besser zu der barocken Formensprache passte. Die Holzschnitzereien der prächtigen Chorkapelle schuf **Francisco Xavier de Brito** ab 1747. Erwähnenswert sind auch die drei Gemälde von Athayde, die den Gang nach Golgatha darstellen. Öffnungszeiten: Di. – So. 9.00 bis 10.45 und 12.00 – 16.45 Uhr).

Bom Jesus de
Matosinhos

Die Rua Benedito Valadares sowie die Rua Cláudio de Lima und die Rua Alvarenga verbinden den Largo da Matriz do Pilar mit dem nordwestlichen Stadtteil Cabeças, in dem sich die Kirche Bom Jesus de Matosinhos, auch São Miguel e Almas genannt, aus dem Jahr 1785 erhebt. In einer Fassadennische findet man die Specksteinstatue des heiligen Michael, die Aleijadinho 1778 schuf. Beachten sollte man auch die von Athayde stammenden Gemälde mit dem Letzten Abendmahl und der Kreuzigung. Auf dem Vorplatz der Kirche steht der Chafariz do Alto das Cabeças, ein Brunnen von 1763.

Kolonialhäuser,
Marília-Brücke

Unter den zahlreich erhaltenen Bauten des 18. Jh.s sind die Casa da Baronesa (heute Sitz der für Denkmalschutz zuständigen Behörde IPHAN) und die Casa de Dom Manuel de Portugal e Castro (Privatbesitz) an der Praça Tiradentes sowie die Casa dos Inconfidentes in der Rua dos Inconfidentes hervorzuheben. Sehenswert sind auch der Marília-Brunnen und die Marília-Brücke am Largo de Dirceu, die beide aus dem Jahr 1758 stammen.

✳✳ Mariana

15 km östlich von Ouro Preto, in Mariana, das im Jahr 1696 unter dem Namen Arraial do Ribeirão de Nossa Senhora do Carmo gegründet und 1711 zur Vila erhoben wurde, ist noch eine große Zahl von Kapellen und Kirchen aus dem 18. Jh. erhalten, die überwiegend von Antônio Francisco Lisboa, genannt Aleijadinho, und dem in Mariana geborenen Manuel da Costa Athayde, den zwei bedeutendsten Künstlern des Minas-Barocks, ausgestaltet wurden.

✳✳
Catedral
de N.S. da
Assunção

Die zwischen 1709 und 1760 errichtete, auch unter dem Namen **Basílica da Sé** bekannte Kathedrale an der Praça da Sé ist der Himmelfahrt Mariä geweiht. Die drei Kirchenschiffe sind durch Arkaden voneinander getrennt; der Portikus wurde von **Aleijadinho** mit Skulpturen versehen. Von Athayde stammen die Vergoldung des Retabels am Hauptaltar und das die Taufe Christi darstellende Gemälde. Beachtung verdient auch die in Deutschland von Arp Schnitger angefertigte und mit chinesischen Motiven geschmückte Orgel von 1701, die Dom João V. von Portugal 1751 der Kirche stiftete. Das Deckengemälde im Chor ist ein Werk von Manuel Rebelo e Sousa.

✱ ✱
Museu Arquidiocesano

Das Museu Arquidiocesano, wenige Schritte von der Kathedrale entfernt in der ehemaligen Casa Capitular von 1770 untergebracht, birgt sakrale Gegenstände, Mobiliar und Messgewänder aus dem 18. und 19. Jh. sowie Werke von **Athayde** und anderen Malern aus Minas Gerais. Eine Galerie ist Aleijadinho gewidmet. Das Museum befindet sich in der Rua Frei Durão 49, in der auch die Casa da Intendência, einst Sitz der Kontrollbehörde für Gold- und Diamantenfunde, steht. Öffnungszeiten: Di. – So. 8.30 – 12.00, Sa./So. 13.30 – 14.00 Uhr.

✱ ✱
São Francisco de Assis

An der Praça Minas Gerais erhebt sich eine großartige Gebäudegruppe, zu der die Kirchen São Francisco de Assis und Nossa Senhora do Carmo sowie die Casa da Câmara e Cadeia (Stadtverwaltung) gehören. Das Portalrelief von São Francisco aus Speckstein (1763/1794) schuf Aleijadinho. Von Athayde, dessen Gebeine sich in der Kirche befinden, stammen die beiden Gemälde **»Leiden und Tod des heiligen Franziskus von Assisi«** und die Deckenmalereien der Sakristei.

✱
São Pedro dos Clérigos

Der Grundriss der im Jahr 1752 auf einer Anhöhe erbauten Kirche São Pedro dos Clérigos besteht aus zwei ineinander greifenden Ellipsen, die das Schiff und den Chor umfassen – eine charakteristische, aber in Brasilien selten anzutreffende Bauform des Hochbarocks. Den Hauptaltar schmücken Bilder von Athayde; die klobigen Türme wurden erst um 1920 angefügt.

Seit 1752 zieht es Gläubige in die schön gelegene Kirche São Pedro dos Clérigos.

✳
Casa da Câmara e Cadeia
Die Casa da Câmara e Cadeia, noch heute Sitz der Präfektur von Mariana, stammt aus dem Jahr 1782. Sie gilt als eines der Hauptwerke der kolonialen Profanarchitektur in Brasilien. Die 1784 errichtete Kirche **Nossa Senhora do Carmo** war eine der ersten Stätten, an denen Athayde arbeitete.

Seminário Menor
Das westlich des Stadtzentrums gelegene »Kleine Seminar« mit der Kapelle Nossa Senhora da Boa Morte von 1750 verwahrt Gemälde von mehreren Künstlern aus Minas Gerais. Die 1782 angefertigte Deckenmalerei im Chor der Kirche wird als Meisterwerk von António Martins da Silveira angesehen, dem es hier gelang, auf sehr engem Raum die Illusion von Weite zu erzeugen.

> ! **Baedeker TIPP**
>
> **Unter Tage**
> Die Schächte und Stollen der Mina de Ouro da Passagem, einer 1759 eröffneten und 1985 stillgelegten Goldmine, erschließen eine Fläche von 17 km². Das Bergwerk liegt in der Gemeinde Passagem de Mariana, 4 km südwestlich des Zentrums von Mariana, an der Straße nach Ouro Preto. Bei den Führungen wird der Prozess der Goldgewinnung genau erklärt. Öffnungszeiten: Mo./Di. 9.00–17.00, Mi.–So. 9.00–17.30 Uhr.

Die Kirche **Nossa Senhora do Rosário dos Pretos** wurde zwischen 1752 und 1775 erbaut, die Decke des Chorraums von Athayde im Jahr 1823 ausgeschmückt. Sie befindet sich in der Rua do Rosário.

Palmas · Ilha do Bananal

Sa 51

Bundesstaat: Tocantins (TO)   **Einwohner:** 185 000
Höhe: 1179 m ü.d.M.

Die rasch wachsende, nach einem großflächigen Plan seit 1989 entstehende Hauptstadt von Tocantins ist – wie Brasília – in Sektoren eingeteilt. Moderne Gebäude bestimmen das Bild im Zentrum.

Die sich rechtwinklig kreuzenden Straßen der Stadt tragen Nummern, die beiden Magistralen Avenida Juscelino Kubitschek und Avenida Teotônio Segurado sind die einzigen Ausnahmen. Allein die Tatsache, dass die Bevölkerungszahl der Stadt von 1991 bis heute von 2000 auf über 185 000 Menschen geradezu explodierte, lässt an der Umsetzung des von den Stadtplanern proklamierten Prinzips des kontrollierten Wachstums erheblich zweifeln.

✳ Ilha do Bananal · Parque Nacional do Araguaia

Eigentlich spricht nicht das Geringste für einen Besuch von Palmas, wäre die Stadt im tiefen Inneren des brasilianischen Hinterlandes nicht Ausgangspunkt für den Besuch der Ilha do Bananal und des

Parque Nacional do Araguaia. Auf einer Länge von 350 km teilt sich hier der **Rio Araguaia**, der die natürliche Westgrenze von Tocantins bildet, und umfließt die Ilha do Bananal, mit 20 000 km² eine der größten Flussinseln der Welt. Das Eiland ist nur per Lufttaxi (vom Flughafen in Palmas) oder über beschwerliche Straßen erreichbar und von der Provinzhauptstadt mehr als 300 km entfernt. Das an Mäandern und Lagunen reiche Gebiet im Übergangsbereich zwischen Amazonas-Regenwald und Cerrado-Steppe besitzt eine besonders artenreiche Flora und Fauna. Neben Ameisenbären, Emus, Reihern, Schlangen und Flussschildkröten haben Krokodile und Panther hier ein Rückzugsgebiet. Aus diesem Grund steht das nordöstliche Drittel der Insel als Parque Nacional do Araguaia unter Naturschutz.

Die beste Reisezeit ist zwischen Juni und September, da es in dieser Periode kaum regnet und der Rio Araguaia sowie seine Nebenflüsse bei sinkendem Wasserspiegel Strände und Sandbänke freigeben. **Reisezeit**

Die von Cerrado-Savanne und kleinen Waldinseln bestimmte Naturlandschaft im Südosten von Tocantins ist 265 km von Palmas entfernt. Sie wird von mehreren Flüssen durchzogen, ist nur dünn besiedelt und ein Rückzugsgebiet seltener Tierarten. In der Stadt **Ponte Alta do Tocantins** gibt es Unterkünfte und ortskundige Führer. Für den Besuch ist die Trockenzeit zwischen Juli und September ideal. **Jalapão**

▶ PALMAS ERLEBEN

ANREISE

Flughafen
Avenida Teotônio Segurado
Tel. (063) 32 19-37 00

Busbahnhof
AERSO, Avenida Hélio 125
Tel. (063) 32 28-56 88

ESSEN

▶ Erschwinglich
Toscana
104-S, Av. NS-4, Lote 44
Tel. (063) 32 15-27 95
Sehr gute italienische Trattoria.

▶ Günstig
Cabana do Lago
103-S, Rua SO-9, Lote 5
Tel. (063) 32 15-49 89
Landestypische Gerichte

ÜBERNACHTEN

▶ Komfortabel
Pousada das Artes
103-S, Avenida LO 01, 78
Tel. (063) 32 19-15 00
www.arteshotel.com.br
38 klimatisierte Apartments, Pkw-Stellflächen, Sauna mit Bar, Swimmingpool. Alle Kreditkarten werden akzeptiert.

▶ Günstig
Hotel Casa Grande
Avenida Teotônio Segurado 201-S
Conjunto 1, Lote 1
Tel. (063) 32 16-80 00
www.hotelcasagrande-palmas.com.br
Neben 37 klimatisierten Zimmern bietet das einfache Gästehaus Parkplätze und einen kleinen Swimmingpool.

✶✶ Pantanal

Rg 54/55

Bundesstaat: Mato Grosso (MT) und Mato Grosso do Sul (MS)

Im Grenzgebiet von Mato Grosso und Mato Grosso do Sul, östlich des Rio Paraguai, breitet sich die sumpfige, von zahlreichen Wasserläufen durchzogene Ebene des Pantanals aus. Große Teile des Gebiets sind zur Zeit des Hochwassers vollständig überflutet.

Bei Niedrigwasser verwandelt sich das Gebiet hingegen in eine wertvolle Viehweide. Während der Regenzeit (November–März) wird das Pantanal zu einem riesigen Labyrinth aus Flüssen und Lagunen, das bis in die Nachbarländer Bolivien und Paraguay hineinreicht.

 PANTANAL ERLEBEN

AUSKUNFT

Sedtur
Rua Voluntários da Pátria 118
Cuiabá
Tel. (065) 36 13-93 00
www.mt.gov.br

Centro de Atendimento ao Turista
Morada dos Baís
Av. Noroeste 5140
Campo Grande
Tel. (067) 33 14-99 68
www.pmcg.ms.gov.br

ANREISE · REISEZEIT

Ein Besuch des Pantanals lohnt v. a. in der Zeit des Niedrigwassers (etwa Mai bis Oktober), zu der man weit mehr Wildtiere zu Gesicht bekommt als in Zeiten des Hochwassers. Zudem ist die Belästigung durch Moskitos bei niedrigem Wasserstand geringer. Ausgangspunkte für Touren in das Pantanal sind die Städte Cuiabá, Campo Grande und Corumbá, wo Reisebüros Exkursionen mit Fazenda-Aufenthalt anbieten, z. B. die deutschsprachige Agentur Explore Pantanal (Tel. 067 / 32 42-43 10, www.explorepantanal.com).

ÜBERNACHTEN / ESSEN

▶ **Komfortabel**

Hotel-Fazenda 23 de Março
36 km außerhalb von Miranda
Tel. (067) 33 21-47 37
www.fazenda23demarco.com.br
Persönlich geführte Fazenda mit reicher Tier- und Pflanzenwelt, breites Angebot an Exkursionen. Vollpension sowie zwei Ausflüge am Tag sind im Preis inbegriffen

Hotel Fazenda Cacimba de Pedra
24 km außerhalb von Miranda
Tel. (067) 99 57-58 14
www.cacimbadepedra.com.br
Sehr hübsche Fazenda mit charmant dekoriertem Hauptgebäude und komfortablen Zimmern. Vollpension und zwei Ausflüge am Tag inbegriffen.

Pousada Piuval
10 km außerhalb von Poconé
Tel. (065) 33 45-13 38
www.pousadapiuval.com.br
Leichter Zugang noch am Anfang der Transpantaneira, klimatisierte Zimmer, Pool.

Der ist echt! Kaiman im Pantanal. →

★ ★
Fauna
und Flora

Was die weite, üppig grüne Urlandschaft des Pantanals – während der Trockenzeit (Mai – Oktober) – besonders sehenswert macht, ist der unglaubliche Reichtum an Tieren. Ihre Sümpfe, Savannen und Seen besitzen die weltweit höchste Krokodildichte – Experten schätzen den Bestand auf derzeit ca. 32 Millionen Exemplare. Neben den Kaimanen leben im Pantanal 46 unterschiedliche Reptilienarten, 86 Säugetier- und über 700 Vogelarten sowie unüberschaubare Heerscharen von Insekten. Ganz im Süden des Bundesstaates Mato Grosso wurde deshalb ein 135 000 ha großes Gebiet als **Parque Nacional do Pantanal Mato-Grossense** unter Naturschutz gestellt. Trotzdem ist das gesamte Ökosystem mehr denn je gefährdet: einerseits durch die giftigen Pestizide der Reisfelder, andererseits durch Wilderer und die Abholzung der Wälder.

★ Paranaguá

Sa 58

Bundesstaat: Paraná (PR)   **Einwohner:** 139 000
Höhe: 3 m ü.d.M.

Das im Jahr 1648 in der gleichnamigen Bucht gegründete Paranaguá ist die älteste Stadt im Staat Paraná und bis heute dessen wichtigster Ausfuhrhafen.

Einige erhaltene Kolonialbauten verleihen Paranaguá einen gewissen Charme, touristisch interessant ist die Stadt aber v. a. als Ausgangspunkt für Ausflüge zur Ilha do Mel und als Start- bzw. Zielort der Eisenbahnverbindung Paranaguá – Curitiba (▶Touren S. 149).

Sehenswertes in Paranaguá

★
Kolonialbauten

In der Altstadt sollte man sich vor allem die Kolonialbauten in der Rua da Praia, die Casa de Cultura Monsenhor Celso aus dem 18. Jh. und den Palácio do Visconde de Nácar von 1856 ansehen. In der sich am Strand entlangziehenden Rua da Praia findet sich zudem eines der ältesten Monumente von Paranaguá, die **Fonte Velha de Beber Água**, auch Bica dos Padres genannt, ein 1656 errichteter Brunnen. Beachtenswert sind auch die Kathedrale Nossa Senhora do Rosário aus dem Jahr 1578 am Largo Monsenhor Celso sowie die Kirchen São Benedito von 1710 und São Francisco das Chagas; alle drei stehen unter Denkmalschutz.

★
Colégio
dos Jesuítas

Der Bau des Jesuitenkollegs war gerade im Gange, als der Orden 1760 aus Brasilien vertrieben wurde. Trotz der unvermittelt abgebrochenen Arbeiten zählt das Kolleg zu den kostbarsten Bauwerken Südbrasiliens. Seine Seitenflügel umrahmen den auf der Höhe des Flussbetts des Rio Itiberê errichteten Kreuzgang.

Im Erdgeschoss des Gebäudes führte eine heute noch sichtbare Öffnung einst in die Kellergewölbe, die das Kolleg mit dem 3 km entfernten Porto dos Padres (Hafen der Padres) verbanden. Vermutlich bedienten sich die Jesuiten dieser unterirdischen Fluchtwege, als der Orden durch das Dekret des portugiesischen Premierministers Marquês de Pombal aus dem Land gejagt wurde.

Das aufwendig restaurierte Jesuitenkolleg beherbergt heute das **Museum für Archäologie und Ethnologie**, in dem Fossilien und Gegenstände von afrikanischen Kulturen, Indianer-Ethnien und den teilweise von den Azoren eingewanderten Küstenbewohnern ausgestellt sind (Rua General Carneiro 66).

 **PARANAGUÁ**

ANREISE

Busbahnhof
Rua João Estevão
Tel. (041) 34 20-29 25

✳ Ilha do Mel

Von Paranaguá aus bestehen täglich drei (im Sommer sechs) Bootsverbindungen zur Ilha do Mel (Honiginsel), einem schönen, noch weitgehend unberührten Naturreservat. Die Fahrt dauert etwa 2 Stunden. Wesentlich schneller und häufiger (30 Minuten, im Stundentakt) setzen Boote vom Strand der Stadt Pontal do Sul, 48 km östlich von Paranaguá, zur Insel über.

In und um die Ansiedlungen Vila de Brasília, Vila do Farol und Encantadas gibt es einige Pousadas, aber viele einheimische Touristen mieten lieber ein Fischerhäuschen oder zelten an den noch urwüchsigen Stränden. Auch die Gruta das Encantadas (Höhle der Verzauberten) verdient Beachtung. Am bekanntesten sind die nördlichen Strände Cassual, Ponta do Bicho und Fortaleza; im Süden dehnen sich die Praias do Farol, Grande, do Miguel, de Fora, das Encantadas, Nova Brasília und do Limeiro aus.

Nördlich der Ilha do Mel bilden die Ilha das Peças und die Ilha do Superagüi den Nationalpark Superagüi. Man erreicht den Park von Paranaguá mit dem Boot; ansonsten kann man auch von Antonina an der Bucht entlang und dann 80 km auf ungeteerter Piste bis nach Guaraqueçaba, einem Fischerdorf unweit der Grenze zum Nachbarstaat São Paulo, fahren. **Guaraqueçaba** wird von dem Naturschutzgebiet durch einen Meeresarm getrennt, verfügt über einfache Hotels und Restaurants. **Parque Nacional do Superagüi**

Für Ausflüge zum Superagüi-Nationalpark kann man hier Boote mit Kapitän mieten; einige wenige Agenturen bieten Exkursionen an. Im Park selbst gibt es keine touristische Infrastruktur. Für jeden Besuch ist die Zustimmung der Umweltschutzbehörde Ibama erforderlich; Auskünfte beim Ibama-Posten in Guaraqueçaba, Rua Dr. Ramos Figueira 3, Tel. (041) 34 82-12 62.

✶✶ **Parati**

Sc 57

Bundesstaat: Rio de Janeiro (RJ) **Einwohner:** 35 200
Höhe: 5 m ü.d.M.

Das im 17. Jh. gegründete Hafenstädtchen Parati erlebte in der ersten Hälfte des 18. Jh.s eine wahre Blütezeit dank des in Minas Gerais geschürften Goldes. Auf dem Höhepunkt ihrer Entwicklung zählte die Stadt 1700 Häuser sowie 150 Zuckerrohrmühlen und Brennereien.

Das in Minas Gerais geschürfte Gold wurde von hier nach Rio de Janeiro verschifft; die SP 171 von Guaratinguetá über Cunha nach Parati entspricht einem Abschnitt des alten Goldpfads, auf dem die Bandeirantes die unwegsame **Serra do Mar** überquerten. Man nimmt an, dass auf dieser Strecke über eine Million Kilo Gold bis zum Hafen am Rio Perequê-Açu befördert wurden, um per Schiff nach Portugal weitertransportiert zu werden. Nach der Öffnung des Camino de Garcia Pais, eines direkten Verbindungsweges zwischen Minas Gerais und Rio de Janeiro, geriet Parati jedoch schnell in Vergessenheit; vielleicht konnte es aber gerade aus diesem Grund einen Großteil seiner kolonialen Bausubstanz erhalten, die der Stadt, zusammen mit ihrer wundervollen Lage vor den mit Atlantischem Regenwald überzogenen Bergen, einen außergewöhnlichen Reiz verleiht. Heute hat

Kolonialarchitektur in wundervoller Lage: Parati

► PARATI ERLEBEN

ANREISE

Busbahnhof
Rua Jango Pádua
Tel. (024) 33 71-12 24

VERANSTALTUNGEN

Neben der 10-tägigen Festa do Divino (Mai) und anderen religiösen Feierlichkeiten werden in Parati das ganze Jahr über Musikfestivals veranstaltet, und zwar sowohl für klassische Musik als auch für Jazz und brasilianische Volksmusik, z. B. das Bourbon Festival im Februar. Im Juli ereignet sich ein internationales Literatur- und im Oktober ein internationales Filmfestival. Im August finden eine Volkskunstausstellung, ein Straßentheaterfest und das Festival de Pinga e Produtos de Parati statt, bei dem der einheimische Zuckerrohrschnaps (Pinga) und andere typische Erzeugnisse der Gegend in reicher Auswahl angeboten werden.

ESSEN

► Fein & teuer

Le Grite d'Indaiatiba
BR-101 in Richtung Angra dos Reis
Sertão de Indaitaba
Tel. (024) 33 71-71 74
Ungewöhnliches Restaurant (auf die Zubereitung des Essens kann man an einem Wasserfall warten) mit nach französischen Rezepten zubereiteten Speisen. Lohnt einen Umweg!

► Erschwinglich

Punto Divino
Rua Marechal Deodoro 129
Im historischen Zentrum Paratis
Tel. (024) 33 71-13 48
Italienisches Gourmet-Lokal: Fisch, Meeresfrüchte und Fleisch, aber auch Spaghetti und Steinofen-Pizza

► Preiswert

Spaghetto
Rua da Matriz 27 (histor. Zentrum)
Tel. (024) 3371-2947
Fisch und Meeresfrüchte, exzellente Nudelgerichte und Vegetarisches, kleine Menüs und gute Weinkarte

ÜBERNACHTEN

► Luxus

Casa Turquesa
Rua Doutor Pereira 50 (Zentrum)
Tel. (024) 3371-1037
www.casaturquesa.com.br
Beste Pousada vor Ort, gelungene Synthese von neokolonialem Flair und modernstem Luxus, neun feine Suiten mit King-Size-Betten, im Hof Whirl-Pool und Bar, ruhige Lage.

Pousada do Ouro
Rua Dr. Pereira 145
Tel. (024) 33 71-20 33
www.pousadaouro.com.br
Die Pension (26 Z.) liegt mitten im Zentrum; Restaurant, Bar, Pool, Sauna und Fitnessraum vorhanden.

► Komfortabel

Coxixo
Rua do Comércio 362
Tel. (024) 33 71-14 60
www.hotelcoxixo.com.br
Günstig gelegene Pension mit 33 Apartments, Restaurant, Bar, Parkplätzen, Sauna u. Schwimmbad

► Günstig

Pousada das Acácias
Ponte Branca (3 km vom Zentrum)
Tel. (024) 33 71-15 61
www.pousadadasacacias.com.br
Neben 21 klimatisierten Zimmern bietet die schön im Grünen gelegene Herberge einen Pool, ein Volleyballfeld und einen Spielplatz für Kinder.

der Tourismus die Stadt aus ihrer zwischenzeitlichen Lethargie gerissen, entsprechend belebt sind die Straßen und Gassen mit ihren unzähligen Bars, Restaurants, Souvenirläden und Boutiquen. Gleichwohl hat das malerische Städtchen seine romantische, museal angehauchte Ausstrahlung nicht verloren.

Sehenswertes in Parati

✳ ✳
Kolonial-
bauten

Im Zentrum von Parati werden die mit unregelmäßigen Steinen gepflasterten Straßen aus der Kolonialzeit von schönen Bauten mit Sprossenfenstern gesäumt. Weitere Wahrzeichen der Stadt sind die Câmara Municipal (Rathaus) in der Rua Dr. Samuel Costa, nahe der Rua do Comércio, und der Chafariz de Mármore (Marmorbrunnen) von 1850 an der Praça Macedo Soares. Die Casa de Cultura an der Kreuzung Rua Dona Geralda/Rua Dr. Samuel Costa beherbergt kleinere Kunstausstellungen und im Obergeschoss Fotos und Lebensgeschichten von Einwohnern sowie zahlreiche gespendete Objekte.

✳
N.S. dos
Remédios

Die Rua Nova da Praia und die Rua da Matriz begrenzen die großzügig angelegte Praça da Matriz, an der sich die 1789 bis 1873 erbaute, unvollendete Pfarrkirche Nossa Senhora dos Remédios erhebt. In ihrer Gemäldesammlung sind Bilder von Anita Malfati ausgestellt. Am 8. September wird hier die Festa de Nossa Senhora dos Remédios gefeiert, an der die ganze Bevölkerung von Parati begeistert teilnimmt.

Santa Rita

Die Rua da Matriz führt zum Largo de Santa Rita mit der Kirche Santa Rita, in der des Öfteren Chorkonzerte stattfinden. An die Kirche grenzt das Museu de Arte Sacra (Museum für Sakrale Kunst).

N.S. do Rosário

Die im Jahr 1725 entstandene Kirche Nossa Senhora do Rosário liegt am Largo do Rosário, nahe der Rua do Rosário, einer Querstraße der Rua da Praia, und der Rua do Comércio. Das Gotteshaus mit seinen vergoldeten Holzaltären wurde von Sklaven errichtet und genutzt.

Forte Defensor
Perpétuo

Die 1703 errichtete und 1822 erneuerte »Ewig Verteidigende Festung« ragt 1 km vom Stadtzentrum entfernt in Vila Velha auf. Es bewahrt noch Artilleriegeschütze aus der Gründerzeit und eine Pulverkammer. Heute zeigt hier das **Museu de Arte e Tradições Populares** (Museum für Kunst und Volkskunde) seine Exponate.

✳
Strände

Die über 60 Strände von Parati ordnen sich in einem Bogen an, der die zentrale **Praia do Pontal** umrahmt. Im Norden sind folgende Strände zu nennen: Corumbé (7 km von Parati), Grande (10 km), Graúna (15 km), Barra Grande (19 km), São Roque (22 km), Taquari (26 km) und Tarituba (25 km), der schon in der Nähe der Kernkraftwerke von Angra dos Reis liegt. Im Süden dehnen sich die Strände Parati-Mirim (27 km), Laranjeiras (40 km), Sono und Ponta Negra aus (Letztere mit dem Boot von der Praia de Laranjeiras erreichbar). Auch die Strände Baré, Conceição, Lula, Mamanguá, Rosa, Vermelha, Cajaíba und Deserta sind nur mit dem Boot zugänglich. Die Landzungen Ponta do Leste und Ponta da Trindade bilden die Grenze zum Küstengebiet von Rio de Janeiro.

An der Küste von Parati gibt es mehr als 40 Inseln, viele mit noch ganz urtümlichen Stränden. Mit gemieteten Saveiros (Schonern) oder anderen Wasserfahrzeugen kann man Streifzüge durch diese Inselwelt unternehmen. Erwähnt seien vor allem die Inseln Araújo (nahe Corumbé) und Cedro nördlich der Stadt sowie die in südlicher Richtung gelegene **Ilha do Algodão** (Baumwollinsel), die sich unweit der Strände von Parati-Mirim und Mamanguá befindet.

✴ Inseln vor Parati

✴ Serra da Bocaina

Parati liegt am südöstlichen Rand der Serra da Bocaina. Die im Jahr 1971 als Nationalpark anerkannte Serra da Bocaina beherbergt den größten noch erhaltenen Waldbestand der Mata Atlântica; sie besitzt zahlreiche Flüsse, Wasserfälle, Seen, Grotten, Fischweiher und Aussichtspunkte. Hier leben Affen, Hirsche, Tapire, Tukane, Wasserschweine und Hunderte von anderen Tierarten.

Die alte Maultierroute, auf der im 18. Jh. das Gold aus Minas Gerais nach Parati geschafft wurde, die Trilha do Ouro, verläuft 70 km quer durch den Park, von São José do Barreiro im Norden des Nationalparks nach Parati und Mambucaba. Parkbesucher können den Pfad zu Fuß begehen oder die Strecke auf dem Pferd zurücklegen. Auch

Trilha do Ouro

Sumpflandschaft in der Serra da Bocaina

der schweißtreibende Aufstieg zum 2200 m hohen Pico da Boa Vista ist möglich. Touren entlang der Trilha do Ouro bieten diverse Trekkingagenturen in São José do Barreiro an.

São José do Barreiro

São José do Barreiro ist eines der Tore zum Parque Nacional da Serra da Bocaina. In der näheren Umgebung der Stadt befinden sich mehrere Landgüter aus der Blütezeit der Kaffeekultur, z. B. die 3 km vor dem Ortseingang gelegene Fazenda Pau d'Alho. Zu dem zwischen Wäldern, Flussläufen und Wasserfällen eingebetteten Landgut gehören das Herrenhaus sowie einstige Sklavenwohnungen.

Parintins

Rg 47

Bundesstaat: Amazonas (AM)
Höhe: 27 m ü.d.M.

Einwohner: 106 000

Parintins liegt auf der Amazonas-Insel Tupinambarana, zwischen Manaus und Santarém. Die Stadt lebt von Viehzucht und dem Export von Tropenholz. Bekanntheit erlangte Parintins durch das Boi-Bumbá-Festival, das sich von einem lokalen Brauch zur Massenveranstaltung entwickelte.

Sehenswertes in Parintins

Boi-Bumbá

In der zweiten Junihälfte findet in Parantins ein viel besuchtes Folklorefestival statt, eine gewaltige Show rund um die beiden Pappmaché-Stiere Garantido und Caprichoso. Boi-Bumbá heißt diese amazonische Variante des **Bumba-Meu-Boi** aus Maranhão, in der sich Gestalten der örtlichen Folklore wie der Boto Tucuxi zu den traditionellen Figuren gesellen. Das Spektakel lockt seit der Einweihung des eigens dafür erbauten Stadions Bumbódromo im Jahr 1988 alljährlich eine immer größer werdende Besucherzahl in den dann aus allen Nähten platzenden Ort, und viele der bis zu 80 000 Festivalgäste übernachten dann in Hängematten auf den Amazonas-Booten, die sie nach Parintins gebracht haben: Aber Schlaf spielt bei dem karnevalsähnlichen Fest ohnehin nur eine untergeordnete Rolle.

▶ **PARINTINS**

AUSKUNFT

www.parintins.com

ANREISE

Linienschiffe verbinden das Städtchen mit Manaus (26 Std. Fahrzeit), Óbidos (12 Std.), Santarém (20 Std.) und Belém (60 Std.).
Der kleine Flughafen Parintins wird von Manaus, Óbidos und Santarém angeflogen.

Wenn die Wassermassen des Amazonas zurückgehen, taucht in der Gegend von Parintins die Ilha dos Papagaios (Papageieninsel) aus den Fluten auf. Jeden Abend gegen 17.00 Uhr flattern Hunderte von Papageien auf die Insel; im November erreicht dieses farbenprächtige Naturschauspiel seinen Höhepunkt.

Ilha dos Papagaios

✳ Petrópolis

Bundesstaat: Rio de Janeiro (RJ)   **Einwohner:** 312 800
Höhe: 809 m ü.d.M.

Petrópolis, einstige Sommerresidenz des Kaiserhauses und offizielle Sommerfrische der republikanischen Präsidenten, ist einer der angenehmsten Erholungsorte im Hochland von Rio de Janeiro; die Durchschnittstemperaturen bewegen sich um 17 °C.

Dem Besucher stehen zahlreiche Parks und ein gutes Hotelangebot zur Verfügung. In der näheren Umgebung erheben sich mächtige Gipfel, darunter der Pico do Meu Castelo (1400 m) und der Pico do Açu (2232 m). Ein Teil des Gebiets gehört zum Parque Nacional da Serra dos Órgãos. Nach Petrópolis emigrierte der österreichische Schriftsteller **Stefan Zweig**, der sich hier, in seinem Haus in der Rua Gonçalves Dias 34 im Vorort Valparaiso, 1942 das Leben nahm. Petrópolis diente von 1894 bis 1902 vorübergehend als Sitz der Regierung von Rio de Janeiro.

Sehenswertes in Petrópolis

Die gotischen Formen der Kathedrale São Pedro de Alcântara in der Rua da Imperatriz mögen den Betrachter über die Entstehungszeit des Gotteshauses täuschen: Im 19. Jh. begonnen, fand der Bau erst 1925 seinen Abschluss. Er birgt die sterblichen Überreste von Dom Pedro II., der Kaiserin Dona Teresa Cristina, der Prinzessin Isabel und ihres Gemahls, des Conde d'Eu.

✳
São Pedro de Alcântara

An derselben Straße liegt weiter südöstlich der Bosque do Imperador (Kaiserwald) mit dem klassizistischen **Palácio Imperial** (Kaiserpalast), in dem heute das Museu Imperial untergebracht ist. Unter den Exponaten sind besonders das Zepter und die Krone von Dom Pedro II., die Kronjuwelen, Kunstwerke und verschiedene Ge-

Der Kaiserpalast von Petrópolis

▶ PETRÓPOLIS ERLEBEN

AUSKUNFT

Informações Turísticas
Praça da Liberdade
Di. – So. 10.00 – 16.00 Uhr
www.petropolis.rj.gov.br

Centro de Visitantes Teresópolis
Avenida Rotariana
Tel. (021) 21 52-11 00
Informationen zum Nationalpark
Serra dos Órgãos

ANREISE

Busbahnhof
Terminal Governador Leonel Brizola
BR 040 – Bingen
Tel. (024) 22 49-98 58

ESSEN

▶ Fein & teuer
Locanda della Mimosa
Alameda das Mimosas 30
(im gleichnamigen Hotel)
Vale Florido (Zufahrt via BR-040)
Tel. (024) 22 33-54 05
Italienisch inspirierter Gourmettempel in romantisch gestyltem Salon. Forelle, Ente, Cassoulet und erlesene Weine. Kein Zutritt für Kinder unter acht Jahren.

▶ Erschwinglich
Alameda 914
Alameda Parahos de Oliveira 914
Tel. (024) 22 25-16 37
Exzellente Schnecken-, Pilz- und Kabeljaugerichte. Weitere Spezialitäten des Hauses sind: Polenta, Cassoulet und Filet in Madeira-Soße. Empfehlenswert.

▶ Preiswert
Massas Luigi
Praça Rui Barbosa 185, Centro
Guter Italiener, hausgemachte Nudeln, Steinofenpizza

ÜBERNACHTEN

▶ Luxus
Pousada Tankamana
Estrada Júlio Cápua
Vale do Cuiabá
Tel. (024) 22 22-91 81
www.tankamana.com.br
Anlage mit vier Apartments und elf Chalets, teils rustikal, teils komfortabel ausgestattet. Restaurant, Bar, Sauna, Swimmingpools, eine Anlage zum Bogenschießen und Reitpferde. Unter den Gästen sind viele Flitterwöchner.

▶ Komfortabel
Pousada Monte Imperial Koeler
Av. Koeler 99 (im historischen Zentrum)
Tel. (024) 22 43-43 30
www.pousadamonteimperial.com.br
Herrschaftliche Villa von 1879 in ruhiger Lage direkt am früheren Kaiser-Boulevard mit elf hübschen Zimmern, dekoriert mit historischem Mobiliar. Man fühlt sich ins 19. Jh. zurückversetzt und wohnt nahe den Sehenswürdigkeiten der Stadt.

genstände aus dem Besitz der kaiserlichen Familie sowie Dnahe derokumente und Mobiliar aus dem 19. Jh. hervorzuheben. Der sich an das Museum anschließende **Palácio Grão-Pará** aus dem Jahr 1860 ist der Wohnsitz der Nachfahren von Dom Pedro II. Öffnungszeiten des Museu Imperial: Di. – So. 11.00 – 17.30 Uhr.

Wenn man der Rua da Imperatriz und der Rua 13 de Maio Richtung Nordwesten folgt, gelangt man zur Praça da Confluência mit dem Palácio de Cristal (Kristallpalast), den der Conde d'Eu 1879 bis 1884 eigens für eine Blumenausstellung errichten ließ. Öffnungszeiten: Di.–So. 9.00–17.30 Uhr.

✳
Palácio
de Cristal
🕐

An der Avenida Koeler, welche die Praça Princesa Isabel mit der Praça Rui Barbosa verbindet, erheben sich der Palast der Prinzessin Isabel aus dem Jahr 1853 – heute ein Kulturzentrum – und der Palácio Rio Negro von 1890, einstiger Sitz der Regierung von Rio.

Casa da
Princesa Isabel

Das im Volksmund als **Casa Encantada** (Verzaubertes Haus) bezeichnete Haus des berühmten Erfinders und Flugpioniers Alberto Santos Dumont (1873–1932), mit Sternwarte und Aussichtsterrasse, liegt in der Rua do Encanto, westlich der Praça Rui Barbosa. Das Gebäude entstand 1918 und diente Santos Dumont, dessen Namen auch der Stadtflughafen von Rio de Janeiro trägt, bis zu seinem Selbstmord im Jahr 1932 als Wohnhaus und Erfinderwerkstatt. Öffnungszeiten: Di.–So. 9.30–17.00 Uhr.

✳
Casa de
Santos Dumont
🕐

Teresópolis

Der Luft- und Thermalkurort Teresópolis (160 000 Einw.) gehört mit Petrópolis zu den wichtigsten Fremdenverkehrszentren im Gebirge landeinwärts von Rio de Janeiro. Die nordöstlich von Petrópolis gelegene Stadt wird von den Wasserfällen, Bergquellen und Wildbächen der Serra dos Órgãos umgeben, dessen Eingangstor sie darstellt. In der Stadt sind die Mineralquellen **Fonte Amélia** (in Ponta do Ingá) und **Fonte Judite** (radioaktiv, im Bairro do Alto) zu nennen. Auch die Cascata dos Amores (Wasserfall der Liebenden) lohnt einen Besuch. Die Cascata do Imbuí, ein Wasserfall des Rio Paquequer, liegt 6 km außerhalb an der Straße nach Petrópolis.

Die in einem Tal errichtete Stadt Teresópolis besitzt mehrere Aussichtspunkte, von denen man die ganze Region überblickt. Besonders hervorzuheben sind der 1054 m hohe Colina dos Mirantes, den man über die Rua Jaguaribe erreichen kann, und der Mirante do Soberbo an der Bundesstraße BR-116, von dem man bei klarem Wetter einen hervorragenden Blick auf die Felsnadel Dedo de Deus (Finger Gottes) genießen kann.

✳
Colina dos
Mirantes,
Mirante do
Soberbo

✳ Serra dos Órgãos

Der Parque Nacional da Serra dos Órgãos erstreckt sich rund 70 km nördlich von Rio de Janeiro zwischen Teresópolis, Petrópolis und Cascatinha. Das Schutzgebiet umschließt die bei Bergsteigern beliebten Felszinnen und -gipfel des 1692 m hohen **Dedo de Deus** (Finger Gottes), des 1320 m hohen Dedo de Nossa Senhora (Finger Unserer

Lieben Frau), der 1980 m hoch aufragenden Nariz do Frade (Mönchsnase), der 2050 m messenden Agulha do Diabo (Teufelsspitze) und des Pedra do Sino (Glockenfelsen), mit 2263 m die höchste Erhebung des Nationalparks. Der Rio Soberbo durchfließt den Park und bildet mehrere Seen und Teiche, darunter den von Felsen eingefassten Poço Verde (Grüner Teich). Nur wenige Meter unterhalb steht ein kleines Naturkundemuseum, in dem Bücher, präparierte Vögel sowie einige Landschaftsbilder des deutschen Naturforschers Karl Friedrich Philipp von Martius (1794 – 1868) ausgestellt sind, der Brasilien im 19. Jh. besuchte.

Fauna und Flora Es führen verschiedene Wege ins Innere des Nationalparks, in dem außer Orchideen und allen möglichen kleinwüchsigen Pflanzen auch Jequitibas, Zedern, Perobas und andere endemische Baumarten wachsen. Was die Tierwelt anbelangt, sind vor allem Pakas, Gürteltiere, Nasenbären und – mit etwas Glück – kleine Ameisenbären und Hirsche anzutreffen. Außerdem leben hier Papageien sowie verschiedene Arten giftiger Schlangen, wie die Jararaca (Lanzenotter).

Touristische Infrastruktur Wer mit einem Zelt ausgerüstet ist, kann auf einem der fünf Campingplätze des Nationalparks übernachten. Ansonsten bieten die Städte Teresópolis und Petrópolis Unterkunftsmöglichkeiten. Wande-

Blühender Regenwald in der Serra dos Órgãos

rungen im Park sollte man nur in Begleitung ortskundiger Führer unternehmen. Die beste Zeit für Besuche des Schutzgebiets sind Mai–Oktober (für Bergsteiger) und November–Februar, was das Baden in natürlichen Schwimmbecken und den Seen anbelangt.

Pirenópolis

Sa 53

Bundesstaat: Goiás (GO)   **Einwohner:** 21 000
Höhe: 770 m ü.d.M.

Das nationale Kulturdenkmal Pirenópolis wurde 1731, nach der Entdeckung der Goldvorkommen von Meia Ponte, von dem Bandeirante Bartolomeu Bueno Filho gegründet. Das malerische Städtchen am Rio das Almas ist ein beliebtes Ziel für Wochenendausflügler aus Brasília und Goiânia. Pirenópolis ist aber auch eine der mystischen Stätten des Zentralen Hochplateaus, wo zahlreiche Sekten und Alternativgemeinschaften leben.

Sehenswertes in Pirenópolis und Umgebung

Die unter Denkmalschutz stehende Pfarrkirche Nossa Senhora do Rosário wurde zwischen 1728 und 1732 an der Praça da Matriz erbaut; sie ist das älteste Gotteshaus in Goiás, und ihre über einen Meter starken Lehmwände sind die dicksten in ganz Brasilien.

Matriz N.S. do Rosário

 PIRENÓPOLIS ERLEBEN

AUSKUNFT
Centro de Atendimento ao Turista
Rua do Bonfim, Tel. (062) 33 31-26 33www.pirenopolis.go.gov.br

ANREISE
Busbahnhof
Av. Neco Mendonça
Tel. (062) 33 31-12 48

ESSEN
▶ **Erschwinglich**
Venda do Bento
Fazenda Recreio GO-338 (4 km außerhalb), Tel. (062) 33 31-11 62
Regionale Gerichte auf einer alten Fazenda, am Wochenende geöffnet.

ÜBERNACHTEN
▶ **Komfortabel**
Pousada O Casarão
Rua Direita 79, Tel. (062) 33 31-26 62
www.ocasarao.pirenopolis.tur.br
Pousada mit 11 geschmackvoll dekorierten Apartments, üppig grüner Garten, Pool.

Hotel Mandala
Av. Sizenando Jaime
Tel. (062) 33 31-37 15
www.hotelmandalapirenopolis.com.br
Modernes Hotel mit 22 künstlerisch eingerichteten Zimmern, Pool, Sauna und Fitnessraum

✱
N.S. do Bonfim

Die ebenfalls in der Altstadt gelegene Kirche Nossa Senhora do Bonfim entstand in den Jahren 1750 bis 1754. Sie besitzt ein auf zwei Holztafeln gemaltes Christusbild aus Bahia.

Fazenda Babilônia

Die unter Denkmalschutz stehende Fazenda Babilônia, 25 km südwestlich von Pirenópolis, wurde zwischen 1800 und 1805 angelegt. Das riesige, ausladende Dach spannte sich über den gesamten Baukomplex: das Herrenhaus, die Zuckermühle, die Schnapsbrennerei, die Werkstätten und die Sklavenhütten.

✱ Porto Alegre

Rk 61

Bundesstaat: Rio Grande do Sul (RS) **Einwohner:** 1,43 Mio.
Höhe: 46 m ü.d.M.

Porto Alegre an der lagunenreichen Küste von Rio Grande do Sul wurde am 26. März 1772 unter dem Namen Porto dos Casais von azoreanischen Siedlern gegründet. Sie liegt am linken Ufer des Rio Guaíba an der Stelle, wo fünf Flüsse zusammentreffen und die Lagoa dos Patos (Entenlagune) bilden.

Heute ist die Handelsmetropole Porto Alegre der Mittelpunkt eines Einzugsgebiets, das den nahen Küstenabschnitt und die überwiegend von Nachkommen der deutschen und italienischen Einwanderer bewohnten Gemeinden der Serra Gaúcha einschließt.

Sehenswertes in Porto Alegre

Parque Farroupilha

Unweit des alten Stadtzentrums breitet sich der Farroupilha-Park aus. Die dreieckige Anlage – von den Avenidas Osvaldo Aranha, João Pessoa und José Bonifácio mit der nach gotischen Vorbildern gestalteten Kirche Santa Terezinha gesäumt – besitzt alten Baumbestand, einen See und einen kleinen Zoo. Außerdem sind hier das Auditório Araújo Viana, eine Art Freilichtbühne, und das **Monumento ao Expedicionário**, ein doppelter Triumphbogen, der an den Einsatz der brasilianischen Streitkräfte im Zweiten Weltkrieg in Norditalien erinnert. Eine weitere Attraktion des Farroupilha-Parks ist der Brique da Redenção, ein Flohmarkt, der jeden Sonntagvormittag abgehalten wird.

Museu Júlio de Castilhos

Das Museu Júlio de Castilhos (Historisches Museum) in der Avenida Duque de Caxias 1205 zeigt zwar auch Fossilien und indianische Handarbeiten, doch kreist seine Thematik hauptsächlich um Leben und Werk von Júlio de Castilhos und Borges de Medeiros, zweier Staatsmänner aus Rio Grande do Sul. Öffnungszeiten: Di. – Sa. 10.00 bis 18.00 Uhr.

Um die Praça Marechal Deodoro gruppiert sich eine Reihe historisch interessanter Bauwerke aus dem 18. bis 20. Jahrhundert. Die Ursprünge der **Catedral Metropolitana** gehen bis in das Jahr 1772 zurück: Damals wurde mit dem Bau des Gotteshauses begonnen. Die heute sichtbaren, der Renaissance nachempfundenen Formen entstanden ab den 1920er-Jahren. Die Arbeiten wurden immer wieder unterbrochen, so dass die Kirche erst 1986 vollendet werden konnte. Besonders augenfällig ist die marmorne Kuppel, bewacht von zwei 50 m hohen Türmen zu ihrer Linken und Rechten.

Praça Marechal Deodoro

Der 1896 erbaute und im Louis-XVI.-Stil geschmückte Palácio Piratini ist Sitz der Regierung von Rio Grande do Sul. Die Wandmalereien des unter Denkmalschutz stehenden Palasts an der Praça Marechal Deodoro stammen von dem nach Rio Grande do Sul eingewanderten italienischen Künstler Aldo Locatelli. Öffnungszeiten: Mo. bis Fr. 8.00 – 12.00 und 14.00 – 17.00 Uhr.

Palácio Piratini

🕐

An der Westseite der Praça Marechal Deodoro vervollständigt der Palácio Farroupilha die Präsenz der politischen Gewalten. Das Parlamentsgebäude (Assembléia Legislativa) findet seinen architektonischen Ursprung im ausgehenden 18. Jh., wurde aber im Lauf der Jahre mehrmals baulichen Veränderungen unterworfen.

Palácio Farroupilha

Wenige Schritte nördlich des Platzes wurde 1858 das São-Pedro-Theater in neoklassizistischem Stil errichtet. Es zählt zu den schönsten Bauten von Porto Alegre. Das unter Denkmalschutz stehende

★
Theatro São Pedro

Die Flussdocks von Porto Alegre im Abendlicht

PORTO ALEGRE ERLEBEN

AUSKUNFT
Informações Turísticas
Tel. (08 00) 51 76 86
www.portoalegre.rs.gov.br/
turismo

ANREISE
Flughafen
Aeroporto Int. Salgado Filho
Tel. (051) 33 58-20 00

Busbahnhof
Largo Vespasiano Júlio Veppo
Tel. (051) 32 10-01 01

VERANSTALTUNGEN
Semana da Farroupilha
Eine feuchtfröhliche Woche, alljähr-
lich um den 20. September, mit
Gaúcho-Trachten, Speisen und
Getränken aus Rio Grande do Sul,
gelegentlich auch Rahmenprogramm

Feira do Livro
Auf der Praça da Alfândega, unmittelbar beim Museu de Arte, lockt die
alljährlich in der ersten Novemberhälfte unter freiem Himmel stattfindende, traditionsreiche Buchmesse
zahlreiche Besucher an.

ESSEN
▶ Fein & teuer
Koh Pee Pee
Rua Schiller 83
Stadtteil Moinhos de Vento
Tel. (051) 33 33-51 50
Bekannt als bestes Thai-Restaurant
Brasiliens. Alle Speisen sind klassifi-
ziert nach dem Schärfegrad der
Gewürze.

▶ Erschwinglich
① *Na Brasa*
Rua Ramiro Barcelos 389
Stadtteil Floresta

Tel. (051) 32 25-22 05
Flinke Kellner servieren Gegrilltes.

② *Atelier de Massas*
Rua Riachuelo 1482
Tel. (051) 32 25-11 25
Italienische Nudelhochburg. Alle
Kreditkarten werden akzeptiert.

ÜBERNACHTEN
▶ Luxus
① *Plaza São Rafael*
Avenida Alberto Bins 514
Tel. (051) 32 20-70 00
www.plazahoteis.com.br
Traditionshaus (283 Z.), z.T. für
Nichtraucher reserviert, z.T. für Roll-
stuhlfahrer geeignet. Restaurant, Bar,
Pool, Sauna und Fitnessraum.

▶ Komfortabel
② *Hotel Everest*
Rua Duque de Caxias 1357
Tel. (051) 32 15-95 00
www.everest.com.br
Zentrale Lage; bietet den Hausgästen
153 klimatisierte Apartments sowie
ein gutes Restaurant nebst Bar.

③ *Grande Hotel Express*
Rua Riachuelo 1070
Tel. (051) 32 87-44 11
www.master-hoteis.com.br
Das 1992 erbaute Hotel (92 Z.) grenzt
an ein Einkaufszentrum, wo den
Hausgästen auch Frühstück und Mit-
tagstisch serviert werden.

▶ Günstig
④ *Master Express*
Rua Sarmento Leite 865
Cidade Baixa
Tel. (051) 30 18-36 36
www.master-hoteis.com.br
Cityhotel (96 Apartments). Kein Res-
taurant; eher spartanisch ausgestattet.

Gebäude ist mit Unterstützung wohlhabender Bürger restauriert worden. Dabei respektierte man zwar seine ursprünglichen Formen, bezog aber auch funktionale Elemente zeitgenössischer Theaterbauten mit ein. Führungen nach Absprache: Tel. (051) 32 27-51 00.

Kurz vor dem Rio Guaíba trifft die Av. Duque de Caxias auf die Rua dos Andradas, besser bekannt unter der älteren Bezeichnung Rua da Praia, dem wahren Zentrum der Hauptstadt. Hier stehen die 1883 bis 1891 errichtete Kirche Nossa Senhora das Dores mit portugiesischen Gemälden und das Museu de Comunicação Hipólito José da Costa im ehemaligen Verlagsgebäude der Zeitung »A Federação«, das die Entwicklung des brasilianischen Zeitungswesens dokumentiert.

Nossa Senhora das Dores

An der Rua dos Andradas 736, an der Kreuzung mit der Rua Araújo Ribeira, liegt das Kulturzentrum Mário Quintana. Im früheren Majestic untergebracht – dem einst bekanntesten Grand Hotel der Stadt – verfügt es über Theatersäle, Videoclub, Diskothek, Bibliothek, Ausstellungs- und Konferenzräume. Im Erdgeschoss werden Videofilme über den Dichter **Mário Quintana** gezeigt, der bis 1980 in dem ehemaligen Hotel wohnte. Außerdem gibt es hier ein Kino mit drei Sälen. Die Glaskuppeln auf der Terrasse beherbergen ein exquisites Café und geben den Blick auf den Rio Guaíba frei. Öffnungszeiten: Di.–Fr. 9.00–21.00, Sa.–So. 12.00–21.00 Uhr.

★ **Casa de Cultura Mário Quintana**

Wo die Rua das Andrades auf die Av. João Goulart trifft, erhebt sich das ehemalige Stromkraftwerk Usina do Gasómetro mit seinem weithin sichtbaren Ziegelschornstein direkt am Ufer des Rio Guaíba. Das heutige Kulturzentrum ist ein beliebter Treffpunkt der lokalen Bevölkerung, die hier am Abend gern spazieren geht und bei einem Mate-Tee den Sonnenuntergang über dem Fluss genießt.

Usina do Gasómetro

Zwischen der Rua da Praia und der Avenida Mauá stehen mehrere repräsentative Bauten. Der 1869 errichtete Markt (Praça XV. de Novembro) bietet Lebensmittel, Importwaren, diverse Sorten des für die Gegend typischen Mate-Tees und Kunsthandwerk aus dem Gaúcho-Land (Mo.–Fr. 7.30 bis 19.30, Sa. 7.30–18.30 Uhr).

Mercado Público

Porto Alegre besitzt zahlreiche Museen und Kunstsammlungen; besondere Aufmerksamkeit verdient das Museu de Arte do Rio Grande do Sul (MARGS) bei der Praça da Alfândega (Rua Sete de Setembro 1010). Unter seinem Dach finden eine Fachbibliothek, eine Pinakothek sowie eine Skulpturen-, Wandteppich- und Keramiksammlung Platz. Die Pinakothek besitzt u.a. Werke von Portinari, Di Cavalcanti, Debret, Manabu Mabe sowie verschiedenen Künstlern Südbrasiliens. Öffnungszeiten: Di.–So. 10.00–19.00 Uhr.

★ **Museu de Arte do Rio Grande do Sul**

Das Museum für Naturkunde und Technik an der Avenida Ipiranga 6681 umfasst etwa 10 000 mineralogische, zoologische und archäolo-

Museu de Ciências e Tecnologia

Porto Alegre Orientierung

gische Exponate, quasi ein Inventar der Naturschätze des Staates Rio Grande do Sul. Das Museum liegt auf dem Campus der Universität von Porto Alegre (PUC-RS) in der Nähe des Jardim Botânico. Öffnungszeiten: Di.–So. 9.00–17.00 Uhr.

Die Avenida Padre Cacique führt zu dem noch im Stadtgebiet gelegenen, 131 m hohen **Morro Santa Tereza** (Hügel der Heiligen Theresa), von dem man eine gute Aussicht auf den Rio Guaíba hat. Am Fuße des Hügels bietet die Stiftung **Fundação Iberê Camargo**, die einen Besuch allein schon wegen ihrer außergewöhnlichen Architektur wert ist, Einblicke in das abstrakte Schaffen des bekannten Künstlers und anderer moderner Zeitgenossen, sowie schöne Ausblicke vom Café. Öffnungszeiten: Di.–So. 12.00 bis 19.00, Do. bis 21.00 Uhr.

! ### *Baedeker* TIPP

Bootsausflug zum Jacuí-Delta

Eine ungewöhnliche und zugleich bequeme Art, Porto Alegre und seine Umgebung kennen zu lernen, ist eine Bootsexkursion auf dem Rio Guaíba. Man hat die Wahl zwischen zwei Ausflugsbooten: Die »Cisne Branco« legt am Zugang zum Portão Central do Porto (hinter der Praça da Alfândega) ab. Die »Noiva do Caí« tritt die Fahrt zum landschaftlich reizvollen Delta do Jacuí beim Bootsanleger vor dem Kulturzentrum Usina do Gasômetro (Avenida João Goulart) an. Die Boote legen auf den Ilhas do Lage und dos Marinheiros Zwischenstopps ein, wo man im Sommer an kleinen Stränden baden kann.

Ein Besuch Porto Alegres ohne Visite in einem der Zentren für Gaúcho-Traditionen bleibt zwangsläufig unvollständig. Die **Kulturzentren**, die höchst effektvolle Namen wie Os Maragatos (Anhänger der föderalistischen Bewegung in Rio Grande do Sul), Tropeiros da Tradição (traditionelle Herdenführer) oder Ponteiros do Rio Grande (Viehtreiber aus Rio Grande) tragen, bieten Touristen ortstypische, mit Chimarrão (grünem Tee) servierte Gerichte an und unterhalten mit Musik und Tanz. Das Movimento Tradicionalista Gaúcho (Traditionalistische Gaúcho-Bewegung; Rua Guilherme Schell 60) erteilt detaillierte Auskünfte über die Initiativen der einzelnen Zentren.

Umgebung von Porto Alegre: Die Serra Gaúcha

Nördlich von Porto Alegre erhebt sich das Hochplateau der Serra Gaúcha mit Höhenzügen von über 1000 m, die ein ideales Terrain für ausgiebige Wanderungen inmitten alpenländischer Kulisse bilden. Daher verwundert es nicht, dass sich hier seit 1824 vor allem deutsche, ab 1875 auch italienische Einwanderer niederließen und heimisch fühlten. Letztere begannen alsbald, in ihrer Heimat gewonnene Kenntnisse des Weinanbaus im fernen brasilianischen Süden praktisch umzusetzen – mit beträchtlichem Erfolg. Ein Großteil der Weinreben Brasiliens reift heutzutage im Umland der Winzergemeinden nördlich von Porto Alegre. Dass die Region nicht nur Zentrum der Weinproduktion, sondern auch des -konsums ist, kommt ihren Besuchern zugute, die in den zahlreichen, bezaubernden Weinkellern der Winzerstädtchen die edlen Tropfen kosten können.

Wanderparadies und Zentrum des Weinanbaus

Etwas über 30 km nördlich von Porto Alegre liegt die 210 000 Einwohner zählende Stadt São Leopoldo, die 1824 von dem ersten deutschen Siedlertrupp in Rio Grande do Sul gegründet wurde. Die Kolonisten, die sich am linken Ufer des Rio dos Sinos niedergelassen hatten, widmeten sich dem Ackerbau, der Kleinindustrie und dem Kunsthandwerk, womit sie den Grundstock für die künftige industrielle Entwicklung der Stadt legten. In der Avenida Feitoria befindet sich die Casa do Imigrante, das Haus, das die ersten deutschen Siedler der Region aufnahm. Die Sammlung des Museums zeugt von dieser Gründerzeit. Sehenswert sind außerdem das Museu do Trem (Eisenbahnmuseum) in dem ehemaligen, 1875 von Engländern errichteten Bahnhof und der 6 km außerhalb der Stadt gelegene Parque de Recreação do Trabalhador (Zufahrt über die Bundesstraße BR-116).

São Leopoldo

Gramado (33 000 Einw.) liegt im Quilombo-Tal, 115 km nordöstlich von Porto Alegre, und ist alljährlich Austragungsort des **Brasilianischen Filmfestivals** im August. Das für sein raues Klima, aber auch für seine sommerliche Hortensienblüte bekannte Städtchen besitzt etliche Häuser, deren Baustil seine alpenländischen Vorbilder nicht verleugnen kann. Außerdem wird es wegen seiner exquisiten hausgemachten Schokolade und der üppigen italienischen und deutschen Küche gerühmt. Der Besucher sollte unbedingt in einem Café Colonial einkehren; die Reichhaltigkeit der Speisenfolge ist überwältigend. Nur 2 km von Gramado entfernt, stürzen die Cascata dos Narcisos und der Véu da Noiva über eine 20 m hohe Schwelle hinab.

Gramado

Der Bundesstaat Rio Grande do Sul wird auch »Land der Gaúchos« genannt.

UNRÜHMLICHE VERGANGENHEIT

Rio Grande do Sul kokettiert mit dem europäischen Erscheinungsbild seiner Bevölkerung. Unter Hinweis auf die eigenständige Kultur, die fast ausschließlich aus portugiesischen, spanischen, italienischen und deutschen Elementen entstand, wirbt der südlichste brasilianische Bundesstaat um Touristen und für Investitionen. Doch das Image Rio Grandes ist trügerisch: Weshalb im Land der Gaúchos die indianischen und afrikanischen Einflüsse nahezu fehlen, unterschlagen die Werbestrategen allzu gern.

Durchaus zu Recht gilt Rio Grande do Sul als der eigenwilligste brasilianische Bundesstaat. Geografisch und kulturell verbindet das **»Land der Gaúchos«** mehr mit den im Westen und Süden angrenzenden Nachbarländern Argentinien und Uruguay als mit den tropischen Regionen Brasiliens weiter nördlich. Der starke Einfluss der La-Plata-Staaten auf das Gebiet hat eine lange Tradition: Die ersten Europäer, die sich im heutigen Rio Grande do Sul niederließen, waren spanische Missionare.

Jesuiten gründen Missionen

Ab 1626 überquerten die Jesuiten-Patres von Argentinien aus die heutige Westgrenze Brasiliens, den Rio Uruguai. In São Nicolau gründeten sie die erste von insgesamt 32 Reduktionen (Missionsstationen) im damaligen Stammesgebiet der Guaraní-Indianer. Zu dieser Zeit lag Rio Grande do Sul außerhalb der bereits 1494 im **Vertrag von Tordesillas** festgeschriebenen portugiesischen Einflusssphäre; Portugal selbst wurde seit 46 Jahren gewaltsam vom spanischen Königshaus beherrscht. Die Jesuiten trieben die Christianisierung der Guaraní in den folgenden 100 Jahren unbehindert voran. In Abständen von 45 Kilometern errichteten sie ihre Missionskirchen, um die sich insgesamt 150 000 getaufte Indios ansiedelten. Manche der von den Jesuiten gegründeten Reservate zählten rasch

20 000 Einwohner – viermal mehr als das argentinische Buenos Aires zu dieser Zeit vorweisen konnte.

Alltag in der Guaraní-Republik

Auf dem Gebiet der Missionen wurden nicht nur Mais, Maniok, Matetee und Süßkartoffeln angebaut, sondern auch Baumwolle, Gerste, Reis, Tabak, Früchte, Wein, Weizen und Zuckerrohr. In **São João Batista** entstand eine der ersten Eisengießereien Südamerikas; außerdem lehrten die Jesuiten den Guaraní die Viehzucht. In den selbst verwalteten Kommunen der Guaraní-Republik gab es weder Geld noch Privateigentum. Die tägliche Arbeitszeit war auf sechs bis acht Stunden begrenzt; alle Werkzeuge, Transportmittel und Erzeugnisse waren Kollektiveigentum und wurden den Mitgliedern nach deren Bedarf zugeteilt. Es lohnt, einen Moment darüber nachzudenken, wie die politische Landkarte Südamerikas heute wohl aussähe, hätten die portugiesischen Bandeirantes nicht nach und nach ihren Einfluss über die Demarkationslinie des Tordesillas-Vertrags hinausgeschoben, den revolutionär-

fortschrittlichen Jesuitenstaat zerstört und die ursprünglich auf zwei Millionen Menschen geschätzte Ethnie der Guaraní im Jahr 1835 bis auf 130 Überlebende ausgerottet.

»Feindliche Übernahme«

Expeditionsmitglieder der Bandeira-Raubzüge bemächtigten sich nach und nach der großen **Estancias**, wie die von den Jesuiten errichteten Viehfarmen genannt wurden. Die Familienclans in den weit verstreuten Viehlatifundien an den Grenzen zu Argentinien und Uruguay bilden den Grundstock der Gaúcho-Bevölkerung. Die wettergegerbten Cowboys mit ihren typischen Hüten mit Kinnriemen, weiten Bombacha-Hosen, roten Halstüchern und Reitstiefeln, die man unwillkürlich mit Rio Grande do Sul verbindet – hier in den weiten Pampa-Steppen der Campanha sind sie bis heute im Sattel. Die portugiesische Krone unterstützte die rauen Clans zunächst, um das Territorium ihrer brasilianischen Kolonie gegen Kastilien zu sichern. Besonders verdiente Verteidiger der 1750 im Vertrag von Madrid neu gezogenen Grenzen wurden sogar mit klangvollen Adelstiteln des brasilianischen Imperiums belohnt.

Revolution

Als die brasilianische Zentralverwaltung die Einfuhrzölle auf ausländische Fleischprodukte senkte und die Konkurrenz für die südbrasilianischen Viehzüchter verschärfte, brach 1835 in Rio Grande do Sul ein gewaltiger Aufstand aus. Der revolutionäre Boden war – wie in anderen Provinzen Brasiliens – ohnehin bereits vorbereitet, nachdem die Zentralregierung ein Jahr zuvor das Recht der regionalen Gesetzgebung rückgängig gemacht hatte. Die Guardia Nacional in Rio Grande do Sul desertierte nahezu geschlossen und bildete die Basis der gefürchteten Reiterheere der **Farroupilha-Separatisten**, die sich zehn Jahre lang blutige Schlachten mit den Truppen der brasilianischen Zentralregierung lieferten. Mit zunehmender Kriegsdauer rekrutierten die Revolutionstruppen immer mehr afrikanische Sklaven, denen nach dem über die Regierungstreuen zu erringenden Sieg die Freiheit in Aussicht gestellt wurde. Die außerordentliche Tapferkeit der Lanceiros Negros erwähnt auch der italienische Berufsrevolutionär Giuseppe Garibaldi in seinen schönfärberischen Memoiren. Er hatte, gemeinsam mit anderen italienischen Kapitänen, auf Seiten der Farrapo-Marine glücklos gekämpft, sich aber dann in sein Heimatland zurückgezogen.

Verrat

Gegen Ende des Krieges wurden die beherzt kämpfenden **Lanceiros Negros** von ihrem eigenen General, Davi Canabarro, verraten. Feinsäuberlich von den weißen Kontingenten des Generals getrennt, wurden die beiden schwarzen Divisionen – trotz bereits laufender Kapitulationsverhandlungen – von den Regierungstruppen angegriffen und nahezu vollständig aufgerieben. Ein erheblicher Teil der während der Farroupilha-Revolution gefallenen Soldaten war schwarz. Die Sieger deportierten die überlebenden schwarzen Soldaten nach Rio; dort verliert sich ihre Spur. Es ist wahrscheinlich, dass sie als Sklaven auf Plantagen eingesetzt wurden.

Empfehlenswert ist ein kleiner Autoausflug in die ländliche Umgebung von Gramado: 6 km außerhalb der Stadt folgt man der Linha Bonita, einer Serpentinenstraße, die die Serra hinab nach Gramado Rural mit 15 ortstypischen Bauernhäusern, einer Wassermühle und einem Kirchlein führt. Etwas weiter kann man eine alte Schnapsbrennerei besichtigen. In dem Privatmuseum der Familie Fioreze sind 700 Kupfer- und Eisengeräte der italienischen Einwanderer ausgestellt. Anschließend gelangt man zur **Cascata do Panelão**, einem 15 m hohen Wasserfall, der tosend in einen Kessel von 10 m Durchmesser stürzt. Auf dem Rückweg kommt man, der Linha Furna folgend, 20 km vor Gramado über die Ponte do Raposo, eine den Rio Santa Cruz überspannende Eisenbrücke.

Gramado Rural

Canela

Canela (40 000 Einw.), ein bekannter Urlaubsort in der Serra Gaúcha, liegt im Quilombo-Tal, 119 km nordöstlich von Porto Alegre. Ein kleiner Anteil der Bevölkerung ist deutscher Abstammung; der Baustil der Häuser, darunter auch Châlets mit blumengeschmückten Fenstern, erinnert stark an Alpenstädtchen. Im Winter sinkt die Temperatur unter den Gefrierpunkt, und manchmal fallen sogar ein paar Schneeflocken.

Alpenländische Atmosphäre

> ! **Baedeker TIPP**
>
> ### Rota Romântica
>
> Die Höhepunkte der Serra Gaúcha lassen sich entlang der »Romantischen Landstraße« bequem per Mietwagen erschließen. Die gut 170 km lange Strecke beginnt in Porto Alegre und führt zunächst nach São Leopoldo, Novo Hamburgo und Novo Petrópolis, dann weiter nach Gamado, Canela und schließlich São Francisco de Paula.

Knapp 10 km von der Stadt entfernt, erstreckt sich der **Parque Caracol** mit einem beeindruckenden, 131 m hinabstürzenden Wasserfall (Cascada do Caracol), subtropischen Wäldern, zahlreichen Tierarten und dem Rio Caracol, der weitere Wasserfälle und kleine Strände bildet. Ein markierter Weg führt durch den Park zum Fuß des höchsten Kataraktes, der vor allem im Morgenlicht seine ganze Pracht entfaltet. Öffnungszeiten: tgl. 9.00 bis 17.00 Uhr.

Das Castelinho Caracol, an der Straße zum Park (Estrada do Parque do Caracol) gelegen, wurde im Jahr 1913 errichtet. Es ist der älteste Fachwerkbau der Stadt und Sitz des Museums der Familie Franzen. Hier sind Möbel, Hausrat und Werkzeuge ausgestellt, die die Familie zu Beginn des 20. Jh.s aus Deutschland mitgebracht hat.

Castelinho Caracol

Der nach einer eindrucksvollen Flussschleife des Rio Caí – in der Form eines Hufeisens (Ferradura) – benannte Park, liegt ebenfalls an der Estrada do Parque do Caracol, 16 km außerhalb von Canela. Weiterhin gelangt man hier zum Wasserfall **Cascata do Arroio Caçador**, in einem 420 m tiefen Canyon.

Parque da Ferradura

Caxias do Sul

Caxias do Sul (406 000 Einw.), 120 km nördlich von Porto Alegre, wurde von italienischen Einwanderern, die ab 1871 die Kolonie Conde d'Eu bildeten, gegründet. Man sollte es nicht versäumen, die kleineren und größeren Weinkellereien der Gegend aufzusuchen und dabei die lokalen Weine zu kosten. Wichtigste kulinarische Attraktion der Stadt sind aber die berühmten italienischen Cantinas, in denen die regionale Spezialität Galeto (ehemals Singvögel, heute Küken, nicht älter als 30 Tage) und natürlich Spaghetti, Tagliatelle und Tortellini perfekt zubereitet werden.

Rincão da Lealdade
Rincão da Lealdade, das Zentrum der Gaúcho-Tradition, liegt am Eingang der Stadt, nahe der Staatsstraße BR-116. Hier kann man regionale Grillspezialitäten kosten, musikalischen und tänzerischen Darbietungen beiwohnen und eine Ausstellung mit Arbeitsgeräten der frühen Gaúchos und der ersten Siedler dieser Region besuchen.

✳ São Pelegrino
Die in neogotischem Stil erbaute Kirche São Pelegrino (Avenida Itália 54) aus dem Jahr 1953 ist mit Wandmalereien des in Rio Grande do Sul ansässigen italienischen Künstlers **Aldo Locatelli** geschmückt, welche die Kreuzwegstationen darstellen. Sie verfügt außerdem über

Maisfeld in der Serra Gaúcha

eine Kopie der berühmten »Pietá« Michelangelos. Die Hochreliefs der großen Bronzetüren zeigen Episoden der Kolonisierung durch italienische Einwanderer.

Das Museu Municipal in der Rua Visconde de Pelotas 586, das überwiegend die italienische Besiedlung dokumentiert, hat auch einige sehenswerte Skulpturen zu bieten, beispielsweise das bemalte Holzbildnis der »Jungfrau mit Kind« (1885) von Pietro Stangherlin. **Museu Municipal**

In der Rua Matteo Gianela ist ein typisches zweistöckiges Haus aus der Kolonialzeit (1875) erhalten geblieben. Zunächst wohnte hier die Familie Luchesi, dann diente es als Schmiede, später als Lagerhalle. Im heute hier eingerichteten Museum werden u. a. Werkzeuge der italienischen Kolonisatoren ausgestellt. **Casa de Pedra**

Im Parque de Exposições Centenário, 4 km außerhalb der Stadt, an der Rua Ludovico Cavinato, steht eine Miniaturnachbildung von Caxias do Sul aus dem Jahr 1885. Die Geschichte der Besiedelung wird mit einer Multimedia-Show verdeutlicht. **Parque de Exposições Centenário**

Bento Gonçalves

Bento Gonçalves (106 000 Einw.), eine der bedeutendsten Winzergemeinden im südlichsten brasilianischen Bundesstaat, liegt 128 km nördlich der Provinzhauptstadt Porto Alegre. Der Ort trägt heute den Namen eines Anführers der Farroupilha-Revolution (► Baedeker Special S. 332), entwickelte sich aber ursprünglich aus der Colônia Dona Isabel, die 1870 von der kaiserlichen Regierung gegründet und von italienischen Einwanderern besiedelt wurde.

Die großen, in ganz Brasilien bekannten Weingüter, sowie die kleinen Weinkellereien in den Ortsteilen Faria Lemos, São Pedro, Monte Belo und Pinto Bandeira sollte man während der Traubenernte (Januar – März) besichtigen, sofern man alle Phasen der Weinherstellung beobachten möchte. Die großen Weinerzeuger (u. a. Casa Cordelier, Casa Valduga) organisieren durch audiovisuelles Material ergänzte Führungen, die mit einer Probe der guten Tropfen enden. **Weinkellereien**

Im Museu do Imigrante (Einwanderermuseum), Rua Erny Hugo Dreher 127, sind Werkzeuge und persönliche Gegenstände der Pioniere dieser Region ausgestellt. Die ersten Siedler stammten aus Venetien oder aus dem Gebiet von Trient. Öffnungszeiten: Di. – Fr. 8.00 – 11.30 u. 13.30 – 17.15, Sa. 9.00 – 17.00, So. 9.00 – 12.00 Uhr. **Museu do Imigrante** ⏱

Im Südosten von Bento Gonçalves steht das im Jahr 1982 fertig gestellte Gotteshaus Igreja de São Bento, ein etwas ungewöhnlicher Kirchenbau, dessen – betont weltliche – Form einem Weinfass nachempfunden wurde. **Igreja de São Bento**

Garibaldi

Das Bergstädtchen Garibaldi ist mit seinen 30 000 Einwohnern die heimliche Hauptstadt des brasilianischen Weinbaus. Gut 60 % der einheimischen Weine und sogar 80 % der brasilianischen Sektproduktion stammen von hier. Der kleine Ort liegt 13 km südlich von Bento Gonçalves. Benannt ist er nach dem italienischen Freiheitshelden **Giuseppe Garibaldi**, der sich von 1834 bis 1848 in Südamerika aufhielt und als Kommandant eines Kriegsschiffs eine wesentliche Rolle im Farroupilha-Krieg von 1835 bis 1845 spielte, bevor er nach Italien zurückkehrte.

In und um Garibaldi gibt es eine Vielzahl von Weingütern und Sektkellereien, die für Besucher Führungen und Weinproben veranstalten. Zu den bekanntesten zählen: Chandon, Rodovia RS 470 nach B. Gonçalves, Tel. (054) 34 62-24 99, Cooperativa Vinícola Garibaldi, Av. Independência 845, Tel. (054) 34 64-81 00 und Peterlongo, Rua Manuel Peterlongo 216, Tel. (054) 34 62-13 56.

★
Cantinas

Porto Seguro

Sf 54

Bundesstaat: Bahia (BA)   **Einwohner:** 121 000
Höhe: 49 m ü.d.M.

Unweit der ganz im Süden Bahias gelegenen Hafenstadt Porto Seguro warfen im Jahr 1500 die Karavellen von Pedro Álvares Cabral erstmals vor dem brasilianischen Festland Anker. Cabral, Gesandter der portugiesischen Krone, nannte das Stückchen Erde, das er als erster Europäer unter die Füße bekam, Ilha da Vera Cruz.

An jenem Strand, an dem einst Tupiniquin-Indianer Cabral und seinen Gefährten in der Erwartung gegenseitigen Respekts friedlich gegenübertraten, und damit einem schicksalhaften Irrtum unterlagen – die Tupiniquin wurden in kürzester Zeit ausgerottet –, tummeln sich heute Massen von Urlaubern und machen die Stadt mit ihren weiten Stränden in unmittelbarer Umgebung zu einem der beliebtesten Badeorte Brasiliens. Diskotheken, Bars und die berühmten Strandpartys von Porto Seguro, die selbst Studenten aus dem fernen Rio de Janeiro und São Paulo in Scharen anlocken, lassen die bahianischen Nächte zum Tag werden. Das ganz auf Tourismus ausgerichtete Porto Seguro kann sich aber auch rühmen, einige der ältesten Kulturdenkmäler Brasiliens zu besitzen; daher erhielt es auch den Status eines Monumento Nacional.

← *Der Arbeitsplatz am eisernen Haken: Gaúchos verrichten ihr Tagwerk im Sattel.*

Sehenswertes in Porto Seguro

Igreja da Misericórdia

Porto Seguro gliedert sich in die umtriebige Unterstadt (Cidade Baixa) und den historischen Kern in der Oberstadt (Cidade Histórica bzw. Cidade Alta). Die zwischen 1526 und 1530 errichtete Igreja da Misericórdia in der Oberstadt ist eine der ältesten noch erhaltenen Kirchen auf brasilianischem Boden. Ihr Inneres zieren die Gemälde »Barmherziger Christus« von 1526 und »Schmerzensmutter« aus dem Jahr 1582.

> **! Baedeker TIPP**
>
> **Karnevalistischer Nachschlag**
>
> Sobald der mitreißende Straßenkarneval Salvadors ausgeklungen ist, beginnt das närrische Treiben in Porto Seguro. Einige der besten Bands nehmen den nächsten Flieger und machen auf den Trios Elétricos (zu rollenden Bühnen für Musiker und Instrumente umgestaltete Lastwagen) in Porto Seguro genau dort weiter, wo sie tags zuvor in Salvador aufgehört haben. Im Dezibeldauerfeuer der Axé- oder Samba-Reggae-Rhythmen tanzt das ganze Städtchen dann gut eine Woche lang.

Die Kirche **Nossa Senhora da Pena**, der Schutzpatronin der Stadt geweiht, stammt aus dem Jahr 1535. Sie birgt ein **Bildnis des hl. Franziskus von Assisi**, das Gonçalo Coelho auf seiner Expedition von 1503 mitführte; es handelt sich dabei um das älteste Heiligenbild Brasiliens. Ganz in der Nähe der Kirche steht der von Gonçalo Coelho errichtete Gedenkstein (Marco do Descobrimento), der an die Entdeckung dieser Gegend erinnert.

Umgebung von Porto Seguro

★★ Strände

Nördlich der Stadt erstrecken sich die Strände Curuípe (3 km), Mundaí (6 km), Itaperapuã (7 km), Rio dos Mangues (9 km) und Ponta Grande (12 km). Letzterer ist nahe an der Küstenstraße gelegen, die nach Santa Cruz Cabrália (25 km) führt.

Santa Cruz Cabrália

In der Altstadt des 25 km nördlich von Porto Seguro gelegenen Santa Cruz Cabrália sind noch die Ruinen einiger Jesuitenbauten erhalten, in deren Nähe sich die Kirche **Nossa Senhora da Conceição** und andere Gebäude aus der Kolonialzeit erheben. Unter den Stränden sind die Praia da Ponta do Mutá (16 km von Porto Seguro) und die von Coroa Vermelha (17 km) zu nennen, wo ein Kreuz aus Brasilholz die Stelle anzeigt, an der die erste Messe auf brasilianischem Boden zelebriert wurde. Im Norden dehnen sich in Richtung Belmonte schöne Strände aus, z.B. Santo Antônio (1 Std. Fahrzeit), Guaiú (75 Min.) und Mogiquiçaba (1,5 Std.).

★ Arraial d'Ajuda, Trancoso

Um nach Arraial d'Ajuda, 4 km südlich von Porto Seguro, zu gelangen, muss man mit einer Fähre das Mündungsdelta des Rio Buranhém überqueren. In dem Dorf steht die zwischen 1549 und 1551 errichtete Kirche **Nossa Senhora d'Ajuda**, aber es sind vor allem die noch ziemlich urwüchsigen Strände, die die Besucher in ihren Bann ziehen. Die Praia Mucugê ist nicht weit von Arraial entfernt. Die noch berühmteren Strände Pitinga und Taípe liegen zwischen dem Dorf und Trancoso, einer idyllischen Ansiedlung 25 km südlich von Porto Seguro. Der herrliche Pitinga-Strand gehört wie der von hohen Felsklippen gesäumte Taípe-Strand zu den schönsten dieses Küstenabschnitts. Letzterer lässt sich durch einen reizvollen, ca. drei- bis vierstündigen Fußmarsch vom Arraial d'Ajuda nach Trancoso erkunden.

✳ Parque Nacional do Monte Pascoal

Der 1961 eingerichtete, 22 500 ha einnehmende Nationalpark des Monte Pascoal präsentiert sich mit einer äußerst vielfältigen Tier- und Pflanzenwelt sowie mit abwechslungsreichen Landschaftsformen. Hier gibt es neben Waldgebieten mit Gewächsen wie Jequitibás, Maçarandubas, Palisanderbäumen, Jatobás, Perobas und Brasilholz auch malerische Strände, Riffe, Dünen, Seen und Restingas (sandiglehmiger Boden mit niedrigwüchsiger Strauchvegetation). Die Landschaft geht von Sandbänken, Mangroven- und Tropenwald in Sümpfe, Lagunen, Salz- und Süßwasserseen über, die noch von etlichen bedrohten Tierarten – Preguiças-de-Cóleira (eine Faultierart), verschie-

Am Strand von Trancoso

▶ PORTO SEGURO ERLEBEN

AUSKUNFT

Praça Ribeiro Coelho
Tel. (073) 32 68-28 53
www.portosegurotur.com.br

ANREISE

Flughafen
Estrada do Aeroporto
Tel. (073) 32 88-18 80

Busbahnhof
An der Bundesstraße BR-367
Tel. (073) 32 88-10 39

AUSGEHEN

Beachpartys gibt's fast jede Nacht in
wechselnden Strandbars – einfach
dem Höllenlärm der Lautspre-
chertürme folgen.

ESSEN

▶ **Preiswert**
Recanto de Sossego
Praia do Mutá
Tel. (073) 36 77-12 66

Nette Strandbar mit ansprechender
Speisekarte

ÜBERNACHTEN

▶ **Komfortabel**
Portobello Resort
Av. Beira-Mar 6111
Praia de Taperapuã
Tel. (073) 21 05-60 00
www.portobellohoteis.com.br
Strandnahes Hotel mit 99 klimati-
sierten Apartments. Breites Sport-
und Freizeitangebot, sehr gutes Res-
taurant, Tennisplätze, Pool, Sauna.

Hotel Mar Paraíso
Rua do Mucugê 476, Praia do Mucugê
Arraial d'Ajuda, Tel. (073) 35 75-44 00
www.mar-paraiso.com
Hübsches Feriendorf unmittelbar am
Strand, 55 Bungalows sowie einige
Zimmer, gutes italienisches Restau-
rant mit Meerblick, sehr großer
Swimmingpool, gut geeignet für
Familien.

denen Affen, Riesenotter, Riesengürteltieren und Pampashirschen –
bevölkert werden. Ferner gibt es Macucos (aus der Familie der Tro-
penhühner), Königsgeier und andere Vogelarten.

Monte Pascoal   Eine der Hauptattraktionen des Nationalparks ist der 536 m hohe
Monte Pascoal, der Berg, den man – zu Ostern 1500 – an Bord der
Karavellen Cabrals aus der Ferne als ersten Punkt Brasiliens sichtete.
Für den Aufstieg zum Gipfel sollte man eine Gehzeit von nicht weni-
ger als 2,5 Stunden kalkulieren.

Anreise   Der Park liegt 160 km südlich von Porto Seguro. Er ist über die
Staatsstraße BR-101 zu erreichen, von der in Itamaraju eine Straße
zum Nationalpark abzweigt. Nach gut 30 km erreicht man den Parkeingang. Der Parque Nacional do Monte Pascoal ist täglich für Besucher geöffnet und verfügt über ein Besucherzentrum. Durch die Nähe zum Atlantik und das daraus resultierende Klima ist der Park das
ganze Jahr für einen Besuch geeignet.

Porto Velho

Bundesstaat: Rondônia (RO) **Einwohner:** 380 000
Höhe: 85 m ü.d.M.

Porto Velho, Hauptstadt des Bundesstaates Rondônia, liegt am Rio Madeira, dem längsten Nebenfluss des Amazonas. Die Kolonisierung Rondônias begann mit dem Bau der als Teufelseisenbahn berüchtigten Strecke Madeira – Mamoré (zwischen Porto Velho und Guajará-Mirim am Rio Mamoré), der im Vertrag von Petrópolis im Jahr 1903 besiegelt wurde.

Diese Verbindung sollte den Transport von Erzeugnissen aus Bolivien ermöglichen und La Paz für den Verlust von Acre entschädigen, das sich Brasilien einverleibt hatte. Die durch den Urwald geschlagene Eisenbahnlinie, deren Verwirklichung Tausende von Menschenleben gefordert hatte, trug nachhaltig zur Entwicklung von Porto Velho und anderen städtischen Zentren in Rondônia bei, in denen sich viele am Bau der Bahn beteiligte Arbeiter niederließen.

Sehenswertes in Porto Velho und Umgebung

Der heute stillgelegte Bahnhof Ferroviário Madeira – Mamoré liegt am Anfang der Avenida Sete de Setembro, ganz nah am Hafen Cai'Água. Er beherbergt das Eisenbahnmuseum, in dem Erinnerungsstü- **Eisenbahn-museum**

Die Bildungschancen im amazonischen Hinterland sind gering: Schule im Regenwald Nordbrasiliens.

▶ PORTO VELHO ERLEBEN

AUSKUNFT

Setur
Av. de Setembro 237
Prédio do Relógio
Tel. (069) 32 16-59 24
www.setur.ro.gov.br

ANREISE

Flughafen
Aeroporto Internacional de Porto
Velho, Av. Jorge Teixeira
Tel. (069) 32 19-74 50

Busbahnhof
Av. Jorge Teixeira 1296
Tel. (069) 32 25-30 25

ESSEN

▶ Preiswert

Remanso do Tucunaré
Av. Brasília 1506, Stadtteil N. S. das
Graças, Tel. (069) 32 21-23 53
Einfaches, aber gutes Fischrestaurant.
Spezialität ist der Tucunaré.

ÜBERNACHTEN

▶ Luxus

Hotel Vila Rica
Avenida Carlos Gomes 1616
São Cristovão, Tel. (069) 32 24-34 33
www.hotelvilarica.com.br
Das beste Haus vor Ort bietet 115
etwas angestaubte Zimmer, ein Restaurant und einen Swimmingpool.

▶ Günstig

Hotel Samaúma
Rua Dom Pedro Segundo 1038
Tel. (069) 32 24-53 00
Gepflegtes Hotel in zentraler Lage.
Die Besitzerin ist die Schwester einer
brasilianischen TV-Schauspielerin.

---

cke an die Bahnstrecke Madeira – Mamoré ausgestellt sind, darunter
auch eine **Maria-Fumaça** genannte Dampflok von 1878. Einstündige
Fahrten auf einem 5 km langen Teilstück der Eisenbahnstrecke werden normalerweise samstags und sonntags um 9.00 Uhr durchgeführt, jedoch war die Strecke zuletzt zeitweise nicht in Betrieb. Endpunkt der Sonderfahrt ist die Kirche in Cachoeira de Santo Antônio
am Rio Madeira; der Zug ist gegen 16.30 Uhr zurück in Porto Velho.

Teotônio Das Fischerdorf Teotônio liegt ebenfalls am Rio Madeira und ist auf
dem Landweg über die Bundesstraße BR-364 Richtung Guajará-Mi-
rim zu erreichen (45 km). Die Piracema – die Wanderung von Fisch-
schwärmen flussaufwärts – erfolgt in dieser Gegend im September.

Parque Nacional
de Pacaás Novos Der 1979 gegründete Nationalpark Pacaás Novos, der sich über eine
Gesamtfläche von nahezu 765 000 ha in den Gemeindebezirken von
Porto Velho, Guajará-Mirim, Ariquemes und Ji-Paraná erstreckt,
liegt auf einem ausgedehnten, von spärlicher **Cerrado-Vegetation** bedeckten Hochplateau, der Chapada dos Pacaás Novos, im Mittelwesten von Rondônia, etwa 400 km von Porto Velho entfernt. Die Zufahrt in die Region erfolgt über die Bundesstraße BR-364 (Richtung
Cuiabá), die durch Ariquemes und Ji-Paraná führt, die auch über einen Flughafen verfügen; in beiden Städten zweigen Nebenstraßen in

Richtung Park ab. Der abgelegene Nationalpark im brasilianischen Nirgendwo verfügt über keinerlei Infrastruktur. Infos: Ibama, Av. Jorge Teixeira 3559, Porto Velho, Tel. (069) 32 17-27 14.

★ ★ Recife

Sh 50

Bundesstaat: Pernambuco (PE) **Einwohner:** 1,55 Mio.
Höhe: 4 m ü.d.M.

Bis ins 17. Jh. war Recife (= Riff) lediglich der Hafen des höher gelegenen Olinda, nicht mehr als eine am Zusammenfluss des Rio Capibaribe und des Rio Beberibe gegründete Ansiedlung. Seine Ausdehnung begann 1630 mit der holländischen Besetzung.

Innerhalb von zehn Jahren entwickelte sich dieses nicht einmal 200 Häuser zählende Dorf zu einer Stadt mit über 2000 Wohnstätten. Die Holländer entwässerten die Insel Antônio Vaz (heute das Viertel Santo Antônio mit einigen der repräsentativsten Bauten der Stadt) und verbanden sie durch eine Brücke mit dem Festland. Sie führten in Brasilien die Sobrados Magros, mehrgeschossige Häuser mit Stufengiebeln, ein. Auch die Vertreibung der Holländer aus Brasilien im Jahr 1654 tat dem Aufstieg Recifes, der mit dem wirtschaftlichen und politischen Niedergang des benachbarten und ursprünglich bedeutenderen Olinda einherging, keinen Abbruch.

Die Uhren laufen verschieden schnell: Blick von Olinda auf Recife.

● RECIFE ERLEBEN

AUSKUNFT

Informações Turísticas
Aeroporto Internacional
Tel. (081) 33 22-43 53

Recife Antigo
Rua da Guia
Tel. (081) 32 32-29 42
www.recife.pe.gov.br/pr/secturismo
www.empetur.com.br

ANREISE

Flughafen
Aeroporto Int. Guararapes
Tel. (081) 33 22-43 53

Busbahnhof
Terminal Integrado de Passageiros
Tel. (081) 34 52-11 03

VERANSTALTUNGEN

Carnaval
Findet zeitgleich mit dem europäischen Karneval statt. Zu den närrischen Epizentren zählen u. a.: alle öffentlichen Plätze in Recife Antigo und die zuführenden Brücken, der Pátio de São Pedro, der Pátio do Terço und die Avenida Guararapes.

ESSEN

► Fein & teuer

Mingus
Rua Atlântico 102
Stadtteil Boa Viagem
Tel. (081) 34 65-40 00
Hervorragende moderne Küche, zählt zu den besten Restaurants der Stadt. Feines Ambiente mit Pianomusik, am späteren Abend kleine Konzerte.

► Erschwinglich

① *Leite*
Praça Joaquim Nabuco 147
Stadtteil Santo Antônio
Tel. 32 24-79 77

Zählt zu den traditionsreichsten Restaurants in Pernambuco; wurde 1882 eröffnet. Nur Mittagstisch, gute Getränkeauswahl.

► Preiswert

Parraxaxá
Av. 17 de Agosto 807
Stadtteil Casa Forte
Tel. (081) 32 68-41 69
Beste Option der Stadt, um einmal die vielen typischen Gerichte der Region zu probieren. Man bedient sich an einem großen Buffet, bezahlt wird nach Gewicht. Filiale in der Rua Baltazar Pereira 32 in Boa Viagem.

ÜBERNACHTEN

► Luxus

Recife Palace Hotel
Av. Boa Viagem 4070
Stadtteil Boa Viagem
Tel. (081) 40 09-25 00
www.lucsimhoteis.com.br
Traditionelles Luxushotel in bester Lage mit 297 sehr gut ausgestatteten Gästezimmern, gutem Restaurant und Bar. Großzügiger Empfangsbereich, spektakuläre Panorama-Aussicht aus den meisten Zimmern. Swimmingpool, Sauna und Fitnesszentrum.

► Komfortabel

Onda Mar Hotel
Rua Ernesto de P. Santos 284
Stadtteil Boa Viagem
Tel. (081) 21 28-48 48
www.ondamar.com.br
Solides Mittelklassehotel in Strandnähe mit 149 gepflegten Apartments, Geschäften, Pool und Restaurant. Schöne Aussicht von der Dachterrasse.

LG Inn
Avenida Engenheiro Domingos

Ferreira 3067, Stadtteil Boa Viagem
Tel. (081) 21 22-39 39 und
(08 00) 703-20 09
www.lginn.com.br
Das Hotel verfügt über 130 großzügig
ausgestattete Gästezimmer, Parkplätze, Restaurant, Bar, Pool, Sauna und
Fitnessraum. Es werden keine
Schecks, aber Kreditkarten akzeptiert.

► **Günstig**

① *Recife Plaza Hotel*
Rua da Aurora 225, Stadtteil Boa Vista
Tel. (081) 30 59-12 00
www.recifeplazahotel.com.br
Traditionshaus (80 Z., jeweils mit
Telefon und TV), gutes Restaurant,
Bar, Swimmingpool, Sauna und
Fitnessraum.

Recife, die Hauptstadt Pernambucos, ist heute Kultur-, Unterhaltungs- und Dienstleistungszentrum des brasilianischen Nordostens, deren modernes Erscheinungsbild mit den Baudenkmälern der Vergangenheit einen interessanten Kontrast bildet. Zahlreiche Flüsse und Kanäle, überspannt von einer Vielzahl an Brücken, durchziehen die Metropole. Den Wasserläufen und Brücken, die das Stadtbild prägen, verdankt Recife den schmucken Beinamen **»Venedig Brasiliens«**, ein Vergleich, der – mit Verlaub – falsche Erwartungen weckt und zu Enttäuschungen führen mag. Der Karneval Recifes muss dagegen keinen Vergleich scheuen; mit dem Galo da Madrugada (Hahn der Morgenröte) darf die Stadt sich rühmen, einen der größten Karnevalsumzüge der Welt zu veranstalten.

Kontrastprogramm

Stadtteil Santo Antônio

Der im Norden des Stadtteils Santo Antônio am Zusammenfluss des Capibaribe und des Beberibe gelegene Palácio do Campo das Princesas (Palácio do Governo) wurde 1841 erbaut und ist Sitz der Regierung von Pernambuco. Etwas weiter südwestlich wurde 1850 das klassizistische Teatro Santa Isabel am Ufer des Capibaribe errichtet.

Palácio do Campo das Princesas

An der Rua do Imperador befinden sich die Kirche und das Franziskanerkloster Santo Antônio von 1606. Die zum Kloster gehörige Capela Dourada (Goldene Kapelle) des Laienordens wurde 1695 fertig gestellt; die Arbeiten an der Innenausstattung zogen sich aber bis ins 18. Jh. hin. Ihr vergoldetes **Schnitzwerk aus Palisander- und Zedernholz** zählt zu den schönsten des Landes. Decke und Wände der Kapelle zeigen Gemälde mit religiösen und profanen Sujets. Nebenan kann man das Museu de Arte Sacra (Museum für Sakrale Kunst, Rua do Imperador 206) besichtigen. Öffnungszeiten: Mo.–Fr. 8.00 bis 11.30 und 14.00–17.00, Sa. 8.00–11.30 Uhr).

★★
Convento Santo Antônio, Capela Dourada

Wenige Schritte weiter südlich ragt an der Praça da Independência die Igreja do Santíssimo Sacramento auf, die 1753 bis 1791 erbaute Pfarrkirche des Stadtteils Santo Antônio. Die Altäre zeigen barocke und klassizistische Stilmerkmale.

★
Santíssimo Sacramento

Recife *Orientierung*

Olinda

Cemitério de
Sto. Amaro

Rua Pedro Afonso
de Maio

Avenida Norte

R. D.ª A. Penido

Avenida dos Palmares

Rua Coelho

Rua Trece

Rua Mal. do Pontal

Avenida Cruz Cabugá

R. 2 de Julho

Rua Araripina

Rua da Aurora

Prefeitura
Municipal
do Recife

Fortaleza
do Brum

Pça. de
Comunidade
Luso-Brasileira

Av. Y. de Suassuna

BOA VISTA

R. Cap. Lima

Fundação

RECIFE ANTIGO

Rua Geraldo Pires

Rua João Lira

Avenida Mário Melo

Parque
13 de Maio

Rio
Beberibe

Cais do Apolo

R. do
Ocidente

R. D.ª A. Pirolito

S. Jorge

Rua do Hospício

Rua Princ.

Rua da Saudade

Rua Isabel

Rua da Aurora

STO.
ANTÔNIO

Pça.
Tiradentes

Museu Arqueológico
e Geológico

Riachuelo

Teatro
Santa Isabel

Palácio
das Princesas

Alfândega/
Porto

Pça.
A. Oscar

Avenida Guararapes

Rua do Sol

Convento e Igreja
de S. Antônio

Ponte
Buarque
de Macedo

Rua do Bom Jesus

Rua de

Pça.
Maciel Pinheiro

R. S. Campos

Cap. Dourada

Av. Rio Branco

do Apolo

R. Imp.
Tereza Cristina

Pte. da
Boa Vista

N. S. da
C. dos
Militares

Santíssimo
Sacramento

Ponte
Maurício
de Nassau

R. A. Cabral

Igreja
da Madre
de Deus

Matriz da
Boa Vista

R. Dr. José Mariano

Rio Capibaribe

Pça.
Joaquim Nabuco

Palma

Rio Capibaribe

Rua Seis
de Março

SÃO JOSÉ

Casa da
Cultura

Pátio de
São Pedro

Av. N. S.
do Carmo

Igreja e
Convento
do Carmo

R. Cor. de Sta. Rita

Museu
do Trem

R. Br. da Vitória

Rua Itú

Barreto

Rua Águas Verdes

Tr. do Macedo

Mercado
São José

Rua de S. João

Dantas

Rua das Calçadas

Rua Sta. Rita

Sul

A r r e c i f e s

OCEANO
ATLÂNTICO

R. do Peixoto

Avenida

R. do Muniz

Forte das
Cinco Pontas

Avenida

400 m

Pça.
Sérgio Loreto

Estação
Ferroviária

N

©Baedeker

Metro

B a c i a   d o   P i n a

Essen
① Leite

Übernachten
① Recife Plaza Hotel

Westlich der Igreja do Santíssimo Sacramento erhebt sich an der Rua Nova die barocke Kirche Nossa Senhora da Conceição dos Militares. Der Bau selbst war schon zu Beginn des 18. Jh.s vollendet, die aus Gemälden und vergoldetem Schnitzwerk bestehende Innendekoration wurde aber erst im Jahr 1771 fertig gestellt. An der Decke des Kirchenschiffs rahmen prächtige Schnitzereien ein Bild der Muttergottes ein, das 1781 von einem unbekannten Künstler angefertigt wurde. Das herrliche Gemälde an der Chordecke stellt die erste Schlacht bei Guararapes dar. Es wird **João de Deus Sepúlveda**, dem bedeutendsten Maler im Pernambuco des 18. Jh.s, zugeschrieben.

✖
N.S. da Conceição dos Militares

An der Avenida Dantas Barreto bezeugt die Fassade der Kirche und des Klosters Nossa Senhora do Carmo die Dominanz des Barocks. Das von den Holländern in Brand gesteckte Gotteshaus des Karmeliterordens wurde ab 1663 restauriert, die Arbeiten zogen sich jedoch bis 1761 hin – ein Umstand, der sich auch in den Stilunterschieden der einzelnen Altaraufsätze bemerkbar macht. Das Renaissanceportal der Chorkapelle ist nach dem ursprünglichen Entwurf gestaltet.

✖
N.S. do Carmo

Stadtteil São José

Östlich des Karmeliterkomplexes sollte man im Viertel São José den Pátio de São Pedro ansehen, den mehrere Kolonialbauten säumen. Es ist einer der beliebtesten Veranstaltungsorte der Altstadt mit vielen Bars und abendlichen Live-Musik-Shows. Hier wird Kunstgewerbe aus Holz, Stroh und Leder verkauft. Im Mai ist der Hof Schauplatz des Festival de Cirandas.

✖
Pátio de São Pedro

Die von **Manuel Ferreira Jácome** entworfene Kathedrale São Pedro dos Clérigos, das bedeutendste Baudenkmal des Pátio de São Pedro, wurde 1728 bis 1782 erbaut. Den Grundriss bildet ein lang gestrecktes Rechteck, dessen kleinerem Teil das achteckige Kirchenschiff einbeschrieben ist. Die Fassade zeichnet sich durch eine gotisch anmutende Vertikalität aus; das Portal ist barock. Kanzel, Altäre und Emporen sind aus Stein gearbeitet, die Türen aus Palisanderholz. Die Kirchendecke ziert das Gemälde »Der hl. Petrus segnet die Katholikengemeinde«, das Hauptwerk von João de Deus Sepúlveda.

✖ ✖
Catedral São Pedro dos Clérigos

Der Markt von São José, östlich der Kathedrale, ist der größte von Recife. Die Bauelemente der Metallkonstruktion von 1875 stammen aus Europa.

Mercado de São José

Unterhalb des Markts erreicht man am Largo das Cinco Pontas, unweit des Rio Pina, das Forte das Cinco Pontas, einen ursprünglich holländischen Festungsbau von 1630, der heute das Museum der Stadt Recife beherbergt. Im Jahr 1825 wurden hier der Mönch Caneca, Verfechter der Bewegung Confederação do Equador, erschossen und andere republikanische Führer aufgehängt. Die Erinnerung an

✖
Forte das Cinco Pontas

den Märtyrer ist in der Bevölkerung bis heute wach geblieben; in der ersten Januarhälfte wird auf den Straßen der Stadt der **»Leidensweg des Mönchs Caneca«** in Szene gesetzt. Öffnungszeiten: Di. – Fr. 9.00 bis 17.00, Sa./So. 13.00 – 17.00 Uhr.

✳ Stadtteil Recife Antigo

Historisches Stadtviertel
Die Brücken Ponte Doze de Setembro, Ponte Maurício de Nassau (Moritz von Nassau) und Ponte Buarque de Macedo bilden die wichtigsten Verbindungen zwischen Santo Antônio und dem vom Rio Beberibe und dem Pina-Becken umschlossenen Stadtteil Recife Antigo. Das alte Hafenviertel um die **Praça do Marco Zero** konnte durch umfangreiche Sanierungsmaßnahmen nicht nur vor dem Verfall bewahrt, sondern auch zu neuem Leben erweckt werden. Heute befinden sich an der Praça do Arsenal, in der Rua do Bom Jesus und in der Rua Apolo wieder einige urige Restaurants und Musikkneipen. Während der fünften Jahreszeit sind der Stadtteil Recife Antigo und die zu ihm führenden Brücken eines der Epizentren des karnevalistischen Treibens.

Forte do Brum
Das Zollamt und die Hafenverwaltung befinden sich an der Küstenstraße (Avenida Alfredo Lisboa). Weiter nördlich abseits der Küste ragt das Forte do Brum auf (Praça Comunidade Luso-Brasileira), ein holländischer Bau von 1629, der nun ein Militärmuseum beherbergt. Öffnungszeiten: Di. – Fr. 9.00 – 16.30, Sa. – So. 14.00 bis 17.00 Uhr.

Stadtteil Boa Vista

Matriz da Boa Vista
Das Stadtviertel Boa Vista breitet sich am linken Ufer des Rio Capibaribe aus. Dort erhebt sich die 1788 bis 1813 errichtete Hauptkirche von Boa Vista (Rua da Imperatriz). Das Archäologische, Historische und Geografische Museum von Pernambuco (Museu Arqueológico, Histórico e Geográfico de Pernambuco) zeigt seine Exponate in der Rua do Hospício 130.

Sehenswertes in den übrigen Stadtteilen

Boa Viagem
Die Stadtstrände Praia do Pina und Praia da Boa Viagem dehnen sich nur 4 bzw. 5 km südlich von Recifes Zentrum aus. Mit ihrer modernen Hochhausskyline bilden sie einen Kontrast zu den historischen Stadtteilen des Zentrums. Fast alle Besucher quartieren sich hier ein, denn es gibt die meisten und auch die besten Hotels, hervorragende Restaurants sowie unzählige Ausgehmöglichkeiten. Außerdem lassen sich die Sehenswürdigkeiten des Zentrums leicht mit Kurzausflügen abdecken. Der Strand mit seiner gepflegten, mehrere Kilometer langen Uferpromenade zieht Einheimische und Besucher gleichermaßen an, doch nur an einigen Wochenenden sowie in den Sommerferien ist es übervoll mit Badegästen.

Recifes Stadtbezirk Casa Forte hält mit dem Museu do Homem do Nordeste eine besonders sehenswerte Attraktion bereit: Die Exponate dieses anthropologischen Museums spiegeln den einmaligen Facettenreichtum der alten **Volkskunst des Nordostens** wider. Neben Arbeiten einheimischer Kunsthandwerker wie Exvotos und hölzerne Puppen werden auch Werke der so genannten Literatura de Cordel (Trivialliteratur; so benannt nach der Kordel, an der die Heftchen zum Verkauf aufgehängt wurden), afrobrasilianische Kultgegenstände und Utensilien aus der Sklavenzeit ausgestellt (Avenida 17 de Agosto 2187). Öffnungszeiten: Di.–Fr. 8.30–17.00, Sa./So. 13.00–17.00 Uhr.

Museu do Homem do Nordeste

Zahlreiche erotische Tonskulpturen des weit über Recife hinaus bekannten, von Picasso und Gaudí beeinflussten Künstlers **Francisco Brennand** können bei dessen Werkstatt im Stadtteil Várzea in der Avenida Caxangá bewundert werden. Die Arbeiten sind zum Teil unter freiem Himmel, inmitten eines tropischen Gartens, sowie in einer alten Ziegel- und Kachelfabrik ausgestellt. Öffnungszeiten: Mo.–Do. 8.00–17.00, Fr. 8.00–16.00 Uhr.

Oficina Cerâmica F. Brennand

Die auch als Jaqueira-Kapelle bezeichnete Kirche Nossa Senhora da Conceição wurde 1766 auf einem Landgut erbaut, das heute zum

N.S. da Conceição

Die Praia da Boa Viagem ist kein Geheimtipp.

Stadtgebiet gehört und als Parque de Jagueira bekannt ist. Die eigentliche Kapelle bildet zusammen mit dem Turm und der Sakristei einen einzigen Baukörper und wirkt dadurch wie eine Barockkirche in Miniatur. Die Fassade, die in ihrer architektonischen Gestaltung der Klosterkirche São Bento in Olinda ähnelt, wird **Francisco Nunes Soares**, dem Erbauer dieses Benediktinerkomplexes, zugeschrieben. Der Hauptaltar ist farbig gefasst und mit Blattgold überzogen. Für die Innenausstattung wurden portugiesische Azulejo-Fliesen verwendet.

Umgebung von Recife

Guararapes

Zum Dank für den zweifachen luso-brasilianischen Sieg bei Guararapes wurde ab 1656 auf dem Schlachtfeld die Kirche **Nossa Senhora dos Prazeres** erbaut, deren Wände mit Azulejos geschmückt sind. Die Kirche liegt im Historischen Park von Guararapes, knapp 15 km südlich von Recife. Unmittelbar nach Ostern wird dort die Festa da Pitomba begangen, eines der größten Volksfeste von Recife. Im September wird die Schlacht von Guararapes mit Hunderten von Teilnehmern inszeniert.

* *
Porto de Galinhas

Die Sandstrände von Porto de Galinhas, 72 km von Recife entfernt, zählen zu den schönsten Badebuchten ganz Pernambucos. Bei Ebbe bringen Jangada-Fischerboote die Besucher hinaus zu den sich in den vorgelagerten Riffen bildenden Wasserbecken. Nur 5 km von Porto de Galinhas entfernt, finden auch Wellenreiter ideale Bedingungen: An der **Praia Maracaípe** wird sogar ein Wettbewerb im Rahmen der brasilianischen Surfmeisterschaften ausgetragen. Der Cacimbas-Strand (knapp 50 km von Recife entfernt) lockt mit einer von Wellen umspülten Felsformation, in der sich kleine Becken und Höhlen bilden.

! *Baedeker* TIPP

Treffpunkt verwöhnter Gaumen

Auf den ersten Blick mutet Adriana Didiers von einem kleinen Garten umgebenes Restaurant Beijupirá karibisch an. Aber der Eindruck täuscht, die innovative Küche des Hauses greift bevorzugt auf fangfrische Meeresfrüchte und einheimische Zutaten zurück. Langusten, Shrimps und Beijupira-Filets werden mit Maracujas und Cashew-Nüssen zu einem exotischen Gaumenkitzel kreiert, und die Nachspeisen – flambierte Crêpes und Nussküchlein – sind kleine Kostbarkeiten. Das Restaurant liegt an der Rua Beijupirá, Porto de Galinhas; Reservierung ist empfehlenswert: (081) 35 52-23 54.

Caruaru

Caruaru (130 km westlich von Recife) ist wegen seiner als **Figurinhas de Barro** bezeichneten Tonfiguren von der UNESCO als eines der bedeutendsten kunsthandwerklichen Zentren Südamerikas klassifiziert worden. Wenngleich die als Reisesouvenir beliebten Keramikkunstwerke auch in vielen Küstenstädten zum Kauf angeboten werden, erlauben die Museen und Märkte Caruarus einen tieferen Einblick in die Tradition des hiesigen Kunsthandwerks, das die Stadt bis in die Gegenwart prägt.

Im Museu do Barro (Espaço Zé Caboclo) an der Praça Cel. José de Vasconcelos 100 sind die Tonfiguren von Mestre Vitalino, der 1977 verstarb, und anderen bedeutenden Kunsthandwerkern des Ortes ausgestellt. Die Werkzeuge des berühmten Meisters werden im Museu Mestre Vitalino im Ortsteil Alto do Moura, 7 km vom Zentrum in der Nähe der Vila dos Ceramistas gelegen, aufbewahrt.

✳ Museu do Barro

Die eigentliche Touristenattraktion der Stadt, die Feira Livre, findet mittwochs und samstags im Stadtzentrum statt. Auf dem Markt werden Keramik, reich verzierte Lederarbeiten und Flechtwaren angeboten. Neben den zahlreichen Verkaufsständen sind es Musiker, Dichter, Artisten und Künstler aller Art, die den Markt zu einem bunten Treiben werden lassen. Die **Feira de Artesanato**, ein weiterer Kunstgewerbemarkt, wird täglich im Parque 18 de Maio abgehalten.

✳ Feira Livre

Ungefähr 50 km nordwestlich von Caruaru finden alljährlich zu Ostern die **Passionsspiele von Nova Jerusalém** statt, die Paixão de Cristo. Auf einer Freilichtbühne zwischen den Orten Fazenda Nova und Brejo da Madre de Deus führen bis zu 500 Darsteller die Kreuzigung Christi auf. Die Spielstätte ist eine detailgetreue Nachbildung der biblischen Stadt aus Stein, so wie sie zur Zeit Christi ausgesehen haben soll. 65 000 Zuschauer strömen inzwischen jedes Jahr zu den Aufführungen. Im Jahr 1951 war ihrem Gründer, Plínio Pacheco, ein Prospekt aus Oberammergau in die Hände gekommen ...

Nova Jerusalém

Fischer in Porto de Galinhas schieben ein Jangada-Boot an Land.

Rio Branco

Bundesstaat: Acre (AC)   **Einwohner:** 302 000
Höhe: 153 m ü.d.M.

Der ursprüngliche Kern der am Rio Acre erbauten Hauptstadt des Bundesstaates Acre entstand 1882, während des Gummibooms in Amazonien, unter dem Namen Empresa (Unternehmen).

Zwanzig Jahre später wurde Empresa zum Hauptquartier jener Brasilianer, die sich gegen die Fremdherrschaft Boliviens über die Region auflehnten. Nach der Eingliederung von Acre in den brasilianischen Staat durch den Vertrag von Petrópolis im Jahr 1903 wurde die Siedlung zur Vila erhoben. Die heutige Bezeichnung verlieh man ihr 1912 zum Gedenken an den Baron Rio Branco, den Urheber des Vertrags von Petrópolis, der im Jahr 1903 im bolivianisch-brasilianischen Grenzgebiet ermordet worden war.

Sehenswertes in Rio Branco und Umgebung

Casa do Seringueiro Nördlich des im Stadtzentrum gelegenen Regierungspalasts (Palácio do Governo) steht, an der Kreuzung Avenida Getúlio Vargas und Avenida Brasil, die Casa do Seringueiro (Haus des Gummisammlers), deren Ausstellung mit Fotos, Schaubildern und dem Nachbau eines Seringueiro-Hauses über das Leben der Gummizapfer informiert.

Chico Mendes kämpfte auch um den Erhalt des brasilianischen Regenwaldes.

▶ RIO BRANCO ERLEBEN

AUSKUNFT

Praça dos Povos da Floresta
Tel. (068) 39 01-30 29
www.pmrb.ac.gov.br

ANREISE

Flughafen

Aeroporto Int. Plácido de Castro
BR-364, Tel. (068) 32 11-10 00

Busbahnhof

Rua das Palmeiras, 2. Distrikt
Tel. (068) 32 24-69 84

ESSEN

▶ Erschwinglich

Restaurante do Aeroporto
Im Flughafengebäude
BR-364, in Richtung Sena Madureira
(20 km außerhalb des Stadtzentrums)
Tel. (068) 32 11-10 67
Eines der besten Restaurants in Rio
Branco; brasilianische und internationale Gerichte, breite Getränkeauswahl. Alle Kreditkarten werden
akzeptiert.

ÜBERNACHTEN

▶ Komfortabel

Imperador Galvez
Rua Santa Inês 401
Aviário
Tel. (068) 32 23-70 27
www.hotelimperador.com.br
Akzeptables Hotel mit 42 klimatisierten Apartments mit TV, gutem
Restaurant, Internetzugang, Swimmingpool, Pkw-Stellplätzen und Fitnessraum. Alle Kreditkarten werden
akzeptiert.

▶ Günstig

Hotel João Paulo
Avenida Ceará 2090
Tel. (068) 32 23-89 33
Zentral gelegen, 58 einfache Zimmer
mit Klimaanlage, Fernseher und
Minibar.

In der Stadtmitte befindet sich in geringer Entfernung von der Praça Rodrigues Alves das Museu da Borracha (Gummimuseum) mit historischem und ethnografischem Material (Avenida Ceará 1441). Öffnungszeiten: Di.–Fr. 8.00–18.00, Sa.–so. 16.00–21.00 Uhr. **Museu da Borracha**

Der nach dem ermordeten Gewerkschaftsführer, Gummizapfer und Naturschützer Chico Mendes (▶ Berühmte Persönlichkeiten S. 72) benannte Stadtpark verfügt über Rad- und Wanderwege. **Parque Ambiental Chico Mendes**

Xapuri, rund 200 km südlich von Rio Branco am Zusammenfluss des Rio Acre und des Rio Xapuri gelegen, hat aufgrund der Umweltkampagne von Chico Mendes, des im Dezember 1988 ermordeten Führers der Seringueiros, weltweit Berühmtheit erlangt. Hier kann man die **Chico-Mendes-Stiftung und das Chico-Mendes-Museum**, das in seinem früheren Wohnhaus untergebracht ist, besichtigen und die ökologischen Baumschulen im Urwald aufsuchen, die das Syndikat der Landarbeiter von Xapuri, bis zu seinem gewaltsamen Tod von Chico Mendes selbst geleitet, dort eingerichtet hat. **Xapuri**

✳ ✳ Rio de Janeiro

Bundesstaat: Rio de Janeiro (RJ)   **Einwohner:** 6,2 Mio.
Höhe: 2 m ü.d.M.

Die am 1. März 1565 am Westrand der Guanabara-Bucht gegründete Zuckerhutmetropole wird als die schönste aller Städte gepriesen, als Cidade Maravilhosa – wundervolle Stadt.

Die einstige Kapitale Brasiliens hält nicht nur, was sie verspricht, nein, die Betrachtung des »Gesamtkunstwerks« Rio de Janeiro mit seiner einzigartigen Komposition aus kegelförmigen Bergen, endlosen Stränden, Buchten, Hochhaussilhouetten und tropischer Vegetation übertrifft in seiner Fülle von Eindrücken das Erwartete. Es ist ein besonderes Gefühl, auf dem weltberühmten Zuckerhut zu stehen, die Millionenstadt zu Füßen liegend, den Segen des Heilands auf dem Corcovado entgegenzunehmen oder – weitaus profaner – an der Copacabana einen zukünftigen Pelé das lederne Rund in typisch brasilianischer Eleganz behandeln zu sehen.

»In sechs Tagen hat Gott die Welt erschaffen, am siebenten Rio de Janeiro«, behaupten die Cariocas, die Einwohner Rio de Janeiros. Mag sein, doch die Stadt besteht nicht nur aus Glanz und Gloria: In den **Favelas**, den Armenvierteln Rios, sind Menschen zu Hause, die tagtäglich mit der Erkenntnis leben müssen, dass die Schönheit der Stadt nicht satt macht. Soziale Not führt zu Kriminalität, geballte soziale Not führt zu geballter Kriminalität, unter der Rio de Janeiro bis heute leidet, wenngleich die starke Präsenz der Polizei Übergriffe auf Touristen erheblich reduziert hat. Dennoch sollten Besucher der Millionenstadt ihre Rolex oder ihren Goldschmuck nicht überall zur Schau stellen, denn des einen Zierde vermag des anderen Lebensgrundlage zu sein.

Wachsende Favelas

Geschichte

Die Ursprünge der Stadt gehen auf die Zeitspanne zwischen 1555 und 1567 zurück, während der Portugiesen und Franzosen mit ihren indianischen Verbündeten um die Vorherrschaft in der Guanabara-Bucht kämpften. Portugal strebte eine völlige Eroberung des Gebiets an: Es war der einzige Weg, um die **França Antârctica**, die von Nicolas Durand de Villegaignon an der Baía da Guanabara gegründete calvinistische Kolonie, endgültig zu bezwingen. Nach dem Sieg der Portugiesen wurde die Siedlung auf den leichter zu verteidigenden Morro do Castelo verlegt, der heute nicht mehr existiert.

← *Rio de Janeiro, die Cidade Maravilhosa, die »wundervolle Stadt« bei Sonnenaufgang*

Rio de Janeiro *Übersichtskarte*

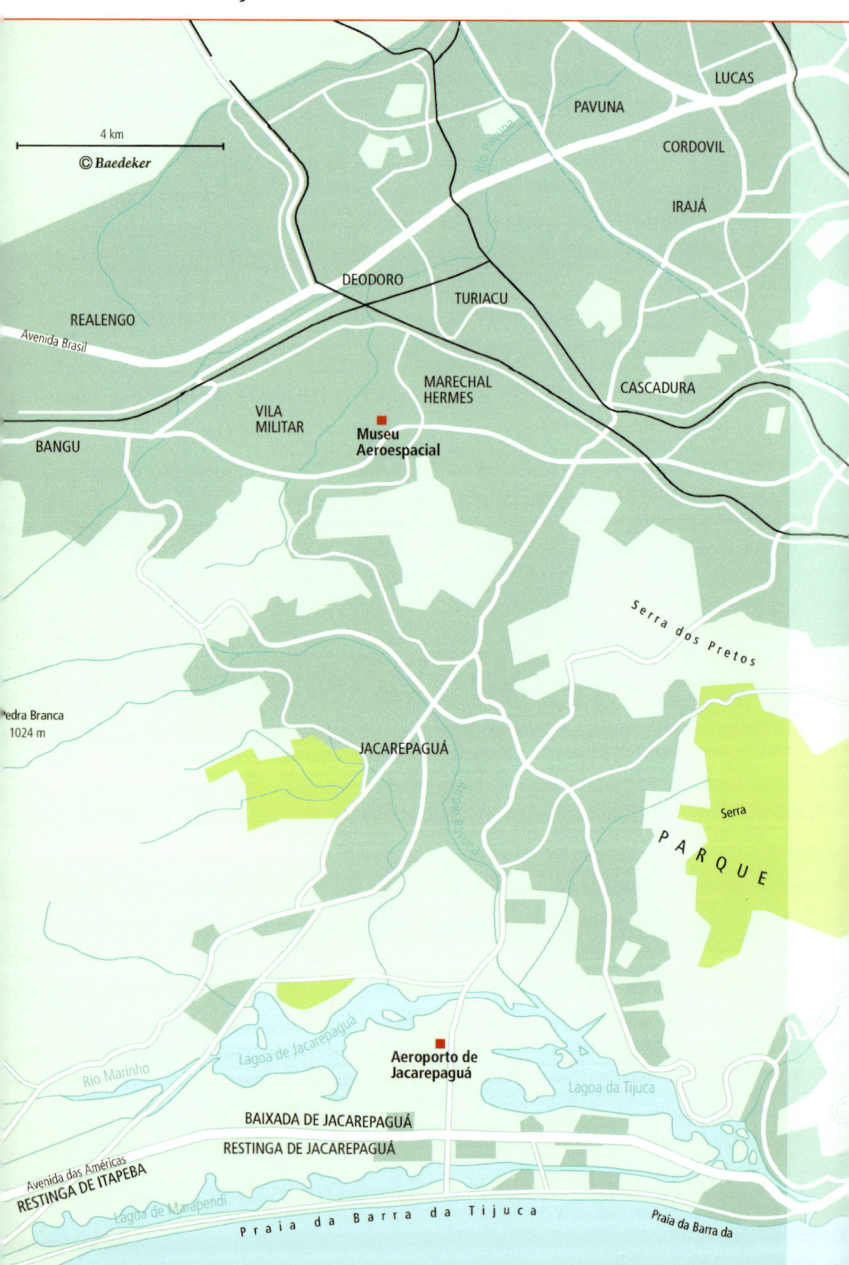

4 km

© Baedeker

LUCAS

PAVUNA

CORDOVIL

IRAJÁ

DEODORO

TURIACU

REALENGO

Avenida Brasil

MARECHAL
HERMES

CASCADURA

VILA
MILITAR

Museu
Aeroespacial

BANGU

Serra dos Pretos

Pedra Branca
1024 m

JACAREPAGUÁ

Serra

P A R Q U E

Aeroporto de
Jacarepaguá

Lagoa de Jacarepaguá

Lagoa da Tijuca

Rio Marinho

BAIXADA DE JACAREPAGUÁ

RESTINGA DE JACAREPAGUÁ

Avenida das Américas

RESTINGA DE ITAPEBA

Lagoa de Marapendi

P r a i a   d a   B a r r a   d a   T i j u c a

Praia da Barra da

Aeroporto Internacional

Ilha do Governador

Ilhas d'Agua

Praia da Bica

Praia da Ribeira

BRÁS DE PINA

PENHA

OLARIA

Av. Brasil

Praia do Galeão

Baía de Guanabara

RAMOS

Serra da Misericórdia

Ilha do Fundão (Cidade Universitária)

Ponte Rio-Niterói

BONSUCESSO

CAJU

CACHAMBI

MANGUINHOS

Ilha Pombeba

Palacio do Itamarati/ Museu Histórico Diplomático

JACAREZINHO

SÃO CRISTOVAO

Cais do Porto

GAMBOA

Aeroporto Santos Dumont

MEIER

ROCHA

Quinta da Boa Vista

CENTRO

Estacão D. Pedro II

Ilha do Villegaignon

Estádio Mário Filho (Maracanã)

CATUMBI

Aqueduto da Carioca Parque do Flamengo

Forros

GRAJAU

SANTA TERESA

N. S. da Glória

FLAMENGO

ANDARAÍ

TIJUCA

GLÓRIA

Palacio do Catete (Museu da República)

Enseada de Botafogo

dos Três Rios

Pico da Tijuca 1082 m

LARANJEIRAS

Av. Edson Passos

Serra da Carioca

Mirante Dona Marta

URCA

N A C I O N A L   D A   T I J U C A

Corcovado 709 m

BOTAFOGO

Pão de Açúcar

LEME

Estr. da Vista Chinesa

Lagos Rodrigo de Freitas

Ilha de Cotunduba

Jardim Botânico

Estr. das Fúrnas

Vista Chinesa

Av. Atlântica

Praia de Copacabana

COPACABANA

GÁVEA

Av. Vieira Souto

Estr. das Canoas

SÃO CONRADO

VIDIGAL

Praia de Leblon

Praia de Ipanema

LEBLON

IPANEMA

Avenida Niemeyer

Praia do Vidigal

Praia de São Conrado

O C E A N O   A T L Â N T I C O

------ U-Bahn

Rio wird Hauptstadt

Die Stadt wuchs im 18. Jh. beträchtlich, als sie zum Ausfuhrhafen für das aus Minas Gerais stammende Gold ausgebaut wurde, das bis dahin mit Tragetieren nach Parati, Angra dos Reis und zu anderen kleinen Häfen befördert, von nun an aber in Rio de Janeiro eingeschifft wurde. Auch der Umstand, dass die Vizekönige ihren Regierungssitz im Jahr 1763 von Salvador nach Rio de Janeiro verlegten, zeugt von der neuen sozioökonomischen Rolle der Stadt.

1. Januar 1502	Americo Vespucci ankert in der »Januarbucht«.
1555	Franzosen gründen auf der Ilha de Villegaignon einen Stützpunkt.
1. März 1565	Estácio de Sá gründet unweit des Zuckerhuts das spätere Rio de Janeiro und vertreibt die Franzosen aus der Bucht von Guanabara.
1763	Rio de Janeiro wird Hauptstadt Brasiliens.
1807/1808	Der gesamte Hofstaat Portugals siedelt nach Rio de Janeiro über.
1960	Brasília löst Rio als Hauptstadt Brasiliens ab.

Fulminanter Aufschwung

Als sich das napoleonische Frankreich zusammen mit dem damals verbündeten Spanien anschickte, Portugal zu besetzen, floh der portugiesische Hofstaat 1807/1808 von Lissabon nach Rio de Janeiro. Damit begann ein wirtschaftlicher und kultureller Aufschwung, der mit einer fulminanten Bevölkerungszunahme einherging. Auch nach der Ausrufung der Republik 1889 blieb Rio Hauptstadt Brasiliens, musste diesen Status aber 1960 an Brasília abtreten.

Centro

✳
Praça Quinze de Novembro

Es bietet sich an, den Besuch von Rio im Stadtzentrum zu beginnen, das bis ins frühe 20. Jh. Brennpunkt des öffentlichen Lebens war, beispielsweise an der Praça Quinze de Novembro, vor der die Fähren nach Niterói und zur Ilha de Paquetá an der Estação das Barcas ablegen. Seitdem ein Großteil des Straßenverkehrs im Bereich des Platzes unter die Erde verbannt wurde, werden hier gelegentlich wieder Antiquitäten- und Kunstmärkte veranstaltet. Auf dem Platz steht der **Chafariz da Pirâmide** aus dem Jahr 1789, ein Brunnen, der von dem aus Minas Gerais stammenden Bildhauer Valentim da Fonseca e Silva, auch Mestre (Meister) Valentim genannt, gestaltet wurde. Mestre Valentim ist neben Aleijadinho einer der bedeutendsten Künstler des kolonialen Brasiliens. Der von ihm geschaffene Brunnen diente früher zur Wasserversorgung der an den Kais vor dem Paço Imperial ankernden Schiffe.

✳
Paço Imperial

Am Largo do Paço, gegenüber der Praça Quinze de Novembro, erhebt sich der im Kolonialstil geschaffene Paço Imperial von 1743,

► RIO DE JANEIRO ERLEBEN *siehe Karte S. 370/371*

AUSKUNFT

RIOTUR
Aeroporto Internacional
Posten im internationalen Ankunfts-
bereich:
Tel. (021) 33 98-40 77
Posten im nationalen Ankunfts-
bereich:
Tel. (021) 33 98-22 46

Centro de Atendimento ao Turista
Avenida Princesa Isabel 183
Stadtteil Copacabana
Tel. (021) 25 41-75 22
www.rioguiaoficial.com.br (auch
engl.)

ANREISE

Flughäfen
Aeroporto Int. do Rio de Janeiro
(Galeão – Tom Jobim)

Avenida Vinte de Janeiro
Tel. (021) 33 98-50 50

Aeroporto Nacional S. Dumont
Praça S. Salgado Filho
Tel. (021) 38 14-70 70

Busbahnhöfe
Américo Fontenelle
Rua B. de São Félix
Tel. (021) 22 33-78 19

Mariano Procópio
Praça Mauá 5 (Zentrum)
Tel. (021) 25 16-48 02

Menezes Cortes
Rua São José 35
Tel. (021) 25 33-88 19

Novo Rio
Av. Francisco Bicalho 1
São Cristovão
Tel. (021) 32 13-18 00

KARNEVAL

►Ausführliche Informationen zur
Konkurrenz der Sambaschulen und
anderen Besonderheiten des Karne-
vals in Rio sowie viele wissenswerte
Tipps erhalten Sie im beiliegenden
Special Guide »Karneval« und im
Baedeker Special S. 100.

ESSEN

► Fein & teuer

① *Marius*
Avenida Atlântica 290 B
Stadtteil Leme
Tel. (021) 25 42-90 00
Seit langen Jahren Rios Vorzeige-
Churrascaria mit breit gefächertem
Rodízio-Angebot an gegrilltem Fleisch
und bunten Salaten.

② *Porcão Rio's*
Avenida Infante Dom Henrique
Aterro do Flamengo
Tel. (021) 34 61-90 20
Churrascaria mit Rodízio-System:
Bestes Rindfleisch frisch vom Grill-
spieß; den Blick auf den Zuckerhut
gibt's von den besten Plätzen des
Restaurants gratis dazu.

③ *Porcão*
Rua Barão da Torre 218
Stadtteil Ipanema
Tel. (021) 32 02-91 58
Stammhaus der inzwischen in
mehreren Orten Brasiliens vertrete-
nen Porcão-Kette. Viele Einheimische
schwören genau auf diesen alt-
bewährten Standort.

④ *Satyricon*
Rua Barão da Torre 192
Stadtteil Ipanema
Tel. (021) 22 87-70 10
Italienisches Gourmet-Restaurant,
Rios beste Adresse für Fisch und

Meeresfrüchte, das Entrée Grand
Piatto di Mare ist ein Gedicht.

⑤ *Real Astoria*
Avenida Repórter Nestor Moreira 11
Tel. (021) 22 44-62 39
Zu den wenigen Restaurants mit einer
Terrasse direkt am Meer zählt Sol e
Mar an der Botafogo-Bucht. Abends
sind Reservierungen ratsam, da sich
von den Tischen am Rande zum
Wasser hin der Zuckerhut im
Abendlicht bewundern lässt.

► **Erschwinglich**
⑥ *Capricciosa*
Rua Vinicius de Moraes 134
Stadtteil Ipanema
Tel. (021) 25 23-33 94
Gilt seit Jahren als die beste Pizzeria
der Stadt. Die Pizza kommt natürlich
aus dem Steinofen.

⑦ *Santo Scenarium*
Rua do Lavradío 36
Stadtteil Lapa
Tel. (021) 31 47-90 07
Urige Restaurant-Bar mit Antiqui-
täten und guter brasilianischer Küche,
direkt neben Rios beliebtestem
Sambalokal Rio Scenarium.

► **Preiswert**
⑧ *Siquiera Grill*
Rua Siqueira Campos 16 B
Stadtteil Copacabana
Tel. (021) 2255-3446
Eines der besten Self-Service-Restau-
rants von Rio mit großem Salatbuffet,
Sushi und Fleisch. Bezahlt wird nach
Gewicht.

ÜBERNACHTEN
► **Luxus**
① *Porto Bay Rio Internacional*
Avenida Atlântica 1500
Praia de Copacabana
Tel. (021) 2546-8000

Modernes, gepflegtes und ansprechend dekoriertes Hotel mit
117 komfortablen Zimmern; exzellentes Preis-Leistungs-Verhältnis,
besonders bei Buchung über Thomas
Cook.

② *Caesar Park*
Avenida Viera Souto 460
Stadtteil Ipanema
Tel. (021) 25 25-25 25
und (08 00) 557-275
www.caesar-park.com
Der Strandservice und das Restaurant
auf der Dachterrasse sind die Highlights.

③ *Sol Ipanema*
Avenida Viera Souto 320
Stadtteil Ipanema
Tel. (021) 25 25-20 20
www.solipanema.com.br
Haus mit 90 komfortablen Zimmern
in Bestlage. Kleiner Pool und Bar auf
der Dachterrasse.

④ *Rio Othon Palace*
Avenida Atlântica 3264
Praia da Copacabana
Tel. (021) 21 06-02 00
www.hoteis-othon.com.br
Mit 585 Zimmern im Jahr 1976 für
große Touristengruppen erbaut.
Zentral an der Copacabana gelegen.
Strandservice, Swimmingpool, Fit-
nesszentrum sowie Sauna gehören
zum Angebot.

⑤ *Copacabana Palace*
Avenida Atlântica 1702
Praia da Copacabana
Tel. (021) 25 48-70 70
www.copacabanapalace.com.br
Das elegante Fünf-Sterne-Hotel an
der Copacabana ist längst ein natio-
nales Denkmal (1923 eröffnet). Von
herrlichen Stränden und üppig be-
wachsenen Bergen umgeben.

▶ Komfortabel

⑥ *Atlantis Copacabana Hotel*
Rua Bulhões de Carvalho
Stadtteil Arpoador
Tel. (021) 25 21-11 42
www.atlantishotel.com.br
Ruhige Lage genau zwischen Copa-
cabana und Ipanema, nur 5 Min. zu
Fuß zu beiden Stränden, 87 Zimmer,
Dachterrasse mit kleinem Pool und
Strandblick

⑦ *Castelinho 38*
Rua do Triunfo 38
Tel. (021) 22 52-25 49
www.castelinho38.com
Gepflegte neokoloniale Villa von 1866
mit zehn Zimmern, Suiten und Mini-
Apartments im pittoresken Künstler-
viertel Santa Teresa.

⑧ *Imperial Hotel*
Rua do Catete 186
Tel. (021) 25 56-52 12
www.imperialhotel.com.br
Historischer Bau mit Atmosphäre,
80 saubere Zimmer, auch Bar, Pool,
Sauna, Fitness-Studio und Garage.
Im lebendigen Catete-Viertel direkt
an der U-Bahn.

⑨ *Argentina*
Rua Cruz Lima 30
Stadtteil Flamengo
Tel. (021) 25 58-72 33
www.argentinahotel.com.br
Im Jahr 1933 erbaut, 80
klimatisierte Zwei- und Vierbett-
zimmer, Restaurant, Bar und
Parkplätze

▶ Günstig

⑩ *APA Hotel*
Rua República do Peru 305
Tel. (021) 25 48-81 12
www.apahotel.com.br
Schlichtes Budgethotel (52 Z.), zwei
Blocks vom Strand entfernt

⑪ *Santa Clara*
Rua Décio Vilares 316
Stadtteil Copacabana
Tel. (021) 22 56-26 50
www.hotelsantaclara.com.br
Einfaches kleines Budgethotel (Pou-
sada-Stil); drei Blocks vom Strand
von Copacabana entfernt

Der Klassiker: Copacabana Palace

Highlights *Rio de Janeiro*

Mosteiro de São Bento
Eines der bedeutendsten Barockbauwerke
Brasiliens
▶ Seite 369

São Francisco da Penitência
Kirche mit prächtiger Innendekoration
▶ Seite 373

Pão de Açúcar (Zuckerhut)
Das Wahrzeichen von Rio de Janeiro
▶ Seite 380 und 382

Corcovado
Dank der Christusstatue ebenso berühmt
wie der Zuckerhut
▶ Seite 388

der am besten erhaltene öffentliche Bau des alten Rio, Regierungssitz der Vizekönige und kaiserlicher Stadtpalast. Die der Bucht zugewandte Fassade zeigt ein mit einem Wappen geschmücktes Portal aus Pedra de Lioz (marmorartiger Stein). Entworfen wurde das Gebäude von dem Militärarchitekten **José Fernandes Pinto Alpoim**, im 18. Jh. der bedeutendste Baumeister Rio de Janeiros. Von Grund auf restauriert, dient es heute als Kulturzentrum.

Palácio Tiradentes Gegenüber des kaiserlichen Palasts ragt das von einer geschwungenen Auffahrt operettenhaft umrahmte Parlamentsgebäude des Landtags von Rio de Janeiro, die Assembleia Legislativa, auf. Die neoklassizistische Deputiertenkammer wurde 1926 an der Avenida Presidente Antônio Carlos genau an der Stelle eingeweiht, an der sich früher das Gefängnis befand. Nach dem wohl berühmtesten Häftling, der hier im Jahr 1792 einsaß, dem Freiheitshelden **Tiradentes**, wird das Parlament oft auch Palácio Tiradentes genannt. Öffnungszeiten: Mo. – Sa. 10.00 – 17.00, So. 12.00 – 17.00 Uhr.

Arco do Teles Wenige Schritte von der Praça Quinze de Novembro standen die von Alpoim geplanten Häuser der Familie Teles de Menezes. Der in die Travessa do Comércio führende Torbogen ist der letzte Überrest dieses 1790 abgebrannten Baukomplexes, der ursprünglich aus drei Wohnhäusern bestand. Die engen, gepflasterten Gässchen dieses Viertels sind bis heute Zeugen kultureller Veranstaltungen unter freiem Himmel, und die mehrstöckigen Häuser mit ihren dicken Mauern beherbergen urwüchsige Bars und vornehme Restaurants. Von Montag bis Freitag findet hier und in der angrenzenden Rua do Ouvidor Rios wichtigste After-Work-Party statt.

N.S. da Lapa dos Mercadores Die Travessa do Comércio kreuzt sich mit der Rua do Ouvidor, im späten Kaiserreich Zentrum des Zeitungswesens und des Handels mit Luxuswaren. Hier ragt die Kirche Nossa Senhora da Lapa dos Mercadores empor, ein prächtiger Barockbau aus dem Jahr 1747, deesen Stolz ein Glockenspiel mit zwölf Glocken ist.

In der Rua Primeiro de Março, einer Querstraße der Rua do Ouvidor, befinden sich die Kirche Santa Cruz dos Militares (1780–1811), das Gotteshaus des Laienordens der Karmeliterinnen Monte do Carmo und die Pfarrkirche Nossa Senhora do Carmo da Antiga Sé, die von 1808 bis 1889 Capela Real (Königliche Kapelle) war. Die beiden Karmeliterkirchen trennt nur ein Gang voneinander. Die **Igreja da Ordem Terceira do Monte do Carmo**, ab 1755 erbaut, weist eine barocke Fassade und ein aus Lissabon importiertes Kalksteinportal auf. Ihre Turmhauben sind mit Azulejos im maurischen Stil verkleidet. Bemerkenswert ist auch das weißgoldene Schnitzwerk von Mestre Valentim in der Kapelle des Noviziats. In der ebenfalls aus dem 18. Jh. stammenden, reich mit Holzschnitzereien ausgestatteten ehemaligen Kathedrale **Nossa Senhora do Carmo da Antiga Sé** sind der silberne Hochaltar und ein Bild des Malers Antônio Parreiras mit der »Nossa Senhora do Carmo« (»Maria vom Berg Karmel«) hervorzuheben. In der Kirche **Santa Cruz dos Militares** schuf Mestre Valentim sämtliche Schnitzarbeiten, die aber später bei einem Brand fast ausnahmslos zerstört wurden, sowie die Holzstatuen des hl. Matthäus und des hl. Johannes. Das benachbarte Museum verwahrt religiöse und militärische Ausstellungsstücke.

Rua Primeiro de Março

Die Rua Primeiro de Março, die Rua da Quitanda und andere Querstraßen der Rua do Ouvidor führen zum Largo da Candelária (Praça Pio X), der in die große Avenida Presidente Vargas übergeht. Auf

★
N.S. da Candelária

Die Kirche Nossa Senhora da Candelária ist das größte Gotteshaus Rios.

Rio Centro Orientierung

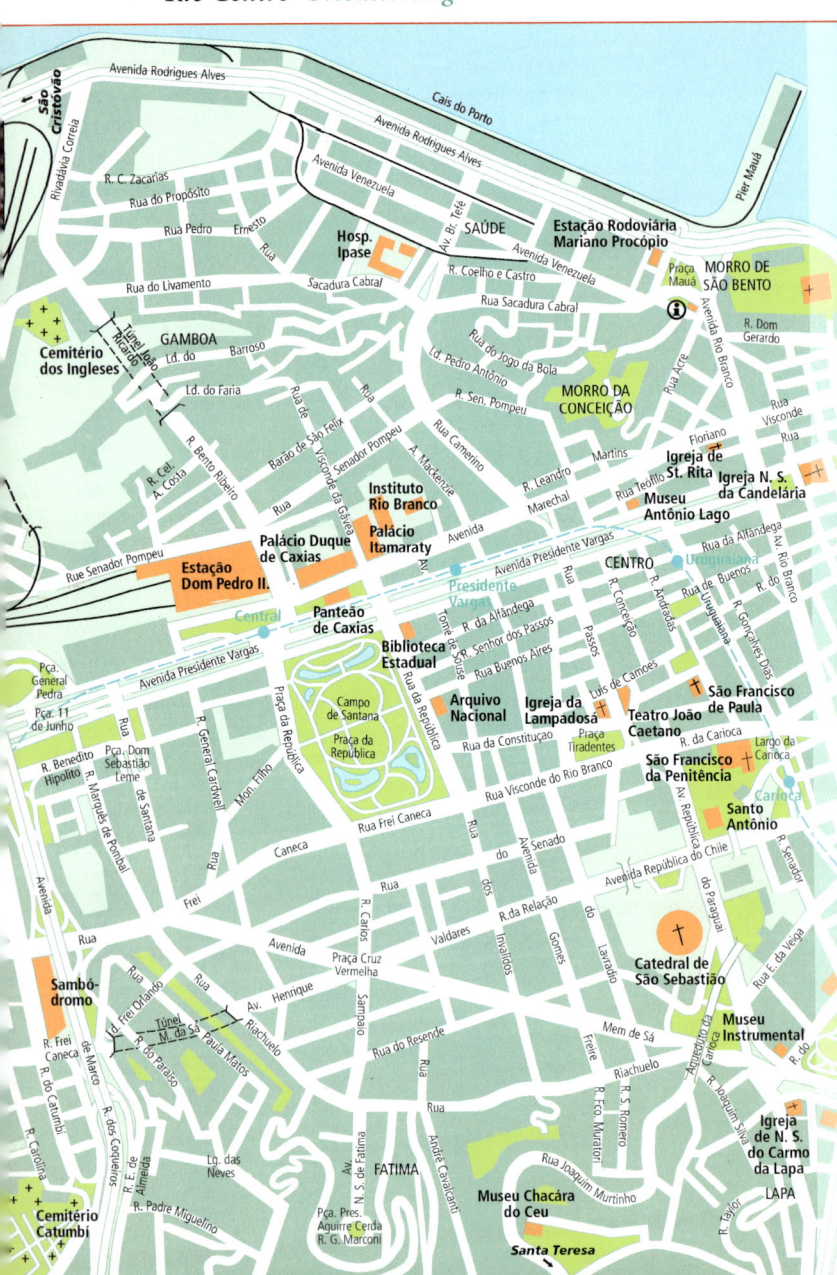

400 m

© Baedeker

Ponte Alm. Arnaldo Luz

ILHA DAS COBRAS

Ilha Fiscal

Igreja e Mosteiro de São Bento

Inhaúma

Otoni

Rua 1 de

Avenida Presidente Kubitschek

Aires Rosário

R. do Ouvidor

Pça. 15 de Novembro

1
2
3
4
5
6

R. 7 de Septembro

R. da Assembléia

Museu Naval e Oceanográfico

Baía de Guanabara

1 Igreja e Museu Sacro da Santa Cruz dos Militares
2 Igreja N. S. da Lapa dos Mercadores
3 Igreja da Ordem Terceira do Monte do Carmo
4 Igreja N. S. do Carmo da Antiga Sé
5 Paço Imperial
6 Palácio Tiradentes

Av. Erazmo Braga

Av. Pres. Antônio Carlos

Av. Graça

Av. Nilo

Av. Peçanha

Rua

Almirante Barroso

Avenida

Museu Nacional Belas Artes

Rua Porto Alegre

Palácio da Cultura

Theatro Municipal

Cinelândia

Biblioteca Nacional

Arainha

Santa Luzia

Av. Rio Branco

Mexico

Teatro Mesbla

Rua

Passeio

Dantas

Passeio Público

R. Teixeira de Freitas

Av. Aug. Severo

Museu do Instituto Histórico e Geográfico Brasileiro

Avenida Presidente Wilson

Avenida Infante Dom Henrique

Museu da Imagem e do Som

Museu Histórico Nacional

R. Mal. Aquinaldo

N. S. do Bonsucesso

Santa Casa da Misericórdia

CASTELÓ

Av. Marechal Câmara

R. Santa Luzia

Av. F. Roosevelt

Pça. Ana Amélia

Av. Virgilio de Melo Franco

Igreja de Santa Luzia

Trevo dos Estudantes

Pça. Senador Salgado Filho

Estação Central

Avenida General Justo

Aeroporto Santos Dumont

Ilha de Villegaignon

Rua Jardel Jerculis

Museu de Arte Moderna

Parque do Flamengo

Monumento aos Martos da II Guerra Mundial

Baía de Guanabara

— U-Bahn

Die hässliche Seite Rios: Elendsviertel breiten sich unaufhaltsam aus.

dem Largo steht die größte Kirche Rios, Nossa Senhora da Candelária, deren Bau sich von 1775 bis ins späte 19. Jh. hinzog. Die neoklassizistische Kirche offenbart starke italienische Einflüsse; ihr Grundriss hat die Form eines lateinischen Kreuzes, und die sonst übliche Holzausstattung wurde durch mehrfarbiges Marmordekor ersetzt. In ihrem Inneren verschmelzen barocke Züge und Renaissance-Elemente, die Decke des Kirchenschiffs zieren sechs Gemälde von **João Zeferino da Costa**, und am Hochaltar sind Säulen aus Carrara-Marmor zu sehen; die schweren Türen sind aus Bronze gearbeitet. Weltweit in die Schlagzeilen geriet die Candelária-Kirche im Jahr 1993, als Militärpolizisten vor ihrem Portal campierende Straßenkinder erschossen.

★ ★
Ilha Fiscal

Eine Brücke verbindet die Kais von Rios Altstadt mit der Ilha das Cobras (Schlangeninsel), die in der Kolonialzeit von den Portugiesen befestigt wurde und heute ein wichtiger Stützpunkt der brasilianischen Marine ist. Nur die wesentlich kleinere Ilha Fiscal (Zollinsel), die durch Aufschüttungen in der Baía de Guanabara entstand und mit der Ilha das Cobras über eine befahrbare Hafenmauer verbunden ist, steht zivilen Besuchern offen. Die kaum 7000 m² große Insel wird von einem hellblauen Wasserschlösschen in neugotischem Baustil geziert. Der verspielte Palast wurde 1880 nach Plänen von **Adolpho José Del Vecchio** fertig gestellt und diente neun Jahre später als Ballsaal der letzten rauschenden Festnacht des brasilianischen Kaiserreichs, unmittelbar vor dem Sturz Dom Pedros II. Der vollbärtige Kaiser und Prinzessin Isabel sind auf Glasfenstern des Palais porträtiert. Alle Besuche der Ilha Fiscal und des Schlösschens beginnen an den Kais des Espaço Cultural da Marinha, in der Avenida Alfred Agache. Die Zollinsel wird an Bord des restaurierten Schleppers »Laurindo Pitta« angesteuert. An den Kais des Espaço Cultural da Marinha liegen zwei

Kriegsschiffe, das U-Boot »Riachuelo« aus dem Jahr 1973 und der Torpedojäger »Bauru« aus dem Zweiten Weltkrieg, als »schwimmende Museen« vor Anker. Abfahrtszeiten zur Ilha Fiscal: Do.–So. jeweils um 13.00, 14.30 und 16.00 Uhr.   ⏲

Rios Fährhafen ist auch Ausgangspunkt für den Besuch der etwas mehr als 4500 Einwohner zählenden Ilha de Paquetá, einem der hübschesten Flecken von Rio. Sie liegt ungefähr in der Mitte der Guanabara-Bucht, eine Bootsstunde von der Praça Quinze de Novembro entfernt. Die Insel, auf der man sich nur zu Fuß, per Fahrrad oder Pferdekutsche fortbewegen darf, hat viele historische Bauten bewahrt. Besonderes Augenmerk verdienen der **Solar Del Rey**, ein Palast, in dem der portugiesische König Dom João VI. des Öfteren weilte, die Kapelle São Roque von 1698, die Wohnhäuser von José Bonifácio de Andrada e Silva, dem Vater der Unabhängigkeit Brasiliens, und des Schriftstellers Joaquim Manuel de Macedo sowie die Strände José Bonifácio und Comprida (oder Moreninha). Am besten startet man um 10.30 Uhr ab Praça 15 de Novembro, Rückfahrt gegen 16.00 Uhr.

Ilha de Paquetá

Rios Hafen wird vom Morro de São Bento überragt. Auf dem strategisch günstig gelegenen Hügel thronen Kirche und Kloster des Benediktiner-Ordens (Mosteiro de São Bento) – sie zählen zu den bedeutendsten Barockbauwerken Brasiliens. Der Rohbau des Klosters dauerte von 1633 bis 1641; sein vom Militärarchitekten **Francisco Frias de Mesquita** erarbeiteter Entwurf erfuhr in der zweiten Hälfte des 17. Jh.s zahlreiche Veränderungen: So wurden die Türme erst während der darauf folgenden 50 Jahre nacheinander errichtet. Die ursprünglich einschiffige Kirche São Bento wurde nach und nach um insgesamt acht Seitenkapellen erweitert. An ihrer Innenausstattung waren die besten Künstler des Ordens beteiligt. Das üppige Schnitzwerk schuf zum größten Teil der Mönch **Domingos da Conceição** (1643–1718), der auch die Bildnisse des hl. Benedikts und der hl. Scholastika auf dem Hochaltar anfertigte. In der Chorkapelle sind Silberarbeiten des Mestre Valentim und – wenn Besucher mittels einer Spende die Innenbeleuchtung starten – 14 Gemälde von dem in Köln geborenen Mönch Ricardo do Pilar (1630–1700) zu sehen, dem herausragendsten Benediktinermaler im kolonialen Brasilien. Seine Meisterleistung, das Bild »Senhor dos Martírios« (»Leiden Christi«), ziert die Sakristei des Klosters.

★ ★
Mosteiro de São Bento

! Baedeker TIPP

Private Stadtführungen

Der deutsche Reisejournalist Helmuth Taubald lebt seit 1990 in Rio und bietet hier von ihm geführte City-Touren im eigenen Pkw an. Zur Auswahl stehen zwei Tagestouren (»basic« und »more«), ein Ausflug in die Kaiserstadt Petrópolis (»outside«) sowie ein Abendprogramm (»night«). Viele Ziele werden von den Sightseeing-Bussen der Reiseagenturen gar nicht angesteuert, einige sind noch echte Geheimtipps (Information: www.rio-insider.com; Buchung: heltau@ig.com.br oder Tel. 021 / 92 41-37 82).

Rio Copacabana Orientierung

Largo do Boticário

R. Cosme Velho

Estação de Embarque da Estrada de Ferro Corcovado

⑦

LARANJEIRAS

COSME VELHO

Mirante Dona Marta

MORRO DONA MARTA

Reboucas

Casa de Rui Barbosa

São Clemente

P A R Q U E

Estrada do Sumaré

Estrada das Paineiras

André

Rua

Museu do Índio

Museu Villa-Lobos

N A C I O N A L

Redentor

Estrada

do

Corcovado (Monumento do Cristo Redentor)

709m

D A   T I J U C A

Túnel

Rua Humaitá

Voluntários

B O T A F O G O

Mena Barreto

Museu dos Teatros

Rua

Visc. de Silva

Cemitério de São João Batista

Instituto Nacional de Belas Artes

Botânico

MORRO DA SAUDADE

Rua

Jardim

S. José da Lagoa

Sede Náutica do Vasco da Gama

Rua Borges

Medeiros

Ponte da Saudade

LAGOA

Frei Peloso

⑪

Estr. dos Tabajaras

J A R D I M B O T Â N I C O

Avenida Borges

Jardim Botânico

Clube de Regatas Piraquê

Ilha Piraquê

Lagoa Rodrigo de Freitas

Avenida E. Pessoa

MORRO DOS CABRITOS

Rua Santa Clara

Ribeiro

Rua Jardim Botânico

Avenida Borges de Medeiros

Avenida Epitácio Pessoa

Parque da Catacumba

Rua Barata

Jóquei Clube

G Á V E A

Avenida Mário Ribeiro

Estádio de Remo

Clube de Regatas Flamengo

Cantagalo

Parque do Cantagalo

Avenida N. S. de Copacabana

Avenida Atlântica

Av. Visc. de Albuquerque

Rua H. de Campos

Clube Caiçaras

Ilha dos Caiçaras

Avenida Epitácio Pessoa

L E B L O N

Avenida Ataúlfo de Pavia

Clube Monte Libano

Av. Epitácio Pessoa

IPANEMA

⑥ ④

P. G. Osório

③

P r a i a

Avenida Gen. San Martin

Rua Visconde de Piraja

③

Chafariz das Saracuras

⑥

Avenida Delfim Moreira

②

Rua Prudente de Morais

Avenida Vieira Souto

③

Rua Fr. Otaviano

Parque Garota de Ipanema

P r a i a   d o   L e b l o n

P r a i a   d e   I p a n e m a

Praia do Arpoador

Ponta do Arpoador

Essen

1. Marius
2. Porção Rio's
3. Porção
4. Satyricon
5. Real Astoria
6. Capricciosa
7. Santo Scenarium
8. Siquiera Grill

Übernachten

1. Porto Bay Rio International
2. Caesar Park
3. Sol Ipanema
4. Rio Othon Palace
5. Copacabana Palace
6. Atlantis Copacabana Hotel
7. Castelinho 38
8. Imperial Hotel
9. Argentina
10. APA Hotel
11. Santa Clara

—○— U-Bahn

Im modernisierten Anbau des Stifts findet heute ein elitäres Jungengymnasium Platz, dessen Ausbildung in Brasilien einen exzellenten Ruf genießt. Einige der Benediktiner-Mönche unterrichten hier täglich in mehreren Fächern. Neben der Kirche steht (männlichen) Besuchern auch der äußere Bereich des Klosters São Bento zur Besichtigung offen. Sakristei, Kapitelsaal, Kreuzgang, Lesesaal und Zellen der Mönche liegen in der Klausur; daher können sie nur im Rahmen der Prozessionen zu Palmsonntag, Fronleichnam und Allerseelen besucht werden. **Messen mit gregorianischen Gesängen** kann man im Mosteiro São Bento sonntags ab 10.00 Uhr besuchen. Die steile Zufahrt zum Klosterberg liegt in der Rua Dom Gerardo 68; für Fußgänger steht außerdem ein Aufzug zur Verfügung. Lange Hosen, geschlossene Schuhe und eine gepflegte Erscheinung werden von den Gästen ⏱ erwartet. Öffnungszeiten: tgl. 8.00 – 11.00 und 14.30 bis 18.00 Uhr.

★
Museu Histórico Nacional

An der Praça Marechal Âncora befindet sich der Gebäudekomplex des Nationalhistorischen Museums – die ehemalige Casa de Trem von 1762 und das frühere Kriegsarsenal aus dem Jahr 1764 – mit einer Bibliothek, einem historischen Archiv, bedeutenden Münzen- und Waffensammlungen sowie sakralen Kunstwerken. Beachten sollte man die ovalen Gemälde von **Leandro Joaquim**, die Ereignisse der Stadtgeschichte abbilden und hohen künstlerischen und dokumentarischen Wert besitzen. Öffnungszeiten: Di. – Fr. 10.00 – 17.30, Sa./ ⏱ So. 14.00 – 18.00 Uhr.

Stadtteil São Cristóvão

Praça Mauá

Westlich des São-Bento-Hügels liegt vor dem Mauá-Pier die Praça Mauá, der umtriebige Mittelpunkt des Hafenbereichs von Rio. Die von diesem Platz in westlicher Richtung ausgehende Avenida Rodrigues Alves verläuft am Hafen entlang und führt zum Stadtteil São Cristóvão mit den Gärten und Palästen des Kaiserhauses, die heute als Parks und Museen genutzt werden.

★
Quinta da Boa Vista, Museu Nacional

Eines der interessantesten Ziele in São Cristóvão ist der 115 x 200 m große Park Quinta da Boa Vista mit Seen, Grotten, Wäldchen sowie botanischen und zoologischen Gärten. Der von dem Park umschlossene Palast Quinta da Boa Vista diente von 1808 bis 1889 als Residenz der königlich-kaiserlichen Familie und wurde dann nach mehreren architektonischen Eingriffen in den Palácio de São Cristóvão umgestaltet. Heute beherbergt er das Nationalmuseum mit der umfassendsten zoologischen, botanischen, ethnologischen und archäologischen Sammlung des Landes, die über eine Million Exponate zählt. ⏱ Öffnungszeiten: Di. – So. 10.00 – 16.00 Uhr.

Maracanã-Stadion

Das Maracanã-Stadion, auch Mário-Filho-Stadion genannt, liegt südlich der Quinta da Boa Vista; die Zufahrt erfolgt über die Av. Maracanã oder die Av. Pres. Castelo Branco. 1950 für die IV. Fußball-WM erbaut, ist es mit seinem Fassungsvermögen von 83 000 Personen (Sitzplätze) im Gegensatz zu früher nur noch das drittgrößte Fußballstadion der Welt. Daneben befinden sich die Bahnen des Stadions Célio de Barros und der Sportpalast Gilberto Cardoso (Maracanãzinho), der bis zu 20 000 Zuschauer aufnehmen kann. Geführte Touren beginnen am Portão 16: Mo. – Sa. 9.00 bis 17.00 Uhr.

◀ Wegen umfassenden Sanierungsarbeiten evtl. ab Sept. 2010 für zwei bis drei Jahre geschlossen!

Largo da Carioca

An der Praça Mauá, westlich des Morro de São Bento, beginnt die Avenida Rio Branco, die einen Großteil der Innenstadt kerzengerade durchquert. Folgt man der Avenida Rio Branco – von der Praça Mauá ausgehend – Richtung Süden, gelangt man zum Largo da Carioca, beliebter Treffpunkt von Künstlern und Kunsthandwerkern.

Avenida Rio Branco

Auf einem Hügel oberhalb des Largo da Carioca thronen die Franziskanerkirche und das Kloster Santo Antônio wie auch die Igreja da Terceira Ordem de São Francisco da Penitência, das Gotteshaus der franziskanischen Laienkongregation. Die 1608 bis 1620 errichtete Klosterkirche ist die älteste der Stadt, der Konvent entstand 1780.

✳
Santo Antônio

Die ab 1657 erbaute Kirche São Francisco da Penitência steht neben der Abtei Santo Antônio. An ihrer erst im Jahr 1773 vollendeten Innendekoration arbeiteten **Manuel und Francisco Xavier de Brito**, zwei namhafte portugiesische Bildhauer und Schnitzer, mit. Die beiden verband ein ähnlicher Stil, der so genannte Brito-Stil, mit Schmuckformen, die auch Aleijadinho und andere Meister des brasilianischen Hochbarocks beeinflussten. An der Decke des Chorraums prangt die erste illusionistische Malerei Brasiliens, in den Jahren 1732 bis 1736 von **Caetano da Costa Coelho** ausgeführt, der später auch die Decke des Kirchenschiffs im gleichen Stil ausschmücken

✳ ✳
São Francisco da Penitência

Diente einst der Wasserversorgung: das Aquädukt Arcos da Lapa

sollte. Das Gotteshaus gilt als das herausragendste Beispiel des voll entwickelten Barockstils in Rio de Janeiro. Öffnungszeiten: Di.–Fr. 9.00–12.00 und 13.00–16.00 Uhr.

✶✶
Confeitaria
Colombo

Am Largo da Carioca beginnt die schmale Rua Gonçalves Dias, die beidseitig von den Fassaden zwei- bis dreigeschossiger Gebäude aus der Kolonialzeit gesäumt wird. An dieser Straße liegt auch das sehenswerte Jugendstilcafé Confeitaria Colombo. Mobiliar, belgische Kristallspiegel und die dunkle Holztäfelung dieser eleganten Konditorei aus dem Jahr 1894 blieben bis heute weitestgehend unverändert. Im ersten Stock, der über eine weiträumige ovale Öffnung mit dem Erdgeschoss verbunden ist, schließt sich ein mit viel Stuck und Lüstern geschmückter Teesalon aus dem Jahr 1922 an. Licht fällt in die herrlichen Räumlichkeiten durch ein großes, mit farbigem Glas kunstvoll verziertes Oberlicht im Art-Nouveau-Stil und verleiht dem Café ein besonderes Ambiente. Öffnungszeiten: Mo.–Fr. 9.00 bis 20.00, Sa. 9.30–17.00 Uhr.

✶
Nova Catedral
(Catedral de São
Sebastião)

Am Largo da Carioca nimmt die Avenida República do Chile ihren Anfang, wo zwischen 1964 und 1976 die bis zu 20 000 Menschen fassende und 96 m hohe São-Sebastião-Kathedrale entstand. Das einer mexikanischen Pyramide nachempfundene Gotteshaus hat die Gestalt eines Kegelstumpfs und besitzt einen Durchmesser von 106 m. Direkt gegenüber, auf der anderen Straßenseite der Avenida República do Chile, ragt das nicht minder auffällige und klobige Verwaltungsgebäude der staatlichen Erdölgesellschaft Petrobrás auf.

✶
Arcos da Lapa

Die 220 m lange Arkadenreihe des aus Naturstein erbauten Aquädukts Arcos da Lapa (Aqueduto da Carioca) erhebt sich südlich der Kathedrale. Die bis zu 64 m hohe Bogenreihe wurde in der Kolonialzeit angelegt, um das Wasser des Rio Carioca bis zum **Largo da Carioca** zu leiten: das erste große zivile Bauprojekt, das in Rio de Janeiro verwirklicht wurde. Das Aquädukt ist eines der Wahrzeichen der Stadt und des Viertels Lapa, das in der ersten Hälfte des 20. Jh.s eine Hochburg der Bohemiens war und nach einer Phase des Niedergangs heute wieder die meisten Sambalokale Rios beherbergt. Heute rattert Rios letzte Straßenbahn – deren gelbe Wägelchen von den Einheimischen liebevoll Bondinhos genannt werden – über das ehemalige Aquädukt hinauf in den Stadtteil Santa Teresa. Kopfbahnhof und Kehrschleife der altertümlichen Trambahn liegen an der Rua Professor Lélio Gama 75, wo sich außerdem das winzige Straßenbahnmuseum befindet. Öffnungszeiten: Di.–Sa. 9.00–16.00 Uhr.

Museu do Bonde ▸

Stadtteil Santa Teresa

✶
Santa Teresa,
Museu
Chácara do Céu

Seit 1896 pendeln die Straßenbahnen, auf deren Trittbrettern stets ganze Trauben von Schwarzfahrern Platz finden, nach Santa Teresa, einem an mehrere Favelas grenzenden Stadtteil mit steil ansteigenden, beschaulichen Straßen und alten Häusern, in denen heute überwiegend Künstler und Intellektuelle wohnen. Beachtung verdienen die Kirche und das Kloster von Santa Teresa, ein Bauensemble von 1750, das Alpoim zugeschrieben wird, sowie das 1957 auf dem Morro do Curvelo errichtete Museu Chácara do Céu. Es zeigt die Kunstsammlung Ramundo Ottoni de Castro Mayas und liegt inmitten eines Parks, der nach Plänen des Landschaftsgärtners **Roberto Burle Marx** angelegt wurde. Zu den rund 8000 ausgestellten Werken zählen u. a. chinesische Skulpturen aus dem 17. bis 19. Jh. sowie Arbeiten von Matisse, Picasso, Dalí und Degas. Öffnungszeiten: Mi. – Mo. 12.00 – 17.00 Uhr.

! Baedeker TIPP

Die Fliesentreppe von Selarón

Seit 1989 hat der chilenische Künstler Jorge Selarón eine von Lapa zum Kloster von Santa Teresa führende Treppe mit kunstvollen Fliesen aus aller Welt verziert. Um die 150 Länder sind bereits vertreten, fast jeder wird seine Heimatstadt dort wiederfinden. Doch Selarón – er ist immer da, erkennbar an den roten Shorts – schafft unermüdlich weiter und freut sich über jedes neue Mosaikstück, das ihm Besucher mitbringen. Auf halber Höhe der Treppe liegt rechts ein Atelier, in dem er von ihm gemalte Bilder verkauft (www.escadariaselaron.com.br).

Gleich neben der Chácara do Céu, über einen Fußweg verbunden, erstreckt sich der Parque das Ruínas, eine moderne Eventlocation, die rings um die Überreste des Palais Murtinho Nobre – Anfang des 20. Jh.s ein Zentrum des kulturellen Lebens in Rio – errichtet wurde. Vom Obergeschoss der Ruine bietet sich ein phantastischer Blick auf das Zentrum und die Bucht von Guanabara. Kein Eintritt.

◄ Parque das Ruínas

Praça Tiradentes und Campo de Santana

Die Praça Tiradentes an der Rua Visconde do Rio Branco war bis in die erste Hälfte des 20. Jh.s Mittelpunkt des Theaterlebens von Rio. Hier wurde 1813 das Teatro São João, heute Teatro João Caetano, erbaut, die bedeutendste Spielstätte im kaiserlichen Brasilien.

Teatro João Caetano

Etwas weiter östlich erreicht man die Kirche São Francisco de Paula aus dem 18. Jahrhundert. Das Schnitzwerk am Hauptaltar und in der Kapelle Nossa Senhora das Vitórias wurde von **Mestre Valentim** ausgeführt. Überdies enthält die Kirche Gemälde von Victor Mereilles und anderen Künstlern des 19. Jahrhunderts.

São Francisco de Paula

Die Rua Frei Caneca führt aus der Innenstadt hinaus zum Campo de Santana (Praça da República) und zum Sambódromo. Der Campo de Santana, ein baumbestandener Park mit See und zahlreichen Brunnen, war Schauplatz des Triumphzugs Dom Pedros I. nach seiner Krönung zum Kaiser, aber 1889 auch der Ort der Ausrufung der Republik und somit des Endes der Monarchie in Brasilien. Gegenüber dem Park krönt die 1899 von Rodolfo Bernardelli geschaffene Reiterstatue des Duque de Caxias das **Nationale Pantheon**, das die sterblichen Überreste des Heerführers birgt.

Campo de Santana

＊ Sambódromo
Das Sambódromo in der Avenida Marquês de Sapucaí, wo seit 1984 die Karnevalsparaden der besten Sambaschulen von Rio stattfinden, wurde vom Stararchitekten **Oscar Niemeyer** entworfen; es kann bis zu 62 000 Zuschauer aufnehmen. Das daran angeschlossene Karnevalsmuseum zeigt Trophäen der Sambaschulen. Besucher können sich hier auch außerhalb der närrischen Zeit einen Eindruck von Rios spektakulärer Karnevalsparade und den prächtigen Paillettenkostümen verschaffen.

Spektakel im Sambódromo

An der Praça Cristiano Ottoni (Avenida Presidente Vargas, gegenüber dem Campo de Santana) liegt der nach Dom Pedro II. benannte, 1937 erbaute Bahnhof. Ganz in der Nähe, in der Rua Marechal Floriano 196, steht der **Palácio do Itamarati** mit dem Museum für Geschichte und Diplomatie. Der dem italienischen Klassizismus verpflichtete, 1854 fertig gestellte Bau war bis 1897 die offizielle Residenz der republikanischen Präsidenten. Heute sind hier Dokumente ausgestellt, die das Wirken der brasilianischen Diplomaten seit der Kolonialzeit illustrieren. Führungen: Di., Mi., Fr. 14.00, 15.00 und 16.00 Uhr.

Stadtteil Cinelândia

Kulturelles Zentrum
Vom Largo da Carioca gelangt man über die Avenida Rio Branco nach Cinelândia, einem der politischen und kulturellen Zentren der Stadt. Die prächtigen öffentlichen Gebäude entstanden im ersten Jahrzehnt des 20. Jh.s, als Rio das wirtschaftliche und politische Zentrum der Republik Brasilien war.

＊＊ Biblioteca Nacional
Die Nationalbibliothek, in einem klassizistischen Gebäude von 1910 in der Avenida Rio Branco 219 untergebracht, ist die größte und wichtigste des ganzen Landes. Zu den höchst wertvollen Bänden, die zum Teil 1808 von der portugiesischen Königsfamilie nach Brasilien gebracht wurden, gehören u. a. zwei Bibeln aus dem Jahr 1642 und eine **Erstausgabe der Lusiaden** (Os Lusíadas) von 1572, dem Nationalepos der Portugiesen von Luis de Camões. Öffnungszeiten: Mo. bis Fr. 9.00 – 18.00 Uhr.

Das Museu Nacional de Belas Artes (Nationalmuseum der Schönen Künste) aus dem Jahr 1908 ist nur wenige Meter von der Nationalbibliothek entfernt (Avenida Rio Branco 199). Besonders sehenswert sind die Eliseu-Visconti-Galerie mit Werken der brasilianischen Malerei aus dem 19. und 20. Jh. sowie die Frans-Post-Galerie, in der Bilder von nord- und südamerikanischen Künstlern sowie aus portugiesischen, französischen, holländischen, flämischen, belgischen, deutschen und spanischen Schulen vertreten sind. Öffnungszeiten: Di. – Fr. 10.00 – 17.00 und Sa. – So. 12.00 – 17.00 Uhr.

✷✷
Museu Nacional de Belas Artes

🕓

Das 1909 eröffnete Städtische Theater ist der Pariser Oper nachempfunden. Die Eingangshalle zieren Türen aus Kristallglas und Treppen aus Carrara-Marmor. Die Malereien des Bühnenvorhangs und der Foyerdecke im ersten Rang stammen von **Eliseu Visconti**, andere von Rodolfo Amoedo. Ansehen sollte man sich auch den mit Keramiken verkleideten Assírio-Saal im Untergeschoss, wo heute ein Restaurant zu finden ist. Das Portal des Theaters grenzt an die Praça Floriano, auf der das über 15 m hohe Standbild von Floriano Peixoto aufragt. Öffnungszeiten: Mo. – Fr. 11.00 – 17.00, Führung zu jeder vollen Stunde (Anmeldung Tel. 021 / 22 99-17 11).

✷
Teatro Municipal, Praça Floriano

Die Academia Brasileira de Letras (Akademie der Geisteswissenschaften) und der Palácio Gustavo Capanema (einst Palácio da Cultura) liegen in der Nähe von Cinelândia. Das Gebäude der Akademie in der Avenida Presidente Wilson, eine Nachbildung des Pariser Petit Trianon, stammt aus dem Jahr 1922. Der Palácio Gustavo Capanema, benannt nach dem damaligen Kulturminister Brasiliens, wurde zwischen 1937 und 1945 von einer Architektengruppe unter der Leitung von **Le Corbusier** entworfen, die auf Mitarbeiter wie Lúcio Costa und Oscar Niemeyer zählen konnte. Cândido Portinari wurde mit der Ausführung der Wandbilder betraut, Roberto Burle Marx übernahm die Gestaltung der angrenzenden Gärten. Der Palácio Gustavo Capanema, in der Rua da Imprensa 16, einer Querstraße der Avenida Rio Branco, beherbergt eine ständige Ausstellung von Modellen der bekanntesten Bauten Niemeyers.

Academia Brasileira de Letras, Palácio Gustavo Capanema

Der sich zwischen Cinelândia und Lapa an der Avenida Beira-Mar hinziehende Stadtpark, Passeio Público genannt, beeindruckt durch seine schön angelegte Grünfläche. Der Entwurf der Anlage aus dem Jahr 1783 stammte von **Mestre Valentim**, der von dem Maler Leandro Joaquim und anderen Künstlern unterstützt wurde. Bemerkenswert sind die Pavillons mit den Malereien von Joaquim und die Skulpturen des Mestre Valentim: das barocke Eingangsportal, die Steintreppen, der Pyramidenbrunnen und die Bronzestatuen von Apollo, Merkur, Diana und Jupiter. Im Jahr 1861 wurde der Garten vom Landschaftsarchitekten Auguste Glaziou umgestaltet. Außerdem wurde im Passeio Público ein Denkmal zu Ehren des ersten Präsidenten Brasiliens, Deodoro da Fonsecas, errichtet.

✷
Passeio Público

Stadtteile Flamengo und Glória

Parque do Flamengo

Die südöstlich des Stadtparks verlaufenden Avenidas Beira-Mar und Infante Dom Henrique säumen die Glória- und die Flamengo-Bucht, die weitgehend aufgeschüttet wurden, als man beschloss, den großen Flamengo-Park (Parque Brigadeiro Eduardo Gomes) zu schaffen. Die auch als Aterro (Erdaufschüttung) do Flamengo bezeichnete Anlage, von weitläufigen Alleen durchquert, die das Zentrum mit dem südlichen Teil der Stadt verbinden, hat Kinderspielwiesen, Sportanlagen, Rollschuhbahnen und Pisten für Modellflugzeuge zu bieten; nicht zu vergessen die Marina da Glória, den mit einem schwimmenden Kai ausgestatteten Jachthafen Rios. Die Grünflächen des Parque de Flamengo gestaltete Brasiliens berühmtester Landschaftsarchitekt, Roberto Burle Marx.

✱ Museu de Arte Moderna

Über die Avenida Infante Dom Henrique gelangt man auch zum Museum für Moderne Kunst (MAM) im Parque do Flamengo, das 1978 einem Brand zum Opfer fiel und in den Folgejahren wieder aufgebaut wurde. Seine Sammlung umfasst Werke von Tarsila do Amaral, Emiliano Di Cavalcanti, Anna Malfatti, Cândido Portinari und Lasar Segall und zählt zu den bedeutendsten ganz Brasiliens. ⏱ Öffnungszeiten: Di. – Sa. 12.00 – 18.00 Uhr.

Monumento aos Mortos da Segunda Guerra Mundial

Ein auffälliges Monument im Aterro do Flamengo ist das auf Granit und Beton ruhende Denkmal für die Opfer des Zweiten Weltkriegs, das auch das Grab des Unbekannten Soldaten beherbergt. Im Untergeschoss des Monumento aos Mortos da Segunda Guerra Mundial

Der Corcovado bildet die Hintergrundkulisse der Kirche Nossa Senhora da Glória.

befindet sich das Mausoleum der Gefallenen. Jeweils am ersten Sonntag eines Monats wird der Wachwechsel um 9.00 Uhr mit militärischem Pomp vollzogen.

Rios Stadtteil Glória, der von den Stadtvierteln Lapa, Santa Teresa, Laranjeiras und Flamengo umrahmt wird, breitet sich oberhalb der Avenida Beira-Mar und des Aterro do Flamengo aus. Hier erhebt sich auf achteckigem Grundriss die Kirche Nossa Senhora da Glória do Outeiro der Kaiserlichen Bruderschaft, das erste Gotteshaus Brasiliens, das vom Modell der einschiffigen Kirche abweicht. Sie wurde zwischen 1714 und 1739 an der Ladeira da Glória erbaut und mit Azulejos geschmückt. Das zu dem Gotteshaus gehörige **Museu Imperial** verwahrt 2000 Exponate, darunter auch kostbares Silber, Juwelen der Kaiserin Tereza Cristina und wertvolle sakrale Gegenstände. Öffnungszeiten: Mo.–Fr. 8.00–17.00, Sa./So. 8.00 bis 12.00 Uhr.

★
N.S. da Glória do Outeiro

Stadtteile Catete und Laranjeiras

Der Palácio do Catete im Stadtteil Catete, von 1897 bis 1960 Sitz der Präsidenten, beherbergt seit der Verlegung der Hauptstadt nach Brasília das Museum der Republik. Das klassizistische Bauwerk entstand zwischen den Jahren 1858 und 1866 im Auftrag des Barons von Nova Friburgo. Am meisten Neugierde erregt das Zimmer, in dem sich der **Präsident Getúlio Vargas** 1954 das Leben nahm. Der Palast liegt in der Rua do Catete 153, in unmittelbarer Nähe der U-Bahnstation Catete. Öffnungszeiten: Di.–Fr. 10.00–17.00, Sa./So. 13.00 bis 17.00 Uhr.

★
Museu da República

Ebenfalls in der Rua do Catete (Nr. 181) zeigt das Edison-Carneiro-Museum für Volkskunst Ausstellungsstücke aus allen Landesteilen: Exvotos, afrobrasilianische Kultgegenstände, Gebrauchskeramik und Handwerkstechnologien. Öffnungszeiten: Di.–Fr. 11.00–18.00, Sa./So. 15.00–18.00 Uhr.

Museu de Folclore Edison Carneiro

Der 1909 bis 1914 erbaute Palácio Laranjeiras liegt im gleichnamigen Stadtteil an der Rua Paulo César de Andrade 407. Er diente früher als Residenz des Conde d'Eu und der Prinzessin Isabel sowie der Präsidenten der Republik (von da Fonseca bis Vargas) und ist bis heute Sitz des Gouverneurs des Bundesstaates Rio de Janeiro.

Palácio Laranjeiras

Stadtteile Botafogo, Urca und Leme

Zwischen den Stränden Flamengo und Urca erstreckt sich in einer tief eingeschnittenen Bucht die 800 m lange Praia do Botafogo mit ihren traditionsreichen Jacht- und Ruderclubs. Vom Flamengo-Strand erreicht man den Aussichtspunkt auf dem Morro do Passado (Viertel Botafogo), einer Grünanlage, die einen malerischen Ausblick auf die Bucht und den Zuckerhut verspricht.

★
Mirante do Passado

Museu do Índio

Zwischen der Rua São Clemente und dem Friedhof São João Batista macht das Indianermuseum in der Rua das Palmeiras 55 ungefähr 14 000 Ausstellungsobjekte der Öffentlichkeit zugänglich: Körbe, Handarbeiten aus Vogelfedern, Keramiken, Musikinstrumente und Waffen. Ferner umfasst es eine Fachbibliothek, Foto- und Mikrofilmmaterial. Hier ist auch **indianisches Kunsthandwerk** erhältlich. Im Park des Museums wurde von Guaraní-Indios ein Pfahlhaus mit Bambus- bzw. Strohdach und einem Garten mit traditionellen Anbauprodukten errichtet, das dem Besucher ermöglicht, eine Vorstellung vom Alltagsleben der Indios zu gewinnen. Öffnungszeiten: Di. – Fr. 9.00 – 17.30, Sa./So. 13.00 – 17.00 Uhr.

Morro da Urca, Morro Cara de Cão

Hinter dem Botafogo-Strand ragen die Hügel Urca und Cara de Cão sowie der Zuckerhut in die Guanabara-Bucht hinein und verengen so ihre Einfahrt. Die 100 m lange Praia da Urca dehnt sich am Fuße der Hügel Urca und Cara de Cão aus, unweit der Stelle, wo der ursprüngliche Kern von Rio de Janeiro lag, nämlich zwischen dem Morro Cara de Cão und dem Zuckerhut. Auf dem Morro Cara de Cão erheben sich die Festungen São João sowie São José und São Teodósio.

✹ ✹ Pão de Açúcar (Zuckerhut)

Wahrzeichen von Rio de Janeiro

Am siebten Tag schuf Gott Rio de Janeiro, davon sind die Cariocas überzeugt. Wie viele Stunden er benötigte, um den Zuckerhut zu formen, ist selbst den Bewohnern von Rio nicht bekannt. Zweifelsohne kann ein derart formschönes Gebilde nicht in Kürze kreiert werden. Es bedurfte tatsächlich denn auch mehrerer Millionen Jahre, bis sich das Postkartenmotiv par excellence durch das klimatisch bedingte Absprengen schaligen Gesteins von den Felswänden in heutiger Form präsentieren konnte.

Gipfelbahn
(▶3D S. 382)

Bequem lässt sich der Gipfel des Zuckerhuts – ein so genannter Inselberg aus über 500 Millionen Jahre altem, grobkörnigem Gneis – mit der seit 1913 verkehrenden und Anfang der 1970er-Jahre neu konstruierten Seilbahn erklimmen. Die Gondel bringt die Besucher zunächst von der Praça General Tibúrcio im Stadtteil Praia Vermelha bis auf die Spitze des **Morro da Urca** (215 m), wo man umsteigt und eine zweite Gondel bis auf den Gipfel des 394 m hohen Zuckerhuts nimmt. Die silberfarbenen Kabinen der Zuckerhutbahn befördern pro Fahrt bis zu 75 Passagiere und pendeln täglich zwischen 8.00 und 20.00 Uhr zum Pão de Açúcar.

❓ WUSSTEN SIE SCHON …?

■ … dass ein adretter Herr mit Lizenz zum Töten während der Talfahrt vom Zuckerhut ein äußerst merkwürdiges Erlebnis hatte? Ein Bösewicht mit stählernem Gebiss sorgte für Unregelmäßigkeiten im Gondelbetrieb. Wie der charmante Martinitrinker letztendlich zu Tale kam, darüber gibt der James-Bond-Film »Moonraker« von 1979 mit Roger Moore in der Hauptrolle Auskunft.

Der Zuckerhut im Dämmerlicht

Der Gipfel des Zuckerhuts gewährt dem Besucher einen einducksvollen Blick auf Rio de Janeiro und die Guanabara-Bucht. Selbst der in der Serra dos Órgãos gen Himmel zeigende Dedo de Deus (Finger Gottes) bei Teresópolis liegt im Blickfeld. Eine besondere Verwöhnung des Auges ist der grandiose Ausblick im glühenden Rot des Sonnenuntergangs.

Stadtteil Copacabana

Hinter den Hügeln Urubu und Leme erstreckt sich über 4 km die weltberühmte Praia de Copacabana, die weit mehr ist als nur Strand, nämlich ein Ort des Sehens und Gesehenwerdens, ein **Laufsteg der Eitelkeiten**, eine Manege mehr oder weniger durchtrainierter Körper, mit der aktuellsten Bademode nur minimalistisch verhüllt. Hier treffen sich nicht nur Sonnenanbeter, sondern auch Sportbegeisterte, Händler, Müßiggänger, Neugierige, Einheimische und Fremde, Arme und Reiche, sprich das gesamte gesellschaftliche Kaleidoskop Rios.

✴ Praia de Copacabana

Das nur knapp 100 Jahre alte Stadtviertel Copacabana ist heute das bekannteste von ganz Rio de Janeiro. Unweit des Strandes – an der Avenida Atlântica, an der parallel verlaufenden Avenida Nossa Senhora de Copacabana und in ihren Querstraßen – finden sich die meisten und einige der besten Hotels, Restaurants und Nachtlokale der Stadt. Straßencafés mit ihren auf den breiten Gehsteigen zusammengedrängten Tischen gehören zu den alltäglichen Bildern im südlichen Teil von Rio.

Ideal zum Ausgehen

✷
Copacabana
Palace

Das in den 1920er-Jahren an der Av. Atlântica erbaute Palasthotel Copacabana, das heute unter Denkmalschutz steht, beschwört die Macht, den Reichtum und den verfeinerten Lebensstil der Zeit herauf, in der Rio Hauptstadt des Landes war. Ginger Rogers und Fred Astaire glitten im Copacabana Palace für den Film »Flying Down to Rio« 1933 zum ersten Mal gemeinsam über das Parkett.

✷
Forte de
Copacabana

Das 1914 eingeweihte Fort von Copacabana ragt am Ende des Strandes an der Praça Coronel Eugênio Franco auf. Es beherbergt das **Artilleriemuseum**, das zusammen mit der Casa de Deodoro (Praça da República) und der Casa de Osório (Rua Riachuelo, im Zentrum) zum Historischen Armeemuseum gehört. Hier sind neben Türmen mit großkalibrigen Geschützen aus dem frühen 20. Jh. moderne Panzerwagen und Raketenwerfer ausgestellt. Beachtenswert sind außerdem zwei Fetzen der brasilianischen Flagge, mit der die rebellischen Soldaten des Forts 1922 in den Kampf gegen die Regierungstruppen zogen; 18 von ihnen wurden am Strand niedergemetzelt. Auf dem Gelände befindet sich noch eine Filiale des Cafés Confeitaria Colombo, von den Tischen im Freien genießt man einen einzigartigen Seitenblick auf die Copacabana und den Zuckerhut. Öffnungszeiten: Di. – So. 10.00 – 20.00 Uhr.

Forte Duque
de Caxias

Die nach 1776 errichtete Küstenbatterie an der Praça Júlio Noronha am anderen Ende der Copacabana (Morro do Leme) wurde 1895 aus Furcht vor einer argentinischen Invasion umgebaut, mit acht zusätzlichen Kanonen bestückt und unter dem Namen **Forte do Leme** bekannt. Seit 1935 trägt sie die noch heute gebräuchliche Bezeichnung. Dreißig Jahre später wurde sie in ein Studienzentrum für Armeeangehörige, das Centro de Estudos de Pessoal do Exército, umgewandelt. Öffnungszeiten: Sa. bis So. 9.00 – 17.00 Uhr.

Praia do Diabo,
Praia do
Arpoador

Der kleine Strand mit oft stürmisch bewegten Wellen, der sich zwischen den Landzungen von Copacabana und Arpoador ausbreitet, trägt den Namen Praia do Diabo (Teufelsstrand). Auf ihn folgt, jenseits der Ponta do Arpoador, die an die Praia de Ipanema angrenzende Praia do Arpoador (Strand des Harpuniers). Die Buchten umgeben die **Pedra do Arpoador**, einen Aussichtspunkt mit Blick auf die südlichen Stadtstrände Rios und den Zuckerhut.

Stadtteile Ipanema und Leblon

✷ ✷
Praia de
Ipanema

Die von den Avenidas Vieira Souto und Delfim Moreira gesäumten Praias de Ipanema und Leblon, die ursprünglich einen einzigen Strand bildeten, werden durch den Jardim-de-Alá-Kanal voneinander getrennt. An den großzügigen Promenaden befinden sich diverse Hotels und viele kleine Strandbars. Weltberühmt wurde der Strand von Ipanema durch den Bossa-Nova-Song **»The Girl from Ipanema«**.

Erstes Gebot in Rio: Lassen Sie Ihre Frau niemals alleine zum Baden gehen!

Die Praça General Osório in Ipanema schmückt der Saracuras-Brunnen, den Mestre Valentim 1795 schuf. Hier findet jeden Sonntag die Feira Hippie statt, wo u. a. Antiquitäten, Kunsthandwerk und Gemälde gehandelt werden. Auf der Praça de Quental im Viertel Leblon wird ebenfalls sonntags ein Antiquitätenmarkt abgehalten.

Praça General Osório

✶ ✶ Lagoa Rodrigo de Freitas

Der See Rodrigo de Freitas erstreckt sich zwischen den Häuserblocks der Viertel von Ipanema, Leblon, Lagoa und dem Jardim Botânico. Verschiedene Straßen und Alleen dieser Stadtviertel führen zu den sie umgebenden Avenidas Borges de Medeiros und Epitácio Pessoa und zu den Parks und Clubs, die das 7,5 km lange Ufer säumen.

Zum Cantagalo-Park am Ostufer der Lagune gelangt man über die Avenida Epitácio Pessoa. Er umfasst Skatebahnen, einen Bootsverleih und zahlreiche andere Sportanlagen. Daneben breitet sich der Catacumba-Park (Marcos-Tamoyo-Park) aus, der mit Obstbäumen übersät ist und fünf Aussichtspunkte sowie mehrere Picknickplätze besitzt. Hier sind nur Fußgänger zugelassen; bisweilen finden Veranstaltungen unter freiem Himmel statt.

Parque do Cantagalo, Parque da Catacumba

Auf der Westseite der Lagune liegt in unmittelbarer Nachbarschaft der Freizeitanlagen des Flamengo-Clubs und der Rennbahn von Rios Jockeyclub der Park **Brigadeiro Faria Lima** (Zufahrt über die Rua Borges de Medeiros) mit einem Vergnügungspark und einem Hub-

✶
Jardim Botânico

schrauberlandeplatz. Nordwestlich des Jockeyclubs erstreckt sich der Botanische Garten mit 5000 Pflanzenarten, die aus aller Herren Länder stammen. Hier trifft man auf Teiche mit seltenen Fischen, auf Victoria-Amazonica-Seerosen und andere Gewächse aus dem Amazonas-Gebiet. Auf der Hälfte des Geländes hat sich noch die ursprüngliche Vegetation erhalten. **Prinzregent Dom João** ließ ihn zu Beginn des 19. Jh.s eigens für die Akklimatisierung tropischer Pflanzen anlegen, die er aus allen Winkeln des damaligen portugiesischen Weltreichs zusammentrug, z. B. Avocadobäume, Nelkenstauden, Königspalmen und eine Vielzahl anderer exotischer Gewächse. Außerdem verfügt der Botanische Garten von Rio auch über eine Fachbibliothek und über zwei Museen: das Umweltmuseum (Museu do Meio Ambiente) und das für Forschungszwecke genutzte Herbarium (Museu de Plantas Secas). Öffnungszeiten: tgl. 8.00 – 17.00 Uhr.

> **! Baedeker TIPP**
>
> **Rio aus der Vogelperspektive**
>
> Den ultimativen Blick auf die Metropole am Zuckerhut hat man vom Hubschrauber aus. Auf ganz unterschiedlichen Routen kann man ungewöhnliche Perspektiven auf Rio de Janeiro aus luftiger Höhe erleben. Das Angebot reicht von kurzen Rundflügen (Corcovado-Zuckerhut) bis zu einstündigen Touren zwischen Niterói und dem herrlichen Strand von Grumari. Auskünfte und Reservierung bei: Helisight, Heliponto da Lagoa, Avenida Borges de Medeiros s/n, 22.410-002 Rio de Janeiro, Tel. (021) 25 11-21 41, Fax (021) 22 94-52 92, www.helisight.com.br.

Stadtteile Vidigal und Barra da Tijuca

Praia do Vidigal Die 600 m lange Praia do Vidigal neben dem Morro Dois Irmãos erreicht man über die Avenida Niemeyer. Ein Luxushotels hebt sich scharf gegen die nahe Favela do Vidigal, eines der größten Elendsviertel von Rio, ab.

São Conrado ✱ Der 1 km lange Strand von São Conrado reicht vom Ende der Avenida Niemeyer bis zum Tunnel São Conrado; die Zufahrt erfolgt über die Estrada da Gávea und die Küstenstraße Avenida Prefeito Mendes de Morais. An seinem Ende, der Praia do Pepino, liegen die Landeplätze der Drachen- und Gleitschirmflieger.

Praia da Barra da Tijuca ✱ Der Strand von Barra da Tijuca zieht sich über 18 km von der Ponta do Joá bis zum Recreio dos Bandeirantes hin, umfasst demnach auch die große **Lagoa de Marapendi** sowie die Restingas de Itabeba und Jacarepaguá. Weiter im Landesinneren liegen die Lagoas de Jacarepaguá und da Tijuca. Strände mit Bars und Restaurants wechseln sich hier mit fast unberührten, von Surfern bevorzugten Abschnitten ab.

Recreio dos Bandeirantes Die auch von heftigen Wellen umspülte Praia Recreio dos Bandeirantes endet am Pontal de Sernambetiba; die Zufahrt erfolgt über die Küstenstraße Avenida Sernambetiba und die Avenida das Américas, die an der Restinga de Jacarepaguá entlangführt.

Die vielleicht schönste, sicher aber größte **Sammlung von Volkskunst** aus dem brasilianischen Nordosten befindet sich im Süden des Landes, vor den Toren Rios. Zwischen dem Badestrand Recreio dos Bandeirantes und dem Naturschutzgebiet Serra de Grumari zweigt landeinwärts eine schmale Straße zum Museu Casa do Pontal an der Estrada do Pontal 3295 ab.

Museu Casa do Pontal ✶ ✶

Die hier vom französischen Kunstmäzen Jaques Van de Beugue im Lauf seines Lebens zusammengetragene Sammlung zeigt über **5000 erlesene Exponate** aus dem brasilianischen Nordosten. Hundertschaften bemalter Tonfigürchen – so genannte Caxixis – sind zu hinreißenden Szenen aus einem Zirkus, traditionellen Reiterspielen oder berühmten Volksfesten gruppiert. Die von den besten Kunsthandwerkern – nicht selten im

> ## ! Baedeker TIPP
>
> ### Kindersicheres Planschen
>
> So reizvoll Rio für Erwachsene ist, so wenig bietet die Millionenstadt genau genommen für Familien mit Kindern. Südwestlich des Zentrums gibt es aber ein großes Freizeitbad mit Themenpark – es schließt diese Lücke wenigstens teilweise: Rio Water Planet, Estrada dos Bandeirantes, Vargem Grande, Öffnungszeiten: Di. – So. 10.00 bis 17.00 Uhr, www.riowater planet.com.br.

Auftrag Van de Beugues – gestalteten Figuren zeigen Doktoren bei der Untersuchung von Patienten, Mutter und Kind im Wochenbett, verschiedene Prozessionen, Repentista-Bänkelsänger, Bauern bei der Gewinnung von Maniokmehl, Überfälle gesetzloser Cangaceiro-Banditen. Sogar das farbenprächtige Defilee der berühmten Sambaschulen in Rios Karnevalarena kann in Miniatur bewundert werden – auf Knopfdruck setzen sie sich in Bewegung, angetrieben durch verblüffend einfache Mechanismen. Öffnungszeiten: Di. – Sa. 9.30 – 17.00 ⊙ Uhr.

✶ ✶ Parque Nacional da Tijuca

Die 3200 ha große Fläche des in den frühen 1960-Jahren gegründeten Parque Nacional da Tijuca, der grünen Lunge Rios, war ursprünglich von Atlantischem Regenwald überwuchert, der aber bis zur Mitte des 19. Jh.s den sich ausbreitenden Kaffeeplantagen vollkommen weichen musste. Kaiser Pedro II. ließ 1861 das durch den extensiven Kaffeeanbau völlig ausgelaugte Gebiet des heutigen Nationalparks von den Plantagenbesitzern aufkaufen und mit Flora aus der Serra do Mar aufforsten – mit überwältigendem Erfolg. Das tote Land verwandelte sich in eine üppig wuchernde Waldlandschaft, die mit ihren Bergen, Bächen und Wasserfällen einen idyllischen Kontrast zum hektischen Großstadtleben herstellt.

Der Park besteht genau genommen aus mehreren Teilen: der Serra da Carioca, den Gipfeln Pedra Bonita (656 m) und Pedra da Gávea (828 m) und dem Tijuca-Wald mit dem Morro do Corcovado (704 m) und der Christusstatue (s. unten) sowie der höchsten Erhebung, dem 1022 m hohen Pico da Tijuca.

✳
Vista Chinesa

Um in den Nationalpark zu gelangen, nimmt man vom Stadtteil São Conrado aus die Estrada das Canoas, die in die Estrada da Pedra übergeht, und anschließend die Estrada da Gávea Pequena, die sich in die Estrada da Boa Vista und die Estrada da Vista Chinesa gabelt. Erstere führt nach Alto da Boa Vista, wo der Haupteingang zum Tijuca-Wald liegt, Letztere zum Aussichtspunkt Vista Chinesa. Von dem 380 m hoch gelegenen Ausguck bietet sich ein herrlicher Blick auf die **Lagoa Rodrigo de Freitas** mit dem angrenzenden Botanischen Garten sowie auf einen Teil der Atlantikküste vor den Stadtvierteln Ipanema und Leblon. Auch hier sieht man sowohl den Zuckerhut als auch den Corcovado-Felsen mit Christus-Statue.

✳ ✳
Tijuca-Wald

Der Tijuca-Wald ist eines der größten städtischen Waldgebiete der Erde. Schon um 1870, neun Jahre nach Beginn der Aufforstung, zählte er über 62 000 neu gepflanzte Bäume – größtenteils einheimischer Arten. Der Hauptzugang zum Tijuca-Wald liegt an der Praça Afonso Viseu (Alto da Boa Vista), wo auch der Brunnen von Grandjean de Montigny aus dem Jahr 1846 steht. Die Estrada do Imperador führt gleich vom Haupteingang weg zu der **Cascatinha Taunay**, einem 30 m tief hinabrauschenden Wasserfall. Etwas weiter trifft man auf die 1860 erbaute Mayrink-Kapelle, die in ihrem Inneren Gemälde von Cândido Portinari (1903 – 1962) birgt. Von hier aus führen verschiedene Wege zu den zahlreichen Attraktionen des Tijuca-Waldes: im Norden die Gipfel Pedra do Conde (821 m), Excelsior (688 m) und Caveira; im Westen die Grotten Saudade, Paulo und Virginia, die Wasserfälle Diamantina und Gabriela, die Höhlen Belmiro und Luís Fernando sowie die Gipfel Bico de Papagaio (989 m) und Pico da Tijuca (1022 m), die mächtigste Erhebung des Parks.

✳
Museu do Açude

Das Museu do Açude, unweit des Tijuca-Waldes an der Estrada do Açude (Alto da Boa Vista) gelegen, besitzt kostbare Porzellansammlungen der Westindischen Kompanie, Bilder brasilianischer und ausländischer Künstler, die alte Ansichten von Rio de Janeiro zeigen, und Azulejos aus dem 17. bis 19. Jahrhundert. Wie die Chácara do Céu geht das Museu do Açude auf die Sammelleidenschaft von Raymundo Castro Maya zurück; das Museum entstand in seiner ehemaligen Sommerresidenz. Öffnungszeiten: Do. – So. 11.00 – 17.00 Uhr.

Stadtteil Cosme Velho und der Corcovado

✳
Mirante Dona Marta und Estrada das Paineras

Von Cosme Velho führt die Estrada das Paineras durch einen Teil des Nationalparks von Tijuca. Nach einigen Kilometern zweigt von dieser Straße die kurze Zufahrt zum Felsvorsprung Mirante Dona Marta ab. Aus 362 m Höhe genießt man fast den gleichen Blick wie vom Gipfel des Corcovado, nur aus größerer Nähe. Besonders wenn

Neben dem Zuckerhut das zweite Wahrzeichen Rios: →
die Christusstatue auf dem Corcovado

die Christus-Statue von Wolken umhüllt ist, ist dieser tiefer liegende Aussichtspunkt eine ideale Alternative (Anfahrt nur per Taxi). Von Dona Marta führt die Straße weiter hoch bis zur Estação Paineras, von dort fahren offizielle Kleinbusse über eine seitlich abzweigende Serpentinenstraße bis zum Gipfel des Corcovado mit der Christus-Statue. Die Estrada das Paineras führt geradeaus weiter, das nächste Stück (Sa. und So. für Fahrzeuge geschlossen) ist ein beliebtes Ausflugsziel für Jogger, Radfahrer und Spaziergänger.

✶ ✶
Corcovado

In Cosme Velho liegt auch die Talstation der 1884 erbauten Zahnradbahn (Rua Cosme Velho 513), die die 3,5 km lange Strecke zum 704 m hohen Granitgipfel des Corcovado (des Buckligen) befährt (tgl. 8.30 – 18.30 Uhr). Ganz oben erhebt sich die 1931 eingeweihte **Erlöserstatue** (Cristo Redentor), das weltweit bekannte Wahrzeichen der Stadt. Sie ist – die acht Meter des Sockels mitgerechnet, an dem eine Kapelle steht – 38 m hoch und wiegt 1145 Tonnen. Kopf und Hände wurden nach Plänen des französischen Bildhauers Paul Landowsky gemeißelt. Die in Nord-Süd-Richtung gespreizten Arme des Cristo Redentor haben eine Spannweite von 28 m und scheinen die darunter liegende Millionenstadt zu segnen. Nach Einbruch der Dunkelheit wird die Statue von Scheinwerfern angestrahlt. Der Ausblick vom Corcovado steht dem vom Zuckerhut in nichts nach.

✶
Largo do Boticário

An der Rua do Cosme Velho öffnet sich nahe der Haltestelle der Corcovado-Bahn der Largo do Boticário, einer der malerischsten Plätze der Stadt. Seine Häuser wurden 1946 errichtet, mit Teilen der Gebäude, die beim Bau der Avenida Presidente Vargas zerstört wurden.

✶
Museu Internacional de Arte Naïf do Brasil

Ebenfalls in der Rua Cosme Velho, nur 50 m von der Talstation der Zahnradbahn zum Corcovado entfernt, zeigt das Internationale Museum für Naive Kunst Brasiliens (MIAN) Werke aus über 130 Ländern. Die ältesten ausgestellten Malereien wurden im 15. Jh. geschaffen; die Hauptattraktion ist das 7 m breite und 4 m hohe Gemälde, das die Stadt am Zuckerhut darstellt und sich das weltweit größte Kunstwerk dieser Art nennen darf. Das Museum ist von Schließung bedroht (Info: www.museunaif.com.br oder Tel. (021) 22 05–86 12).

Zona Norte

Sambaviertel

Im Stadtteil Tijuca, nördlich des Tijuca-Forsts, haben die öffentlichen Proben der Sambaschulen dieses Viertels, der Académicos do Salgueiro und der Unidos da Tijuca, eine große Anziehungskraft. Im benachbarten Vila Isabel, einem der heißen Sambazentren, gibt die Unidos de Vila Isabel den Ton an. Oberhalb von Vila Isabel liegt die Mangueira-Favela, Geburtsstätte der **Estação Primeira de Mangueira**, der populärsten Sambaschule der Stadt. Die Proben der Escolas setzen bereits Mitte September ein und finden meist freitag- und samstagnachts statt. Allerdings sind sie mit dem Defilee der Sambaschulen in der Karnevalsarena Sambódromo in keiner Weise vergleichbar, sondern eher ein preiswertes und ziemlich lautes Tanzvergnügen der Mittel- und Unterschicht Rios.

Zur Kirche Nossa Senhora da Penha de França, die 1871 auf einer 69 m hohen Felsklippe erbaut worden ist, führen in den Stein gehauene Stufen hinauf. Im Oktober, zur Festa da Penha, ist das Gotteshaus Ziel zahlreicher Pilger. Es liegt unweit der Ilha do Governador im nördlichen Vorstadtviertel Penha.

N.S. da Penha de França

Das Luftfahrtmuseum (Museu Aeroespacial) befindet sich unweit der Avenida Brasil am Campo dos Afonsos. In seinen Hangars werden Nachbildungen der »14 Bis« und der »Demoiselle« von Flugpionier **Alberto Santos Dumont** sowie anderer Luftschiffe, von der brasilianischen Luftfahrt eingesetzte Motoren, ferner Fotos und Dokumente über Santos-Dumont, die nationale Luftpost und die brasilianische Kriegsteilnahme in Italien aufbewahrt. Der Eingang des Museums Aeroespacial befindet sich in der Avenida Marechal Fontenele 2000. Öffnungszeiten: Di. – Fr. 9.00 – 15.00, Sa./So. 9.30 – 16.00 Uhr.

✺ ✺
Museu Aeroespacial

🕐

✳ Sabará

Bundesstaat: Minas Gerais (MG)   **Einwohner:** 126 000
Höhe: 724 m ü.d.M.

Sabará, nur 25 km östlich von Belo Horizonte im Tal des Rio das Velhas gelegen, entwickelte sich aus einer Siedlung, die der Bandeirante Borba Gato aus São Paulo, der Entdecker der Goldvorkommen im Rio das Velhas, gegründet hatte.

Im Jahr 1711 wurde es unter dem Namen Vila Real de Nossa Senhora da Conceição de Sabará zum Verwaltungssitz des Rio-das-Velhas-Gebiets erklärt. Der auf dem Goldreichtum der Region basierende Wohlstand des 18. Jh.s zeigt sich noch heute in den Kirchen und Herrenhäusern aus der einstigen Blütezeit.

Sehenswertes in Sabará

An der Praça Getúlio Vargas erhebt sich die zwischen 1701 und 1710 entstandene Kirche Nossa Senhora da Conceição. Sie ist ein typisches Bauwerk des frühen Minas-Barocks; hinter der etwas schwerfällig wirkenden Fassade aus Lehm und Holz verbirgt sich eine überraschend reiche Innenausstattung mit einem goldenen Altar und chinesisch beeinflussten Malereien im Chor. Auf dem Kirchenvorplatz, der Praça Getúlio Vargas, sprudelt der Dorfbrunnen **Chafariz da Confraria** aus dem 18. Jahrhundert.

✳
Matriz N.S. da Conceição

N.S. do Carmo
✱ Die Kirche Nossa Senhora do Carmo wurde ab 1763 aus Stein erbaut. Im Jahr 1771 schuf **Aleijadinho** (▶Baedeker Special S. 60) die Fassade und das Ordensemblem aus Speckstein am Hauptportal. Außerdem stammen die Heiligenbildnisse an den Seitenaltären, die Kanzeln und die Stützfiguren des Chors von seiner Hand. Die Deckenmalereien im Kirchenschiff, 1813 von Joaquim Gonçalves da Rocha ausgeführt, zeigen den Propheten Elias, wie er auf dem Feuerwagen gen Himmel fährt.

N.S. do Ó
✱ Man könnte sie glatt übersehen, die kleine und etwas eigenwillig geformte Kirche Nossa Senhora do Ó in Sabará. Die schlichte Fassade des 1717 bis 1720 am Largo N.S. do Ó erbauten Gotteshauses steht in Kontrast zum reichen Schmuck im Inneren. Die Vertäfelung der Wände trägt goldene Motive auf rotem oder blauem Grund, deren Ähnlichkeit zu chinesischen Lackarbeiten keineswegs zufällig ist: Die Portugiesen beschäftigten hier Handwerker, denen die Techniken und Motive – Pagoden und fliegende Vögel – der ostasiatischen Kolonien zumindest bekannt gewesen sein mussten. Was aber noch erstaunlicher ist: Das Kirchlein der Lieben Frau von Ó steht für eine volkstümliche Umschreibung der schwangeren Jungfrau Maria und wird einmal im Jahr – am 25. März, dem rechnerischen Zeitpunkt der Unbefleckten Empfängnis, neun Monate vor Weihnachten – zu einem Mittelpunkt des typisch brasilianischen Volkskatholizismus. Schwangere Frauen in ganz Brasilien beten zur Nossa Senhora do Ó, trotz des Unmuts, den der Kult bei der Amtskirche verursacht, aber schließlich, so heißt es, vermindert das die Geburtsrisiken.

Minero mit Fahrrad

▶ SABARÁ ERLEBEN

AUSKUNFT

Rua Dom Pedro II. Nr. 200
Tel. (031) 36 72-76 90
www.sabara.mg.gov.br

ANREISE

Busbahnhof
Avenida Prefeito Victor Fratini
Tel. (031) 36 72-12 55

ÜBERNACHTEN

Die meisten Touristen besuchen Sabará im Rahmen eines Tagesausfluges ab ► Belo Horizonte. Dort gibt es ein breites Angebot an Hotels und Pousadas.

Die bis 1768 dauernden Bauarbeiten an der Kirche Nossa Senhora do Rosário dos Pretos wurden nie zu Ende geführt, so steht bis heute die alte Kapelle aus Taipa (Lehm) vor dem fertigen Chor. Die unvollendete Kirche ragt an der Praça Melo Viana in die Höhe und beherbergt das kleine **Museu de Arte Sacra** (Museum für Sakrale Kunst). Zu seiner Sammlung gehören auch Werke von Aleijadinho. Öffnungszeiten: Di. – So. 9.00 – 11.00 und 13.00 – 17.00 Uhr.

N.S. do Rosário dos Pretos

🕐

In Rua da Intendência kann man das Museu do Ouro (Goldmuseum) besichtigen, das in der **Casa de Fundição e Intendência**, der ehemaligen Intendantur für Goldfunde von 1720, eingerichtet wurde. Dies ist die einzige königliche Goldschmelze, die nahezu unverändert in Brasilien erhalten geblieben ist; hier wurde der Goldstaub gewogen und zu Barren gegossen; dabei musste ein Quinto (Fünftel) an die portugiesische Krone abgeführt werden.

★
Museu do Ouro

Die Präfektur ist im Stadthaus Solar do Padre Correia aus dem Jahr 1773 untergebracht. Der mit Blattgold überzogene Rokokoaltar ihrer Hauskapelle wird Aleijadinho zugeschrieben. Das Gebäude gehört zu dem Bauensemble der Rua Dom Pedro II., in der auch die Casa Azul (Blaues Haus) von 1773 die Blicke auf sich zieht. Öffnungszeiten: Mo. – Fr. 8.00 – 17.00 Uhr.

★
Solar do Padre Correia

🕐

Sabarás Stadttheater, im Jahr 1819 in englischem Baustil in der Rua Dom Pedro II. errichtet, zählt zu Brasiliens ältesten Bühnen mit Spielplan und ist bis heute landesweit wegen seiner guten Akustik berühmt. Öffnungszeiten: tgl. 8.00 – 12.00 und 13.00 – 17.00 Uhr.

Teatro Municipal

🕐

Das Haus von Borba Gato verwahrt Gegenstände aus der Zeit der Bandeirantes sowie der Goldgräber und ehrt so das Andenken an den Mann, der im Jahr 1700 die ersten Goldlager in Sabará entdeckte und 18 Jahre später in dieser Stadt starb. Es steht in der Rua Barbo Gato 71.

Casa Borba Gato

✳ ✳ Salvador

Bundesstaat: Bahia (BA)   **Einwohner:** 2,95 Mio.
Höhe: 8 m ü.d.M.

Salvador, die an der Baia de Todos os Santos (Allerheiligenbucht) gelegene Hauptstadt des Bundesstaates Bahia und bis 1763 Kapitale ganz Brasiliens, ist sowohl politisches und wirtschaftliches als auch kulturelles Zentrum des Nordostens. Die Barockstadt ist ein Juwel der Kolonialarchitektur, reich an Kulturschätzen, Palästen, Kirchen und Klöstern.

Seit 1985 die Altstadt Salvadors zum Weltkulturerbe der UNESCO erklärt und im folgenden Jahrzehnt mit der aufwändigen Sanierung der alten Bausubstanz begonnen wurde, zieht es jährlich Tausende von Touristen hierher.

Aber nicht nur die Architektur lockt die Besucher an, vielmehr ist es der afrikanische Einfluss, der Salvador ein einzigartiges, anziehendes Flair verleiht. Afrobrasilianische Musik, die allabendlich zum Tanz animiert, Capoeira-Vorführungen auf den Straßen, religiöse Kulte wie der Candomblé und in Weiß gekleidete Baianas mit ihren duftenden Garküchen an den Straßenecken lassen die drei Jahrhunderte während Vergangenheit Salvadors als bedeutendster Sklavenumschlagplatz Brasiliens nicht vergessen; die vielleicht afrikanischste Stadt außerhalb des schwarzen Kontinents wird noch heute von mehrheitlich dunkelhäutigen Menschen bewohnt.

Cidade Baixa (Unterstadt)

In der Unterstadt – heute in erster Linie Handels-, Geschäfts- und Dienstleistungszentrum – wurde zwischen 1739 und 1773 die Kirche Nossa Senhora da Conceição da Praia am gleichnamigen Platz, südwestlich vom Elevador Lacerda, errichtet. Die diagonal in die Fassade eingebundenen Türme und die abgeschrägten Ecken des Innenraums zeigen den Einfluss der Barockarchitektur. Die Deckenmalerei des Kirchenschiffs, die **José Joaquim da Rocha** im Jahr 1773 ausführte, gilt als Meisterwerk perspektivischer Malkunst.

**✳
N.S. da
Conceição
da Praia**

Auf dem Mercado São Joaquim in Água de Meninos und dem Mercado Modelo werden einheimisches Kunsthandwerk, afrobrasilianische Kultgegenstände und viele Kuriositäten feilgeboten. Der Mercado Modelo, der im alten Zollgebäude (Alfândega) an der Praça Visconde de Cairu zu finden ist, wurde 1984 nach einem Brand originalgetreu rekonstruiert. Vor dem Mercado Modelo finden häufig Capoeira-Darbietungen statt.

**Mercado São
Joaquim,
Mercado Modelo**

← *Fassade der Igreja da Ordem Terceira de São Francisco*

▶ SALVADOR ERLEBEN

AUSKUNFT

Bahiatursa
Büro im Pelourinho
Rua das Laranjeiras 12
Tel. (071) 33 21-21 33

Posten Mercado Modelo
Praça Visconde de Cairu
Tel. (071) 32 41-02 42
www.bahia.com.br

ANREISE

Flughafen
Aeroporto Int. Luís Eduardo
Magalhães
Praça Gago Coutinho, São Cristóvão
Tel. (071) 32 04-10 10

Busbahnhof
Avenida Antônio Carlos Magalhães
Tel. (071) 34 60-83 00

VERANSTALTUNGEN

Lavagem do Bonfim
Das bedeutendste religiöse Fest Salvadors beginnt alljährlich am zweiten Januardonnerstag: Eine riesige Volksmenge pilgert, angeführt von Priesterinnen des Candomblé in strahlend weißen Festtrachten, von der Kirche Nossa Senhora da Conceição da Praia in der Unterstadt Salvadors bis zur Bonfim-Kirche. Am Ziel angelangt, »waschen« die Mães-de-Santo genannten Priesterinnen und ihre Helfer die Freitreppen der Wallfahrtskirche mit Duftwasser und verstreuen Blumen. In dem Brauch mischen sich Katholizismus und Candomblé zu dem für Bahia typischen Synkretismus: Offiziell wird zwar der Senhor de Bonfim (Jesus) verehrt, inoffiziell gilt das pittoreske Fest freilich Oxalá, dem Vater aller Orixá-Gottheiten. Der Umzug dauert den ganzen Tag und gleicht einem Volksfest: Begleitet wird er von Festwagen und Trommelgruppen, überall entlang der Strecke stehen kleine Getränke- und Imbissstände und das Bier fließt dabei in Strömen.

ESSEN

▶ Fein & teuer

Fogo de Chão
Praça Colombo 4
Stadtteil Rio Vermelho
Tel. (071) 35 55-92 92
Die beste Churrascaria mit Rodízio in Salvador. Alle Kreditkarten.

▶ Erschwinglich

Amado
Avenida Contorno 660, Cidade Baixa
Tel. (071) 33 22-35 20
Preisgekröntes Restaurant in der Unterstadt mit fantastischem Blick auf die Allerheiligenbucht.

▶ Preiswert

① *Dona Chika-ka*
Rua João Castro Rabelo 10
Stadtteil Pelourinho
Tel. (071) 33 21-17 12
Eines der besten Restaurants im historischen Zentrum für typisch bahianische Küche. Spezialität Fisch, Meeresfrüchte und natürlich Moqueca.

ÜBERNACHTEN

▶ Luxus

① *Hotel Villa Bahia*
Largo do Cruzeiro de São Francisco 16/18, Stadtteil Pelourinho
Tel. (071) 33 22-42 71
www.hotelvillabahia.com
Klein aber fein. Zentrale Altstadtlage, gleich neben der São Francisco-Kirche. 17 in Kolonialstil dekorierte, aber modern ausgestattete Gästezimmer. Exzellentes Restaurant.

Hotel Vila Galé
Rua Morro do Escravo Miguel
320
Stadtteil Ondina
Tel. (071) 32 63-88 88
www.vilagale.com.br
224 Apartments mit herrlicher Aussicht. Restaurant, Pool, Sauna und Fitnessraum.

► Komfortabel

Pousada Encanto de Itapoãn
Rua Nova Canaã 48
Stadtteil Farol de Itapoã
Tel. (071) 32 85-35 05
www.encantodeitapoan.com.br
11 Gästezimmer in einem persönlich geführten Haus in Flughafennähe. Modern eingerichtete Zimmer, Pool. Englischsprachige Besitzer.

Pousada Noa Noa
Avenida Sete de Setembro 4295
Stadtteil Barra
Tel. (071) 32 64-11 48
www.pousadanoanoa.com
15 klimatisierte Gästezimmer, Terrasse mit Blick auf die Allerheiligenbucht und den Leuchtturm von Barra.

Pousada Tatuapara
Praça dos Artistas 1
Praia do Forte
Tel. (071) 36 76-10 15
www.tatuapara.com.br
1 Stunde nördlich von Salvador: Hübsche Pousada mit kleinem Garten unter aufmerksamer deutschsprachiger Leitung. Ruhige Lage im Zentrum des Badeortes, nah beim Strand. Spa und Massagen.

Von der zentralen Praça Visconde de Cairu kann man einen Bootsausflug zur Hafenfestung Forte São Marcelo (oder Forte do Mar) unternehmen, die 1623 von **Francisco de Frias da Mesquita** entworfen wurde. Dieser Baumeister hat auch das Forte São Diogo (1609–1612) in Salvador und die eindrucksvolle Festung Reis Magos (1614) in Natal geschaffen. Die Bauarbeiten an dem ansatzlos aus dem Meer ragenden Bollwerk wurden von den Holländern vollendet, die die Stadt von 1624 bis 1625 besetzt hielten.

✱ Forte São Marcelo

Wenn man der Avenida Contorno entlang der Küste in südwestlicher Richtung folgt, gelangt man zu dem kolonialen Gebäudekomplex Solar do Unhão, der ein erstklassiges Museum für moderne Kunst sowie einen Garten mit einer ansehnlichen Sammlung von Skulpturen beherbergt.

✱ Solar do Unhão

Ungefähr 500 m weiter erreicht man an der Praia da Gamboa die Ruinen des Forts São Paulo da Gamboa aus dem 18. Jahrhundert. Etwas weiter landeinwärts ragt an der Südseite der Rua Gamboa de Cima das imposante Fort São Pedro, ebenfalls aus dem 18. Jh., auf.

Forte Gamboa, Forte São Pedro

Auf dem Largo Campo Grande, einem der Verkehrsknotenpunkte der Stadt, steht ein Denkmal zu Ehren der siegreichen brasilianischen Truppen, die am 2. Juli 1823 in die Stadt einzogen, nachdem sie die Portugiesen im November 1822 bei Pirajá geschlagen und dann Salvador von der Belagerung durch das kaiserliche Heer befreit hatten.

Largo Campo Grande

Salvador Orientierung

Essen
① Dona Chika-ka

Übernachten
① Hotel Villa Bahia

★
Museu de Arte da Bahia

An der Avenida Sete de Setembro 2340, die das Stadtviertel Vitória durchquert und zu den Stränden Porto da Barra und Farol da Barra im Osten der Allerheiligen-Bucht führt, befindet sich das Kunstmuseum von Bahia, seit 1943 im früheren Wohnsitz der Familie Goes Calmon eingerichtet. Hier sind Möbel, Silber, Azulejos aus dem kolonialen Bahia, chinesisches Porzellan und Bilder von modernen bahianischen Künstlern ausgestellt. Öffnungszeiten: Di.–Fr. 14.00 bis 19.00, Sa./So. 14.30–18.30 Uhr.

Museu Geológico do Estado, Museu Carlos Costa Pinto

Ebenfalls an der Avenida Sete de Setembro sind auch das Staatliche Museum für Geologie mit wertvollen Edelsteinen aus ganz Bahia und das Museum Carlos Costa Pinto zu finden, in dem Silber und Mobiliar aus dem 17. bis 19. Jh., Goldschmuck, Gemälde, Porzellan und die größte Sammlung von Balangandãs (Schmuckspangen, die die Frauen aus Bahia tragen) aufbewahrt werden.

Barra

Die Avenida Sete de Setembro führt in den Stadtteil Barra mit unzähligen Kneipen, Restaurants und Hotels: Nicht von ungefähr gilt Barra als das zweitbedeutendste Ausgehviertel nach dem Pelourinho

(s. unten). Vom kleinen, gleichwohl vor allem an Wochenenden viel besuchten Stadtstrand Porto da Barra führt die Uferpromenade in südlicher Richtung zum mächtigen Festungsbau des **Forte Santo Antônio da Barra** aus dem Jahr 1598, das im 18. Jh. mit einem Leuchtturm (Farol) ausgerüstet wurde und das Museu Náutico da Bahia beherbergt. Seine Sammlung enthält geborgene Gegenstände des 1668 gesunkenen portugiesischen Großseglers »Sacramento«. ☺ Öffnungszeiten: Di. – So. 8.30 – 19.00 Uhr.

Monte Serrat und Bonfim

Das an der Ponte da Humaitá an der Rua Santa Rita Durão gelegene Küstenbollwerk aus dem 16. Jh., das Forte de Monte Serrat, bietet einen der schönsten Panoramablicke über die Allerheiligenbucht und ist ein beliebter Treffpunkt zum Sonnenuntergang.

Forte de Monte Serrat

Nördlich der Festung steht am Largo do Bonfim die bekannteste und populärste Wallfahrtskirche von Bahia, die 1745 bis 1754 erbaute Igreja do Senhor do Bonfim. Die Sala de Ex-Votos, ein mit Votivgaben prall gefüllter Raum, zeugt vom tiefen Glauben der Bevölkerung an die Wundertaten ihres Schutzpatrons.

★ Igreja do Senhor do Bonfim

Cidade Alta (Oberstadt)

Die Verbindung zwischen Unter- und Oberstadt stellen steile Hangstraßen und mehrere Aufzüge her, darunter der Plano Inclinado Gonçalves (Standseilbahn) und der Elevador Lacerda (Personenaufzug). Der Plano Inclinado verläuft von der Rua de Francisco Gonçalves in der Unterstadt bis zur Praça Ramos de Queiroz. Der turmförmige, 1930 gebaute Lacerda-Aufzug, ein 72 m hohes **Wahrzeichen von Salvador** – und ein bevorzugtes Revier aufdringlicher Straßenverkäufer –, verbindet die Praça Visconde de Cairu (Hafenbereich) mit der Praça Tomé de Souza in der historischen Oberstadt. Von hier hat man einen herrlichen Ausblick auf die Unterstadt mit dem Hafen, die Baía de Todos os Santos und die vorgelagerte Itaparica-Insel.

Plano Inclinado, Elevador Lacerda

An der Praça Tomé de Souza springen unter den Bauten aus dem 17. Jh. besonders der Palácio Tomé de Souza (Paço Municipal) und der Palácio Rio Branco, der ehemalige Regierungspalast (1919), ins Auge. Besuchern steht nur der Palácio Rio Branco mit seinem prächtigen Spiegelsaal offen, der jedoch zur Zeit renoviert wird.

Paço Municipal, Palácio Rio Branco

Am südwestlichen Ende der Praça da Sé steht der Palácio Arquiepiscopal (Erzbischöflicher Palast) aus dem 18. Jh., der durch einen Gang mit der alten Kathedrale verbunden war. Die rechteckige Praça da Sé hat nach einer Renovierung an Charme dazugewonnen und lädt nun auch durch einen abends hübsch beleuchteten Springbrunnen wieder zum Flanieren und Verweilen ein. Am angrenzenden Ter-

Palácio Arquiepiscopal, Terreiro de Jesus

reiro de Jesus finden gelegentlich Livekonzerte statt. Der von einigen Palmen beschattete Platz ist einer der zentralen Treffpunkte im Pelourinho (s. u.), nachmittags finden hier regelmäßig Capoeira-Darbietungen für Touristen statt.

✷✷
Catedral
Basílica
(▶3D S. 402)

Hier, am Terreiro de Jesus, entfaltet die Catedral Basílica, einst die Kirche des ehemaligen Jesuitenkollegs, ihre ganze Pracht. Sie ist der insgesamt vierte Bau an dieser Stelle und wurde erst im Jahr 1656 fertig gestellt. Die Verkleidung der Fassade mit portugiesischen Steinen erfolgte Ende des 17. Jh.s, die **prachtvolle Innenausstattung** wurde hingegen erst im 18. Jh. in Angriff genommen und spiegelt verschiedene Stilrichtungen – von Barock bis Neoklassizismus – wider. Das hohe Kirchenschiff verfügt über eine prächtige Kassettendecke. Hinter dem Chor befindet sich ein Durchgang zur Sakristei, die mit beeindruckender ornamentaler Deckenmalerei, prächtigen Sakristeischränken aus edlen Hölzern, Elfenbein und Schildpatt ausgestattet ist. Die Wände der Sakristei sind mit portugiesischen Azulejos verkleidet. Das angrenzende **Jesuitenkolleg** war im 18. Jh. das größte seiner Art außerhalb Roms. Nach der Vertreibung der Jesuiten wurde der weitläufige Bau nur noch für profane Zwecke genutzt: Im 19. Jh. nahm ein Teil des ehemaligen Klosters die medizinische Fakultät auf. Inzwischen beherbergt es drei Museen: für afrobrasilianische Kultur, für Archäologie und Ethnologie sowie für Medizingeschichte. Der weitaus größte Teil des Konvents, entlang der Rua Alfredo Brito, steht heute jedoch leer und wird immer stärker von tropischen Pflanzen überwuchert; ein anderer Bereich der Abtei – mit der inneren Kapelle – brannte 1905 ab. Öffnungszeiten von Kirche und Sakristei: tgl. 8.30 – 11.30 und 13.30 – 17.00 Uhr.

✷✷
Convento
e Igreja São
Francisco

Der Südzipfel des Terreiro do Jesus mündet in die Fußgängerzone der Praça de Padre Anchieta, die von der Rua São Francisco und den Portalen der Kirche und des Klosters São Francisco begrenzt wird. Das **Franziskanerkloster** von 1587 wurde während der Auseinandersetzungen mit den Holländern zerstört und erst 1686 wieder aufgebaut. Die Wände der einen Innenhof umgebenden Kreuzgänge sind seit 1752 mit herrlichen portugiesischen Azulejo-Fliesenbildern gekachelt – der größten Ansammlung dieser Art in Südamerika. Die Kirche, stilistisch eine Mischung aus Manierismus und Barock, entstand zwischen 1708 und 1750. Der Giebel ist völlig barock; der Innenraum verkörpert das Lissabonner Ideal einer überreich verzierten »Goldenen Kirche«. Außerdem wurde das Gotteshaus – entgegen den sonst verbindlichen Regeln der Architektur dieses Bettelordens – nicht ein- sondern dreischiffig ausgeführt; alle drei Kirchenschiffe sind mit prunkvollem Schnitzwerk ausgestattet. Die Vergoldung des Hauptaltars nahm zwei Jahre in Anspruch. Die Schnitzereien der Chorkapelle (1738 – 1740) verschmelzen mit den Azulejo-Bildern zu einer harmonischen Einheit. Öffnungszeiten: Mo. – Sa. 8.30 – 17.30, So. 7.00 – 17.00 Uhr.

An das Franziskanerkloster schließt sich, ebenfalls mit dem Portal zur Rua São Francisco ausgerichtet, die Kirche des Laienordens von 1703 unmittelbar an. Ihre reich verzierte Fassade fällt sofort auf, denn sie wurde im Stil des in Mexiko weit verbreiteten Churriguerismus gestaltet —— nach Plänen des spanischen Architekten José Benito de Churriguerra (1650–1723) – und mit Heiligen- und Engelsfiguren, Ranken und ornamentierten Wandflächen verziert. Ihr Inneres wurde im 19. Jh. in klassizistischem Stil umgestaltet und nimmt u. a. ein kleines Museum für sakrale Kunst auf. Öffnungszeiten: tgl. 8.00 bis 17.00 Uhr.

★ ★
Igreja da Ordem Terceira de São Francisco (Abb. S. 394)

⊘

★ ★ Pelourinho

Das nordwestlich des Terreiro de Jesus gelegene Altstadtviertel Pelourinho (Pranger) ist das barocke Herzstück der Oberstadt Salvadors. Der ganze Stadtteil wurde zwar als Lateinamerikas bedeutendstes Ensemble von Kolonialbauten des 17. und 18. Jh.s von der UNESCO im Jahr 1985 zum **Weltkulturdenkmal** erklärt, an seinem Verfall änderte das jedoch nichts. Erst durch einen ungeheuren städtebaulichen Kraftakt wurde das heruntergekommene Altstadtviertel ab 1992 von Grund auf saniert. In verschiedenen Etappen wurden Hunderte alter Sobrado-Häuser geräumt und renoviert, Dächer frisch gedeckt und Innenhöfe »entkernt«. Heute ist das Pelourinho-Viertel eine bis in die späte Nacht durch Polizei gesicherte Flaniermeile für Touristen und Einheimische, verfügt über beliebte Bars, gute Restaurants und Open-Air-Bühnen wie die Praça Tereza Batista, den Largo Quincas Berro d'Água oder den – durch die öffentlichen Proben der Musiker des Bloco Afro »Olodum« – berühmt gewordenen Largo do Pelourinho.

Lädt zum Schlendern ein: der Pelourinho

Die Stirnseite des abschüssigen Largo do Pelourinho nehmen zwei geräumige Stadthäuser ein, die beide Museen beherbergen: das Museu da Cidade mit Exponaten zu den afrobrasilianischen Orixá-Gottheiten und die Jorge-Amado-Stiftung, die über das Lebenswerk des berühmtesten Schriftstellers aus Bahia umfassend informiert.

Museu da Cidade, Casa de Jorge Amado

An der Ostflanke des Pelourinho-Platzes reihen sich mehrere zweigeschossige Sobrado-Häuser aneinander, in denen u. a. das Restaurant der Gastronomie-Fachschule »Senac« Platz findet. An die zwei- bis dreigeschossigen Giebelhäuser schließen sich Portal und Glockentür-

★
N.S. do Rosário dos Pretos

me der blau getünchten Pfarrkirche Nossa Senhora do Rosário dos Pretos an. Das Gotteshaus wurde 1704 bis 1781 von Sklaven in zahllosen Nachtschichten errichtet. Die Heiligenfiguren im Inneren der Rosenkranzkirche der Schwarzen haben dunkle Hautfarbe.

Museu Abelardo Rodrigues

An der in den Pelourinho-Platz mündenden Rua Gregório de Matos liegen das **Teatro Miguel Santana** (dessen Aufführungen Folklore und Elemente des Candomblé zeigen), der Solar do Ferrão von 1701 mit dem Abelardo-Rodrigues-Museum, das die bedeutendste Privatsammlung sakraler Kunst Brasiliens zeigt, und das Zentrum der traditionsreichen afrobrasilianischen Musik- und Karnevalsgruppe **»Filhos de Gandhy«**. Nur einen Steinwurf entfernt, befindet sich das Informationszentrum des dynamischen Bloco Afro »Olodum«, dessen Perkussionisten durch die musikalische Zusammenarbeit mit Paul Simon und Michael Jackson weltberühmt wurden.

> ! **Baedeker** TIPP
>
> **An Karneval ein Logenplatz**
> Während des Karnevals treffen an der Praça Castro Alves die von Campo Grande kommenden Umzüge mit zahlreichen Trios Elétricos – phongewaltigen Sattelzügen mit Musikern und Tänzern – und die zu Tausenden aus dem Pelourinho strömenden Mitglieder des Afoxés »Filhos de Gandhy« aufeinander und vereinen sich zu einem großen Menschenknäuel in wogendem Samba-Reggae-Rhythmus.

Schon im Viertel Pilar, das häufig auch Carmo genannt wird, erhebt sich an der Ladeira do Passo, oberhalb einer imponierenden Freitreppe, die im Jahr 1737 errichtete **Igreja do Santíssimo Sacramento do Passo**. Sie verfügt über fünf sehenswerte Rokoko-Altäre, ist aber derzeit für Besucher geschlossen.

Convento do Carmo

Der nördlich des Pelourinho am Largo do Carmo errichtete Karmeliterkomplex, bestehend aus Kirche und Kloster, stammt aus dem späten 16. Jahrhundert. Er wurde 1788 in Brand gesteckt und 40 Jahre später rekonstruiert. Heute nimmt das Kloster ein Hotel auf. In der Kirche des Laienordens (Igreja da Ordem Terceira do Carmo), im Jahr 1636 in klassizistischem Stil erbaut, verdient der Barockaltar Beachtung. Das Museum der Kirche birgt eine schöne, lebensgroße Skulptur des »Toten Christus« aus Zedernholz, mit Rubinen besetzt, die Francisco Chagas im Jahr 1710 ausführte, sowie eine Orgel, deren Pfeifen aus Frankreich importiert wurden.

Praça Castro Alves

Die Praça Castro Alves ist ein wichtiges Bindeglied zwischen Ober- und Unterstadt. Auf dem weiten Platz wurde zur Erinnerung an Castro Alves, den bahianischen Dichter und Verfechter der brasilianischen Unabhängigkeit, ein Denkmal errichtet.

Ein Päuschen in der Sonne gönnt sich dieser deutsche Pater. ➜

✳
Igreja e Mosteiro
de São Bento,
Igreja e
Convento de
Santa Teresa

Südwestlich der Praça Castro Alves säumt der weitläufige Gebäudekomplex des Benediktinerordens, Igreja e Mosteiro de São Bento, die Avenida Sete de Setembro. Über den Largo de São Bento hat man Zugang zu der von einer Kuppel gekrönten Kirche aus dem 17. Jahrhundert und zu Teilen des bereits 1581 begonnenen Klosters. Das im Konvent eingerichtete **Museu de Arte Sacra** zeigt Skulpturen des Mönchs Agostinho und einige schöne Goldschmiedearbeiten. Die Pläne der Kirche stammen vom Benediktiner Frei Macário de São João, dem auch die Entwürfe für den nahen – und architektonisch interessanteren – Gebäudekomplex Igreja e Convento de Santa Teresa zugeschrieben werden. Die Kirche und das ehemalige Kloster des Bettelordens der Diskalzeaten (Unbeschuhte Karmeliter) entstanden ab 1670 an der Rua do Sodré; in dem Kloster befindet sich heute ein weiteres, sehenswertes Museum für sakrale Kunst mit zahlreichen barocken Ausstellungsstücken.

Inseln in der Baía de Todos os Santos

Zahlreiche Inseln sind über die Baía de Todos os Santos verstreut, darunter die vor Candeias gelegene Ilha da Madre de Deus (Mutter-Gottes-Insel) mit einer Kirche aus dem 17. Jahrhundert. Die Ilha dos Frades geizt nicht mit schönen Stränden und Kokospalmen; die Bewohner der Ilha da Maré mit der Kolonialkirche Nossa Senhora das Neves sind auf die Fertigung von Klöppelspitzen spezialisiert.

Itaparica

Mit ihren 240 km² ist die Ilha de Itaparica eine der größten Meeresinseln Brasiliens. Rund 49 000 Einwohner leben auf dem mit schönen Stränden versehenen Eiland, das einen riesigen Wellenbrecher bildet, der das Innere der Baía de Todos os Santos abriegelt und schützt.
Die Autofähren zur Insel legen am Terminal São Joaquim an der Avenida Oscar Pontes 1051 in Salvadors Unterstadt ab, Personenfähren fahren ab dem Terminal Turístico Marítimo (Terminal da França) nahe dem Mercado Modelo. Die einstündige Bootsfahrt erlaubt reizvolle Ausblicke auf die Stadtsilhouette Salvadors.

Umgebung von Salvador

✳
São Francisco
do Conde

Das 25 000 Einwohner zählende São Francisco do Conde, 81 km nordwestlich von Salvador gelegen, ist über die nach Feira de Santana führende Bundesstraße BR-324 sowie die Landstraße BA-522 zu erreichen.
Die Kleinstadt liegt am Nordufer der Allerheiligenbucht und verfügt über zahlreiche Bauwerke aus der Kolonialzeit wie die Kirche **Santo Antônio** und das mit portugiesischen Azulejo-Bildern ausgestattete **Kloster São Francisco** (beide aus dem 18. Jh.) an der Praça Artur Sales, Ecke Rua João Florêncio Gomes. Außerdem sind im Ortszentrum der Paço Municipal (ehemals Stadtverwaltung und Gefängnis)

Strand in der Baía de Todos os Santos

und verschiedene sehenswerte Wohnhäuser erhalten geblieben. Auf der nahen Cajaíba-Insel, zehn Bootsminuten von der Stadt entfernt, sind Zuckerrohrmühlen und -brennereien sowie Häuser aus der Kolonialzeit zu sehen.

São Francisco do Condes Nachbarstadt Santo Amaro zählt immerhin 58 000 Einwohner und ist ein Zentrum des Zuckerrohranbaus im nördlichen Recôncavo Baiano, wie das Gebiet um die Baía de Todos os Santos genannt wird.

Santo Amaro

Der Ort ist 84 km von Salvador entfernt. Aus dem 17. und 18. Jh. sind hier stattliche Bauten erhalten geblieben, darunter das 1793 errichtete Kloster **Convento dos Humildes** an der Praça Padre Inácio Terxeira do São Araújo. An der Praça da Purificação mit einem Brunnen von 1856 befinden sich u. a. der Paço Municipal aus dem Jahr 1727 und die Pfarrkirche Nossa Senhora da Purificação von 1668. Das Gotteshaus ist mit portugiesischen Gemälden und Azulejo-Kacheln geschmückt. Im Rahmen der Festa de Nossa Senhora da Purificação (Januar/Februar) wird die Kirche von Candomblé-Anhängern »gewaschen«.

Von Cachoeira, eine historische Stadt mit 33 500 Einwohnern, ging einst der Aufstand der brasilianischen Truppen, die in den Jahren 1822 und 1823 das portugiesische Heer besiegten, aus. Sie liegt im

✳
Cachoeira

◀ weiter auf S. 410

GEHEIMNISVOLLE SUBKULTUR

Der Kampftanz Capoeira wie auch die synkretistischen religiösen Kulte des Candomblé und Umbanda finden ihren Ursprung in der über zwei Jahrhunderte währenden Unterdrückung schwarzafrikanischer Sklaven in Brasilien. Im nordostbrasilianischen Bundesstaat Bahia haben sich diese afrobrasilianischen Kulturelemente am reinsten erhalten.

Die **Capoeira** beginnt mit einer Ladainha, einem solo vorgetragenen Lobgesang auf eine der afrikanischen Orixá-Gottheiten oder zu Ehren eines Capoeira-Meisters. Der Chor der Tänzer und Musiker beantwortet die Strophe des Vorsängers. Nun setzen auch die typischen Perkussionsinstrumente ein: Berimbau, Pandeiro und Agogô, eine Doppelglocke aus Metall. Mit ihren treibenden, spannungsgeladenen Rhythmen sorgen sie für den aufputschenden musikalischen Rahmen der Capoeira.

Der »Kampf«

Zwei Capoeiristas treten in die Mitte und beginnen ganz langsam, wie in Zeitlupe, ihren tänzerischen Zweikampf. Noch wirkt alles wie ein gegenseitiges Abtasten zweier bis in die Fingerspitzen konzentrierter Gegner. Wenn die große Atabaque-Trommel den Rhythmus übernimmt, werden die Bewegungen schneller und zielgerichteter, ohne die angedeuteten Treffer tatsächlich zu landen. Attacke, Finte, Handstandüberschlag und Gegenangriff in rascher Folge werden von harten Schlägen dünner Gerten, die pausenlos die Felle der kleinen Repinique-Trommeln peitschen, dramatisch untermalt und enden erst im aufbrandenden Applaus der sich rasch einfindenden Zuschauer.

Entstehung der Capoeira

Die Capoeira wurde von aus Westafrika verschleppten Bantus entwickelt, die auf den Zuckerrohrplantagen Bahias zur Sklavenarbeit gezwungen wurden. Sie gestalteten ihre Tänze zu einer Verteidigungstechnik um, bei welcher der ganze **Körper als Waffe** eingesetzt werden kann – denn das Tragen wirklicher Waffen war den Sklaven verboten. Die Bezeichnung Capoeira stammt aus Brasilien; sie kommt in keiner afrikanischen Sprache vor. Musikalische Begleitung wurde anfangs nur hinzugefügt, um das Kampftraining zu tarnen; jeder bei den Sklavenhaltern ausgelöste Verdacht eines organisierten Widerstands hätte unweigerlich grausame Strafen nach sich gezogen.

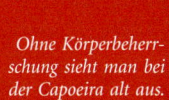

Ohne Körperbeherrschung sieht man bei der Capoeira alt aus.

Flucht in die Städte

Anfang des 19. Jahrhunderts gelangten immer mehr Capoeiristas von den Plantagen in die Städte, wo sie in den Terreiros genannten Tempeln des **Candomblé** Unterschlupf fanden und diese als Gegenleistung schützten. Von der Obrigkeit wurden sie als Raufbolde und Taugenichtse geächtet, und die berittene Polizei von Bahia ging mit äußerster Härte sowohl gegen Capoeirista-Gruppen als auch gegen Candomblé-Versammlungen vor. Dennoch werden bis heute afrobrasilianische Orixá-Gottheiten inbrünstig verehrt. Die Anziehungskraft der ursprünglich als Ersatz für die durch Sklaverei zerrissenen Familienbande gebildeten Glaubensgemeinschaften ist ungebrochen.

Die Götter des Candomblé

Den aus Afrika stammenden Orixás wie Oxalá, dem Herrn des Friedens und Schöpfer der Welt, Iansã, der über Wind und Unwetter gebietenden Göttin des Meeres, oder Xangô, dem ungestümen Herrscher über Blitz und Donner, wurden längst auch in Großstädten mit hohem schwarzen Bevölkerungsanteil außerhalb Bahias Zehntausende von **Terreiros** geweiht. In den Terreiros leben die Geistlichen des Candomblé. An der Spitze der meisten Glaubensgemeinschaften steht eine Priesterin, Ialorixá oder Mãe de Santo (Mutter der Gottheit) genannt. Während der langwierigen religiösen Zeremonien wird sie von männlichen Ratsmitgliedern, den so genannten Ogãos, und einer bestimmten Anzahl Frauen, den Ekedes, unterstützt. Die Ekedes haben die Aufgabe, den **Filhas do Santo** (Töchter der Gottheit) beizustehen, wenn sie in selbstvergessenem Trancezustand zu Medien der von den intensiven Trommelwirbeln gerufenen Orixá-Götter werden.

Umbanda

Vergleichsweise jungen Ursprungs ist die Umbanda-Religion. Sie entstand um 1920, verbreitete sich zunächst im Südosten Brasiliens und gewann auch

»Jeder bei den Sklavenhaltern ausgelöste Verdacht eines organisierten Widerstands hätte unweigerlich grausame Strafen nach sich gezogen.«

in Bahia zunehmend praktizierende Anhänger. Sie wird vor allem von der brasilianischen Mittelschicht getragen und nimmt wesentlich mehr Anleihen beim Katholizismus und den indianischen Naturreligionen als der Candomblé. Umbanda-Feiern werden trotz ihres afrikanischen Ursprungs auf Brasilianisch begangen.

Westen des Recôncavo, wo sich Maniokpflanzungen unter die Zuckerrohrplantagen mischen, 40 km westlich von Santo Amaro und 116 km von Salvador entfernt. In der Stadt ist die 1698 bis 1712 erbaute **Casa da Câmara e Cadeia** (Rathaus mit Gefängnis) sehenswert, während des Unabhängigkeitskriegs Sitz der Regierung von Bahia und heute Stadtparlament und Historisches Archiv. Ebenfalls an der Praça da Aclamação befindet sich die Kirche des Dritten Ordens der Karmeliter (Ordem Terceira do Carmo) im Rokokostil mit vergoldeten Altären und Holzbildern aus Macau; die 1693 bis 1754 an der Rua Ana Nery errichtete Pfarrkirche Nossa Senhora do Rosário gefällt durch ihre Deckengemälde und portugiesischen Kachelbilder. Vom Vorplatz der Kirche Nossa Senhora da Conceição do Monte hat man einen herrlichen Blick auf Cachoeira und das benachbarte **São Felix**, wo man die Zigarrenmanufaktur Dannemann während der Arbeitszeiten besichtigen kann (Av. Salvador Pinto).

Valença

In der 89 000 Einwohner zählenden Stadt Valença, 248 km südwestlich von Salvador, sind noch Kolonialgebäude wie der Paço Municipal und die 1759 erbaute Pfarrkirche Sagrado Coração de Jesus am Largo da Matriz und die Igreja Nossa Senhora do Amparo (Alto da Colina) erhalten geblieben. Am Rio Una kann man – mit etwas Glück – den Bau von Saveiros (Lastensegler) beobachten oder die Strände Guaibinzinho, Taquari und Ponta do Curral, 20 km vom Zentrum entfernt, aufsuchen. Hauptattraktion sind jedoch die Inseln der Umgebung mit ihren schönen, noch urwüchsigen Stränden und einigen der ältesten Ortschaften Brasiliens.

Ilha de Tinharé, Morro de São Paulo

Auf der Ilha de Tinharé, gut 1,5 Bootsstunden von Valença entfernt, liegt das autofreie Ferienstädtchen Morro de São Paulo mit seinen über 20 km langen, von Palmenhainen gesäumten Badeständen und Korallenriffen, in denen sich bei Ebbe Wasserbecken bilden. Auf einer Anhöhe stehen eine Festung und ein Leuchtturm (Farol). Die Kirche der Schutzheiligen, **Nossa Senhora da Luz**, stammt aus dem Jahr 1855. Etwa 4 km entfernt, trifft man am Weg nach Gamboa auf die Süßwasserquelle Fonte do Céu (Himmelsquelle). In der Hauptsaison ist Morro de São Paulo stark überlaufen. Passagierfähren zur Ilha de Tinharé legen in Salvadors Unterstadt am Terminal Turístico Marítimo, an der Avenida da França 410, vis-a-vis des Mercado Modelo ab. Die Überfahrt nimmt ca. zwei Stunden in Anspruch.

Ilha de Cairu

Die Ilha de Cairu, 30 km vor Valença, birgt eine der ersten städtischen Siedlungen Brasiliens. Heute ist Cairu ein fast völlig verlassener Ort, aber noch reich an Kolonialbauten wie der Kirche Nossa Senhora do Rosário und dem Kloster Santo Antônio von 1661. Boote, die zwischen Valença und der Ilha Boipeba verkehren, legen regelmäßig in Cairu an.

Das nur 400 m breite Mündungsgebiet des Rio do Inferno trennt die
Tinharé-Insel im Norden von der Boipeba-Insel. Die Überfahrt von
Valença zu dem 300-Seelen-Dorf dauert jedoch etwa 2,5 Stunden.
Boipeba, im Jahr 1565 an der Mündung des Rio do Inferno gegründet, lockt mit herrlichen Stränden wie Tassimirim, Cueira und Moreré, in deren klarem Wasser die Saveiros der Fischer dahingleiten, und
– bei Ebbe – mit natürlichen Wasserbecken, nur 500 m vom Küstensaum entfernt.

✳
Ilha de
Boipeba

Küste nördlich von Salvador

Den Küstenabschnitt nördlich von Salvador erschließt die Estrada do
Coco, wie die von Itapoã bis an die Grenze zu Sergipe reichende BA-099 wegen der ausgedehnten Palmenhaine auch genannt wird. Von
der Fernstraße führen Stichstraßen zu den Badestränden Lauro de
Freitas, Buraquinho, Busca-Vida, Jauá, Interlagos, Arembepe, Foz do
Jacuípe, Itacimirim, Praia do Forte, Ponta Acu da Torre, Imbassaí
und zum 65 km von Salvador entfernten Porto Sauípe.

✳
Estrada
do Coco

Landschaftlich besonders reizvoll sind die von schlanken Kokospalmen gesäumten Sandstrände vor Praia do Forte, 70 km von Salvador
entfernt. Am Strand vor Praia do Forte befindet sich das größte
brasilianische **Zentrum des Tamar-Projekts** zur Erhaltung der Meeresschildkröten.
Ein Blickfang sind die nahen Ruinen der Casa da Torre de Garcia
d'Avila, einem großartigen Gutshof aus dem 16. Jh., den der Chronist Fernão Cardim so beschrieb: »Es ist der allerschönste in ganz
Brasilien, ganz aus Stuck (...), mit einem sechseckigen Gewölbe und
drei Pforten und üppigen Ornamenten«. Heute sind nur noch die
gewaltigen Arkaden, einige Mauern und die an ähnliche Bauten im
portugiesischen Alentejo erinnernde, sechseckige Kapelle mit Alvenaria-Gewölbe und Pyramidendach erhalten.

✳
Praia do Forte,
Casa da Torre de
Garcia d'Avila

Santarém

Rh 47

Bundesstaat: Pará (PA)   **Einwohner:** 276 000
Höhe: 51 m ü.d.M.

**Die am Zusammenfluss von Rio Tapajós und Amazonas gegründete
Stadt Santarém ist die zweitgrößte im Bundesstaat Pará und eine
der ältesten Ansiedlungen im gesamten Amazonas-Becken.**

Sehenswertes in Santarém und Umgebung

Vor der Stadt befindet sich der Encontro das Águas, der Zusammenfluss des Amazonas mit dem kristallklaren, blaugrünen Wasser des

Encontro
das Águas

SANTARÉM ERLEBEN

AUSKUNFT

Santarém Tur
Tel. (093) 35 22-48 47

ANREISE

Flughafen
Aeroporto de Santarém
Praça Eduardo Gomes
Tel. (092) 35 22-43 28

Busbahnhof
Avenida Cuiabá
Tel. (091) 35 23-49 40

ESSEN

▶ **Preiswert**
Mascote
Praça do Pescador 10
Tel. (093) 35 23-28 36
Das auf die Zubereitung von Amazonasfischen spezialisierte Traditionsrestaurant ist zusammen mit dem Markt der wichtigste Treffpunkt in Santarém.

ÜBERNACHTEN

▶ **Komfortabel**
Hotel Sandis
Rua Floriano Peixoto 609
Tel. (093) 21 01-27 00
www.hotelsandis.com.br
Hotel (39 Z.) im Geschäftszentrum.

Hotel Mirante da Ilha
Rua Lauro Sodré 369
Alter do Chão, Tel. (093) 35 27-12 68
www.hotelmirantedailha.com.br
Das beste Hotel am Ort. Einige der 30 Zimmer bieten Blick auf den Fluss und die Ilha do Amor.

▶ **Günstig**
Agualinda Hotel
Rua D. Macedo Costa 777
Alter do Chão, Tel. (093) 35 27-13 14
www.agualindahotel.com.br
20 geräumige, klimatisierte Zimmer. Vermittlung von Ausflügen in die Naturreservate. Reservierung ratsam.

Rio Tapajós. Die beste Aussicht bietet sich vom Mirante Tapajós an der Rua Colonel Joaquim Braga, hinter der Schule Frei Ambrósio.

Alter do Chão

Das sympathische Fischerdorf Alter do Chão am Rio Tapajós ist von Santarém in zwei Bootsstunden oder in einer Stunde über Land (38 km) zu erreichen, aus touristischer Sicht hat es der großen Nachbarstadt längst den Rang abgelaufen. Denn Alter do Chão bezaubert seine Besucher durch den schönsten Flussstrand der Amazonas-Region sowie seinen idyllischen, nahezu verträumten, Charakter. In der weniger regenreichen zweiten Jahreshälfte entstehen inmitten des Rio Tapajós zahlreiche Inseln, Sandbänke und Strände, die besonders im Ferienmonat Juli zahlreiche Badefreunde anlocken. Der berühmteste Anziehungspunkt ist die ab Juli aus den Fluten auftauchende **Ilha do Amor**, zu der man hinüberschwimmen oder sich in Ruderbooten übersetzen lassen kann. Hier, auf der »Liebesinsel«, nimmt man ein ausgiebiges Sonnenbad, schwimmt im klaren Flusswasser oder be-

Wilde Schönheit: der amazonische Urwald →

stellt in einfachen Strandhütten gegrillten Fisch. Zahlreiche interessante, mehrtägige Ausflüge lassen sich in Alter do Chão über ortsansässige Agenturen organisieren, eine Reihe ordentlicher Hotels und Restaurants sorgt für eine ausreichende Infrastruktur.

✳

**Parque Nacional
da Amazônia**

Der Nationalpark von Amazonien, nördlich des Rio Tapajós auf dem Gebiet der Gemeinden Itaituba (Pará) und Maués (Amazonas) besitzt eine ausgesprochen große Artenvielfalt an Säugetieren, aber keinerlei touristische Infrastruktur. Besuche sollten daher nur mit ortskundigen Führern unternommen werden. Auskünfte erteilt der Ibama-Posten im nahen Städtchen Itaituba, Tel. (091) 35 18-15 30. Von Santarém sind es zum Nationalpark rund 370 km in südwestlicher Richtung; die Zufahrt erfolgt über eine Nebenstrecke der Transamazônica, die über Belterra und Alter da Chão führt; von dort fährt man mit dem Boot bis Itaituba.

Santo Ângelo

Rh 60

Bundesstaat: Rio Grande do Sul (RS)   **Einwohner:** 76 000
Höhe: 281 m ü.d.M.

Überreste jesuitischer Missionstätigkeit in São Miguel das Missões

Santo Ângelo ist der wichtigste Ort, der auf die südbrasilianischen Jesuitenmissionen des 17. Jahrhunderts zurückgeht. Zum Schutz der Guaraní-Indianer vor Sklavenjägern gründeten Jesuiten im heutigen Paraguay, Argentinien und Brasilien die so genannte Guaraní-Republik, bestehend aus 30 Missionsstationen.

Sieben davon – bekannt als Sete Povos das Missões (Sieben Missionen) – liegen in Südbrasilien: neben Santo Ângelo noch São Nicolão, São Lourenço, São Luís Gonzaga, São João Batista, São Miguel und São Borja.
Die Vertreibung der Jesuiten aus dem portugiesischen Herrschaftsgebiet ab dem Jahr 1759 waren der Anfang vom Ende der Missionen, die schließlich dem Verfall preisgegeben wurden.

Sehenswertes in Santo Ângelo und Umgebung

Die wichtigste Sehenswürdigkeit der Stadt ist die Kathedrale, eine 1929 errichtete Nachbildung der Kirche von São Miguel das Missões (s. u.), wo eine eine aus der Redução (Reduktionen hießen die Wehrdörfer, in denen die Indianer unter der Aufsicht der Jesuiten lebten) von São Miguel geborgene Holzstatue des »Toten Christus« aufbewahrt wird.

Catedral

Das Centro de Cultura Missioneira (Zentrum der Missionskultur) in der Rua da Universidade de Missões ist ein historisches Museum mit Exponaten, die aus den Sete Povos das Missões, den Sieben Missionsstationen der Jesuiten, stammen.

Centro de Cultura Missioneira

Nach São Miguel das Missões (7700 Einw.) gelangt man von Santo Ângelo über die BR-285 (Straße nach São Borja, 53 km). In der von der UNESCO zum Weltkulturerbe erklärten Stadt stehen noch die Ruinen der Kirche São Miguel als einziges Zeugnis der Missionsbaukunst in Brasilien.

✳ ✳
São Miguel das Missões

Das zwischen 1737 und 1744 errichtete Gotteshaus entwarf der italienische Jesuit **Giovanni Batista Primoli**. Als Vorbild diente dabei »Il Gesú«, die Mutterkirche des Ordens in Rom, deren Fassade jahrhundertelang die der Jesuitenkirchen auf der ganzen Welt beeinflusste. Das Museum der Missionen, das gleich neben der Kirche an der Praça de São Miguel liegt, wurde von **Lúcio Costa** (1902 – 1998) entworfen und mit Material aus Ruinen und Steinen aus dem einst von den Jesuiten ausgebeuteten Steinbruch erbaut.

Es beherbergt Bruchstücke von Skulpturen und Reste von Gebäuden, die in den Sete Povos das Missões zusammengetragen wurden; eine Tonbildschau erläutert die Geschichte der Missionsstationen. Öffnungszeiten: tgl. 9.00 – 12.00 und 14.00 – 18.00 Uhr.

Ungefähr 30 km südwestlich von Santo Ângelo stößt man auf die Überreste der Mission **São João Batista**, wo an einer Wand noch das Reliefbildnis des Jesuitenpaters Anton Sepp zu sehen ist.

Von der **Redução São Lourenço**, 65 km südwestlich von Santo Ângelo, sind nur noch die Ruinen der 1626 errichteten Kirche übrig. Das gleiche Bild bietet das 125 km westlich von Santo Ângelo gelegene São Nicolão, die erste der sieben Missionsstationen.

▶ SANTO ÂNGELO

AUSKUNFT
Rua 3 de Outubro 800
Tel. (055) 33 12-87 27
www.santoangelo.rs.gov.br

ANREISE
Flughafen
Sepé Tiaraju
Tel. (055) 33 13-66 17

Busbahnhof
Rua Sete de Setembro
Tel. (055) 33 13-26 18

São Luíz Gonzaga São Luíz Gonzaga (70 000 Einw.) liegt 80 km westlich von Santo Ângelo. Hauptattraktion der Stadt ist die 1626 erbaute Wallfahrtskirche Santuário Caaró, in der die selig gesprochenen Jesuitenbrüder **Roque Gonzales und Afonso Rodrigues**, die Gründer der Guaraní-Republik, bis heute von Wallfahrern verehrt werden.

Santos

Sb 57

Bundesstaat: São Paulo (SP)   **Einwohner:** 417 500
Höhe: 2 m ü.d.M.

Die Hafenstadt Santos nimmt den östlichen Teil der Insel São Vicente ein. Die Stadt breitete sich um den 1534 angelegten Hafen von Vila São Vicente aus, erlebte seine Blütezeit aber erst in der Mitte des 19. Jh.s, als der Kaffeeboom in São Paulo einsetzte.

In Kürze stieg es zum ersten Kaffeeausfuhrhafen der Welt auf. Heute verfügt es über die bedeutendsten Hafenanlagen Brasiliens.

Sehenswertes in Santos

Largo Marquês de Monte Alegre An der Einfahrt nach Santos (SP-150) erreicht man unweit des Meeresufers, am Largo Marquês de Monte Alegre im Stadtteil Valongo, den Bahnhof der Rede Ferroviária Federal von 1867, der der Londoner Victoria Station nachempfunden ist. Am selben Platz erheben sich auch die zwischen 1640 und 1691 erbaute Kirche, die Kapelle und das Kloster Santo Antônio do Valongo.

Bolsa do Café Zwei Querstraßen weiter, gegenüber dem Kai und den Lagerhallen an der Praça Azevedo Junior, erhebt sich in der Rua 15 de Novembro 95 das mächtige Gebäude der Kaffeebörse, eines der bedeutendsten Baudenkmäler des ganzen Staates. Im Inneren beeindrucken Glasvitrinen, Malereien von Benedito Calixto und im Auktionsraum das kunstvoll aus Jacarandá-Holz gearbeitete Gestühl der Börsenmakler, die hier Anfang des 20. Jh.s ihre Geschäfte tätigten.

Mosteiro de São Bento Auf der anderen Seite der Ortseinfahrt ragen der Morro São Bento und der Monte Serrat auf. Auf Ersterem steht das ehemalige Kloster São Bento von 1650 mit einem **Museum für sakrale Kunst**. Der Zugang zum Museum liegt an der Rua Santa Joana d'Arc 795.

Monte Serrat Von der Praça Correia de Melo im Zentrum von Santos führen 412 Stufen oder eine Drahtseilbahn auf den Monte Serrat, dessen Gipfel die 1609 errichtete Kapelle der Schutzpatronin Nossa Senhora do Monte Serrat einnimmt. Die Anhöhe gewährt einen weit reichenden Blick über die Stadt und den Hafen. Fahrzeiten: tgl. 8.00 – 20.00 Uhr.

SANTOS ERLEBEN

AUSKUNFT

Disk Tur
Tel. (08 00) 173-887
www.santos.sp.gov.br

Informações Turísticas
Posten am Aquário Municipal
Avenida Bartolomeu de Gusmão
Ponta da Praia

ANREISE

Busbahnhof
Praça dos Andradas 45
Tel. (013) 32 19-21 94

ESSEN

► **Erschwinglich**
Tertúlia
Avenida Bartolomeu de Gusmão 187

Stadtteil Ponta da Praia
Tel. (013) 32 61-16 41
Frisch Gegrilltes nach Rodízio-Art
vom Churrasco-Grill

ÜBERNACHTEN

► **Komfortabel**
Mendes Panorama
Rua Euclides da Cunha 15
Stadtteil Gonzaga
Tel. (013) 32 08-64 00
www.mendeshoteis.com.br
Strandhotel mit 104 Gästezimmern
(teils für Nichtraucher reserviert) mit
Klimaanlage und TV. Internetzugang
und Strandservice. Alle Kreditkarten
werden akzeptiert.

Die Rua Quinze de Novembro mündet in die Praça Barão do Rio Branco mit dem Karmeliterkloster von 1589 und der Kapelle des Dritten Ordens (1760). Hier sind v.a. die Gemälde des Mönchs **Jesuíno de Monte Carmelo** und diejenigen von **Benedito Calixto** beachtenswert. Die Grabkapelle der Familie Andrada birgt die Gebeine von José Bonifácio de Andrada e Silva (1763 – 1838), dem »Vater der brasilianischen Unabhängigkeit«, und seiner Brüder. **Convento do Carmo**

Stadtstrände: Die Avenidas Presidente Wilson und Bartolomeu de Gusmão führen an der Küste entlang zu den verschiedenen, insgesamt 7 km langen Stränden von Santos, unter denen die Praias José

Baedeker TIPP

Passeio de Bonde
Restaurierte Straßenbahnen des Baujahrs 1910 steuern in einer 15-minütigen Rundfahrt die wichtigsten Attraktionen der Stadt an. Abfahrtspunkt ist an der Praça Mauá. Fahrzeiten: Di. – So. 11.00 – 17.00 Uhr.

Menino, Gonzaga, Boqueirão, Embaré und Ponta da Praia zu nennen sind. Die Avenida Bartolomeu de Gusmão endet im Stadtteil Ponta da Praia. Hier kann man von der Ponte dos Práticos Bootsrundfahrten durch die Bucht von Santos unternehmen.

An der Avenida Bartolomeu de Gusmão zeigt das Museu de Pesca Schiffsmodelle, präparierte Fische und die riesigen Knochen eines Wals. Öffnungszeiten: Mi. – So. 10.00 – 18.00 Uhr. **Museu de Pesca**

Der Hafen von Santos ist ein wesentlicher Wirtschaftsfaktor in der Region.

Museu do Mar,
Museu Marítimo

Beim Anlegeplatz der Fähren nach Guarujá, der **Ponte dos Práticos**, nur wenige Häuserblocks vom Strand entfernt, steht an der Rua República do Equador 81 das Meeresmuseum mit seinen präparierten Meerestieren, Muscheln und Korallen sowie technischen Geräten der Ozeanografie. Am selben Ort besteht außerdem das Maritime Museum, welches Fundstücke von Schiffbrüchen zeigt und die tragischen und erstaunlichen Geschichten dazu erzählt. Öffnungszeiten: tgl. 9.00 – 18.00 Uhr.

Umgebung von Santos

Baixada Santista

Von Santos kann man die Küstenstädte der Baixada Santista aufsuchen. Im Norden liegen der mondäne Badeort Guarujá und Bertioga, im Süden São Vicente, von wo einst das ganze Umland besiedelt wurde, Praia Grande und Mongaguá.

Bertioga

Bertioga (43 000 Einw.), 52 km nördlich von Santos, besitzt Badestrände mit einer Gesamtlänge von 44 km. Die interessantesten, die 10 km lange Praia São Lourenço (16 km vom Zentrum), die Praia Guaratuba (24 km) und die Praia Boracéia (35 km) liegen nordöstlich des Ortes und bieten eine gute Wasserqualität.

Forte São João

An der Praia da Ensada beim Hafen von Bertioga ragt das im Jahr 1547 errichtete Forte São João auf, die älteste Küstenfestung ganz Brasiliens. Von hier besteht eine Fährverbindung nach Guarujá. Unter den Veranstaltungen in Bertioga ist die im Juli gefeierte Festa da Tainha (Fest der Meeräsche) besonders beliebt.

Die Ursprünge der 244 500 Einwohner zählenden Stadt Praia Gran- **Praia Grande**
de, 16 km südwestlich von Santos, reichen bis ins 16. Jh. zurück, als
die ersten von São Vicente eingewanderten Siedler hier Fuß fassten.
Heute nimmt der mit Ferienhäusern und Apartmentblocks überzogene Ort im Sommer Tausende von Urlaubsgästen auf. Die Strände
Canto do Forte (1 km nördlich des Ortszentrums), Boqueirão (Zentrum) und Guilhermina (1 km südlich) gelten als belastet. Nicht viel
besser sieht es an den Stränden Tupy, Cidad Ocian, Vila Mirim und
Vila Caiçara aus – dessen ungeachtet frequentieren die Einheimischen die Badebuchten im antarktischen Sommer (Dez. – Febr.) in
großer Zahl.

Die Gemeinde Mongaguá (43 000 Einw.) ist 41 km von Santos ent- **Mongaguá**
fernt. Sie besticht durch ihre insgesamt 12 km langen, ruhigen Strände und die üppig wuchernde, urwüchsige Vegetation der Serras de
Guaperuvi, do Barigui und de Mongaguá. Das Meer ist vor den
Stränden São Paulo, Praia Grande (4 km vom Ortszentrum entfernt),
Vera Cruz (3 km), Agenor Campos (9 km) und Flórida Mirim (12
km) zumindest zeitweise verunreinigt. Der Strand des 15 km entfernten Balneário América ist hingegen zum Baden geeignet.

✱ São João del Rei

Sc 56

Bundesstaat: Minas Gerais (MG) **Einwohner:** 85 000
Höhe: 910 m ü.d.M.

**São João del Rei wurde im Jahr 1699, zur Zeit des Goldrauschs im
Süden von Minas Gerais, gegründet und war einer der Hauptschau-
plätze des Krieges der Emboabas (1708 – 1709).**

Die Bandeirantes aus São Paulo, die die Goldadern entdeckt hatten,
stritten damals mit Portugiesen und Brasilianern anderer Regionen,
die scharenweise in die Região das Minas (Minenregion) strömten,
um die Vorherrschaft über das Gebiet. Der **Rio das Mortes** (Fluss der
Toten) mit seinen alten Steinbrücken und die Patrizierhäuser aus der
Kolonialzeit prägen das Stadtbild. São João del Rei ist Geburtsort von
José da Silva Xavier, genannt Tiradentes (Zahnzieher), des später
hingerichteten Anführers der mineirischen Unabhängigkeitsbewegung. Auch der erste nach der Militärdiktatur (1964 bis 1985) gewählte, allerdings vor Amtsantritt verstorbene Präsident Brasiliens,
Tancredo Neves, stammte von hier.

Sehenswertes in São João del Rei und Umgebung

Die der Schutzheiligen Nossa Senhora do Pilar im Jahr 1721 geweihte ✱
Kathedrale in der Rua Getúlio Vargas besitzt mehrere vergoldete Al- **N.S. do Pilar**

SÃO JOÃO DEL REI

AUSKUNFT

Informações Turísticas
Av. Tancredo Neves (im Musikpavillon
bei der Brücke zum Bahnhof)

ANREISE

Busbahnhof
Rua Dr. Oscar da Cunha
Tel. (032) 33 73-47 00

tare aus der Zeit um 1745. Kirchenschiff und Sakristei sind mit Rokokodecken ausgestattet, der Chor mit Wandmalereien. Die Fassade der Kirche wurde in klassizistischem Stil gestaltet.

Wenige Schritte weiter, nahe der Kathedrale Nossa Senhora do Pilar, ebenfalls in der Rua Getúlio Vargas, zeigt das **Museu de Arte Sacra** (Museum für Sakrale Kunst) Exponate aus den Kirchen der Stadt, darunter eine Figur des von Maria Magdalena beweinten Christus, die mit Blutstropfen symbolisierenden Rubinen bestückt ist.

N.S. do Rosário

Südwestlich der Kathedrale erreicht man den Largo do Rosário (Praça Gastão da Cunha) mit der im Jahr 1719 von Sklaven erbauten Kirche Nossa Senhora do Rosário und zwei Patrizierhäusern, dem Solar dos Lustosas und dem Solar dos Neves, dem Geburtshaus von Tancredo Neves.

✳
N.S. do Carmo

Die Rua Getúlio Vargas mündet nordöstlich der Kathedrale Nossa Senhora do Pilar in die Praça Carlos Gomes mit der Kirche Nossa Senhora do Carmo aus dem Jahr 1734. Das Gotteshaus besitzt einige Arbeiten des großen Meisters **Aleijadinho**. In der Nähe stößt man auf den Chafariz do Largo do Carmo, einen Brunnen aus dem 19. Jahrhundert.

Museu Ferroviário

Die Avenida Presidente Tancredo Neves führt am Rio das Mortes entlang zur Ausfallstraße nach Belo Horizonte und Rio de Janeiro. Am jenseitigen Flussufer verläuft die Avenida Hermílio Alves, an der das gut ausgestattete Museu Ferroviário (Eisenbahnmuseum) liegt, das Bahnhofsgebäude und -betriebswerk aus dem 19. Jh. einschließt und über sehenswerte Wagen und gut restaurierte Schlepptender-Lokomotiven verfügt. Öffnungszeiten: Mi. – So. 9.00 – 11.00 und 13.00 bis 17.00 Uhr.

✳
São Francisco de Assis

Wenn man sich, von der Praça dos Expedicionários kommend, südwestlich hält, gelangt man zur Praça Frei Orlando, die einige der wichtigsten Bauten der Stadt zieren. Beherrschend ist die prächtige Kirche São Francisco de Assis, im Jahr 1774 nach Plänen von Aleijadinho gestaltet und mit Skulpturen des Meisters geschmückt. Das barocke Gotteshaus mit leicht nach außen gewölbten Seitenmauern zeigt an der Fassade Reliefornamente aus Speckstein, darunter das Wappen des Dritten Ordens und dasjenige der portugiesischen Krone. Sonntags findet in der Kirche ab 9.00 Uhr eine Messe statt, die von Barockmusik begleitet wird.

✳ Tiradentes

Das nach dem Helden der Unabhängigkeitsbewegung benannte Tiradentes, 14 km östlich von São João del Rei, wurde während des Goldrauschs aus dem Boden gestampft, zählt aber heute nur mehr knapp 7000 Einwohner. Diese leben in einem nahezu unberührten Kolonialstädtchen, dessen authentische Architektur ein Bild vergangener Zeiten vermittelt. Nicht umsonst bildet Tiradentes die historische Kulisse in nahezu allen brasilianischen Telenovelas, deren Handlung in der Sklavenzeit spielt. Unter seinen Sakralbauten ist vor allem die Pfarrkirche **Matriz de Santo Antônio** aus dem Jahr 1710 beachtenswert, die vergoldete Altäre und eine bunt bemalte, 1779 in Deutschland hergestellte Orgel besitzt. Der Entwurf der 1810 ausgeführten Fassade ist eines der letzten Werke von Aleijadinho. Der mit Festons gekrönte Chor, Hauptblickfang der Innenausstattung, wird von Pilastern mit Schnitzereien gestützt. Das Padre-Toledo-Museum ist im ehemaligen Wohnhaus des Inconfidente-Priesters an der Rua Padre Toledo 190 untergebracht, wo sich einst die Verschwörer zum ersten Mal versammelten. Von Interesse ist auch die Casa da Gravura, in der zum Steindruck verwendete Platten aus dem 18. Jh. aufbewahrt werden.

! *Baedeker* TIPP

Per Dampflok nach Tiradentes

Gut 30 Minuten dauert die Fahrt vom Bahnhof in São João del Rei nach Tiradentes – per Nostalgiezug, gezogen von einer rußenden und fauchenden Schlepptender-Dampflok, versteht sich. Die Museumsbahn verkehrt Fr. bis So.; Abfahrt in São João del Rei ist jeweils um 10.00 und 15.00 Uhr; Rückfahrt von Tiradentes um 13.00 und 17.00 Uhr.

✳✳ São Luís

Sc 47

Bundesstaat: Maranhão (MA)   **Einwohner:** 987 000
Höhe: 24 m ü.d.M.

Nur der Name erinnert noch an die französische Vergangenheit: São Luís war Hauptstadt der France Equinoxiale, jener Kolonie, die die Franzosen im Jahr 1612 im Norden Brasiliens auf der Insel São Luis in der Bucht São Marcos errichteten.

Die Architektur von São Luís ist vornehmlich portugiesisch, die Gesellschaft von den Nachfahren afrikanischer Sklaven geprägt. Weit weniger überlaufen als das ebenfalls afrikanisch geprägte Salvador, hat sich in São Luís ein Flair von tropischer Abgeschiedenheit, von romantischer Beschaulichkeit erhalten. Wer durch die Gassen der UNESCO-geschützten Altstadt schlendert wird sich ihrem Charme schwerlich entziehen können.

Sehenswertes in São Luís

★★
Altstadt

Im Stadtbild gibt es fast nichts mehr, was an die Zeit der Franzosen erinnert; die engen Straßen und mehrstöckigen, mit Azulejos verkleideten Häuser sind typisch portugiesisch. Im historischen Kern von São Luís, der vollständig unter Denkmalschutz gestellt wurde, ist die enge Beziehung zu Portugal noch augenfälliger: Einige Häuser zeigen Balkone mit schmiedeeisernen Balustraden, Dachterrassen und Galerien mit Jalousien, welche die Hitze abhalten sollen.

Cais da Sagração, Palácio dos Leões

Ein Gang durch die Altstadt kann z. B. am Cais da Sagração, dem Hafenkai neben dem Largo do Palácio, beginnen, wo früher Boote und Schiffe für den Zucker- und Baumwollexport anlegten. Nur ein paar Schritte weiter ist in der **Avenida Dom Pedro II.** der Palácio dos Leões (Löwenpalast) zu besichtigen, heute Sitz der Regierung und der Staatlichen Pinakothek. An dieser Stelle erhob sich einst eine französische Festung, die bis 1615 zum Schutz der Hauptstadt der France Equinoxiale diente.

Maler in der Altstadt von São Luís

Die in den Jahren 1690 bis 1699 von den Jesuiten an der Praça Dom
Pedro II. erbaute Kirche befindet sich neben dem Erzbischöflichen
Palast. Erst 1763, nachdem der portugiesische Premierminister Marquês de Pombal die Jesuiten des
Landes verwiesen hatte, wurde sie
zum Bischofssitz; im Jahr 1922
wurde das Gotteshaus in neoklassizistischem Stil umgestaltet. Sehenswert ist der vergoldete Hochaltar
der Matriz da Sé.

★
Matriz da Sé

In der Rua Portugal 273 in der Altstadt ist das **Museu de Artes Visuais** (Museum der Visuellen Kunst)
zu finden, wo Werke von Künstlern aus Maranhão und portugiesische Azulejos aus dem 19. und 20.
Jh. zu sehen sind. Öffnungszeiten:
Di. – So. 9.00 – 18.00 Uhr.

Eine Steintreppe zwischen der Rua
Portugal und der Djalma Dutra
wurde mit dem Namen **»Beco da
Catarina Mina«** bedacht, zur Erin-

Blick auf São Luís

nerung an die freigelassene Sklavin
Catarina Rosa de Jesus, die sich die Herzen der gesellschaftlichen Eli-
te zu erobern verstand und zur Herrin über Land und Sklaven um
São Luís wurde.

Das Museum Casa do Maranhão wurde im ehemaligen Zollgebäude
(Alfândega) in der Rua do Trapiche im historischen Altstadtkern eingerichtet. Es zeigt sehenswerte Exponate zum Festival Bumba-Meu-
Boi und zur Stadtgeschichte von São Luís. Öffnungszeiten: Di. – So.
9.00 – 18.00 Uhr.

★
**Casa do
Maranhão**
☉

Das 1815 bis 1817 erbaute Arthur-Azevedo-Theater in der Rua do
Sol war eines der ersten, das in einer brasilianischen Provinzhauptstadt erbaut wurde. Die **neoklassizistische Spielstätte** wurde 1993
von Grund auf restauriert und gilt heute als eine der modernsten in
Brasilien. Öffnungszeiten: Di. – Fr. 14.00 – 17.00 Uhr.

**Teatro Arthur
Azevedo**

☉

Die Fassade des 1796 errichteten Fonte do Ribeirão, eines öffentlichen Brunnens in der Rua dos Afogados (Largo do Ribeirão), weist
drei vergitterte Fenster auf. Dahinter liegen unterirdische Gänge, die
als Abflusskanäle und zum Sammeln von Grundwasser dienen. Sie
unterkellern weite Teile der historischen Altstadt und ziehen sich bis
zur Karmeliterkirche. Die fünf Wasserspender des Brunnens zieren
Neptunfiguren.

**Fonte do
Ribeirão**

▶ SÃO LUÍS ERLEBEN

AUSKUNFT

Informações Turísticas
Aeroporto Marechal Cunha Machado
Avenida dos Libaneses
Tel. (098) 32 44-45 00

Posten Praça Benedito Leite
Stadtteil Praia Grande
Tel. (098) 32 12-62 11

ANREISE

Flughafen
Marechal Cunha Machado
Avenida dos Libaneses
Tel. (098) 32 17-61 00

Busbahnhof
Avenida dos Franceses
Santo Antônio
Tel. (098) 32 75-98 86

VERANSTALTUNGEN

In São Luís werden mehrere Volksfeste gefeiert; einige davon sind afrikanischen Ursprungs, z. B. der Tambor de Crioula (Juni) und der dem hl. Sebastian gewidmete Tambor de Mina (Juli).

Bumba-Meu-Boi
Die bedeutendste Folkloredarbietung ist jedoch der Bumba-Meu-Boi, der indianische, afrikanische und lusobrasilianische Einflüsse in sich vereint. Am 22. Juni, zwei Tage vor dem Johannisfest, wird die Hauptfigur des Tanz- und Gesangspiels, der Boi (Ochse), »geboren«, am nächsten Tag wird er in der Kultstätte der Gruppe »getauft«. Das ist der Auftakt zu einem Fest, das bis zum 30. Juli bzw. bis in den September hinein andauert, wenn der Boi – ein Gerüst aus Holz und Buriti-Palmfasern, mit besticktem Samt, Glasperlen und buntem Flitter überzogen, unter dem sich ein Tänzer verbirgt – endgültig »stirbt«. Das Fest war ursprünglich eine Parodie der Unterdrückten auf die Gesellschaft der Sklavenhalter und wurde daher zeitweilig von der Obrigkeit verboten.

ESSEN

▶ **Preiswert**
① *Senac*
Rua de Nazaré 242, Praia Grande
Tel. (098) 31 98-11 00
Gutes Mittagsbuffet im Haus einer Restaurantfachschule, von Donnerstag bis Samstag auch Abendessen à la carte.

Cabana do Sol
Rua João Damasceno 24 A
Farol de São Marcos
Tel. (098) 32 35-25 86
Regionale Fisch- und Fleischgerichte, teils vom Grill. Ausgesprochen große Portionen.

ÜBERNACHTEN

▶ **Komfortabel**
Pestana São Luís Hotel
Avenida Aviscênia 1
Praia do Calhau
Tel. (098) 21 06-05 05
www.pestanasaoluis.com.br
Bestes Hotel in São Luís, 10 km außerhalb des Zentrums. Ein eigener Park umgibt 125 gut ausgestattete Gästezimmer, Restaurant, Bar, Pool.

▶ **Günstig**
① *Pousada Portas da Amazônia*
Rua do Giz 129
Praia Grande
Tel. (098) 32 22-99 37
www.portasdaamazonia.com.br
35 unterschiedlich große Gästezimmer in einem Komplex aus mehreren historischen Stadthäusern

São Luís *Orientierung*

R i o   A n i l

Av. Beira Mar

Largo do Amores
Igreja dos Remédios

R. Bar. de Itapary

R. Jan. Müller

R. Coelho Neto

R. 25 de Nov.

Rua do Marajá

Pça. A. Lobo

Pal. dos Leões

Prefeitura

Pça. D. Pedro II.

Matriz da Sé

R. de Egito

Fonte do Ribeirão

Seminario Sto. Antônio

Casa de Cultura Josué Montello

R. de Nazaré

R. dos Afogados

Museu de Artes Visuais

R. Port.

Teatro A. Azevedo

Museu Histórico e Turistico do Maranhão

Rua do Sol

Av. S. Maia

PRAIA GRANDE

Igreja do Carmo

Largo do Carmo

Museu de Arte Sacra

Igreja de São João

Biblioteca

R. da Paz

Hotel Solar do Carmo

Av. M. de Almeida

Rua Grande

R. da Estrela

R. Direita

R. de Palma

Rua de Santana

Capela das Laranjeiras

Cafua das Mercés

R. J. Maia

R. do Mocambo

R. da Inveja

300 m

Av. Senador Vitorino Freire

©Baedeker

Av. A. de Moura

Igreja do Desterro

R. da Palha

R. de São Pantaleão

Rua do Passeio

Rua do Outeiro

R. das Cajazeiras

Av. Kennedy

Essen
① Senac

Übernachten
① Portas da Amazônia

Südlich von Praia Grande stößt man auf weitere sehenswerte Bauten aus der Kolonialzeit. An der Rua Jacinto Maia 43 befindet sich die Cafua das Mercés, der ehemalige Sklavenmarkt, in dem heute ein Museum (Museu do Negro) eingerichtet ist. Öffnungszeiten: Di. bis Fr. 13.30 – 18.00 Uhr.

Cafua das Mercés

Die in der ersten Hälfte des 17. Jahrhunderts erbaute Igreja do Desterro (Kirche der Verbannung) gab dem Platz, auf dem sie steht, den Namen. Sie ist die älteste Kirche ganz Maranhãos, wurde im Jahr 1641 von den Holländern geplündert und zerstört, später aber wieder aufgebaut.

Igreja do Desterro

Strände In der näheren Umgebung von São Luís breiten sich einige zwischen Dünen eingebettete Badestrände aus. Doch sollte man sich auf jeden Fall vor den Brandungswellen in Acht nehmen, die sehr hoch werden können, und auch vor den Autos, die an einigen Küstenabschnitten über die Strände rasen.

Zu den meistbesuchten Stränden zählen: die Praia do Calhau (8 km außerhalb); die Ponta d'Areia mit den **Ruinen des Forts Santo Antônio** von 1691, der zum Baden ungeeignete Strand São Marcos mit den Resten der Festung São Marcos (Ende des 18. Jh.s) und schließlich die Praia de Araçagi, 19 km von São Luís, einer der reizvollsten Strände des ganzen Küstenabschnitts.

Verfall einer Idylle: Alcântara

Alcântara

Der Ort Alcântara (7000 Einw.), jenseits der São-Marcos-Bucht auf dem Festland gelegen, ist zum **nationalen Kulturdenkmal** erklärt worden. Er ist ca. 20 km von São Luís entfernt, von dort per Fähre (80 Min.) oder – auf Umwegen – per Bus (53 km) zu erreichen.

Kennzeichnend für Alcântara sind seine Kirchen und die zum Teil mit bunten Azulejos verkleideten Häuser – Zeugen einer Zeit, in der die Stadt bevorzugtes Refugium des Landadels von Maranhão war. Viele Gebäude sind leider nur als Ruinen, oft nicht mehr als hohle Fassaden, erhalten.

In Alcântara hat jedoch auch die Technologie der Neuzeit Einzug gehalten: Nahe des Städtchens befindet sich das **Centro Aeroespacial**, wo die brasilianische Luft- und Raumfahrt ihre Weltraumforschung betreibt.

Matriz de São Matias An der Praça Gomes de Castro und in der Rua Grande stehen die meisten alten Bauten der Stadt. Auf dem Platz erhebt sich die Ruine der Hauptkirche São Matias, die 1648 unweit des Pelourinho (Pranger) errichtet wurde.

Die Präfektur hat ihren Sitz im ehemaligen Gefängnis, der Cadeia Pública aus dem 18 Jh., ebenfalls an der Praça Gomes de Castro gelegen. Hier befindet sich auch das historische Museum von Alcântara, das eine sehenswerte Sammlung religiöser Kunst und Mobiliar aus dem 18. und 19. Jh. zeigt. Öffnungszeiten: tgl. 9.00 – 13.45 Uhr.

Museu Histórico de Alcântara

Die an der Rua Grande stehende Kirche Nossa Senhora do Carmo von 1663 birgt einen schönen Barockaltar.

N.S. do Carmo

✱ Parque Nacional dos Lençóis Maranhenses

Der 155 000 ha große Nationalpark Lençóis Maranhenses liegt 260 km östlich von São Luís. Von Barreirinhas – am südlichen Rand des Nationalparks – kann man mit dem Geländewagen zum Nationalpark und per Boot bis zu den Fischersiedlungen Mandacaru und Atins gelangen und von dort Ausflüge bis zum Parkgelände unternehmen – aber nur mit einem ortskundigen Führer! Während der 2- bis 3-stündigen Fahrt auf dem Rio Preguiças ziehen abwechselnd **Mangrovenwälder und Palmenhaine** am Boot vorüber. Erst gegen Ende tauchen Kriechpflanzen und riesige Dünen aus feinstem Sand auf.. Der im Jahr 1981 gegründete Nationalpark verfügt über keinerlei touristische Infrastruktur.

Der Nationalpark gilt als das einzige Wüstengebiet auf brasilianischem Boden. Die schneeweißen Dünen, bei deren Anblick man unwillkürlich an Betttücher denkt – eine Assoziation, der diese Gegend ihren Namen verdankt (Lençóis = Laken) –, dringen 50 km weit ins Landesinnere. Hier herrscht ein heißes, halbfeuchtes Klima mit durchschnittlichen Jahresniederschlägen von 1500 bis 1700 mm. Pflanzen gedeihen nur in Flussnähe (Rio Preguiças und Rio Alegre), auf Sandbänken und in Mangrovengebieten, wo gelegentlich auch Wasseramseln oder andere Vogelarten nisten.

Schneeweiße Wüste

Nur selten bekommt man Pakas (südamerikanische Nagetiere) oder andere Säugetiere zu Gesicht. An den halb leeren Stränden suchen Meeresschildkröten Zuflucht. Im Großen und Ganzen ist die Region nur im Winter, während der Regenzeit, bewohnt; sobald sich die Trockenperiode ankündigt, verlassen die Fischer ihre am Meeresufer errichteten, strohgedeckten Lehmhütten und suchen in den nahe liegenden Orten nach Arbeit in der Landwirtschaft.

Nur im Winter bewohnt

Eine der Lebensgrundlagen in dieser Region sind die Seen, die sich zwischen Dezember und Mai durch die heftigen Regenfälle bilden. Ihr blau oder grün, gelb oder braun schimmerndes Wasser trägt mit zur wilden Schönheit dieser Gegend bei. In den restlichen Monaten trocknen die meisten Seen aus, werden wieder zu »Bettlaken«, also Teil jener Morraria (Dünenkette), die, ständig vom Wind gepeitscht, immer wieder andere Formen annimmt.

Wilde Schönheit

✳ ✳ São Paulo

Bundesstaat: São Paulo (SP)   **Einwohner:** 11 Mio.
Höhe: 780 m ü.d.M.

São Paulo, Kapitale des gleichnamigen Bundesstaates und größte Metropole Südamerikas, ist wirtschaftlich und kulturell die mit Abstand wichtigste Stadt Brasiliens.

Sie ist aber auch die Verkörperung des städtischen Molochs schlechthin – chaotisch, hektisch, überdimensional in ihrem geografischen Ausmaß, gigantisch hinsichtlich der Bevölkerungszahl und aufreibend für jeden, der sich in der Millionenmetropole – mit welchem Verkehrsmittel auch immer – fortbewegen möchte. Der täglich wiederkehrende Verkehrsinfarkt in den an Manhattan erinnernden Straßenschluchten São Paulos, die verlorene Zeit im Straßenlabyrinth der Stadt, ist auch das größte Produktivitätsproblem des Wirtschaftsstandorts. Dennoch stammen über 50 % der Industrieproduktion Brasiliens aus São Paulo; hier haben alle große Firmen und Dienstleister ihre Niederlassungen; hier pflegen die Gewinner der wirtschaftlichen Expansion der Stadt ihren gehobenen Lebensstil, während die Verlierer in den Favelas der Randzonen ein karges Dasein fristen. São Paulo ist die Stadt mit den krassesten sozialen Gegensätzen in einem Land, das ohnehin durch die enorme **Disparität von Arm und Reich** geprägt ist. Sie war und ist aber auch ein Magnet für europäische und asiatische Einwanderer, die der Stadt eine ausgesprochen multikulturelle Atmosphäre verleihen, die ihren Niederschlag in zahllosen internationalen Restaurants findet: Nichts ist leichter als eine kulinarische Weltreise in São Paulo. Ebenso leicht fällt es, sich die Nacht in den Kneipen und Bars um die Ohren zu schlagen, sich seines Geldes in den Einkaufszentren der Innenstadt zu entledigen oder aber die Kultur- und Freizeitangebote für einen kurzweiligen Aufenthalt in einer der weltgrößten Städte zu nutzen.

Orientierung und Fortbewegung

In São Paulo gibt es keinen Zuckerhut, keinen Corcovado wie in Rio de Janeiro, die als überdimensionale Wegweiser Fremden als Orientierungshilfe dienen. Die Stadt ist unübersichtlich, chaotisch und aufgrund ihrer grandiosen Ausdehnung für den flüchtigen Besucher ohnehin nicht gänzlich zu erkunden. Meist bleibt ein Besuch São Paulos auf das Zentrum und sein erweitertes Umfeld mit den Stadtteilen Liberdade und Bela Vista sowie die berühmte **Avenida Paulista** beschränkt. Die touristisch interessanten Stadtgebiete sind mit der Metro unkompliziert und schnell zu erreichen; das Busliniensystem hingegen ist unübersichtlich, die Busse selbst sind überfüllt und stehen mehr im Stau, als dass sie fahren.

← *São Paulo – die größte Metropole Südamerikas*

SÃO PAULO ERLEBEN *siehe Karte S. 440/441*

AUSKUNFT

Zentrales Infotelefon
Tel. (011) 62 24-04 00

Centrais de Informações Turísticas (CIT)
Posten Aeroporto Guarulhos
Ankunftshallen Termial 1 u.2

Posten Olido, Av. São João 473,
Zentrum
(Olido-Kulturzentrum am Largo do
Paissandu)
www.cidadesaopaulo.com

ANREISE

Flughäfen
Aeroporto Int. de São Paulo/
Guarulhos, Tel. (011) 64 45-29 45

Aeroporto Nacional de Congonhas
Tel. (011) 50 90-90 00

Busbahnhöfe
Info-Tel. (011) 32 35-03 22

Terminal Tietê
Av. Cruzeiro do Sul 1800 (wichtigster
und größter Busbahnhof des Landes)

Terminal do Jabaquara
Rua dos Jequitibás (Busse zum südlichen Küstenabschnitt von São Paulo,
inkl. Santos und Guarujá)

Terminal Barra Funda
Rua Mário de Andrade 644 (Busse zu
vielen Zielen in Paraná sowie
Rondônia, Mato Grosso und Mato
Grosso do Sul)

AUSGEHEN/EINKAUFEN

Die unter dem Namen Jardims
(Gärten) zusammengefassten Stadt-
bezirke Cerqueira César, Jardim
Europa, Jardim América, Jardim
Paulistano, Itaim usw. können mit
vornehmen Restaurants und Hotels
sowie mit exklusiven Markengeschäf-
ten aufwarten. Davon abgesehen sind
sie nach und nach auch zum Mittelpunkt des Nachtlebens von São Paulo
geworden.
Die betreffenden Stadtteile liegen
südwestlich der durch Cerqueira César verlaufenden Avenida Paulista,
westlich des Ibirapuera-Parks, südlich
des Pinheiros-Viertels und östlich des
Rio Pinheiros: Langsam, aber sicher
wachsen die eleganten Geschäfts- und
Wohnhäuser der Jardims aber auch
über diese bisher gültigen Grenzen
hinaus.
Zu den verschiedenen Zufahrts-
möglichkeiten gehören die Rua
Augusta, eine der berühmtesten
Straßen der Millionenmetropole São
Paulo, und die Rua Oscar Freire, das
beliebte Einkaufszentrum für Luxus-
artikel.

ESSEN

▶ Fein & teuer
Baby-Beef Rubaiyat
Alameda Santos 86, Stadtteil Paraíso
Tel. (011) 31 41-11 88
Grill-Restaurant mit über 30-jähriger
Tradition, sehr gute Fleischqualität
(mehr als 20 Sorten) aus eigener
Zucht. Mittagstisch auch vom Buffet.
Donnerstags und samstags wird
Feijoada, ein Bohneneintopf mit um-
fangreichen Beilagen vom Buffet,
angeboten, freitags Fisch und
Meeresfrüchte. Zweites Haus in der
Avenida Brig. Faria Lima 2954,
Stadtteil Itaim Bibi.

Fasano
(im gleichnamigen Hotel)
Rua Vitório Fasano 88
Stadtteil Cerqueira César

Tel. (011) 30 62-40 00
Seit Jahrzehnten ist der Familienbe-
trieb der Inbegriff italienischer Küche
nicht nur in São Paulo sondern in
ganz Brasilien. Küchenchef Salvatore
Loi und seine Team sind berühmt für
ihre Risottos und Klassiker wie das
Stracotto d'agnello (gebratenes
Lamm).

Aizomê
Alameda Fernão Cardim 39
Stadtteil Jardim Paulista
Tel. (011) 32 51-51 57
Das zur Zeit beste japanische Restau-
rant der Stadt bereichert die traditio-
nelle Küche um französische
Einflüsse.

Rodeio
Alameda Jardim Paulista
Tel. (011) 34 74-13 33
Das Haus mit über 50-jähriger Tradition ist auf Fleischgerichte spezialisiert. Dazu gehört auch die Picanha
fatiada (ein saftiges Hüftsteak,
scheibchenweise serviert), die hier
zum ersten Mal serviert wurde und
inzwischen in jedem besseren Fleisch-
restaurant der Stadt obligatorisch ist.

▶ Erschwinglich
Z'Deli
Alameda G. Monteiro da Silva 1350
Stadtteil Jardim Paulistano
Tel. (011) 30 64-30 58
Koschere osteuropäische Küche und
Gerichte arabischen Ursprungs. Zum
Nachtisch: Käsekuchen mit Brom-
beersoße.

Tordesilhas
Rua Bela Cintra 465
Stadtteil Consolação
Tel. (011) 31 07-74 44
Mehrfach ausgezeichnetes Restaurant
mit Spezialitäten aus allen kulinari-
schen Regionen Brasiliens

▶ Preiswert
Saj
Rua Girasol 523
Stadtteil Vila Madalena
Tel. (011) 30 32-59 39
Der Name des Restaurants kommt
von der konvexen Metallform, in der
Fladenbrote laufend frisch ausge-
backen werden, die feine Speisenkarte
kommt aus dem Libanon.

Fulô
Rua Haddock Lobo 899
Stadtteil Cerqueira César
Tel. (011) 30 81-77 69
Naturkost-Restaurant mit überra-
schend schmackhaften Speisen wie
Tagliatelle an Pesto mit Shiitakepilzen
und Cashew-Nüssen. Die meisten
Zutaten sind aus organischem Anbau,
so auch der Zuckerrohrschnaps für
die Caipirinhas

ÜBERNACHTEN
▶ Luxus
Emiliano
Rua Oscar Freire 384
Stadtteil Cerqueira César
Tel. (011) 30 69-43 69
www.emiliano.com.br
Modernes Businesshotel mit allem
Komfort. 57 Apartments; die Suiten
sind mit CD- und DVD-Playern
ausgestattet. Ein Saal ist für Video-
konferenzen ausgerüstet.

Außerdem: Pool, Sauna und Fitnesszentrum.

InterContinental
Alameda Santos 1123
Stadtteil Cerqueira César
Tel. (011) 31 79-26 00, www.ihg.com
Modernes Businesshotel mit 189
geräumigen und großzügig ausgestat-
teten Gästezimmern, exzellentem
Restaurant, Bar, Swimmingpool und
Sauna

▶ Komfortabel

① Pergamon
Rua Frei Caneca 80
Stadtteil Consolação
Tel. (011) 31 23-20 21
www.pergamon.com.br
Modernes Designerhotel (120 Z.),
Parkplätze, Restaurant, Bar und Fit-
nessraum. Alle Kreditkarten werden
akzeptiert.

Novotel São Paulo Morumbi
Rua Min. Nélson Hungria 450
Stadtteil Morumbi
Tel. (011) 37 58-62 11
www.accorhotels.com.br
Eines der modernsten Hotels des
Stadtteils, 191 Gästezimmer, teils für
Rollstuhlfahrer ausgestattet, Pkw-
Stellplätze, Restaurant, Bar und ein
Swimmingpool mit Ausblick auf den
Rio Pinheiros.

▶ Günstig

② 155 Hotel
Rua Martinho Prado 173
Stadtteil Consolação
Tel. (011) 31 50-15 55
www.155hotel.com.br
Sehr zentral gelegenes neues Budget-
Hotel von 2009. Die 75 Zimmer sind
modern, funktional und trotzdem
komfortabel.

Ibis Paulista
Avenida Paulista 2355
Stadttteil Cerqueira César
Tel. (011) 35 23-30 00 oder
(0800) 703-70 00
www.ibis.com.br
Budgethotel in sehr guter Lage (235
Z.), teils für Nichtraucher reserviert,
teils (auch) für Rollstuhlfahrer ausgelegt, Pkw-Stellplätze, Restaurant
und Bar. Alle Kreditkarten werden
akzeptiert.

Centro Antigo

Catedral Metropolitana
Eine Besichtigung der Metropole beginnt man am besten in der Altstadt, auf dem Hügel zwischen dem Tamanduateí- und dem Anhangabaú-Tal. Hier erhebt sich an der zentral gelegenen Praça da Sé die
neugotische Kathedrale, die an der Stelle einer älteren Bischofskirche
errichtet wurde.
Die Bauarbeiten zogen sich über 42 Jahre hin. Im Jahr 1954, im vier-
hundertsten Jahr der Gründung von São Paulo, konnte die neue
Hauptkirche dann endlich eingeweiht werden. Ihre Fassade zieren
Statuen alttestamentarischer Propheten und der Jünger Christi.

Igreja do Carmo
Von der die Praça da Sé nach Osten hin verlängernden Praça Clóvis
Bevilácqua geht die Avenida Rangel Pestana aus, an der die 1632 entstandene Igreja da Ordem Terceira do Carmo (Kirche des Dritten
Karmeliterordens) steht. Der Bau offenbart, v.a. am barocken Hochaltar, typische Stilelemente des 17. Jahrhunderts. In der Sakristei befindet sich ein Kruzifix, das 1684 aus Portugal eingeführt wurde.

Pátio do Colégio
Der Pátio do Colégio, nördlich der Praça da Sé, ist die Wiege São
Paulos. Hier gründeten die Padres Manuel da Nóbrega und José de
Anchieta das Kolleg der Gesellschaft Jesu, Wohn- und Studienstätte

der Jesuiten, und hier wurde am 25. Januar 1554 die erste Messe der Siedlung gelesen. Heute ist der Pátio do Colégio Standort eines einladenden Cafés sowie eines historischen Museums, der **Casa Anchieta**, und der Capela de Anchieta. Von dem ursprünglichen Bau des 16. Jh.s zeugen nur noch die Türen und eine Lehmwand. Öffnungszeiten: Di. – So. 9.00 – 17.00 Uhr.

🕐

Am Largo de São Francisco, westlich der Praça da Sé und des Pátio do Colégio gelegen, erblickt man die Kirche **São Francisco de Assis** aus dem Jahr 1647 und die 1676 bis 1791 errichtete **Capela da Ordem Terceira de São Francisco**, das Gotteshaus des Laienordens der Franziskaner.

✳
Largo de
São Francisco

Das dritte Gebäude in diesem Bauverbund, das Kloster São Francisco, ist seit 1828, aufgrund eines kaiserlichen Dekrets, Sitz der Rechtswissenschaftlichen Fakultät, die seit 1932 der Universität von São Paulo (USP) angegliedert ist.

Die die Praça do Patriarca streifende Rua São Bento zieht sich das Anhangabaú-Tal entlang. Weiter nördlich trifft sie auf die Avenida São João, die das Tal durchkreuzt und dann westwärts verläuft. An dieser Kreuzung wurde 1922 bis 1930 das Martinelli-Gebäude gebaut, der erste Wolkenkratzer in ganz Südamerika.

Edifício
Martinelli

Nach seiner Einweihung beherbergte das Gebäude ein Luxushotel mit Kasino, Festsälen, Kino und – ganz oben – die herrschaftliche Residenz des Eigentümers, Giuseppe Martinelli, einem erfolgreichen italienischen Einwanderer. Treppen und Fußböden waren mit Marmor aus Carrara ausgelegt, die Türen und Fensterrahmen waren aus Riga importiert worden, und der rosa gefärbte Zement des Wolkenkratzers wurde aus Schweden herbeigeschafft.

Die Rua São Bento führt zum Platz gleichen Namens mit der Basilika (1910/1922) und dem im späten 16. Jh. erbauten Kloster der Benediktiner.

✳ ✳
Basílica e
Mosteiro de
São Bento

Die Kirche besitzt eine 1908 in Deutschland hergestellte Orgel mit 6000 Pfeifen. Werke namhafter Benediktinerkünstler befinden sich in dem Gotteshaus, darunter auch Arbeiten des Mönchs **Frei Agostinho de Jesus**, der zwischen 1650 und 1652 die Gemälde des São Bento (hl. Benedikt) und der Santa Escolástica (hl. Scholastika) für das Kloster schuf. Im Inneren sind ferner die in München gefertigten Glasfenster und eine mit Perlen, Rubinen und Türkisen besetzte russische Ikone beachtenswert.

Auf dem Giebel sitzt ein goldener Hahn – Gastgeschenk der englischen Königin Elisabeth II. anlässlich der Einweihung des Kunstmuseums von São Paulo (MASP) im Jahr 1968. Seit 1921 besitzt das Gotteshaus einen Uhrturm, dessen Werk ebenfalls in München konstruiert wurde. Am Wochenende werden die Frühmessen vor dem Hochaltar zelebriert und von Gregorianischen Chorgesängen begleitet (Sa. um 6.00, So. um 10.00 Uhr).

São Paulo *Übersichtskarte*

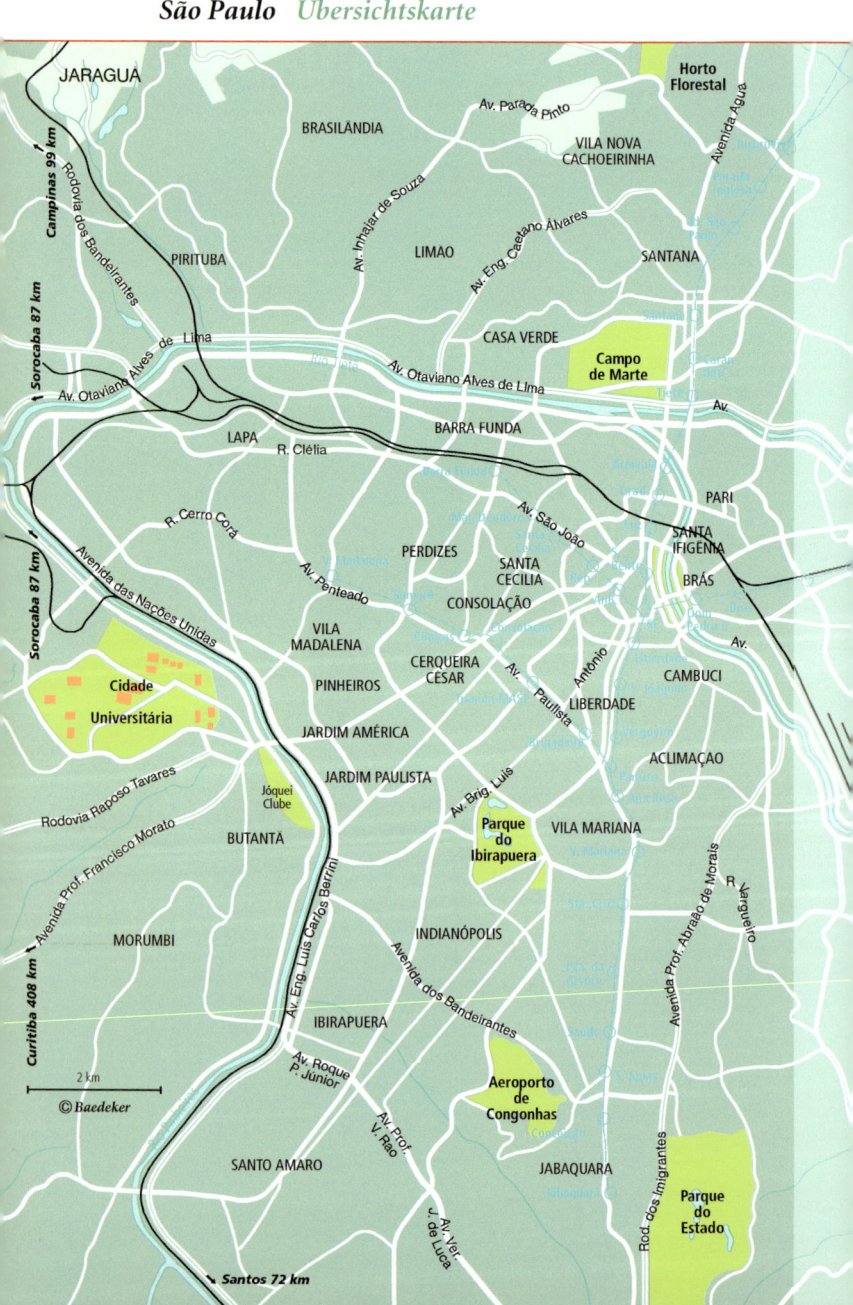

JARAGUA

BRASILÄNDIA

Av. Parada Pinto

Horto Florestal

VILA NOVA CACHOEIRINHA

Campinas 99 km

Rodovia dos Bandeirantes

PIRITUBA

Av. Inhajar de Souza

LIMAO

Av. Eng. Caetano Álvares

SANTANA

Avenida Água

Sorocaba 87 km

de Lima

CASA VERDE

Campo de Marte

Av. Otaviano Alves de Lima

Av. Otaviano Alves

BARRA FUNDA

Av.

LAPA

R. Clélia

PARI

R. Cerro Corá

Av. São João

SANTA IFIGÊNIA

Sorocaba 87 km

Avenida das Nações Unidas

PERDIZES

Av. Penteado

SANTA CECÍLIA

CONSOLAÇÃO

BRÁS

VILA MADALENA

CERQUEIRA CÉSAR

Antônio

CAMBUCI

Av.

PINHEIROS

Av. Paulista

LIBERDADE

Cidade Universitária

JARDIM AMÉRICA

ACLIMAÇÃO

JARDIM PAULISTA

Jóquei Clube

Av. Brig. Luís

Rodovia Raposo Tavares

BUTANTÃ

Parque do Ibirapuera

VILA MARIANA

R. Vergueiro

Avenida Prof. Francisco Morato

Av. Eng. Luís Carlos Berini

INDIANÓPOLIS

Avenida dos Bandeirantes

Avenida Prof. Abrão de Morais

Curitiba 408 km

MORUMBI

2 km

© Baedeker

IBIRAPUERA

Av. Roque P. Júnior

Aeroporto de Congonhas

SANTO AMARO

Av. Prof. V. Rao

Av. Ver. J. de Luca

JABAQUARA

Rod. dos Imigrantes

Parque do Estado

▸ Santos 72 km

† Belo Horizonte 586 km

◄ Rio de Janeiro 429 km

GUARULHOS

Rodovia Pres. Dutra

Rio Tietê

Parque
Ecológico
do Tietê

TUCURUVI

Rodovia Fernão Dias

Rodovia Ayrton Senna

CANGAIBA

São Miguel

VILA
GUILHERME

Rodovia Pres. Dutra

Avenida

VILA MARIA

Morvan Dias de Figueiredo

PENHA DE
FRANCA

Av. Antônio de Carvalho

Avenida Celso Garcia

BELENZINHO

Avenida Radial Leste

TATUAPÉ

Avenida Aricanduva

Avenida Itaquera

MOÓCA

VILA MATILDE

VILA
FORMOSA

VILA PRUDENTE

Parque
do
Carmo

do Estado

Avenida Prof.

Avenida
Sapopemba

Avenida
Aricanduva

IPIRANGA

Avenida do Estado
Av. D. Francisco Mesquita

Luiz

do

Avenida Adélia Chohfi

SÃO MATEUS

SÃO CATEANO
DO SUL

SAUDE

Via Anchieta

R. do Oratório

Avenida Pres.
Costa e Silva

Av. Préstes Maia

Av. do Estado

U-Bahn

↙ Santos 72 km

! Baedeker TIPP

Sightseeing per Metro

Ausgehend von der Metrostation Praça da Sé bieten die Metrobetriebe an den Wochenenden (Sa./So. um 9.00 und 14.00 Uhr) mehrere geführte City-Touren an: Sé, Luz, Avenida Paulista, Teatro Municipal und jew. eine Tour mit wechselndem Thema (z.B. weihnachtliches São Paulo). Man löst 20 Min. vor Beginn die dafür notwendigen Fahrkarten am speziellen Schalter der Turis Metrô in der Metrostation Sé und nimmt dann kostenlos an der Führung teil.

Centro Novo

Im Jahr 1872 hatte São Paulo nur 31 000 Einwohner und war praktisch nicht über die ursprünglichen Siedlungsgrenzen hinausgewachsen. Von 1880 an dehnten sich die Kaffeeplantagen und das Eisenbahnnetz erheblich aus. Zudem strömten viele Einwanderer in die Stadt: eine Entwicklung, die São Paulo zu unerhofftem Wohlstand und Schwindel erregendem Wachstum verhalf. Die von den Flüssen vorgegebenen Grenzen wurden überschritten, und der historische Stadtkern um neue Gebiete, das so genannte Centro Novo, erweitert.

Teatro Municipal Die 1889 an der Rua São Bento gebaute Überführung, das sich über die Anhangabaú-Senke wölbende **Viaduto do Chá** (Teeviadukt), verbindet die Altstadt mit der Praça Ramos de Azevedo, die vom Theatro Municipal beherrscht wird. Der Bau des Theaters, das eine eklektische Mischung aus Art Nouveau und italienischer Renaissance darstellt, dauerte von 1903 bis 1911. Bei seinem Entwurf ließ sich der Architekt Ramos de Azevedo von der Pariser Oper inspirieren; seine opulente Innenausstattung schwelgt in Bronze, Marmor, Kristall und glitzernden Spiegeln. Touristen ist der Zugang zum Theater ist nur im Rahmen von Führungen möglich: Mo.–Fr. jew. um 10.15, 13.00 u. 18.00 Uhr, Sa. um 10.00 Uhr.

Im angeschlossenen **Museu do Teatro Municipal** (Theatermuseum) wird durch Fotos und Requisiten die Erinnerung an besonders denkwürdige Auftritte wach gehalten: Tenor Enrico Caruso sang hier 1917, Jazzgrößen wie Ella Fitzgerald und Duke Ellington gastierten in den 1950er-Jahren. Öffnungszeiten: Di.–Do. 9.00–17.00 Uhr.

N.S. da Consolação Nicht weit von hier ragt der 75 m hohe Turm der 1907 bis 1914 in romanischem Stil erbauten Kirche Nossa Senhora da Consolação auf. Der Hochaltar des Gotteshauses stammt aus Paris und wurde aus Bronze, Marmor und Eichenholz gefertigt; sehenswert sind auch die sechs Gemälde von Benedito Calixto.

Museu do Futebol, Pacaembu Stadion Östlich der Rua da Consolação, die aus den Niederungen des alten Zentrums hinauf zum Ende der Avenida Paulista führt, erhebt sich an der Praça Charles Miller die Art déco-Fassade des Pacaembu-Stadions, altehrwürdige Spielstätte von São Paulos berühmtem Fußballklub Corinthians.

In den Räumlichkeiten unter den Tribünen des denkmalgeschützten städtischen Fußballtempels hat sich 2008 das technisch moderne, mit

Highlights São Paulo

Basílica e Mosteiro de São Bento
Namhafte Künstler des Benediktiner-
ordens sind hier verewigt.
▶ **Seite 433**

Museu de Arte de São Paulo (MASP)
Renoir, van Gogh, Matisse, aber auch
brasilianische Künstler wie Portinari und
Di Cavalcanti sind hier vertreten.
▶ **Seite 444**

Avenida Paulista
Das Zentrum des wirtschaftlichen Lebens
– nicht nur São Paulos, nein, ganz
Brasiliens
▶ **Seite 444**

Museu da Imagem e do Som
Ein faszinierendes Museum zum Thema
Film, Fernsehen und Rundfunk
▶ **Seite 445**

audiovisuellen Mitteln arbeitende Museu do Futebol eingenistet und sich in der Folge gleich zu einem der meistbesuchten Museen der Stadt entwickelt (eine Tendenz, die sich hinsichtlich der Fußball-WM 2014 noch weiter steigern dürfte). Öffnungszeiten: Di. – So. 10.00 – 18.00 Uhr (an Spieltagen geschl.).

In der Avenida Ipiranga erhebt sich an der Ecke zur Avenida São Luís das 164 m hohe Itália-Gebäude mit seinen 42 Stockwerken. Vom Restaurant in den beiden obersten Geschossen kann man – vor allem abends – eine großartige Aussicht auf die ganze Stadt genießen. Der Blick reicht über die Praça da República, den ehemaligen Campos dos Curros, zu Beginn des 19. Jh.s Rastplatz für Lasttier- und Viehherden, und weit über São Paulos Häusermeer, das ohne erkennbare städtebauliche Planung längst über den Horizont hinausgewuchert zu sein scheint.

✷ Edifício Itália, Praça da República

Auf dem baumbestandenen, mit einem Weiher ausgestatteten Platz der Republik findet an den Wochenenden ein **Kunsthandwerksmarkt** statt, auf dem man auch Briefmarken, Münzen und Halbedelsteine erwerben kann.

Die Einweihung des Santa-Ifigênia-Viadukts 1910 und die Anlage des Parque Dom Pedro II. stellten in der urbanen Entwicklung São Paulos zwei weitere Meilensteine dar. Das Viadukt über das Anhangabaú-Tal sicherte nun die Verbindung zwischen dem Largo São Bento und dem Largo Santa Ifigênia im Norden der Altstadt. In dem Park, der sich östlich der Praça da Sé und des Largo São Bento erstreckt, befand sich früher das Parlamentsgebäude. An seinem Nordende fällt der eklektische Bau des 1911 begonnenen Palácio das Indústrias auf, in dem zwischenzeitlich die Präfektur der Stadt residierte. Hier existiert seit 2009 das naturwissenschaftliche Museum **Catavento**, in dem Prinzipien der Physik und Chemie, Eigentümlichkeiten der Biologie, Geografie und des Weltalls auf eine interaktive, hauptsächlich

Viaduto Santa Ifigênia, Parque Dom Pedro II.

! Baedeker TIPP

Klassik im Bahnhof

Aus dem Kopfbahnhof Estação Júlio Prestes wurde mit der 1999 erfolgten Einweihung des für 1500 Zuhörer ausgelegten Konzertsaals »Sala São Paulo« ein Zentrum für klassische Musik. Konzerte des heimischen Sinfonieorchesters finden in der Regel Mi. ab 16.30, Do. ab 21.00 und So. ab 17.00 Uhr statt. Führungen: Mo. – Fr. 13.00 und 16.00, Sa. 13.30, So. 12.30 und 14.00 Uhr.

die Sinne ansprechende Weise, dargestellt werden. Ansonsten bildet der Park nur noch den begrünten Mittelpunkt eines viel befahrenen Straßennetzes, das nordwärts in Richtung Tietê-Fluss und ostwärts in die Stadtteile Brás und Moóca führt.

Die 1933 eröffneten Städtischen **Markthallen** (Mercado Municipal) wurden nach Plänen des Architekten **Ramos de Azevedo** angelegt. 72 hübsche, von dem Russen Conrado Sorgenicht mit aus Deutschland importiertem Glas gefertigte Fenster in gotischem Stil zieren den Bau nördlich des Parque Dom Pedro II. an der Rua da Cantareira 306, zu erreichen über die Avenida Mercúrio und die Avenida do Estado. Das herrliche Gebäude beeindruckt noch heute mit seinen langen Arkadenreihen und mächtigen Gewölben und nimmt über 300 Marktstände sowie zahlreiche Restaurants und Imbussbuden auf. Öffnungszeiten: So. / Mo. 6.00 – 16.00, Di. – Sa. 6.00 bis 18.00 Uhr.

Vor dem Teatro Municipal

Die unter dem Santa-Ifigênia-Viadukt hindurchführende Avenida Prestes Maia ist einer der möglichen Wege zur 1901 eingeweihten Estação da Luz, einem ganz nach englischem Vorbild entworfenen Stadtbahnhof mit monumentalen Abmessungen, dessen gesamte Baumaterialien importiert wurden. Das von 2002 bis 2006 grundlegend renovierte Gebäude beherbergt jetzt das **Museu da Língua Portuguesa**, Brasiliens meistbesuchtes Museum. Das interaktive und in jeder Hinsicht moderne Sprachmuseum ist auch interessant für jemand, der kein Portugiesisch spricht.

Estação da Luz, Parque da Luz

Vor dem Bahnhof breitet sich der Parque da Luz aus, eine 1825 geschaffene Grünanlage mit kleinen Seen, einem Wasserfall und exotischen Bäumen – asiatischen Banyans und Copals –, zwischen denen 50 Skulpturen von Künstlern wie Brecheret und Lasar Segall aufgestellt sind. Er liegt im Stadtteil Bom Retiro, einst Hochburg der jüdischen Kolonie von São Paulo und heute eines der Zentren koreanischer Einwanderer. Der Zugang zum Park befindet sich in der Rua Ribeiro da Lima 99.

In der an den Parque da Luz grenzenden Avenida Tiradentes 76 befindet sich das 1774 gegründete Convento da Luz und die dazugehörige Kirche (Igreja da Imaculada Conceição da Luz). Kloster samt Friedhof sind der Öffentlichkeit nicht zugänglich, aber die Kirche

Igreja e Convento da Luz

Verkehrsadern durchziehen die Megametropole.

São Paulo Orientierung

Estação Rodoviária Júlio Prestes

Parque da Luz

Estação da Luz

Praça Princesa Isabel

S A N T A   I F I

Santa Cecília

Avenida São João

Academia Paulista de Letras

Santa Casa de Misericórdia

Praça da República

República

Secretaria da Educação

Edifício Italia

Biblioteca Mário de Andrade

Teatro Municipal

Edifício Martinelli

Praça Ramos de Azevedo

V. BUARQUE

Jardim

Sertório

CONSOLAÇÃO

N. S. da Consolação

Praça Franklin D. Roosevelt

Rua da Consolação

Praça Dom José Gaspar

Anhangabaú

P.ça do Patriarca

Largo de São Francisco

R. Martins Fontes

Avenida Nove de Julho

Praça da Bandeira

① ②

Rua Augusta

Pça. Gal. Craveiro Lopes

Câmara Municipal

Rua Frei Caneca

R. São Domingos

Praça Contos Fluminenses

Liberdade

B E L A   V I S T A

Rua Manuel Dutra

Vd. Júlio de Mesquita Filho

Jaceguai

500 m

© Baedeker

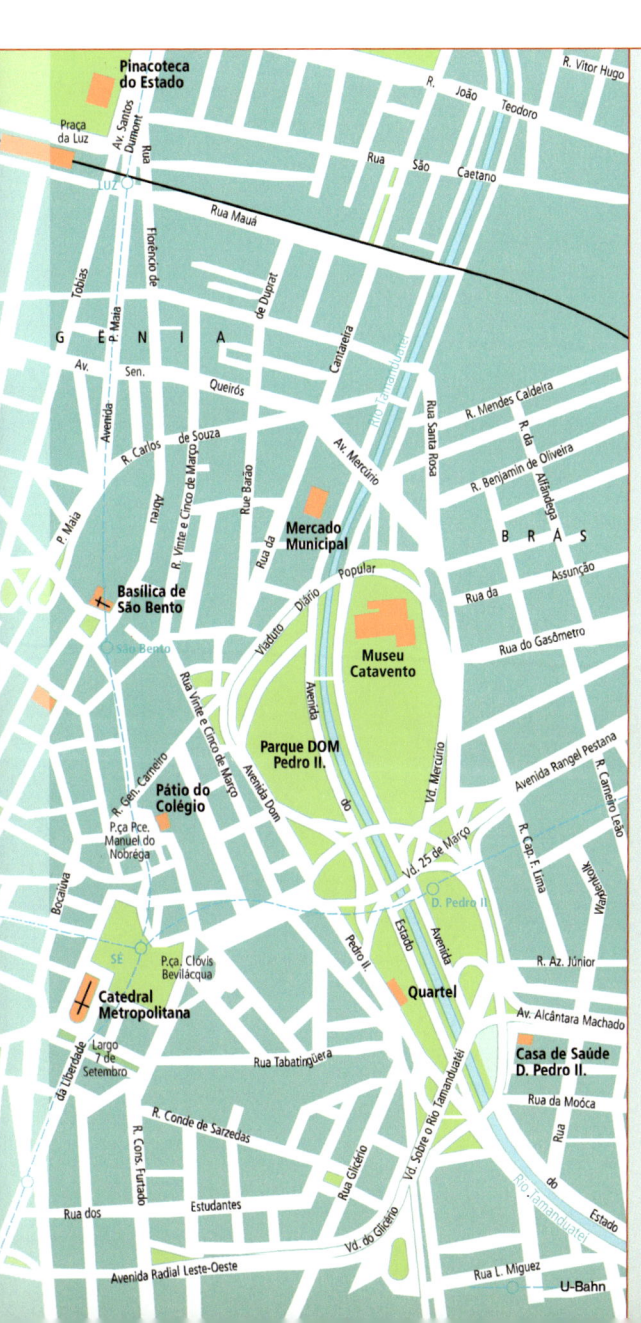

Übernachten
① Pergamon
② 155 Hotel

Pinacoteca do Estado

R. Vitor Hugo

R. João Teodoro

Praça da Luz

Av. Santos Dumont

Rua

Rua São Caetano

LUZ

Rua Mauá

Florêncio de

de Duprat

Cantareira

G E N I A L

Tobias

P. Maia

Av. Sen.

Queirós

Avenida

Rio Tamanduateí

Rua Santa Rosa

R. Mendes Caldeira

R. Carlos

de Souza

Av. Mercúrio

R. Benjamin de Oliveira

R. da Alfândega

P. Maia

Artur

R. Vinte e Cinco de Março

Rua Barão

Rua da

B R Á S

Mercado Municipal

Popular

Assunção

Basílica de São Bento

Diário

Rua da

Rua do Gasômetro

São Bento

Viaduto

Museu Catavento

Avenida

Parque DOM Pedro II.

Avenida Dom

Vd. Mercúrio

Avenida Rangel Pestana

R. Carneiro Leão

R. Gen. Carneiro

Pátio do Colégio

Bocaíuva

Rua Vinte e Cinco de Março

do

Vd. 25 de Março

R. Cap. F. Lima

P.ça Pce. Manuel do Nobrega

D. Pedro II

SÉ

P.ça Clóvis Bevilácqua

Pedro II

Estado

Avenida

R. Az. Júnior

Catedral Metropolitana

da Liberdade

Largo 7 de Setembro

Quartel

Av. Alcântara Machado

Casa de Saúde D. Pedro II.

Rua Tabatingüera

Vd. Sobre o Rio Tamanduateí

Rua da Moóca

R. Conde de Sarzedas

Rua do

R. Cons. Furtado

Rio Tamanduateí

Rua dos

Estudantes

Rua Glicério

do Estado

Vd. do Glicério

Avenida Radial Leste-Oeste

Rua L. Miguez

U-Bahn

kann während der Messen besucht werden. Ein Teil des Konvents beherbergt das **Museu de Arte Sacra** (Museum für Sakrale Kunst), das mit einer umfassenden und wertvollen Sammlung von rund 11 000 Exponaten (16. – 19. Jahrhundert) aufwarten kann: Statuen, Gemälde, Retabel, Kruzifixe und Möbel aus der Kolonialzeit. Öffnungszeiten: Di. – So. 11.00 – 19.00 Uhr.

Pinacoteca do Estado

Die 1905 an der Avenida Tiradentes 141 eröffnete Pinacoteca do Estado (Staatliche Pinakothek) ist das älteste Museum von São Paulo. Hier kann man in zehn Ausstellungsräumen Gemälde, Zeichnungen und Stiche, überwiegend von brasilianischen Künstlern des 19. und 20. Jh.s, besichtigen. Öffnungszeiten: Di. – So. 10.00 – 17.30 Uhr.

Stadtteil Liberdade

Asiatisches Viertel

Ab dem Jahr 1908 zogen immer mehr asiatische Einwanderer, vor allem Japaner, Chinesen und Koreaner, in den südlich der Praça da Sé rings um die Rua Glavão Bueno gelegenen Stadtteil Liberdade. Viele Straßenzüge sind mit fernöstlich anmutenden Laternen beleuchtet; in unzähligen Restaurants und Imbissbuden kann man in die kulinarische Welt Asiens eintauchen und die bunte Vielfalt fernöstlicher Spezialitäten genießen.

Das **Museu da Imigração Japonesa** (Museum der japanischen Einwanderer, Rua São Joaquim 381) birgt ca. 1000 Ausstellungsstücke: Kunst- und Gebrauchsgegenstände, Bücher, Fotos und Nachbildungen von Schiffen, mit denen die japanischen Immigranten in Brasilien eintrafen. All diese Dokumente veranschaulichen, wie es die Japaner verstanden, sich an die neue Umgebung anzupassen und in die neue Welt zu integrieren. Öffnungszeiten: Di. – So. 13.30 bis 17.30 Uhr.

> **!** *Baedeker* TIPP
>
> ### Asiatische Straßenfeste
> Einen Einblick in das Traditionsbewusstsein und den Zusammenhalt der Bewohner von Liberdade – das auch Klein-Tokio genannt wird – vermitteln die Straßenfeste auf der Praça da Liberdade: Tanabata Matsuri (Mitte Juli), Toyomatsuri (14. Dez.) und Mochitsuki (31. Dez.), die mit erstaunlicher Hingabe von Alt und Jung begangen werden.

Wie sehr die Japaner, Koreaner und das vergleichsweise kleine Fähnlein der Chinesen dennoch auch an althergebrachten Traditionen festhalten, zeigt unter anderem die Feira Oriental, der **Fernöstliche Straßenmarkt**, der sonntags auf der Praça da Liberdade abgehalten wird: An den Verkaufsständen kann man landestypische Delikatessen, Pflanzen und Kunstgewerbe erstehen.

Die japanische Bevölkerung von Liberdade pflegt ihre Traditionen. →

Stadtteil Bela Vista

Klein-Italien   Der lebendige Stadtteil Bela Vista, im Volksmund Bixiga genannt, – von der Avenida Brigadeiro Luís Antônio durchkreuzt, die das historische Zentrum mit der Avenida Paulista verbindet und dann weiter bis zum Park Ibirapuera führt – ist im Lauf der Zeit vom Centro Novíssimo vereinnahmt worden.

Das von italienischen Einwanderern geprägte Viertel, São Paulos **»Piccola Italia«**, ist reich an Theatern, Bars, typisch italienischen Restaurants, Kinos und anderen kulturellen Einrichtungen. An Sehenswürdigkeiten sind das Museu de Memórias do Bixiga zu nennen, das die Geschichte dieses Stadtviertels nachzeichnet, und die Pfarrkirche Nossa Senhora de Aquiropita an der Rua Treze de Maio 478, vor der seit 1910 alljährlich im August ein ausgelassenes Fest abgehalten wird.

Avenida Paulista

Zentrum des wirtschaftlichen Lebens   Die Avenida Paulista, im Jahr 1891 als Villenstraße der Kaffee- und Industriebarone entstanden, präsentiert sich heute als kompakte Betonmasse, bestehend aus Hochhäusern, deren Dächer als Hubschrauberlandeplätze dienen. Als Zentrum der Wirtschaft und der Großfinanz entwickelte sie auch ein reges kulturelles Eigenleben und avancierte zu einem der Wahrzeichen von São Paulo.

Die Avenida Paulista beginnt am Rande des Paraíso-Viertels an der Praça Oswaldo Cruz. In nächster Nähe, gleich am Anfang der Straße, steht die **Casa das Rosas**. Das alte Patrizierhaus ist der letzte Entwurf des 1928 verstorbenen Architekten Ramos de Azevedo, der auch für das Stadttheater von São Paulo Pläne entworfen hat.

Die Bauarbeiten begannen aber erst sieben Jahre nach seinem Tod. Für die Ausstattung wurden Glasplatten, belgische Fliesen und portugiesischer Marmor verwendet. Den in geometrischen Mustern angelegten Gärten im französischen Stil verdankt der Bau seinen Namen. Heute beherbergt das Rosenhaus eine der Poesie gewidmete Bibliothek und präsentiert sich als eine Art Kulturzentrum mit vielen Dichterlesungen, Kunstaustellungen und Konzerten vornehmlich klassischer Musik.

! **Baedeker** TIPP

Zum Schlangenmelken nach Butantã

Das wegen seiner Giftschlangens tudien weltweit bekannte Butantan-Institut (Avenida Vital Brasil 1500) im Stadtteil Butantã ist auf Impf- und Serumstoffe spezialisiert. In der dortigen Schlangenfarm wird den Reptilien das Gift entnommen – sie werden »gemolken« –, um Gegengifte zu entwickeln. Das dazugehörige Biologische Museum für Gifttiere, in dem 70 verschiedene Schlangenarten zu sehen sind, neben Spinnen, Skorpionen und giftigen Raupen, verdeutlicht eindrucksvoll die Notwendigkeit derartiger Studien. Ein weiteres Museum für Mikrobiologie gibt Einblick in die Welt der Mikroorganismen. Öffnungszeiten: Di. – So. 9.00 – 16.30 Uhr.

Das 1968 im Stadtteil Cerqueira César eingeweihte Museu de Arte de São Paulo (Kunstmuseum von São Paulo), kurz MASP genannt, ist, was abendländische Kunst betrifft, das bedeutendste ganz Lateinamerikas. Zu seinen Sammlungen zählen Werke von so berühmten impressionistischen und modernen Meistern wie Auguste Renoir, Vincent van Gogh, Henri Matisse, Pablo Picasso, Joan Miró, João Cándido Portinari, Emiliano Di Cavalcanti und Edgar Degas. Das von der Architektin Lina Bo Bardi verwirklichte Projekt zeichnet sich u. a. durch eine Freiluftanlage aus, die zu Musikdarbietungen genutzt wird. Öffnungszeiten: Di.–So. 11.00–18.00 Uhr, www.masp.art.br.

✶✶
Museu de Arte de São Paulo (MASP)

🕐

Auf der anderen Seite der Avenida Paulista dehnt sich der Trianon-Park (auch Parque Tenente Siqueira Campos) mit alten Bäumen und Volieren aus, eine Insel der Muße und Entspannung inmitten des großstädtischen Treibens.

Trianon-Park

Eine besondere kulturelle Einrichtung ist das Museu da Imagem e do Som (Bild- und Ton-Museum), MIS abgekürzt, in der Avenida Europa 158. Das MIS im Stadtbezirk Jardim Europa besitzt wertvolles Material zur Geschichte des brasilianischen Films, Fernsehens und Rundfunks und ein Laboratorium für neue Medien mit Tonstudio und Regieplätzen. Es gilt als eines der aktivsten Museen der Stadt. Öffnungszeiten: Di.–Sa. 12.00–22.00, So. 11.00–21.00 Uhr.

✶
Museu da Imagem e do Som

🕐

Zona Sul (Südliche Stadtbezirke)

Mit der baulichen und landschaftlichen Gestaltung des 1954 eröffneten Ibirapuera-Parks wurden **Oscar Niemeyer und Roberto Burle Marx** betraut. Die Grünanlage ist nicht nur ein Freizeitparadies für die Paulistas mit (allerdings verschmutztem) See, Brunnen, Spielplätzen, Fitnesspfaden, Rollschuhbahn und Freilichtbühne für musikalische Veranstaltungen; mit ihren zahlreichen Monumenten, Museen und Verwaltungsgebäuden ist sie auch architektonisch und kulturell von großem Interesse. Der Park nimmt die Pavillons der Biennale, ein Planetarium, das Monumento às Bandeiras und das Museu de Arte Moderna (MAM) auf. Außerdem befindet sich hier der erst 2005 von Niemeyer vollendete Kuppelbau Oca, ein Auditorium, das auch für Ausstellungen genutzt wird, sowie das Museu Afro Brasil. Der Park wird auch scherzhaft Praia dos Paulistanos (Strand der Einwohner São Paulos) genannt, weil sich an den Wochenenden hier täglich bis zu 200 000 Besucher drängen. Er dehnt sich an der Avenida Pedro Álvares Cabral aus, die über die Avenidas Manuel da Nóbrega, Brasil, 23 de Maio, Ibirapuera, Brigadeiro Luís Antônio und einige andere zu erreichen ist (Zugang: Portão 6).

✶✶
Parque do Ibirapuera

Am Anfang der Avenida Pedro Álvares Cabral ragt, zur Erinnerung an die brasilianischen Pioniere, das Monumento às Bandeiras auf, ein prächtiges Werk von **Victor Brecheret** mit imposanten, heroi-

Monumento às Bandeiras

schen Figuren. Etwas weiter erhebt sich gegenüber dem Parlamentsgebäude Palácio Nove de Julho das Denkmal für Pedro Álvares Cabral, den Entdecker Brasiliens.

Mausoleu do Soldado Constitucionalista

Der 72 m hohe Obelisk ist dem Andenken derer gewidmet, die 1932 im Kampf um eine neue Verfassung fielen. An seinem Sockel befindet sich das Mausoleu do Soldado Constitucionalista, das Grabmal der den Konstitutionalismus verfechtenden Soldaten.

✸ Museu de Arte Contemporânea

Das im Biennalepavillon untergebrachte Museu de Arte Contemporânea (Museum für Zeitgenössische Kunst) besitzt über 5000 Exponate, die den verschiedensten modernen und zeitgenössischen Kunstrichtungen zuzurechnen sind: u.a. von Picasso, Modigliani, Klee und Léger bis Tarsila do Amaral, Portinari und Di Cavalcanti

✸ Museu de Arte Moderna

Das 1948 eingerichtete Museu de Arte Moderna (Museum für Moderne Kunst) befindet sich in der Grande Marquise do Ibirapuera. Es beherbergt Skulpturen und Gemälde von Künstlern wie Anita Malfatti, Tomie Ohtake und Tarsila do Amaral.

Museu Afro Brasil

Das den geschichtlichen Ursprüngen sowie der Kunst und Kultur der afrobrasilianischen Bevölkerung gewidmete Museum befindet sich in dem von Niemeyer entworfenen Pavillon Padre Manoel da Nóbrega, wo zuvor der Bürgermeister seinen Amtssitz hatte. Öffnungszeiten: Di.–So. 10.00–17.00 Uhr.

✸ Museu Lasar Segal

Im Stadtteil Vila Mariana, östlich des Ibirapuera-Parks und südlich von Paraíso, verwahrt das Lasar-Segal-Museum Ölgemälde, Aquarelle, Zeichnungen, Stiche und Arbeitsmaterialien des litauischen Künstlers. In dem ehemaligen Wohnhaus (Rua Berta 111) des nach Brasilien übergesiedelten Segal, der bis zu seinem Tode 1957 zu den treibenden Kräften des brasilianischen Modernismus zählte, sind auch eine Bibliothek, eine Werkstatt und ein Filmsaal untergebracht. Öffnungszeiten: Di.–Sa. 14.00–19.00, So. 14.00 bis 18.00 Uhr.

Parque da Independência

Der Stadtteil Ipiranga erstreckt sich östlich von Vila Mariana. Sehenswert ist hier der Parque da Independência (Unabhängigkeitspark) mit dem **Museu Paulista** (auch Museu do Ipiranga), dem Unabhängigkeitsdenkmal und der Kaiserlichen Kapelle mit den sterblichen Überresten Dom Pedros I. sowie der Kaiserin Dona Leopoldina. Die Casa do Grito steht an der Stelle, an der Dom Pedro I. den »Grito do Ipiranga«, den legendären Ruf »Unabhängigkeit oder Tod«, ausstieß (▶ Geschichte S. 45). Das Museu Paulista, dem ein Zentrum für historische Dokumentation angeschlossen ist, birgt Gegenstände, Gewänder und Möbel aus der Kaiserzeit. Seine dem italienischen Neoklassizismus nachempfundenen Formen stehen in krassem Gegensatz zu der schlichten Casa do Grito. Öffnungszeiten: Di.–So. 9.00–16.45 Uhr.

Der 1958 gegründete Zoo von São Paulo im Stadtteil Água Funda **Jardim Zoológico**
zählt zu den größten Tierparks der Welt. Er umfasst nicht nur Tier-
gehege, Spielplätze und Grünflächen für Rast und Picknick, sondern
auch einen Rest Atlantischen Regenwalds und die Quellen des Ipi-
rangas. Sein Eingang befindet sich in der Av. Manuel Estéfano 4241.

Den ebenfalls in Água Funda (Avenida do Cursino 6338) gelegenen **Zoo Safári**
Zoo Safári kann man mit einem Van durchqueren und dabei die hier
in »Freiheit« lebenden Löwen, Zebras, Bären und andere Tiere des
afrikanischen Kontinents beobachten. Jardim Zoológico und Zoo Safári sind durch einen 4 km langen Weg miteinander verbunden, auf
dem Vans pendeln. Öffnungszeiten: Di. – So. 9.30 – 16.30 Uhr.   ◷

Das elegante Morumbi-Viertel dehnt sich südlich der Cidade Jardim **Morumbi**
aus. Gleich darunter befindet sich westlich des Jockeyclubs an der
Rua Engenheiro Oscar Americano 480 der Parque Alfredo Volpi
(auch Parque do Morumbi) mit Wald, See und einer Kartbahn.

Die Stiftung Luísa und Oscar Americano wurde in einem im mo-   ★
dernistischen Stil errichteten Haus mit hübschem Garten in der Ave-   **Fundação**
nida Morumbi 3700, in dem der Architekt mit seiner Frau gelebt   **Luísa e Oscar**
hat, eingerichtet. Hier kann man Mobiliar, Silber und Porzellan aus   **Americano**
der Kaiserzeit sowie acht Ölgemälde von Frans Post, dem für seine
Brasilienansichten bekannten holländischen Maler, besichtigen und
sich zudem an einem der beliebtesten Teebüffets der Stadt stärken.
Zum Anwesen gehört auch ein von Wanderwegen durchzogener
Wald. Öffnungszeiten: Di. – So. 10.00 – 17.30 Uhr.   ◷

Die Avenida Giovanni Gronchi verbindet die Praça Vinícius de Mo-   **Stadion von**
raes mit dem Fußballstadion von Morumbi, dem größten der Stadt,   **Morumbi**
und führt dann weiter zu den südlichen Stadtbezirken am linken
Ufer der Flüsse Pinheiros und Grande. Zur Fußballarena gehört auch
das **Memorial São Paulo Futebol Clube**, ein Zwischending aus Museum, Fanshop und Vereinsheim, in dem die schönsten und wichtigsten Tore brasilianischer Ballkünstler per Multimedia-Show zelebriert werden.

Während die Fußballfans eher das Memorial São Paulo Futebol Clu-   **Cemitério**
be besichtigen werden, zieht es den Motorsportbegeisterten zum   **Morumbi**
Friedhof von Morumbi, wo der viel zu früh verstorbene Ayrton Senna (►Berühmte Persönlichkeiten S. 78) begraben liegt.

Südöstlich des Stadtteils Santo Amaro liegen das Autodrom von In-   **Autódromo de**
terlagos und der Billings-Stausee. Das Autodrom, in dem alljährlich   **Interlagos**
das einzige Formel-I-Rennen Südamerikas stattfindet, befindet sich
gleich unterhalb des Rio-Grande-Kanals, zwischen dem Guarapiran-
ga- und dem Billings-Stausee. Die Zufahrt erfolgt über die Avenida
Interlagos.

Represa Billings
Der vom Rio Grande gebildete Billings-Stausee erstreckt sich über mehrere Außenbezirke São Paulos. Über den riesigen See hinweg führen die Rodovias Anchieta und Imigrantes Richtung Santos. Den Besuchern stehen kostenlos drei verschiedene Fährlinien zur Verfügung. Die Seeufer säumen Restaurants und Wassersportclubs, auch Badefans und Sportfischer kommen hier nicht zu kurz.

Zona Oeste (Westliche Stadtbezirke)

Pinheiros
Pinheiros, mit seinen 430 Jahren das älteste Stadtviertel São Paulos, zieht sich auf der Höhe der Cidade Universitária am rechten Ufer des gleichnamigen Flusses hin. Bisher Wohngebiet der Mittelklasse mit einem hohen Anteil an Studenten, sieht sich Pinheiros einer Invasion von Nachtlokalen, mondänen Boutiquen und Restaurants ausgesetzt, die schon das Erscheinungsbild der Jardims-Stadtbezirke gleich jenseits der Avenida Rebouças geprägt haben. Diese Straße wie auch die Avenida Teodoro Sampaio und die Rua Cardeal Arcoverde verlaufen quer durch das Viertel in Richtung Avenida Paulista. Die Uferstraße führt in die westlichen und nördlichen Bezirke am Tietê-Fluss; die Rua Henrique Schaumann, die Verlängerung der Avenida Brasil, und die Avenida Sumaré durchkreuzen die ebenfalls im Westen angesiedelten Stadtteile Perdizes und Sumaré.
Eine neue Linie der Metro verbindet Pinheiros sowohl mit der Avenida Paulista und dem Zentrum im Nordosten als auch mit den jenseits des Rio Pinheiros gelegenen Stadtteilen Butantã und Morumbi.

Museu da Faculdade de Medicina
An der Avenida Dr. Arnaldo, zwischen Pinheiros und Cerqueira César, erheben sich die Bauten der Medizinischen Fakultät der Universität von São Paulo und der gigantischste Krankenhauskomplex Lateinamerikas, dem das Hospital das Clínicas, das Emílio Ribas-Krankenhaus und das Instituto do Coração (Herzzentrum) angeschlossen sind. Das Bauensemble beherbergt u. a. das Historische Museum der Medizinischen Fakultät, dessen Sammlung die Geschichte des Instituts seit seiner Gründung 1913 darlegt.

Avenida Henrique Schaumann, Praça Benedito Calixto
In dem Abschnitt, den die Avenida Rebouças und die Cardeal Arcoverde begrenzen, wird die Avenida Henrique Schaumann von zahlreichen Nachtlokalen, Bars und Restaurants flankiert, in denen überwiegend Studenten verkehren. Unweit der Av. Henrique Schaumann wird samstags auf der Praça Benedito Calixto, einer von den Avenidas Teodoro Sampaio und Cardeal Arcoverde umrahmten Grünfläche, der Mercado das Pulgas (Flohmarkt) abgehalten. Nur ein paar Schritte vom Platz entfernt, in der Rua Lisboa 974, befindet sich das **Goethe-Institut** mit einem Café und deutschen Zeitschriften.

Vila Madalena
Unmittelbar nördlich von Pinheiros liegt Vila Madalena, ein in erster Linie von Studenten, Künstlern und Intellektuellen bewohntes Viertel, mit vielen Bars, Restaurants, Galerien und ausgefallenen Läden,

weshalb es im Ruf steht, eine Hochburg der Bohemiens zu sein. Berühmt ist das alljährlich im August stattfindende Straßenfest Feira da Vila Madalena, eine Art Kunststraßenmarkt mit Marktständen, Garküchen und musikalischen Darbietungen zwischen der Rua Fradique Coutinho und der Rua Wisard.

Bei der Endstation der Metrolinie nach Barra Funda ragt das Memorial da América Latina auf, ein monumentaler Denkmalkomplex, bestehend aus sieben Gebäuden und zwei durch eine Fußgängerbrücke verbundenen Plätzen. Dieses architektonische Mammutprojekt, eine weitere Schöpfung des Architekten **Oscar Niemeyer** (► Berühmte Persönlichkeiten S. 73), zeichnet sich durch große Freiflächen und geschwungene Betonplatten aus. Einige Dachkonstruktionen ruhen auf bis zu 90 m langen Verstrebungen. Neben der Metrostation befinden sich die Rezeption des Gebäudeensembles, ein Restaurant, eine Bibliothek und der Salão de Atos, der Athos-Saal, den ein den brasilianischen Freiheitshelden Tiradentes darstellendes **Wandgemälde von Portinari** und 15 m hohe Basrelief-Paneele von Carybé und Poty zieren. Auf dem Vorplatz stehen eine Skulptur von Franz Weissmann und eine monumentale, 7 m große Betonhand, die Oscar Niemeyer entwarf. In die Handfläche ist eine Karte des amerikanischen Kontinents gemeißelt.

Memorial da América Latina

In Pirituba, im äußersten Westen von São Paulo, ragt der Pico do Jaraguá (1135 m), die höchste Erhebung der Stadt, auf. An seinem Fuß breitet sich der Parque Estadual do Jaraguá mit einem Wald, Wasserfällen, Sportanlagen, Wanderwegen, Spielplätzen und Kiosken aus. Die Zufahrt erfolgt über die Estrada Turística do Jaraguá, die bei km 18 von der Via Anhangüera abzweigt. Der Eingang liegt an der Rua do Horto 311. Öffnungszeiten: Di. – So. 8.00 – 17.00 Uhr.

✱
Parque Estadual do Jaraguá

🕐

Zum 1979 eröffneten Anhangüera-Park, einer Grünanlage mit Eukalyptuswäldern, sind es vom Jaraguá-Park noch 7 km. Innerhalb des Geländes leben Nasenbären, Gürteltiere, Wasserschweine und andere Säugetiere sowie zahlreiche Schlangenarten. Der Zugang zum Park befindet sich an der Avenida Fortunata Tadiello Natuci 1000.

Parque Anhangüera

Umgebung von São Paulo

In Embu (245 000 Einw.), knapp 30 km von São Paulo entfernt und von dort aus über die Fernstraße Régis Bittencourt (BR-116) zu erreichen, harmonisieren bedeutende architektonische Zeugnisse aus der Kolonialzeit mit den Werken zeitgenössischer Künstler, die das Städtchen zur **Terra das Artes**, zu einem Ort der Künste, gemacht haben. Die Gemeinde zählt über 100 Kunsthandwerksstätten, dutzende Antiquitätenhändler und rund 50 Fabriken, in denen Möbel im Kolonialstil hergestellt werden. An Wochenenden und Feiertagen wird auf der Praça 21 de Abril die Feira das Artes, der Kunstmarkt,

✱
Embu

abgehalten. Hier kann man Gemälde, rustikale Ton-, Holz-, Keramik-, Leder- und Metallarbeiten sowie Korbwaren erstehen. Zu den modernen Kunstwerken von Embu gehört das Cruzeiro da Paz auf dem Alto do Cruzeiro: ein 18 m hohes Kreuz mit 14 Paneelen verschiedener Künstler, die die Passion Christi und einige sich um diese alte jesuitische Siedlung rankende Legenden darstellen. Die 1932 im Kolonialstil errichtete Kapelle São Lázaro enthält ebenfalls Skulpturen einheimischer Bildhauer. Prachtstück unter den Kolonialbauten ist die im 17. Jh. entstandene und 1940 restaurierte Kirche **Nossa Senhora do Rosário do Embu** am Largo dos Jesuítas 67. Ihre schlichten Außenmauern stehen in Kontrast zu den üppigen Talha-Schnitzereien im Inneren der Kirche. In dem Kloster nebenam sind mit Ochsenblut angefertigte Fresken erhalten geblieben.

Museu de Arte Sacra dos Jesuítas

Mit dem Museu de Arte Sacra dos Jesuítas (Museum für Religiöse Kunst der Jesuiten) besitzt das Städtchen ein koloniales Kleinod. Seine sehenswerte Sammlung in der von Indianern erbauten Kirche **Nossa Senhora do Rosário** umfasst kleine Statuen, welche die in der Jesuitensiedlung lebenden Indios unter Anleitung der Padres schufen. Öffnungszeiten: Di. – So. 9.00 – 12.00 u. 13.00 bis 16.45 Uhr.

Itapecerica da Serra

Die historische Stadt Itapecerica da Serra (159 000 Einw.), etwas über 30 km von São Paulo entfernt und über die Régis Bittencourt (BR-116) erreichbar, hat zwei Gotteshäuser ganz unterschiedlichen Stils: die Kirche **Nossa Senhora dos Prazeres** von 1562 am Largo da Matriz und der **Kinkaku-Ji-Tempel**, 4 km außerhalb an der alten Straße nach São Lourenço gelegen, eine Nachbildung des ganz mit Blattgold überzogenen Tempels, der vor 690 Jahren im japanischen Kyoto errichtet wurde. Außer dieser gibt es nur noch eine weitere Replik, nämlich in Honolulu. Der Tempel ist von einem japanischen Garten mit drei Karpfenteichen und mehreren asiatischen Pflanzenarten umgeben, den der Landschaftsarchitekt Kato Matsumoto, Schöpfer der Gartenanlagen von Ibirapuera und Liberdade, geschaffen hat.

Paranapiacaba

Ein weiteres attraktives Ausflugsziel ist Paranapiacaba (60 km südöstlich von São Paulo). Dieses kleine, an England erinnernde Bergdorf wurde von englischen Ingenieuren und Arbeitern gegründet, die damals die Bahnstrecke Santos-Jundiaí bauten. Von São Paulo aus fährt man am besten mit dem Wagen auf der SP-122 oder ab Estação da Luz mit der Vorstadtbahn bis Rio Grande da Serra und von dort weiter mit dem Bus nach Paranapiacaba. In Paranapiacaba sind noch die Holzhäuser der Eisenbahnarbeiter erhalten; im **Museu Ferroviário** (Eisenbahnmuseum), unweit des Bahnhofs, kann man alte Lokomotiven wie die 1862 konstruierte Dom Pedro II. in Augenschein nehmen. Neugierde erregt natürlich auch die Turmuhr, die dem Londoner Big Ben nachempfunden ist. Einige Wege führen vom Ort aus die Hänge der Serra do Mar hinab, von wo aus man einen Teil der Küste sehen kann.

✳ Serra da Canastra

Bundesstaat: Minas Gerais (MG)

Der Parque Nacional da Serra da Canastra nimmt eine Hochebene südlich der Stadt Araxá ein, die sich bis nahe an die Grenze zum Bundesstaat São Paulo ausdehnt. Das Schutzgebiet ist durch wenige unbefestigte Straßen erschlossen, die während der Regenzeit nur sehr schwer passierbar sind.

Auf den ersten acht Kilometern hinter seiner Quelle muss er gleich drei beachtliche Gefällestufen überwinden; an der dritten bildet er, 180 m tief hinabstürzend, seinen größten Wasserfall, die **Casca d'Anta**. Die Flussufer nahe der Kaskade ziehen vor allem an den Wochenenden viele Ausflügler an. In der Nähe der Flussläufe wird die Cerrado-Vegetation zwar dichter, aber ansonsten kann man in der Steppenlandschaft des Naturparks zahlreiche Tierarten zu Gesicht bekommen: Ameisenbären, Gürteltiere, Pampashirsche, Pampasstrauße, Mähnenwölfe, Ozelote, verschiedene Affen- sowie unzählige Vogel- und Schmetterlingsarten.

Das Schutzgebiet wird im Süden und Norden von 1300 bis 1500 m aufragenden Bergketten und Hochebenen eingerahmt. Im Norden schließt sich die Hochebene von Zagaia an, im Süden breiten sich die Serra do Cemitério und die Serra da Guarita sowie die Hochebene von Babilônia aus, die das Tal des Rio Grande begrenzt. Seine Gewässer bilden in der Nähe des Parks den Stausee von Peixoto und, etwas weiter südöstlich, den großen Stausee von Furnas. Im Park gibt es einfache Unterkünfte für Naturforscher und Kleingruppen, außerdem Zeltplätze und Verkaufskioske. Die günstigste Jahreszeit für einen Besuch ist April bis Oktober, da die Regenfälle in diesem Zeitraum schwächer sind.

 **ARAXÁ**

AUSKUNFT
Conventions & Visitors Bureau
Praça Cel. Adolfo 10, Araxá
Tel. (034) 36 61-61 65,
www.araxa.mg.gov.br

Anreise Von Araxá sind es 98 km, von Belo Horizonte 364 km zum Nationalpark. Im Dörfchen São Roque de Minas (850 Einw.) beginnt die 8 km lange Lehmpiste zum beliebtesten Parkeingang **Portaria Casca d'Anta**, nahe des gleichnamigen Wasserfalls. Von Araxá kann man auch die östlich nach Campos Altos führende Straße nehmen, auf halber Strecke nach Süden abbiegen und bis São João Batista fahren, wo sich der Nordeingang des Parks befindet. Darüber hinaus gibt es noch zwei weitere Eingänge: im Westen die Portaria Sacramento und im Osten die Portaria São Roque. Auskünfte (auf Portugiesisch) erteilt die Naturschutzbehörde Instituto Chico Mendes (Ibama), Tel. (037) 34 33-11 95.

Araxá

Das Thermalbad Araxá (92 000 Einw.), knapp 100 km nördlich des Parque Nacional da Serra da Canastra, liegt im mittleren Teil von Minas Gerais, in der Nähe des Triângulo Mineiro, jenes nach Westen ausgreifenden Gebietszipfels, der im Süden von São Paulo, im Westen von Mato Grosso do Sul und im Norden von Goiás begrenzt wird. Während des Goldrauschs von den Bandeirantes (bewaffneten Pionieren, die das brasilianische Hinterland erkundeten) urbar gemacht, wurde die Gegend zu einer Zufluchtsstätte für entflohene Sklaven. Sie schlossen sich in Quilombos (befestigten Lagern) zusammen und bedrohten die Verbindungswege zwischen São Paulo und den Siedlungen der Bandeirantes im Bundesstaat Goiás. In späterer Zeit wurde der Ort wegen der Liebschaft zwischen Dona Beja, der **»Zauberin von Araxá«**, und dem Friedensrichter der weiter nordwestlich gelegenen Stadt Paracatu zu Beginn des 19. Jh.s bekannt.

Museu Dona Beja
Das nach ihr benannte Museum an der Praça Coronel Adolfo zeigt eine Sammlung an Möbeln, Haushaltsgegenständen und Gewändern aus dem 18. Jahrhundert. Das zweistöckige Gebäude mit Veranden ist dem Palácio da Ouvidoria von Paracatu nachempfunden, wo sich die Romanze zwischen der verführerischen Dona Beja und ihrem Geliebten abspielte. Öffnungszeiten: Mi. – Mo. 10.00 – 17.00 Uhr.

Termas de Araxá
Bei Estância da Barreiro erreicht man, 8 km hinter dem Zentrum von Araxá, die Dona-Beja- und die Andrade-Júnior-Quellen im Krater eines längst erloschenen Vulkans. 1942 wurden die Wasser in einem prunkvollen Heilbadkomplex gefasst, zu dem auch ein palastartiges Luxushotel gehört (Ouro Minas Grande Hotel e Termas de Araxá). Das Badezentrum, dessen Marmorboden ein achteckiges Mandala, umgeben von acht Marmorsäulen, formt, bietet Warmwasserbecken, Schwefel- und Schlammbäder, sowie diverse therapeutische Anwendungen und Mineralwasserquellen. Die Anlage ist umgeben von einer reizvollen Landschaft mit Wald, Wasserfall und See.

Serra do Caparaó

Sd/Se 56

Bundesstaaten: Espírito Santo (ES) und Minas Gerais (MG)

Der 1961 gegründete Nationalpark von Caparaó erstreckt sich in der Serra de Caparaó beidseits der Grenze zwischen Espírito Santo und Minas Gerais. In dem Parkgelände erheben sich die mächtigsten Gipfel Südostbrasiliens: der Pico da Bandeira, mit 2890 m Höhe der dritthöchste Berg des Landes, der Pico do Cruzeiro (2860 m), der Pico do Calçado (2840 m) sowie der Pico do Cristal (2798 m).

Schon Kaiser Dom Pedro II. besuchte die Gebirgsregion, in der sich das heutige Schutzgebiet erstreckt. Zu dieser Zeit war der Pico da Neblina (3014 m) an der Grenze zu Venezuela noch unbekannt, und man ging davon aus, dass sich in der Serra de Caparaó die höchsten Berggipfel Brasiliens befänden. Der Kaiser gab 1859 den Befehl, auf der höchsten Bergspitze die Flagge des Imperiums zu hissen. So kam der Pico da Bandeira (Fahnenberg) zu seinem Namen.

Von Cachoeira de Itapemirim kann man den Nationalpark über die Landstraße ES-185 erreichen, die durch die am Park gelegene Ortschaft Ibitirama führt. Von Belo Horizonte oder Vitória bietet sich hingegen die besser ausgebaute Bundesstraße BR-262 an, von der bei der Ortschaft **Manhuçu** eine Abzweigung in südlicher Richtung zu den Orten Manhumirim, Alto Jequitibá und schließlich Alto Caparaó führt. Von hier sind es nur noch vier Kilometer bis zum Eingang des Naturschutzgebiets. Im Park gibt es ein kleines Besucherzentrum (6 km vom Eingang entfernt) und Campingplätze. Bei einem Aussichtspunkt in 1970 m Höhe endet die befahrbare Straße, Parkplätze sind vorhanden, Motorräder jedoch verboten. Neben Jeep-Touren werden auch Ausflüge zu Pferd angeboten. Einfache Hotels und Gasthäuser (Pousadas) findet man in den Dörfern Alto Caparaó und Alto Jequitabá.

Anfahrt und touristische Infrastruktur

> ! *Baedeker* TIPP
>
> **Erfrischendes Bad**
>
> Die Serra do Caparaó besitzt ausgesprochen schöne Wasserfälle; am bekanntesten sind die Cachoeira do Vale Verde, do Vale Encantado und die 80 m hohe Kaskade der Cachoeira Bonita. Ein Trekkingpfad führt zu einem Aussichtspunkt oberhalb des letztgenannten Wasserfalls, an dessen Fuß bis zu 4 m tiefe Mulden zu einem erfrischenden Bad einladen.

Die Vegetation des Nationalparks Serra do Caparaó ist durch die enormen Höhenunterschiede sehr vielfältig. Im Gipfelbereich werden die Felsen nur noch von niedrigen Sträuchern, Gräsern und Kräutern notdürftig bedeckt. Aber bis auf 1800 m gedeihen Reste dichter Mata Atlântica (Atlantischer Küstenregenwald) mit ihrer reichen Fauna: Ozelote, Seidenaffen, Pakas, Pampashirsche, Waldfüchse und letzte Jaguare sowie zahlreiche Vogel- und Insektenarten.

Pflanzen und Tiere

Reitwege führen fast bis auf die Spitze des Pico da Bandeira, die letzten 4,5 km (mind. 4 Stunden Gehzeit für Auf- und Abstieg) müssen aber zu Fuß zurückgelegt werden. Auf halbem Weg, in 2370 m Höhe, bietet ein Zeltplatz die Möglichkeit, länger zu rasten. Mit Hilfe ortskundiger Führer kann man – nach einem nächtlichen Anstieg zum Gipfel – die Panorama-Aussicht über die Serras von Espírito Santo während des spektakulären Farbspiels eines Sonnenaufgangs genießen. Am wenigsten Regen fällt im Park zwischen Juni und August; meist in Nebel gehüllt, präsentiert sich die Gipfelregion von November bis Januar. Nachts wird es ganzjährig ziemlich kühl.

Pico da Bandeira

Teresina

Bundesstaat: Piauí (PI) **Einwohner:** 795 000
Höhe: 72 m ü.d.M.

Teresina ist seit 1852 Hauptstadt von Piauí. Die schachbrettförmig angelegte Stadt gilt als die heißeste Brasiliens, gelegen in einer Region, die aufgrund des trockenen Klimas zu den ärmsten des Landes zählt.

Temperaturen über 40 °C sind keine Seltenheit. Nicht nur Teresina, sondern der ganze Bundesstaat Piauí leidet unter lang anhaltenden Hitzeperioden, die den Boden ausdörren und das Alltagsleben der Menschen beschwerlich machen. Kein Wunder, dass Piauí zu den am dünnsten besiedelten Bundesstaaten Brasiliens zählt und auch von wenigen Touristen besucht wird, obwohl Teresina und sein erweitertes Umland durchaus Sehenswertes zu bieten haben.

Sehenswertes in Teresina

Museu do Piauí Das Museum von Piauí an der Praça Marechal Deodoro zeigt eine vielfältige Sammlung zur Geschichte Piauís, zur Archäologie, Geologie und Volkskunst, aber auch zur Tier- und Pflanzenwelt des Bundesstaates. Besonders interessant sind Versteinerungen sowie Knochenfunde und prähistorische Gebrauchsgegenstände der einst hier lebenden Indios.

Teatro Quatro de Setembro Weiter östlich liegt die Praça Dom Pedro II. Hier imponiert die Fassade des 1894 errichteten Theaters Quatro de Setembro mit ihren von neugotischen Spitzbögen umrahmten Türen und Fenstern.

São Benedito, Palácio de Karnak An der Praça da Liberdade erhebt sich die Kirche São Benedito aus dem Jahr 1896. Ihre holzgeschnitzten Türen stehen unter Denkmalschutz. Nicht weit entfernt, an der Avenida Antonio Freire, ragt im späten 19. Jh. in griechisch-römischem Stil erbaute Palácio de Karnak auf, gegenwärtig Sitz der bundesstaatlichen Regierung. Sein Park wurde vom berühmten Landschaftsarchitekten **Roberto Burle Marx** (1909 – 1994) angelegt. Besuche sind möglich, müssen aber angemeldet werden: Tel. (086) 32 21-39 03.

✳ Sete Cidades

Der 1961 geschaffene Nationalpark Sete Cidades im Norden des Staates Piauí liegt etwa 210 km nordöstlich von Teresina; die Zufahrt erfolgt über die Bundesstraße BR-343 bis Piripiri und dann etwa 12 km weit auf der BR-222, bis die Straße zum Park abzweigt. Im Ort Piripiri, am Eingang zum Nationalpark, gibt es eine Hotel-Fa-

● TERESINA ERLEBEN

AUSKUNFT

Piemtur
Avenida Antonino Freire 1473
Ed. Dona Antonieta Araújo, Centro
Tel. (086) 32 16-21 99 und
(086) 32 16-55 13
www.piemtur.pi.gov.br

ANREISE

Flughafen
Aeroporto Petrônio Portella
Tel. (086) 31 33-62 70

Busbahnhof
An der Fernstraße BR-343
Tel. (086) 32 29-90 47

MÄRKTE

Auf den Märkten Teresinas werden Kleidungsstücke und andere Gegenstände aus Leder verkauft, die sich kaum von denen der Kolonialzeit unterscheiden. Eine andere, ähnlich traditionsreiche Handelsware sind Schnitzereien und Skulpturen aus Zedern-, Umburana- und Piquiholz, häufig Darstellungen von biblischen Personen oder Heiligen.
Die wichtigsten Umschlagplätze sind der Mercado Central an der Praça Marechal Deodoro und die Central de Artesanato an der Praça Dom Pedro II. Auf den Märkten kann man – mit etwas Glück – Auftritte von Repentistas (fahrende »Stegreifsänger«) und Violeiros (Gitarristen) erleben.

ESSEN

► Fein & teuer

Favorito Bistrô
Avenida N. S. de Fátima 2616
Stadtteil Fátima
Tel. (086) 32 33-82 22
Das beste Restaurant der Stadt, der Küchenchef hat lang in den Spitzenrestaurants von São Paulo gearbeitet.

► Erschwinglich

Camarão do Elias
Avenida Pedro Almeida 457
Stadtteil São Cristóvão
Tel. (086) 32 32-50 25
Hervorragende Fischteller mit sowohl Süßwasser- als auch Meeresfisch. Familiäre Atmosphäre.

Longá
Avenida Ininga 1245
Stadtteil Fátima
Tel. (086) 32 32-68 68
Die beste Wahl für die landestypische Küche von Piauí.

ÜBERNACHTEN

► Komfortabel

Metropolitan Hotel
Avenida Frei Serafim 1696
Tel. (086) 32 16-80 00
www.metropolitanhotel.com.br
Das führende Hotel in Teresina. Businesszentrum und Internetzugang, Swimmingpool und Restaurant.

► Günstig

Palácio do Rio Hotel
Avenida Ininga 1325, Stadtteil Jóquei
Tel. (086) 40 09-46 00
www.palaciodorio.com.br
Das Hotel verfügt über 41 gepflegte Gästezimmer, ein Einkaufszentrum, Bars und Restaurants befinden sich in der Nähe.

Hotel Serra da Capivara
Rodovia PI 140, Santa Luzia
São Raimundo Nonato
Tel. (089) 35 82-13 89
Nur 2 km vom Nationalpark Serra da Capivara entfernt; mit Pool und dem besten Restaurant vor Ort. Bestes Hotel in der Nähe des Nationalparks Serra da Capivara; mit Pool und ausgezeichnetem Restaurant.

zenda; im Schutzgebiet selbst stehen ein kleines Informationszentrum, mehrere Zeltplätze und eine für kleine Gruppen ausgelegte Herberge zur Verfügung. Die trockenste Jahreszeit zwischen Juni und Dezember eignet sich am besten für eine Visite.

Tier- und Pflanzenwelt

Das unebene Gelände des Parks liegt in 100 bis 300 m Höhe und zeichnet sich durch eine Vegetation aus, die halb aus **Caatinga** (niedrigem Trockenwald aus Dornensträuchern), halb aus **Cerrado** (Buschsteppe und Savanne) besteht. In den an Wasserläufen gedeihenden Galeriewäldern sind Amazonas-Pflanzen wie die Buriti-Palme, aber auch für den Nordosten typische Gewächse wie die Carnauba-Palme zu sehen. Hier leben über 600 verschiedene Vogelarten. Auch die übrige Fauna ist artenreich: Man sieht Pakas, Spießhirsche, Pampasfüchse, Buschkatzen, Waschbären und Jaguare.

Cachoeira do Riachão

Viele Besucher werden von der Cachoeira do Riachão angelockt, einem über 20 m hohen Wasserfall, an dessen Fuß sich ein Wasserbecken gebildet hat, der aber während der Trockenzeit von Juni bis November völlig versiegt. Zwei von natürlichen Quellen gespeiste Becken, die Olho d'Água dos Milagres und die Olho d'Água do Bacuri, führen das ganze Jahr über Wasser.

✳
Sete Cidades und Höhlenmalereien

Hauptanziehungspunkte im Park sind freilich die Höhlenmalereien und die Naturdenkmäler der Sete Cidades (Sieben Städte), erodierte Sandsteinformationen, die – mit etwas Phantasie – an Städte oder mittelalterliche Burgen erinnern. Die Gestalt anderer Gesteinsblöcke ähneln Personen, Tieren oder Gegenständen, was auch in Namen wie Cabeça de Cachorro (Hundskopf), Urso subindo na Pedra (den Felsen erklimmender Bär) und Três Reis Magos (Heilige Drei Könige) zum Ausdruck kommt. Ein anderer, höchst bizarrer Felsen (Mapa do Brasil) besitzt einen Durchbruch, der die Form der brasilianischen Landesgrenzen hat. Hier befinden sich auf Fels- und an Höhlenwänden ca. 70 Gruppen von Malereien, deren Alter auf mindestens 3000 Jahre geschätzt wird; manche Experten sprechen sogar von 7000 bis 14 000 Jahren. Viele dieser Höhlengemälde können besichtigt werden. Das Besucherzentrum vermittelt ortskundige Führer: Tel. (086) 33 43-13 42.

✳ ✳ Parque Nacional da Serra da Capivara

Der Nationalpark Serra da Capivara, 1979 eingerichtet, befindet sich nordöstlich von São Raimundo Nonato und 650 km südlich von Teresina. Der landschaftlich reizvolle Nationalpark dient Wildkatzen, Affen und mehr als 200 Vogelarten als Lebensraum. Besondere Beachtung verdienen die ca. 30 000 **Felszeichnungen**, die vermutlich vor 6000 Jahren, manche Wissenschaftler sprechen von bis zu 12 000 Jahren, geschaffen wurden. Im Park liegen einige der bedeutendsten Ausgrabungsgebiete ganz Brasiliens, die immer wieder von interna-

Obstverkäufer in Teresina

tionalen Expertenteams aufgesucht werden und 1991 von der UNESCO in die Liste des schutzwürdigen Weltkulturerbes aufgenommen wurden. Die Infrastruktur des Parks hat sich in den letzten Jahren sehr verbessert und der Besuch ist nicht mehr gar so strapaziös wie früher. Erforderlich sind in jedem Fall ein erfahrener Führer, Trinkwasser und etwas Proviant. Einfacher kann man sich im **Museu do Homem Americano**, in der Ortschaft São Raimundo Nonato, über die prähistorischen Funde informieren. São Raimundo Nonato ist mit dem Bus von Teresina aus zu erreichen (ca. 9 Std. Fahrt).

Torres

Sa 60

Bundesstaat: Rio Grande do Sul (RS)   **Einwohner:** 33 000
Höhe: 16 m ü.d.M.

Seinen Namen verdankt Torres, der bekannteste Bade- und Urlaubsort Rio Grande do Suls, den vier großen Felstürmen, die sich bis ans Meer vorschieben und dadurch den Strand in verschiedene Abschnitte unterteilen: Torre do Farol, Torre do Meio, Torre da Guarita und Torre do Sul, uralte Basaltformationen mit Höhlen, die das Meer in Jahrtausenden ausgewaschen hat, und Felswände, die zwischen 27 und 66 m hoch sind.

⏵ TORRES ERLEBEN

AUSKUNFT

Secretaria de Turismo
Rua José Antônio Picoral 171
Tel. (051) 36 26-27 55

ANREISE

Busbahnhof
Avenida José Bonifacio 524
Tel. (051) 36 64-17 87

ESSEN

▶ **Erschwinglich**
Anzol
Rua Cristovão Colombo 265
Stadtteil Molhes
Tel. (051) 36 64-24 27
Sehr gutes Restaurant für Fisch,
Langusten, Krebse und andere
Meeresfrüchte

ÜBERNACHTEN

▶ **Komfortabel**
Hotel Sesc Torres
Rua Plínio Kroeff 465
Tel. (051) 36 64-18 11
www.sesc-rs.com.br
Bestes Hotel in Torres; die 169
klimatisierten Apartments des Hauses
von 1979 sind alle renoviert. Ein
Restaurant, mehrere Swimmingpools
(einer sogar beheizt), Sauna, Fitnessraum und ein Kinderspielplatz
ergänzen die Anlage.

▶ **Günstig**
Costa Dalpiaz
Avenida Barão do Rio Branco 815
Tel (051) 36 64-17 41
www.costadalpiazhotel.com.br
Schlichtes Hotel (22 Z.), Internet-
zugang, Telefon und TV

Sehenswertes in Torres

✱
**Parque Estadual
da Guarita**

Torre do Meio, Torre da Guarita und Torre do Sul werden die Felsen
an der Praia Guarita genannt, wo man sich stets vor dem stür-
mischen Meer in Acht nehmen sollte. Der Strand gehört zum Staatlichen Park Guarita, der sich auf
einer großflächigen Basalterhebung
ausdehnt und den Blick auf einen
der schönsten Küstenabschnitte im
Süden Brasiliens freigibt. An der
Torre do Meio führen Stufen bis zu
den durch Erosion entstandenen
Höhlen.

> ! *Baedeker* TIPP

Farbtupfer am Himmel
In der Osterwoche findet in Torres das dreitägige
Festival de Balonismo statt. Beim alljährlichen
Treffen der Ballonfahrer steigen zahlreiche
Heißluftballons in der Umgebung der südbrasi-
lianischen Küstenstadt auf.

Südlich von Torres erstrecken sich
30 km lange und sehr breite Strände, die aufs offene Meer blicken
und von gewaltigen, teils von Pflanzen überwucherten, ortsfesten
Dünen begrenzt sind. Allerdings muss man sich vor der gelegentlich
auftretenden starken Strömung in Acht nehmen.

Treze Tílias

Bundesstaat: Santa Catarina (SC) **Einwohner:** 5900
Höhe: 796 m ü.d.M.

Treze Tílias (Dreizehnlinden) wurde 1933 von Andreas Thaler (1883 – 1939) gegründet, der in den 1920er-Jahren österreichischer Landwirtschaftsminister war und nach Ende seiner Amtszeit verarmte Tiroler Bergbauernfamilien nach Südbrasilien führte, wo er ihnen zu einer neuen Existenz verhalf.

Das im alpenländischen Stil erbaute Städtchen liegt in einer stark an europäische Mittelgebirge erinnernden Landschaft. Bis heute hat sich bei den Bewohnern das europäische Erbe erhalten: Vorarlberger Mundart ist in der Gemeinde ebenso verbreitet wie Dirndl und Lederhosen oder deftige Gerichte aus den Alpen; die österreichische Küche des traditionellen Hotels »Tirol« ist weit über die Grenzen Santa Catarinas hinaus bekannt. Neben der Landwirtschaft ist der einheimische Tourismus zur Haupteinnahmequelle des kleinen Ortes geworden.

Sehenswertes in Treze Tílias

In ganz Brasilien sind die hier tätigen Holzbildhauer bekannt: Go- **Holzschnitzer**
dofredo Thaler, ein Enkel des Ortsgründers, hat u. a. die große Christusfigur für die Dom-Bosco-Kathedrale in Brasília geschaffen;

Die Holzbildhauerei hat in Treze Tílias eine lange Tradition.

seine Werkstatt an der Rua Leoberto Leal 260 kann ebenso besichtigt werden wie die von Conrado Moser, Rua Leoberto Leal 392, oder das Atelier von Werner Thaler, Rua Leoberto Leal 562.

Termas Wasser mit einer Temperatur von 33 °C direkt aus der Quelle speist die (z.T. überdachten) Schwimmbecken des Thermalbads von Treze Tílias in der Rua Johann Anrain. Es gibt Schwimmreifen und Wasserrutschen für das Kindervergnügen, sowie ein Wellenbad mit Strömungssimulator für die Erwachsenen. Öffnungszeiten: Di. – So. 9.00 bis 20.00 Uhr.

✳ Ubajara

Se 47

Bundesstaat: Ceará (CE)

Der Parque Nacional de Ubajara im Nordwesten von Ceará ist der kleinste brasilianische Nationalpark und gleicht einer kleinen grünen Insel inmitten der Caatinga-Halbwüste. Die wichtigste Attraktion des Naturschutzgebiets findet sich jedoch unter der Erde: die an Tropfsteinen reiche Gruta de Ubajara.

Der Name Ubajara stammt aus der Indianersprache Tupí-Guaraní und bedeutet übersetzt »Herr des Kanus«. Er geht auf eine Legende der Tabajara-Indios zurück, nach der ein Häuptling viele Jahre in der Höhle gehaust haben soll. Im Jahr 1959 wurde das die Gruta de Ubajara umschließende Gebiet zum Nationalpark erklärt.

✳
Landschaftsbild Der Naturpark liegt im Übergangsbereich zwischen der Caatinga-Steppe des brasilianischen Nordostens und den immerfeuchten Amazonas-Wäldern. Er nimmt einen schmalen Streifen der **Chapada de Ibiapaba** ein, die das nördliche Grenzgebiet zwischen Ceará und Piauí bildet.
Das zerklüftete Bergland ist reich an die Baumwipfel überragenden Kalksteinformationen mit Höhlen und steil abfallenden Felswänden. Den landschaftlichen Reiz des Parks vergrößern plätschernde Bäche, ein kleiner See und Wasserfälle. Die beste Zeit für einen Besuch des Schutzgebiets ist zwischen Juni und Juli, da in diesem Zeitraum Regenfälle am geringsten sind.

Pflanzen und Tiere Die Vegetation besteht überwiegend aus Carnaúba-Palmen, Juazeiros (Bäume mit essbaren Früchten) und Kakteen. Unter den Tieren fallen besonders die Wildfüchse, Macacos-Prego (Affen der Gattung Cebus Erxleben), Beuteltiere, Igel und Vogelarten wie Sperber und Königsgeier auf. Außerdem kommen im Schutzgebiet mehrere Dutzend Schlangenarten vor, darunter die Jibóia (Boa constrictor) sowie die echte Korallenschlange.

▶ UBAJARA ERLEBEN

AUSKUNFT

Ibama
beim Besucherzentrum des Parks
Tel. (085) 36 34-13 88

Instituto Chico Mendes
an der Straße zwischen Tianguá und
Ubajara (3 km vor Ubajara)
Tel. (085) 36 34-13 88

ÜBERNACHTEN

Neben dem Informationszentrum am
Parkeingang beginnen die Wanderungen mit ortskundigen Führern
(montags geschlossen). In der

nächsten Umgebung des Nationalparks wie auch in der nahen Kleinstadt Ubajara bieten mehrere gut
ausgestattete Pousadas Übernachtungsmöglichkeiten, z. B. die
deutschsprachige Sítio do Alemão,
Sítio Santana (1,5 km vom Nationalpark), Tel. (088) 99 61-46 45,
www.sitio-do-alemao.20fr.com. Bei
der Anreise nach Ubajara ist darüber
hinaus darauf zu achten, dass man in
Tianguá von der Bundesstraße in
südlicher Richtung abzweigt, leider
existiert bisher keine eindeutige Beschilderung.

Die größte Touristenattraktion des Schutzgebiets ist die Ubajara-
Höhle mit über 1000 m Länge, zu der man entweder auf einem 6 km
langen Fußweg oder mit einer kleinen Seilbahn gelangen kann. Die
Höhle ist mit herrlichen **Sinterformationen** und Sälen ausgestattet,
die nach ihren verschiedenen Steingebilden benannt sind: u.a. Saal
der Rose, des Pferdes, des Oratoriums, des Vorhangs – alle künstlich
beleuchtet. Am Höhleneingang ist der Glockenstein zu sehen. Wenn
man ihn berührt, ertönt ein glockenähnlicher Klang.

★
**Gruta de
Ubajara**

Ubatuba

Sc 57

Bundesstaat: São Paulo (SP)   **Einwohner:** 80 000
Höhe: 3 m ü.d.M.

**Ubatuba, Fremdenverkehrsort und Seebad im nördlichen Küstenab-
schnitt des Staates São Paulo, hat mehr als 100 Strände, zahlreiche
gute Hotels und bietet mit seinen vielen kleinen Buchten und Inseln gute Voraussetzungen für Taucher und andere Wassersportler.**

Im 18. Jh. und zu Beginn des 19. Jh.s war Ubatuba einer der Aus-
fuhrhäfen für das Minas-Gold und den Kaffee aus dem Paraíba-Tal.
Mit Hilfe ganzer Karawanen von Lasttieren wurde die wertvolle
Fracht über die Gebirgshänge dorthin transportiert. Als die Kaffee-
produktion nachließ und die Bahnlinie zum Hafen von Santos eröffnet wurde, verlor die Stadt rasch an Bedeutung. Erst im späten 20.
Jh. machte sie sich wieder einen Namen, dieses Mal als Urlaubsort.

Sehenswertes in Ubatuba und Umgebung

Stadtstrände Vor dem Zentrum von Ubatuba liegen die Prainha do Matarazzo sowie, unweit des Hafens, die Praia Iperoig (oder Praia do Cruzeiro) und die Praia Itaguá. Sie sind zum Baden allenfalls bedingt geeignet und werden von zahlreichen Restaurants und Nachtlokalen gesäumt. Außerdem unterhält das **Umweltschutzprojekt Tamar** an der Praia Itaguá (Rua Athanásio da Silva 273) einen Posten, wo verschiedene Arten von Meeresschildkröten gehalten werden. Ebenfalls an der Praia Itaguá kann man im **Aquário de Ubatuba** zahlreiche Meerestiere bewundern. Der Eingang befindet sich an der Rua Guarani 859 (Do. – Di. 10.00 – 20.00 Uhr.

? WUSSTEN SIE SCHON …?

■ … dass der Jesuitenpater José de Anchieta am Iperoig-Strand angeblich seine »Poema à Virgem« verfasst hat? Er und sein Vater Manuel da Nóbrega kamen 1563 mit dem Plan nach Ubatuba, das Bündnis zwischen den Tamoio-Indianern und den Franzosen der Guanabara-Bucht zu zerschlagen.

Horto Florestal, Wasserfälle An der Landstraße nach Taubaté erreicht man 7 km nordwestlich von Ubatuba den Horto Florestal, und nach nur einem weiteren Kilometer auf der gleichen Straße gelangt man zum Ipiranguinha-Wasserfall. An der Straße nach Paratí liegen zwei weitere Wasserfälle: Nach 23 km erreicht man die Cachoeira da Prumirim und nach 45 km die Cachoeira da Escada bei Picinguaba, einem traditionellen Fischerdorf inmitten des Naturschutzgebietes Serra do Mar.

Strände nördlich von Ubatuba Entlang des Küstenabschnitts zwischen Ubatuba und Parati liegen u. a. folgende Strände: Perequê-Açu (2 km vom Zentrum Ubatubas entfernt), Vermelha do Norte (10 km), Itamambuca (15 km), Promirim, Puruba (25 km, nur schwer erreichbar), Ubatumirim (33 km), Fazenda (42 km), Picinguaba, Brava und Camburi (53 km). An der Praia da Fazenda befindet sich die Casa da Farinha (Mehlhaus) aus dem Jahr 1935 mit Wasserrad und Mühle. Die Ilha Comprida und die Ilha das Couves (Kohlkopfinsel) liegen vor dem Picinguaba-Strand.

Nur 2 km südlich des Zentrums von Ubatuba dehnen sich die Strände Vermelha und de Tenório aus, über die man den **Park Ponta Grossa** mit einem Leuchtturm und der Andorinhas-Grotte erreicht. Daran schließen sich die zum Sur-

► UBATUBA

AUSKUNFT
Avenida Iperoig 331 (Praia do Cruzeiro)
Tel. (012) 38 33-91 23
www.ubatuba.com.br

ANREISE
Busbahnhöfe
von/nach Rio de Janeiro:
Rua Prof. Tomás Galhardo 513
Tel. (012) 38 32-69 12
von/nach São Paulo:
Rua Maria Vitória Jean 381
Tel. (012) 38 32-36 22

fen geeigneten Strände Grande, das Toninhas, Taipá und Fora an. Im weiteren Verlauf der Landstraße SP-055 gelangt man zu den weniger reizvollen Buchten Enseada (9 km von Ubatuba), Santa Rita, Perequê-Mirim, Saco da Ribeira (12 km), Flamengo und Flamenguinho. Mit der **Praia das Sete Fontes**, auf der schwer zugänglichen Südseite der Halbinsel Ponta do Flamengo, beginnt eine lange Reihe bester Badestrände: da Sununga (26 km), do Lázaro, Domingos Dias, Brava do Sul, Vermelha do Sul, Costa, Fortaleza, Cedro, Bonete und schließlich Maranduba (30 km).

Von der Praia da Enseada und der Praia do Saco da Ribeira, einem beliebten, rund 1000 Boote fassenden Jachtplatz, legen die Schoner ab, die Touristen zu schwer zugänglichen Stränden und zur Anchieta-Insel mit einem 1908 erbauten und 1957 geschlossenen Zuchthaus bringen. Über die Praia do Lázaro mit ihrer Vielzahl von Cafés und Hotels gelangt man zu den herrlichen, von Hügeln eingefassten Stränden Sununga und Domingas Dias. An der Praia da Lagoinha stehen die Ruinen der ersten Glasfabrik des Landes. Von hier kommt man per Fischerboot oder über einen kleinen Wanderpfad zur feinsandigen, von schwachen Wellen umspülten **Praia do Bonete**, die nur ein paar vereinzelte Fischerhäuser, eine Schule und ein Kirchlein trägt. Sie wird von Hügeln umrahmt, in die sich die tropische Pflanzenvielfalt der Mata Atlântica krallt; durch den Küstenregenwald führt der Pfad weiter bis zur Praia da Fortaleza auf der Nordostseite der Halbinsel Ponta da Fortaleza. Die reine Gehzeit für die ganze Wegstrecke beträgt eine gute Stunde.

Vor Ubatuba liegen die Ilha das Cabras (Ziegeninsel), die Ilha do Mar Virado (Insel des aufgewühlten Meeres), die Ilha das Palmas (Palmeninsel), die Ilha Anchieta und die Ilhota do Sul. Sie eignen sich bestens zum Schnorcheln und Tauchen. **Vorgelagerte Inseln**

Valença

Sd 57

Bundesstaat: Rio de Janeiro (RJ)   **Einwohner:** 75 000
Höhe: 560 m ü.d.M.

Die Universitätsstadt Valença – nicht zu verwechseln mit Valença bei Salvador – wurde im Jahr 1857, während der Blütezeit der brasilianischen Kaffeeplantagen, gegründet.

Innerhalb des Staates Rio de Janeiro galt das Provinzstädtchen bis zum Jahr 1888 als der Ort, an dem zur Bewirtschaftung dieser Monokulturen die mit Abstand meisten Sklaven zur Arbeit gezwungen wurden. Nach dem Ende des Kaffeebooms in der ersten Hälfte des 20. Jh.s wurden in Valença einige Betriebe der Textilindustrie angesiedelt, die entscheidend zum urbanen Wachstum beitrugen.

Sehenswertes in Valença und Umgebung

Matriz de N.S. da Glória
In der schon im Jahr 1820 an der Praça Pedro Gomes Leal 365 errichteten Pfarrkirche Nossa Senhora da Glória wird u. a. ein Bildnis der Schutzpatronin aufbewahrt, das 1817 aus Portugal eingeführt wurde. Die von zwei Glockentürmen gezierte Kirche wird von den Einheimischen nur knapp Catedral genannt. Der Kirche angeschlossen ist ein kleines **Museum für sakrale Kunst**, das durchaus eines Blickes würdig ist.

Praça Quinze de Novembro
Valenças Zentrum wird optisch vom alten Baumbestand der Praça Quinze de Novembro geprägt. Ursprünglich wurde der an einen botanischen Garten erinnernde Park vom französischen Landschaftsgärtner Auguste Glaziou angelegt, kein Geringerer als **Roberto Burle Marx** hat ihn später überarbeitet.

Pico da Torre
Den besten Blick auf Valença und deren Umgebung kann man vom 1100 m hohen Gipfel des Pico da Torre genießen. Der Aussichtspunkt ist über die Rua Domingos Cosati erreichbar und liegt ca. 4 km vom Zentrum entfernt.

✱ Balneário Ronco d'Água
Auf der ungeteerten Straße, die Valença mit Conservatória verbindet, gelangt man nach ungefähr 7 km zum Wasserfall Ronco d'Água. Das natürliche Schwimmbecken am Fuß der kleinen Kaskade zählt zu den beliebtesten Ausflugszielen der Einheimischen und ist mit Bar und Garküchen ausgestattet.

Vassouras
Vassouras (35 km von Valença entfernt; 34 000 Einwohner) entstand – wie Valença auch – im Zuge des Kaffeebooms und war zunächst das Verwaltungszentrum der Region. Rund um die Praça Campo Belo blieben einige sehenswerte Gebäude aus dieser Zeit erhalten, darunter die ehemalige Residenz des Barons von Ribeirão aus dem Jahr 1860, die heute als städtisches Forum dient. Der ehemalige Bahnhof von 1875 an der Praça Martinho Nobrega nimmt heute ein Schulzentrum auf. Die Kaffeefarm **Cachoeira Grande** entstand ebenfalls im 19. Jahrhundert. Das feudale Anwesen ist teilweise restauriert und liegt an der Landstraße RJ-127, knapp 7 km außerhalb von Vassouras. Führungen werden ab zehn Besuchern durchgeführt und müssen angemeldet werden: Tel. (024) 24 71-12 64.

! Baedeker TIPP

Rustikales Essen im Landgut

In der Umgebung Valenças sind zahlreiche Landgüter aus der Zeit des Kaffeebooms erhalten geblieben. Eine Reihe dieser Kaffeefazendas können heute besichtigt werden: z. B. die 1804 erbaute Fazenda Santo Antônio do Paiol, Tel. (024) 24 58-47 20, an der Straße nach Barra do Piraí, die 1850 entstandene Farm Vista Alegre, Tel. (024) 24 53-51 16, an der Straße nach Conservatória und die Fazenda Pau d'Alho, Tel. (024) 24 53-30 33, an der Straße nach Rio das Flores. Anmeldung ist erforderlich; oft schließt die Eintrittsgebühr ein rustikales Essen mit ein.

▶ VALENÇA ERLEBEN

AUSKUNFT
Avenida S. Borges Graciosa 2
Tel. (024) 24 53-60 54

ANREISE
Busbahnhof
Praça Paulo de Frontin 137
Tel. (024) 24 53-45 55

VERANSTALTUNGEN
Glória-Kirche und Praça Quinze
sind die Kulisse des Volksfests Folia
de Reis, das alljährlich am 20. Dezember beginnt und die Stadt bis zum
6. Januar in Atem hält. Während
dieser Zeit tragen Dutzende von
Spielmannszügen ihr Können
vor.

ESSEN
▶ **Erschwinglich**
Arara
RJ-145, Abfahrt nach Barra do Piraí
Canteiro
Tel. (024) 24 53-52 28
Brasilianische Gerichte; auch Pousada

ÜBERNACHTEN
▶ **Günstig**
Palmeira Imperial
Rua Nossa Senhora da Aparecida 1111
Tel. (024) 24 53-19 95
www.palmeiraimperial.com.br
Einfaches Stadthotel; 18 akzeptable
Gästezimmer mit Klimaanlage, Minibar, Tel. u. TV. Internetzugang, Pool,
Bar. Kein Restaurant.

Conservatórias Ortskern blieb seit der Kolonialzeit nahezu unverändert. In Brasilien kennt man den 4000 Einwohner zählenden Ort als **Cidade das Serestas** (Stadt der Serenaden); diesen musikalischen Brauch pflegen die Einheimischen jeden Samstag in den Straßen der Siedlung. Ihr großes Treffen haben Musiker und Sänger alljährlich am letzten Samstag im August; ansonsten kann man sich im Museu das Serestas, in der Rua Oavaldo Fonseca 99, über diese Tradition informieren. Conservatória ist von Valença 27 km entfernt.

✴ **Conservatória**

✴ Vitória

 Se 56

Bundesstaat: Espírito Santo (ES)   **Einwohner:** 318 000
Höhe: 3 m ü.d.M.

Vitória, die Hauptstadt von Espírito Santo, wurde 1551 auf der Ilha da Vitória (Siegesinsel) in der gleichnamigen Bucht gegründet. Die Kolonisierung dieses Küstenabschnitts begann am 23. Mai 1535, einem Pfingstsonntag (Espírito Santo lautet auf Deutsch Heiliger Geist), mit der Gründung der Vila do Espírito Santo.

Doch wegen der ständigen Bedrohung durch die ansässigen Tamoio-Indianer verlegte man die Siedlung 1551 an einen sichereren Ort,

▶ VITÓRIA ERLEBEN

AUSKUNFT

Informações Turísticas
Am Flughafen
Tel. (027) 32 35-63 00
www.vitoria.es.gov.br

ANREISE

Flughafen
Aeroporto de Vitória (E. Sales)
Av. F. Ferrari
Tel. (027) 30 83-63 00

Busbahnhof
Ilha do Principe
Tel. (027) 32 22-33 66

VERANSTALTUNGEN

Vital
Karneval außerhalb der »fünften«
Jahreszeit – im November

ESSEN

▶ **Erschwinglich**
Pirão
Rua J. Lírio 753, Praia do Canto
Tel. (027) 32 27-11 65
Einfallsreich zubereitete Fischge-
richte, mit allerlei typisch brasiliani-
schen Zutaten. Zählt seit Jahren zu
den Top-Restaurants in Vitória.

ÜBERNACHTEN

▶ **Komfortabel**
Comfort Hotel Vitória Praia
Avenida Dante Michelini 1057
Praia de Camburi
Tel. (027) 30 41-95 00
www.atlanticahotels.com.br
Hotel mit 80 großzügigen Zimmern,
einige mit Meerblick. Besonders
günstige Wochenendtarife.

Da ist Bewegung drin: Karneval in Vitória

eben auf die Ilha de Vitória, und benannte sie in Vila Nova de Espíri-to Santo um, während der alte Ortskern seitdem als Vila Velha (Alte Stadt) bezeichnet wird.

Sehenswertes in Vitória

Das zwischen Inselbergen und Meer eingezwängte Vitória besteht – ähnlich wie Salvador – aus Ober- und Unterstadt. Die Oberstadt (Cidade Alta) mit ihren schmalen Gassen, ihren Kolonialhäusern und -kirchen umschließt das historische Zentrum. Mehrere Treppen – am bekanntesten ist die **Escadaria Maria Ortiz** – verbinden sie mit der Unterstadt (Cidade Baixa), dem Mittelpunkt wirtschaftlicher und finanzieller Aktivitäten. **Stadtbild**

Die unter Denkmalschutz stehende Kapelle Santa Luzia wurde im Jahr 1551 an der Rua José Marcelino errichtet und ist der älteste Bau der Stadt. Sie wird heute als Kunstgalerie und als Forschungszentrum der Universität von Espírito Santo genutzt. Die Rua José Marcelino führt zur Praça D. Luís Scortegagna mit der 1918 errichteten Kathedrale der Stadt. **Santa Luzia, Kathedrale**

Das im Jahr 1927 eröffnete Carlos-Gomes-Theater an der Praça Costa Pereira ist das älteste Schauspielhaus von Espírito Santo. Als architektonische Vorlage diente die Mailänder Scala. In der prachtvollen Spielstätte finden häufig Musikfestivals statt. Öffnungszeiten: tgl. 8.00 – 17.00 Uhr. ✶ **Teatro Carlos Gomes**

Auf der Colina de São Francisco, an der Rua Uruguai, liegen die Ruinen des Klosters São Francisco, mit dessen Bau 1591 unter dem Mönch Antônio dos Mártires begonnen worden war. Es war der erste Franziskanerbau abseits des brasilianischen Nordostens. **Convento de São Francisco**

Der Palácio Anchieta an der Praça João Clímaco ist heute Sitz der Regierung von Espírito Santo, war einst aber ein Jesuitenkolleg. In seinem Inneren befindet sich das Grabmal des Jesuitenpaters **José de Anchieta**, der als Gründer São Paulos in die Geschichte einging. **Palácio Anchieta**

Das Parlament tagt im Palácio Domingos Martins, der 1606 an der Stelle der Kirche Nossa Senhora de Misericórdia erbaut wurde. Der Palast ist nach dem in Espírito Santo geborenen Domingos José Martins benannt, einem der Anführer der Revolution des Jahres 1817 in Pernambuco. **Palácio Domingos Martins**

Das Museum im Jucutuquara-Viertel ist in einer ländlichen Residenz aus dem 18. Jh. untergebracht; seine Sammlung umfasst Möbel, einen Hausaltar und eine vielfältige Porzellansammlung. Das herrschaftliche Gebäude gilt als eines der schönsten Beispiele brasilianischer Landarchitektur. ✶ **Museu Solar Monjardim**

Pedra dos Dois Olhos

Die auch als Pico do Frei Leonardi bekannte, 136 m hohe Pedra dos Dois Olhos (Zwei-Augen-Felsen) ragt 6 km außerhalb zwischen dem Jucutuquara- und dem Maruípe-Viertel auf. Der Felsen hat zwei durch Erosion entstandene Vertiefungen, daher der Name.

Morro da Fonte Grande

Der 312 m hohe Morro da Fonte Grande (Hügel der großen Quelle), 5 km vom Zentrum zwischen den Stadtteilen Jucutuquara und Santo Antônio gelegen, bildet die größte Erhebung im Stadtbereich. Seinen Gipfel, von dem man einen prächtigen Rundblick auf Vitória und seine Bucht genießt, überragen mehrere Sendetürme.

✱

Praia do Canto

Die Praia do Canto (auch Praia do Aterro genannt) mit ihren vielen Bars und dem **Parque dos Namorados** (Park der Verliebten) ist einer der belebtesten Orte der Stadt. An Samstagen findet im Park ein überaus populärer Kunsthandwerksmarkt (Feira de Artesanato) statt.

Praia de Camburi, Praia do Suá

Weiter nördlich führt die Avenida Dante Michellini zum 6 km langen Camburi-Strand, einem der Dreh- und Angelpunkte des Nachtlebens. Der Strand läuft in der Tubarão-Landzunge aus, wo der gleichnamige Erzhafen errichtet wurde. Die Praia do Suá liegt unweit der **Ilha do Boi**. Von hier laufen die Boote aus, die alljährlich am 29. Juni an der Meeresprozession zu Ehren des hl. Petrus teilnehmen.

Baía de Vitória

Die breite, mit vielen kleinen Inseln übersäte Bucht von Vitória wird von zwei Wahrzeichen der Stadt beherrscht: dem Penedo-Felsen und der Ponte Castelo de Mendonça. Der Penedo-Felsen ist ein 136 m hoch aus dem Meer ragender Granitblock, der die Einfahrt zur Bucht wie ein steinerner Wächter zu kontrollieren scheint. Die auch als **Terceira Ponte** bezeichnete Brücke Darcy Castelo de Mendonça verbindet die beiden Enden der Bucht miteinander.

Eine weitere Brücke sichert die Verbindung zwischen der Ilha de Vitória und der **Ilha do Frade**, die 8 km von Vitória entfernt ist. Ihre felsen- und riffgesäumten Strände ziehen vor allem Taucher an.

Die Kathedrale von Vitória

Strand in der Bucht von Vitória

Auf der 7 km vom Zentrum entfernten Ilha do Boi (Ochseninsel) wurden die Viehherden in Quarantäne gehalten, bevor man sie zu den einzelnen Siedlungen auf dem Festland brachte. Inzwischen hat sie sich sehr verändert; hier stehen die luxuriösesten Villen der Stadt.

Ilha do Boi

✳ Vila Velha

Die 408 000 Einwohner zählende Stadt Vila Velha liegt 15 km südlich von Vitória, jenseits der Baía de Vitória. In der Oberstadt sind mehrere schöne Kolonialbauten erhalten geblieben. Die Unterstadt beeindruckt vor allem durch ihre prächtigen Strände.

Das weithin sichtbare Kloster Nossa Senhora da Penha wurde 1558 auf einem 154 m hohen Felsen erbaut. Es birgt viele portugiesische Heiligenfiguren und Gemälde des brasilianischen Künstlers **Benedito Calixto**. Von Interesse ist ferner die Sala dos Milagres (Saal der Wunder) mit den Votivgaben der Gläubigen, denen die Schutzpatronin geholfen hat. Acht Tage nach dem Ostersonntag wird hier die Festa da Penha gefeiert: In einer nächtlichen Prozession ziehen Pilgerscharen vom 15 km entfernten Vitória bis zum Kloster hinauf. Die Abtei verfügt über zwei Eingänge: an der Rua Luísa Grinalda ist die Zufahrt für Autos, von der Praça Pedro Palácios aus finden Fußgänger Einlass. Öffnungszeiten: tgl. 6.00 – 16.00 Uhr).

✳ ✳
Convento N.S. da Penha

🕐

Die Praia da Costa, einer der schönsten Strände von Espírito Santo, liegt nur 3 km vom Zentrum Vila Velhas entfernt. Am Ende des Strandes ragt der am 7. September 1871 eingeweihte **Leuchtturm Santa Luzia** auf. Ganz in der Nähe lockt der 167 m hohe Morro do Moreno die Drachenflieger an.

✳
Praia da Costa

Guarapari

Strände
Guarapari, der größte Badeort im Süden von Espírito Santo, 50 km südlich von Vitória, ist für den (radioaktiven) **Monazitsand** seiner Strände berühmt, mit dem Arthritis und andere Erkrankungen behandelt werden. Im Stadtzentrum liegen die Strände Areia Preta (mit Monazitsand), Meio, Namorados, Virtudes und Castanheiras. Im Norden sind die zum Surfen geeigneten Strände Morro (4,5 km von Guarapari), Três Praias (6 km), Setiba (12,5 km) und Setiba Pina (13,5 km) zu nennen. Südlich der Stadt liegen die Strände Enseada Azul (7 km), Guaibura, Bacutia, Padre und Meaípe (9 km).

Kunsthandwerk
Am 10 km südlich von Guarapari gelegenen Strand **Meaípe** kann man von Fischerfrauen angefertigte Klöppelspitzen erstehen. Auf der Praça Jerônimo Monteiro und an anderen Stellen der Stadt gibt es Verkaufsstände mit Töpfer- und Lederwaren, Spitzen, Artikeln aus Sisalhanf und Muschelschalen sowie mit Panelas do Barro, für das Kunstgewerbe von Espírito Santo typische Tontöpfe. Das Kulturinstitut der Stadt hat eine kunsthandwerkliche Ausstellung eingerichtet.

Anchieta

Der Jesuitenpater José de Anchieta, einer der Gründerväter São Paulos, starb 1597 in dem Dorf Reritiba, das heute seinen Namen trägt. Das knapp 30 km südlich von Guarapari gelegene Städtchen (20 000 Einw.) lockt mit seinen schönen Stränden zahlreiche Besucher an. Am 9. Juni wird hier alljährlich die Festa de Anchieta gefeiert.

N.S. da Assunção
Vom Originalbau der unter Denkmalschutz stehenden Jesuitenkirche Nossa Senhora da Assunção aus dem Jahr 1587 ist neben der Sakristei noch ein zweistöckiger Gebäudeteil, die Cela de Anchieta, erhalten. Neben der Kirche ist das Museum **Padre Anchieta** eingerichtet.

Strände
Unmittelbar vor der Stadt liegen die Sandstrände von Anchieta, Coqueiro, Balanço und Mar Vila; in Richtung Guarapari folgen die Badebuchten von Castelhanos (4 km von Anchieta), Guanabara (5 km), Ubu (8 km), die bei Surfern beliebte Praia do Além und die Praia Maimbá (14 km). Südlich von Anchieta, auf Höhe des Dörfchens Iriri, sind die Praia dos Namorados, der Strand der Verliebten, die Praia Santa Helena und der Strand Costa Azul besonders schön.

Marataízes

Das 41 km südöstlich von Anchieta im Mündungsgebiet des Rio Itapemirim gelegene Marataízes (32 000 Einw.) ist einer der größten Badeorte von Espírito Santo. Mit dem 116 km entfernten Vitória ist es durch die ES-060, die Rodovia do Sol, verbunden, die parallel zur Atlantikküste verläuft und zu vielen Stränden des Bundesstaates führt.

Im Stadtzentrum sind die Strände Marataízes und Areias Pretas zu empfehlen. Südlich von Marataízes liegen die Strände Praia dos Cascões (18 km), Marobá (24 km) und dos Neves (45 km), der Letztere schon nah an der Grenze zum Staat Rio de Janeiro. Nördlich von Marataízes reihen sich die nicht minder reizvollen Badestrände Barra (2 km), Pontal, Itacoa und Itaipava (18 km) aneinander.

Strände

Küste nördlich von Vitória

In Nova Almeida, einer von Vitória 48 km entfernten Siedlung, sollte man die Igreja dos Reis Magos (Kirche der Hl. Drei Könige) von 1558 ansehen, die früher zu einer Jesuitenmission gehörte und unter Denkmalschutz steht. Der Strand von Barreiras gilt als verschmutzt, wohingegen die Praia Grande und die 5 km lange Praia Capuba zum Baden geeignet sind.

Nova Almeida

Von Vitória sind es auf der Bundesstraße BR-262 gut 46 km Richtung Westen bis zur Kleinstadt Domingos Martins (32 000 Einw.). Hier wurde im Jahr 1847 die **Colônia Santa Isabel** gegründet, die erste deutsche Siedlung im brasilianischen Bundesstaat Espírito Santo. In den Gemeinden von Paraju, Biririras, São Miguel, Melgaço, Marechal Floriano und Santa Maria haben sich noch Fachwerkhäuser aus der deutschen Kolonialzeit erhalten, und auch einige Veranstaltungen wie die **Festa da Imigração Alemã** (Fest der deutschen Einwanderung; auch schlicht Sommerfest genannt) Ende Januar und die **Festa do Chucrute** (Sauerkrautfest) im Februar halten die Erinnerung an die Ursprünge der Siedlungen wach. Die unter Denkmalschutz stehende **Igreja Luterana** an der Praça Doutor A. Gerhardt von 1866 ist das älteste protestantische Gotteshaus Brasiliens.

Domingos Martins

! _Baedeker_ TIPP

Liköre, Wein und Süßspeisen

Wer in Domingos Martins nach deutschen Rezepten gebackene Plätzchen, Torten oder hausgemachte Marmeladen, Liköre und Weine probieren oder kaufen möchte, findet in der zentral gelegenen Casa do Artesanato (Haus des Kunsthandwerks) eine überaus reiche Auswahl.

Die 1822 m hohe Pedra Azul (Blauer Felsen), eine Art Zuckerhut in Großformat, prägt die Gebirgslandschaft von Espírito Santo und ist weithin sichtbar. Sie erhebt sich in der von italienischen Einwanderern geprägten, westlich von Domingos Martins gelegenen Gemeinde Aracê in einem staatlichen Waldreservat, das vom Instituto de Terras, Cartografias e Florestas verwaltet wird, welches Bergtouren unter der Leitung von erfahrenen Führern organisiert. Neben leichteren Bergwanderungen – der Pfad hoch zum Gipfel ist gesperrt – zählt ein Besuch der riesigen **Gruta da Pedra Azul** oder ein erfrischendes Bad in einem der zahlreichen natürlichen Schwimmbecken zu den Highlights. Informationen erteilt das Besucherzentrum des Estadual da Pedra Azul: Tel. (027) 32 48-11 56.

Estadual da Pedra Azul

Glossar zu Geografie, Religion und Kultur

Açai-Palme Palmenart mit beerenartigen Früchten, deren Saft die Einheimischen als Erfrischungsgetränk oder cremige Süßspeise (im Staat Pará auch als Beilage zu herzhaften Hauptgerichten) zu sich nehmen; typisch für das Amazonas-Delta

Afoxé Anhänger afrobrasilianischer Kulte, die im Karneval trommelnd durch die Straßen ziehen

Aldeia Missionssiedlung der Jesuiten; auch Indianerdorf

Alvenaria Mauerwerk aus Ziegeln oder Bruchstein

Arraial Kleine historische Siedlung

Atabaques Trommeln

Azulejos Bemalte Wandfliesen, die von den Mauren auf der Iberischen Halbinsel eingeführt wurden und von dort in den lateinamerikanischen Kolonien Verbreitung fanden

Baiana Bewohnerin von Bahia, oft in landestypischer Tracht gekleidet

Bandeirantes Abenteurer, die das brasilianische Hinterland erkundeten, wobei sie ein Banner (bandeira) mitführten

Batida Mit Fruchtsäften verdünnter Zuckerrohrschnaps

Bossa Nova In Brasilien entstandene, aus dem Samba abgeleitete Musikart, die aber auch Elemente des Jazz beinhaltet

Boto Amazonas-Süßwasserdelfin

Bumba-Meu-Boi In unterschiedlichen Varianten aufgeführtes Tanz-und Gesangsspiel, das sich um einen Ochsen (boi) dreht

Buriti Palmenart mit gelben Früchten, aus denen ein likörartiges Getränk gewonnen wird; die Palmfasern werden zur Herstellung von Flechtarbeiten verwendet.

Caatinga Steppe der Trockengebiete im Nordosten Brasiliens, mit niedrigen Sträuchern und Kakteen bewachsen

Cabo Kap, Vorgebirge

Caboclo Mischling mit einem weißen und einem indianischen Elternteil; auch Bezeichnung für Bewohner des Landesinneren

Cachaça Zuckerrohrschnaps

Cachoeira Wasserfall

Cafuzo Mischling mit einem indianischen und einem schwarzen Elternteil

Caiçara Küstenbewohner

Caipirinha Mixgetränk aus Zuckerrohrschnaps, Limone, Zucker und gestoßenem Eis

Cajueiro Nierenbaum; die Frucht (Cashew-Apfel) und der Samen (Cashew-Nuss) sind essbar.

Câmara e Cadeia Stadtverwaltung und -gefängnis im kolonialen und kaiserlichen Brasilien

Candomblé Afrobrasilianischer Kult

Cangaçeiro Bandit im Nordosten Brasiliens

Capitania Brasilianisches Erblehen, mit dem portugiesische Adlige durch das Kaiserhaus belehnt wurden

Capixaba Bewohner des Bundesstaates Espírito Santo

Capoeira Kampftanz, den die afrikanischen Sklaven zur Selbstverteidigung entwickelten, da ihnen das Tragen von Waffen verboten war

Carioca Bewohner der Stadt Rio de Janeiro

Carne seca Gesalzenes, luftgetrocknetes Rinder- oder Ziegenfleisch

Cavalhadas Von der Iberischen Halbinsel stammende Reiterspiele, die die mittelalterlichen Kämpfe zwischen Mauren und Christen versinnbildlichen

Caverna Höhle

Cerrado Innerbrasilianische Savannenlandschaft

Chácara Kleines Landgut

Chafariz Öffentlicher Brunnen

Chapada Hochebene, Plateaulandschaft

Charque Trockenfleisch

Cinema Novo Sozialkritische brasilianische Filmbewegung der 1960er-Jahre

Congadas Tänze afrikanischen Ursprungs, die in der Krönung des Rei do Congo gipfeln

Correios Postamt

Dendê-Öl Palmöl, das besonders in der afrobrasilianischen Küche verwendet wird

Emboabas Alle nicht aus São Paulo Stammenden, die im 18. Jh. während des Goldrauschs nach Minas Gerais strömten

Engenho Plantage mit Rohrzuckerfabrik und Schnapsbrennerei, insbesondere aus der Kolonialzeit

Favela Elendsviertel in brasilianischen Großstädten

Fazenda Großgrundbesitz mit Land- oder Viehwirtschaft

Fazendeiro Großgrundbesitzer

Filho-de-Santo Anhänger eines afrobrasilianischen Kultes

Fonte Quelle

França Antárctica Im 16. Jh. von den Franzosen gegründete Kolonie in der Guanabara-Bucht

Garimpeiro Gold- und Diamantensucher

Gaúcho Bewohner des Bundesstaates Rio Grande do Sul

Gruta Höhle

Igapó Ständig überschwemmtes, sumpfiges Waldgebiet am Amazonas

Igarapé Natürlicher Kanal bzw. schmaler Wasserlauf zwischen zwei Inseln oder zwischen Festland und Insel im Amazonas-Gebiet

Igreja Kirche

Igreja Matriz Haupt- oder Stammkirche einer Siedlung oder Stadt

Inconfidência Mineira Von Tiradentes angeführte Verschwörung einiger Bürger von Ouro Preto, die die Unabhängigkeit Brasiliens von Portugal zum Ziel hatte, aber 1789 blutig niedergeschlagen wurde

Intendência Von der portugiesischen Krone eingesetzte Kontrollbehörde für Gold- und Diamantenfunde

Jacarandá Palisanderbaum oder -holz

Jagunço Bandit

Jangada Segelboote der nordostbrasilianischen Fischer

Jardim Garten, öffentlicher Park

Jataí, Jatobá In Amazonien und im Nordosten Brasiliens vorkommender Baum aus der Familie der Hülsenfrüchtler

Lagoa Lagune, See

Largo Platz, Esplanade

Literatura de Cordel Bindfadenliteratur; Trivialliteratur, so benannt nach der Schnur, an der die Heftchen zum Verkauf aufgehängt wurden

Macumba Stark synkretistischer afrobrasilianischer Kult

Mãe de Santo Priesterin eines afrobrasilianischen Kultes

Marajoara Von der brasilianischen Insel Marajó stammende hoch entwickelte Keramik der präkolumbischen Epoche und deren moderne Nachahmungen

Mata Atlântica Brasilianischer Küstenwald

Mestre Meister, Bezeichnung für bildende Künstler

Minas-Barock Brasilianische Ausprägung des Barockstils, die ihren Höhepunkt in Minas Gerais erreichte; als ihr Hauptvertreter gilt Aleijadinho.

Monazitsand Aus magmatischem Gestein entstandener, stark thoriumhaltiger Sand

Morro Hügel

Mulato Mulatte, Mischling mit einem schwarzen und einem weißen Elternteil

Nordestino Bewohner des brasilianischen Nordostens

Orixá Afrobrasilianischer Heiliger oder Gottheit

Pantanal Ausgedehntes Sumpfgebiet in Mato Grosso und Mato Grosso do Sul im Westen Brasiliens

Pardo Mulatte

Pau Brasil Brasilholz, eine Farbholzart, die dem Land Brasilien seinen Namen gab

Paulista Bewohner des Bundesstaates São Paulo

Paulistano Bewohner der Stadt São Paulo

Pedra Felsen, Berg

Pedra de Lioz Marmorähnlicher Stein aus Portugal, der oft als Schiffsballast nach Brasilien kam und hier für Kirchenbauten verwendet wurde

Pedra Sabão Seifenstein, ein weiches, sich fettig anfühlendes Magnesiumsilikat, das als Bildhauermaterial verwendet wird

Pelourinho Pranger zur Bestrafung von Sklaven; auch Name des historischen Zentrums in Salvador

Pico Gipfel

Pinga Zuckerrohrschnaps

Pirarucu Größter Süßwasserfisch Brasiliens, lebt im Amazonas-Becken

Planalto Hochplateau

Pororoca Hohe, reißende Flutwelle, die im Mündungsbereich des Amazonas bei dem Zusammenprall von Süß- und Meerwasser entsteht

Praça Platz

Praia Strand

Quilombo Wehrdorf entflohener Sklaven

Redução Wehrdorf, in dem die Indianer unter Aufsicht der Jesuiten lebten

Revolução Farroupilha Lumpenaufstand; Unabhängigkeitsbewegung der rebellischen Gaúchos, die 1839 in Santa Catarina die República Juliana ausriefen

Rio Fluss

Rodoviária Busbahnhof / -haltestelle

Samba Aus afrobrasilianischen Rhythmen hervorgegangener Tanz

Sambaqui Muschelhaufen (Ansammlung von Muschelschalen, Knochenfragmenten und Resten von Kochutensilien) der vor allem an der Küste des brasilianischen Bundesstaates Santa Catarina nachgewiesenen Muschelhaufenkulturen

Sé Kathedrale

Senzala Sklavenhütte

Seringueiro Gummisammler des Amazonas-Gebiets

Serra Gebirge, Bergkette, Hochland

Sertanejo Bewohner des Sertão

Sertão Dünn besiedeltes, halbwüstenartiges Hinterland des brasilianischen Nordostens

Sítio Bauernhof, Kleingut

Sobrado Zwei- oder mehrgeschossiges Haus

Solar Palastartiges Haus wohlhabender Brasilianer

Taipa Mit Pflanzenfasern vermischter Lehm, der als Baumaterial verwendet wird

Talha Vergoldetes Schnitzwerk, das in portugiesischen und brasilianischen Kirchen des 18. Jh.s zur Dekoration von Wänden und Decken diente

Tambaqui Süßwasserfisch des Amazonas-Gebiets, geschätzter Speisefisch

Terra firme Höher gelegenes, vor Überschwemmungen sicheres Festland im Amazonas-Becken

Terreiro Kultstätte des Candomblé

Tropeiro Viehhirte oder -händler

Tucunaré Speisefisch des Amazonas-Gebiets

Umbanda Von den Bantu eingeführter afrobrasilianischer Kult

Vaqueiro Viehhirte

Várzea Schwemmlandebene

Victória Amazônica Große Seerosenart, deren Schwimmblätter einen Durchmesser von 2 m erreichen können; früher als Victória Régia bekannt

Vila Größere Siedlung, die von der portugiesischen Regierung die Stadtrechte erhielt

REGISTER

BILDNACHWEIS

VERZEICHNIS DER KARTEN
& GRAFISCHEN DARSTELLUNGEN

IMPRESSUM

Ausstattung:
185 Abbildungen, 38 Karten und grafische Darstellungen, eine große Reisekarte

Text:
Ottaviano und Elizabeth De Fiore (Übersetzung: Susanne Kolb), Robin Daniel Frommer, Odin Hug, Luciano Martinengo (Übersetzung: Susanne Kolb), Werner Voran

Aktualisierung:
Werner Rudhart, Nicolas Stockmann, Helmuth Taubald

Bearbeitung:
Baedeker-Redaktion (Beate Szerelmy)

Kartografie:
Franz Kaiser, Sindelfingen; Christoph Gallus, Hohberg; MAIRDUMONT, Ostfildern (Reisekarte)

3D-Illustrationen:
jangled nerves, Stuttgart

Gestalterisches Konzept:
independent Medien-Design, München (Kathrin Schemel)

Chefredaktion:
Rainer Eisenschmid, Baedeker Ostfildern

7. Auflage 2010

Urheberschaft:
Karl Baedeker Verlag, Ostfildern

Nutzungsrecht:
MAIRDUMONT GmbH & Co KG; Ostfildern
Der Name Baedeker ist als Warenzeichen geschützt. Alle Rechte im In- und Ausland sind vorbehalten. Jegliche – auch auszugsweise – Verwertung, Wiedergabe, Vervielfältigung, Übersetzung, Adaption, Mikroverfilmung, Einspeicherung oder Verarbeitung in EDV-Systemen ausnahmslos aller Teile des Werkes bedarf der ausdrücklichen Genehmigung durch den Verlag Karl Baedeker.

Anzeigenvermarktung:
MAIRDUMONT MEDIA
Tel. 0049 711 4502 333
Fax 0049 711 4502 1012
media@mairdumont.com
http://media.mairdumont.com

Printed in China
Gedruckt auf 100% chlorfrei gebleichtem Papier

atmosfair

BAEDEKER VERLAGSPROGRAMM